MADRES E HIJAS

CHRISTIANE NORTHRUP

Madres e hijas

Sabiduría para una relación
que dura toda la vida

URANO

Argentina - Chile - Colombia - España
Estados Unidos - México - Uruguay - Venezuela

Título original: *Mother – Daughter Wisdom / Creating a Legacy of Physical and Emotional Health*
Editor original: Bantam Dell, Nueva York
Traducción: Amelia Brito Astorga

© 2005 *by* Christiane Northrup, M.D.
This translation is published by arrangement with The Bantam Dell Publishing Group, a division of Random House, Inc.
© 2006 *by* Ediciones Urano, S. A.
Aribau, 142, pral. - 08036 Barcelona
www.edicionesurano.com

ISBN: 84-7953-622-5
Depósito legal: B - 39.945 - 2006

Fotocomposición: Ediciones Urano, S. A.
Impreso por Romanyà Valls, S. A. - Verdaguer, 1
08786 Capellades (Barcelona)

Impreso en España - *Printed in Spain*

Con cariño y compasión dedico este libro a todas las madres que me antecedieron:

a mi madre, Edna Margaret,

a mi abuela Ruth,

a mi bisabuela Margaret, que murió cuando mi abuela sólo tenía tres años,

y a mi tía abuela Edna, que a los once años quedó a cargo de la crianza de mi abuela (el nombre de mi madre une los nombres de estas dos hermanas, huérfanas de madre, que forman parte de mi legado)

A mis dos hijas, Annie y Katie,

y a todas las madres que vendrán después de mí.

Índice

HABITACIÓN NÚMERO TRES:
Catorce a veintiún años

EPÍLOGO

Lista de figuras

Agradecimientos

Como todas las creaciones, este libro no habría nacido sin la ayuda de muchas personas. Quiero expresar mi enorme gratitud y aprecio a las siguientes personas:

Irwyn Applebaum, cuya paciencia, visión y apoyo incondicional a esta prolongada gestación me dieron la confianza que necesitaba para perseverar y hacer bien el trabajo.

Ned Leavitt, mi agente y amigo, que ha creído en este «bebé» desde el principio.

Leslie Meredith, que revisó mi primer libro y me convenció de escribir este libro hace muchos años.

Toni Burbank y Beth Rashbaum, encargados de la revisión del original, que arrimaron el hombro y continuaron hasta que este original estuvo en condiciones de ver la luz del día. Los dos sois brillantes.

Barb Burg y Theresa Zoro (qué placer contar con vuestros dones y talentos promotores).

Karen Kinne, por su actitud de «todo es posible» y su pericia en transcribir.

Katy Koontz, por su ánimo, eficiente investigación y verificación de datos.

Paulina Carr, por estar dispuesta, con habilidad y humor, a hacer lo que fuera necesario.

Janet Lambert, por establecer y mantener en mi vida un orden financiero tan preciso, hábil y amistoso con la usuaria.

Charles Grover, que ha apoyado mi trabajo con tanto entusiasmo y humor todos estos años (además de ser un pasmoso bailarín).

Sue Abel, por el esmero y dedicación con que ha mantenido mi casa organizada y hermosa por locas que se hayan puesto las cosas. Tu presencia en mi vida es una bendición.

Paul y Chris Bourgeois, el equipo padre-hijo soñado, que me ayudó a tener el hogar, la casa y la oficina en buen funcionamiento durante este proceso de escribir.

Mike Brewer, extraordinario factótum, por su papel en mantener las cosas en pie y funcionando.

Abby Shattuck, por proteger mi entorno con su magia botánica.

Fern Tsao, mi acupuntora (y de mis hijas), sanadora, además de pasmosa y completa terapeuta. Nos has ayudado a mí y a mis hijas a mantener bien la salud a lo largo de muchos años y varios libros. Somos afortunadas por tenerte.

Joseph Saucier, por ayudarme a verme bajo una nueva luz.

El personal de Royal River Grillhouse y de Harraseeket Inn, por proporcionarme un sustento tan delicioso y sano durante este proceso.

Louise Hay, Reid Tracy, Donna Abate, Margarete Nielson y todo el personal de Hay House, que han sido esenciales en hacer llegar este mensaje al mundo a través de mi hoja informativa y de la televisión pública. Niki Vettel y Dennis Allen, por sus importantísimos papeles en producir mis programas en PBS. Y Judie Harvey, por su excelente corrección de mis cartas por *e-mail* y hoja informativa.

Doctora Mona Lisa Schulz (¿qué habría hecho yo sin tu cerebro científico, habilidades intuitivas y para hacer de tía, y tu disposición para escapar a cuantas películas necesitaba ver yo para mantener limpio mi cerebro durante este proceso?), con profundo respeto y enorme gratitud por nuestra asociación de trabajo y amistad.

Diane Grover, enfermera en mi primera consulta y ahora la gerente general de todo. Kahlil Gibran escribió que «el trabajo es amor hecho visible». Tu trabajo conmigo durante más de veinte años es testimonio de esa verdad. No hay palabras para expresar mi agradecimiento por todo lo que haces y todo lo que eres.

Y, finalmente, mi familia, que me habéis ayudado a afinar las cualidades de mi alma desde el principio: mi difunto padre Wilbur, mi madre Edna, mi hermana Penny, mi difunta hermana Cindy, mis hermanos John y Bill, y, por supuesto, mis dos hijas compañeras del alma Ann y Kate.

PRÓLOGO

1

Madres e hijas

El vínculo que hiere, el vínculo que sana

La salud de cada mujer tiene su fuente en la relación madre-hija. Nuestro cuerpo y nuestras creencias acerca de él se formaron en el terreno de las emociones, creencias y comportamiento de nuestra madre. Ya antes de nacer, la madre nos da la primera experiencia de cariño y sustento. Ella es nuestro primer y más potente modelo del papel femenino. De ella aprendemos qué es ser mujer y el cuidado de nuestro cuerpo. Nuestras células se dividieron y desarrollaron al ritmo de los latidos de su corazón; nuestra piel, nuestro pelo, corazón, pulmones y huesos fueron alimentados por su sangre, sangre que estaba llena de las sustancias neuroquímicas formadas como respuesta a sus pensamientos, creencias y emociones. Si sentía miedo, ansiedad, nerviosismo, o se sentía muy desgraciada por el embarazo, nuestro cuerpo se enteró de eso; si se sentía segura, feliz y satisfecha, también lo notamos.

Nuestros cuerpos y los de nuestras hijas fueron formados por una red sin solución de continuidad de naturaleza y sustento, de una biología imbuida por la conciencia que podemos remontar hasta el principio de los tiempos. Así, cada hija contiene a su madre y a todas las mujeres que la precedieron. Los sueños no realizados de nuestras antepasadas maternas forman parte de nuestro legado. Para tener salud y felicidad óptimas, cada una de nosotras debe tener claro de qué modo la historia de nuestra madre influyó en nuestro estado de salud, nuestras creencias y nuestra manera de vivir la vida, y continúa haciéndolo. Cada mujer que se sana a sí misma contribuye a sanar a todas las mujeres que la precedieron y a todas aquellas que vendrán después de ella.

La influencia, muchas veces inconsciente, de una madre sobre la salud de su hija es tan profunda que hace unos años tuve que aceptar que mi pericia médica era sólo una gotita en el cubo comparada con la influencia, no sujeta a examen y continua, de esa madre. Si la relación de una mujer con su madre era sana y de mutuo apoyo, y si la madre le había transmitido mensajes positivos acerca de su cuerpo femenino y acerca de la forma de cuidarlo, mi trabajo como médica era fácil; su cuerpo, mente y espíritu ya estaban programados para la salud y la curación óptimas. Si, en cambio, la influencia de su madre era problemática, o había un historial de descuido, maltrato, alcoholismo o enfermedad mental, entonces yo sabía que con toda probabilidad mi mejor trabajo y empeño quedarían cortos. Las verdaderas y duraderas soluciones para su salud sólo se harían posibles cuando mi clienta comprendiera los efectos de su crianza y diera los pasos para cambiar esa influencia. Si bien las modalidades sanitarias como mejorar la dieta, hacer ejercicio, la medicación, la cirugía, la mamografía y el examen de mamas, la citología diagnóstica, etcétera, tienen todas su lugar, ninguna de ellas puede llegar a esa parte de la conciencia de la mujer que genera su estado de salud.

Antes del nacimiento, la conciencia dirige literalmente la formación de nuestro cuerpo. También lo van conformando constantemente nuestras experiencias, muy en especial las de la infancia. Ninguna otra experiencia de la infancia es tan irresistible como la relación de la niña con su madre. Cada una de nosotras asimila a nivel celular cómo se siente nuestra madre por ser mujer, lo que cree acerca de su cuerpo, cómo cuida de su salud y qué cree posible en la vida. Sus creencias y comportamiento imponen el tono para lo bien que aprendemos a cuidar de nosotras mismas en la edad adulta. Entonces transmitimos esta información, consciente o inconscientemente, a la siguiente generación.

Si bien reconozco que la cultura en general tiene un papel muy importante en nuestra visión de nosotras mismas como mujeres, en último término las creencias y comportamiento de nuestras madres individuales ejercen una influencia mucho más fuerte. En la mayoría de los casos, ella es la primera que nos enseña los dictámenes de la cultura general. Y si sus creencias están reñidas con la cultura dominante, casi siempre gana su influencia.

ATENCIÓN MATERNA: NUTRIENTE ESENCIAL PARA TODA LA VIDA

Cuando una cámara de televisión enfoca al público en el estudio o en un evento deportivo, ¿qué grita a la cámara la persona enfocada? La mayoría de las veces grita: «¡Hola, mamá!»

Cada persona tiene una necesidad primordial de ser vista y notada por su madre, y a eso se debe que la pérdida de la madre sea tan aniquila-

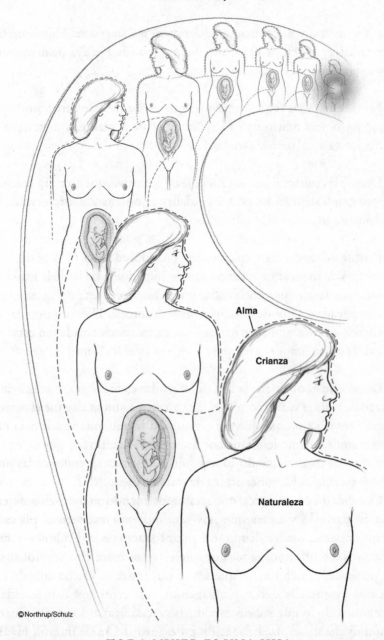

Alma

Crianza

Naturaleza

©Northrup/Schulz

TODA MUJER ES UNA HIJA

La salud de la mujer es el terreno sobre el que crece toda la humanidad. Mejorar la salud de una mujer fertiliza y aprovisiona este terreno para todos, hombres, mujeres, niños, animales, plantas, y el propio planeta. El vínculo madre-hija, en toda su belleza, dolor y complejidad, forma el cimiento mismo del estado de salud de una mujer. Esta relación primordial deja su huella en todas y cada una de nuestras células, para toda la vida.

dora. En una carta al comienzo de *Motherless Daughters* [Hijas huérfanas de madre], de Hope Edelman, escribe una mujer cuya madre murió cuando ella tenía trece años:

> Nadie en la vida te va a amar más que tu madre. No existe amor tan puro, incondicional y fuerte como el de la madre. Y a mí nadie me va a volver a amar así.

Una de las subscriptoras de mi hoja informativa, que escribió hace un tiempo, empleaba casi las mismas palabras, aun cuando esta pérdida le llegó mucho más adelante en su vida:

> Perdí a mi madre hace cuatro años, cuando yo tenía 49. Y sí que la echo de menos. La relación madre-hija es una de las más íntimas que tendremos en la vida, y muchas veces una de las más complicadas. Una de las cosas más dolorosas que comprendí cuando murió mi madre fue que nunca más sería amada (en esta vida) con un amor tan incondicional como el de la madre.

La necesidad que tiene la hija de su madre es biológica, y continúa a lo largo de toda la vida. No sólo el cuerpo de nuestra madre fue el origen de nuestra vida sino que además era su cara la que mirábamos para ver cómo éramos y cómo lo estábamos haciendo. Mirando los ojos de nuestra madre y experimentando su reacción a nosotras aprendimos las primeras y esenciales lecciones acerca de nuestra valía.

La calidad de la atención que recibimos cuando somos bebés determina en parte lo valiosas que nos sentimos por estar en el planeta. Cuando nuestra madre demuestra su aprobación sonriéndonos y hablándonos, codificamos la idea de que estamos bien. En cambio, si no está presente, por el motivo que sea, o nos retira su cariño cuando no hacemos lo que ella desea que hagamos, nos sentimos abandonadas. Hacemos todo lo que sea necesario para recuperar su atención. Cuando somos pequeñas, la aprobación o desaprobación de nuestra madre la sentimos como el beso de la vida o el beso de la muerte. No es de extrañar entonces que siga teniendo el poder de influir en nuestro bienestar. No es de extrañar que ya mujeres adultas, educadas y cultas, sigamos volviendo a esa misma fuente de atención materna para ver si estamos bien, si somos dignas de amor y para comprobar cómo lo estamos haciendo.

Creo firmemente que el vínculo madre-hija ha sido diseñado por la Naturaleza para ser la relación más positiva, comprensiva e íntima que tendremos en la vida. ¿Cómo es, entonces, que cuando volvemos a esa fuente para reaprovisionarnos, muchas veces el resultado es desilusión y resentimiento por ambos lados?

Muchísimas clientas y amigas me han contado dolorosas historias de cuando han ido a casa a pasar vacaciones o festivos. Ésta es una:

En mi primer año de universidad me fui a casa la noche del viernes anterior al Día de la Madre. Ya le había dicho a mi madre que no podría quedarme para la comida familiar del domingo porque tenía que volver para redactar un trabajo y estudiar para los exámenes de fin de año. Cuando entré en la casa, mi madre se echó a llorar.

—Mamá, ¿qué te pasa?

Ella continuó llorando.

—Las personas que más quieres son las que más te hacen sufrir —dijo al fin—. No intimes con nadie.

—Mamá, ¿estás dolida porque no me voy a quedar a celebrar el Día de la Madre?

—No puedo hablar de eso —contestó.

Lógicamente, eso me hizo sentir como si fuera una mala hija (que era exactamente el mensaje que ella quería transmitir).

—Mamá —le dije—, desde que me fui de casa para ir a la universidad has sido infeliz por mi causa.

Estaba claro que ella no quería hablar de lo que ocurría. Se negó a tratar el tema y continuó limpiando la mesa de la cocina. Finalmente me dijo:

—Le prometí a tu padre que tendríamos un buen día. Así que tengamos un buen día.

Esto continuó ocurriendo durante años alrededor del Día de la Madre y los demás asuetos importantes, pero mi amiga no podía dejar de ir. «No ir simplemente no es una opción», me decía. No es de extrañar que vaya, a pesar de la ansiedad, dolores de cabeza y malestares de estómago que le vienen después. Sigue volviendo a la fuente de atención materna a intentar apagar la sed de reconocimiento y aprobación incondicionales, porque sus células han sido programadas de generación en generación para hacer eso. Si bien a veces consigue beber unos cuantos sorbos de aprobación materna, nunca consigue la suficiente para llenarse, y el precio es muy elevado. Está llamada a soportar lo más recio de la infelicidad e insatisfacción de su madre. Justamente cuando más necesita de su apoyo para llevar adelante su vida, su madre la llama de vuelta a casa. El mensaje puede tomar muchas formas, desde lágrimas a enfado o a silencio pétreo, pero el texto subyacente siempre es el mismo: si de verdad me quisieras, te quedarías aquí a sufrir conmigo.

La relación de mi amiga con su madre no tiene por qué ser tan difícil. Para sanarla, debe primero identificar y llamar por su nombre a la telaraña común de expectativas, necesidades y mala comunicación en que se sienten atrapadas las dos. Y luego debe mirar bajo la superficie del comportamiento de su madre y de su reacción habitual a ella. Cuando lo haga, verá que su comportamiento (y el de su madre) se origina, sin solución de continuidad, en nuestro legado cultural como mujeres. Valorar esto es el primer paso hacia la sanación.

AMBIVALENCIA MATERNA: NUESTRO LEGADO CULTURAL

En nuestra sociedad se nos anima, tanto a los hombres como a las mujeres, a considerar el tener y criar un hijo como el logro más importante en la vida de una mujer. Y en muchos sentidos, lo es. Sin embargo, a un buen número de mujeres la maternidad les produce más conflictos y ambivalencia que lo que nos resulta cómodo reconocer, no sea que nos tilden de «malas» madres, cuyo amor por sus hijos es dudoso. Reconocer nuestra ambivalencia hacia la maternidad y la consiguiente pérdida de control y categoría que suele acompañarla es oponerse abiertamente a uno de nuestros mitos culturales más queridos.

La epidemia de depresión posparto no diagnosticada ni tratada y sus graves efectos en la sociedad nos dice muchísimo. ¿Quién no sentiría ambivalencia hacia la única decisión en la vida de una mujer que le cambia totalmente el futuro? Aun cuando el acto biológico de quedar embarazada requiere poca reflexión o planificación para la mayoría, criar a un hijo sano y seguro es, sin lugar a dudas, el trabajo más difícil que existe. Exige un grado de madurez y altruismo para los que no existe ninguna manera de prepararse adecuadamente. Hoy en día también significa la pérdida de la independencia y libertad por las que han luchado las mujeres durante tanto tiempo.

Contrariamente a lo que dice el mito, la crianza no es un dispositivo innato en la hembra humana. Implica una participación activa y requiere fuerza, energía, voluntad, inteligencia y resolución, cualidades todas que tendemos a asociar con la masculinidad. Y, sin embargo, dado que la feminidad se ha considerado inferior a la masculinidad durante tanto tiempo, el trabajo de sustentar y criar a nuestros hijos también se ha denigrado.

Pero en lugar de ser sinceros acerca de los no muy maravillosos aspectos de la maternidad, por un lado le añadimos un exagerado sentimentalismo, al tiempo que por otro no apoyamos y restamos importancia al verdadero trabajo que entraña.

Ninguna madre humana fue diseñada jamás para ser la única fuente de la energía que sustenta la vida de su hijo sin recibir también apoyo y ayuda externa, para ella personalmente y para sus necesidades individuales. Si bien al principio las madres sustentamos con la sustancia misma de nuestro cuerpo y después con nuestro corazón, mente y alma, la energía que gastamos en criar debe reponerse siempre con el cuidado y desarrollo personales, si queremos realizar de modo óptimo el trabajo de ser madres. Nadie esperaría que un campo de cultivo produjera cosechas año tras año sin reponer y abonar la tierra periódicamente, y sin embargo esperamos que las madres hagan esto. Y muchísimas madres no creen que pueden pedir ayuda.

Cuando no se repone periódicamente el combustible necesario para criar y atender a otros, o cuando las madres no consiguen satisfacer su necesidad de desarrollo personal separadamente de las necesidades de sus hijos o familia, las averías y fallos en el sistema sustentador se manifiestan en forma de depresión, ansiedad, e incluso violencia, que afectan tanto a las madres como a los hijos. Entonces la enfermedad se convierte en la única forma socialmente aceptable de satisfacer esa necesidad de sustento.

MÉDICO, CÚRATE A TI MISMO

El texto inicial de este libro lo comencé en 1996, cuando mis dos hijas todavía vivían en casa con su padre y conmigo. En ese tiempo creía saber de qué iba a tratar el libro. Al fin y al cabo había criado a dos hijas sanas, tenía una sólida relación con mi madre, y en mi calidad de tocóloga-ginecóloga había asistido a innumerables madres a dar a luz y a criar hijas sanas. Con inmenso entusiasmo comencé a escribir lo que yo consideraba un «manual de la propietaria para criar una hija sana».

Pero cada vez que me ponía a la tarea surgía otro trabajo o proyecto que me la interrumpía. Me llevó más de cinco años de comenzar y parar para comprender por qué ocurría esto una y otra vez: no estaba preparada. Para escribir el libro que era necesario escribir, primero tenía que comprender mis creencias acerca de ser madre. Tenía que estar dispuesta a dejar quemarse mi negación y sentimentalismo para poder ver con claridad cómo esos vínculos madre-hija primordiales habían influido en todas las células de mi cuerpo y en todos los aspectos de mi vida durante más de cincuenta años. Mirando en retrospectiva vi que todos esos trabajos o incidentes que parecían interrumpir la escritura de este libro eran pasos necesarios en su preparación.

Uno de esos trabajos interruptores fue escribir *La sabiduría de la menopausia*, libro que explica cómo y por qué la transición menopáusica es, en esencia, una oportunidad apoyada biológicamente para un crecimiento y una transformación personales importantes. Se resume en esto: crece o muere. Y la decisión de crecer siempre entraña limpiar cualquier asunto emocional inconcluso de la primera mitad de nuestra vida.

Mi transición de la edad madura incluyó el fin de mi matrimonio después de veinticuatro años. Durante el examen de conciencia que formó parte de este doloroso cambio en mi vida, comprendí que me había casado con mi madre. No con todas las partes de mi madre, naturalmente, sino con esas partes de nuestro pasado juntas que seguían clamando por resolución y curación. Mi relación con mi marido había sido una oportunidad para reconstruir y, por lo tanto, llevar a la conciencia algunas creencias anticuadas acerca de mí misma formuladas años antes en reacción a mi madre. A consecuencia de esta nueva comprensión fui capaz de poner más amor, alegría y salud en todas las facetas de mi vida, pero sobre todo en mi relación con mi madre y con mis hijas.

Pero nada de esto fue fácil. Hubo muchos días, durante el proceso de disolución de mi matrimonio, en que estaba segura de que yo era un fracaso total como mujer y como madre. Después de todo, en la superficie lo tenía todo: un marido médico, dos hijas preciosas, un hogar agradable y una profesión que siempre he considerado el trabajo para el que había nacido. ¿Para qué proseguir? No sabía si era digna de más.

La verdad es que una parte de mí siempre pensó que tenía que demostrar mi valía para ser amada. Así, como muchas mujeres, daba en exceso, tanto a mis hijas como a mi marido. Caí en el hábito con bastante facilidad, dado que maternidad y sacrificio siguen siendo casi sinónimos en nuestra cultura. Se supone que las necesidades de las madres van en último lugar, después de las de todos los demás. Fue muy duro caer en la cuenta de que aún con todo mi éxito externo seguía perdida en casa. Y estando ya divorciada, tenía que enfrentar los mismos problemas con mi madre y mis hijas.

Abro los ojos

Cuando ocurrió todo esto, mis dos hijas ya estaban en la universidad. Esperaba con ilusión cuando venían a casa a pasar los días festivos y sus vacaciones de verano, y llenaba la casa con sus alimentos favoritos. Si no tenía algo que ellas deseaban, me sentía fatal. Fantaseaba con lo bien que lo pasaríamos cuando estuvieran en casa, y luego me llegaba la decepción al ver que ellas ya tenían programadas otras actividades con sus amistades, que no me incluían a mí. El problema era que no sabía poner freno a mi comportamiento «maternal» automático y a las necesidades emocionales que lo atizaban. La verdad es que no sabía ver la diferencia entre mi sano deseo de atender y cuidar a mis hijas y mi necesidad de ganarme su cariño para afirmar mi valía.

Mi relación con mi madre también estaba cambiando. Lo irónico es que en ese tiempo ella y yo éramos las únicas adultas de mi familia que no teníamos hijos que vivieran en casa. Cuando ella tenía mi edad, la viudez la obligó a separar su individualidad de su anterior papel de esposa y madre. Su reacción fue convertirse en la alcaldesa de su ciudad, cargo que desempeñó durante cinco años. Después hizo realidad su sueño de hacer la ruta de todo el Appalachian Trail [Sendero apalache] y también escalar los cien picos más elevados de New England [Nueva Inglaterra].

Pero al encontrarme yo en una situación similar, recordé unas partes más difíciles de su historia. Cómo cambió drásticamente su vida social después de quedar viuda, porque ya no la invitaban a las fiestas y eventos a los que habían asistido ella y mi padre durante años. Cómo le fue imposible conseguir un préstamo a su nombre aun cuando era propietaria de la granja donde nos criamos (mi situación social y económica era distinta, pero no menos difícil para mi sentido de valía). También descubrí que, al ser dos mujeres solas, automáticamente nos «emparejaban» en todas las reuniones familiares. ¿Es que se suponía que mi nueva situación como soltera significaba que yo debía ser la compañera y la cuidadora de mi madre?

Los recuerdos continuaron llegándome y adquiriendo nuevo significado e importancia. Recordé que mi madre siempre era más feliz cuando tenía mucha actividad (incluso ahora, a sus 78 años, un día perfecto para ella entraña participar en varios deportes diferentes y luego cortar el césped y regar todas las plantas de la propiedad). En mis recuerdos de niña no hay ninguna ocasión en que ella se quedara un rato en la mesa una vez terminada la comida. Comenzaba a despejar la mesa y a lavar los platos lo antes posible para poder pasar a su siguiente actividad; muchas veces yo no había terminado de comer. Caí en la cuenta entonces de que, desde que tengo memoria, ella siempre daba la impresión de sentirse algo así como un «león enjaulado» cuando no podía estar activa. Creo que parar la habría hecho sentir algo que no deseaba sentir. También creo que, cuando niña, yo percibía su inquietud e inconscientemente asumía la responsabilidad de calmarla. Ésa fue elección mía, de mi alma, no obra de mi madre, pero creó un hábito que ya estaba dolorosamente anticuado.

Un día, durante ese periodo de intenso trabajo interior, de repente noté irritado el ojo izquierdo. Me quité la lente de contacto y la limpié. No sirvió de nada. Cada vez que me la ponía, continuaba la irritación. Cuando fui a ver a un oculista de Portland, ya tenía tan nublada la visión del ojo izquierdo que no pude leer la primera línea del cuadro de examen de visión. En la Massachusetts Eye and Ear Infirmary de Boston me diagnosticaron queratopatía infecciosa del cristalino, forma muy rara de úlcera corneal que normalmente sólo se ve en pacientes que tienen de alguna manera comprometido el sistema inmunitario. El pronóstico era ceguera de ese ojo. Me aterré.

Mientras exploraba buscando los métodos más sofisticados de atención médica, no paraba de preguntarme: «¿Por qué esto?», «¿Por qué ahora?» Un comentario casual hecho por una doctora residente de esa clínica captó mi atención; dijo que cuando las mujeres tienen problemas de ojos como el mío, siempre es en el ojo izquierdo. Comprendí entonces que la inmunosupresión que llevó a esta infección tenía relación con los recuerdos reprimidos que había sacado a la superficie ese último tiempo. Eso no es sorprendente, puesto que nuestro primer centro emocional, que afecta a la sangre, al sistema inmunitario y a la sensación de seguridad en el mundo, está muy influido por la relación con nuestra madre. El ojo izquierdo está asociado con el hemisferio cerebral derecho, esa parte que está conectada con emociones que el hemisferio izquierdo, el intelecto, suele tratar de negar. En la medicina china tradicional también se dice que el lado izquierdo del cuerpo, y los órganos situados en ese lado, representan a la madre.

Finalmente cambiaron las cosas cuando, además de las gotas antibióticas que me recetaron, comencé a tomar dosis muy elevadas de vitamina C [«si»] (la vitamina «see» [ver], como observó una amiga mía) y tra-

PREVENCIÓN ENERGÉTICA DE LAS ENFERMEDADES DE MAMAS Y CORAZÓN

Una madre cariñosa y abnegada tiende a convertirse en el centro mismo de la salud y la felicidad de su familia. Es como el cordón umbilical al que todos recurren para obtener sustento en todas sus formas: físico, emocional, psíquico y espiritual. Este papel sustentador puede ser inmensamente gratificante. También puede deteriorarse hasta llegar al martirio si la madre da a sus hijos y marido el amor y el cuidado que ella no se siente digna de recibir.

La energía para dar y para cuidar de otros incondicionalmente fortalece todos los órganos del cuarto chakra o centro de energía: las mamas, el corazón, los pulmones, la parte superior de la columna y los hombros (véase figura de pág. 61). Pero ese amor que hace tan vital el cuidado materno debe recargarse periódicamente, o de lo contrario lleva a problemas de salud en esos mismos órganos. Cuando una mujer pone en segundo plano sus necesidades personales y emocionales, o se olvida de que las tiene, disminuye inevitablemente la energía de su cuarto chakra a causa de resentimiento, rabia, aflicción, anhelos, deseo de contacto y cansancio. Ésta es la forma de energía que atrae la aparición de problemas de mamas, hombros, corazón y pulmones. Y las enfermedades en esas zonas son la causa de la mayoría de las muertes y discapacidad entre las mujeres.

No podemos legislar el cariño y la compasión. Pero en el instante en que la mujer decide que es digna de amor y cuidado, comienzan a cambiar las cosas. Una mujer que tiene el valor de romper el ciclo de martirio asegura su propia salud y contribuye a que su hija u otros seres queridos hagan lo mismo. La única manera de enseñar a la hija a reconocer y expresar sus necesidades emocionales es hacerlo uno. Y cuando la hija vea esto, tendrá menos probabilidades de llevar la carga de su madre en su vida.

bajé con varios terapeutas. Al mirar en retrospectiva, veo que la infección en el ojo fue causada por una creencia obsoleta que yo tenía. Creía que para mantener mi posición como buena madre y buena hija tenía la obligación de cuidar de mi familia de modos que ya no eran apropiados para mí. En la medicina china tradicional los ojos están en el meridiano del hígado; y el hígado se asocia con la rabia (¿nos sorprende eso?). Sin saberlo, yo estaba furiosa por lo que creía que «debía» ser y hacer como madre e hija.

La infección del ojo fue en realidad la sabiduría de mi cuerpo, que me comunicó, mediante un roce con la ceguera, que había una manera distinta de ver la situación. Tenía que ver que mi madre y mis hijas eran adultas fuertes y capaces que no necesitaban que yo sacrificara nada por ellas ni las rescatara de ninguna manera. Era hora de que viera mi papel de madre y de hija de una forma nueva, y más sana para todas las involucradas. Y, como siempre, este conocimiento me llegó a través de mi cuerpo, muy literalmente a través de mis ojos, los que me indicaron que iluminara una parte oscura y no examinada de mi psique.

Fue siguiendo esto como finalmente identifiqué el verdadero libro que deseaba dar a luz: no un manual de una médica sobre cómo criar hijas, sino una manera totalmente nueva y potenciadora de mirar la relación madre-hija. Deseaba encontrar una manera de ayudar a las mujeres de todas las edades, estén o no criando una hija, a sanarse física y emocionalmente al nivel más profundo posible.

Arriesgarse a la verdad

Asumir las consecuencias para la salud de la relación madre-hija no fue fácil. Muchas veces tenía la impresión de ir caminando sobre huevos simplemente por decir la verdad acerca de mi experiencia. Una de mis amigas me envió una historia sobre su madre, y me decía que escribirla la había hecho sentirse culpable, aun cuando hacía más de veinte años de la muerte de su madre, una mujer muy difícil y celosa. Siempre que se siente tanta incomodidad por decir una simple verdad, quiere decir que hay también una enorme cantidad de energía reprimida que es la que mantiene el secreto bien guardado.

Si quería escribir un libro que verdaderamente ayudara a las mujeres, debía estar dispuesta a decir «lo que es» y a sentir totalmente mis sentimientos, sobre todo aquellos que no eran agradables. También tenía que tener claro que decir la verdad no es lo mismo que culpar a nuestras madres (o hijas) por sus defectos. Culpar es un callejón sin salida que no ayuda a nadie. Pero mientras no nos arriesguemos a decirnos la verdad a nosotras mismas acerca de lo que realmente sentimos, no puede cambiar ni mejorar nada en nuestra vida. Y tratándose de la madre o las hijas, hay que arriesgarse a cambiar cualquier creencia y comportamiento habituales que no sean sanos para uno. Y hay que estar dispuesta a hacerlo aunque esto no guste a la madre ni a la hija. Si no, ni una misma ni ellas vamos a poder disfrutar de salud ni libertad óptimas.

Luego hay que hacer algo que es paradójico. Nos ocurra lo que nos ocurra y por erróneo o mal que nos parezca, hemos de entrar en el mundo de la gracia y las posibilidades en que una está dispuesta a aceptar la responsabilidad en todos los aspectos de su vida; lo que incluye la relación con la madre, con la hija y con una misma.

Parte de asumir la responsabilidad es identificar el asunto inconcluso con la madre, entre otras cosas las heridas o resentimientos del pasado. Después es necesario iluminar con un foco aquellas maneras en que el comportamiento actual mantiene vivos esas heridas y resentimientos, e incluso se transmiten a la siguiente generación. Hay que hacer una revisión para descubrir de qué maneras somos cómplices de la cultura de la abnegación y comportamiento enfermo que muchas madres transmiten sin querer a sus hijas.

Sí, existe una manera de crear relaciones sanas, sostenibles, con nuestras madres e hijas sin enfermarnos, sentirnos absorbidas, chupadas, o resentidas. Sí, podemos relacionarnos y apoyarnos mutuamente y al mismo tiempo ser libres para vivir la vida lo más plenamente posible, sin la tiranía de la culpa y la obligación que con mucha frecuencia se manifiesta en esta relación. Y sí, podemos crear un legado de salud para nuestras hijas y sus hijas por venir. Este libro te enseñará la manera.

ROMPER LA CADENA DE DOLOR

Un día, cuando estaba próxima a terminar de escribir este libro, recibí un informe titulado «Toca el futuro: Aprendizaje de las relaciones óptimas para niños y adultos». Compendio de sólidos estudios sobre la importancia del vínculo madre-hijo para el desarrollo cerebral y emocional óptimo de los niños, incluía documentación sobre cómo habían conspirado las modernas prácticas obstétricas, la falta de vínculo madre-bebé, la falta de amamantamiento por la madre, el servicio de guardería institucional y la violencia que aparece en los medios, a generar una epidemia de agresividad, depresión, violencia y tendencias suicidas en los niños.

Aun cuando los estudios mencionados en este informe no eran nuevos para mí, y estaba de acuerdo en muchas cosas, de todos modos me activó un sentimiento de culpa materna muy antigua, profunda como un abismo. Me quedé paralizada y no pude continuar leyéndolo, abrumada por la sensación de que no había hecho bastante por mis hijas. Me sentí culpable por haber tenido ayuda en el cuidado de las niñas cuando estaba trabajando; me sentí culpable por haber deseado tener una profesión y una familia; me sentí culpable por no haber llevado a mis hijas junto a mi cuerpo todo el primer año de vida. Caída en ese abismo de culpa materna, me cegué a todo lo que había hecho bien.

Me llevó veinticuatro horas comenzar a recuperar el sentido. Cuando por fin me recuperé lo bastante para pensar y sentir con claridad, me pregunté: «¿Qué me pasa? ¿Por qué me siento tan mal conmigo misma como madre?»

Y entonces hice la conexión. No me gustaban algunas de las decisiones que había tomado una de mis hijas veinteañeras en esos momentos. Pero en lugar de dejar que esas decisiones fueran responsabilidad de ella, suponía que sus errores eran por mi culpa, un reflejo de cómo yo la crié. ¿Y si lo hubiera hecho distinto? ¿Y si no hubiera trabajado? ¿Y si hubiera sido más estricta? ¿Le consentí demasiadas cosas? ¿O dejé de consentirle otras? ¿Cuándo acababa mi responsabilidad y comenzaba la de ella? El artículo que me desencadenó el sentimiento de culpa trataba de los vínculos afectivos de la primera infancia. ¿Y los actuales qué? Y comprendí que, al margen de lo que hubiera hecho o dejado de hacer en el pasado, volver a analizar mis errores de omisión o comisión como madre era meterme en un callejón sin salida. Recorrer una y otra vez ese determinado camino no producía nada aparte de más dolor y culpa.

Culpar a nuestras madres por sus defectos (y por consiguiente los nuestros) o sentirnos culpables por nuestros fallos como madres son maneras seguras de continuar en la modalidad de víctimas como mujeres, un estado que nos aleja de nuestro poder personal y nos predispone para la enfermedad y más fracasos. Aunque hemos de ser sinceras con nosotras mismas acerca de nuestra infancia, aunque hemos de reconocer en qué no hemos acertado, no nos sirve para nada continuar estancadas en el sentimiento de culpa. En lugar de eso, tenemos que aprender a continuar adelante conscientemente, con los ojos y el corazón abiertos.

Al margen de cómo nos amó y crió nuestra madre, finalmente hemos de interiorizar y poner al día la forma de acogernos que nos transmitió, y aprender las habilidades añadidas necesarias para amarnos y cuidarnos de modo óptimo. Hemos de convertirnos en la madre ideal que deseábamos tener a la vez que desenganchar a nuestra madre humana. Y hemos de volver nuestra amorosa compasión hacia nosotras y nuestra vida.

Si tienes una hija, el trabajo que hagas para hacer las paces con tu madre y tu historia relativa a su atención y cuidados será el mejor legado de salud y curación que puedes transmitirle. Y si no tienes hija o no piensas tenerla, debes saber que, sanando tu relación con el modo en que te crió y sustentó tu madre, serás para las mujeres y hombres de todas partes un modelo de esa rareza: una mujer sana que ha hecho las paces con su pasado y desea con ilusión crear su futuro.

RETO DE LA SABIDURÍA: *¿qué debemos a nuestras hijas?* *¿Qué debemos a nuestras madres?*

Si tienes una hija «fácil», comprensiva, que va por la vida responsabilizándose de sí misma y sabe cuándo pedir ayuda y cuándo no, tu trabajo de madre es tan fácil y natural como respirar. Tu hija va a pasar por los «dolores» naturales del crecimiento, claro, pero se las arregla para ser responsable de su vida la mayor parte del tiempo. Las cosas se ponen más difíciles cuando la hija no pasa fácilmente por los hitos emocionales y físicos que llevan a la madurez.

Si una hija se queda estancada en una fase de su desarrollo, ya sea a los 5, a los 16 o a los 25 años, ¿cuál es la responsabilidad de la madre? ¿Dónde empieza? ¿Dónde termina? ¿Y cómo y cuándo te desprendes del papel de intentar ayudar a tu hija a triunfar? ¿Cuándo te desenganchas si fracasa? ¿Qué debe hacer una madre por su hija de 7 años que no tiene amigas? ¿Qué hace con la hija de 11 años sexualmente precoz que desea comenzar a salir con chicos? ¿Qué haces con la hija de 15 años que fuma y bebe alcohol periódicamente? ¿Y si tiene 25 años y no tiene trabajo? ¿Y si tiene 30 y desea volver a casa para ahorrarse el dinero del alquiler?

¿Y con tu madre? Si se siente desgraciada y sola, ¿cuál es la responsabilidad de la hija? Si está viuda, tiene una enfermedad crónica o ya no puede vivir sola, ¿qué espera de ti? ¿Qué esperas tú de ti? ¿Disfrutáis de la mutua compañía, o la relación se basa en la culpa y la obligación? «Yo lo hice por ti, ahora tú debes hacerlo por mí.» Tu disposición a «devolver», ¿tiene relación con lo mucho que hizo tu madre por ti, o es simplemente parte de ser una hija?

Hay muchas respuestas correctas a estas preguntas, pero no las puedes contestar para ti mientras no aclares tus creencias y comportamientos. Este libro te ayudará a hacer eso.

ACEPTAR EL ESTILO MATERNO ÚNICO

La culpa y la preocupación acerca de si somos buenas madres se han ido intensificando al disponer las mujeres de cada vez más opciones de desarrollo personal. Cada vez más se espera que las madres tengan perfecta la casa y preparen comidas caseras a la vez que trabajan a jornada completa fuera de casa. Nuestra cultura entonces enseña el irreal y siempre popular perfil de la «mamá celebridad», a modo de ejemplo de cómo deben verse y actuar las madres trabajadoras.

Pero no existe ninguna manera correcta de ser madre. Me ha resultado útil pensar en estilos maternos, o estilos «cariñosos» si uno no tiene hijos, que encajan en algún lugar del espectro. Una vez que identifiques el estilo de tu madre y también el tuyo, podrás valorar y comprender mejor cómo os habéis influido mutuamente y qué opciones son las adecuadas para ti.

En un extremo del espectro está la madre o la mujer acogedora no tradicional, la mujer que principalmente se ha vuelto hacia dentro, hacia satisfacer necesidades creativas que proceden de su interior profundo. Este tipo de madre ha de atender a esas necesidades si quiere conservarse emocionalmente equilibrada y físicamente sana. Mi madre entra en esta categoría. La activación de la maternidad y de los circuitos de acogida tiene un grave efecto en la salud física de las mujeres como mi madre, a no ser que también cuenten con mucha ayuda o apoyo práctico. Aunque aman a sus hijos tanto como cualquiera, no están equipadas biológicamente para que la maternidad las satisfaga totalmente en los planos más profundos. Para mi madre, esquiar y realizar otras actividades al aire libre era tan necesario como el oxígeno. Cuando sus hijos éramos pequeños, en lugar de perderse un día de esquí, nos cogía a todos y nos llevaba con ella, poniendo a uno sobre esquíes entre sus piernas y a la otra en una mochila a la espalda. ¡Todos aprendimos a esquiar a los dos años!

Mi madre ha contado muchas veces cómo cuando era madre primeriza a los 20 años, con su primer hijo, mi hermano mayor, se sentaba en el pórtico de atrás, deseando echar a correr por el cerro para huir de la aplastante responsabilidad de cuidar de su pequeño bebé. Mi padre, al percibir esto, inmediatamente contrató a una persona para que la ayudara. Mi madre no estaba hecha, ni por temperamento ni por sistema inmunitario, para las exigencias de la maternidad en los años cincuenta, época en que el papel de la mujer era mucho más limitado que ahora. Como de la mayoría de las recién casadas de este tiempo de la posguerra, se esperaba que consagrara su vida a cuidar de su marido y sus hijos (tuvo seis hijos en quince años, una de los cuales, mi hermana Bonnie, murió antes de cumplir seis meses). Su trabajo consistía, entre otras cosas, en hacer la compra y preparar tres comidas al día, durante más de treinta años.

En el otro extremo del espectro está la madre tradicional, la clásica «madre natural» o «madre tierra». Tener bebés y cuidar de ellos es la actividad que le da más felicidad y satisfacción en su vida. Su contacto parece hacer crecer las cosas automáticamente; suele tener jardín. Nada le gusta más que crear un hogar, preparar galletas o pasteles y estar disponible para sus hijos. El centro de atención de esta madre son principalmente sus hijos, y no suele sentir la necesidad de tener una profesión u otros intereses. Una mujer con este temperamento tiende a adorar a los bebés y a fijarse en ellos desde muy pequeña. Estas mujeres se sienten mejor que nunca cuando están embarazadas, amamantando, o con sus hijos en la casa de forma que anda tropezándose con ellos. El circuito de la maternidad parece estimularlas y gratificarlas, y no tienen ningún problema para cuidar de un buen número de hijos simultáneamente. La madre tradicional podría pasar por considerables dificultades en la edad madura si percibe que su familia ya no la necesita. Suele continuar su papel acogedor o de cuidadora durante toda su vida, haciendo cosas como ofrecerse a cuidar de los nietos, u organizar reuniones en días festivos o en vacaciones en las cuales ella prepara la mayor parte de la comida.

Más o menos por el medio del espectro está la mujer que combina los dos tipos de madre, la tradicional y la no tradicional. Yo entro en esta categoría de «madre combinación». Al igual que mi madre, nunca me interesaron los bebés hasta que tuve a mis hijas. Y mi necesidad de seguir una profesión relacionada con la salud de la mujer era una pasión tan absorbente como era para mi madre su afición a los deportes. Cuando mi primera hija tenía tres meses tuve, igual que mi madre antes, algunos problemas que comprometían mi sistema inmunitario. Parte de esto se debía al estrés de trabajar a jornada completa y tratar también de alimentar a mi hija exclusivamente con mi leche. Siempre tuve ayuda en el hogar en todo momento, pero podría haberla aprovechado más, dado mis horarios de guardia.

Finalmente chocaron mis dos mundos, el de criar y el de la profesión. Cuando mis hijas tenían dos y cuatro años, dejé de prestar asistencia en partos para pasar más tiempo con ellas. Me costó mucho tomar esta decisión, dado sobre todo que elegí la profesión de tocóloga-ginecóloga debido a mi gusto por asistir en partos. De todos modos, ser madre de mis hijas y pasar una cantidad de tiempo importante con ellas ya era mi principal prioridad.

La dificultad de la combinación

Dada la manera como ha cambiado la sociedad, muchas mujeres que son madres tradicionales por temperamento se ven obligadas a ser madres combinación. Esto presenta enormes dificultades. La biología de la maternidad combinada con la implacable adicción a la productividad y al trabajo de nuestra cultura, las veinticuatro horas de los siete días de la semana, hace tremendamente difícil cuidar de los hijos pequeños cuando ambos padres trabajan. Aun no tenemos buenas soluciones para las familias jóvenes. De todos modos, para mí las cosas fueron mucho mejores de lo que fueran para mi madre. No sé qué habría hecho yo si hubiera sido esposa y madre en los años cincuenta, cuando mi madre tuvo a sus hijos. También agradezco muchísimo que mi trabajo me haya dado la base para una segunda mitad de la vida muy satisfactoria ahora que mis hijas son adultas.

Sea cual sea nuestro temperamento individual, nuestras opciones, como las de mi madre, están configuradas por la cultura de nuestra época y por el lugar. Muchas mujeres de la generación de mi madre me han dicho que compadecen a las mujeres de mi generación; miran a las madres de hoy en día, corriendo de aquí para allá para hacerlo todo, y mueven la cabeza; comparadas con nosotras, dicen, ellas tenían muchísimo más tiempo libre y mucho más apoyo y ayuda. Sus maridos debían mantener a la familia, a ellas y a sus hijos; las reglas eran más sencillas; había menos opciones. De todos modos, sería ingenuo creer que todas las madres aceptaban con muy buen ánimo la dichosa vida doméstica de los años posteriores a la Segunda Guerra Mundial, los «tiempos felices» que se describían en las hogareñas series de televisión de los años cincuenta y sesenta. Para muchas mujeres, entre ellas mi madre hasta cierto punto, tener hijos y atender sus hogares y a sus maridos, significaba renunciar a sus esperanzas y sueños de realización personal.

Niravi Payne, especialista en los aspectos psicológicos de la fertilidad, ha hecho notar que la generación de los años cincuenta y sesenta fue la primera en la historia humana que retrasó colectivamente la edad de tener hijos respecto a la edad en que sus madres tuvieron sus primeros hijos. A diferencia de nuestras madres, nosotras lo íbamos a tener todo: profesiones gratificantes, familias funcionales y matrimonios «sociedad» con hombres que nos comprenderían y compartirían con nosotras la mitad de todo, desde la atención a los hijos, al traslado a otra ciudad debido a un ascenso laboral. Pero al decir «no», o por lo menos un «espera», al fuerte impulso biológico de la fertilidad y maternidad, en favor del progreso profesional en un mundo dominado por los hombres, nos metimos sin querer en un territorio totalmente nuevo del cual no existían mapas de carretera ni orientación disponible, ni por parte de nuestras madres ni por parte de la sociedad, y mucho menos del hombre de nuestra vida. Nuestra generación tuvo que inventárselo todo en el camino. Y nuestras hijas tomarán el relevo donde dejamos las cosas, y crearán más equilibrio aún.

Hacia dónde vamos

Lo que yo no sabía entonces, cuando era madre joven, era que mi plantilla* creativa interior estaba golpeando la puerta, apremiándome a encontrar la satisfacción que deseaba creando una vida en la que se pudieran combinar, sin solución de continuidad, las alegrías y satisfacciones de ser madre y criar a mis hijas con mi trabajo como médica.

Miles de otras mujeres se hacían simultáneamente las mismas preguntas y hacían los mismos tipos de cambio en su trabajo y vida personal. La generación de chicas que llegan ahora a la mayoría de edad, nuestras hijas, son el resultado de este experimento.

Juntas, madres e hijas están ahora preparadas para forjar un legado de salud y libertad auténticas, para ellas y mutuamente. En el fondo del corazón sé que éste es el trabajo para el que nací. Y mi madre, Edna, ha sido mi mentora y mejor profesora desde el principio.

Colectivamente estamos en una nueva frontera en la que incontables mujeres, habiendo probado los embriagadores frutos de la individuación

---

* Plantilla interior: *inner blueprint*. Es el conjunto de recuerdos, creencias, sentimientos y proyectos que configuran y guían nuestros pensamientos y acciones. Implica todos los aspectos de nuestro carácter recibidos por herencia —el legado que recibimos—, y las experiencias de nuestra vida, especialmente las de nuestra infancia y adolescencia. A partir de esta estructura proyectamos nuestra vida. A falta de una palabra que englobe todos estos aspectos, he traducido *blueprint* por «plantilla». *(N. de la T.)*

y el poder personal, ya no están dispuestas a volver a hacer los papeles inconscientes y no elegidos que nos han transmitido generación tras generación. Tampoco estamos dispuestas a aceptar la idea de que envejecer significa enfermarse y necesitar cuidados.

La mayoría de nosotras también deseamos y necesitamos la satisfacción que produce crear un hogar y una familia. Y a pesar de nuestra independencia y fuerza económica, casi todas las mujeres que he conocido también desean ser amadas y mimadas en una íntima relación conyugal, aunque no si el precio que deben pagar es renunciar al control de su dinero, cuerpo, profesión o tiempo.

La energía femenina se está elevando en todo el planeta para apoyarnos cuando entremos en el nuevo arquetipo de relación significado por el número 2 de este milenio. Es esta energía la que apoya a hombres y mujeres para crear nuevas historias familiares, nuevas historias de salud y longevidad, nuevas historias de trabajo y realización.

PERSPECTIVA ESPIRITUAL

Desde una perspectiva superior, el viaje que describo en este libro no se refiere en absoluto a nuestras madres ni a nuestras hijas. Se refiere a llegar a lo más profundo de nuestro ser y a ser feliz en la compañía propia. Éste es un reto que enfrentamos todas las mujeres. Solamente transformándonos podemos esperar crearnos la vida que deseamos en el mundo externo.

Creo que todas las madres e hijas son viejas amigas en el plano del alma, y que estamos aquí para ayudarnos mutuamente a dar amor, destrezas y disciplina a esas partes de nuestras personalidades que adoptamos al nacer para desarrollarnos más plenamente. Dado que cada una nació con diferentes dones y retos, ninguna de las dos va a tener nunca exactamente la misma idea de lo que es correcto o lo que es mejor. Pero podemos trabajar con miras a una relación de toda la vida en la que cada una apoye la plena evolución de la otra, al margen de la fase de su vida o su edad.

Yo no soy el Poder Superior de mis hijas y jamás lo he sido. Les di el inicio que fui capaz de darles, tal como mi madre me lo dio a mí. Lo que hagan ellas con este legado ahora depende de ellas en íntima relación con sus almas.

HAZTE CON LA ENERGÍA DE LA MADRE OSA

¿Cuál es el animal más peligroso del bosque? Una madre osa protegiendo a sus pequeñuelos; no existe criatura más feroz ni peligrosa. Sabe lo que debe hacer para tenerlos a salvo; y son su primera preocupación. Punto. Pero también sabe qué enseñarles para que cuando llegue el momento, sepan vivir independientes sin ella.

Criar hijos en general, e hijas en particular, o sanar la relación con nuestra madre y aprender a cuidar de nosotras mismas, nos hace necesario recuperar nuestro conocimiento instintivo, esas partes de nuestra biología que la cultura ha ido eliminado sistemáticamente a lo largo de miles de años. Esta energía está simbolizada por la madre osa en muchas culturas tradicionales.

La única manera de criar a una hija sana y orgullosa de sí misma, o sanar la relación con nuestra madre, es entrar en el territorio de la osa. La única manera de llegar a ser la madre que siempre deseaste tener es entrar en el territorio de la osa. Para oír nuestra sabiduría maternal y dejarla circular por nosotras a fin de que nos guíe en la tarea de ser madre, propia o de otra persona, necesitamos volvernos feroces y receptivas al mismo tiempo. Si estás criando una hija, debes estar dispuesta a abrirte a ese lugar interior donde encuentras la voluntad para sacrificar tu vida, o la de otra persona, o sacrificar cualquier otra cosa por tu hija. Y, paradójicamente, esto también significa saber en qué momento renunciar al sacrificio por su bien y por el tuyo. Del mismo modo, si quieres sanar tu relación con tu madre, has de aprender cuándo cuidar de ti misma y cuándo cuidar de otros.

Todas nacemos con algo de la energía de la Madre Osa. Los procesos que llevan al nacimiento de un bebé (gestación, labor del parto, parto y periodo posparto) están configurados para saturarnos de las hormonas y las emociones que necesitamos para acceder a esta energía. Pero actualmente hay poquísimas madres osas realmente feroces custodiando a sus pequeñuelos. ¿Adónde se ha ido esa energía Madre Osa de las madres humanas, y cómo podemos recuperarla cada una de nosotras? Durante muchísimo tiempo la cultura ha despreciado, desatendido o degradado nuestros instintos femeninos, por lo que la mayoría de las mujeres nos sentimos bastante ambivalentes respecto a lo que sabemos en lo profundo de nuestro interior. No hablamos mucho de esto porque no queremos parecer tontas, incultas o poco científicas. Y, lógicamente, también deseamos que todo el mundo nos quiera, entre ellos nuestras hijas, nuestro marido, nuestros amigos o nuestro amante.

¿Dónde está la Madre Osa? ¿Cómo es que ese instinto tan potente se ha enterrado o deformado? ¿Cuál es su expresión total y natural? ¿Cómo puede cada una de nosotras recordarla y aplicarla como es necesario a «nuestra» vida? No me entiendas mal. El instinto biológico inconsciente y el instinto biológico que la conciencia y la elección afinan y afilan son dos cosas distintas. Recordar nuestra sabiduría instintiva no significa negar nuestro intelecto ni los aportes de la ciencia. Significa usar nuestro intelecto junto con nuestra sabiduría instintiva o natural.

Abrirte al poder de tu instinto de Madre Osa te abrirá a intensidades de sentimientos que ni siquiera sabías que poseías y al amor más enternecedor que te puedas imaginar. Al comienzo del último capítulo de mi primer libro, *Cuerpo de mujer, sabiduría de mujer*, escribí: «En nuestro cuerpo llevamos no sólo nuestro propio dolor, sino también, aunque sin saberlo, el de nuestras madres y abuelas». Cuando escribía este libro he sentido con más fuerza que nunca la verdad de esta afirmación. Espero que tú también la sientas, porque cuando lo hagas descubrirás muy pronto que ese lugar de sentimiento es la puerta por la que debes pasar si quieres crear una vida verdaderamente dichosa, creativa y plena para ti y para tus hijas.

2

La vida es una serie de úteros

La plantilla interior para crear y crecer

En todas las mitologías del mundo aparece de forma predominante el viaje del héroe. Con raras excepciones, estos héroes son hombres que dejan su hogar y su familia para salir al mundo en busca de algún tipo de tesoro. En el camino encuentran y vencen obstáculos, enemigos y peligros, y también sufren pérdidas. Finalmente vuelven a casa a reunirse con sus familiares y seres queridos, absolutamente cambiados y con una sabiduría muy superior a la que tenían cuando partieron.

Todos somos héroes. Y el viaje del héroe comienza en el momento de nuestro nacimiento. Pero para la mujer es diferente este viaje del héroe. Los enemigos, obstáculos y batallas que encuentran las mujeres rara vez son tan francos o claros como los que enfrentan los hombres. Muchas veces existen en nuestra psique y nos los ha transmitido una cultura que sólo ahora comienza a sentirse cómoda con las formas de ser femenina en el mundo.

El viaje heroico de una mujer siempre comienza en compañía de su madre, la mujer de la que recibe la impronta de lo que significa ser mujer. Su viaje cobra velocidad cuando deja la comodidad del útero y pasa por el proceso del nacimiento. A partir de ese momento debe viajar por una serie de fases de desarrollo que podrían compararse con una serie de úteros.

NUESTRO VIAJE COMIENZA Y TERMINA EN CASA

Dado que con mucha frecuencia las mujeres soñamos con casas, símbolo muy concreto de nuestra psique y nuestro cuerpo, he representado el viaje heroico femenino como un viaje por una casa. Cada habitación de esta casa contiene desafíos que hemos de afrontar para encontrar el tesoro que también nos aguarda en esa habitación. El útero de nuestra madre es la base, cimiento, o «sótano» de nuestra casa. Entramos en la primera habitación pasando por la labor del parto y el parto, seguidos por un periodo posparto de adaptación. Las energías de la concepción, la gestación, la labor del parto y el parto, que nos dieron vida física, se repiten entonces metafóricamente cuando pasamos a la habitación siguiente, enfrentando los desafíos relacionados con esa habitación y también cosechando las recompensas y encontrando los tesoros.

Para crecer y evolucionar, pasando a la siguiente fase de desarrollo (la siguiente habitación) hemos de pasar nuevamente por la labor del parto y el parto. Que el momento sea el propicio para este proceso es tan esencial como que lo sea el momento de la labor del parto al final del embarazo. No progresar y continuar cuando hemos llegado al final de una fase de desarrollo, o tratar de saltarnos una fase, pasando a la siguiente antes de tiempo, entraña riesgos para la salud, e incluso muerte prematura en algunos casos.

En mi calidad de tocóloga-ginecóloga, madre y escritora, he llegado a comprender que cada creación importante en nuestra vida, ya sea un hijo, una obra de arte, un hogar, una relación o nuestra vida, requiere una inversión de energía vital similar a la que requiere un embarazo humano. Y cada una de nuestras creaciones, como cada uno de nuestros hijos, está también formada e influida por nuestra conciencia.

Y eso no es todo. Cada creación también requiere una estructura de apoyo para sostenerla y nutrirla, tal como la placenta humana nutre al hijo no nacido. Y más interesante aún, cada una de nuestras creaciones pasa esencialmente por las mismas fases por las que pasamos las mujeres cuando concebimos, gestamos y damos a luz una nueva vida en el mundo. Los procesos de concepción, embarazo, labor del parto, parto y periodo posparto son metáforas físicas de cómo creamos todo en nuestra vida. Estos procesos son los mecanismos mediante los cuales llevamos a cabo los dictados de nuestra plantilla interior para crear. Todas las madres pasan a sus hijas este profundo legado.

¿Por qué siete años?

Un impresionante número de tradiciones del mundo han reconocido el ciclo de siete años en el desarrollo humano. En las enseñanzas de los jesuitas, por ejemplo, se dice que el niño llega a la edad de la razón a los siete años. Rudolf Steiner, el fundador del movimiento escuela Waldorf y la medicina antroposófica, enseñaba que los niños sólo están preparados biológica e intelectualmente para leer cuando han cambiado los dientes, alrededor de los siete años. El famoso psicólogo moderno Erik Erikson también dividía el ciclo vital en fases de desarrollo (aunque no de siete años), en cada una de las cuales hay retos, conflictos y consecuciones.

Basándome en la tradición y mi experiencia, he asignado siete años al paso por cada una de las habitaciones de la casa de la vida. Esto, sin embargo, no pretende ser un corsé de «debos» que hay que seguir para tener salud y éxito. Es más bien un marco amplio para darte una idea del terreno que vais a cubrir tú o tu hija en vuestro viaje único por la vida.

Así como no hay manera de predecir con exactitud el momento en que uno va a entrar en la labor del parto y el parto, no hay manera de predecir el tiempo que va a durar el viaje por una determinada habitación. Hay considerables variaciones normales en el tiempo que lleva enfrentar los desafíos y encontrar el tesoro que guarda una determinada habitación. Algunas mujeres tardan dos o tres años en pasar por una determinada habitación, mientras que otras necesitan diez o más años en pasar por la misma. A veces una podría necesitar retroceder para volver a visitar durante un tiempo una habitación que creía haber abandonado para siempre. Un accidente o una enfermedad suele obligar a hacer justamente esto.

El objetivo del viaje

Creo firmemente que la vida de cada una está imbuida por una finalidad y sentido únicos desde el principio mismo. Nuestros pensamientos, emociones y comportamientos son la manera como exploramos y configuramos la finalidad de nuestra vida, y usamos y desarrollamos nuestra creatividad innata. Cada vez que nos encontramos ante un obstáculo o prueba de la vida, sea cual sea el momento, tenemos la oportunidad o bien de echarle la culpa a las circunstancias externas, o bien de entrar en nuestro interior para conectar con nuestra alma y creatividad. Si hacemos esto consciente y repetidamente a lo largo de los ciclos vitales, desarrollamos importantes recursos y habilidades interiores que nos sirven para llevar a cabo nuestra finalidad única. Y en consecuencia nos convertimos en un regalo para nosotras mismas y para el mundo. Nuestra vida, al margen de las circunstancias, se convierte en un bien, un beneficio, que enriquece y aporta bondad a nuestra familia y a nuestro mundo.

En este viaje, madres e hijas están asociadas desde el comienzo mismo. Las circunstancias de la concepción, embarazo, labor del parto y parto de la madre con su hija, forman la plantilla original que la hija codifica acerca de lo que ha de esperar cuando pase de una habitación a la siguiente en el viaje de su vida. Sin embargo es el bebé el que inicia la labor del parto, y es el cuerpo de la madre el que debe relajarse para entrar en el proceso.

Estas experiencias forman la base misma de cada fase de desarrollo subsiguiente. Son el grano para el molino, que nuestras almas van a moler y refinar repetidamente a lo largo de la vida.

Una de mis amigas observa que siempre que se mete en un proyecto, sus «embarazos» se prolongan mucho; pasa una excesiva cantidad de tiempo en el periodo de gestación, reuniendo información, cotejándola, verificando los datos. Luego tiende a «parir» su proyecto precipitadamente. Se quedó atónita cuando se enteró de que el embarazo de su madre con ella se alargó casi más de un mes de lo debido. Finalmente su madre entró en labor y tuvo un parto muy rápido, después de tomar aceite de ricino y conducir por caminos con muchos baches. Los desafíos creativos de la hija eran diferentes, pero ella reflejaba a su madre en su forma de enfrentarlos.

Entre los tesoros que encontramos en el viaje de nuestra vida están la salud, al amor, la gratitud, la creatividad, la alegría, la dicha, la libertad, la abundancia y el éxito. Todo esto contribuye enormemente a nuestro estado de salud física. Estos tesoros los encontramos enfrentando los desafíos de cada habitación.

Si no hacemos frente satisfactoriamente a los desafíos de una determinada habitación y no sabemos aplicar de la manera apropiada las habilidades desarrolladas ahí, es probable que nos quedemos atrapadas en esa habitación. Consecuentemente, podría estar en peligro nuestra salud física y emocional. También podrían sufrir nuestras relaciones si intentamos mantener a nuestros hijos y/o seres queridos en esa misma habitación con nosotras hasta pasado el tiempo en que deben continuar su camino.

La importancia de las escaleras

Si bien cada fase de desarrollo de siete años tiene su propio conjunto de desafíos, los periodos en que subimos la «escalera» de una planta a la siguiente tienen una importancia especial. Cada escalera es un canal de nacimiento particularmente importante, que ofrece la oportunidad del mismo tipo de pasmoso crecimiento que tuvo lugar en nuestro nacimiento. Dado que las extraordinarias energías de desarrollo presentes en esos periodos sacan a relucir los asuntos inconclusos de nuestra vida, las experiencias de la escalera suelen poner a prueba nuestra fe en el proceso de la vida con mucha más intensidad que los mininacimientos necesarios para pasar de una habitación a otra en una misma planta.

Cuando nacemos hemos de pasar del sótano, o nivel del vientre de nuestra madre, a la planta baja de la casa, periodo en que estamos vulnerables al máximo a las influencias del entorno, en especial a aquellas producidas por la mente, cuerpo y emociones de nuestra madre.

En la edad madura hemos de subir la escalera para comenzar el trabajo en la primera planta de nuestra vida. La perimenopausia, que coincide con la muy conocida crisis de la edad madura, es una oportunidad apoyada biológica y psíquicamente para el renacimiento y rejuvenecimiento totales del cuerpo, la mente y el espíritu, una de las consecuencias de enfrentar y sanar los asuntos inconclusos de la primera mitad de la vida. Por eso en este periodo tantas mujeres recuerdan y luego se desprenden de los traumas de la infancia.

El viaje del alma por estos periodos vulnerables es muy semejante al de una hembra de canguro recién nacida, que al nacer es muy pequeña y vulnerable. Una vez que sale del canal de nacimiento, ciega, desnuda y desprotegida, debe trepar por el cuerpo de su madre, guiada solamente por su instinto, para entrar en la bolsa protectora y nutriente. Algunas no sobreviven a este viaje. Años después, cuando hemos terminado el recorrido de la primera planta y subido al ático de nuestra vida, hemos de entrar nuevamente en el canal de nacimiento que nos lleva de vuelta al dominio espiritual del que vinimos. Durante los años que llevan a esa travesía final, podríamos experimentar una vez más algo de la misma vulnerabilidad que experimentamos cuando estábamos recién nacidas, sólo que a la inversa.

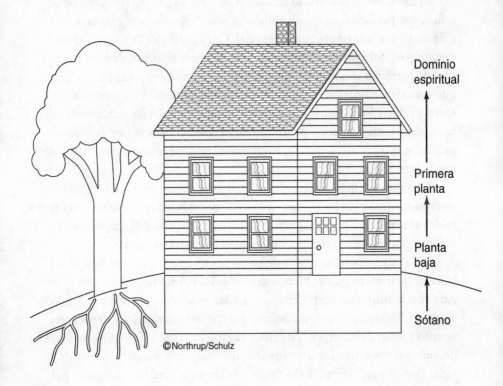

Dominio
espiritual

Primera
planta

Planta
baja

Sótano

©Northrup/Schulz

LA VIDA COMO UNA CASA:
LA PLANTILLA INTERIOR
DE NUESTRO VIAJE

Cada fase de desarrollo se puede comparar con una habitación de una casa. El sótano o base de toda la casa lo crea nuestra gestación y nacimiento del vientre de nuestra madre, la primera habitación de nuestra vida física. Para entrar en la planta baja hemos de pasar por la labor del parto y el parto, seguidos por un periodo posparto de readaptación al hacer nuestra introducción en la vida física independiente. En cada sucesiva habitación, la niña, y luego la mujer, tiene la oportunidad de hacer frente a los desafíos de esa habitación perfeccionando y poniendo al día las habilidades y objetivos apropiados para esa habitación. Dado que nadie es nunca totalmente independiente, también debemos hacernos lo bastante adaptables y con inventiva para crearnos una red de apoyo y sustento que nos ayude a sostenernos en una determinada habitación. Esta red de apoyo realiza la misma función que la placenta materna, nuestro órgano original de apoyo y sustento.

Primera planta

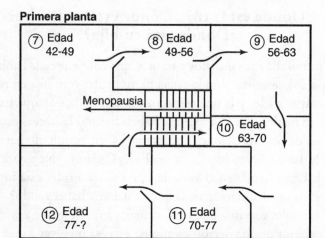

⑦ Edad 42-49   ⑧ Edad 49-56   ⑨ Edad 56-63

Menopausia

⑩ Edad 63-70

⑫ Edad 77-?   ⑪ Edad 70-77

Planta baja

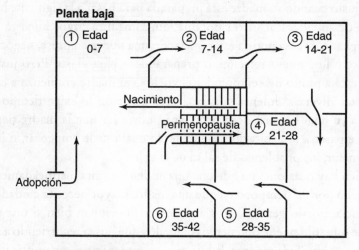

① Edad 0-7   ② Edad 7-14   ③ Edad 14-21

Nacimiento

④ Edad 21-28

Perimenopausia

Adopción

⑥ Edad 35-42   ⑤ Edad 28-35

Sótano (Base)

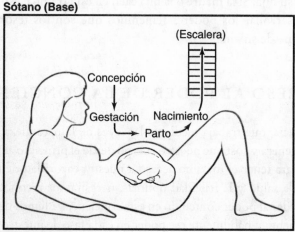

(Escalera)

Concepción

Gestación   Nacimiento

Parto

©Northrup/Schulz

¿Dónde estás tú? ¿Dónde está tu madre? ¿Dónde está tu hija?

Echar una mirada a los desafíos y tesoros que contiene cada habitación te servirá para determinar dónde estáis tú, tu madre o tu hija en relación a vuestras capacidades y la una respecto a la otra. Fíjate en qué habitación estáis tú, tu madre o tu hija. ¿Cómo habéis llevado las tareas de desarrollo propias de las habitaciones por las que habéis transitado hasta ahora? ¿Cómo lo ha hecho tu hija? ¿Tu madre? ¿Cada una ha pasado a la siguiente habitación a la edad apropiada, o tú o tu madre está intentando continuar en una habitación de la que ya debería haber salido?

Por ejemplo, una hija que teme demasiado arriesgarse a la vida en el mundo exterior podría decidir continuar en casa o volver a casa ya veinteañera justo cuando su madre está preparada para pasar a la siguiente habitación de su vida. Por otro lado, una mujer madura cuyos hijos ya se han marchado de casa podría estar iniciando una nueva empresa, negocio o trabajo, o una nueva relación, o preparándose para viajar. Pero justo cuando está a punto de «emprender el vuelo», su madre comienza a experimentar diversas dolencias físicas, cuya atención le exige tiempo y energía a su hija. El verdadero problema podría ser que la madre tiene miedo de pasar a la habitación siguiente, lo cual puede empeorar, o incluso generar, los problemas de salud de la vejez.

Si bien hay ocasiones en que una hija adulta necesita justificadamente ese techo por un tiempo, o en que una madre mayor necesita cuidados y asistencia, por lo general estos arreglos no funcionan bien si una de ellas cree que sólo puede obtener los cuidados que busca recurriendo a su madre o a su hija. Si la madre o la hija caen en esta trampa, eso podría impedirle desarrollar los poderes femeninos que son los tesoros de cada «habitación» de su vida.

ACCESO AL PODER DE LA CONCIENCIA

La conciencia, que trabaja mediante las leyes de la naturaleza y en unión con ellas, genera y sostiene nuestro cuerpo desde el principio al fin de nuestra vida. Para tener el máximo acceso a nuestra capacidad de mantener o conseguir la salud y la felicidad óptimas, necesitamos reconocer, aprovechar y acceder al poder contenido en esta conciencia. Hemos de aprender a usar consciente y hábilmente ese poder en cada fase de nuestro viaje vital.

Tradicionalmente, la posesión y el uso del poder ha sido un asunto problemático para las mujeres, así que quiero dejar claro lo que pretendo decir cuando hablo de poder femenino.

La ciencia define el poder como la energía necesaria para hacer un trabajo o cambiar la materia de un estado a otro, como, por ejemplo, convertir el agua en vapor o levantar una piedra. Es decir, poder es la energía necesaria para hacer que algo ocurra.

Las culturas orientales, en particular las enseñanzas del taoísmo, dividen el poder en dos tipos: yin y yang. El poder yang es en el que piensan la mayoría de los occidentales cuando se oye la palabra «poder»; se mueve activa e intencionadamente hacia un objetivo en el mundo externo; usamos poder yang para pisar el acelerador y lanzarnos hacia nuestros objetivos. El poder yang se asocia con la masculinidad. Cuando no está equilibrado por su opuesto, el poder yin, el poder yang se convierte en una fuerza que se usa para controlar y dominar a otros. Un exceso de poder yang en una persona lleva a una estimulación excesiva del sistema nervioso simpático y a una sobreproducción de las hormonas del estrés, lo que conduce a trabajar en exceso, provocando agotamiento y enfermedad crónica.

El poder yin, por su parte, es el poder de la expectación y la fe. Usamos el poder yin para cambiar nuestra mentalidad o creencias, para ser más capaces de atraer lo que deseamos. El poder yin sabe cómo y cuándo esperar y refrenarse. Sabe que a veces la mejor acción es no hacer nada. La esencia del poder yin es saber que no se puede forzar un cultivo de ningún tipo sin comprometer su calidad y cantidad. El poder yin es el poder del óvulo que envía una señal al espermatozoide y luego se sienta a esperar que éste venga. Es también el poder que hace germinar la semilla en la oscuridad. El poder yin se asocia a la feminidad. Un exceso de poder yin es causa de pasividad y dependencia en la vida y en las relaciones. A menos que se equilibre con poder yang, puede llevar al letargo, falta de motivación e iniciativa, y estancamiento.

En lo que yo llamo poder femenino están integrados el yin y el yang. Al evaluar mi vida he encontrado útil pensar que este poder está dividido en cinco facetas diferentes, todas interrelacionadas sin solución de continuidad. Nuestra madre nos proporciona el andamiaje básico para saber usar las cinco facetas de poder en la vida. Es nuestra tarea remodelar este andamiaje para adaptarlo a nuestra finalidad única del alma, examinando y poniendo al día nuestras creencias y comportamientos en cada aspecto.

LAS CINCO FACETAS DEL PODER FEMENINO

Uno: biología femenina. Los procesos del cuerpo femenino no son un «error» que haya que esconder o medicar. Para criar a una hija sana y que se sienta cómoda en su piel, la madre tiene que valorar y trabajar conscientemente con los procesos biológicos de su cuerpo, sabiendo que todos ellos (el ciclo menstrual, el embarazo, la labor del parto y el parto, la lactancia y la menopausia) son dones que contienen sabiduría destinada a ayudar a la niña o la mujer a llevar una vida feliz y sana.

El funcionamiento de todas las células y órganos del cuerpo está muy influido por nuestros pensamientos, creencias y comportamientos. Como en todos los aspectos de la vida, la ley de atracción (lo semejante atrae a lo semejante) actúa a nivel biológico. Nuestros pensamientos se convierten literalmente en sus equivalentes físicos. Si una madre cree, por ejemplo, que la menstruación es una molestia dolorosa, es muy probable que ella (y su hija) la experimenten así. Si, en cambio, la madre honra su ciclo menstrual como un periodo para una reflexión, meditación, limpieza y renovación mensuales, es probable que ella y su hija lo experimenten como una parte agradable y significativa de sus vidas.

Dos: relaciones y vínculo. A lo largo de la vida, nuestra salud y nuestra inmunidad dependen de nuestra capacidad para establecer y sostener relaciones sanas. Y la relación con nuestra madre nos da una potente impronta en la forma de ver y sentir las relaciones.

La placenta es el órgano esencial de la relación. Es una coproducción de la madre y el bebé para sustentar la vida intrauterina del hijo. Nadie entiende del todo la capacidad del cuerpo de la madre para tolerar inmunitariamente al feto sin rechazarlo como algo extraño. Esta tolerancia a la nueva vida que se alimenta del cuerpo de la madre es la esencia de la relación maternal. Pero no hace falta ser madre para valorar el hecho de que al comienzo de muchas relaciones es una persona la que sustenta a la otra. La recompensa que obtiene la madre por esto es un cálido sentimiento de satisfacción que anima y fortalece su corazón, y también cambia su cerebro haciéndolo más adaptable.

Pero esta tolerancia tiene un límite. Una vez que el bebé llega a su desarrollo total, los vasos sanguíneos placentarios comienzan a calcificarse y cerrarse, lo cual significa que ha llegado el momento de que el bebé nazca e inicie una vida más independiente. La madre y el bebé pasan por la labor del parto, que los prepara para sus nuevos papeles. Lo mismo vale para todas las relaciones. Deben pasar por cambios y desarrollo constantes, no todos agradables, si han de lograr todo su potencial.

La placenta también es el modelo de los límites en las relaciones. El flujo sanguíneo materno y el flujo sanguíneo fetal permanecen separados. La madre, que es la que dona sus recursos, proporciona o frena el flujo de sangre hacia su bebé por efecto de sus pensamientos, emociones y comportamientos. Si está enfadada, estresada, o no desea estar embarazada, es probable que su cuerpo genere gran abundancia de hormonas del estrés, las que estrechan los vasos sanguíneos y restringen el paso de la sangre hacia el bebé. Si, en cambio, está relajada, feliz, y se siente bien atendida y cuidada, el flujo de sangre hacia su bebé será óptimo.

Una vez que nacemos, el flujo de la leche materna es igual de esencial para nuestra salud y bienestar. Después, en la infancia, ansiamos la aprobación y atención de nuestra madre tal como ansiábamos su sangre placentaria y la leche de sus pechos.

Cuando está nutriendo y sustentando, la madre también necesita una placenta externa de personas, lugares y cosas que la apoyen y recarguen.

Por último, tenemos que crecer y prescindir del cuidado materno y crearnos una placenta externa que nos nutra y sostenga en cada fase de la vida.

Tres: cuidado personal. El cuerpo es el hogar en que se aloja el alma. Si no nos cuidamos el cuerpo, ¿cómo podemos esperar vivir bien?

Interiorizamos el cuidado que dio nuestra madre a nuestro cuerpo como el modelo para cuidar de nosotras mismas. Comenzando en el útero con la experiencia del flujo de sangre nutritiva que nos hace llegar nuestra madre, nuestras primeras experiencias de alimentación determinan si creemos o no que habrá «suficiente».

La lactancia es un buen ejemplo del principio del cuidado propio. Cuando amamantas a tu bebé, la calidad y la cantidad de tu leche están directamente relacionadas con lo bien descansada y alimentada que estés tú, la madre. No puedes apagar la sed de otro si tu vaso está vacío. Si estás agotada por exceso de trabajo, preocupación, aflicción, tristeza o rabia, ello repercutirá invariablemente en la calidad y la cantidad de tu leche.

Vale este mismo principio si tienes demasiadas hormonas del estrés circulando por el cuerpo. Eso te impide servirte de las sustancias químicas de «descanso y restablecimiento» que elabora el sistema nervioso parasimpático. Con el tiempo, las consecuencias son enfermedad crónica y deterioro de los tejidos.

Lo fundamental: El cuidado personal debe equilibrar yin y yang: vigilia y sueño, comida y ayuno, esfuerzo y fortalecimiento.

Cuatro: pasión y finalidad. Cada una nace con una finalidad determinada, y con la pasión por materializar los deseos del corazón aquí en la Tierra. Y cada una nace con una voluntad individual para realizar esa tarea.

Cada una es la única que puede saber cuál es esa finalidad, de manera que de nosotras depende decidir la forma de materializarla. La responsabilidad hacia nosotras mismas y hacia la finalidad de nuestra alma es la base de la autonomía y libertad personales. Esto no significa que podamos hacer cualquier cosa ni pisotear a otros. Nuestra pasión y nuestro propósito han de estar en armonía, sintonizados con nuestra alma, y nuestra voluntad ha de estar motivada por el amor y el aprecio, no por impulsos no elegidos, por circunstancias externas o por el condicionamiento inconsciente que hemos heredado de nuestros padres o de la sociedad. Como un actor que tiene libertad infinita para representar un papel dentro de los límites del guión, también nosotras hemos de manifestar nuestra pasión y finalidad dentro de los límites del guión de nuestra alma.

Nacemos con una voluntad individual, la que luego se configura con nuestras experiencias. Descubrimos los límites entre nuestra voluntad y la voluntad de otros mediante experiencias dolorosas y oyendo la palabra «no». «No» no siempre significa que debemos renunciar; significa que debemos permitirnos considerar otras opciones. El viejo adagio inglés «Where there's a will, there's a way» (cuando se quiere, se puede) es una afirmación de la verdad.

Nuestras emociones tienen por fin guiarnos en la dirección de nuestra mayor satisfacción. Los sentimientos de amor, respeto y aprecio significan que vamos en la dirección correcta. Los sentimientos de rabia, miedo y dolor significan que acabamos de cruzar un límite o que hemos tomado una bifurcación incorrecta. Es el momento de hacer un reajuste.

Cuando nuestra voluntad está verdaderamente sintonizada con nuestra alma y motivada por el amor, finalmente nos atraemos las circunstancias que satisfacen nuestra pasión y propósito. Pero el seguimiento de la pasión de nuestra vida rara vez es una línea recta. Entraña salirse del camino y hacer un reajuste para volver a encontrarlo. Y se va perfeccionando durante toda la vida.

Cinco: inventiva y adaptabilidad. Para materializar nuestra pasión y nuestro propósito necesitamos habilidades que nos sirvan para orientarnos y navegar en el mundo, y la capacidad para reaccionar ante las circunstancias cambiantes. Necesitamos reconocer cuándo hemos de depender de otros, y cuándo hemos de actuar independientemente con una mínima ayuda. Necesitamos una autoestima y un sentido de valía personal sólidos. También necesitamos cultura financiera y la educación necesaria para la realización de nuestros sueños. En la cultura financiera entra el conocimiento de que el dinero no es otra cosa que la manifestación de lo que valora nuestra sociedad. La riqueza es infinita, y el dinero, como la biología, sigue leyes bien definidas; una de estas es que hemos de trocar valor por valor, y que nuestro tiempo tiene valor económico.

Además, hemos de saber cuándo dirigir y cuándo obedecer, cuándo hablar y cuándo callar, cuándo hemos de atenernos a las reglas y cuándo podemos torcer las reglas.

Por encima de todo, las personas con inventiva comprenden la ley de atracción y saben sintonizar con ella. Como un niñito encantador que sabe atraer la atención de su madre, una persona creativa sabe atraerse colaboradores y mentores. También conserva el sentido del humor y la perspectiva, pase lo que pase a su alrededor.

Por suerte, estemos donde estemos actualmente en nuestra vida, cada una tiene la orientación disponible para acceder a todos los aspectos de nuestro poder femenino. La orientación nos llega directamente de nuestro legado materno cuando lo pedimos. Y éste es tan individual como las huellas dactilares. Permítame que lo explique.

BIENVENIDAS LAS ABUELAS

Hace unos años, cuando dirigía un taller de salud femenina en el Omega Institute, comencé una de nuestras sesiones con un círculo matrilineal. Fue así: le pedí a cada mujer presente que se nombrara a sí misma y luego añadiera «hija de», remontándose hacia atrás todo lo que lograra recordar. Comencé yo misma con «Soy Christiane, hija de Edna, hija de Ruth, hija de Margaret»; luego le cogí la mano a la mujer que estaba a mi lado, que se nombró a sí misma y a sus antepasadas maternas. A medida que cada una iba nombrando a sus antepasadas maternas y luego le cogía la mano a la siguiente, la sala se fue llenando de nombres antiguos y evocadores: Zoe, Mabel, Gertrude, Sophy. Algunas lograron remontarse hasta siete generaciones. Cuando terminamos, dije: «Ahora invitemos a todas estas mujeres a acompañarnos hoy. Sintamos su presencia. Acepte-

mos lo que tienen para enseñarnos». Pasado un momento muchas mujeres habían comenzado a llorar. El llanto fue aumentando a medida que
las mujeres derramaban lágrimas y daban voz al sufrimiento que llevaba
años, tal vez siglos, latente y sin reconocer en sus cuerpos.

Invitar a nuestras madres, abuelas y bisabuelas maternas a la sala ese
día de verano me hizo comprender algo muy potente e importante, algo
que toda mujer interesada en su salud necesita saber: si quieres experimentar la salud, la dicha y la libertad que son posibles para ti, debes viajar
a los orígenes de tu conciencia como mujer. Debes estar dispuesta a beber
en el lugar de la Tierra del que brotó tu sangre vital, tu relación con tu madre y con tu linaje materno. Cuando hagas esto, probablemente te sor-
prenderás llorando. Pero cada lágrima que derrames te ayudará a sanar.

No temas hacer esto sola. Cada vez que cojas este libro o te sientas
abrumada por la emoción, invita a tus abuelas, a todas las mujeres que te
precedieron. Nómbralas en voz alta si puedes; no te preocupes si no sabes
sus nombres; simplemente di: «Invito a mis abuelas, desde hace siete generaciones hasta el presente, a que me acompañéis ahora». Estarán ahí.
Agradéceles que hayan venido. Es así de sencillo. Su sangre sigue corriendo por tus venas y por tu corazón. Si les pides que vengan, vendrán, dispuestas a ayudarte a sanar y a ser una mujer sana y dichosa. El primer paso
hacia la dicha y salud en tu vida actual podría hacer necesario derramar las
lágrimas que tus abuelas no pudieron derramar. Sentir y liberar la aflicción de las vidas insatisfactorias de nuestras antepasadas maternas nos
quita de los hombros el peso de nuestro legado materno. Cuando ya no
tenemos que llevar ese peso, somos libres para recordar y desarrollar los
muchos dones y talentos que también hemos heredado de ellas.

Si estás leyendo este libro, sientes amor suficiente en tu vida para poder disolver cualquier bloqueo en tu salud o en tu vida que pudieras haber heredado inconscientemente de tu linaje materno. ¡Enhorabuena!
Esto es motivo de una gran celebración. Da la bienvenida al trabajo que
nos sana a todas, a nuestras madres, a nuestras abuelas y a todas las mujeres que nos precedieron. Imagínatelas aclamándote, animándote y en-
viándote bendiciones. Y ahora empecemos.

LA BASE DE LA SALUD
MADRE-HIJA

3

El milagro de la concepción:

Inicio de una nueva vida

Desde el instante en que miré a los ojos de mi primera hija, me sentí hechizada. Hasta el momento mismo de entrar en la labor del parto, me había mantenido totalmente inmersa en mi profesión, enfocando mi inminente maternidad de un modo objetivo, clínico, manteniendo mi mente y mi cuerpo firmemente escindidos. Tal como mi madre, nunca me habían interesado los bebés, aunque siempre supe que deseaba ser madre algún día. Así, cuando terminé mi periodo de práctica como tocóloga-ginecóloga residente, comprendí que era ahora o nunca. Quedé embarazada y di a luz a Annie, mi primera hija, a los 31 años. Aun habiendo pasado una buena parte de los cinco años anteriores trayendo bebés al mundo, asistiendo en partos y maravillándome de la infinita variedad de reacciones de las madres hacia sus bebés, desconocía absolutamente mi plantilla interior para la maternidad. Tampoco se me había ocurrido pensar nunca cómo la plantilla maternal de la mujer se forma por el modo como fue cuidada y atendida por su madre. Pero con los procesos de la labor del parto y del parto se activaron en mí las habilidades innatas de creación y nutrición, muy de repente e inesperadamente. Darme cuenta de la impronta de mi madre en mi propio modo de serlo, sólo comenzó a ocurrir muchos años después.

Una de las cosas que me pasmaron en ese momento fue que instantáneamente sentí el deseo de tener muchísimos hijos. Estaba fascinada por la nena que acababa de dar a luz, lo que me sorprendió y me encantó, dada mi anterior actitud indiferente hacia los bebés. En esos momentos estaba atrapada en la maravilla y abundancia de la creatividad biológica, de una manera que no olvidaré jamás. Como mi madre antes que yo, jamás había dudado de mi capacidad de cuidar de un bebé. Me parecía que eso era algo de sentido común. Para lo que no estaba preparada era para esa cantidad de amor incondicional que henchía mi corazón por ese bebé. El mismo día en que nació, Annie se rió, apenas una risita, lo reconozco, pero salió de sus labios perfectos y rosados, y sonó como las voces de los mismos ángeles. Tuve la clara impresión de que ella había pasado su buen tiempo con los ángeles, y se veía como si aún no hubiera dejado atrás del todo ese mundo celestial. Supe entonces que haría todo lo que estuviera en mi poder para protegerla, mantenerla y hacerle saber que era amada. Para mí era la niña más preciosa jamás nacida.

Pero pese a mi inmediato entusiasmo posparto por hacer bebés, pasaron dos años y medio antes de dar a luz a mi siguiente hija, Kate. Y cuando cumplí los 37 años, con dos niñas pequeñas en casa, comprendí que, aunque sentía un fuerte impulso biológico para tener un tercer hijo, no tenía suficiente energía vital para ser madre de otro hijo del modo que yo consideraba óptimo, el que entrañaba amamantar durante un año y medio como mínimo y estar disponible para mis hijos todo el tiempo que fuera posible, y al mismo tiempo escribir el libro que sabía estaba esperando nacer de mí. Elegí el libro.

Adoro a mis hijas y he descubierto que las satisfacciones de la maternidad superan con mucho mis sueños más locos, pero ser madre es sólo un aspecto de ser quien soy. Como médica y escritora, tengo la fuerte necesidad de soledad, de centrarme en mi interior y de participar en actividades académicas, un estilo de vida que no siempre está disponible para las madres de familias numerosas. Para ser una mujer verdaderamente feliz y sana, y por lo tanto una madre feliz, he necesitado poner mi atención en otras cosas, aparte de mi hogar y mi familia, tal como lo necesitó mi madre.

Una vez que tomé la decisión de no tener más hijos, me hice una ligadura de trompas para cerrar firme y conscientemente la puerta a mi fertilidad biológica; en mi trabajo había visto a muchísimas mujeres quedar embarazadas «por error». No deseaba ninguna creación «por defecto» [opción no elegida sino dada por los acontecimientos], aun cuando sé que para muchas mujeres la decisión de no decidir puede ser una bendición. Al mirar mi vida, me parecía claro que no podría llegar adonde quería llegar en mi profesión y en mi vida, si no estaba dispuesta a coger firmemente las riendas de mi creatividad y fertilidad. Necesitaba dirigirlas con plena conciencia en lugar de dejarlas al azar. Mi primer libro, *Cuerpo de mujer, sabiduría de mujer*, nació siete años después.

FINALIDAD Y PASIÓN

Decida o no utilizarla, toda mujer tiene en su interior la capacidad para dar a luz creaciones de todo tipo. Para muchas mujeres, tener hijos es la principal pasión y finalidad de su vida. Para otras, tener un hijo sería desviarse de modo importante de lo que creen que están destinadas a hacer, e incluso podría hacerlo imposible. Luego están aquellas, como yo, que saben que en la finalidad de su vida entra el tener hijos, pero sienten otras vocaciones también. Deseamos hijos, y cuando los tenemos los amamos con tanta intensidad como las que se quedan en casa a jornada completa con sus hijos. Pero para ser totalmente felices, sanas y realizadas como personas, necesitamos combinar la maternidad con otras actividades creativas. No hacerlo puede tener por consecuencia los siguientes problemas físicos y/o emocionales: infertilidad, sentimiento crónico de culpa, rabia o depresión, con el consiguiente aumento de riesgo de enfermedades de todo tipo que entrañan esos problemas; excesiva intromisión en la vida de nuestros hijos; reencaminar nuestras ambiciones no satisfechas a través de nuestros hijos; o envidia, en especial de nuestras hijas. Por eso el gran psiquiatra Carl Jung dijo que la mayor fuerza inconsciente en la vida de los niños son los sueños no realizados de sus padres. Estoy absolutamente de acuerdo.

Al margen de cuál es el camino correcto para uno, lo esencial es poner toda la conciencia en la elección de cómo realizar mejor las capacidades de nuestro poder creativo femenino. Afortunadamente, todas nacemos con las instrucciones para acceder a la energía creativa disponible para cada una en cada fase de nuestra vida, y para usarla. Simplemente tenemos que aprender a «leer» esas instrucciones.

Uno de los trabajos primordiales de ser madre es animar a nuestros hijos a conseguir la felicidad y la realización leyendo y poniendo por obra sus instrucciones innatas, tarea que es mucho más fácil si hemos hecho ese trabajo personalmente, y si hemos sido sinceras con nosotras mismas acerca de hasta qué punto hemos seguido el dictado de nuestros corazones y vivido de acuerdo a nuestro potencial. Pero ser sincera respecto a cómo usar o desear usar esa energía creativa puede ser muy difícil en una sociedad en que se sigue educando a las mujeres para creer que hay una sola manera «correcta» de usar el poder femenino, y que esa manera entraña necesariamente tener hijos. A veces sinceridad significa reconocer que has canalizado tu energía hacia un embarazo o una creación «no deseados», o «por defecto», simplemente porque no estuviste dispuesta a asumir la responsabilidad de usar esa energía de forma más resuelta. Lo cual no equivale a decir que esos desvíos sean necesariamente errores. Ten presente en todo momento que tu parte que corresponde al alma podría tener un programa que sencillamente no puedes controlar. Los condones se rompen; hay mujeres que quedan embarazadas aun cuando toman la píldora correctamente; muchas veces los hijos que entran en sus vidas a consecuencia de esto son causa de inmensa dicha. A la inversa, mujeres que desean hijos desesperadamente se encuentran a veces incapaces de concebir, y luego descubren la satisfacción o realización de maneras que jamás se habían atrevido a imaginar.

Definir y perfeccionar nuestra finalidad y pasión

Así como nacemos con un exceso de cientos de miles de óvulos que nunca vamos a usar, también tenemos muchísimas más ideas creativas que las que podremos hacer realidad. Algunos de estos óvulos e ideas están destinados a echar raíz y crecer si estamos dispuestas a fertilizarlos y apoyarlos. Otros acaban en aborto espontáneo o en el nacimiento de un bebé muerto. Esto no es señal de fracaso; tampoco es un fallo de diseño. Este proceso simplemente refleja la adaptabilidad de la Naturaleza, esa fuerza que continúa creando y experimentando con formas y funciones en una diversidad de ambientes cambiantes. Cuando una cosa no le resulta, prueba otra y simplemente sigue enviando más óvulos, más espermatozoides, más semillas, ¡y más ideas!

La poda. Las ideas y las neuronas

Curiosamente, la misma configuración y poda que tiene lugar en nuestra vida procreadora y creativa ocurre también en las neuronas y las conexiones entre ellas. Antes de nacer tenemos más neuronas (aproximadadamente 200.000 millones de neuronas a las veinte semanas, cuando todavía estamos en el útero) que las que tendremos en toda la vida. Pero muchas de estas neuronas y sus conexiones son defectuosas, así que el cerebro las aniquila, en un proceso llamado apoptosis (muerte celular). Gracias a esta poda, cuando nacemos tenemos «solamente» 100.000 millones de neuronas. No obstante, si algo va mal y la poda es insuficiente, la consecuencia será una «estática» neurológica, debido a las conexiones erróneas y a un exceso tan grande de información que no somos capaces de procesar. Por eso hay una eliminación tan grande de neuronas al comienzo, cuando todavía estamos en el útero, y continúa, a un paso más lento, a lo largo de toda la vida. No se puede progresar en el desarrollo a menos que uno y sus ideas, como las neuronas, pasen por una poda periódica.

La sabiduría biológica de la Naturaleza nos enseña a eliminar lo no esencial para ayudarnos a enfocar, dar forma y definir nuestra finalidad. A medida que maduramos aprendemos a desechar objetivos o metas que ya no son aplicables en nuestra vida. Aprendemos a concentrarnos en menos creaciones, pero con más interés y mayor pericia.

Opciones de concepción

Cada vez que decimos «sí» a una determinada opción, simultáneamente decimos «no» a otra cosa o persona que nunca verá la luz del día. Las infinitas posibilidades que se nos presentan en cuanto a qué, dónde, cuándo, cómo y con quién podríamos concebir, nos obligan a elegir. Sólo tenemos total acceso a nuestros poderes procreadores y creativos cuando estamos dispuestas a hacer elecciones conscientes respecto a qué estamos dispuestas a gestar hasta su plena madurez. Esto puede resultar difícil. Una mujer que elige tener un hijo en lugar de ir a la universidad, debe decir no a todo lo que puede ofrecerle la universidad, al menos por el momento, y probablemente durante un determinado tiempo, cuando no para siempre. Una mujer que elige no tener hijos para dedicarse a una profesión o a otros intereses dice no a los dones y dichas de la maternidad. Cada elección que hacemos tiene sus consecuencias.

RETO DE LA SABIDURÍA: *concebir o no concebir*

Hace falta muchísima fe para concebir, parir y criar un hijo. Para criar un hijo también son necesarios muchísimos recursos, internos y externos, y —sería lo ideal— planificación, porque sin duda es una de las empresas más apasionantes de la vida. Para decidir si tener o no un hijo, toda mujer debe hacerse las siguientes preguntas: ¿tengo lo que necesito, física, emocional, práctica y económicamente, para criar un hijo? ¿Tengo buena salud? ¿Hay alguna herencia genética que deba preocuparme transmitir? ¿Puedo ofrecerle un buen hogar, una familia amorosa, educación? ¿Tendré ayuda y apoyo de una pareja, de mi familia, de amigos, de la comunidad? ¿De qué recursos dispongo actualmente para asumir esta responsabilidad? ¿Cuáles necesitaré adquirir después? Aunque no siempre es posible, es mejor reflexionar sobre estas cosas y poner en su lugar algunas estructuras de apoyo antes de concebir.

Tal vez la pregunta más fundamental de todas que debe hacerse una mujer es si desea un hijo. Algunas mujeres se sienten «obligadas» a la maternidad por las presiones sociales, cuando en el fondo del alma preferirían hacer otra cosa con su energía creativa. Así como hace falta fe para decidir tener un hijo, hace falta valor para decir «no» a tener un bebé, porque la mujer que lo hace sabe que se pone en contra de lo que la cultura predominante espera de las mujeres.

Abandonar la ilusión de perfección y control

Cuando te embarcas en concebir o un hijo o una idea, no hay ninguna garantía de cómo va a resultar. Una actitud perfeccionista o excesivamente controladora podría tener por consecuencia una paralización, que influye adversamente tanto en la fertilidad como en la creatividad. O puede llegar a ser tan abrumadora que adoptas la actitud de no hacer nada, o «decidir no decidir», y renunciar a la responsabilidad de las consecuencias. Si bien hemos de aprender a trabajar consciente y respetuosamente con nuestra fertilidad, favoreciéndola cuando hemos decidido concebir, tomando medidas en contra cuando no es el momento oportuno (véase «Programa de preparación para la concepción» en pág. 67), debemos aceptar también que la vida tiene su manera de arrojarnos pelotas desviadas con regularidad, por mucho esmero que pongamos en la planificación. La escritora Annie Dillard lo expresa así: «Ese algo que está en todas partes y que siempre falta forma parte de la materia misma de la creación».[1]

Cordones umbilicales múltiples

Una vez que has encontrado o dado con la finalidad de tu vida, si ésta es algo más que casarte y tener hijos, ¿cómo la encajas en las necesidades de una pareja o familia? Toda actividad creativa necesita energía para crecer y desarrollarse. Como te lo dirá cualquier artista o escritor, el proceso de crear un cuadro, una canción bella o una obra literaria es muy parecido al de concebir, gestar y dar a luz a un hijo. Lo mismo vale para cualquier cosa que hagamos, lo consideremos algo «creativo» o no. Cada uno de nuestros proyectos o creaciones lleva conectado un cordón umbilical que extrae energía vital de nuestro cuerpo para nutrirse, tal como lo lleva el bebé que

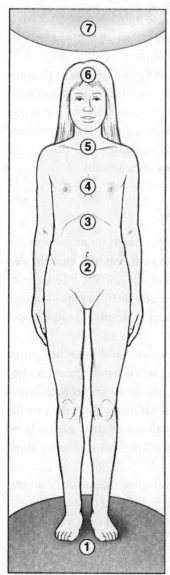

©Northrup/Schulz

CHAKRAS:
LOS CENTROS
EMOCIONALES

Los chakras son los centros energéticos del cuerpo físico en donde las creencias y emociones se transforman en nuestro estado de salud. Están situados paralelamente a las rutas de los sistemas neuroendocrino e inmunitario, y forman un vínculo entre nuestra anatomía energética (nuestro legado familiar junto con nuestros pensamientos, sentimientos y creencias actuales) y nuestra anatomía física (la salud de nuestros tejidos y órganos). El sistema energético holográfico de los chakras contiene información para el crecimiento, desarrollo y regeneración de todas las partes del cuerpo.

se desarrolla dentro de nosotras. La energía necesaria para planificar, hacer la compra y preparar una comida, por ejemplo, procede del mismo lugar que el embarazo humano: el segundo chakra del cuerpo, que comprende los órganos pelvianos, el intestino grueso y la parte inferior de la espalda.

Atender a las necesidades de un hijo, la pareja y/o la profesión, por mucho que uno ame a cualquiera o a todos ellos, puede causar mucho estrés en el segundo chakra. Cuando se le exige demasiado, el cuerpo no es capaz de sostener y gestar nada totalmente; se agota la tierra creativa; nada puede echar raíz en ella. A veces esto ocurre en un sentido muy literal. Las mujeres que experimentan un conflicto entre su impulso de ir en pos de lo que desean en el mundo y su necesidad de ser amadas y aceptadas, podrían encontrarse con problemas de fertilidad. Si no pueden recargar su energía con el cuidado propio y el apoyo de los demás, podrían tener también otros problemas ginecológicos, o ser incapaces de realizar sus ambiciones creativas. La siguiente historia ilustra este dilema, así como la manera que encontró una mujer para solucionarlo.

ARIEL: redescubrimiento de su creatividad

Ariel era una clienta mía de 43 años que siempre deseó ser arquitecta. En los años setenta dejó la Escuela de Arquitectura para casarse, cuando sólo le faltaba un año para terminar la carrera y titularse. (Su madre había dejado un trabajo muy gratificante de catedrática de historia para casarse y tener hijos, pero le llevó siete años poder concebir, después de lo cual dio a luz a Ariel, su única hija.)

Después de divorciarse de su primer marido cuando descubrió que éste tenía una aventura, Ariel se volvió a casar; pero cuando empezó a gozar de un interesante trabajo de diseñadora ayudante en un prestigioso taller de arquitectura, este matrimonio también fracasó. Parte del problema fue que su marido deseaba tener hijos inmediatamente, pero ella no estaba preparada, porque su profesión, después de haber estado parada varios años, por fin tomaba vuelo.

Después de su segundo divorcio, tuvo varias oportunidades de trabajo, además de la posibilidad de volver a la Escuela a terminar su carrera, pero seguía sintiéndose incapaz de sostener su pasión y finalidad. Nuevamente se enamoró y se casó, esta vez con un abogado muy creativo y carismático, que alentaba sus aspiraciones profesionales. No mucho después de su boda, decidió que era el momento para tener un bebé, y no tuvo ningún problema para concebir y dar a luz.

Durante su embarazo y los primeros años de la vida de su hija se sumergió en las identidades de su marido y su hija, como si ellos fueran un proyecto arquitectónico que debía perfeccionar en todos los detalles. Redecoró y rediseñó todas las habitaciones de una inmensa casa victoriana, se vestía y vestía a su hija impecablemente, y acompañaba a su marido en todos sus viajes de trabajo, por temor a que en ausencia de ella él tuviera alguna aventura, como hiciera su primer marido.

Aunque continuaba diciendo que deseaba trabajar en arquitectura, se sentía inmersa en un conflicto. Cada vez que aceptaba un par de clientes, se distraía pensando en lo que consideraba las necesidades de su marido y de su hija y no hacía el trabajo necesario para adelantar su trabajo. En consecuencia, invariablemente los clientes, frustrados, la dejaban. Se sentía furiosa y abandonada, y no lograba ver por qué siempre perdía a sus clientes, ni cómo encajar su vida profesional en su vida familiar.

Ariel estaba estancada en el mismo limbo de creatividad en que años atrás se encontraba su madre. Y al igual que su madre, no pudo concebir el segundo hijo que ella y su marido habían planeado tener.

Pero estaba en el camino a la sabiduría. Una vez que vino a verme por síndrome premenstrual y dolores de cabeza perimenopáusicos, le pregunté cómo le iba la vida, y comenzó a ver la pauta que era la causa de su perdición: cada vez que tenía la oportunidad de lanzar una empresa creativa, le entraba el miedo de perder el control sobre las otras creaciones de su vida (su matrimonio, su casa y su hija) y se saboteaba, con lo que acababa pasando el cien por ciento de su tiempo cuidando de su familia.

Con el tiempo comenzó a desprenderse de su necesidad de perfección en la casa y a dejarse ayudar por otras personas. En cuanto a su hija, comprendió que parte de ser madre es aflojar las riendas. Cuando dejó de estar consumida por su vida hogareña, logró reabrir el canal de su sabiduría creativa y volver a hacer el trabajo que le gustaba. Un trabajo a media jornada en un taller de arquitectura le permitía disfrutar de su vida familiar y profesional. Su casa perdió tal vez su apariencia perfecta, pero se beneficiaron enormemente su salud y su felicidad. También se benefició su hija, que en ese tiempo tenía ocho años, y empezó a hacer amistades nuevas, dado que su madre ya no estaba tan enredada en su vida.

¿En qué estabas pensando?

Lo mejor es enfocar el embarazo como una oportunidad elegida o aceptada libremente para participar en traer al mundo una nueva vida. Pero los estudios indican que en Estados Unidos casi el 60 por ciento de todos los embarazos son no intencionados.[2] Esto no es sólo un fenómeno de adolescentes. Si bien el 82 por ciento de los embarazos entre chicas de 15 a 19 años son accidentes involuntarios, también suceden en un 56 por ciento en mujeres mayores de 35 años. Los embarazos accidentales no son un problema necesariamente; muchas mujeres hacen el ajuste y pasan de la conmoción y consternación iniciales a la aceptación y alegría. Pero esto no es siempre así, y las consecuencias pueden ser trágicas, tanto para la madre como para el hijo o la hija. El porcentaje de embarazos no planeados en la actualidad, en una época en que están ampliamente disponibles los métodos de control de la natalidad y la educación sexual, dice muchísimo de lo mucho que nos falta por hacer para dar plena conciencia a la sexualidad y la fertilidad.

Las intenciones de la madre cuando queda embarazada pueden influir en su forma de cuidar a su hijo y en sus sentimientos hacia él. Claro que muchas mujeres conciben accidentalmente, sin ninguna intención; otras conciben conscientemente, con alegría y amor. Pero algunas mujeres conciben con el fin de mantener vivo su matrimonio o para retener a un hombre; y algunas conciben debido a que perciben un vacío en su vida. Una de mis clientas me confesó una vez que deseaba tener un bebé porque se sentía sola y deseaba a alguien que la amara y no la abandonara. Tener un hijo es rara vez una buena manera de compensar una carencia en algún aspecto de la vida. No sólo es improbable que esto te dé lo que necesitas, sino que además impone una carga muy pesada al hijo o hija.

Las creaciones que se conciben con amor y se cuidan y guían con esmero tienen muchísimas más posibilidades de llegar a su pleno potencial que aquellas en que falta el amor incondicional que puede dar la madre en circunstancias óptimas. Esto es así tanto si se trata de la creación de un hijo, una relación o un jardín. Al margen de cuál sea la «habitación» de nuestra vida en que estamos residiendo en este momento, la forma como fue concebido, parido, alimentado y cuidado nuestro cuerpo establece la base o cimiento para nuestra salud y bienestar de toda la vida.

LA PLANTILLA PARA LA CREACIÓN

Los procesos de concepción, gestación, labor del parto y parto contienen la plantilla misma de la creación y, debido a esto, están imbuidos por la sabiduría que nos puede enseñar a vivir la vida. Por ejemplo, una vez que hemos concebido una idea, ya sea que nos venga espontáneamente o que sea el fruto de muchos días de arduo trabajo, hemos de atenderla, tal como atenderíamos a un bebé que se está desarrollando dentro de nuestro cuerpo. Tenemos que tener la fuerza y la energía físicas para reunir los recursos necesarios para nutrirla y atenderla para que pueda desarrollarse hasta ser lo que necesita ser. Y tenemos que comprometernos.

Cuando estaba escribiendo este libro, sabía que eran necesarias unas cuantas cosas si quería que mis ideas se desarrollaran hasta formar un libro hecho y derecho. En primer lugar, tenía que dedicar bastante tiempo y energía al proceso de escribir, para que la concepción cobrara vida propia dentro de mí. Esto ocurrió finalmente en julio de 1998. Hasta ese momento, llevaba varios años trabajando esporádicamente en el proyecto, reuniendo información y escribiendo cuando tenía el tiempo; aunque en esos años se había ido produciendo un lento proceso de gestación dentro de mí, el proyecto todavía no había echado raíces. Entonces comprendí que esa creación no vería jamás la luz del día si no le dedicaba un importante espacio de tiempo y energía solamente a él. Así pues, como las buenas madres de todas partes, esperé a que mis dos hijas se marcharan por tres semanas para reservarme ese espacio de tiempo necesario. Tuve que decir no a todos los demás compromisos y estar sentada cada día con el material, hasta que llegó el momento mágico en que sentí que este libro empezaba a moverse dentro de mí. Fue como si por fin se hubiera insinuado la placenta que podría nutrir el proyecto, lo bastante hondo para que continuara mi proceso creativo. Por fin el libro había cobrado vida propia, alimentado por mi compromiso, enfoque, intención y entrega al proceso. No veía las horas, cada día, de ponerme a trabajar en él. Sabía que, como todo hijo, esta creación no era yo, sino que se desarrollaba a través de mí y formaba parte de mí. Mi tarea era cuidar de mí y de mi creación atendiendo a las necesidades de ambos. Si sintonizamos con la sabiduría de la Madre Osa, descubrimos que los mismos factores ambientales que apoyan el embarazo y el parto óptimos pueden apoyar el máximo de creatividad, felicidad y salud vibrante en todas nuestras empresas a lo largo de toda la vida.

Sabiduría de la concepción

La fertilización de un óvulo por un espermatozoide es una de las más grandes maravillas de la Naturaleza, un acontecimiento en el que pequeñísimos y magníficos fragmentos de vida animal son llevados por fuerzas cósmicas hacia su fin fijado: el desarrollo de un nuevo ser vivo. Como espectáculo sólo se puede comparar con un eclipse solar o la erupción de un volcán. [...] Es, en realidad, el más común y más cercano de los cataclismos de la Naturaleza, y sin embargo rara vez se observa, porque ocurre en un dominio que la mayoría de las personas no vemos nunca, el terreno de las cosas microscópicas.

GEORGE W. CORNER

Muchas mujeres me han dicho que recuerdan el momento en que concibieron un hijo. Una lo explica así: «Lo noté la noche en que concebí. Me sentí como si algo hubiera cambiado fundamentalmente en mi cuerpo, que ya no estaba sólo yo. Alguien estaba conmigo. Comprendí que había concebido a mi primer hijo».

La Naturaleza es derrochadora cuando se trata de concebir nuevas creaciones de todo tipo. También es fértil y perseverante. Piensa en todas las semillas que produce el diente de león y en la cantidad de vilanos que se pegan en los calcetines y en los perros. Nuestro cuerpo femenino, como también nuestra mente y espíritu, están igualmente animados por capacidad creativa, que comienza antes de que nazcamos.

Cuando somos fetos de cinco meses, en desarrollo dentro del vientre de nuestra madre, tenemos entre seis y siete millones de óvulos. En el momento de nacer, ya ha comenzado a disminuir ese número de óvulos en nuestros ovarios, pero todavía tenemos entre uno y dos millones. En la pubertad, cuando ya somos biológicamente aptas para concebir, tenemos un promedio de 400.000 óvulos listos, a la espera de desarrollarse, y a los 36 años el número ya ha disminuido a 36.000,[3] todavía decenas de miles más de lo que una mujer va a necesitar jamás, por muchos hijos que desee tener.

Lo interesante es que las cifras que acabo de dar, basadas en lo que ha sido hasta ahora la doctrina biológica tradicional del siglo veinte (que no se forman ni pueden formarse óvulos nuevos aparte de los millones que se formaron en el ovario fetal) podrían no dar suficiente mérito a la infinita capacidad regeneradora de la naturaleza. En nuevos estudios realizados por el doctor en ciencias Jonathan Tilley y colegas en la Escuela de Medicina de Harvard, se ha comprobado que las hembras de mamíferos pueden crear nuevos óvulos incluso en la edad adulta. Estos estudios preliminares tienen importantes consecuencias para nuestra forma de considerar la fertilidad y sin duda nos obliga a repensar la «vieja teoría del óvulo».[4]

Todas las mujeres somos creadoras por naturaleza. Todas nuestras partes, incluida la fertilidad biológica, participan directamente de la creatividad de la Naturaleza. Pero la creatividad no se limita a nuestra biología. En su benevolencia, la Naturaleza nos ha dotado con más ideas, como ocurre con los óvulos, de las que nos es posible hacer realidad. La fuerza creativa que tenemos en nuestro interior es muy fuerte. Si aprendemos a canalizarla, podemos hacernos aptas para todo tipo de creaciones, sean ideas o bebés.

Eres un milagro

Algunas creaciones son planeadas consciente y entusiastamente; otras ocurren «por defecto». De todos modos, desde la perspectiva del alma, un bebé que llega a término y nace estaba destinado a estar en el mundo. Parte de su finalidad podría ser conocer la pena que entraña ser llamado error. En algunas circunstancias estos «errores» se reconocen después como una importante bendición disfrazada. Una de mis amigas descubrió que estaba embarazada cuando su hijo mayor tenía 16 años. Una vez que ella y su marido se recuperaron de la conmoción inicial, decidieron que continuara el embarazo. Ahora los dos dicen que este hijo ha sido una de las mejores cosas que les ha ocurrido.

Al margen de las circunstancias de tu concepción, ten la seguridad de que tu existencia es un milagro. Las posibilidades en contra de que cualquiera de nosotras haya nacido son pasmosamente altas. El cuerpo de tu madre tenía miles de óvulos para elegir; sólo uno de ellos maduró el mes en que fuiste concebida. Ese óvulo aceptó a sólo uno de los millones de espermatozoides que le presentó tu padre en ese momento. Después, guiado por la biología, el destino y las cualidades de tu alma, el embrión que fuiste tuvo que pasar por las múltiples fases de desarrollo necesarias para hacerte nacer a tu vida única. Debido a diversas razones (genéticas, medioambientales o una combinación de ambas), la mayoría de las concepciones nunca llegan a su maduración. De los relativamente pocos óvulos que se fertilizan, el 80 por ciento no llega nunca a la fase embrionaria. La probabilidad estadística de que se unan un determinado óvulo y un determinado espermatozoide para crear el ser humano único que eres, es infinitamente pequeña. Claro que en el plano del alma las estadísticas no significan nada. Si una creación o ser vivo está destinado a nacer, nacerá. He visto esto repetidamente: bebés concebidos en circunstancias misteriosas en que la concepción se consideraba biológicamente imposible o altamente improbable. Una de mis clientas concibió después de diez años de infertilidad, y con un marido cuyo recuento de espermatozoides era teóricamente cero.

El hecho de que estés viva y leyendo esto es, por lo tanto, un absoluto milagro, el resultado de un acuerdo entre tu alma y el alma de tu madre.

PROGRAMA DE PREPARACIÓN PARA LA CONCEPCIÓN: CREACIÓN DE UNA BASE O CIMIENTO SANO PARA TU HIJA

Dado que nuestros cuerpos se autorrenuevan y están en cambio constante, siempre es posible mejorar las posibilidades de concebir y dar a luz a un hijo sano. Por muy malas que hayan sido las opciones de estilo de vida que hayas elegido en el pasado, puedes elegir un estilo de vida diferente que dé a tu bebé un buen comienzo.

La buena nutrición, por ejemplo, es esencial para tener un embarazo sano y un bebé feliz. Los estudios indican que existe una relación entre la dieta de la madre durante el primer trimestre y todos los siguientes trastornos: esterilidad, aborto espontáneo, nacimiento prematuro y bajo peso al nacer, como también los defectos de nacimiento más comunes: espina bífida y otros defectos del tubo neural, defectos cardiacos, anomalías urogenitales, palatosquisis (fisura del paladar), pie zopo, falta de dedos, etcétera.

Los siguientes síes y noes te servirán para comenzar a prepararte para el embarazo cuanto antes te sea posible, lo cual es muy conveniente pues muchas veces la mujer se da cuenta de que está embarazada cuando ya está de uno o dos meses, y ese primer trimestre puede ser esencial. De hecho, los resultados son mejores si la pareja comienza un programa de preparación por lo menos seis meses antes de concebir. A continuación de los síes y noes he añadido un programa dietético que conviene seguir antes de concebir y durante el embarazo.

SÍES:

Exponerse a suficiente luz natural. La luz natural es un «nutriente» que influye en la fertilidad. Procura exponerte a la luz natural diariamente. Si no puedes salir con bastante frecuencia, usa bombillas de luz de espectro completo que recreen todas las frecuencias de la luz natural. (Véase la sección «Recursos y proveedores» al final del libro.)

Dormir a oscuras, sin luz nocturna. La oscuridad nocturna favorece el nivel normal de melatonina y ayuda a la fertilidad.

Consumir entre 800 y 2.000 calorías diarias. Ésta es la cantidad adecuada para la mujer que pesa más o menos 63 kilos.

Mantener un peso sano. Muchas mujeres que eran infértiles conciben naturalmente una vez que consiguen un peso normal, y en general conviene comenzar el embarazo con un peso sano (Índice de masa corporal [IMC] de 25 o menos). Una vez que estés embarazada, no aumentes de peso más de lo necesario. Un aumento de 11 a 13,5 kilos es sano si la mujer comenzó su embarazo con peso normal. Las mujeres con sobrepeso pueden conseguir un aumento inferior a ese, y de todos modos dar a luz a bebés sanos. Por ejemplo, una mujer con un IMC de 27 podría comer bien y aumentar solamente unos 4,5 kilos, y tener de todos modos un bebé sano. La calidad de lo que come la mujer embarazada es más importante que la cantidad. Se desarrollan células sanas si hay una cantidad adecuada de los nutrientes correctos.

A las embarazadas que son muy delgadas (IMC de 10 a 22) les va mejor cuando aumentan más de 13,5 kilos. Una de las cosas más alentadoras que he visto en los informes de los medios sobre el *boom* de natalidad en Hollywood es que se dice que actrices como Kate Hudson y Gwyneth Paltrow, que son muy delgadas, han aumentado 18 kilos o más durante sus embarazos.

NOES:

No beber alcohol. Se ha demostrado que el alcohol disminuye la cantidad de espermatozoides, deteriora su motilidad y produce malformaciones en ellos. En un trabajo reciente sobre el síndrome de alcohol fetal, realizado por Anne Streissguth, se comprobó una disminución en siete puntos en el coeficiente intelectual de niños cuyas madres bebían sólo una ración de bebida alcohólica diaria durante el embarazo. Ahora se reconoce que hay niños que no tienen las características físicas de este síndrome, pero sí tienen sutiles dificultades mentales o de conducta por haber estado expuestos al alcohol en el útero, y ahora se los identifica como pacientes de los efectos del alcohol fetal.

No fumar. El cigarrillo es con mucho el causante más común de nacimiento prematuro y bajo peso al nacer. Entre las mujeres que fuman hay el mayor índice de hijos con defectos de nacimiento tales como el labio leporino (queilosquisis) y palatosquisis (fisura del paladar). Aun en el caso de que la madre no fume, si su pareja fuma más de diez cigarrillos al día, tienen dos veces y media más posibilidades de tener un hijo con malformaciones congénitas. Una de mis colegas tocóloga-ginecóloga se niega a visitar mujeres embarazadas que fuman. Les dice: «Si continúa fumando mientras está embarazada, quiere decir que yo me preocupo más por su bebé que usted. Eso no me parece bien». Yo a eso le llamo amor duro. Y estoy de acuerdo con ella.

Evitar la cafeína. Se ha comprobado que incluso una taza de café al día dobla el índice de aborto espontáneo.

No consumir marihuana ni ninguna otra droga que altere el ánimo. Todas estas drogas contienen sustancias químicas que afectan al desarrollo del cerebro y sistema nervioso del bebé, y entre otros tipos de daños podría predisponer al niño o niña a un riesgo mayor que el normal de recurrir a drogas más adelante en la vida.

No tomar píldoras anticonceptivas desde por lo menos tres meses antes de la concepción. Está bien documentado que los anticonceptivos orales bajan los niveles de cinc, manganeso, vitamina A y un buen número de las vitaminas del complejo B, en especial la piridoxina (B6). También podrían bajar el nivel de magnesio y elevar el de cobre. Así pues, te conviene dar a tu cuerpo la oportunidad de recargarse de estos nutrientes esenciales antes de concebir.

Evitar los fármacos sin receta. También deberías reducir al mínimo posible los fármacos con receta, aunque evidentemente algunos medicamentos, como los anticonvulsivos para la persona con epilepsia, son necesarios. Consulta con tu médico antes de dejar de tomar cualquier medicamento recetado.

No consumir ningún producto que contenga toxinas industriales. Si quieres informarte sobre estas toxinas, encontrarás una lista en el libro de S. M. Barlow y F. Sullivan (1982), *Reproductive Hazards of Industrial Chemicals: An Evaluation of Animal and Human Data.*

PROGRAMA DIETÉTICO PARA ANTES DE Y DURANTE EL EMBARAZO

Los siguientes principios de buena nutrición valen para las mujeres que tienen la intención de quedar embarazadas y para las que ya lo están. Pero cuanto más tiempo antes de la concepción comiences a comer de manera sana, mejor para ti y para tu bebé.

Hacer tres comidas al día que contengan en total un mínimo de cinco raciones de fruta y verdura, preferentemente de cultivo biológico y sin pesticidas. Y no olvidar tomar desayuno. Comer por la mañana pone en marcha una serie de procesos metabólicos que estabilizan el nivel de azúcar en la sangre durante todo el día y mantienen controlado el apetito.

Comer alimentos naturales de cultivo o crianza biológicos con la mayor frecuencia posible: carnes, huevos, pescado, verduras, frutas, frutos secos, legumbres, semillas, soja y productos lácteos con poca grasa. Aunque podría no ser posible comer ciento por ciento sano todo el tiempo, es mucho más fácil cuando estás embarazada o preparándote para concebir porque el cuerpo suele ansiar los alimentos sanos que necesita el bebé.

Comer suficientes proteínas. Te conviene comer un alimento proteínico en cada comida. Si eres vegetariana, puedes obtener proteínas de las legumbres secas, los frutos secos, los productos de soja y los productos lácteos con poca grasa. (En el capítulo siguiente hay más información sobre la nutrición adecuada para vegetarianas.) Una mujer promedio, de más o menos 1,60 m de estatura y 61 kg de peso, necesita unos 60 gramos de proteína al día cuando está embarazada. Si eres más alta o más voluminosa, necesitas más proteína, y menos si eres más baja o muy menuda.

GRAMOS DE PROTEÍNA EN LOS ALIMENTOS

Proteína animal (carne de cerdo, vacuno o pescado)	7 g por cada 30 g (promedio, depende de lo magra que es la carne)
Huevos	Entero: 6 g por huevo Clara: 4 g por huevo
Queso seco	6-7 g por cada 30 g
Judías blancas	17 g por taza
Leche desnatada	8 g por taza
Tofu	10 g por 1/4 de taza

FUENTE: Michael y Mary Dan Eades, Protein Power, apéndice, «Protein Equivalency Chart A».

Beber agua pura filtrada, más o menos 3 cl por cada kilo de peso corporal. Por ejemplo, si pesas 63 kg, bebe 1,8 litros de agua al día.

Consumir bastantes grasas omega-3, que son esenciales para el desarrollo del cerebro y sistemas cardiovascular e inmunitario del bebé, y también previenen la depresión posparto. El salmón salvaje es uno de los mejores alimentos del planeta para renovar o mantener los ácidos grasos omega-3, en especial el llamado DHA (ácido docosahexaenoico). Una ración de 100 g de salmón rojo de Alaska contiene un mínimo de 1,2 g de DHA y EPA (ácido eicosapentaenoico), otro de los ácidos grasos. También son buenas fuentes las sardinas, los huevos enriquecidos con omega-3, las verduras de hoja verde oscuro, las semillas de lino molidas, el aceite de lino, las semillas de cáñamo molidas, el aceite de cáñamo. Necesitas por lo menos 400 mg de DHA diarios. Algunos expertos recomiendan tomar de 800 a 1.200 mg diarios, dado que muchas mujeres tienen una grave carencia de este tipo de grasa. Una enorme e impresionante cantidad de estudios científicos han demostrado que el bajo nivel de DHA y de otros ácidos grasos esenciales pueden aumentar el riesgo de una miríada de problemas de salud para el bebé y/o la madre, entre otros: trastornos anímicos, enfermedades de autoinmunidad como el lupus y la esclerosis múltiple, y trastornos cerebrales, como el trastorno por déficit de atención y la dislexia.[5] Si no lo obtienes de los alimentos, puedes tomar el DHA en forma de cápsulas (véase «Recursos y proveedores»).

Evitar las grasas parcialmente hidrogenadas, que se encuentran principalmente en los alimentos envasados y aparecen como tales en la etiqueta. Estas grasas obstaculizan el metabolismo de los ácidos grasos esenciales y tienen un conocido efecto en las membranas celulares. De hecho, la introducción de grasas hidrogenadas en los productos alimentarios se ha relacionado con el aumento en el índice de trastornos por déficit de atención e hiperactividad, depresión, discapacidades de aprendizaje, trastornos anímicos, etcétera.

Evitar el exceso de alimentos «blancos», como las pastas, el pan blanco y otros alimentos preparados con harina y/o azúcar refinadas, que tienen un elevado índice glucémico y causan rápidas subidas del nivel de azúcar en la sangre.

Reducir al mínimo el consumo de dulces, o eliminarlos. Cuando hay que añadir edulcorante, es mejor usar miel, jarabe de arce o malta de cebada. Éstos tienen un índice glucémico menor que el azúcar, y también contienen más micronutrientes; son alimentos «enteros» o integrales. El jarabe de ágave es particularmente bueno y tiene un índice glucémico bajo.

Evitar los aditivos químicos, como el aspartamo y el MSG (o GMS, glutamato monosódico).

PROGRAMA DE SUPLEMENTOS
PARA ANTES Y/O DURANTE EL EMBARAZO

Tanto antes como después de concebir, toma dosis diarias de vitaminas y minerales en suplemento. Fíjate en que los suplementos estén garantizados y que su manufactura esté de acuerdo al criterio GMP (Good Manufacturing Processes, Buen proceso de manufacturación), expresión con que se indica que son de buena calidad. Las siguientes sugerencias de dosis de vitaminas y minerales son intencionadamente muy amplias, porque sé que es difícil encontrar suplementos en la cantidad exacta de todo lo que se necesita. Por lo general yo prefiero optar por la dosis más elevada, pero la inferior es útil también, aun cuando no sea la absolutamente óptima.

Vitaminas

Ácido fólico*	800-1.000 mcg
Betacaroteno**	15.000-25.000 UI
Vitamina D	400-1.200 UI
Vitamina E***	200-400 UI

* Se ha demostrado que el ácido fólico reduce la incidencia de fisura del labio (labio leporino) y del paladar (palatosquisis), como también de defectos del tubo neural como la espina bífida.

** Las dosis de vitamina A superiores a 10.000 UI al día podrían relacionarse con malformaciones fetales. En cambio el betacaroteno, que se convierte en vitamina A en el cuerpo, es seguro.

*** En forma de mezcla de tocoferoles (que incluya algunos tocotrienoles).

Vitamina C	500-2.000 mg
Glutatión	2-10 mg
Vitamina K	60 mcg
Tiamina (B_1)	9-100 mg
Riboflavina (B_2)	9-50 mg
Piridoxina (B_6)	10-100 mg
Niacina (B_3)	20-100 mg
Biotina	100-500 mcg
Vitamina B_{12}	30-250 mcg
Ácido pantoténico (B_5)	30-400 mcg
Inositol	30-500 mg
Colina	45-100 mg

Minerales

Calcio	500-1.500 mg*
Magnesio	400-1.000 mg
Boro	1-3 mg
Cromo	100-400 mcg
Cobre	1-2 mg
Hierro	30 mg
Manganeso	1-15 mg
Cinc	12-50 mcg
Selenio	80-120 mcg
Potasio	200-500 mcg
Molibdeno	20-60 mcg
Vanadio	50-100 mcg
Yodo	150 mcg

Oligoelementos: de un complejo marino-mineral o de algas como hiziki, dulse, wakame, nori.

* La cantidad dependerá del calcio que obtengas de los alimentos.

PROGRAMA FORESIGHT DE CUIDADOS PREVIOS A LA CONCEPCIÓN
(FORESIGHT PRECONCEPTION CARE PROGRAM)

En la Universidad de Surrey se realizó un estudio sobre la eficacia de un programa previo a la concepción similar al contenido en los Síes y Noes y los programas dietético y de suplementos que he detallado. En el estudio se controló el progreso de 367 parejas que siguieron el «Foresight Preconception Care Program», muchas de las cuales habían tenido antes dificultad para concebir, bebés prematuros, etcétera. Las mujeres eran de edades comprendidas entre los 22 y los 45 años, y los hombres de 35 a 59 años. Al final del estudio, el 89 por ciento de las parejas habían tenido bebés. El periodo promedio de gestación fue de 38,5 semanas. El 42 por ciento de los bebés fueron niños, con un peso promedio de 3,300 kg, y el 58 por ciento fueron niñas, con un peso promedio de 2,370 kg. No hubo ningún aborto espontáneo, ni muerte perinatal ni malformaciones, y a ninguno de los bebés tuvieron que admitirlo en Cuidados Especiales. Para más información entra en www.google.com y teclea «Foresight Preconception Care Programme».[6]

Conecta con el alma de tu hija

Mientras preparas tu cuerpo para concebir puedes también preparar tu mente y tu espíritu. Puedes invitar conscientemente a un alma. Visualiza a tu pequeña e invítala a entrar cuando hagas el amor. O prueba con la meditación. Muchas culturas tienen una tradición en que la mujer que desea concebir va a algún lugar de la naturaleza y se sienta a hacer meditación. Cuando tiene la mente despejada y el corazón abierto, invita a un alma especial a unirse con ella. Una vez que hagas la invitación tienes que dejarlo estar y entregarlo en manos de Dios, confiando en que tu alma hará el resto; es decir, que esto no se convierta en otro ejercicio de control y perfección. Lo mismo puedes hacer antes de adoptar a una hija o un hijo. Un libro de orientación muy bueno y práctico sobre cómo hacer esto es *Parenting Begins before Conception: A Guide to Preparing Body, Mind, and Spirit for You and Your Future Child* [La paternidad/maternidad comienza antes de la concepción: Guía para preparar el cuerpo, la mente y el espíritu para ti y para tu futuro hijo], de Carista Luminare-Rosen. También me gusta *Conscious Conception: An Elemental Journey through the Labyrinth of Sexuality* [Concepción consciente: un recorrido básico a través del laberinto de la sexualidad], de Jeannine Parvati Baker y Frederick Baker.

También podría convenirte llevar un diario durante el tiempo de preparación para concebir, y escribir los pensamientos y sueños que surjan acerca de tu bebé. Es posible que tu bebé se comunique contigo incluso antes de ser concebida. Ten presente, todo es vibración. Puedes intensificar la vibración elevando conscientemente el ánimo, con música hermosa, literatura inspiradora, afirmaciones o incluso masaje. Sentirte bien alrededor del momento de la concepción de tu bebé le servirá para tener el mejor comienzo posible.

4

Embarazo

Confiar en el proceso de la vida

Nuestro cuerpo femenino está imbuido y sostenido por la sabiduría del cuidado propio a partir del mismo óvulo. Cualquier cosa que creamos, necesita ser alimentada, reparada y sustentada para hacerse realidad. El óvulo realiza estas tareas naturalmente, siguiendo el código genético sin ninguna participación consciente por nuestra parte. Los óvulos tienen poderes que no se ven en ninguna otra célula de la naturaleza.

SABIDURÍA OVULAR: GUÍA Y SUSTENTO MICROSCÓPICOS

Aunque se nos ha llevado a creer que el óvulo se limita a quedarse sentado a la espera de que el espermatozoide «actúe» sobre él, estudios más recientes han demostrado que el óvulo no es un participante pasivo en la reproducción. En primer lugar, envía realmente una señal que atrae a los espermatozoides hacia él; y elige al espermatozoide que va a entrar. Una vez que está fertilizado, el óvulo se convierte en la madre original; ve la posibilidad de vida y le facilita el hacerse realidad. De hecho, el óvulo «incita» a esa nueva vida,* como una jefa anima y ayuda a su equipo a conseguir su objetivo. Esto se realiza a través del ADN mitocondrial, es decir, los genes citoplasmáticos del óvulo que residen en los minúsculos órganos intracelulares llamados mitocondrias. Las mitocondrias son diminutos hologramas de sustento y orientación, esenciales para metabolizar las grasas y los azúcares que proporcionan el combustible para la embriogénesis (el desarrollo de la nueva vida) una vez que está fertilizado el óvulo.[1] También son capaces de interaccionar con e influir en la forma como se expre-

---

* Donde he traducido «De hecho» el original dice «literalmente»: óvulo es «egg» en inglés, y esta palabra «egg» también es verbo, y significa «incitar a hacer algo». *(N. de la T.)*

san los genes del espermatozoide. Son capaces de reparar los genes dañados del espermatozoide fertilizante, reencarrilando así la creación y contribuyendo a asegurar la salud del feto en desarrollo. Considéralo así: el hombre pone sus genes sobre la mesa; la mujer también pone sus genes, pero además aporta la comida y la casa para dar a su creación resultante un lugar para desarrollarse y crecer. Y como si eso fuera poco, pone las herramientas para arreglar las cosas si a la casa le hace falta alguna reparación.[2,3] Por eso una vez una bióloga bromeó diciendo que en lugar de considerar la fertilización como una triunfante penetración del óvulo por el espermatozoide, el proceso debería llamarse más apropiadamente «la ovulación del espermatozoide».[4]

El ADN mitocondrial es decididamente femenino, ya que se hereda estrictamente por línea materna. Todas las personas, hombres y mujeres por igual, llevan estos diminutos nutrientes en todas las células de su cuerpo durante toda su vida, gentileza de su madre. Y todas las hijas transmiten este legado materno a todos sus hijos. Esto se ve especialmente en madres e hijas. Cuántas veces no habrás oído exclamar a una mujer: «¡Hablo igual que mi madre!» Como todas las mujeres de todas partes, yo también me sorprendo diciendo exactamente las mismas cosas que ha dicho mi madre, con la misma entonación y las mismas gesticulaciones para dar énfasis. Mis hijas a su vez se sorprenden expresándose con mis palabras y gestos.

Rara vez he oído decir a una mujer: «¡Vamos, hablo igual que mi padre!» Tal vez esto se debe a nuestro legado materno y al ADN mitocondrial que hace la instalación, que conserva vivas las voces de nuestras madres en nosotras de un modo particularmente potente.

La verdad, hombres y mujeres por igual hemos sido «incitados a vivir» por una mujer, con sustento y orientación, desde el comienzo mismo. Esto no acaba en el útero. A veces tampoco acaba pasada la infancia. Las madres solemos sentirnos irresistiblemente inducidas a hacer esto por nuestros seres queridos durante toda la vida. No es de extrañar entonces que normalmente la salud de una hija se vea más afectada por una madre indiferente, negligente, enferma o abusiva, que por un padre con esos mismos defectos o discapacidades.

Aun cuando en esta cultura patriarcal tomamos el apellido de nuestro padre, para identificar verdaderamente nuestra herencia biológica y tribal debemos mirar nuestro linaje materno. Por eso los equipos de forenses identifican los cadáveres por el análisis del ADN materno. Y por eso en la fe tradicional judía y en muchas tribus de indios norteamericanos, a los niños solamente se los considera parte de la tribu si su madre tiene sangre de la tribu en ella. Y en muchas de estas tribus la propiedad se hereda a través de la línea materna.

Así como es cierto que los cadáveres se pueden identificar por el ADN materno, también es cierto que detrás de toda mujer próspera y sana se puede encontrar un sobresaliente ADN materno. Una de las finalidades de este libro es enseñarte a «leer» este ADN materno y tu sabiduría ovular, para que puedas mantenerte encarrilada tú y encarrilar a tu hija (o hijas), si la tienes.

La Naturaleza lo arregla

La capacidad de quedar embarazada y crear un hijo es prueba clara e indiscutible de que el cuerpo de la mujer contiene la plantilla para crear. Da fe de esa plantilla el hecho de que la mayoría de los embarazos son normales y que la gran mayoría de hijos nacen sanos.

Una de mis colegas participó hace poco en el nacimiento de una niña sana de una mujer de 43 años que sólo se enteró de que estaba embarazada cuando empezó a tener los dolores del parto (las variaciones sobre este tema son más comunes de lo que podrías imaginar). Dado que esta mujer había sido infértil años y años, cuando dejó de tener la regla simplemente se imaginó que había entrado en la menopausia; y puesto que tenía unos dieciocho kilos de sobrepeso, no notó ninguna diferencia en el volumen de su abdomen durante su embarazo. Que además se las haya arreglado para no sentir los pataleos del bebé simplemente nos dice lo totalmente separados que tenía su cuerpo y su mente. En todo caso, dio a luz a una niña sana, en medio de llantos de alegría y celebración cuando ella y su marido vieron que su hija estaba perfectamente sana. Lo que más la preocupó cuando descubrió que estaba en la labor del parto no fue que iba a tener un bebé sino que algo fuera mal porque ella no sabía que estaba embarazada. Si lo hubiera sabido habría comido mejor y se habría abstenido de beber vino y cerveza.

Esta historia ilustra algo que yo he experimentado repetidamente en mi trabajo como tocóloga: tratándose de embarazo y parto, la Naturaleza lo arregla la mayoría de las veces, pese a nuestras imperfecciones humanas. Es muy tranquilizador saber esto, porque en la mayoría de los casos los sistemas orgánicos importantes de un feto humano ya están formados cuando la mujer se da cuenta de que está embarazada y, en consecuencia, comienza a hacer los cambios de comportamiento necesarios.

Sin embargo, no hay que aprovecharse de la sabiduría de la Naturaleza como excusa para correr riesgos indebidos. Debemos trabajar en concierto con ella, ayudándola a hacer su trabajo.

A veces, a pesar de que ponemos todo nuestro empeño, la Naturaleza comete un error, o a nosotros, con nuestra limitada visión humana, nos parece que es un error. Para ese 2 por ciento de mujeres cuyos bebés nacen con defectos, la experiencia puede ser terrible, a la vez que les causa sentimientos de culpa, sentimientos que muchas veces las llevan a revisar obsesivamente su embarazo en busca de algún pecado de omisión o comisión en que pudieran haber incurrido durante esos meses. Pero en la mayoría de los casos la causa de esas anormalidades continúa siendo un misterio, incluso después de pruebas y análisis exhaustivos.

Mensajes del interior

Para hacer las paces con los aparentes errores de la Naturaleza, hemos de confiar en el proceso de la vida. Pero ¿cómo aprender a confiar sin caer sencillamente en la pasividad o la irresponsabilidad? Recuperando la sabiduría Madre Osa que está codificada en todas las células de nuestro cuerpo femenino. Esto significa escuchar los mensajes de nuestro interior más profundo y obrar en consecuencia, a la vez que aceptamos la realidad de que la Naturaleza tiene sus razones, no todas las cuales podemos comprender siempre. La siguiente extraordinaria historia es la de una mujer que aprendió a escuchar, y gracias a eso encontró la capacidad para concebir y la confianza de que ella y su hija tenían todo lo que necesitaban para tener un embarazo y un parto sanos.

JANE: conexión con el alma de su hija

Después de un largo periodo de ambivalencia respecto a si sería capaz de equilibrar su exigente profesión académica con los retos de la vida familiar, Jane logró concebir, y esto pese a que le habían diagnosticado infertilidad. Su primer paso fue aprender a escuchar a su cuerpo para saber qué necesitaba en cuanto a alimento y actividad:

> Mi médico me dijo que nunca podría concebir. Rechazando el «tratamiento» quirúrgico y medicamentoso que me recomendó, comencé a ocuparme yo de mi cuerpo y de mi vida. Después de quitar importancia al pronóstico del médico de que la concepción

era imposible, eliminé de mi dieta todos los productos lácteos y cárnicos y comencé a salir a caminar al sol treinta minutos al día. No había pasado un mes cuando descubrí que estaba embarazada.

Las primeras nueve semanas las pasé sin ningún problema. Y entonces comencé a tener hemorragias. Las tuve al final de cada semana laboral durante un total de cuatro semanas; la hemorragia me comenzaba cuando llegaba a casa el viernes por la noche, al final de mi semana laboral como catedrática de universidad, con un horario de trece horas diarias. Cada vez me acostaba a descansar, asustada de muerte pensando que tendría un aborto espontáneo, pero sin saber las causas más profundas de ese problema.

Cuando ya llevaba cuatro semanas así y me había pasado en cama los fines de semana, me llamó una buena amiga y de repente le solté: «Soy un fracaso. Sabía que no podía hacer esto». Eso me sorprendió; nunca había dejado entrar esos pensamientos en mi conciencia. Me eché a llorar. A la hora, la hemorragia ya era importante. Después de que el médico de guardia —algo molesto por la interrupción— al que llamé para consultar me insistió en que eso era «bastante normal» y que mi reacción era exagerada, me volví a la cama. Y me puse a pensar.

Al cabo de doce horas, no sólo estaba sangrando sino también vomitando, arrojando todo el miedo que tenía alojado en las entrañas. Vomité hasta que ya no me quedaba nada por arrojar. Y seguí sangrando. Me quedé en cama toda una semana. Jamás había faltado a una sola clase, y mucho menos por «motivos personales». Sentada ahí en la cama, continué pensando. Y llorando. En lo más profundo de mí pensaba que si no lograba solucionar lo que me pasaba, mi bebé moriría. Y entonces, casi de repente, una revelación. Comprendí que temía destruirme, dejar de ser yo misma, al dar a luz; estaba convencida de eso.

Pero mientras sentía la absoluta totalidad de mi miedo, sentí a mi bebé, a mi hija. Me pareció que nos comunicábamos, que teníamos una conversación silenciosa. Recuerdo que la «oí» decir: «Eres capaz de hacer esto. No me voy a morir. Puedes hacerlo. Podemos hacerlo». Me sorprendió tanto esta experiencia que no se la conté a nadie, ni siquiera a mi marido. Me dormí y a la mañana siguiente me levanté y le dije a mi marido que el bebé y yo estábamos bien, y luego limpié la casa. La hemorragia había parado totalmente y comprendí que yo estaba bien.

Terminé mi embarazo con normalidad y di a luz a Elena en mayo de 1997. Ahora hay quienes dirían que su concepción y nacimiento se pueden entender con algunas explicaciones médicas bastante ortodoxas. Yo sé que esta experiencia es muchísimo más profunda que lo que dan de sí esas explicaciones.

No sólo no me destruí al darla a luz ni al cuidar de ella, sino que he comenzado a encontrar mi yo más profundo. Y eso se lo debo a mi hija.

La aportación de la hija en el útero a su propio destino

Como ilustra la historia de Jane, la salud de un bebé es una calle de doble sentido desde el comienzo. Tanto la madre como su hija hacen sus aportaciones, siendo el bebé una fuerza muy dinámica en el equipo. Cualquiera que dude de la participación del bebé sólo tiene que observar cómo los deseos de comer de la mujer embarazada son influidos directamente por el bebé. Muchas madres te dirán que en cada embarazo ansiaban comer cosas distintas.

Un bebé interacciona con su madre desde el principio, mediante cambios en las moléculas de comunicación: hormonas. Estos cambios inducidos por hormonas afectan a la salud tanto de la madre como del bebé. Éstos son unos pocos ejemplos:

- La placenta es fuente de hormonas esteroides que contribuyen al bienestar de la madre.
- El feto indica al cuerpo de la madre que está embarazada produciendo la hormona HCG (gonadotropina coriónica humana), que ordena al cuerpo lúteo (órgano endocrino, de corta duración, productor de progesterona, que se forma en el ovario después de cada ovulación) que siga produciendo progesterona, con el fin de sostener el embarazo.
- Las glándulas suprarrenales del bebé son las responsables de proveer de DHEA (deshidroepiandrosterona), precursora del estrógeno, a la parte materna de la placenta. El estrógeno producido por la DHEA es necesario para desarrollar el tejido placentario y la capa muscular del útero. Si el cuerpo del bebé no puede producir la cantidad suficiente de DHEA, su madre no podrá producir el estrógeno suficiente para sostener el embarazo.

- El bebé es también el responsable del inicio de la labor del parto, probablemente mediante una combinación de factores en que intervienen las glándulas suprarrenales y la pituitaria. Es satisfactorio pensar que una señal del cerebro y las glándulas suprarrenales del bebé ponen al feto al mando de su destino orquestando el momento de su nacimiento.[5]

Está claro que una hija ha estado asociada con su madre en su propio bienestar desde el momento de la concepción. Y esa asociación continúa toda la vida.

Los medios de comunicación entre madre e hija

Las madres e hijas se «hablan» acerca de sus respectivos sentimientos desde el comienzo mismo, aunque no necesariamente con palabras. Se hablan o comunican a través de sus almas, como hicieron Jane y su bebé. Y, como he dicho, se comunican mediante toda una complicada serie de hormonas y neurotransmisores mensajeros. Aunque madre e hija tienen distintos sistemas circulatorios, están tan conectadas que prácticamente todos los neurotransmisores y hormonas que produce el cuerpo de la madre afectan a su bebé. Eso significa que todas sus emociones y consiguientes cambios bioquímicos ocasionados por esas emociones afectan a su bebé.

Por ejemplo, la sensación de bienestar, o su falta, tiene por consecuencia cambios en la producción de hormonas del estrés, como el cortisol, la adrenalina y la vasopresina, que regulan el torrente sanguíneo de la placenta y por lo tanto afectan a la cantidad de nutrientes y oxígeno que recibe el bebé (más información sobre la vasopresina en pág. 123). Cuando se eleva mucho el nivel de cortisol en la madre debido a ansiedad o miedo, la consecuencia es una cascada metabólica que produce niveles elevados de otras hormonas llamadas citocinas, que regulan el sistema inmunitario. Si los niveles de cortisol y citocinas continúan elevados permanentemente, puede quedar comprometido el sistema inmunitario de la madre y del bebé en desarrollo.[6] La ansiedad crónica de la madre también aumenta el riesgo de parto prematuro, complicación en la labor del parto, presentación de nalgas, muerte del bebé antes de nacer y aborto espontáneo.[7] Estos mismos problemas los puede exacerbar una mala dieta pobre en nutrientes. A la inversa, si la mujer está bien nutrida, se siente apoyada en su embarazo y disfruta de una amplia variedad de intimidad física y emocional con su pareja y de buena relación con sus amistades y familiares, aumenta su nivel de la hormona oxitocina, una de las llamadas moléculas de los lazos afectivos, de pertenencia al grupo, familia o tribu, la que estimula y mejora su inmunidad y la de su bebé y la impulsa a crear vínculos afectivos con su bebé ya antes de que nazca. Los neurotransmisores que circulan por el cuerpo de la madre crean una impronta física en el cuerpo y cerebro en desarrollo del bebé, imprimiendo su sensación de seguridad y confianza. Su biología le dice: «Todo está bien. Cuidarán de mí. Estoy en paz».

Un buen número de estudios han documentado lo que muchas ya sabemos: los bebés tienen la capacidad para aprender y recordar (en sus cuerpos si no en sus mentes conscientes) muchos aspectos de su vida prenatal, y también los procesos de su nacimiento. Esto se traduce, por vía hormonal y otros mensajeros, en una impronta biológica indeleble que tiene efectos en nosotros en ciertos planos todo el resto de la vida.

La siguiente historia ilustra cómo las emociones de la madre durante el embarazo pueden tener efectos duraderos en su hija.

SUZANNE: *sanación de sus miedos*

A los 40 años comencé a caer en una oscuridad que me hizo pensar que mi vida estaba acabada, que moriría pronto, que ya no me quedaba nada por hacer aquí, que no era capaz de ofrecer nada de mérito o valor. No deseaba suicidarme, sino más bien me sentía vacía, desprovista de toda sensación de que la vida continuaría para mí. Me entró miedo de morir, aun cuando no había absolutamente ningún motivo para pensar que eso iba a ocurrir. Me sorprendía planeando mi funeral, fantaseando sobre cómo sería, y qué haría mi familia después. Salía de esas fantasías con la sensación de que ése era un resultado inevitable que ocurriría pronto. Esto continuó durante dos años, y los diversos intentos de remediarlo tuvieron efectos de poca duración.

Una noche en que estaba conversando con mi madre, le hablé de estos miedos. Hasta entonces nuestra relación no era de aquellas en que madre e hija se confían mutuamente sus asuntos emocionales. De hecho, me sentía bastante distanciada de ella y no sé qué me impulsó en ese momento a hablarle de mis miedos. Sin perder un segundo, mi madre me dijo: «Pues claro que tienes mucho miedo de morir. Cuando yo estaba embarazada de cinco meses, me dijeron que corría el peligro de morir al darte a luz. Desde ese momento viví aterrada ante la idea de morirme, y seguro que te pasé a ti ese miedo». También me contó que en todos los embarazos posteriores (tuvo cinco más) vivió temiendo por su vida, y que los dos que tuvo después de los 40 años fueron especialmente difíciles.

Esta revelación me golpeó como un rayo. Algo muy profundo cambió en mi cuerpo. En ese momento comprendí que esos miedos no eran sólo míos y comencé a separar los míos de los de ella, y eso me llevó al trabajo más profundo de sanar mi vida y a estudiar la sanación y la terapia centradas en el cuerpo. Han transcurrido diez años y ahora me siento totalmente viva, vibrante y entusiasmada por la vida, y espero de verdad vivir hasta bien pasados mis noventa años. Le estoy muy agradecida a mi madre por haberme contado lo de sus miedos. He sanado mi relación con ella y agradezco lo que me ocurrió a los cuarenta años porque eso me permitió tomar el mando de mi vida y bienestar.

Esta historia es un fabuloso ejemplo de cómo podemos recibir un legado materno de ansiedad y depresión que podría ir transmitiéndose de gen a gen, de plantilla a plantilla, y asumir valientemente la responsabilidad de transformarlo en nuestra vida sin echarle la culpa a nuestra madre.

Al margen de cómo sea tu relación con tu madre, es muy iluminador comprender el poder y el misterio de vuestra conexión a lo largo de vuestras vidas.

La violencia y la mujer embarazada

En nuestra cultura son muchas las mujeres que sufren de traumas y violencia por parte de los hombres de su vida, ya sea directa o indirectamente. Por desgracia, el embarazo no disminuye esta violencia, sólo cambia la naturaleza de los ataques, por lo que el abdomen preñado de la mujer se convierte en el blanco.[8] En general, aproximadamente el 17 por ciento de las mujeres embarazadas reciben maltrato físico durante su embarazo. Aquellas que tienen un historial previo de maltrato tienen más probabilidades de sufrirlo cuando están embarazadas. ¿Cómo debe de ser para la sensibilidad de un bebé que se está desarrollando en el útero sentir en su cuerpo los efectos de un maltrato dirigido a ese útero? Puesto que pequeñísimos cambios hormonales afectan al desarrollo y la proliferación de las células, el hecho de que el bebé esté desarrollando su sistema nervioso, cerebro y órganos mientras nada en una sopa bioquímica de hormonas preparada por su instinto de supervivencia, tiene que tener un efecto.

Yo ya tenía más de 40 años cuando me enteré de que, cuando mi madre era bebé, dormía en una cuna que estaba debajo de un agujero de bala producido durante un tiroteo entre la policía y mi abuelo, que era contrabandista de licores. Puesto que mi madre era bebé en ese tiempo, no recuerda nada de lo que ocurrió, pero su hermana menor sí recuerda que se lo contaron y me pasó la información a mí. Dado que hay largos periodos que mi madre no recuerda, no sólo de cuando era bebé sino también de su infancia, sospecho que podría haber habido mucha más inestabilidad y violencia durante el embarazo de mi abuela que lo que mi madre o yo sabremos jamás.

No existe aquello de comienzo perfecto, madre perfecta, hija perfecta ni vida perfecta

Ten presente que no existe lo que se podría llamar embarazo y parto perfectos. La vida tiene una manera de ocurrir. Las cosas no siempre resultan como las deseamos, por mucho esfuerzo que hayamos puesto en controlar las variables. Una madre puede evitar el alcohol, el tabaco y las drogas, comer bien, hacer ejercicio con regularidad, escuchar música de Mozart diariamente, rodearse de luz blanca, tomar suplementos e ir al mejor tocólogo-ginecólogo del mejor hospital del mundo, y sin embargo el cimiento o base de su bebé no nacido podría verse afectado inevitablemente por la muerte de su padre, una enfermedad en la familia, el caos de la vida diaria o algún otro factor que no podemos identificar. Al margen de los acontecimientos y circunstancias que entraron en la formación de tu cimiento o base, ten presente esto: aun en el caso de que tu viaje por la vida de hija haya tenido un comienzo adverso, naciste con la sabiduría interior y las cualidades del alma para superarlo. Hay personas cuyos cimientos están tan agujereados y son tan débiles que es como si no existieran, por ejemplo la hija de una madre abusiva que tomaba drogas, bebía alcohol, fumaba, y la descuidaba o abandonaba ya fuera física o emocionalmente cuando era bebé. Sin embargo, muchas veces esas personas tienen una capacidad pasmosa para encontrar y usar las cualidades de su alma y las energías universales de la creación; superan dificultades aparentemente insuperables y llevan vidas felices, prósperas y productivas. Otras pueden empezar con los cimientos o bases más firmes posibles y luego vivir vidas desgraciadas, improductivas, insatisfactorias.

Lo fundamental: ni las circunstancias de nuestro nacimiento ni los actos o el comportamiento de nuestra madre tienen el poder para escribir el guión de nuestra vida ni para impedirnos tomar el camino único que fuimos destinadas a tomar en la vida. Eso lo hacemos solas, en asociación con nuestra alma.

El embarazo y la placenta sabia: el órgano biológico de la conexión humana

Desde el comienzo mismo, madre e hija participan en una dinámica danza de cariño y rechazo, dependencia e independencia, que continúa el resto de sus vidas. Comienza con la formación de la placenta, que es el órgano de la relación y el sustento. La placenta es la encarnación de la manera en que tanto las relaciones como el alimento sostienen nuestra salud física y emocional.

Una vez que el óvulo fertilizado ha viajado por la trompa de Falopio y se ha implantado en la pared uterina, madre y bebé comienzan a formar conjuntamente el órgano dinámico que los conecta: la placenta. La placenta es el límite físico vivo y sensible que a la vez separa y conecta a la madre y el bebé durante los primeros nueve meses de vida, sirviendo de medio para la dinámica de nuestra primerísima relación.

Siempre me ha fascinado la placenta, ese maravilloso sistema sustentador de la vida que nutre al bebé en el útero, y la he examinado atentamente después del nacimiento de casi todos los bebés en cuyos partos he colaborado. Muchas veces he animado a los padres a mirarla conmigo. Aunque algunos se muestran renuentes al principio, muy pronto acaban fascinados y agradecidos por la oportunidad de entender la maravilla de este extraordinario órgano. Una vez que la recién nacida está segura en el útero externo, los brazos de su madre, habiendo sido soltada a la vida terrenal al cortar el cordón umbilical, rendimos homenaje al órgano que la sustentó durante los nueve meses anteriores. Levantando las membranas, enseño a los padres cómo y por dónde estaba la placenta adherida a la pared uterina, y cómo el cordón umbilical ataba al bebé a la placenta para nutrirlo, permitiéndole flotar en un mar en miniatura dentro del útero de su madre.

La formación de la placenta comienza muy pronto después de la fertilización del óvulo, cuando el embrión empieza a desarrollar las células que se insinúan en la pared uterina. La Naturaleza lo ha dispuesto así para que el cuerpo de la madre no rechace automáticamente a este intruso, aun cuando las células fetales no son inmunitariamente idénticas a las suyas y experimentarían un rechazo y muerte casi seguros si fuera un órgano trasplantado. En casi medio siglo de intensa investigación por parte de los biólogos más sobresalientes del mundo, nadie ha logrado explicar del todo cómo es posible esto; desafía todas las leyes de la inmunidad y el trasplante. Una teoría es que el cuerpo de la madre, mediante un grupo de linfocitos especialmente formados, controla el grado de invasión del cuerpo por parte del embrión.[9] Pero una vez que está establecido el embarazo, el feto contribuye a su aceptación produciendo antígenos HLA (antígenos de histocompatibilidad) en la superficie placentaria, los que aseguran su supervivencia bloqueando el rechazo por parte de la madre.

La capacidad de la placenta de nutrir y sustentar a un bebé depende tan directamente de la salud de la madre y del bebé que se puede considerar la metáfora física de su relación. Todas las madres necesitan aprender a fijar límites sanos a su atención y cuidado de otros, incluidos sus hijos. La sabiduría placentaria nos ofrece una orientación sobre cómo hacer esto. Cuando estamos embarazadas, no es posible separar nuestras necesidades de las del bebé; las necesidades son esencialmente las mismas: lo que nos mantiene sanas a nosotras mantiene sano/sana al bebé en desarrollo. Sin embargo, hay algunas sustancias que la placenta no deja pasar de la madre al bebé ni del bebé a la madre. Por eso la placenta impide que las células fetales lleguen a la madre. Pero este límite es poroso, y algunas células fetales pasan a través (las células fetales no tienen ninguna consecuencia negativa en la madre, pero si pasan demasiadas y la madre y el bebé tienen diferentes tipos de sangre, por ejemplo la madre es Rh negativo y el bebé Rh positivo, el cuerpo de la madre podría producir anticuerpos que dañarían los glóbulos sanguíneos del bebé del siguiente embarazo). En estudios recientes se ha comprobado que hasta el 70 por ciento de las mujeres embarazadas tienen células fetales que circulan por su torrente sanguíneo durante el último trimestre de embarazo. Y se han detectado algunas que circulan en la sangre de mujeres hasta 27 años después del parto.[10] Comentando estos hallazgos, la doctora Sarah Berga, catedrática de Obstetricia y Ginecología de la Universidad de Pittsburgh, escribió:

Cuando contemplo el trabajo de nunca acabar de la maternidad, me gusta bromear sobre el «cordón umbilical de teflón» que no se puede cortar. Poco sabía yo que el feto puede estar siempre verdaderamente ahí, tanto en sentido literal como emocional. Esta idea da un nuevo sentido al sacrificio biológico que entraña la reproducción.[11]

La doctora Berga tiene toda la razón. Cuando estaba escribiendo esta parte del libro, mi hija mayor acababa de graduarse en la universidad y se trasladó a Nueva York para comenzar su primer trabajo. Cada mañana yo me despertaba sangrándome la nariz, síntoma que es muy raro en mí pero que mi hija ha tenido con frecuencia durante periodos de estrés, desde su infancia. Comprendí que este síntoma era un símbolo de mi preocupación por ella, y nuestro lazo sanguíneo de toda la vida.

Otros estudios recientes sobre las células germinales (o células madres) sugieren que las células fetales podrían ayudar a la madre a regenerar órganos dañados de su cuerpo; otro pasmoso ejemplo del poder mutuamente sanador de los lazos sanguíneos.[12]

UNA VIDA SE CONVIERTE EN DOS

Aunque en nuestra cultura muchas veces se tira o se le hace caso omiso, el cordón umbilical es un trozo de tejido muy importante y simbólico. Recuerdo que vi por primera vez un cordón umbilical cuando tenía unos cinco años. Mis padres se tomaron el tiempo para enseñarnos el trozo de cordón umbilical secado que quedó del último bebé nacido en la familia. Me fascinó. Culturas indígenas como la de los sioux, trenzaban el cordón umbilical secado de sus hijos con la crin de sus caballos para que los protegiera cuando llegaban a la mayoría de edad y abandonaban la comodidad de sus casas y a sus madres.

Estuve presente cuando nació mi sobrina, y guardé su cordón umbilical. Lo envolví en espiral en un pequeño cilindro de cartón y lo puse a secar en un lugar caliente y seco. Cuando sea mayor se lo voy a dar en una apropiada ceremonia de mayoría de edad. No se me ocurrió hacer esto con los cordones umbilicales de mis hijas, pero cuando ellas vieron el que guardé para su prima, quisieron saber qué había ocurrido con los de ellas. Qué pena no haber guardado los de ellas también.

LOS CAMBIOS DEL EMBARAZO

Sí, tener un hijo nos cambia para siempre. Y la experiencia de estar embarazada también produce cambios profundos, en la apariencia, en la forma de sentir, en la reacción de los demás, en el apetito, en la sexualidad, incluso en los sueños. Tu reacción a estos cambios vive en tu cuerpo, y en el cuerpo de tu hija.

La apariencia

Es cierto: los pies se agrandan. Pero claro, ése es el menor de los cambios que se experimentan. Muchas mujeres temen que el embarazo las haga perder para siempre la figura. Una mujer me dijo que su madre siempre se sintió agraviada por haber tenido hijos porque pensaba que los embarazos le habían estropeado el cuerpo sin remedio. He oído decir a mujeres que se sienten muy orgullosas de sus embarazos porque nadie logró adivinar que estaban embarazadas hasta muy al final. Piensa en esto un momento. Qué triste es que vivamos en una cultura que nos anima a sentirnos orgullosas de poder ocultar que nuestros cuerpos están desarrollando una nueva vida. ¿Qué tipo de efecto crees que tiene esto en nuestras hijas?

La mayoría hemos heredado hasta cierto punto la profunda escisión de nuestra cultura entre maternidad y sexualidad, a veces llamada la escisión virgen-puta. Parece que los cambios físicos del embarazo exacerban esa escisión: se supone que las mujeres embarazadas no deben sentirse ni verse sexualmente atractivas. O por lo menos esto era así hasta hace poco, porque las últimas campañas de publicidad para tiendas de ropa maternal ahora proclaman que «¡La maternidad es excitante!», y enseñan hermosas mujeres embarazadas con preciosos y sexys vestidos maternales. Así que por lo menos en algunos aspectos de la cultura estamos progresando.

A muchos hombres les encanta cómo se ven sus mujeres cuando están embarazadas. A mi marido le encantaba, y eso me hacía sentirme mucho mejor conmigo misma. Pero a muchos otros no les gusta el aumento de peso inevitable en el embarazo y viven regañando a sus mujeres por lo que comen.

Estos últimos años el sistema médico ha reforzado estas actitudes. Hasta comienzos de la década de los ochenta, muchos médicos estaban formados para restringir exageradamente el aumento de peso durante el embarazo, instando a las madres de esa generación a hacer dieta durante el embarazo. También recetaban diuréticos, en un erróneo intento de re-

UNAS PALABRAS ACERCA DEL AUMENTO DE PESO EN EL EMBARAZO

Deploro la excesiva importancia que da nuestra sociedad a la delgadez, la que ha tenido por consecuencia una epidemia de trastornos alimentarios, régimen de adelgazamiento permanente, dependencia de píldoras de dieta, y anorexia, con lo que el «terreno» del cuerpo de muchas mujeres se ha agotado, ha quedado desprovisto de los nutrientes esenciales que necesita para alimentar óptimamente a un bebé. Dicho esto, el embarazo no es un periodo para echar la prudencia al viento y «comer por dos». De hecho, las exigencias metabólicas extras sólo hacen necesario añadir un promedio de 300 calorías diarias (el equivalente a un pastel de manzana caliente de McDonald, o 170 g de salmón rojo salvaje de Alaska), si deseas tener una dieta apropiada.

La mejor manera de bajar de peso después del embarazo es tener un aumento de peso moderado durante el embarazo. Pero si después de dar a luz descubres que tu aumento de peso sobrepasa en mucho los 2,700 kg que es más o menos lo normal, ten paciencia para eliminar esos kilos de exceso. Cuanto antes aprendas a comer de manera sana y realista, más capaz serás de crear un cimiento firme para tu hija.

ducir al mínimo el aumento de peso y disminuir la hinchazón de los tobillos. Lo que verdaderamente necesitaban las mujeres era más proteína y alimentos de mejor calidad, no un fármaco que merma el volumen sanguíneo justo en el momento en que el bebé más lo necesita. Afortunadamente, ahora la medicina tiene una mejor comprensión del aumento de peso deseable para la mujer embarazada. (Véase más adelante «Programa para el embarazo».) Esperemos que los maridos lo entiendan, ¡y por supuesto las propias mujeres!

Sensación de bienestar

Muchas mujeres disfrutan de verdad estando embarazadas y te dirán que se han sentido mejor durante este periodo que en cualquier otro periodo de sus vidas. Algunas, por ejemplo, tienen orgasmos múltiples durante el

embarazo, aun cuando nunca los hayan tenido antes; esto se debe probablemente a la mayor irrigación sanguínea de la pelvis junto con el ánimo
elevado a causa de las hormonas del embarazo; por este motivo, el embarazo puede ser un periodo sexualmente cimero para algunas mujeres. El
principal cambio hormonal del embarazo es la mayor producción de
progesterona, que tiene un claro efecto calmante en los nervios, similar al
efecto del Valium. No es de extrañar que muchas embarazadas irradien
ese aire de tranquilidad y bienestar.

Pero hay una amplia variación entre las mujeres en cuanto a lo cómodas que se sienten durante el embarazo. Algunas tienen náuseas matutinas durante todo el embarazo, o moderadas molestias abdominales y
dolor de espalda. Las mujeres que sufren de dolor de espalda suelen beneficiarse de masajes periódicos o ajustes osteopáticos. Y las que sufren
de náuseas suelen encontrar alivio bebiendo infusión de jengibre o tomando cápsulas de jengibre, comiendo poquito y con frecuencia y evitando preparar la comida siempre que sea posible. (Estar cerca del olor
de los alimentos suele ser el problema, no el comerlos. A la inversa, los
fuertes aromas de los aceites esenciales de jengibre y de menta piperita
pueden ser muy eficaces para las náuseas.) Además, todas las embarazadas necesitan dormir más tiempo, sobre todo durante el primer trimestre,
cuando el cuerpo está haciendo un intenso trabajo que aún no es visible.
En Estados Unidos, muchas mujeres embarazadas que trabajan fuera de
casa no descansan lo suficiente, y eso contribuye al malestar físico.

Pero incluso las mujeres que por el motivo que sea tienen embarazos
difíciles, pueden tener también recuerdos maravillosos de la alegría y expectación que experimentaron durante esos meses, recuerdos que son
muy positivos para transmitir a sus hijas. Saber lo feliz que fue el embarazo de su madre le da a la hija la sensación de seguridad respecto a su lugar en el mundo. Recuerdo que estaba tumbada al sol en la terraza posterior de nuestra primera casa en Milton (Massachusetts) cuando por
primera vez sentí moverse a mi hija Annie en mi vientre calentado por el
sol. Sentí como si estuviera revoloteando una mariposita dentro de mí,
una sensación verdaderamente mágica. A Annie siempre le ha encantado
oírme contar este feliz recuerdo.

Sueños y fantasías

Dado que las hormonas del embarazo hacen más transparente o porosa
la cortina que por lo general separa al cuerpo del alma, las embarazadas

están emocionalmente más propensas a intensos sueños que en otras épocas de su vida. Esto no es una debilidad. Es un don de discernimiento que, si le hacen caso, les da conocimientos intuitivos de todo, desde la elección de los alimentos correctos a la elección de personas para acompañarse. El lado negativo de esta porosidad es que también las hace más propensas a la depresión, cambios de humor y ansiedad, si esas emociones están en el ambiente que las rodea. Por eso es tan importante que la embarazada se rodee de personas agradables y atentas, y de la mayor cantidad de energía positiva posible.

Si bien nuestra cultura exagera el romanticismo en torno a ese «especial bienestar» relacionado con el proceso de desarrollar una nueva vida en el embarazo, también reduce ese estado emocionalmente poroso y muy intuitivo a «cambios de humor», «paranoia» y ansias de comer «irracionales» [antojos]. Una vez que entendemos que nuestro cerebro fue diseñado para ser más receptivo durante el embarazo, vemos nuestra volubilidad emocional bajo una luz muy diferente, abriéndonos a los conocimientos e intuiciones que están a nuestra disposición en ese periodo.

Miedo, preocupación y culpa

Nuestra herencia cultural respecto a embarazo, labor del parto y parto prácticamente garantiza los miedos y preocupaciones durante el embarazo. Nunca he conocido a una sola mujer que no haya tenido al menos algunos temores acerca de la salud de su bebé no nacido. Estos miedos suelen expresarse en sueños, por ejemplo sueños en que dejas al bebé abandonado en el sótano, o te olvidas de que tienes un bebé y éste sufre daños debido a ese olvido.

Claro que es natural tener preocupaciones o temores acerca de lo que está por venir. El problema es si la preocupación o el temor ajusta o desajusta. Ajusta si la mujer se preocupa por la calidad de la comida cuando está embarazada y da los pasos para mejorarla. Desajusta cuando evita la carne y el pescado porque teme que contengan residuos de pesticidas y mercurio y luego aumenta un exceso de 30 kilos de peso por comer demasiados cereales integrales, pastas, pan y helados de crema biológicos. En último término, es tu habilidad para manejar los miedos, no los miedos en sí mismos, la que va a influir más en tu salud y la de tu hija.

La mayoría de las embarazadas se sienten culpables de algo, dada nuestra herencia cultural. Algunas mujeres se echan encima una carga de culpa particularmente pesada, por ejemplo aquellas a las que recetaron el estrógeno sintético DES (dietilestilbestrol), que se creía que prevenía el aborto espontáneo, y después se descubrió que produce anormalidades en el sistema reproductor de las hijas nacidas de esas mujeres. He visto a muchas hijas DES y puedo asegurarte que la pena y sentimiento de culpa de sus madres, que simplemente seguían las órdenes de sus médicos cuando tomaron ese estrógeno, suele ser tan grande que tratarlas o hablar de ello francamente raya en lo imposible.

En todo caso, sean cuales sean las emociones que sintamos, son aquellas de las que no podemos hablar, o las que no podemos trabajar, las que causan más daño a la siguiente generación. Cuanto más capaz seas de perdonarte y dejar que tu corazón procese lo que antes parecía inaceptable, más sana estarás tú y más sana será tu hija. Te lo garantizo.

EXPLORACIONES DIAGNÓSTICAS PRENATALES: RIESGOS Y BENEFICIOS

RETO DE LA SABIDURÍA: *exploraciones prenatales*

A casi todas las mujeres les preocupa si sus hijos van a nacer sanos o no. Las mujeres con legados genéticos que podrían predisponer a sus hijos a ciertos problemas, y las mujeres mayores de 35 años, podrían sentirse particularmente preocupadas y desear aprovechar las diversas opciones de exploración prenatal, como la amniocentesis, por ejemplo [punción del amnios para obtener líquido amniótico]. Como para todas las decisiones médicas, hay que aprender a elegir entre las opciones, valiéndose no sólo de las estadísticas y el intelecto sino también de la verdadera sabiduría Madre Osa.

Cuando te conviertes en madre, te encuentras ante la necesidad de tomar innumerables decisiones concernientes a la salud de tu bebé. El asunto de elegir entre las diversas exploraciones diagnósticas prenatales es sólo el comienzo, pero es un momento ideal para comenzar a sintonizar con tus sentimientos viscerales. Cuando lo hagas, ten presente que aunque gran parte de la atención médica prenatal actual se centra solamente en lo que podría ir mal y en qué exploraciones, exámenes o análisis debes hacerte para asegurarte de que nada está mal, el embarazo y el parto son procesos naturales de la vida que la inmensa mayoría de mujeres y sus bebés experimentan sin problemas de salud ni de seguridad. Ciertamente hay mucho que decir a favor de la inocencia y confianza en la Naturaleza que estaban presentes antes que la cultura de la medicina empezara a ofrecer exploraciones a prácticamente todo el mundo, no sólo a las mujeres en alto riesgo de tener hijos con trastornos tales como el síndrome de Down, la enfermedad de Tay-Sach [idiocia amaurótica familiar] y espina bífida u otros defectos del tubo neural.

Yo nunca me hice una exploración por ultrasonido cuando estaba embarazada, aun cuando era rutinaria en ese tiempo. No sentía la necesidad. Claro que tenía 31 y 34 años cuando tuve a mis hijas, «justo a tiempo», antes de que comenzaran a aumentar de modo importante los riesgos relacionados con la edad.

La finalidad de las exploraciones prenatales

Es una gran paradoja que las exploraciones prenatales, que se hacen para tranquilizar a las mujeres, a veces causen más ansiedad que alivio. Ésa es la naturaleza de los exámenes y análisis, que siempre tienen limitaciones y peligros, y están sujetos a los caprichos o divagaciones de la interpretación humana. Una vez que te hayas informado acerca de los pros y los contras de las diversas exploraciones, tienes que decidir cuál de ellas hacerte, si es que te haces alguna.

Las exploraciones prenatales se hacen por un buen número de motivos diferentes. Entre ellos están los siguientes:

- Detectar si hay algún trastorno en la madre que pueda afectar a la salud de su bebé y que sea susceptible de tratamiento. Entre éstos están la diabetes gravídica (o del embarazo) y la hipertensión.
- Determinar las características fetales: tamaño, sexo, edad de gestación y colocación o ubicación del feto y/o la placenta. Por ejemplo, comprobar si hay presentación de nalgas o si la placenta está tapando la vagina.
- Detectar si hay defectos congénitos, como, por ejemplo, espina bífida o defectos cardiacos.
- Detectar si hay defectos genéticos, como el síndrome de Down.

Explorar para detectar trastornos que podrían afectar al bebé y que pueden tratarse es altamente recomendable. Evidentemente todas las embarazadas deberían hacerse tomar la tensión arterial y los análisis para ver si hay diabetes. Lo mismo vale para las enfermedades de transmisión sexual. Y si hay algún problema, deberán tomarse todas las medidas para que la mujer esté todo lo sana posible durante el embarazo.

Sin embargo, si se trata de exploraciones fetales por ultrasonidos o de exámenes para comprobar si hay defectos genéticos o congénitos, los resultados son mucho más difíciles de interpretar.

El dilema de la exploración fetal

En los veinte últimos años ha ido en aumento el número de exploraciones para determinar el estado de salud del bebé antes de que nazca. Entre éstas están las exploraciones por ultrasonido rutinarias, los análisis de sangre para la proteína fetal alfa, que sirve para determinar el riesgo de espina bífida y otros defectos del tubo neural como también del síndrome de Down, y las exploraciones genéticas para detectar más de 250 enfermedades diferentes.

Si bien estas exploraciones son tranquilizadoras, sobre todo cuando hay temor debido a una enfermedad genética en el historial familiar, como la corea de Huntington (corea crónica progresiva) o la enfermedad de Tay-Sachs (idiocia amaurótica familiar), con mucha frecuencia son una espada de doble filo. Por ejemplo, muchos niños con fibrosis quística, que es uno de los trastornos que se detectan con exploración prenatal, pueden vivir años y años y tener una calidad de vida bastante alta. Pero nadie sabe de cierto a cuál niño le va a ir bien y a cuál no.

¿Y si en tu historial familiar no hay ninguna enfermedad genética (que es la inmensa mayoría) y simplemente te haces las exploraciones rutinarias? Por ejemplo, digamos que el segundo trimestre te haces el análisis de sangre que detecta defectos del tubo neural y el síndrome de Down, y éste revela que en tu sangre hay un nivel de la proteína fetal alfa ligeramente elevado. Te preocupas. Son necesarios más análisis. El análisis normal para comprobar el nivel de proteína fetal alfa en la sangre de la madre, hecho en la edad de gestación adecuada, detecta aproximadamente el 80 por ciento de los casos de espina bífida abierta y el 90 por ciento de los de anencefalia (falta de cerebro).[13] Pero el nivel de esta proteína fetal alfa puede estar elevado en la sangre de la madre por otros diversos motivos no relacionados con defectos en el tubo neural ni la pared abdominal del feto, así que, por desgracia, este análisis no es ciento por ciento específico. ¡De hecho, la causa más común de un nivel elevado de esta proteína es un cálculo erróneo de la edad de gestación del feto, no una anormalidad fetal!

De todos modos, aun en el caso de que sepas esto, obtener un resultado anormal en el análisis hace que circulen todo tipo de hormonas del estrés por el organismo. Ahora tienes un embarazo «de tanteo», lo que significa que estás preocupada por la salud de tu bebé y no estás segura de si puedes comprometerte verdaderamente con el embarazo, permitirte una entrega de lleno a él y hacer planes mientras no se realicen más análisis que revelen que todo está bien. Y siendo la mente como es, te imaginas lo peor. Para tener la seguridad de que todo está bien, tienen que hacerte una amniocentesis [punción del amnios para extraer líquido amniótico], y ésta no es una intervención benigna; la aguja podría herir al bebé, causar hemorragia o infección, e incluso producir un riesgo de un 1 por ciento de perder el bebé por ruptura de membranas. Y todo esto debido a una exploración rutinaria.

O digamos que te hacen una exploración por ultrasonido simplemente porque deseas saber el sexo del bebé. Pero entonces resulta que la ecografía revela que tu placenta está demasiado baja, problema bastante común en el segundo trimestre, y que suele resolverse por sí solo después. Aun cuando sepas esto, de todos modos te preocupas pensando si la placenta se va a mover o no; en el caso de que no se moviera, tendrías placenta previa, que puede causar una grave hemorragia. Para estar segura, tienes que hacerte otra exploración por ultrasonido. Aunque otra exploración por ultrasonido no es necesariamente un gran problema, el tener que hacértela ya te ha creado duda y preocupación por un «posible» resultado adverso en algo que la mayoría de las veces se soluciona solo. Otra cosa que ocurre en las exploraciones por ultrasonido es que a veces captan formas, llamadas artefactos, que podrían ser o no ser una anormalidad en el feto o en la placenta. Esto provoca que la madre se sienta como si fuera cayendo en picado. La «cura» es hacerse un seguimiento por ultrasonido. Mientras tanto la madre está frenética de preocupación (y su bebé bañado en hormonas del estrés) hasta la próxima exploración y su resultado.

Otra forma de exploración prenatal es el análisis citológico de la vellosidad coriónica, que se hace a las diez semanas de gestación para detectar si hay problemas genéticos tales como la enfermedad de Down. Tampoco es benigna la intervención para tomar la muestra; existe la posibilidad de aborto espontáneo y de lesiones en las extremidades del feto.

El problema de las exploraciones y la tecnología es que no son infalibles. Hay positivos y negativos falsos por cada exploración o análisis que se hace. Ésa es la naturaleza de la ciencia. Y todo esto está sujeto a la interpretación humana, que difiere según a quién le preguntes.

¿Y si hay una anormalidad?

¿Qué se hace si la exploración revela que hay una anormalidad? Muchas mujeres eligen poner fin al embarazo. Otras no. (Un relato muy conmovedor sobre la decisión de si dar a luz o no a un hijo con el síndrome de Down es *Expecting Adam* [Esperando a Adam], de Martha Beck. Es pasmoso, brillante.) Deberías intentar pensar por adelantado qué elegirías si hubiera una anormalidad, aunque la verdad es que esto es algo que uno no se puede imaginar totalmente hasta que no se encuentra en el caso. Lo que sea que decidas que es lo correcto para ti y tu familia es lo que debes hacer. Pero ten presente que estas decisiones pueden tener reverberaciones emocionales durante mucho tiempo. Una de mis clientas, que puso fin a un embarazo debido a espina bífida y luego estuvo infértil un tiempo, me dijo que la experiencia de acabar con el embarazo fue muy traumática para ella porque sentía moverse al bebé. Me dijo: «Vivía pensando, "¿Y si los médicos se equivocaron? ¿Y si mi bebé era normal?"». Después de trabajar en profundidad para hacer salir la aflicción, finalmente concibió otro hijo. Pero años después seguía preguntándose si había hecho o no lo correcto. Contrariamente a la creencia popular, su siguiente hijo no «compensó» al que había perdido. Lo principal en esto es que la pérdida por interrupción del embarazo, por el motivo que sea, es algo muy difícil para las mujeres. Es necesario reconocerla y llorarla. (Véase «Recursos y proveedores».)

ENFOQUE CONSERVADOR DE LAS EXPLORACIONES PRENATALES

Las exploraciones prenatales se han convertido en rutinarias en casi todos los embarazos, aun cuando no hay un acuerdo general respecto a su eficacia. Nunca se han realizado estudios aleatorios de largo plazo, controlados, con el método de doble-ciego, sobre la práctica rutinaria de exploraciones por ultrasonido y análisis para la proteína fetal alfa. Nuestra cultura acepta tácitamente que cuanto más exploraciones, mejor, sin valorar en su totalidad las limitaciones de esas exploraciones. En lugar de convertir en tu método por defecto las exploraciones prenatales, piensa en los pros y los contras antes de proceder.

Determina el riesgo. Algunos trastornos cromosomáticos son heredados, pero la mayoría están causados por errores esporádicos en la genética del óvulo o el espermatozoide. La posibilidad de que un hijo tenga estos trastornos aumenta en relación a la edad de la madre. Por ejemplo, según el Colegio de Tocólogos y Ginecólogos de Estados Unidos, 1 de cada 1.667 [6 en 10.000] bebés nacidos de mujeres de 20 años tienen el síndrome de Down. Ese número cambia a 1 de cada 378 [26/10.000] en mujeres de 35 años, y a 1 de cada 106 [94,3/10.000] en mujeres de 40. Recuerda que el riesgo de la amniocentesis es 1 de cada 100 casos (algunos dicen que 1 de cada 200). Puedes encontrar una buena revisión del tema de las exploraciones genéticas en www.kidshealth.org.

Si en tu familia hay algún trastorno genético grave, como la enfermedad de Huntington [degeneración de las neuronas de ciertas zonas del cerebro], hemofilia o anemia de células falciformes, podría convenirte consultar con algún especialista en genética médica que te ayude a evaluar todas las opciones exploratorias y tus riesgos lo más objetivamente posible.

Ten claros los límites de las exploraciones. No existen métodos exploratorios perfectos; todos tienen posibilidades de dar resultados positivos o negativos falsos. Comprende que la exploración prenatal genética y fetal suele causar muchísimo estrés. Recuerdo como fue para mí, pues participé en los estudios iniciales para la detección de la proteína fetal alfa en la sangre de la madre durante mis dos embarazos. No quedé tranquila hasta que llegaron los resultados «normales» de los análisis.

Invierte tu energía en lo que te ofrece el mayor beneficio. Si nuestra cultura dedicara la misma cantidad de tiempo, dinero y esfuerzos a la nutrición y el bienestar prenatal que ahora dedica a exploraciones prenatales, probablemente el índice de anomalías congénitas caería en picado, como también el índice de complicaciones comunes del embarazo, como el parto prematuro y la hipertensión inducida por el embarazo.

LA ESPERA DEL BEBÉ

Comunícate con tu bebé

Una vez que estés embarazada, puedes comunicarte frecuentemente con tu bebé. Visualiza a tu hija dentro de una burbuja rosa (u otro color que prefieras, yo sugiero el rosa porque se relaciona con el amor) y envíale el mensaje de que está segura y es amada. Éste es un ejercicio especialmente útil durante momentos de estrés o cuando estás asustada o nerviosa. También puedes leerle y hablarle. La audición comienza a desarrollarse el primer trimestre. Y no olvides, el embarazo es una calle de dos sentidos. Si sintonizas con esmero, podrías percibir que tu hija también se comunica contigo.

Buenas vibraciones

Procura que escuchar música, bailar y cantar sea una parte normal de tu embarazo. Sirve para sintonizar tu cuerpo con el de tu bebé. Layne Redmond, experta tamborilera y autora de *When the Drummers Were Women* [Cuando los tamborileros eran mujeres], observa que las primeras percusiones a las que estuvo expuesto nuestro cuerpo fueron los latidos del corazón de nuestra madre. Y por eso los toques de tambor nos conmueven hasta la médula de los huesos. La sanadora por vibración Deena Spear, que también es fabricante de violines, dice que todo vibra y tiene energía, ya sea una persona o una rodaja de patata frita; y si vibra, se puede sintonizar para mayor claridad y salud.

Un interesante conjunto de nuevos estudios científicos está demostrando que la armonía musical forma parte de nuestra esencia misma. Por ejemplo, el difunto doctor Susumu Ohno, genetista, exploró la música de los genes asignándoles notas musicales de acuerdo a su peso molecular. Una enzima llamada fosfogliceratocinasa, que descompone la glucosa en el cuerpo, se reveló a Ohno como una canción de cuna. Un gen maligno sonaba bastante parecido a la *Marcha fúnebre* de Chopin. Mary Ann Clark, catedrática de biología molecular en la Universidad Wesleyan de Tejas, escribe: «Cada generación de células de cada organismo vivo toca el instrumento de su especie. Sin embargo, mientras que la historia de la música tal como la conocemos se remonta a unos 1.000 años, la historia de la música genética lleva por lo menos 3.800 millones de años componiéndose».[14]

Se ha comprobado que la música reduce la ansiedad y calma los ritmos cardiaco y respiratorio. También disminuye la producción de hormonas del estrés, estimula la de los opiáceos naturales, relaja a la mujer durante la labor del parto, y tiene efectos beneficiosos en la fisiología y comportamiento del recién nacido; entre otras cosas, contribuye favorablemente al aumento de peso, tanto en bebés de peso normal como en los prematuros.[15]

Escucha música que te guste. No tiene por qué ser Mozart necesariamente, pero yo sí procuraría que fuera música tranquilizadora, inspiradora, elevadora del ánimo. El embarazo no es un periodo para escuchar *heavy metal* ni ninguna canción hip-hop con letras misóginas. Algunas mujeres perciben señales muy claras sobre la música que le gusta a su bebé; por ejemplo, cuando escucha música que le gusta, se mueve con más vigor. Ten presente que la mejor manera de aumentar en el bebé el tipo de inteligencia que importa, la inteligencia del corazón, es enviarle sentimientos y pensamientos de amor y apoyo. Es particularmente agradable incorporar esos sentimientos amorosos a la música. (Véase «Recursos y proveedores».)

No desees que pase rápido tu embarazo

Cuando le diagnosticaron cáncer de mama, la comediante y escritora Erma Bombeck escribió algunas de las cosas que deseaba haber hecho cuando todavía tenía el tiempo. Una de ellas era saborear sus embarazos. Escribió: «En lugar de desear que pasaran rápido los nueve meses de embarazo, habría mimado y disfrutado de cada momento y comprendido que la maravilla que estaba creciendo dentro de mí era la única oportunidad de ayudar a Dios en un milagro».[16]

Usa el poder de la conexión mente-cuerpo

Aprovecha tu porosidad emocional. Haz afirmaciones frecuentes durante todo tu embarazo para programar tu cuerpo y mente para un parto óptimo. En su libro *Ina May's Guide to Childbirth* [Guía/manual de Ina May para el parto], la partera Ina May Gaskin habla del increíble poder de la mente para influir en el cuerpo durante la labor del parto. A una embarazada le dijo que durante su labor del parto su vagina, vulva y cuello del útero se convertirían en enormes aberturas para permitir que su bebé pasara por ahí fácilmente. Cuando la mujer dio a luz, eso fue exactamente lo que ocurrió.

Pon afirmaciones por todas partes, en el refrigerador, en el espejo del baño, en el teléfono, en tu móvil, en la pantalla de tu ordenador, en tu diario, para recordarte tu poder de dar a luz. Dilas en voz alta o mentalmente con regularidad. Escríbelas una y otra vez. Haz que el poder de tus emociones y pensamientos haga su magia en tu cuerpo. Éstos son unos ejemplos:

- Mi cuerpo es fuerte y capaz, sabe el modo exacto de parir normal y dichosamente.
- Mi cuerpo es flexible. Es el canal perfecto para que mi bebé salga de mi cuerpo.
- Mi bebé y yo somos amigos del alma. Estamos disfrutando de esta aventura juntos.

Para más ideas de afirmaciones y forma de hacerlas, recomiendo *The Pocket Midwife*, de mi amiga y colega la enfermera-partera Susan Fekety. Es un libro pequeño, con lomo de espiral, y que se sostiene por sí solo en posición vertical, lo que hace fácil hacer las afirmaciones mientras cocinas, te cepillas el pelo o haces tus quehaceres diarios. (Para adquirirlo, entra en www.pocketmidwife.com.)

Créate una placenta externa

El embarazo, la labor del parto y el parto son episodios agotadores que exigen una gran efusión de energía vital. Toda mujer que pasa por los cambios del embarazo necesita reponer esa energía, no solamente con buena nutrición sino también con el amor, ayuda y apoyo de las personas que la rodean, el entorno sustentador que yo llamo placenta externa. Así como el bebé en desarrollo participa en la formación de su placenta en unión con su madre, también la madre debe «implantarse» en su comunidad para participar en la formación de esa placenta externa.

El impulso de reimplantarte en tu madre es particularmente fuerte en este periodo. Si no tienes madre, o tienes una madre incapaz o abusiva, tendrás que buscarte una o más «madres adoptivas» para que te ayuden. Pueden ser amigas, familiares o colegas, cualquier persona amorosa y atenta que te ofrezca apoyo.

La calidad de la placenta externa de la madre influye tanto en su salud como en su capacidad para crear un entorno sano para su bebé. Evidentemente, tener un compañero que ayuda y apoya es una importantísima ventaja para la capacidad de la mujer de cuidar de sí misma de modo óptimo. También es importantísimo un equipo de profesionales de la salud comprometido, esmeradamente elegido. En general, cuanto más eficaz y diversa es tu comunidad de apoyo, mejor.

PROGRAMA DE CUIDADO PERSONAL PARA EL EMBARAZO

Tu cuerpo forma el terreno en el cual cobra forma tu bebé. Como te lo dirá cualquier agricultor, la calidad de la cosecha tiene relación directa con la calidad de la tierra. El embarazo, la labor del parto, el parto y el periodo posparto son bellas ilustraciones de dos principios del cuidado personal: cosechas lo que siembras, y no puedes dar a otro lo que no tienes tú, ni en el plano del cuerpo ni en el del alma.

DIETA

Sigue la dieta que esbozo en el Programa de preparación para la concepción (págs. 68-74). Decidí poner todo el programa de cuidados para antes de la concepción y durante el embarazo en el capítulo 3 con el fin de insistir en que cuanto antes comiences a cuidar de tu bebé, mejor.

¿Y SI ERES VEGETARIANA?

En el caso de ser vegetariana, es posible tener un embarazo sano, pero es bastante más difícil. Te recomiendo leer *Your Vegetarian Pregnancy* [Tu embarazo vegetariano], de mi amiga y colega tocoginecóloga, doctora Holly Roberts, que es vegetariana. Hay muchos tipos de vegetarianos; algunos comen alimento de origen animal en forma de huevos y leche (ovolacteovegetarianos), y otros son los «vegetalianos», que evitan toda forma de alimento de origen animal. En general recomiendo que, incluso en el caso de ser vegetariana, hagas casos de tus deseos y consideres la posibilidad de comer algo de alimento de origen animal en forma de pescado, huevos, e incluso una ocasional ración de carne roja biológica.

EJERCICIO

Muévete. Las mujeres que están en buena forma física tienen embarazos más fáciles y cómodos que aquellas que están en mala forma. Siempre decía a mis clientas embarazadas que los únicos dos deportes en los que de ninguna manera debían participar son los de caída libre con paracaídas, y el esquí acuático (los primeros por motivos obvios, y el otro porque hay mucho riesgo de que entre agua con fuerza en el útero en el caso de una caída). El ejercicio periódico es importante durante el embarazo; intenta hacer ejercicio por lo menos tres veces a la semana. Mi madre esquiaba cuando estaba embarazada, con todos nosotros, hasta el momento mismo en que empezaba la labor del parto. (Claro que era una experta esquiadora y estaba en excelente forma física. No te recomiendo empezar a practicar un deporte cuando estás embarazada.) Yo hacía gimnasia Pilates, yoga y tai chi, y muchas caminatas durante mis dos embarazos. Pero dejé de correr cuando estaba embarazada de mi primera hija, porque lo encontraba muy incómodo, y nunca lo reanudé; simplemente no tengo el tipo de cuerpo para correr. Caminar, nadar, bailar, hacer bicicleta estática y yoga son ejercicios ideales para las embarazadas. Eso sí, hay algunas posiciones de yoga que no son convenientes. Consulta con un profesor de yoga cualificado. Mejor aún, asiste a las clases para embarazadas.

Evita los deportes competitivos durante ese periodo, aun cuando ya seas una deportista competitiva muy entrenada. Y olvida lo de correr una maratón, participar en cualquier deporte de resistencia y mantenerte de pie durante horas y horas. Procura que tu ritmo cardiaco no supere los 140 latidos por minuto. No hagas ejercicio vigoroso durante más de 15 minutos por vez. Evita acalorarte demasiado.

ACTIVIDADES

No dejes tu trabajo si lo tienes. Muchos estudios han comprobado que trabajar fuera de casa es beneficioso para la salud. De todos modos, hay un límite. Por ejemplo, en estudios realizados con tocoginecólogas embarazadas en práctica como residentes que trabajan más de 80 horas a la semana, se ha comprobado un mayor riesgo de parto antes de término, preeclampsia y restricción del desarrollo fetal, comparando sus embarazos con los de las parejas de sus homólogos masculinos.[17] Así que no exageres.

NACIMIENTO PREMATURO: UNA CRISIS DE SALUD NACIONAL

La labor del parto antes de término es la principal causa de hospitalización entre las embarazadas, y el parto antes de término es la segunda causa de muerte entre los bebés, sólo a continuación de las muertes por defectos de nacimiento graves. La crisis es particularmente aguda entre las afroestadounidenses. Las complicaciones por nacimientos prematuros son la principal causa de muerte de bebés afroestadounidenses hoy en día.

Esta epidemia nacional de nacimientos prematuros afecta al 12 por ciento de todos los nacimientos en Estados Unidos, y al 18 por ciento entre las afroestadounidenses.

En su testimonio sobre el problema de los nacimientos prematuros ante el Senado en 2004, la doctora Eve Lackritz, jefa de la Maternal and Infant Branch, National Center for Chronic Disease Prevention and Health Promotion, de los CDC [Centros de Control de la Enfermedad], resumía así el actual problema:

> Tenemos muy pocas amenazas para la salud de esta magnitud, y ésta sobrepasa con mucho la carga de la mortalidad entre los bebés. El parto antes de término es la principal causa de deficiencias de desarrollo en los niños, entre ellas la parálisis cerebral y el retardo mental. Los bebés nacidos prematuramente tienen el doble de probabilidades de tener un defecto de nacimiento que los que nacen a término. Los nacimientos de bebés prematuros suponen una inmensa merma en los recursos económicos para la atención sanitaria. La atención hospitalaria de bebés prematuros cuesta más de 13.000 millones de dólares cada año. Esto solamente para la atención hospitalaria en su nacimiento. Entre otros costes están la hospitalización de las madres y la atención continuada de los bebés, están los costes de las repetidas hospitalizaciones, visitas médicas, rehabilitación y servicios especiales para los niños que tienen necesidades especiales. Pero el precio del parto prematuro no es sólo económico. Atenta contra la base de nuestras familias y comunidades, y tiene graves efectos emocionales en madres y padres. Considerado en su totalidad, está claro que el problema del parto antes de término es una prioridad de salud pública.[18]

¿Cuál es la causa del nacimiento prematuro?

Como ocurre en el cáncer y las enfermedades cardiovasculares, la causa del parto prematuro es una inflamación celular. Y son muchos los factores que contribuyen a eso. Si bien los investigadores del pasado pensaban que esa inflamación era consecuencia de infecciones crónicas de grado leve como las infecciones vaginales o la gingivitis, diez años de investigación no han conseguido demostrar que tratar las infecciones con antibióticos prevenga el parto antes de término.

La culpable es la inflamación, no las bacterias. La inflamación es la consecuencia de una cascada de reacciones metabólicas causadas por el estrés físico y psíquico.

PROGRAMA DE PREVENCIÓN DEL NACIMIENTO PREMATURO

Para disminuir el riesgo de parto prematuro, es necesario disminuir la inflamación celular. He aquí cómo:

Deja de fumar. El tabaco sigue siendo una importante causa evitable del bajo peso al nacer.

No uses duchas vaginales. Se ha demostrado una relación entre las duchas vaginales y el bajo peso del bebé al nacer y la vaginosis bacteriana o vaginitis.

Sigue el programa de suplementos para antes y/o durante el embarazo (págs. 73-74). Los estudios indican que la toma de suplementos vitamínicos antes de la concepción disminuye de modo importante el riesgo de parto prematuro.

Consume suficientes grasas omega-3, en especial DHA. Los ácidos grasos esenciales (también llamados ácidos grasos poliinsaturados de cadena larga) suelen detener la inflamación al proveer al cuerpo de los precursores adecuados para prevenirla. En estudios se ha comprobado que mujeres que ya han dado a luz prematuramente y en un embarazo posterior consumen 1.000 mg de DHA (ácido docosahexaenoico) y 1.300 mg de EPA (ácido eicosapentaenoico) al día, tienen un riesgo muchísimo menor de parto antes de término. Y sus bebés son más grandes.[19] (Véase «Recursos y proveedores».)

Habla con tu médico acerca de administrarte progesterona. Los estudios han demostrado que una inyección semanal de progesterona (17-hidroxiprogesterona, 250 mg IM) a partir de la semana 16ª de gestación hasta la 36ª, disminuye espectacularmente el riesgo de parto prematuro en mu-

jeres de alto riesgo. También se puede administrar en forma de suposito-
rio vaginal. La progesterona se tolera bien, y aunque las inyecciones son
desagradables y los supositorios podrían causar irritación, ciertamente
evitan tener un bebé prematuro.[20]

Busca ayuda psicológica. Los estudios han demostrado que el apoyo psicológico disminuye el riesgo de parto prematuro en mujeres de alto riesgo. También está documentado que la meditación y la visualización guiada pueden ser intervenciones útiles.[21]

5

Labor del parto y parto

Acceso al poder femenino

Ninguna otra experiencia conecta tan literal y vivamente a una mujer con el proceso de creación como la de dar a luz. Y ninguna experiencia de dar a luz la conecta tan directamente con la fuente como el parto natural. Pasar por el parto natural puede capacitar a una mujer para el resto de su vida, haciéndola dueña de una inquebrantable confianza en su sabiduría Madre Osa. Las mujeres que han estado en contacto con esa sabiduría rara vez sufren de la depresión posparto ni de otros trastornos del ánimo tan comunes en nuestra cultura. Y puesto que no temen el parto, tampoco temen a la muerte.

Las mujeres experimentan la labor del parto tal como viven. El proceso de la labor tiende a dejar a la vista de todos, y de ella misma, la adaptabilidad innata de la mujer y sus recursos interiores. Si está bien apoyada por el equipo que la asiste y sus seres queridos y logra sintonizar con su sabiduría Madre Osa participando conscientemente en el proceso, sale de la experiencia con mayores recursos y adaptabilidad que los que tenía. Tal vez lo más importante que obtiene de todo esto es la experiencia de rendirse a un proceso natural al que favorece la conciencia plena, pero que no se puede controlar con el intelecto: exactamente las habilidades necesarias para tener éxito en la crianza de un hijo (o en seguir la pasión de su vida).

El parto en Estados Unidos

El tipo de parto de que he hablado es común en otras partes. En los Países Bajos, por ejemplo, así como en varios otros países europeos de medicina avanzada, muchas mujeres dan a luz en sus casas. No suponen que van a necesitar fármacos para aliviarlas o insensibilizarlas, y en consecuencia, no los necesitan. Qué diferente eso de nuestra experiencia aquí en Estados Unidos. En este país, el parto se considera un caso médico, y

¿QUÉ ES «PARTO NATURAL»?

Parto natural es la labor del parto que se realiza sin intervenciones médicas innecesarias, como la cesárea, la anestesia epidural o la inducción artificial de la labor. Estas intervenciones tienen su lugar, lógicamente, cuando hay problemas, pero no son necesarias para la inmensa mayoría de mujeres.

Desde la perspectiva neurológica, la labor del parto es una serie de movimientos motores en los que el cuerpo sabe participar. Son tan naturales y automáticos como los reflejos que hacen saltar la rodilla cuando un médico la golpea en el lugar correcto.

Desde la perspectiva anatómica, nunca se ha inventado ni medicamento ni intervención médica que pueda mejorar el diseño original del cuerpo femenino tratándose de parir. Comencemos por el útero, el hogar del bebé durante los nueve meses de embarazo. El útero es un músculo que, cuando comienza la labor de parto, sabe realizar con toda exactitud la tarea de empujar al bebé hacia el cuello del útero y, una vez que el cuello se ha dilatado hasta alrededor de unos diez centímetros, empujarlo para que pase por el canal de nacimiento.

El cuello del útero, que es la abertura situada en la parte inferior del útero, está formado por tejido muscular que permanece estrechamente cerrado durante el embarazo, manteniendo seguro al bebé dentro, hasta que comienza la labor del parto, y entonces se va dilatando gradualmente.

La pelvis tiene casi siempre el tamaño adecuado para permitir el paso del bebé, incluso uno muy grande, porque los cuatro huesos que la forman están unidos por ligamentos que se aflojan durante el embarazo y la labor del parto. Esto permite que la pelvis se ensanche lo suficiente para que tenga lugar el parto sin causar ningún daño ni a la madre ni al bebé. Sin embargo, a muchos tocoginecólogos se les ha enseñado a medir rutinariamente la pelvis o a verla por ultrasonido para determinar si la mujer va a necesitar o no una cesárea. Mi abuela materna, que pesaba 41 kg y medía 1,49 m, parió a mi madre y a mi tía en casa. Las dos pesaron más de cuatro kilos. Menos mal que nadie le dijo nunca que su pelvis no era adecuada para parir a esos bebés.

hasta tal punto que si la labor no avanza con la rapidez esperada, los médicos podrían recomendar cesárea, que es una intervención quirúrgica importante. En muchos hospitales se «pone en marcha el temporizador» en el instante en que se admite a la mujer; está determinado el tiempo para parir. Tienes que «producir» de acuerdo a un conjunto de criterios llamado curvas de Friedman, que determinan la velocidad de la dilatación del cuello uterino, las contracciones y el empuje, y que ya forman parte de la cultura tocológica. Los médicos no están formados para confiar en el proceso normal de la labor del parto. Cuando comencé a asistir en partos, yo consideraba que la situación era de urgencia si una mujer entraba en la sala de partos demasiado cerca del momento del parto para que yo pudiera iniciar la administración del suero intravenoso y conectarla a un monitor fetal. Ahora sé que el simple acto de conectarla al tubo de suero cambia la situación del parto, pues le impide a la mujer moverse por la sala, y le da la idea subliminal de que no puede hacer el proceso de la labor sin el suero o sin las otras muchas intervenciones típicas de nuestras salas de partos.

Tratar como caso médico la labor del parto ha tenido consecuencias importantes. El número de cesáreas (27 por ciento de todos los partos), de administración de anestesia epidural (70 por ciento o más en muchos hospitales), de inducción de la labor del parto (que de 1989 a 1998 se duplicó, pasando del 9,2 por ciento al 19,2), de pinzamiento y corte prematuros del cordón umbilical (en aproximadamente el 95 por ciento de los partos) que se practican en los hospitales de Estados Unidos[1] está en relación directa con nuestro fallo en valorar la sabiduría biológica del cuerpo femenino y la consiguiente falta de fe en la capacidad innata de la mujer para dar a luz naturalmente. Es incalculable la cantidad de estrés y traumas que produce esta actitud y las consiguientes intervenciones, tanto para la madre como para el bebé. Sin embargo, aun cuando a madres e hijas se las ha disuadido de fiarse de su sabiduría innata para dar a luz, ésta continúa disponible para nosotras si sencillamente reconocemos que está presente y permitimos que nos guíe. Un aspecto en que se aprecia un importante progreso es el índice de episiotomías, que ha bajado de casi el 70 por ciento en 1983 al 20 por ciento en 2000. Lo interesante es que entre las mujeres negras y aquellas que lo hacen por la Seguridad Social, no por compañías de seguro privadas, el índice de episiotomía es cada vez más bajo.[2]

La perfección en acción:
el cuerpo de la mujer en la labor del parto

Muchas veces he dicho que si quieres saber dónde está el verdadero poder de la mujer, mires esas experiencias primordiales que nos han enseñado a temer. No es casualidad que sean las mismas experiencias de las que la cultura nos ha enseñado a distanciarnos cuanto sea posible, muchas veces tratándolas como casos médicos, de tal forma que ya apenas tenemos conciencia de ellas. La labor del parto y el parto ocupan una muy elevada posición entre las experiencias que conectan a las mujeres con su poder femenino, junto con el ciclo menstrual y la menopausia. Pero imagínate qué ocurriría si nuestra cultura creyera que necesitamos asistencia médica para nuestros periodos menstruales. ¿Qué ocurriría si todas las mujeres fueran a los centros médicos para que les administraran «anestesia» menstrual, para no sentir el paso de la sangre menstrual, o para una intervención que les extraiga la sangre menstrual rápidamente y sin dolor, para no tener que pasar por esa «molestia» mensual?[3] Si al leer esto notas que te atrae la idea de esta extracción de la sangre menstrual, es probable que también te atraigan las intervenciones para el parto. Eso es simplemente una señal de que te han disuadido de usar esa parte de tu poder femenino.

En ningún otro acto aparte del de dar a luz tu cuerpo sirve tan directamente de canal para la fuerza vital, si no obstaculizas esa fuerza vital. Y en ninguna otra ocasión ves tan palpablemente en acción a la sabiduría de la Naturaleza, si estás dispuesta a permitir que ésta haga lo que hace mejor.

El proceso del parto es uno de los mayores logros de la Naturaleza. En toda su sabiduría, la Naturaleza lo ha diseñado de modo que la experiencia enseñe a la mujer cuáles son sus recursos interiores y la forma de acceder a ellos. Si se participa en ella consciente y plenamente, la labor del parto también cimienta la relación o vínculo entre madre y bebé, y, si está presente el compañero de la madre, cimienta la relación entre los tres.

La enseñanza está incorporada a los ritmos de la labor del parto, los que conducen el cuerpo y cerebro de la madre con fuerza y flexibilidad (permitiéndole recuperarse). Experimentas contracciones, y éstas te obligan a encontrar los recursos para arreglártelas con el malestar o el dolor y llegar al fondo de tu interior. Y luego tienes un periodo de descanso y relajación, durante el cual puedes cambiar de posición, recibir ayuda, beber agua y prepararte para la siguiente contracción. Aprendes a sintonizar con una situación que no puedes controlar, y que entraña opresión y dolor. Y aprendes a confiar en que el proceso te dará el tiempo y la fuerza que necesitas para prepararte para la siguiente oleada de contracciones.

El vínculo afectivo madre-bebé ocurre gracias a la extraordinaria bioquímica de la labor del parto, que apresta el cuerpo y el cerebro de la madre y del bebé con elevados niveles de dos potentes neurotransmisores: la oxitocina (que produce las contracciones uterinas a la vez que intensos sentimientos de amor) y las betaendorfinas (los opiáceos naturales del cuerpo, que producen euforia y adormecen el dolor). Juntas, estas hormonas crean una impronta biológica en los circuitos de vinculación.

Todos estos procesos ocurren naturalmente, y la mayoría de las mujeres no necesitan ninguna de las numerosas intervenciones, mecánicas o medicamentosas, que en este país hacen parecer que el parto es una urgencia médica y no un proceso fisiológico normal. Y las embarazadas tienden a aceptar o aprobar irreflexivamente este sistema de excesiva intervención médica, suponiendo que sus médicos saben más. Pero si entendieras que las intervenciones, como la administración de suero, el control por monitor electrónico, la episiotomía, la anestesia epidural, el parto inducido, el parto asistido por fórceps o vacuoextractor y la cesárea, podrían tener consecuencias adversas para ti y/o tu bebé, ¿participarías de todos modos en ellas en circunstancias en que no fueran médicamente necesarias (como no lo son en la mayoría de los casos)? Las intervenciones que desvían, interrumpen o acortan los procesos normales de la labor del parto y el parto mismo son equivalentes a la ligadura y corte del cordón umbilical antes de que el bebé tenga el tiempo de adaptación para comenzar a respirar solo, otro procedimiento tan común por las prisas que imperan actualmente en las salas de parto, como hablaremos más adelante.

Nadie habla más claro sobre la perfección del diseño del cuerpo femenino para dar a luz que Ina May Gaskin, partera profesional, fundadora y espíritu orientador del Farm Midwifery Center [Centro-Granja de Maternidad] que lleva más de treinta años asistiendo a partos. Desde su centro de maternidad en una comunidad rural, Ina Gaskin y las otras parteras que trabajan con ella en la granja han vigilado el cuidado prenatal de las madres y asistido a más de 2.200 nacimientos. Tienen un récord de seguridad para madre y bebé que sería la envidia de cualquier centro médico, a pesar de (y probablemente debido a) que menos del 2 por ciento de los partos han sido con cesárea, menos del 1 por ciento han sido asistidos por fórceps o vacuoextractor, y en ninguno se ha recurrido a fármacos, a no ser en casos de verdaderas urgencias médicas.

«No olvides que tu cuerpo no es un limón —dice Ina May—. No eres una máquina. El Creador no es un mecánico descuidado.»

PRINCIPIOS DE SABIDURÍA DEL PARTO: LO QUE TODA MUJER DEBE SABER

Te invito a confiar en los principios naturales que gobiernan la labor del parto y el parto: fisiológicos, psíquicos, biológicos y bioquímicos. En esta sección explico estos principios, que son importantes para conocer y entender, no sólo porque sirven para asegurarle un comienzo óptimo a nuestras hijas, sino también porque se pueden aplicar a todo tipo de creaciones, entre otras nuestro propio estado de salud.

Principio uno: la labor del parto procede según su propio tiempo o programa

El embarazo nos obliga a tener paciencia con el proceso de desarrollo y crecimiento. En cuanto cultura, lo queremos todo instantáneamente. Pero la sabiduría Madre Osa no funciona así. Hay que dejar que el embarazo llegue a su madurez; y hay que esperar que empiece la labor del parto.

Hacia el final del embarazo, muchas mujeres sienten la necesidad de que «acabe de una vez». «¿Cuándo va a llegar el bebé?», «¿Cuándo voy a entrar en la labor del parto?». Francamente, estas preguntas no tienen respuesta. Cada embarazo tiene su propio periodo de gestación. El bebé dará la señal de que está preparado para salir cuando lo esté. Ir de acuerdo con este programa nos enseña a cumplir la voluntad del cielo, y la de nuestro bebé.

En realidad es mucho más fácil cuidar del bebé cuando está dentro de nuestro cuerpo. Sí, puede que te duela la espalda hacia el final del embarazo y tal vez camines anadeando. Sí, tienes que aminorar la marcha. Y dormir no siempre es tan cómodo como podrías desear. Pero esto forma parte del proceso. Aprendes a medir los pasos y tu energía vital. No te conviene que tu bebé esté nadando en un mar de hormonas del estrés. Y te conviene que tenga todas las ventajas de la espera hasta que esté preparado/a para nacer.

RETO DE LA SABIDURÍA: *inducción optativa de la labor del parto*

A veces es necesario inducir la labor del parto por seguridad para la madre o el bebé, o por la de ambos. Sería necesario, por ejemplo, si la madre tiene una grave hipertensión debida al embarazo y corre el riesgo de tener convulsiones.

Sin embargo, es cada vez más frecuente que se les diga a las mujeres que está bien planear y controlar el momento de sus partos. Necesitan saber cuándo decirles a sus madres que vengan; necesitan programar su trabajo y poder decirles a sus jefes cuándo van a necesitar el permiso. Por eso ahora vuelven a estar en aumento las inducciones de parto y los riesgos asociados con ellas. Cuando yo era alumna de medicina ocurría lo mismo; después pasó un tiempo en que eran menos frecuentes; ahora están de vuelta en pleno vigor.

La inducción de la labor sencillamente no es lo mismo que la labor espontánea del parto; supone romper las membranas prematuramente, administrar oxitocina por vía intravenosa y/o aplicar prostaglandinas directamente al cuello del útero. A muchas mujeres les sorprende lo dolorosas que son las contracciones inducidas. Dado que las contracciones inducidas artificialmente suelen ser más fuertes que las normales, es más probable que produzcan malestar fetal y obliguen a la madre a pedir analgésicos. La labor del parto espontánea, en cambio, tiene sus propios ritmos y es mucho más fácil de tolerar. La inducción de la labor del parto aumenta el riesgo de parto con cesárea, ruptura uterina, molestia fetal, ictericia y parto prematuro. Aun cuando nos agrada creer que, dadas las exploraciones por ultrasonido de alta tecnología, se puede asegurar con total precisión que el bebé está preparado para nacer, la verdad es que esta tecnología no siempre da lecturas concluyentes. Y la inducción del nacimiento de un bebé antes de que esté maduro es más común de lo que querrían reconocer muchos de mis colegas.[4]

El embarazo exige flexibilidad en tu mente y en tu entorno. No se puede abordar igual como se lleva una empresa puntera. Pero las lecciones que enseña son aplicables a muchas otras facetas de la vida. No puedes controlar el progreso del embarazo; sólo puedes rendirte a él. Esto se opone abiertamente a los valores esenciales que todos interiorizamos en nuestra cultura: la ilusión de control. Cuando abandonas eso, descubres que tu cuerpo (y tu alma) tiene una sabiduría que supera la de tu mente consciente.

Lo fundamental: permíteme que sea una madre (y médica) llena de amor, pero severa por un minuto, y te pregunte: si no puedes permitir que te «incomode» el comienzo de la labor del parto espontánea, ¿cómo esperas hacer frente a la incomodidad de las necesidades de un crío o una cría? Perdona, no pude evitarlo.

Principio dos: el parto fue diseñado por la Naturaleza para que sea una experiencia cumbre de alegría, amor y éxtasis

La Naturaleza diseñó la labor del parto y el parto como una numinosa experiencia cumbre que una madre no olvidará jamás, gracias a las dos hormonas neurotransmisoras más importantes: la oxitocina y la betaendorfina. Durante la labor del parto estas hormonas inundan los lóbulos frontal y temporal del cerebro de la madre, haciéndolos más activos y receptivos que de costumbre; esto significa que se agudizan todos sus sentidos. El tiempo parece detenerse. Incluso podría experimentar la sensación mística de ser una con el Universo.

La oxitocina es una hormona importante para todo tipo de vinculación animal. Su nivel aumenta durante la relación sexual, la lactancia y otros tipos de actividad que crean lazos sociales, y está particularmente elevado durante la labor del parto. El neurotransmisor betaendorfina, sustancia natural semejante a la morfina, también se produce en cantidades enormes durante los partos no medicados, saturando los cuerpos de la madre y del bebé. Produce euforia, sensación de gratificación o recompensa, y disminuye la percepción del dolor. (Este mismo neurotransmisor se produce durante el ejercicio y la meditación.)

La circulación por el cuerpo de oxitocina y betaendorfina durante la labor del parto produce un estado alterado de la conciencia caracterizado por las sensaciones de amor y bienestar, a veces tan intensos, que se llama «éxtasis».[5] Debido a estas hormonas, la parturienta puede entrar en un estado hiperreceptivo caracterizado por una memoria intensificada de todo lo que le ocurre, una mayor intuición y una exquisita sensibilidad a su entorno. Cuando nace un bebé en estas condiciones, los participantes experimentan una pasmosa elevación del ánimo que es contagioso, afecta a todas las personas que están en la sala. Por eso siempre recomiendo que incluso en el caso de que a la mujer le vayan a practicar una cesárea opcional, planee entrar en la labor del parto antes de la operación, a no ser que haya contraindicaciones médicas para ello. De esa manera ella y su bebé estarán preparados para conocerse.

Cuando yo era alumna de medicina, una de las mujeres a cuyo parto asistí como tocóloga ayudante, me contó durante su visita posparto que tenía sueños recurrentes en que se enamoraba y bailaba con el tocólogo que asistió a su parto, un hombre maravilloso que fue un importante modelo para mí. Después he oído muchos comentarios similares a otras mujeres. Yo pensaba que esas mujeres simplemente se sentían agradecidas de la pericia de sus tocólogos, los únicos hombres aparte de sus maridos que conocían íntimamente sus cuerpos (aunque en un sentido clínico), y que como las damiselas de todas partes expresaban esa gratitud dando su amor a esos hombres al menos en sus sueños. Pero ahora sé que estaban afectadas por la oxitocina, que actúa a modo de flecha de Cupido biológica, vinculando afectivamente a las madres con sus bebés, y de paso con las personas que las acompañaron y atendieron durante su labor del parto y les ofrecieron tan buenos apoyo y ayuda. Las mujeres que dan a luz por cesárea, en particular aquellas que no entran en la labor del parto antes de la operación, no experimentan la preparación debida a la oxitocina, y es posible que no se vinculen afectivamente con sus bebés de modo tan fácil. He oído preguntar a algunas madres que han dado a luz por cesárea: «¿Cómo voy a saber si el bebé es el mío?» La tecnología ha hecho tan fácil saltarse partes del proceso de creación que no reconocen al bebé que ha producido su cuerpo. ¿Te imaginas a una hembra de chimpancé preocupada por esto en la selva?

La Naturaleza, si no se la obstaculiza, te capacita para conocer a tu recién nacido en medio de una oleada de placer eufórico inducida por hormonas, para que te enamores de él instantáneamente. Así es como la Naturaleza se encarga de que el recién nacido sea querido y bien cuidado, y de que se refuercen los lazos de amor entre madre, padre y bebé.

Aun cuando nuestra cultura no reconoce esto, no cabe el menor género de duda de que, en el sentido neuroanatómico, el parto puede inducir las mismas sensaciones intensamente placenteras del orgasmo. Una clienta me contó una vez que su placer fue tan intenso cuando parió a su hija que le dijo a su médico: «Si hubiera sabido antes que esto podía ser tan placentero, me habría sentido tentada de tener diez hijos». El tipo de éxtasis del que hablo aquí es muy excepcional en los partos en hospitales debido a que ese ambiente excluye por su propia naturaleza el tipo de intimidad que hace sentirse a la mujer lo bastante segura para entrar en lo profundo de sí misma.

Las mujeres que han tenido experiencias de éxtasis en sus partos dicen que son a la vez físicamente placenteras e intensamente espirituales. Sí, esa misma energía trascendente, esos estados alterados de conciencia y sentimiento de dicha que dicen haber sentido santos y místicos durante profundas experiencias religiosas los pueden experimentar las mujeres en el parto. Desde el punto de vista fisiológico, sabemos que esto es cierto porque las mismas zonas del cerebro que se activan durante el parto (los lóbulos temporales) también actúan con mucha fuerza en las experiencias intuitivas y místicas de todo tipo, entre ellas las experiencias de muerte clínica temporal. Esto podría explicar por qué muchas parteras y enfermeras que asisten a partos, trabajan con moribundos en hospitales para enfermos terminales o en albergues para menesterosos en algún momento de su carrera. Al parecer, algunas personas se sienten naturalmente atraídas hacia la energía que hay en las puertas de entrada y salida de la vida.

RETO DE LA SABIDURÍA: *parto por cesárea electiva*

Sin duda hay ocasiones en que la cesárea es necesaria para la salud y bienestar de la madre y el bebé. Pero el tema del parto por cesárea electiva, si no está indicado por motivos médicos, es muy polémico. Aunque menos del 10 por ciento de mujeres necesitan cesárea si durante la labor del parto están bien atendidas y apoyadas y son asistidas por expertos profesionales de la salud, muchas mujeres solicitan esta operación porque el parto las asusta tanto que están dispuestas a hacer cualquier cosa por evitarlo. Decir que esto es desviarse de la sabiduría Madre Osa es quedarse corta. Aunque no quiero ser indebidamente alarmista, sí quiero que las mujeres comprendan que las cesáreas son intervenciones quirúrgicas importantes y presentan algunos riesgos graves.

A continuación, expongo una lista parcial de algunos de estos riesgos, compilados por la Coalition for Improving of Maternity Services [Coalición para la mejora en los servicios de maternidad]:

- El riesgo de muerte por cesárea es cinco a siete veces mayor que por parto vaginal.[6,7]
- Entre las complicaciones durante y después de la operación están: lesiones quirúrgicas a la vejiga, útero y vasos sanguíneos (2 por cada 100 casos), hemorragia (de 1 a 6 mujeres por cada 100 necesitan transfusión de sangre), paralización del intestino (10 a 20 casos moderados y 1 grave por cada 100), e infección (hasta 50 veces más).[8,9]
- 1 de cada 10 mujeres dice tener dificultad para las actividades

normales dos meses después del parto,[10] y 1 de cada 4 considera un problema importante el dolor en el lugar de la incisión. 1 de cada 14 sigue sintiendo dolor en el lugar de la incisión pasados seis o más meses del parto.[11]

- El número de mujeres que necesitan volver a hospitalizarse después de la cesárea es el doble de las que lo necesitan después de parto vaginal.[12]
- Como en cualquier operación abdominal, puede quedar tejido cicatricial en el interior que podría ser causa de dolor pelviano, dolor durante la relación sexual y problemas intestinales.
- Entre las consecuencias para la reproducción, comparando con el parto vaginal, están la mayor infertilidad[13] y el parto prematuro.[14]

La cesárea también entraña riesgos para el bebé:

- En especial en las cesáreas planeadas, algunos bebés nacen prematuros inadvertidamente. Los bebés nacidos ligeramente antes de que estén preparados podrían tener problemas para respirar y para mamar.[15]
- De 1 a 2 bebés de cada 100 reciben pequeñas heridas durante la operación.[16]
- Estudios que han comparado la cesárea opcional, o por motivos no relacionados con el bebé, con el parto vaginal, revelan que los bebés tienen un 50 por ciento más de probabilidades de tener bajos resultados en el índice de Apgar,* cinco veces más probabilidades de necesitar asistencia para respirar, y cinco veces más probabilidades de tener que ser ingresados en cuidados intermedios o intensivos.[17]
- Comparados con bebés nacidos con parto vaginal, los nacidos con cesárea electiva tienen cuatro veces más probabilidades de contraer hipertensión pulmonar persistente.[18] La hipertensión pulmonar persistente pone en peligro la vida.

---

* Índice de Apgar: Sistema de evaluación de la condición física del neonato un minuto después del nacimiento. Se observan cinco características fácilmente identificables: frecuencia cardiaca, respiración, tono muscular, reacción a los estímulos y reacción al color, asignando a cada una un valor o puntuación de 0 a 2. El resultado total máximo es de 10 puntos; un total de 7 puntos o menos indica la presencia de un problema que requiere asistencia inmediata para que sobreviva el bebé. El test se puede repetir a los cinco minutos. (*N. de la T.*)

LOS BENEFICIOS PARA EL BEBÉ
DEL PARTO VAGINAL

La piel deriva de la misma capa embriónica de la que derivan el cerebro y el sistema nervioso central. Por este motivo, la piel funciona como una especie de «sistema nervioso externo». La estimulación de la piel afecta al funcionamiento de todos los órganos internos a través del sistema nervioso autónomo. El proceso de pasar por la labor del parto entraña una enorme cantidad de estimulación táctil para el bebé, la que pone a punto sus órganos internos, preparándolos para la vida fuera de la matriz. La labor del parto también le exprime los pulmones, que están llenos de líquido cuando está dentro del útero. Los bebés que nacen con parto normal tienen muchas menos probabilidades de acabar en la unidad de cuidados intensivos a causa de un trastorno llamado taquipnea del neonato. Este trastorno es consecuencia, en parte, de tener demasiado líquido en los pulmones al nacer, y es mucho más común en los bebés que han experimentado poco o nada de la labor del parto.

INCONTINENCIA URINARIA
POR ESFUERZO EN LA MADRE

Últimamente se ha dado mucha publicidad a la relación entre parto vaginal y la subsiguiente incontinencia urinaria por esfuerzo, trastorno que afecta a alrededor del 25 por ciento de las mujeres, en particular cuando se hacen mayores. Si bien es cierto que el parto vaginal es un factor de riesgo de incontinencia, la gran mayoría de mujeres no sufren de incontinencia después del parto vaginal, así que esto no debe utilizarse como justificación de las cesáreas. Si las personas que asisten al parto redujeran al mínimo el «estilo entrenador de fútbol» para animar a la mujer a empujar, y centraran más la atención en ayudarla a aplicar técnicas de relajación muscular eficaces, las estructuras de soporte de la pelvis harían menos esfuerzo durante el parto vaginal, y el índice ya bajo de incontinencia urinaria relacionada con el parto bajaría más aún.[19]

Principio tres: el parto es sexual

Como ya hemos visto, la Naturaleza ha dispuesto el proceso de la labor del parto y parto para estimular la capacidad de la mujer de vincularse afectivamente con su bebé. Pero este proceso puede hacer lo mismo entre ella y su compañero. Al fin y al cabo, el parto es la extensión natural de la relación sexual. La educadora de partos Sheila Kitzinger lo expresa así: «El parto de suyo es siempre un acto sexual, con toda la pasión y la intensidad de una aventura amorosa que une a madre, padre y bebé». Si se interrumpe este proceso por separación emocional y física, podría sufrir la relación de la mujer con su marido y con su bebé.

Para las madres es fácil entender por qué deben mantener al bebé con ellas después del nacimiento; pero lo que muchas no valoran es que es muy importante que esté presente el padre también.

Marilyn Moran, investigadora no profesional pionera en abogar por el parto en casa, estilo «hazlo sola», ha informado sobre la experiencia de cientos de parejas cuyos bebés nacieron en casa sin la presencia de ningún profesional de la salud. Aunque sé que pocas mujeres optarían por un parto no asistido, lo que me interesa de este estudio es el inmenso efecto que tiene este proceso en la vida amorosa posterior de la pareja cuando el padre está presente y participa muy íntimamente en él. En la mayoría de las mujeres de nuestra cultura, el deseo sexual por sus maridos disminuye considerablemente después de dar a luz. La consecuencia es que la mujer se convierte en una portera sexual que con frecuencia mantiene cerrada la puerta, y el padre suele sentirse excluido del íntimo vínculo entre madre y bebé. ¡Por cierto que yo puedo contarlo!

Las parejas estudiadas por Moran tuvieron experiencias posparto muy diferentes. Alrededor del 70 por ciento de estas parejas tuvieron relaciones sexuales durante las primeras fases de la labor del parto. Aunque esto podría parecer un concepto muy radical, en otras culturas se utiliza el coito para inducir la labor del parto en mujeres cuyas contracciones son intermitentes. La estimulación de los pechos y pezones (que causa la liberación de oxitocina) tiene ese mismo efecto, hecho bien conocido por los médicos de otras regiones del mundo, que logran inducir la labor del parto previsiblemente haciendo que la mujer se aplique un sacaleches durante los últimos días del embarazo, y por médicos de este país que aplican estimulación a los pezones para inducir las contracciones (en una prueba llamada de tensión de la contracción) para ver lo bien que va a tolerar el bebé la labor del parto.

Al igual que Ina May Gaskin y otras, Moran descubrió que dar a luz en un ambiente acogedor, íntimo, en compañía de la pareja afectuosa que ayuda físicamente, puede ser una experiencia orgásmica para la madre, y que además mejora la calidad de la vida amorosa subsiguiente. En un estudio comparativo entre parejas que llevaban el parto en casa en un ambiente acogedor y aquellas que lo hacían en el hospital según el modelo médico ortodoxo, Moran descubrió diferencias muy importantes en la calidad de la relación sexual y amorosa a los cuatro y doce meses después del parto, que demostraban que el parto en casa sin asistencia médica favorecía muchísimo más la compatibilidad en el matrimonio que el parto en hospital.[20] A los cuatro meses después del parto, la frecuencia en las relaciones sexuales o bien no había cambiado, o había aumentado en un 64 por ciento en las parejas que tuvieron la experiencia del parto en casa. Y el 21 por ciento de las parejas tenían muchísimas más relaciones sexuales que antes que naciera el bebé. En cambio, entre las parejas que acudieron al hospital, el 58 por ciento tenía relaciones sexuales con menor frecuencia que antes, el 26 por ciento con mucha menos frecuencia que antes, mientras que en sólo el 11 por ciento no había cambiado la frecuencia de la relación sexual, y únicamente el 5 por ciento las tenían mucho más que antes.

Dada mi experiencia personal con la disminución de la libido después del parto, como la de los cientos de mujeres que he atendido, los resultados del estudio de Moran me impactaron de un modo muy especial. Sé que los partos en casa sin asistencia médica no son para la pareja normal. Y en mi calidad de médica no me atrevería a recomendar ese método a nadie, en esta cultura saturada de litigios. Pero en mi calidad de visionaria en lo que respecta a la salud de la mujer, encuentro muy interesantes las experiencias de las personas que participaron en este estudio. Todos los instintos y todas mis células intuitivas me dicen que preste atención al trabajo de Moran porque subraya el potencial biológico y creativo disponible en el parto. Creo que la experiencia del parto fue diseñada por la Naturaleza para intensificar la unión de la pareja en el placer. Parir de una manera que haga más posible esto equivale a una sólida inversión en oro en la salud y la felicidad de una familia.

Principio cuatro: la forma en que nacemos deja una impronta tanto en la madre como en el bebé

Las experiencias de nuestro nacimiento permanecen con nosotras toda la vida, como una especie de plantilla de lo que podemos esperar de la vida.

Si nos recibe una madre tranquila, dichosa, confiada, apoyada en su poder y belleza innatos, si inmediatamente nos coge en sus brazos amorosos, nos acuna y mece suavemente contra su pecho y nos mantiene muy cerca de su cuerpo durante las primeras semanas de vida, interiorizamos una sensación de seguridad y confianza que impregna todos nuestros días y nos genera una química cerebral sana que nos servirá a lo largo de toda la vida. Como he explicado, esto es lo que ocurre cuando una madre da a luz en condiciones óptimas, porque la saturación de los receptores de oxitocina y betaendorfina del cerebro y el cuerpo la dispone al máximo para vincularse afectivamente con su bebé y las personas que la atienden, y para experimentar euforia.

Pero también es cierto a la inversa. Si estamos separadas de nuestra madre durante importantes periodos de tiempo inmediatamente después de nacer, o nos cuida y atiende una madre que está deprimida o emocionalmente inasequible, esto también podría tener un efecto para toda la vida. Esto ocurre en parte debido a otra sustancia química cerebral, la vasopresina, que se produce durante acontecimientos potencialmente estresantes, como la labor del parto, y que tiene el efecto opuesto al de la oxitocina en la creación del vínculo afectivo.[21] Al contrario de la oxitocina, la vasopresina es importante para inducir el estado de vigilancia y preparar al cuerpo para la supervivencia; nos dice que algo va mal, que hay peligro, algo de lo que es necesario preocuparse. Si bien está presente hasta cierto grado en toda labor del parto, no tiene ningún efecto adverso si está equilibrada por la oxitocina. El equilibrio entre oxitocina y vasopresina es un indicador esencial de la calidad del apoyo social que recibimos.

Cuando la labor del parto no va bien, por ejemplo la mujer percibe insensibilidad en las personas que la atienden, se siente sola, no recibe los cuidados que necesita, se siente abrumada por toda la tecnología médica o tiene que pasar por una intervención médica de urgencia, su intensificada sensibilidad y su mayor nivel de vasopresina podría hacerle más difícil vincularse afectivamente con su bebé.

RETO DE LA SABIDURÍA: *monitorización fetal electrónica*

La monitorización fetal se introdujo cuando yo hacía mi práctica como residente, y casi de la noche a la mañana se convirtió en práctica estándar conectar a todas a un monitor fetal, como manera de practicar la medicina defensiva, aun cuando hasta ahora, treinta años después, todavía está por demostrarse que la monitorización rutinaria mejore los resultados.

Lo que ha hecho la monitorización fetal es centrar más la atención en procurar que las líneas de la pantalla del monitor sean visibles para los asistentes del parto que en hacer lo más cómoda y eficiente posible la labor del parto para la mujer. La mujer podría tener que soportar todo tipo de maniobras para que las líneas del monitor estén claras, y permanecer relativamente inmóvil tendida de espaldas, cuando estaría mejor libre para caminar por la sala. Cuando el bebé ya está saliendo por el canal de nacimiento, este proceso se favorece inmensamente si la madre puede elegir su posición. Las posiciones verticales (sentada, acuclillada, de pie, arrodillada) suelen acelerar considerablemente el parto, y también aumentar de tamaño la salida pelviana, porque se trabaja a favor de la gravedad, no en contra.

La monitorización fetal no sólo ha obstaculizado la libertad de movimiento de la mujer, sino también ha generado un ambiente de miedo en torno al proceso del parto. La parturienta pierde fe en su cuerpo; observa la banda del monitor creyendo que son esas líneas y no las fuerzas naturales del parto las que mantienen a salvo a su bebé. En lugar de observar el monitor debería mirar hacia dentro, conectar con su bebé, asegurarle que está bien y que se le está atendiendo. Y ella necesita ese mismo tipo de tranquilización por parte de sus asistentes, pero es posible que ellos estén tan obsesionados con el monitor que no le presten atención a ella.

Los asistentes del parto, por su parte, usan el monitor a modo de un talismán de normalidad, y se apresuran demasiado a recomendar, e incluso a insistir, en que debe practicarse una cesárea si esa banda indica que algo podría ir mal, porque quieren protegerse legalmente en el caso de que surgiera algún imprevisto. No es de extrañar que se haya disparado el índice de cesáreas.

Habiendo estado tantísimas veces en esta situación, como tocoginecóloga, puedo decirte que eso no favorece ni una pizca el proceso de la labor del parto. Esa atención a un aparato tecnológico es la consecuencia de nuestra ansiedad colectiva respecto a la seguridad del parto. Todos nuestros miedos actúan inconscientemente en la típica sala de partos de hospital. A veces pienso si aquellos que nos sentimos atraídos hacia este campo (yo entre ellos) no estaremos tratando de resolver nuestros propios traumas del nacimiento no resueltos.

Principio cinco: el parto natural es seguro

Aun cuando no solemos oír hablar de esto, en una serie de estudios realizados en Europa se ha demostrado que el parto en casa es tan seguro como en un hospital para madres sanas sin ningún riesgo de complicaciones en el parto.[22] Por lo general aquellas que lo eligen son mujeres sanas, cultas y muy motivadas, más tendentes a confiar en ellas mismas y en sus cuerpos. También tienden a organizarlo todo para estar bien atendidas y apoyadas por asistentes competentes.

La misma conclusión sobre la seguridad surge de los nacimientos ocurridos en el Farm Midwifery Center. Ina May Gaskin ha documentado que de «todas» las madres a las que las parteras de la Granja han dado atención prenatal, ya sea que hayan parido en casa asistidas por ellas, o en hospital asistidas por médicos, cerca de la Granja, el índice de complicaciones que afecten tanto a la madre como al bebé ha sido extraordinariamente bajo. Esto es así a pesar de que en sus datos estadísticos incluye incluso los partos de «alto riesgo» (presentación de nalgas, gemelos, partos prematuros, etc.) que otros centros de maternidad no incluyen. De las 2.028 embarazadas que atendieron las parteras de la Granja entre 1970 y 2000, el 95,1 por ciento dieron a luz en casa o en el centro. Sólo el 1,3 por ciento necesitaron transporte de urgencia a un hospital. El índice de cesáreas fue sólo de un 1,4 por ciento.[23]

Principio seis: lo que creemos influye en cómo damos a luz

Las prácticas para el parto dicen más acerca de los valores y creencias de una cultura que cualquiera de sus otras costumbres. En nuestra cultura, como se refleja en todo, desde las series de televisión a los dramas de Hollywood, el parto se describe como un trance intensamente doloroso y muy peligroso para la vida. También está la creencia (parte de las enseñanzas judeo-cristianas) de que el dolor del parto representa el castigo de Dios por el «pecado de Eva» en el Jardín del Edén: «Multiplicaré las molestias de tus embarazos; parirás con dolor a tus hijos». ¡Buen estímulo!, como si dijéramos.

¿Cuántas veces has visto describir a una mujer parturienta como a una histérica descontrolada suplicando que le den analgésicos para calmar sus sufrimientos? La intervención en crisis, la fijación en la tecnología, la mentalidad de urgencia de nuestra cultura se expresan día a día en las salas de parto de hospitales y en la psique de cada mujer individual.

Las creencias que circulan en torno al parto quedaban bellamente ilustradas en un programa de entrevistas que oí hace un tiempo en el que cuatro operadores del servicio de urgencias 911 fueron aclamados como héroes porque hablaron por teléfono con cuatro maridos mal preparados mientras asistían a sus mujeres en el parto. Ellas eran mujeres sanas cuya labor del parto iba tan bien que el parto tuvo lugar antes de tener tiempo de llegar al hospital. Mientras oía la cinta grabada de la situación, lo que me llamó más la atención fue que tanto los operadores como los maridos se concentraban únicamente en la mecánica de coger al bebé, olvidando totalmente las necesidades de la madre. Aunque se oían las voces de las madres en segundo plano, pidiendo mansamente a sus maridos que les cogieran las manos o conectaran con ellas, nadie parecía comprender que en el momento del parto el bienestar emocional y físico de la madre está estrechamente relacionado con lo segura, apoyada y alentada que se siente. Dado que la mujer está mucho más vulnerable emocionalmente cuando está embarazada y durante la labor del parto, está también mucho más receptiva a su entorno. Esta sensibilidad intensificada hace que capte de modo especial los temores de las personas que la asisten o cualquier otra discordancia en el ambiente.

Dada la manera como se transmite la sabiduría del parto en nuestra cultura y como se describe en los medios, no es muy de extrañar que tantas mujeres le tengan miedo al parto. Muchas veces los partos están dirigidos por personas muy preparadas y expertas tecnológicamente, que creen que su tarea es controlar un proceso que es de suyo peligroso y doloroso, para arrancar a la madre y al bebé de las fauces abiertas de la muerte y el desastre. Esta actitud estaba incorporada en el título de un artículo que apareció en la revista profesional *Obstetrics and Gynecology*: «Inducción de la labor del parto en los noventa: *Derrota* del cuello del útero desfavorable» (yo he recalcado la palabra poniéndola en cursiva). Al considerar el cuello del útero como un órgano que hay que abrir por la fuerza y derrotar, corremos el riesgo de perdernos la sabiduría interior que trata de impartir el cuello uterino: si el cuello uterino no se ablanda y madura como debería, existe un motivo profundo para ello, y cualquier método que sirva para someter o «derrotar» al mensaje que intenta transmitir, el cuerpo podría percibirlo, en cierto grado, como un ataque. Con qué frecuencia olvidamos que es posible (y deseable) recurrir a nuestra alma y psique para que nos ayude en el trabajo natural de la labor del parto, sin renunciar a la asistencia de la tecnología en el caso de que sea necesaria.

Cuando casi todos los partos se trasladaron a hospitales en las décadas de los cuarenta y los cincuenta, en nombre de la seguridad y el servicio de maternidad moderno, no cabe duda de que se salvaron muchas vidas que de otra manera se habrían perdido. Pero cuando, en cuanto cultura, nos adherimos al modelo médico de parto como al estándar y redujimos este acontecimiento milagroso a una posible urgencia médica, pagamos un elevado precio y perdimos algo precioso, algo que recién estamos empezando a recuperar: el conocimiento de que el parto está programado biológicamente para ser un momento de mayor conciencia, euforia y receptividad para la madre, el padre (u otra persona importante) y el recién nacido, una vivencia de pasaje que dispone el escenario para esa relación de familia desde ese momento en adelante.

Como aquel programa de entrevistas que centraba la atención en los sonrientes operadores del 911 y los engreídos y heroicos maridos, también hemos perdido de vista otra verdad esencial: los verdaderas héroes de los partos relatados en esa entrevista fueron las madres y sus milagrosos cuerpos, cuerpos que sabían instintivamente qué hacer, y que podrían haberlo hecho bien, o incluso mejor, sin toda esa frenética conversación por teléfono. Si bien un parto en casa no planeado no es el ideal para nadie, esas madres y sus bebés habrían estado muy bien sin nada de ese teatro.

Principio siete: las personas que hayas elegido para acompañarte en la sala de partos pueden cambiar tu experiencia

Una muy decidida mejoría respecto a la sala de partos que se ha hecho en años recientes es la admisión del padre. La presencia del padre, o del compañero de la mujer, durante la labor del parto no sólo se permite sino que en algunos lugares se supone y espera. Cuando di a luz a mi primera hija estuve acompañada por mi marido y mi enfermera todo el tiempo. La experiencia fue tan intensa que no podría imaginarme haciéndolo todo yo sola.

Esto me dio una percepción y valoración completamente nuevas de la experiencia de mi madre, que estuvo sola. Parir en los años cuarenta y cincuenta era muy distinto a lo que es hoy en día, ¡y mi madre dio a luz seis veces!

MI MADRE: sola en la sala de partos

No logré ver ni tener en mis brazos a ninguno de mis hijos inmediatamente después de que nacieron. Sé que tú naciste por la noche y sólo pude verte por la mañana temprano para amamantarte. Cuando entré en el hospital me pusieron en una habitación sola y me amarraron a la cama. De tanto en tanto iba a verme una enfermera, pero la mayor parte del tiempo estaba yo sola ahí. Tu padre no podía entrar. Después, cuando llegó el momento del parto, me llevaron por el corredor en camilla y me dejaron inconsciente.

No logro imaginarme nada más difícil que pasar por la labor del parto sola, asustada y amarrada a una cama en una habitación de hospital. Pero casi todas las madres de los hijos de la generación de los años cincuenta y sesenta, la del *boom* de la natalidad (en esa generación nacieron cinco veces más hijos que en la generación siguiente) tuvieron una experiencia similar. Y ésta se cobró su precio. Muchas madres se adaptaron a ese grado de carencia convirtiéndose en personas estoicas no quejicas, que aprendieron a «aguantar» y a esperar que quienes las rodeaban hicieran lo mismo.

Ahora sabemos que muchas mujeres (aunque no todas) necesitan y desean el apoyo de sus seres queridos cuando están en la labor del parto. Entre éstos podrían estar no sólo el padre del bebé sino también amigas, familiares, e incluso otros hijos.

John Kennell, pediatra, y Marshall Klauss, tocólogo, escribieron en colaboración el libro *Parent-Infant Bonding* [El vínculo afectivo padres-hijos], en el que informan acerca de un buen número de estudios científicos bien controlados que han realizado sobre las prácticas que más ayudan a madres, bebés y padres durante la labor del parto y parto.[24] Algunos de sus trabajos se concentran en los efectos positivos que tiene un buen apoyo psíquico durante el parto en la creación de vínculos afectivos sanos entre los miembros de la familia; otros se centran en los beneficios físicos para la parturienta que puede tener también este buen apoyo psíquico. Por ejemplo, documentan que cuando la madre tiene el apoyo continuado de una *doula*, partera titulada formada para hacer de «madre para la madre» (que generalmente es mujer, pero no siempre) y para tranquilizar también al compañero, disminuye en un 50 por ciento la posibilidad de cesárea y se acorta a la mitad el tiempo de labor del parto (porque hay menos estrés y dolor), disminuye la cantidad de fármacos empleados y disminuye considerablemente el número de bebés enviados a la unidad de cuidados intensivos con diversos problemas. En una charla durante la reunión anual de la American Holistic Medical Association, a comienzos de los años noventa, el doctor Kennell declaró que si todas las mujeres fueran asistidas por una/un *doula* durante el proceso del parto, el país se ahorraría alrededor de 3.000 millones de dólares anuales en los costes de intervenciones médicas innecesarias.

Los beneficios van también más allá de la sala de partos. Las mujeres que han recibido atención maternal durante el parto tienden más a cuidar bien de sus hijos, aun cuando no hayan cuidado de sí mismas antes. Por ejemplo, en un estudio de mujeres de pocos ingresos y sin educación realizado en Houston, se comprobó que las que tuvieron el apoyo de la mano firme y la voz tranquilizadora de una *doula* durante la labor del parto eran más cariñosas con sus bebés dos meses después, comparadas con las que recibieron la asistencia estándar.[25]

Estos tipos de resultados hablan clarísimo de los beneficios del apoyo psicológico profesional y del contacto sanador. Para mí está muy claro que si esos efectos beneficiosos se pudieran conseguir con un fármaco, no sería ético no emplear ese fármaco ya. Sin embargo, mientras escribo esto, la gran mayoría de partos se llevan a cabo sin la ayuda de una/un *doula*.

Principio ocho: las personas a las que decides escuchar acerca del parto pueden cambiar la experiencia

Muchísimas mujeres han oído verdaderas historias de terror acerca del parto, contadas por otras mujeres. Estas historias de «veteranas» entran en la psique y afectan adversamente a la experiencia de la labor del parto, en especial si la historia proviene de la propia madre. Estas historias se convierten en profecías que llevan consigo su cumplimiento, y se cumplen según lo que cree la mujer que va a ocurrir.

Este rito tan común de relatar las batallas del embarazo adquiere el sabor de novatadas fraternales, complementadas con el tono de «si yo lo pasé, tú también deberías pasarlo». Las reuniones para enseñar la ropita y preparativos para la llegada del bebé tienden a ser el momento para estas conversaciones femeninas que minan la salud y la confianza de la futura madre. No es infrecuente que una madre le diga a su hija embarazada: «Ahora verás lo que sufrí cuando te di a luz». Si yo comienzo a oír ese tipo de conversaciones en un avión, restaurante o cualquier otro lugar, tengo que hacer esfuerzos para no ir corriendo a hacer una «intervención» inmediata.

Pese a mis objeciones, sé que hay buenos motivos para que las mujeres sientan la necesidad de contar las historias de sus partos. Uno es que el tema del embarazo y el parto ha sido el único en que, a lo largo de la historia, las mujeres han tenido algún poder y autoridad, comparadas con los hombres. No es de extrañar que sientan la necesidad de revivir su experiencia explicándola de la misma manera como los «veteranos» de guerra relatan las historias de sus batallas. Otro motivo es que la intensificada energía espiritual que se experimenta durante el proceso del parto, aunque se entienda mal, ejerce sobre nosotras un atractivo que necesitamos expresar. Cuando durante la labor del parto viajamos a ese territorio numinoso que está en la frontera entre el ser y el no ser, a la vuelta nos sentimos impulsadas a contar la historia. Pero una vez que comprendamos mejor la energía que emana de esta vivencia, tenderemos más a ayudar y capacitar a nuestras hijas o hermanas con historias de parto positivas, y de todos modos heroicas.

La siguiente es una visión positiva de la labor del parto y del parto mismo que le transmitió su madre a una de las subscriptoras de mi hoja informativa:

Lo que me contaba mi madre sobre su embarazo me lo hacía parecer la experiencia más maravillosa que puede tener una mujer. Me contaba que su médico la hacía esperar un poco más en la sala de espera para que las demás embarazadas vieran lo feliz y sana que puede estar una mujer embarazada.

Cuando me tocó a mí, quedé embarazada suponiendo que tendría buena salud y con la ilusión de parir un bebé sano. Y así fue exactamente. Aunque tuve náuseas matutinas moderadas durante un par de semanas y un poco de retención de líquido sin importancia, el resto del tiempo estaba feliz, sana y ocupada preparando ropa para el bebé. Estaba alojada con mi madre cuando comenzó la labor del parto y ella misma me llevó al hospital. Pasadas unas dos horas, oyó llorar a un bebé, y puesto que yo era la única de parto en ese momento (era un hospital pequeño), comprendió que acababa de nacer su nieto. Mi hijo prácticamente salió solo, por su peso. Pesó 3,745 kg, y a los dos días ya estábamos en casa. Esto fue en 1962.

Sé que hace falta algo más que una buena actitud para que un embarazo sea agradable, cómodo, y que las mujeres más sanas pueden tener complicaciones, pero también creo que adoctrinar con historias horrorosas, como «yo estuve ocho horas con dolores y se me estropeó el cuerpo al darte a luz» puede hacer mucho daño y predisponer a la mujer para tener más dificultades de las necesarias. Siempre le reconoceré el mérito a mi madre por prepararme el ambiente y darme el apoyo que yo necesitaba para la maravillosa experiencia de transformarme en madre.

No podría estar más de acuerdo.

Principio nueve: el miedo hace daño

La percepción y la expectación suelen determinar nuestra experiencia de las cosas. En Estados Unidos se adoctrina a las mujeres con un modelo tecnomédico del parto basado principalmente en el miedo. Creen que los dolores del parto serán intolerables. Pero el miedo tiene sus consecuencias, comenzando por el hecho de que, puesto que creen que el dolor será intolerable, lo experimentan así.

El miedo detiene el avance de la labor y aumenta el índice de intervenciones (cesárea y uso de fórceps entre otras cosas) que entrañan mayor riesgo de infección, hemorragia y dificultad para crear el vínculo afectivo. Según un sondeo reciente a 1.600 mujeres realizado por Harris Interactive para la Maternity Center Association (MCA), organización no lucrativa dedicada a mejorar la atención en centros de maternidad, el 61 por ciento de las mujeres encuestadas dijeron haber experimentado entre seis y diez intervenciones médicas durante la labor del parto, desde ser conectadas al tubo para administración intravenosa de Pitocin para acelerar el proceso. Pitocin aumenta la amplitud de las contracciones y las hace más dolorosas; también aumenta el riesgo de malestar fetal y de ictericia neonatal. Casi la mitad de las mujeres (43 por ciento) encuestadas tuvieron entre tres y cinco intervenciones importantes, como inducción, episiotomía, cesárea y parto con fórceps. Ocho de cada diez recibieron analgésicos durante la labor; ese número aumentaba al 91 por ciento en las madres primerizas. Hablando de los resultados de la encuesta en la revista *Parenting*, el doctor Donald Coustan, médico jefe del Women and Infants Hospital de Providence, Rhode Island, dijo: «Lo que vemos es que la mayoría de las mujeres desean reducir al mínimo el malestar. En realidad, nos sentimos decepcionados de que se haya utilizado tan poco nuestro centro de parto alternativo, donde las mujeres dan a luz sin medicación y sin monitores».[26]

En *Cuerpo de mujer, sabiduría de mujer*, cuento que cuando mi hija mayor tenía alrededor de tres años se cortó el dedo con un palo afilado jugando fuera, y entró en la casa llorando; cuando le puse el dedo bajo el grifo de agua y la pequeña herida quedó libre de sangre me dijo: «Sólo me dolió cuando me asusté». Palabras más ciertas no se han dicho jamás. Las mujeres están muy bien dispuestas a pasar por procesos dolorosos si están convencidas de que el resultado es deseable y que el proceso es seguro. La depilación de las piernas (y las axilas) con cera, la cirugía plástica y la depilación de las cejas con pinzas, por no decir lo de estudiar medicina y estar en pie toda la noche de guardia en hospitales, son ejemplos de nuestra buena disposición a soportar el dolor y el malestar por una buena causa. ¿Y qué podría ser una causa mejor que la de parir un bebé sano con el que nos sentimos unidas al instante?

El principal problema del parto es el legado de miedo que lo rodea. Y el miedo cambia la dinámica, ya que afecta al funcionamiento nervioso y muscular. El miedo nace de nuestras creencias y percepciones; estas creencias activan reacciones como la tensión o contracción muscular, la aceleración de los ritmos cardiaco y respiratorio, todo lo cual hace que la percepción del dolor sea peor de lo que tiene que ser. El miedo sobreestimula la reacción de supervivencia del sistema nervioso simpático y es causa de que el útero se vuelva rígido y el cuello uterino se cierre. He visto a incontables mujeres en plena labor del parto cuando llegan al hospital, que se encuentran con que allí se detiene la labor, por el estrés de pasar por los trámites de admisión, ser conectada a un tubo de suero intravenoso y ver entrar en la sala a una fila de personas desconocidas. El ambiente del hospital con el miedo que lo impregna es muy contagioso. Y la intensificada sensibilidad de la mujer parturienta la hace muy vulnerable a «captarla». La consecuencia suele ser una labor del parto disfuncional y excesivamente dolorosa.

Si recibe el apoyo y ayuda adecuados, usa su propia capacidad de concentración y cambia sus percepciones, la embarazada puede acceder a su Madre Osa interior y disolver su miedo y sus consecuencias adversas.

Principio diez: la labor del parto puede ser ardua y dolorosa. Las recompensas lo valen

El parto es trabajo arduo. Y también puede ser doloroso. Pero, como he dicho, las mujeres eligen voluntariamente pasar por todo tipo de procesos que no son particularmente agradables. Pasan por esos procesos para generarse autoestima, para sentirse mejor con sus cuerpos y para conseguir objetivos a largo plazo que les cambiarán la vida, objetivos que, según les parece, hacen digno de pasar todo lo que entrañan. Sin embargo, pasar por el parto natural tiene muchísimo más poder para transformar la autoestima de una mujer que todas esas otras cosas.

De todos modos, se nos aconseja que evitemos el dolor del parto a toda costa porque no comprendemos que ese dolor nos proporciona importante información y recordatorios durante el proceso de la labor del parto. Y peor aún, la implicación es que debemos recibir alivio para ese dolor porque no somos capaces de «soportarlo».

Ten presente que el dolor de una labor del parto normal no es el dolor de una herida ni un peligro, aunque ése es el mensaje que se nos da cuando se elimina con medicación. Una vez que sabes que ese dolor no te va a producir nada malo (no te va a hacer estallar), puedes soportarlo, casi siempre sin recurrir a medicación. El dolor que producen los gases también puede ser muy fuerte, pero dado que sabes que sólo son gases no te asustas. Te relajas y finalmente el dolor se pasa, el gas sale. Lo mismo ocurre con el dolor del parto. Ocurre a modo de aviso, mensaje, información, la que te induce a moverte, caminar, cambiar de posición, y adaptarte mejor al paso del bebé por el canal de nacimiento. También cambia el dolor durante cada fase del proceso. Por ejemplo, cuando el cuello uterino está totalmente dilatado, el cuerpo suele pasar por un periodo sin contracciones, durante el cual la mujer puede descansar y prepararse para el último empuje.

Necesitamos dar diferentes mensajes acerca del dolor: qué significa, para qué sirve y cómo pasarlo. Piensa en lo siguiente:

- La labor del parto te obliga a suprimir toda actividad y encontrar un lugar seguro para parir a tu bebé.
- Las sensaciones te dan importante información acerca de cómo y cuándo moverte y qué posición adoptar para facilitar más el proceso. (Véase a continuación, «Reto de la sabiduría: Anestesia epidural».)
- La labor te conecta contigo misma y con tu cuerpo con más intensidad que nunca, haciendo que te concentres totalmente en el momento. Durante la labor vives de una contracción a la siguiente. Se para el tiempo. La labor te obliga a rendirte a un poder superior a tu intelecto. Es la experiencia definitiva de «abandonarse a las manos de Dios». Imagínate las contracciones como olas del mar. Si te

quedas en la superficie del dolor y las combates con el intelecto, tienes más probabilidades de estrellarte contra las rocas de la orilla. Es decir, simplemente te generas más sufrimiento. El truco está en sumergirse hondo, hasta el centro de calma allá abajo, el mismo lugar al que llegan los yoguis durante sus estados profundos de meditación.

- La labor del parto te pide que encuentres recursos en tu interior que ni siquiera sabías que tenías. Eso aumenta tu autoestima; sales del proceso sabiendo que eres capaz de arreglártelas con lo que sea que se te presente. Es la preparación perfecta para los rigores de la crianza.

- La labor es un rito biológico de pasaje a la maternidad. Ningún otro proceso biológico es tan drástico, ni necesita serlo. La maternidad es el verdadero «cambio de vida».

Una de mis clientas me contó su primera experiencia de parto de esta manera: «Durante la labor del parto me sentía como si estuviera flotando por encima de mí, mirando hacia abajo con mucha sabiduría y compasión. La labor me obligó a abrirme a un lugar de mi interior que yo no sabía que existía. De ella salí con una confianza absoluta y una fe inquebrantable en mi cuerpo».

RETO DE LA SABIDURÍA: *anestesia epidural*

En la actualidad, a alrededor de un 70 por ciento de mujeres se le administra anestesia epidural para el parto debido a su miedo al dolor y a su desconfianza en la capacidad de su cuerpo para dar a luz normalmente. No cabe duda de que una epidural ofrece un muy necesitado alivio en la labor del parto. De hecho, he visto a mujeres dilatar muy rápido después de recibir la epidural porque por fin son capaces de relajarse, aunque, por desgracia, he visto con más frecuencia lo contrario: mujeres cuya labor se hace lentísima después de haberles aplicado la epidural y a las que al final se les ha tenido que practicar una cesárea que podría haberse evitado.

Como todas las intervenciones, la anestesia epidural es una espada de doble filo, no una panacea universal. Cuando esta anestesia se administra en las circunstancias correctas, en el momento apropiado y por un anestesista muy experto, puede ser ideal. Esto es particularmente válido en las labores del parto aceleradas por Pitocin, en las que las contracciones son extraordinariamente dolorosas. Y también es válido cuando la labor ha ido muy lenta y la mujer está agotada y necesita alivio.

Pero una epidural no es un procedimiento benigno, es una intervención importante. Consiste en inyectar el anestésico con una aguja de gran calibre en el espacio que rodea a la duramadre (la membrana que cubre la médula espinal) para insensibilizar los nervios espinales. Insertar esa aguja en el lugar correcto requiere mucha práctica. Y la parturienta debe doblarse en ovillo, en medio de la labor del parto, para que se la pongan; no es nada, nada, agradable, y no siempre da resultado. A veces la dosis de anestesia es demasiado alta, a veces es demasiado baja. Hay anestesistas mejores que otros para inyectar la epidural, pero la mayoría de las veces la mujer no puede elegir al anestesista; lo hace el que está de guardia. Por lo tanto, muchas veces se interrumpe la labor del parto por repetidos intentos de «inyectarlo bien». Como ocurre con todas las intervenciones médicas complejas, no hay garantías.

Además de las desventajas que he citado, la anestesia epidural bloquea la sabiduría del cuerpo y obstaculiza la comunicación de doble vía entre el bebé y la madre. Esto se debe a que la epidural bloquea los nervios sensoriales del útero, cuello del útero, suelo pelviano y abdomen, por lo que la madre no siente los movimientos del bebé dentro de su cuerpo. En consecuencia, no siente las indicaciones que le da el cuerpo sobre cómo cambiar de posición para reaccionar al avance del bebé por el canal de nacimiento. Ésa es una de las funciones del dolor; para aliviarlo la mujer mueve el cuerpo naturalmente para ponerlo en las posiciones que más benefician el proceso de la labor del parto.

La doctora Mona Lisa Schulz dice que, desde el punto de vista neurológico, la labor del parto es un baile bien orquestado entre los sistemas nerviosos de la madre y el bebé. Al adormecer los órganos y músculos del canal de nacimiento de la madre, en realidad se adormece al director de esta orquesta. Se bloquea la capacidad de la madre para moverse libremente en reacción a sus sensaciones corporales; se bloquea el funcionamiento de los músculos del suelo pelviano (lo cual puede ser causa de que la cabeza del bebé se ponga en una posición menos favorable, lo que podría hacer necesaria la intervención con fórceps o vacuoextractor); se bloquea la capacidad de la madre para saber cuándo pujar y cuando parar, y las contracciones uterinas cambian en intensidad y ritmo. En consecuencia, hay muchas menos probabilidades de que el bebé y la madre «bailen» bien juntos.

La anestesia epidural también cambia los niveles de betaendorfinas en la sangre de la madre, lo cual, además de disminuir la posibilidad del éxtasis que acompaña al parto, en muchas mujeres produce una inexplicable fiebre, por motivos que no están claros. Aunque normalmente la fiebre no significa que haya infección, no se puede estar seguro de que no la haya, de modo que al bebé hay que llevarlo a la sala cuna para tratarlo y descartar una sepsis; esto entraña extraerle sangre, ponerle una inyección espinal, iniciar la administración de suero intravenoso y darle antibióticos «por si acaso». En conjunto, no es precisamente una fabulosa bienvenida al mundo para el/la pequeño/a.

SABIDURÍA DEL CORDÓN UMBILICAL

Una vez que nace el bebé, el cordón umbilical, que ha sido el sistema de soporte de su vida durante los meses de gestación, continúa latiendo de diez a treinta minutos si no se corta. El cordón proporciona al bebé un sistema de oxigenación de refuerzo mientras su corazón y sus pulmones se adaptan al paso desde el ambiente acuoso en que se ha nutrido a través del torrente sanguíneo de la madre, al ambiente aéreo en el que deben expandirse sus pulmones y comenzar el proceso de la respiración.

Mientras no deje de latir, el cordón umbilical es un órgano vivo, viable, que también contribuye a que el bebé reciba el volumen de sangre suficiente para la irrigación óptima de su cerebro, pulmones y otros órganos. Cuando el volumen sanguíneo del bebé es normal y sus pulmones se han adaptado a respirar directamente del aire, el cordón deja de latir por sí solo.

Mientras el cordón continúa latiendo, el recién nacido debería reposar en los brazos de su madre o sobre su abdomen; es un momento en que los dos están pasando por los cambios corporales más profundos de sus vidas. El cordón no debería cortarse hasta que haya dejado de latir totalmente, indicando que ya no es necesario ese respaldo o refuerzo de la placenta y que los sistemas respiratorio y circulatorio del bebé están listos para aprovisionar el cerebro, los pulmones y los demás órganos.

Pero dado que con tanta frecuencia el parto se trata como si fuera una urgencia, por lo general ese gradual periodo de transición se interrumpe pinzando el cordón umbilical inmediatamente, en el momento de nacer el bebé. No es de extrañar que, en cuanto cultura, tengamos la sensación de que necesitamos darnos prisa. Desde el nacimiento se nos ha programado a darnos prisa, a precipitar las cosas, a acabar con ellas. También quedan programados nuestros cuerpos para creer que «no hay tiempo suficiente» (u oxígeno). Es decir, al nacer de la manera como nacemos, se nos enseña a pasar por alto nuestros ritmos internos y zonas de agrado.

Sin embargo, en esto no se trata solamente de la sensación de prisa. Existe un buen número de pruebas de que cortar demasiado pronto el cordón umbilical, particularmente en bebés prematuros o enfermos, puede ser causa de hipovolemia, trastorno de insuficiente volumen de sangre para la irrigación óptima de los órganos. Esto pone al bebé en riesgo del síndrome de dificultades respiratorias y de daños cerebrales. También lleva a la necesidad de transfusiones en la unidad de cuidados neonatales intensivos, para suplir la sangre que la placenta podía dar naturalmente a través del cordón umbilical.

Aunque a los médicos se les enseña que hay que cortar inmediatamente el cordón umbilical para impedir que el bebé reciba demasiada sangre, esto no ocurre si sencillamente se mantiene al mismo nivel al bebé y a la madre, mientras la placenta hace su último aporte al bienestar del bebé. Aun en el caso de un bebé enfermo o prematuro, si está presente un neonatólogo en el equipo, es posible que éste haga su trabajo en resucitar al bebé mientras todavía está unido al cordón umbilical, dando así al bebé lo mejor de las dos partes. Pero esto se hace muy rara vez.[27]

PROGRAMA PARA OPTIMIZAR
LA SABIDURÍA DEL PARTO

El nacimiento de un bebé es una experiencia inolvidable que hace aflorar todo el legado materno de una mujer. El tiempo que rodea el parto está impregnado de la energía de nuevos inicios, desarrollo, crecimiento y cambio. Es como si se desarmaran todos los comportamientos o pautas heredados de la vida de la mujer para que se puedan rearmar de formas nuevas y mejores. Dado que el parto puede hacer muchísimo en ayudar a la mujer a sanar su pasado, es importante planearlo con esmero.

Elige a las personas que te van a acompañar. Te conviene pensar muy detenidamente qué personas deseas que estén contigo durante la labor del parto y después del parto. Cerciórate de que sinceramente te caen bien las personas que van a estar presentes en el nacimiento de tu bebé. Éste no es un momento para intentar «la paz a cualquier precio». Por ejemplo, si realmente no deseas que esté presente la prima Sara de tu marido, o tu cuñada, no cedas simplemente porque eso agradaría a la familia.

Elige a los profesionales que te van a asistir. Muchas mujeres tienen bastante claro qué tipo de profesionales médicos desean que las asistan en la labor del parto. Algunas desean un médico, algunas desean una partera. He atendido a mujeres que han tenido buenas experiencias con el parto en casa asistido por parteras, y también he atendido a mujeres que sólo se sienten seguras en un hospital. Para hacer bien la labor del parto debes estar en un lugar y ambiente en el que tú te sientas segura y bien atendida, al margen de lo que crean tu madre, tu cuñada, tu mejor amiga, tu médico, o cualquier otra persona, ¡o yo!

Si eliges ser asistida por una partera, ten presente que hay una gran diferencia entre ellas. Algunas trabajan en hospitales y tienen una mentalidad muy enfocada en la tecnología. Otras favorecen el parto en casa. Y algunas están en el medio. Tendrás que entrevistar a las de tu región para ver cuál es la que te va bien a ti.

En lo que se refiere a médicos, hay médicos de cabecera que asisten en partos, y hay tocoginecólogos formados para atender cualquier urgencia obstétrica que pueda presentarse. Pregunta a tus posibles asistentes acerca de sus ideas sobre el parto: ¿creen que la mayoría de las mujeres pueden parir normalmente?

Al margen de los profesionales que elijas para la atención médica, como he dicho antes, recomiendo encarecidamente contratar a una/un *doula*, que te dé el cuidado materno durante la labor del parto y el parto, y también, idealmente, te atienda después del parto una o dos semanas en casa. Ojalá yo hubiera tenido esa opción cuando di a luz a mis hijas. El compañero no puede ocupar el lugar de una *doula*. La tarea del compañero es amar incondicionalmente a la parturienta, pero no ser un experto en asistir la labor. Así que haz un favor, para ti y para todos los demás: libera a tus seres queridos de los detalles técnicos de la asistencia a la labor del parto y permíteles que pongan todas sus energías en estar ahí, presentes para ti y contigo. (Véase «Recursos y proveedores» para encontrar asistentes al parto.)

Elige el lugar para dar a luz. Los parteros, médicos, enfermeras, *doulas* y otros profesionales especializados en parto que forman la Coalition for Improving Maternity Service (CIMS) han establecido lo que ellos llaman «criterio centrado en la madre y el bebé» a los que creen deben aspirar todos los centros o establecimientos de maternidad. Si bien actualmente sólo hay dos servicios de parto que satisfacen estos criterios tan totalmente que se los califica oficialmente de «amigos de la madre», cuando elijas el lugar para dar a luz podría convenirte considerar los criterios de la siguiente lista de esta coalición:

- Acceso no restringido de la madre respecto a los acompañantes que ha elegido: familiares, amigas, partera, *doula*, etcétera.
- Libertad para caminar y moverse por la sala y adoptar cualquier posición elegida para pasar la labor del parto, a no ser que esté contraindicada médicamente.
- Índice de inducción del parto del 10 por ciento o menos.
- Índice de episiotomía del 20 por ciento o menos (con el objetivo de reducirlo al 5 por ciento o menos).
- Índice de cesárea del 10 por ciento o menos en hospitales normales, y del 15 por ciento o menos en hospitales que tratan embarazos de alto riesgo.
- La norma de no emplear rutinariamente prácticas no apoyadas por pruebas científicas, como por ejemplo: afeitado, enemas, suero gota a gota, ruptura prematura de las membranas, monitorización fetal electrónica.
- Personal formado en métodos de alivio no medicamentoso del dolor.

(En «Recursos y proveedores» encontrarás más información sobre las directrices basadas en pruebas establecidas por esta coalición.)

Otra opción que te convendría tener presente al elegir el lugar para dar a luz es si el centro tiene bañeras con agua caliente en que la mujer se puede sumergir para reducir el dolor y favorecer la relajación. También pregunta si hay atención centrada en la familia, lo que te permitiría alojarte con tu bebé y pareja juntos en la misma habitación donde diste a luz.

Mantén contigo a tu bebé. En todos los mamíferos que se han estudiado se ha comprobado que pasan por un periodo de «sensibilidad», una ventana de tiempo, justo después del parto, durante el cual la cría se apega a su madre. Si al bebé, sea corderito, cabrito o elefante, se lo aparta de su madre durante ese periodo, la madre suele rechazarlo y no le permite mamar.[28] En los trabajos pioneros realizados por los doctores John Kennell y Marshall Klaus se han encontrado pruebas de un periodo de sensibilidad similar en los seres humanos. Antes de involucrarse en la investigación del vínculo afectivo madre-bebé, el doctor Kennell realizó una labor importantísima para establecer la primera unidad de cuidados intensivos neonatales en el país. Observó que los bebés nacidos prematuramente y separados de inmediato de sus madres para ser llevados a la unidad de cuidados intensivos tenían muchas más probabilidades de acabar en la sala de urgencias más adelante por golpes o descuidos. Habiendo dedicado miles de horas y dólares a mantener vivos a estos niños, le interesaba muchísimo saber qué había ido mal. Sus estudios subsiguientes sobre el vínculo afectivo demostraron que cuando los incidentes del parto obstaculizan el tiempo y las actividades establecidos por la Naturaleza en su sabiduría, podría haber una tendencia por parte de la madre a ser más indiferente hacia su bebé, o incluso, en el peor de los casos, abusiva.

Por todas estas razones, debe evitarse cualquier cosa que cause la separación innecesaria de la madre y el bebé después del parto. Esto se ha demostrado no sólo en los estudios realizados por los doctores Kennell y Klaus (cuyos estudios sobre las prácticas que mejor apoyan y ayudan a la madre durante la labor del parto he citado antes), sino también por parteras como Polly Perez, que dirige un servicio de *doulas*. El concepto de servicio de maternidad centrado en la familia que ha surgido de estos trabajos se refleja en los hospitales y centros de maternidad que permiten a las madres llevar a cabo la labor del parto y el parto en un ambiente parecido al hogar, muchas veces con el apoyo de *doulas*. Una vez que nace el bebé, la madre y otras personas importantes elegidas por ella continúan con el bebé hasta que llega el momento de salir del hospital. Muy importante es el hecho de que la enfermera de la madre y la enfermera del bebé sea la misma, lo cual evita cualquier separación artificial de la díada madre-bebé durante este periodo de tiempo esencial, en que los dos se están conociendo. En este sistema también se incorpora la ayuda de enfermeras para el amamantamiento.

Aun cuando no logres encontrar un hospital o centro de maternidad así, puedes cerciorarte por adelantado de si en el lugar adonde vas a ir a dar a luz te apoyarán en tu deseo de mantener el bebé contigo después del parto. Y esto hay que hacerlo por adelantado, porque en los cincuenta últimos años se ha incorporado un importante grado de separación entre la madre y el recién nacido en la atención obstétrica (como lo atestiguan las experiencias de parto de mi madre), y esto es un legado que sigue presente en muchos establecimientos. Cuando se separa al bebé de la madre al nacer, por el motivo que sea, el estrés de la situación bloquea parcialmente el efecto de las moléculas de «pertenencia», del lazo relacional, y esto puede hacer más difícil la vinculación afectiva con el bebé. No conviene que la flecha de Cupido yerre el blanco.

Habiendo dicho todo esto, es importante reconocer que relativamente pocas personas han experimentado el tipo de nacimiento y experiencia de vinculación que he descrito, y sin embargo la mayoría amamos a nuestros hijos y somos amados por ellos. El sentimiento de seguridad y amor se graba por experiencias repetidas durante el curso de toda la vida. El embarazo, la labor del parto y el parto son sólo el comienzo. La oxitocina continuará circulando y creando vínculo a lo largo de todos los años de tu relación con tu hija. Circula incluso cuando estás pensando en un ser querido. La presencia de oxitocina que forma parte de nuestra sabiduría interior contribuye a sostener el vínculo afectivo entre las personas mientras están vivas.

Infórmate. Un buen libro para comenzar es *Ina May's Guide to Childbirth*. En él relata inspiradoras y potenciadoras historias de partos que puedes emplear para grabar en ti las palabras y afirmaciones apropiadas sobre el parto, y contiene buena, sólida y detallada información sobre los cuidados prenatales y la labor del parto. Esta guía también contiene muchísimas referencias a recursos de todo el país que te servirán para encontrar partera, *doula* y centros de maternidad que te proporcionarán el ambiente adecuado para dar a luz normalmente.

Ten fe. En todos los hospitales y clínicas del mundo trabajan profesionales que apoyan la sabiduría Madre Osa del parto. Ten por seguro que una vez que empieces a buscarlos, los encontrarás gracias a la ley de atracción. No olvides que «lo que andas buscando también te anda buscando».

6

El cuarto trimestre

Creación de la placenta externa

ESTAR CON TU BEBÉ

Una vez que das a luz, entras con tu bebé en el vulnerable periodo posparto, que dura tres meses y se llama cuarto trimestre. Durante este periodo madre y bebé siguen siendo en muchos aspectos una unidad física, los cuerpos mutuamente sincronizados, a medida que el bebé hace su transición gradual a una vida más independiente.[1] Esta transición comenzó con el corte del cordón umbilical.

En ningún otro periodo está más desenfrenado el instinto Madre Osa. Y si te das permiso para utilizarlo, descubrirás que eres capaz de acceder al manantial de sabiduría materna que ni sabías que poseías. Tal vez descubras que estás más conectada y en unión con el proceso de la vida como nunca antes, y podrías tener sueños clarísimos que refuercen esa sensación de unidad. Aun cuando a veces tus sentimientos caigan en la depresión, con más frecuencia te abrirán al lado intuitivo y místico de la vida durante este importante periodo, cuando tu bebé es nuevo para ti y el mundo.

Años después que naciera su hija, una madre todavía recuerda nítidamente cómo fueron esos primeros días con su recién nacida:

Despertaba sobresaltada porque en el sueño tenía a mi bebé en brazos y sentía su cuerpo y su calor; despertaba asustada, temiendo que la pudiera soltar, y luego descubrí que siempre despertaba justo antes que ella despertara para mamar. Era como si estuviéramos totalmente conectadas. Eso me inspiraba muchísima confianza como madre. La conexión era muy profunda. ¿Cómo iba a dudar de mí misma?

Siempre sabía si se había quedado dormida o simplemente estaba descansando apoyada en mí, porque nuestros corazones latían al mismo ritmo. Es decir, sentía ese gran latido pasar por ella y por mí. Era una sensación muy física, inequívocamente fisiológica, y siempre sabía que en ese momento estaba bien quitármela del hombro para volver a ponerla en su cuna. Era algo mucho más grande que yo; algo que te pone en la vida de una manera totalmente distinta.

El nacimiento abre una ventana emocional

En esos primeros meses de tu nueva vida con tu bebé, tus hormonas te abren, y esos reguladores biológicos amplifican cualquier emoción que sientas, ya sea de felicidad o tristeza, de ansiedad o paz. El cuarto trimestre es un periodo en que casi seguro experimentas un grado de apertura, sensibilidad, labilidad emocional, distinto de cualquier cosa que hayas sentido en tu vida.

La misma madre que escribió la hermosa descripción de la unión total que sentía con su hija recién nacida, dice lo siguiente respecto a sus sentimientos en el mundo que está más allá del capullo madre-hija:

> Por otro lado, si alguien me miraba mal durante esos primeros días, me echaba a llorar. Me costaba salir a la calle, porque encontraba el mundo tremendamente duro. Me sentía como si, literalmente, tuviera la piel más delgada.

El feto externo y la placenta externa

El bebé acaba de pasar casi 40 semanas viviendo como parte del cuerpo de su madre. Durante todo ese tiempo, el cuerpo de su madre (ritmos cardiaco y respiratorio, ciclo de sueño y vigilia, y todos los demás ritmos biológicos) sincronizaban con y daban el tono a los suyos. Después de nacer, mientras hace la transición de la vida intrauterina a la extrauterina y su cuerpo experimenta los enormes cambios físicos que forman parte de esta transición, continúa teniendo una muy fuerte necesidad de su madre. En realidad, las vivificantes funciones de su madre siguen siendo tan importantes para su salud, que al recién nacido se le ha llamado «feto externo».

De modo similar, el cuerpo de la madre se puede comparar con una placenta externa, una especie de bolsa marsupial. Aun después que se ha cortado el cordón umbilical y se ha expulsado la placenta, el cuerpo de la madre continúa sirviendo a una función placentaria. Diseñado por la Naturaleza para que mantenga y nutra óptimamente a su bebé, su cuerpo ahora le da los nutrientes con su leche, su contacto y su presencia física. Y cuando tiene en brazos a su bebé o cuando le da el pecho, sigue contribuyendo a regular sus funciones y sus ritmos biológicos básicos (ritmo cardiaco, tensión arterial, ciclos de sueño y vigilia, como también la temperatura de la piel, la respiración, la química cerebral y el estado anímico) hasta que estos procesos los puede regular el propio bebé. No es de extrañar que el lugar mejor y más seguro para el bebé sea justo al lado de su madre, la persona con la que su cuerpo está más íntimamente conectado.

Aunque yo no sabía esto cuando nacieron mis hijas, hay muchos buenos motivos para que sea mejor no sacar al recién nacido al mundo exterior durante las primeras semanas de vida. Sigue adaptándose fisiológicamente para estar fuera del útero. ¿Para qué, entonces, estresar más aún su organismo introduciéndolo a demasiados estímulos externos?

LAS INVERSIONES TEMPRANAS EN LA SALUD DEL BEBÉ PROPORCIONAN DESPUÉS GRANDES RECOMPENSAS

Los mensajes, implícitos y explícitos, que recibe la hija de su madre acerca de su cuerpo y funciones corporales, sus emociones, su alimento, su atención médica y sus relaciones, forman una impronta indeleble en su mente y cuerpo. Esta impronta va a influir en su sistema inmunitario y en su salud general el resto de su vida. También dispone el escenario para la forma como cuida de sí misma en todos los aspectos.

Imagínate la salud y bienestar de tu bebé como una cuenta bancaria que con el tiempo va acumulando intereses compuestos. Cuanto antes invierte la madre en la salud de su bebé, más grande es la recompensa. Todos tenemos la capacidad de cambiar y mejorar la salud y las circunstancias a cualquier edad. Pero nadie puede retroceder en el tiempo para recuperar el tipo de flexibilidad, resistencia y sentimiento de seguridad física, emocional y mental en el mundo que el bebé absorbe a nivel celular de una madre sana en contacto con su sabiduría Madre Osa interior.

INVERSIÓN MATERNA
Y LA SALUD DEL HIJO/HIJA

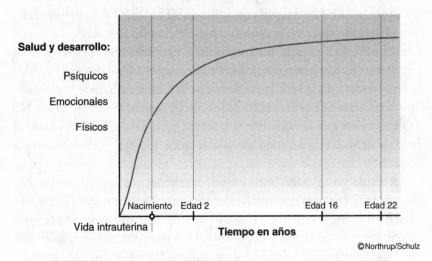

Los «depósitos» tempranos rinden mayores ganancias con el tiempo que los depósitos hechos más adelante en la vida.

RETO DE LA SABIDURÍA: *bebé o profesión*

Siempre que creas algo de importancia tienes que reconocer tu creación, evaluar cómo encaja en tu vida y darte tiempo para descansar y recuperarte. Si bien muchas mujeres con recién nacidos tienen que volver al trabajo después del permiso de seis semanas (o menos, a veces), dejar al bebé tan pronto se siente como si te partieran en dos el corazón. Toda mujer embarazada debería hacer todo lo que pueda para asegurarse el poder estar en casa con su bebé por lo menos los tres primeros meses de su vida. Ya habrá tiempo después para proseguir con los planes profesionales. Un bebé sólo es recién nacido durante un corto periodo de tiempo. Aprovecha ese tiempo para concentrar tu pasión y cariño en esa tu nueva creación.

Si no tienes que volver obligadamente al trabajo por motivos económicos pasadas las primeras seis semanas, tres meses o lo que sea, decidir el momento para volver exige un enorme conocimiento de sí misma a la vez que valor, porque es muy difícil encontrar el equilibrio entre las necesidades propias y las del bebé. Muchas mujeres se sienten atormentadas por la culpa al tomar la decisión, en especial aquellas a las que no les va bien quedarse en casa a jornada completa con niños pequeños. Yo soy una de esas mujeres, y es posible que tú también lo seas. Si es así, es mucho mejor para ti y para tu bebé que vuelvas al trabajo.

De todos modos, incluso mujeres a las que les gusta su trabajo y desean volver a él lo más pronto posible suelen sentirse más felices si logran conciliar su camino profesional de modo que les permita atender a las necesidades de sus hijos. Ése fue mi motivo para decidir dejar de asistir a partos cuando mis hijas tenían dos y cuatro años. Estar disponible a todas horas, noche y día, me quitaba demasiado tiempo para estar con mis hijas, así que cambié mi vida laboral y cofundé el centro de salud Women to Women en 1985.

Claro que también hay mujeres que vuelven al trabajo y se llevan la sorpresa de que echan muchísimo de menos estar en casa con su bebé. En consecuencia, es posible que decidan quedarse en casa aun cuando esto entrañe hacer sacrificios económicos. Muchas veces estos sacrificios son considerables, porque hablamos mucho de los valores familiares de nuestra cultura, pero hacemos muy poco para apoyar realmente a las familias con permisos de maternidad para la madre y el padre (o con guarderías de elevada calidad después). Estados Unidos es el único país occidental en que la norma es un permiso de sólo seis semanas. En Australia y Europa, las mujeres rutinariamente se toman un año libre para cada hijo, reciben cierta compensación por el trabajo y tienen sus empleos esperándolas cuando vuelven. ¡Eso es apoyo cultural para el cuarto trimestre y después! Pero para las mujeres que viven aquí puede ser muy difícil decidir si o cuándo volver al trabajo, tanto emocional como económicamente.

Sea cual sea tu situación, tu sabiduría Madre Osa te ayudará a sintonizar con lo que es lo correcto para ti y tu bebé. Y la primera regla de la sabiduría Madre Osa es que la madre necesita sentirse feliz y realizada para realizar óptimamente su cuidado materno.

El amamantamiento como prolongación de la placenta

Cuando nace el bebé, su sistema inmunitario está todavía muy poco desarrollado. Hasta ese momento su inmunidad venía principalmente de estar en el líquido amniótico de su madre, que está lleno de anticuerpos. Pero una vez que deja la protección del útero, es fácil que entren en su cuerpo agentes infecciosos. La madre satisface esa necesidad de protección de la enfermedad y la infección mediante su leche, la que se puede considerar una continuación de la nutrición que recibía de ella por su conexión con la placenta cuando estaba en el útero.

El calostro y, después, la leche madura, están cargados de inmunoglobulinas y anticuerpos cuyos objetivos son los organismos que con más probabilidad va a encontrar el bebé en su nuevo ambiente, organismos contra los cuales su madre ya es resistente. Se ha comprobado, por ejemplo, que la leche materna mata los protozoos intestinales parasitarios que pueden causar enfermedades intestinales en los niños.[2] (Véase más adelante la sección «Alimentación del bebé».)

El establecimiento de la inmunidad y la resistencia a la enfermedad

La madre tiene un papel en la inmunidad y resistencia a la enfermedad que incluye, pero no se limita a, la leche que proporciona. Desde el momento del nacimiento, el papel de la madre en la regulación de las funciones corporales del bebé y en contribuir a su sensación de estar a salvo y seguro en el mundo, tiene un efecto directo en su sistema inmunitario. El apoyo físico y emocional que ofrece contribuye al establecimiento de la red de comunicaciones en el primer centro emocional del bebé, el lugar de los sentimientos de seguridad y pertenencia [a la familia o a un grupo social], el lugar donde se conectan el sistema inmunitario, la sangre y los huesos. Si bien en los seres humanos varía muchísimo la resistencia innata ante todo tipo de estrés, entre ellos la infección, la relación madre-bebé es un factor esencial en el desarrollo de la resistencia del bebé. Y los estudios demuestran que la vulnerabilidad a la enfermedad a lo largo de toda la vida de una persona está influida por sus primeras experiencias.

El motivo de que la fase bebé sea un periodo tan importante en el desarrollo de la resistencia es que es el periodo en que el sistema nervioso, el sistema endocrino y el sistema inmunitario aprenden a comunicarse entre sí. La interacción de la madre con su bebé realmente modela la forma como ocurre esto, mediante los efectos biológicos del contacto físico y la virtud de la leche materna de fortalecer el sistema inmunitario.

El inmunólogo Edwin Blalock explica así el funcionamiento del sistema inmunitario:

El sistema inmunitario podría percibir estímulos que entonces reconoce el sistema nervioso central. Estos estímulos se llaman «neurocognitivos», y entre ellos están las bacterias, los tumores, virus y antígenos que pasarían inadvertidos si no los reconociera el sistema inmunitario.[3]

El sistema inmunitario actúa como un par de ojos extras. El reconocimiento de esos estímulos se convierte en información en el cuerpo por mediación de los péptidos, hormonas, linfocinas y monocinas. Y éstos a su vez son las señales que dicen a las células del sistema inmunitario lo que deben hacer. Esta información se transmite simultáneamente al cerebro y al sistema endocrino, para que estos tres sistemas (nervioso, endocrino e inmunitario) puedan trabajar juntos induciendo los cambios fisiológicos apropiados en el cuerpo.

Mediante su interacción con su bebé (caricias, amamantamiento, hablándole, cantándole, contacto visual, y su presencia física), la madre le prepara el cuerpo para reconocer lo que es seguro y lo que no es seguro en el mundo. No sólo prepara sus ojos para que vea el mundo y sus oídos para que oiga al mundo, sino que también enseña a todos los glóbulos blancos de su cuerpo a reaccionar ante el mundo. Si el vínculo afectivo madre-hija no se produce o se interrumpe, el cuerpo de la niña podría quedar literalmente ciego a esos estímulos y en consecuencia ser más vulnerable a la enfermedad.

MILLY: *inmunidad deteriorada*

Consciente de la relación entre la sensación de seguridad en el mundo y un sistema inmunitario sano, una vez le pregunté a una de mis clientas, que tenía muchísima disfunción inmunitaria, cómo fue su primera infancia. Su madre, hija de una primera generación de inmigrantes que venían de Europa, le había contado muy orgullosa la siguiente historia, la cual formaba parte de su legado materno:

> El día que llegaste del hospital no parabas de llorar. De hecho, lloraste dos días enteros. Yo me dije: «Ah, sí, ya sé de qué va esto. No vamos a comenzar así. Voy a enseñarle a esta niña desde el mismo comienzo que no puede fastidiarme así. Vamos a establecer ahora mismo un método en que esta niña sólo va a ser alimentada y cogida en brazos a ciertas horas, según mi conveniencia, no la de ella. No voy a malcriar a esta niña».

Lloraste constantemente dos días y entonces, por fin, paraste. Descubriste al fin que tu llanto no iba a dar resultado conmigo. Y después de eso te calmaste y te entretenías sola durante horas en tu pequeño parque, y no llorabas jamás. Eras un bebé perfecto y nunca tuvimos ningún problema contigo.

Lo notable es que Milly ha convertido este doloroso comienzo en una de sus fuerzas. Es una médica extraordinariamente brillante y culta que pone una increíble sensibilidad y humor en todo lo que hace. Su pre-

ES IMPOSIBLE MALCRIAR A UN BEBÉ

Lamentablemente, a muchos de nosotros y a muchos de nuestros padres se nos crió en una época en que el «demasiado» acunar y hacer arrumacos a un bebé, y cogerle en brazos cuando lloraba, se consideraba «permisivo», se creía que era «malcriarlo». Pero, en realidad es imposible «malcriar» a un bebé recién nacido, dadas las indiscutibles pruebas que tenemos de que la generosa cantidad de contacto físico estimula el desarrollo y crecimiento óptimos.

La norma casi generalizada en Estados Unidos de esperar que las empleadas vuelvan al trabajo cuando sus bebés sólo tienen seis semanas refuerza la idea de que los bebés no necesitan este tipo de contacto físico, lo que priva a las madres y bebés de la mutua presencia justo en el periodo en que más necesitan estar juntos. Dejar a un bebé solo en una habitación e insistir en que tiene la capacidad para arreglárselas con eso, después de haber pasado casi cuarenta semanas íntimamente conectado con el cuerpo de su madre, se opone de plano a lo que las madres saben por instinto: que los niños se desarrollan mejor cuanto más se los abraza, acaricia y se les hace arrumacos.

Se sabe de mal desarrollo del cerebro a causa de privación sensorial de cualquier tipo, ya sea de contacto, sonido o de ver las caras sonrientes de los seres queridos. Por otro lado, abrazar, mecer y cantarle al recién nacido le proporciona el tipo de estímulos sensoriales necesarios para la maduración óptima de las zonas del tronco encefálico importantes para la listeza y la sensibilidad a los cambios en el entorno.[4]

sencia ha ayudado a muchas personas a sanar sus vidas, tal como ha sanado la de ella. Sabe que si hubiera tenido una relación diferente con su madre, no se habría convertido en lo que es ahora. Pero ha pagado un elevado precio por sus dones, no sólo en su cuerpo sino también en su sentido de identidad, de sí misma. Ella lo expresa así: «Llevo conmigo la sensación de que soy defectuosa a causa de mi falta de un vínculo madre-hija sano. Pero también sé que esa misma carencia, aunque dolorosa, ha contribuido a mi genialidad».

Desesperación y sensación de soledad: legado posparto de nuestra cultura

Muchos tenemos codificado un cierto grado de desesperación en nuestras células debido a que la cultura en que vivimos no considera importante que la madre y el bebé estén en íntimo y constante contacto mutuo durante los primeros meses de vida del bebé. Recuerdo, por ejemplo, una vez que llevé a mi primera hija a visitar a unos parientes, y me dijeron: «Deja al bebé arriba en la cuna». Esa habitación de la primera planta estaba muy lejos del lugar donde estábamos sentados, y yo jamás habría hecho una cosa así, porque no habría podido oírla si lloraba. Me horrorizó la manera como esta pareja mayor, padres de cinco hijos adultos, esperaba que yo tratara a mi hija recién nacida.

La emoción que siente el bebé cuando le dejan solo en una habitación sin otro cuerpo cerca es desesperación. Es posible que ése sea el motivo de que entre los hijos adoptados haya un mayor índice de depresión.[5] Aunque actualmente las adopciones no entrañan un periodo de separación hasta que los nuevos padres se llevan al bebé adoptado a casa, en un nivel celular el bebé sabe que le han cambiado la madre, y es posible que más adelante tenga el sentimiento de «no pertenecer a esa familia», o de ser inexplicablemente «diferente». Por eso siempre es mejor ser sinceros respecto a la adopción. (Nota: creo firmemente que, en un plano del alma, siempre acabamos con los padres correctos, incluso aquellos de nosotros que han sido adoptados.)

La separación entre madre y bebé durante el cuarto trimestre es un arreglo seguro para producir sentimiento de pérdida y desesperación tanto en la madre como en el bebé. En pasmoso contraste con esto está la alegría que vemos en personas de diversas culturas que mantienen a sus hijos cerca de sus cuerpos cuando son bebés, guiadas por su sabiduría Madre Osa innata. En Bali, por ejemplo, no se permite que los bebés toquen el suelo durante varios meses después de nacer. Siempre los tiene alguien en brazos. El contacto físico constante con las personas que cuidan de él/ella, contribuye a que su hemisferio cerebral derecho se desarrolle óptimamente durante el tiempo en que se establece el circuito de las emociones.

Dormir juntos: modo de la Naturaleza de calmar al bebé

En su libro *The Happiest Baby on the Block*,* el doctor Harvey Karp, pediatra, observa que hay muchas culturas en el mundo que sencillamente no tienen bebés llorones ni nerviosos. Ésas son las culturas en que las madres y otros familiares llevan al bebé con ellos, sobre sus cuerpos, duermen con ellos y los fajan cuando son pequeñitos. En Estados Unidos, en cambio, el 50 por ciento de los bebés lloran, gritan o se agitan durante más de dos horas al día. Esto puede ser causa de depresión en la madre e incluso de malos tratos al bebé, cuando la madre está estresada y cuenta con poco apoyo o ayuda.

Los bebés aquí lloran porque no seguimos nuestro instinto Madre Osa, de llevarlos con nosotras y dormir con ellos. Es inhumano esperar que un pequeño mamífero duerma solo en una habitación después de haber pasado sus primeros nueve meses en el útero de su madre. Te recomiendo dormir con tu bebé hasta que tenga alrededor de seis meses. Ahora existen unas maravillosas cunas que se adosan a la cama para que el bebé tenga su espacio protegido junto a ti. Yo tenía una cuna junto a la cama cuando Annie era bebé. Así podía cogerla fácilmente y darle el pecho cuando ella lo necesitaba.

Sé que no todas las madres o padres se sentirán cómodos con el bebé durmiendo en la habitación. Si eso te ocurre a ti, no lo hagas. Tu bebé percibirá vuestro malestar y por lo tanto la cercanía no será un consuelo.

CÓMO INDUCIR UN REFLEJO CALMANTE NATURAL EN EL BEBÉ

Es muy dañino suponer que un bebé va a ser capaz de calmarse y acomodarse solo durante los primeros meses de vida. En lugar de eso, piensa «útero» y procura recrear las mismas sensaciones que tenía ahí. La ma-

---

* Hay versión en castellano: *El bebé más feliz del barrio*, RBA Libros, Barcelona, 2003. *(N. de la T.)*

yoría de los bebés comienzan a aprender a acomodarse solos para dormir alrededor de los seis meses. Algunos aprenden antes. Los dos libros del doctor Harvey Karp, *The Happiest Baby on the Block* [versión en castellano: *El bebé más feliz del* barrio, RBA, 2003] y *The Happiest Toddler on the Block* [El niñito más feliz del barrio], ofrece métodos muy prácticos y humanos para enseñar al bebé a dormir bien y a calmarse a cualquier edad entre el nacimiento y los cuatro años. Si yo siguiera asistiendo a partos regalaría estos dos libros a todas mis nuevas mamás.

Para ayudar al bebé a desarrollar buenos hábitos de sueño, primero hay que saber inducir su reflejo calmante. He aquí la forma:

Utiliza el «ruido blanco» o un chssss. Pon un cedé de «ruido blanco» (véase «Recursos», pág. 745), o una máquina que haga ese sonido en la habitación del bebé (o la tuya). El interior del útero es tan ruidoso como un aspirador. Una habitación silenciosa es inquietante para un bebé. Pero llevarlo a un paseo en automóvil, con el ruido del motor y el movimiento, suele hacerlo dormir. Hacer el sonido chssss, al mismo volumen en que está llorando, y muy junto a su cara, también induce el reflejo calmante, porque recrea el sonido del útero.

Mécelo o ponlo en una cuna mecedora. Las mecedoras motorizadas son un regalo para los padres. (Yo usaba una Swing-a-Matic con cuerda para Annie y le iba maravillosamente bien, ¡pero tenía que darle cuerda a cada rato!)

Envuélvelo bien apretado en una manta para bebé. Si hace calor, en una sábana pequeña. Esto recrea la misma sensación de seguridad que tenía dentro del útero y la calma inmediatamente.

Sosténlo de costado o boca abajo. Las posiciones de costado o boca abajo inducen el reflejo calmante porque ésa es la posición del bebé dentro del útero, donde nunca está de espalda. Bajarle un poco la cabeza, acariciarlo en el estómago y luego ponerlo en la cuna de costado activa en su cabeza los sensores de posición que producen el reflejo calmante. Ésta es, por supuesto, la clásica posición «fetal», tan agradable para los adultos. Karp dice que tratar de calmar a un bebé inquieto en posición de espaldas es como tranquilizarlo y pellizcarlo al mismo tiempo. Esa posición suele hacerlo sentirse inseguro. Esto se debe a que la posición de espaldas suele activar su «reflejo de Moro», o reflejo de sobresalto, que le hace llorar y agitar los brazos hacia los lados. Pero cuando lo acuestes para dormir por la noche, siempre debe estar de espaldas. Si lo fajas con la manta antes de ponerlo de espaldas, de la manera que sugiere el doctor Karp, esta posición también puede inducir el reflejo calmante. Desde la campaña «De espaldas para dormir» (Back to Sleep) iniciada en 1992, el índice de muerte súbita de bebés ha bajado en más del 50 por ciento.[6]

Ponle un chupete o póntelo al pecho. El reflejo calmante se puede inducir siempre que el bebé esté agitado. Para información más detallada sobre fajar o enseñar al bebé o a niños pequeños a coger buenos hábitos para dormir, lee los dos libros ya citados del doctor Karp, *The Happiest Baby on the Block* y *The Happiest Toddler on the Block*. Sus consejos son impagables, y dan resultado.

El contacto físico es buen remedio

Cuando el bebé está en el útero, su delicada piel es acariciada y friccionada regularmente por las suaves contracciones diarias del útero de su madre, y también por las vibraciones de los latidos de su corazón y su voz. La transición del bebé a una vida sana fuera del útero se facilita enormemente por la intensa estimulación táctil que recibe durante el proceso de la labor del parto, que estimula y prepara sus órganos internos para el nacimiento (véase «Labor del parto», capítulo 5). Y una vez que nace, el contacto físico, caricias y masajes favorecen más aún su desarrollo y crecimiento.

La piel es el órgano sensorial más grande del cuerpo y deriva del neuroectodermo, la misma capa embrionaria de la que se desarrolla el cerebro. Así que podríamos considerar nuestra piel como una especie de cerebro externo. El contacto físico y las caricias hay que considerarlos nutrientes. Sin el contacto físico adecuado, tanto los seres humanos como otros animales no se desarrollan bien, y pueden morir. Esto se ha demostrado repetidamente a lo largo de la historia, y en laboratorios con animales. El ejemplo más reciente de este fenómeno, muy publicitado, ocurrió en los años noventa, cuando a miles de huérfanos rumanos los tenían hasta dos años «almacenados» en sus cunas sin casi ninguna experiencia de contacto físico o caricia. En posteriores análisis a muchos de estos niños se les detectó graves carencias, en algunos casos irreversibles, con problemas que iban desde trastornos afectivos a retardo mental.

En el conjunto de la piel tenemos hasta cinco millones de receptores táctiles (unos tres mil por yema de dedo). Todos estos receptores envían mensajes al cerebro a través de la médula espinal. Se ha demostrado científicamente que un simple contacto baja la tensión arterial y el ritmo cardiaco. También se ha demostrado que el contacto físico estimula la producción de betaendorfinas en el cerebro, las sustancias bioquímicas relacionadas con la euforia. El contacto profundo, como el que se aplica en el masaje, mejora la función inmunitaria y reduce el nivel de las hormonas del estrés, como el cortisol y la adrenalina.

El contacto o caricia aumenta la producción de la hormona del crecimiento, que es una hormona rectora que influye en todas las funciones endocrinas del cuerpo. Esto explica por qué los bebés a los que se alimenta pero no se acaricia suelen sufrir de un síndrome llamado «hipocrecimiento», es decir, no se desarrollan ni crecen.

El contacto físico es otro de los factores que contribuye al desarrollo del sistema inmunitario en el bebé. Estudios psicobiológicos de primeras experiencias y sus efectos en la inmunidad indican que el contacto físico durante el periodo pre-destete aumenta la reacción de anticuerpos, y también que si la madre se separa del bebé durante este periodo, podría ser causa de inmunodepresión.

Los estudios de Tiffany M. Field, del Touch Research Institute de Miami, y otros, han demostrado que el contacto físico es un buen remedio y tiene efectos positivos en diversos trastornos, desde migrañas a diabetes. En uno de estos estudios, a un grupo de bebés prematuros se les dio tres masajes de quince minutos al día durante diez días; estos bebés estaban más alertas, activos y sensibles, aumentaron de peso en un promedio del 47 por ciento más rápido y se les pudo dar de alta del hospital seis días antes que a los bebés del grupo de control, que no recibieron este tratamiento; esto significó un ahorro de 10.000 dólares por bebé. Se piensa que el aumento de peso se debió en parte a la mejor asimilación de los alimentos, gracias a que el masaje estimula el nervio vago, que inerva el sistema gastrointestinal y participa en la liberación de glucagón e insulina.[7]

Hay muchísimas razones científicas para tener en brazos, acunar y acariciar al bebé todo cuanto sea posible. Se cree que la estimulación táctil tiene un efecto para toda la vida en la salud del sistema inmunitario.[8] El hecho de que la madre se separe prematuramente del bebé, antes del destete, puede llevar a una disminución de la reacción inmunitaria en la edad adulta. Estudios realizados con monos indican que si la madre se separa prematuramente del bebé, el sistema inmunitario de éste podría quedar suprimido durante varios años.[9] No abrazar y acariciar al bebé es como no alimentarlo, sólo que en lugar de no alimentarle el estómago no se alimenta su cerebro ni su sistema nervioso.[10] La falta de contacto físico y caricias es una forma de destete.

Mecer a un bebé, uno de los comportamientos más instintivos que experimentamos los humanos, también es beneficioso para el bebé. El mecerlo repite el dichoso estado de encontrarse dentro del útero, y es muy calmante. Estimula el sistema vestibular del cerebro, que tiene muchas conexiones con el sistema nervioso parasimpático (la parte del sistema nervioso que activa el descanso y la reparación del cuerpo).

Pese a los bien documentados beneficios del contacto físico a lo largo de nuestra vida, en Estados Unidos somos en gran parte una sociedad «no táctil». No nos tocamos lo suficiente. Y creo que esto podría ser uno de los factores en nuestra inclinación nacional hacia la violencia. Se ha documentado que en las culturas en que se manifiesta más afecto físico a los bebés y niños tiende a haber un índice más bajo de violencia adulta.[11]

El contacto físico es tan importante, y sin embargo tan escaso en nuestra cultura, que ojalá los médicos pudiéramos recetarlo, tanto por sus beneficios para la salud como por su capacidad para prevenir la violencia. Es interesante cómo éste es uno de los aspectos en que los prejuicios relativos al sexo han tenido por consecuencia una clara ventaja para las chicas. Ashley Montagu explica: «El contacto físico se considera un acto de intimidad y privilegio [...] como una muestra de poder ejercido no recíprocamente, a discreción de los superiores a uno, y recíprocamente entre iguales. [...] Dado que en la estructura del poder de las sociedades occidentales las mujeres se consideran inferiores a los hombres, y se las trata como si pertenecieran a una clase o casta inferior, desde sus primeros días las mujeres reciben muchísimo más caricias y contacto físico que los hombres». Esta observación de Montagu se basa en estudios que han demostrado, por ejemplo, que ambos padres tocan y acarician a sus hijas con más frecuencia que a sus hijos. Puesto que la experiencia repetida es uno de los factores esenciales en la formación de las conexiones en el cerebro de los niños, no es de extrañar que el cerebro de las niñitas sea más relacional; su cerebro externo (la piel) es repetidamente estimulado desde el nacimiento en adelante.

Los estudios sugieren que en realidad la enfermedad del «manoseo» y violación de los cuerpos de niños aumenta cuando consideramos patológico el contacto físico y hacemos temer a las personas actuar según sus impulsos naturales de coger en brazos y acariciar a los niños pequeños. La consecuencia es una sociedad hambrienta de contacto, en la que muchas veces cualquier contacto físico o caricia se convierte en sexual debido al «hambre de la piel» que no ha sido alimentada rutinariamente de la manera adecuada. La violación de límites y el abuso sexual a niñas (y niños) no va a parar proscribiendo el contacto físico o las caricias en nuestras casas, colegios, hospitales y guarderías, esos lugares donde el contacto físico es más necesario que nunca.

ALIMENTACIÓN DEL BEBÉ

Toda una generación de madres, muchas de las cuales deseaban amamantar a sus bebés, se convencieron de no hacerlo debido a la opinión médica predominante desde fines de los años cuarenta a fines de los sesenta. Durante este tiempo se opinaba que la leche de fórmula era científicamente superior a la leche materna. Y para alimentar al bebé se consideraba preferible un horario programado en lugar del instinto natural que dice a la madre cuándo necesita alimento su bebé. Durante varios decenios triunfó el intelecto del hemisferio cerebral izquierdo, no equilibrado por la sabiduría Madre Osa, pero ahora esto está cambiando, ya que la ciencia comienza a reconocer lo que las madres han sabido desde los principios del tiempo. Si bien el legado «científico» sigue vivo en muchas mujeres, ahora sabemos mucho más acerca de los beneficios tanto fisiológicos como emocionales del amamantamiento, y de dar el pecho cuando el bebé tenga hambre, no cuando un horario predeterminado dictamine que «es la hora».

El cómo se nos alimenta dispone el escenario para el cómo nos alimentaremos

Todo el proceso de aprender el apego sano comienza con cómo nos apegamos a nuestras madres mediante la alimentación oral. En un plano muy básico, es cierto que la manera de llegar al corazón es por el estómago. Cómo y con qué se nos alimenta los primeros meses crea el diagrama básico de conexiones neuronales que seguiremos cuando nos apeguemos a otras personas en el futuro. La manera como nos alimenta nuestra madre enseña a nuestro cerebro y nuestro cuerpo qué podemos esperar de la nutrición y de la relación íntima, disponiendo el escenario para lo bien que podremos satisfacer nuestras necesidades nutricionales y emocionales el resto de nuestra vida.

Cuando mis hijas eran bebés, estaba firmemente convencida de que debían tener el máximo acceso posible a mi cuerpo, y a mis pechos, cuando estaba en casa. Consideraba mi cuerpo una especie de almacén de nutrición materna, tanto física como emocional, que mis hijas necesitaban para ser sanas.

Amamantar es al mismo tiempo cuidado propio y cuidado del bebé

El amamantamiento fue diseñado por la Naturaleza para ayudar a la madre a cuidar óptimamente de sí misma y de su bebé. El amamantamiento representa el mismo principio del embarazo: no se puede dar lo que no se tiene. Para amamantar con éxito, la madre necesita buena nutrición, apoyo social y descanso adecuado. El amamantamiento ofrece los siguientes beneficios a las madres y a sus bebés:

Mejora la salud de la madre. A las mujeres que dan el pecho les resulta más fácil bajar los kilos que aumentaron durante el embarazo. El amamantamiento también protege del cáncer de mama, del cáncer de ovario y de la osteoporosis posmenopáusica. También es mucho más cómodo que andar trayendo biberones y leche de fórmula; es nutrición sin esfuerzo.

Favorece la sensación de seguridad y bienestar en el bebé. Poner el bebé al pecho sin restricciones ni programación le hace saber que todo está bien. Puede relajarse y simplemente mamar. Se hace la idea de que hay alimento suficiente y que siempre se le proveerá.

Protege de la enfermedad al bebé. Miles de estudios continúan demostrando las ventajas del amamantamiento para la salud, entre otras, un menor índice de infecciones al oído, alergias, diarrea y meningitis bacteriana. Por ejemplo, recientes hallazgos en un estudio sobre la alimentación del bebé realizado en Dundee (Escocia), indican que los bebés alimentados exclusivamente del pecho materno durante por lo menos las 15 primeras semanas tienen un 50 por ciento menos de probabilidades de contraer enfermedades respiratorias durante la infancia que los alimentados con biberón. Además, estos niños tienden a tener más baja la tensión arterial y son más delgados que los que comenzaron a comer alimentos sólidos antes de los cuatro meses.[12] Los resultados de este estudio también indican categóricamente que el amamantamiento protege del linfoma infantil, de la muerte súbita del neonato y de la diabetes.

Satisface la necesidad primordial del bebé de chupar de la manera más fisiológica y sana posible. Los bebés se chupan el pulgar en el útero. Chupar es una necesidad primordial. En realidad, las zonas del cerebro que controlan la lengua y la boca son enormes, tienen más neuronas dedicadas a estas partes y funciones del cuerpo que casi ninguna otra. Los bebés lo chupan todo, sus pulgares, tus dedos, las caras de las personas que les cuidan, etcétera.

Fomenta el óptimo desarrollo facial y mandibular. El desarrollo de los músculos faciales, paladar, dientes y encías está influido por cómo y qué chupa el bebé. Succionar la leche del pecho es trabajo arduo y, por lo tanto, es mejor ejercicio para la lengua, las mejillas y los músculos mandibulares que succionar de un biberón. A consecuencia del ejercicio de estos músculos se desarrollan bien el paladar y la mandíbula superior, lo que contribuye a una estructura facial en que hay más espacio para los senos y las fosas nasales, los cuales están conectados con la boca y la parte posterior de la garganta. Por lo tanto, amamantar al bebé es la mejor manera posible para que desarrollen sanos la boca, los dientes y las mandíbulas, así como las fosas nasales.

Favorece la respiración óptima. Los recién nacidos se consideran respiradores nasales obligados, es decir, la respiración nasal es la normal para ellos. Aun cuando pueden respirar por la boca, esto es claramente anormal y es una reacción de estrés. El amamantamiento simplemente refuerza esta tendencia normal, porque la leche sale con la lentitud suficiente para que el bebé pueda de modo simultáneo respirar por la nariz y tragar, proceso que contribuye más aún al desarrollo de sus fosas nasales. La alimentación con biberón tiene el efecto contrario; debido a que la leche sale mucho más rápido que la leche del pecho, el bebé está obligado a tragársela y posiblemente a inspirar aire por la boca entre trago y trago. Esto tiene un efecto profundo en el desarrollo de su sistema respiratorio, entre otras cosas las estructuras de los senos nasales, la nariz y la boca. La alimentación con biberón es un arreglo hecho para la respiración por la boca y el desarrollo subóptimo de los dientes, las mandíbulas y la nasofaringe. El efecto en la boca y las estructuras nasales pueden predisponer al bebé a alergias y problemas de senos nasales más adelante en su vida.

Favorece la inteligencia óptima. La investigación científica ha demostrado que los bebés amamantados tienden a ser más inteligentes. En un estudio reciente realizado en Nueva Zelanda, en que se hizo un seguimiento de niños desde los ocho a los dieciocho años, se comprobó que periodos más largos de amamantamiento iban relacionados con constantes y estadísticamente importantes aumentos en el cociente intelectual entre los ocho y nueve años; mejor comprensión de la lectura, capacidad matemática y académica entre los diez y trece años; mejor evaluación por parte del profesor en lectura y capacidad matemática entre los ocho y doce años, y más éxito en los exámenes finales. El motivo de esto podría estar relacionado en parte con los ácidos grasos que contiene la leche materna (pero no la de fórmula). Las neuronas están hechas casi exclusivamente de productos metabólicos de los ácidos grasos, de modo que su presencia en la leche materna podría favorecer el desarrollo óptimo del cerebro y una salud neurofisiológica duradera.[13]

Es neuroprotector. Nuevos estudios también revelan otros aspectos de la sabiduría femenina. Los bebés amamantados tienen naturalmente un nivel más elevado de bilirrubina, el pigmento de la sangre que pone amarilla la piel y tiene un buen número de posibles efectos en la salud también. Hablando en el 33 Congreso Anual de Invierno de Investigación del Cerebro en Breckenridge (Colorado), el doctor Sylvain Dore, de la Escuela de Medicina de la Universidad Johns Hopkins, informó: «Los bebés con mayor nivel de bilirrubina son más resistentes a la enfermedad. La bilirrubina también protege de la retinopatía en bebés prematuros». Los estudios realizados por el doctor Dore indican que la bilirrubina tiene también efectos neuroprotectores en la zona del hipocampo, y que concentraciones elevadas de bilirrubina disminuyen el deterioro de los tejidos causado por los radicales libres, lo cual sugiere que la bilirrubina podría actuar como antioxidante.[14]

Sea de pecho o de biberón, sirve amor junto con la leche

La calidad del alimento que se ofrece es importante: su temperatura, pureza y contenido nutritivo. Pero la forma como se ofrece podría ser igual de importante. La nutrición óptima contiene todos los nutrientes emocionales que pueden entrar en el proceso de alimentar. Esto significa que, aunque la leche del pecho es el alimento ideal para el bebé, también es posible ofrecer una buena y sana dosis de sustento vivificante mediante un biberón sostenido y administrado por un ser humano lleno de amor, que está presente y entregado a la tarea y al mismo tiempo arrulla, mece y mira al bebé.

CÓMO ALIMENTAS IMPORTA TANTO
COMO QUÉ DAS DE ALIMENTO

La forma de alimentar al bebé transmite tanta información a su cerebro en desarrollo como lo que le das de alimento. Un bebé alimentado, ya sea con biberón o con el pecho, de manera no restringida, según la intuición muy bien sintonizada de la madre, tiene una experiencia muy distinta a la del bebé amamantado con un horario estricto por una madre que está nerviosa y angustiada por este acto de alimentar.

Recuerdo a una de mis clientas, a la que llamaré Amanda, que daba la impresión de ser alérgica a todo, incluso a la vida. Cuando tuvo a su primer hijo, evitaba obsesivamente todo lo que «hay» que evitar durante la lactancia. Siempre se la veía cansada, deprimida y muy falta de alegría, lo cual iba de mal en peor, porque adondequiera se volviera, encontraba nuevas cosas que creía que podrían ser un problema. Se privaba de todo lo que le gustaba porque hacer eso era «lo correcto para el bebé» y porque hacer cualquier otra cosa, como por ejemplo tomar un helado de crema o una copa de vino, «no sería bueno para el bebé».

Siendo profesional, se hacía llevar el bebé al trabajo, por la niñera. Cuando llegaba el bebé, se sentaba y «aplicaba» mecánicamente al bebé a su pecho, como si ella fuera una máquina de alimentar. Le daba la dosis de leche como quien administra una dosis de medicamento, sin alegría ni animación, ni hablándole al pequeño, ni entregándose emocionalmente al amamantamiento. Dándole el pecho de esa manera, alimentaba de inseguridad a su hijo, directamente del pecho.

Éste es un claro contraste con otra de mis clientas, Ada, que siempre cogía a su hija y la ponía a su pecho hablándole a su manera normalmente animada. Estaba clarísimo que el bebé de Ada formaba parte de su vida. Aunque en general seguía una dieta sana, de tanto en tanto se daba el gusto de comer helado de fruta muy dulce, o pedía patatas fritas simplemente porque eso es bueno para el alma.

RETO DE LA SABIDURÍA: *¿pecho o biberón?*

Hay un buen motivo para que la Madre Naturaleza haya puesto la nutrición óptima y el placer erótico en el mismo vehículo corporal; el alimento y el placer están relacionados con el vínculo afectivo y ambos son necesarios para nuestro bienestar. Sentirnos a gusto con nuestros pechos y con «sus dos» funciones es un importante principio de cuidado propio.

Pero dado que se nos ha culturizado para sentirnos a gusto con una función de nuestros pechos (su atractivo para los hombres) a expensas de la otra función (la nutrición que da a nuestros hijos), muchas mujeres tienen una escisión interna que les disminuye la capacidad de acceder a su poder femenino.

La Academia de Pediatría de Estados Unidos (American Academy of Pediatrics) recomienda amamantar durante un año y continuar todo el tiempo que lo deseen la madre y el bebé. En la actualidad, alrededor de un 60 por ciento de nuevas madres amamantan a su bebé, pero sólo el 50 por ciento continúa pasados los seis primeros meses. El motivo de que este porcentaje no sea mayor se debe únicamente al precio con que nuestra cultura ha etiquetado la sexualidad de la mujer. Decidir si dar o no de mamar puede obligar a la mujer a contraponer los deseos de su pareja a las necesidades del bebé.

Las mujeres de culturas patriarcales como la nuestra han heredado la muy arraigada creencia de que su valía está determinada por lo atractivas que son para los hombres. Dado que en nuestra cultura los pechos son un símbolo tan obvio de sexualidad y atractivo femeninos, muchas ven los pechos de la mujer como una moneda de considerable valor para comprar la atención y la manutención masculinas. Dado lo extendida que está esta actitud, no es sorprendente que el principal motivo de que las mujeres no amamanten, aun cuando conocen las ventajas de esta práctica para sus bebés, es que temen que el amamantamiento disminuya su valor a los ojos de sus maridos o compañeros.[16] Y dada la ley de la atracción, las mujeres que tienen esta creencia son las que más probabilidades tienen de emparejarse con el tipo de hombre que piensa que los pechos femeninos son su territorio, no el territorio de un bebé.

Es muy triste que en nuestra cultura una mujer piense siquiera que necesita elegir entre su bebé y su compañero. Tal vez por eso, a pesar de las muy obvias razones médicas para animar siempre a dar el pecho, son relativamente pocos los programas de formación tocoginecológica y pediátrica en régimen de residencia que exigen que los médicos de estas especialidades reciban instrucción formal en el arte y la ciencia del amamantamiento. E incluso en el caso de recibirla, los médicos vacilan en insistir en los beneficios del amamantamiento, no sea que las madres se sientan culpables por elegir el biberón. No es de extrañar que la mayoría de las mujeres que amamantan hoy en día lo hagan solamente durante unas cuantas semanas o meses, y den el pecho a sus bebés no más de ocho veces en veinticuatro horas.

Implantes de mama

Los implantes de mama, que hacen casi imposible la lactancia y más difíciles las mamografías y otras exploraciones diagnósticas de los pechos, se han convertido en «la norma» en las imágenes de mujeres que aparecen en los medios, como, por ejemplo el catálogo Victoria's Secret, programas de televisión, vídeos roqueros, etcétera. En consecuencia, estamos perdiendo la percepción de cómo son en realidad los pechos normales. Encuentro irónico que el único periodo en que los pechos de la mujer normal se aproximan en tamaño y forma a los aumentados artificialmente, que hemos llegado a considerar estándar, sea cuando está amamantando. Nuestra sabiduría Madre Osa ha programado que tanto hombres como mujeres aprecien esa apariencia abundante, pero ahora, en lugar de tener verdadera nutrición, tenemos plástico. El número de mujeres que se hacen un implante de mama ha aumentado terriblemente durante la última década, a pesar de que no está del todo comprobado que el implante no entrañe riesgos para la salud. En 1992, 32.607 mujeres se hicieron implantes en Estados Unidos por motivos estéticos. En 2002 esa cifra ya había subido a 225.818.[17] La doctora Louise Brinton, del Instituto Nacional del Cáncer, descubrió que las mujeres que se han hecho implantes de mama tienen más probabilidades de morir de tumor cerebral, cáncer de pulmón y otras enfermedades respiratorias, así como suicidio, comparadas con las que se han hecho otro tipo de cirugía plástica. También descubrió un 21 por ciento de mayor riesgo de cáncer en mujeres con implante, comparadas con mujeres de la misma edad de la población general.

Creo que no es tanto el implante en sí el que causa los problemas de salud como los motivos de la mujer para hacérselo. Si piensa que necesita mejorar la apariencia de sus pechos para atraer la atención masculina, significa que no se siente a gusto consigo misma, lo cual la pone en riesgo de diversos problemas de salud. He tenido varias clientas que se han hecho implante de mama después de tener sus bebés y amamantarlos. Y han hecho bien. Pero muchas jovencitas se hacen el implante justo después de salir del colegio, la edad mejor para tener un «cebo» para cazar a un hombre. Esto tendrá por consecuencia muchos niños no amamantados que se perderán nutrientes esenciales para su desarrollo, y también es probable que tenga un efecto en la salud de las mujeres. Sin embargo, es tan fuerte el tabú cultural al respecto que es difícil llevar esta información a la conciencia.

El veloz aumento del índice de implantes de mama es un ejemplo perfecto de lo concienzudamente que se ha minado la sabiduría maternal en nuestra cultura. ¿Logras imaginarte a cualquier otra especie de mamífero en que la hembra pondría a sus bebés en mayor riesgo de salud y supervivencia por una «mejora» estética que cree le servirá para mantener su relación con su pareja?

VINCULACIÓN CON EL BEBÉ

Cómo nos vinculamos cuando somos bebés dispone el escenario para cómo nos vinculamos cuando somos adultos

Aunque el proceso de vinculación comienza en el útero, muchas madres no olvidan jamás los primeros días con sus recién nacidos, periodo en que tal vez se sienten avasalladas por más amor y ternura que la que han sentido nunca en toda su vida.

La calidad del vínculo madre-hija en el parto y en los primeros meses de vida forma la plantilla interior para todas las subsiguientes relaciones íntimas de la vida. Para la niña es la primera experiencia de ser amada y mimada. Esta experiencia influye en el desarrollo y crecimiento de las zonas del cerebro y del cuerpo que forman el sustrato físico para la adhesión emocional y la salud física en los años futuros.

Los estudios han demostrado claramente que la fuerza y la diversidad de nuestras relaciones en la edad adulta predicen un mejor funcionamiento del sistema inmunitario y, por lo tanto, más resistencia a la enfermedad.[18, 19] Es en el periodo posparto cuando se establece la base para formar ese tipo de relaciones más adelante en la vida.

La calidad del amor y apoyo que le da la madre establece en el cerebro y cuerpo de su hija la plantilla de «cómo deben ser las relaciones». Esto a su vez influye en a quién elige para vincularse en el futuro, incluido el tipo de pareja que atrae y el tipo de madre que va a ser.[20]

El circuito emocional es lo primero que se establece en el cerebro

Las vías neuronales que rigen las emociones y su influencia en los órganos corporales son de las primeras en establecerse. Por ejemplo, el calor y el contacto del cuerpo de la madre tienen un efecto en la neuroquímica del cerebro del bebé, entre otras cosas en sus niveles de dopamina y adrenalina, importantes en la regulación de sus experiencias de miedo, ansiedad, aprendizaje, atención y memoria. La madre también regula el sistema nervioso autónomo del bebé, que inerva todos los órganos del sistema inmunitario, entre ellos el timo, los nódulos linfáticos y el bazo.[21] Estos órganos inmunitarios están conectados sin solución de continuidad con los demás órganos del cuerpo, entre otros el corazón, los pulmones, el tubo gastrointestinal y los órganos pelvianos. El bienestar físico y el bienestar emocional están unidos sin solución de continuidad.

Durante el primer periodo de vida posnatal comienza a desarrollarse rápidamente una zona del cerebro llamada corteza orbitofrontal derecha (véase pág. 188), que es la zona relacionada con la capacidad para vincularse afectivamente y para la comunicación y la intuición emocionales.[22] Su desarrollo y crecimiento óptimos están muy influidos por la calidad de la atención y cuidados que recibe el bebé en sus primeros años.

Hay ciertos hechos que sugieren que en la madre también se intensifica la función de esta zona del cerebro después del parto, tal como se intensifica antes de la menstruación. Y son muchas las descripciones de mujeres que corroboran su especial sensibilidad en este periodo, cuando afloran sus sentimientos más íntimos y muchas veces intuyen instantáneamente las necesidades de sus bebés. Es lógico que tanto la madre como el bebé experimenten una intensa actividad en la zona del cerebro relacionada con la comunicación emocional en el periodo en que ambos están estableciendo la base biológica de su conexión mutua de toda la vida.

La capacidad de la madre para saber intuitivamente lo que le ocurre emocional y físicamente a su bebé es esencial para el bebé y para la calidad de su desarrollo social. Cuando la madre demuestra a su hija que siente y comprende sus necesidades, tanto en el plano emocional como en el físico, la hija puede interiorizar esas funciones. Más adelante en la vida, la hija que ha tenido esa experiencia con su madre (o con otra cuidadora) sabe a su vez la manera de vincularse y conectar con otras personas.[23]

El nacimiento de la regulación emocional y de la capacidad de reaccionar y de recobrarse

Es esencial para la adaptabilidad e inventiva de la hija, para toda su vida, que experimente la adecuada vinculación afectiva muy pronto. Si su cerebro no recibe los estímulos apropiados de una cuidadora consecuente, más adelante podría no ser capaz de fiarse de sus sentimientos viscerales ni de su conocimiento interior. Aunque no puedes hacer nada respecto a las cualidades del alma o el temperamento que tendrá tu hija, sí puedes potenciar al máximo su capacidad emocional de reaccionar y de recobrarse esforzándote en potenciar la tuya. Esto lo haces aprendiendo a confiar en el proceso de la concepción, desarrollando paciencia durante el largo curso del embarazo, rindiéndote a los ritmos de la labor del parto y dándote amplias oportunidades de descansar, rejuvenecerte y disfrutar realmente de tu creación durante el periodo posparto.

Si te saltas cualquiera de estos pasos o no desarrollas estos recursos en tu interior, podría estar en peligro tu vinculación y adhesión con tu hija. En consecuencia, podrían no desarrollarse bien ciertas partes de la zona orbitofrontal derecha de su cerebro y después tener problemas en su vida con justamente esas habilidades: confianza, paciencia, capacidad de reaccionar y de recobrarse, descanso y rejuvenecimiento, etcétera. También podría tener dificultad para identificar lo que siente o para intuir las reacciones emocionales de los demás. Posibles manifestaciones físicas de esta incapacidad para acceder a sus sentimientos es estar desconectada de su necesidad de comida o descanso, o no reconocer cuando siente dolor.

El vínculo madre-hija permite establecer la regulación emocional

Un bebé nace impotente y vulnerable. Tiene muchas necesidades y pocos medios para satisfacerlas. La forma como se satisfacen esas necesidades es esencial para su percepción del bienestar y para su capacidad de mantener un ánimo estable. Una madre amorosa y atenta da a su hija:

- La sensación de que todo está bien.
- La capacidad para regular su estado anímico y tranquilizarse.
- Las experiencias para formarse una representación interior de sí misma sana, la sensación de estar donde le corresponde estar, de que importa, y de que tiene un yo distinto del de su madre y del de otras personas.

La inventiva y capacidad de la madre para adaptarse ayuda al bebé a instalar en ella o él la capacidad para mantener la estabilidad anímica a lo largo de toda su vida. Pocas cosas son más importantes para llevar una vida sana y próspera que la capacidad de regular las emociones y mantener el equilibrio ante los inevitables altibajos de la vida. La regulación emocional es la capacidad de experimentar un sentimiento, saber que ese sentimiento señala una necesidad, y luego ser capaz de satisfacer esa necesidad.

Cuando la madre mira amorosamente a su pequeña, la estrecha contra su corazón y se vincula física y emocionalmente con ella, le da el estímulo que necesita para el desarrollo y organización óptimos en las zonas del cerebro que la capacitarán para saber expresar sus emociones, tanto en público como en relaciones íntimas. Estas zonas del cerebro son importantes para adquirir las habilidades necesarias para calmar y regular las emociones, como rabia, tristeza, soledad, miedo, alegría o amor.

La importancia de un buen vínculo parental

Está claramente demostrado que la buena relación entre madre y padre aumenta la capacidad de la madre para el cuidado y vinculación con su bebé. De hecho, los problemas o aflicciones conyugales son de los factores más comunes relacionados con un mal resultado del embarazo, mayor índice de parto prematuro, dificultades en la labor del parto y el parto, y problemas de salud en los tres primeros meses de vida del bebé.

Aunque se han realizado menos estudios con parejas gay, estoy segura de que existe la misma correlación: la calidad de la relación parental afecta a la sensación de seguridad del bebé en el mundo, así como a la capacidad de la madre para estar presente para su bebé. Si la madre se vincula excesivamente con su bebé hasta el punto de excluir a su marido, esto puede ser causa de un sistema familiar muy insano que no beneficia ni a ella, ni a su marido ni a su bebé. Con frecuencia he visto esto en mujeres que no permiten que el marido coja en brazos al bebé. La mujer le da a entender al marido, de formas sutiles y no tan sutiles, que no sabe llevar, alimentar, vestir ni cambiar bien al bebé. Esto lo excluye y lo aleja justo en el periodo en que su presencia es más necesaria. Muchas mujeres hacen esto porque, al no tener otras oportunidades, consideran el cuidado del bebé su punto de poder y dominio.

El temperamento: lo que aporta la hija a la situación

La vinculación es un proceso recíproco. La madre podría hacer todo lo que puede y su relación con su marido y familia ser excelente, pero si el cerebro o el alma del bebé es poco receptivo para la formación de un vínculo biológico o emocional, por el motivo que sea, o si el bebé es demasiado necesitado, puede haber desperfectos en la vinculación. La secreción de oxitocina debe producirse en los dos lados del vínculo madre-hija. Es interesante observar que los niños autistas no tienen casi ninguna capacidad para formar lazos sociales con las personas. Tienden a vincularse con cosas como cifras, coches en modelos de plástico, etcétera. Se ha descubierto que estos niños tienen un nivel anormalmente bajo de oxitocina en la sangre.[24]

Cuando asistía a mujeres en partos me di cuenta de lo fascinantes, individuales y totalmente humanos que son los bebés desde el momento de nacer. Los bebés no nacen iguales; todos nacen diferentes. Y vienen equipados con la capacidad de influir en las personas que cuidan de ellos y en la calidad de los cuidados en virtud de su temperamento innato. Dicho sencillamente: algunas personas son más agradables que otras. Recuerdo incontables ocasiones en que en la sala del parto he tenido una verdadera percepción de la personalidad del bebé en cuyo nacimiento acababa de participar. Algunos eran dóciles y tranquilos; otros parecían haber nacido maniáticos y necesitados de mucha atención extra. Y esto no tenía nada que ver con algo que hicieran o no hicieran sus madres. El doctor Stephen Porges y otros han demostrado, por ejemplo, que incluso en los bebés prematuros se aprecia una amplia variedad en lo que a personalidad se refiere. Algunos son fáciles de alimentar y aumentan rápidamente de peso, mientras que otros son inquietos y no aceptan bien el alimento. Algunos son nerviosos e irritables mientras que otros son tranquilos y serenos. Estas diferencias de temperamento se manifiestan en los dos aspectos del sistema nervioso autónomo. Algunos bebés tienden más a la actividad propia del instinto de supervivencia, mientras que otros tienden más a la actividad del parasimpático, de «descanso y recuperación».[25]

Mis experiencias en salas de parto, lo que he leído, y lo que presencié yo cuando di a luz a dos hijas que fueron distintas desde el comienzo, me han convencido de que si bien el cuerpo de la hija (o hijo) es formado e influido por la madre, hay otro aspecto que siempre es distinto e independiente de la madre. Este aspecto es su alma. Y son las cualidades de su alma, más que ningún otro factor, las que determinan su temperamento. Mi segunda hija era tan acomodadiza y poco exigente desde el momento de nacer que parecía decirme: «Está bien, mamá, simplemente haz lo que necesitas hacer. Yo puedo calmarme sola».

El alma de una persona vive más allá del espacio y el tiempo y no se puede explicar totalmente por genes, medio ambiente, naturaleza o cuidado y nutrición. Pertenece al dominio de lo misterioso.

Una vez que tienes un bebé, tienes que reconocer tu parte en su creación, pero también comprender que eso es sólo el comienzo de toda una vida de explorar quién es esa nueva persona. Una madre es el vehículo en que un alma individual hace el trayecto hacia la vida física. También le da un lugar para desarrollarse y crecer, pero no posee a esa nueva persona, ni la hija es un simple reflejo de ella.

Un bebé nace con el alma totalmente formada. Lo que le ocurre después de nacer va a influir en la forma como se expresen las cualidades innatas de su alma, como también en la forma de expresarse de sus genes, pero no puede cambiar esas cualidades. Es lo que es. Y su temperamento influirá profundamente en su capacidad para atraerse el tipo de atención y cuidados que todos necesitamos. Hay bebés capaces de hechizar a todos los presentes en la sala de parto. Y hay bebés con los que es mucho menos agradable estar, a los que cuesta coger, porque inspiran la sensación de que no es mucho lo que se obtiene de la interacción. En consecuencia, este tipo de bebé va a tener una experiencia muy diferente a la de aquel que está equipado desde el nacimiento para una placentera interacción social.

Claro que hay madres que son capaces de vincularse afectivamente con cualquier bebé; otras sólo se vinculan bien con los bebés que están psíquicamente «hechos» para ellas. Ambas partes aportan su temperamento al baile del amor.[26] Y por eso, cuando le hacías a tu madre la inevitable pregunta: «¿Me quieres igual que a mi hermano y mi hermana?» y ella contestaba «Os quiero igual a todos», no decía toda la verdad. Como todas las madres, encontraría más fácil amar a los hijos cuyo temperamento congeniaba con el de ella. Algunos temperamentos simplemente «encajan» mejor mutuamente. Esto continúa durante toda la vida, con todas las personas que conocemos. «Encajamos» con algunas y no con otras. En mi familia, mi hermana Penny, deportista y competidora innata, encajaba mejor que yo con el temperamento de mi madre. Cuando éramos pequeñas, yo era más sosegada y más dócil, mientras que a Penny le gustaban los riesgos: a los tres años encendía fuego en las papeleras y un día salió desnuda a la calle.

El pecado original de nacer mujer puede desbaratar la vinculación

Nacer mujer podría bastar para desbaratar el proceso de vinculación. En un estudio realizado en 1975 sobre la satisfacción materna durante el periodo posparto, el investigador Dana Breen descubrió que el 70 por ciento de las madres que habían dado a luz hijos varones se consideraban satisfechas y contentas, mientras que sólo un 13 por ciento de las que habían dado a luz hijas se sentían igual de satisfechas.[27]

Aunque creo firmemente que esto está cambiando, sigue siendo una parte muy potente del legado materno de muchas mujeres que conozco. Una de mis clientas, que tuvo a sus hijos a fines de la década de los sesenta, me contó que cuando nació su primera hija, le llovieron regalos para las dos y tarjetas. Cuando nació su segunda hija, disminuyeron los regalos, y cuando nació su tercera hija sólo recibió una tarjeta. Pero después tuvo un hijo. Entonces, «aunque a mí no me importaba que fuera niño o niña, cualquiera habría pensado que acababa de dar a luz al mismo Niño Jesús, por todos los regalos y tarjetas que recibí. Para ser franca, eso me dio mucha rabia».

Es bastante común conocer a mujeres cuyos padres lamentaban que no fueran varones, o lamentaban no haber dado a luz al «sexo adecuado», pero casi es inaudito (a excepción de los grupos transexuales) que un hombre lamente no ser mujer o hija. Si hay algún hombre que piense esto, ciertamente no lo reconoce en voz alta ni en público.

Nunca olvidaré la vez en que a una médica, esposa de uno de mis profesores de tocoginecología, le hicieron su cuarta cesárea, en que también dio a luz a una niña, como en las tres anteriores. Ella tenía muy claro que no quería más hijos, ni operaciones. En el último momento entró el marido corriendo en el quirófano y le dijo al cirujano que la estaba operando: «Sus trompas son mías. No las toque» (en ese tiempo la mujer no podía hacerse ligadura de trompas sin el permiso escrito de su marido). Dicho eso, salió pisando fuerte. No quería que le ligaran las trompas porque seguía con la esperanza de tener un hijo. Siempre he pensado cómo afectaría eso a la salud y felicidad de su matrimonio, por no decir a los sentimientos de los dos por sus hijas.

Aunque no es políticamente correcto decir esto, no cabe duda de que los hombres temen que ellos o sus mujeres son inferiores si no pueden tener un hijo varón. Eso significa que a una hija, sobre todo si es segunda o tercera hija, la podrían poner en el papel del esperado hijo o heredero de la familia que va a continuar el apellido. A lo largo de los años he hablado con incontables clientas que me han dicho que sabían que eran una decepción para sus padres porque no fueron chicos. Sus madres pensaban igual. Sé de muchos casos en que los padres esperaban un varón, y al nacer una niña le pusieron el nombre del padre, aunque en la forma femenina; por ejemplo, si el padre se llamaba John, le pusieron Johnna; si el padre se llamaba Paul, le pusieron Pauline. No pasa nada con arreglar un nombre masculino para ponérselo a una niña, pero ciertamente no vemos muchos niños que lleven el nombre de su madre. Eso es tabú. En la misma vena, el peor insulto que se le puede hacer a un niño es llamarlo niñita. A eso se debe en parte que, en nuestra sociedad, a los hombres gay, que tienden a estar más conectados con su naturaleza femenina, se los condena al ostracismo. ¡Dado que el sexo masculino sigue prefiriéndose al femenino, y se prefiere la masculinidad a la feminidad, es un tributo a la fuerza y resistencia de la Madre Osa interior que las mujeres y chicas (y hombres gay) lo hagamos tan bien como lo hacemos en nuestros ciclos vitales! Tómate un momento para agradecerte y valorarte por eso.

ESE ASUNTO DEL SEXO

Cuando di a luz a mi segunda hija, oí en mi conciencia las palabras «Lo siento, cariño» dirigidas a mi marido. No las dije en voz alta; ya las había oído demasiadas veces a mis clientas cuando parían hijas. Me horrorizó que ese pensamiento me hubiera pasado por la cabeza. Todo el tiempo yo había estado segura de que iba a tener un niño. Lo llamaba William cuando hablaba con él (¡ella!) durante todo el embarazo, porque se movía muchísimo más que su hermana. Qué pensamiento más sexista. Deseé lavármelo con jabón de mi subconsciente. Le he pedido perdón repetidamente por esto.

Claro que esta preferencia por un sexo podría solucionarse de modos que no sean necesariamente dañinos para la hija, al menos si el progenitor y la hija tienen un buen entendimiento temperamental. Mi madre, a la que siempre han gustado las actividades tradicionalmente consideradas masculinas, como la caza, la pesca, los deportes, me dijo:

> Estoy segura de que mi padre deseaba tener un hijo, porque cuando mi madre me llamó Edna, él inmediatamente me llamó «Eddie», y claro, me quedé con ese nombre, y muchas personas me han llamado así toda la vida. Y a mí no me molesta en absoluto, pero mirando en retrospectiva comprendo que probablemente eso fue lo que ocurrió [que él deseaba un hijo]. Y también me enseñaba cosas que por lo general los padres no enseñan a las chicas, pero tal vez ésa era la inclinación que yo tenía, en todo caso. Me gustaba hacer cosas diferentes a las que les gustan a muchas chicas.

Otros factores que pueden hacer más difícil la vinculación posparto

Los cambios fisiológicos y los hábitos malos para la salud durante el embarazo pueden influir en el temperamento del bebé, haciéndole más difícil de cuidar una vez que nace y ser una causa de estrés para la madre. El estrés de la madre podría entonces llevar a depresión posparto, la que comunica a la hija mediante los cambios fisiológicos y hormonales que acompañan a la depresión, comprometiendo más aún la calidad de la interacción madre-bebé. O la mujer podría estar dolida a causa de problemas conyugales, o preocupada por necesidades económicas o sociales que no se satisfacen, y la depresión resultante afecta a su bebé y a su relación con el bebé. Ésta es otra ocasión en que el buen cuidado propio por parte de la madre se traduce en buen cuidado de aquellos que la rodean.

EL CUIDADO PROPIO

Recuperación o reaprovisionamiento posparto

Cuando nace tu bebé, tu proceso creativo ha hecho el círculo completo. Tu cuerpo y el de tu bebé acaban de realizar el profundo trabajo de gestación, labor y parto. Ahora necesitas tiempo para descansar, repararte, y hacer la lista y evaluación de los cambios en tu vida en todas sus facetas. Si te tomas este tiempo, el periodo posparto te enseñará a hacer todo esto, y te dará las experiencias más profundas posibles de vinculación afectiva con lo que acabas de crear.

Sin embargo, en nuestra cultura y en nuestra psique personal se tiende a acelerar el periodo posparto, tal como sucede con el embarazo y la labor del parto. Deseamos levantarnos y pasar a la actividad siguiente. Una se siente comodona si descansa.

Pese a todas las presiones en contra, el periodo posparto no es el apropiado para volver al trabajo, y mucho menos para mudarse de casa o planear un cambio laboral o profesional. ¡Basta con un cambio profundo en la vida! Sin saber esto y estando en mi fase más «machota», hice estas tres cosas durante el mes siguiente al nacimiento de mi primera hija. Dejé el hospital el mismo día que di a luz. Al día siguiente comencé a hacer maletas y a embalar las cosas de la casa, en la que llevábamos cuatro años viviendo, para trasladarnos a Maine en dos semanas, donde mi marido iba a comenzar su trabajo en un consultorio privado. Ni se me ocurrió descansar. Comparada con estar de guardia en el hospital donde trabajaba, me parecía que estaba ociosa.

La noche del día que nació mi segunda hija, dos años después, preparé la cena para mi madre. «Me siento bien. No estoy enferma. ¿Por qué no?», me dije. Fue una estupidez. Yo no sabía nada mejor. La verdad es que no me permití revolcarme en el milagro del nacimiento de cada hija. Aunque las adoré a las dos desde el instante mismo en que nacieron, aparte de amamantarlas y mantenerlas físicamente pegadas a mi cuerpo, no pasaba con ellas todo el tiempo que habría debido, o que me habría gustado estar. Llevaba tanto tiempo con un horario de trabajo muy riguroso que no entendía lo mucho que necesitaba descansar y reaprovisionarme. Ahora pienso que ojalá hubiera pasado más tiempo con ellas durante el periodo posparto, simplemente «asimilándolas». Mirando en retrospectiva, muevo la cabeza incrédula ante esa dinámica que me arrastraba, y espero que mis hijas lo hagan mejor.

Es normal que la madre no esté en absoluto preparada para todo el amor que va a sentir por su recién nacido. Pero a veces las emociones después del parto son tan intensas, tan en carne viva, que se siente muy vulnerable y desprotegida, y tiene dificultad para vincularse afectivamente con su bebé. Esto puede hacerla sentirse culpable y muy sola.

Ya sea que te enamores al instante de tu bebé o que tengas dificultades para la vinculación al principio, tener un bebé y atenderle y cuidarle cambia tus prioridades desde ese momento en adelante. Necesitas descansar y nutrirte bien tú también, para poder aprender a hacer los cambios de marcha en tu nueva vida. La madre puede adquirir muchísima autoestima y confianza en sí misma por su capacidad para alimentar y cuidar óptimamente a su bebé. También es necesario que arregle las cosas por adelantado para contar con toda la ayuda y apoyo de otras personas que cree que necesitará, y luego estar preparada para conseguir más si resulta que necesita más.

Necesito a mi madre

Cuando das a luz, una parte de ti ansía conectar con tu madre. Se reactivan los circuitos de vinculación que establecieron la base de tu relación con tu madre porque se ha recreado el mismo medio hormonal; tal como cuando naciste, todas las células de tu cuerpo claman por tu madre: es algo primordial. Esto ocurre incluso en el caso de que tu relación con tu madre sea mala, ella ya no viva o ni siquiera sepas quién es. Esta necesidad biológica de la propia madre es tan fuerte que a veces sana la relación entre una madre y su hija distanciada. La siguiente historia es una buena ilustración de esto.

ANGIE: *reconexión con su madre*

Nací en Manchester, Inglaterra, hija de una madre soltera que era evidente que no me deseaba. No sabía quién era mi padre y ella nunca hablaba de eso. Me sentía como si mi presencia en su vida le hubiera estropeado sus esperanzas y sueños. Finalmente me marché de casa y empecé a recorrer mundo trabajando en diversos empleos, siempre en busca de una vida mejor. Aunque tenía primos y otros familiares, nunca me sentí realmente en mi casa con mi madre. Al final me vine a Estados Unidos, donde trabajé de niñera y conocí a mi marido. Cuando tuvimos nuestro primer hijo, vino mi madre a pasar un tiempo con nosotros. Al parecer, estar con su primer nieto le aflojó algo en su interior. Comenzó a contarme todo tipo de cosas que yo no sabía: cómo yo quedé al cuidado de mi abuela para que ella pudiera volver al colegio, etcétera. Pero mi abuela murió y mi madre quedó clavada conmigo. No tenía ni la más remota idea acerca de cuidar bebés. Y a los dieciocho años se sentía demasiado joven para estar cargada con un bebé. Yo capté su resentimiento y lo interioricé. Pero al ver a su primer nieto, de pronto afloró a su conciencia todo el pasado y logramos perdonarnos mutuamente todos esos años de secretos y malos entendidos. Dice que mi bebé es lo mejor que le ha ocurrido en su vida. Está muy feliz de haberme tenido. Y es la mejor abuela del mundo.

A veces no se puede sanar el vínculo madre-hija, ni siquiera después que la hija ha dado a luz. O podría haber motivos para que la madre no pueda estar presente para su hija después del nacimiento de su nieto. Estos dos conjuntos de circunstancias, al negarle a la mujer la satisfacción del deseo que siente de tener a su madre con ella en ese periodo, puede inclinar la balanza hacia la depresión posparto. (Véase «Programa para prevenir o curar la depresión posparto», en pág. 182.)

Una de mis clientas tiene una madre alcohólica. Esta madre alcohólica tuvo niñeras a jornada completa para sus hijos, no los amamantó y jamás se levantó por la noche para atender a ninguno de ellos. Cuando mi clienta tuvo su primer hijo y deseó tener a su madre a su lado para que la ayudara, se sintió destrozada al ver llegar a su madre borracha a su casa, esperando que cuidaran de ella. Entonces descubrió que su madre necesitaba más cuidados y ayuda de los que ella podía darle. Esto fue razón suficiente para la grave depresión posparto que siguió. Cuando tuvo a sus otros hijos, ya sabía que no podía volver a tener la visita de su madre. Y no sufrió una recurrencia de la depresión.

El periodo posparto de adaptación

Si mantener el orden, el control y la independencia es algo que siempre te ha hecho sentir segura y ha contribuido a tu sensación de dominio, tener un recién nacido puede amilanarte tremendamente al principio. Cuando mi primera hija tenía tres días, salí de la casa para ir a comprar alimentos. En el instante en que llegué al porche, la realidad de mi nueva vida me golpeó como un rayo: «Tengo un bebé, tengo que llevarla conmigo. Ay, Dios, ¡qué he hecho!». Finalmente, como las madres novatas de todas partes, aprendí a aflojar mi criterio de orden y control y me volví mucho más flexible.

El periodo posparto, como la labor del parto, te obliga a frenar y a rendirte a un proceso que es mucho más grande que tú. Éste es el periodo para de verdad asimilar y valorar lo que acabas de realizar, permitir que se relaje tu cuerpo y vuelvan a la normalidad los niveles de las hormonas del estrés. Cuando descubres que el bebé es tu primera prioridad, finalmente todo lo demás ocupa el lugar que le corresponde a su alrededor. Pero también podrías tener que superar miedos de todo tipo, entre ellos la duda de si serás capaz de cuidar bien del bebé.

Cuando las mujeres modernas negamos la necesidad de pasar este periodo posparto con nuestros bebés, sufrimos tanto como los bebés. El tira y afloja entre nuestras necesidades más profundas y las del mundo exterior puede ser muy fuerte después del parto porque creemos que no tenemos el derecho a tomarnos ese tiempo especial. Es un periodo tan agradable, tan frágil, tan mágico. Yo pensaba eso, cómo no. ¿Qué derecho tenía yo a quedarme en la cama y amamantar a mi bebé? En ese tiempo yo seguía siendo una médica muy poseída por el espíritu del hemisferio cerebral izquierdo, aun cuando era muy partidaria de la maternidad natural y decididamente tenía más oportunidades de estar con mis hijas inmediatamente después del parto que las que tuvo mi madre. Cuando volví al trabajo después de nacer mi primera hija, ella tenía tres meses. Reanudar el trabajo me pareció sensato y, además, la llevaba conmigo al trabajo, hasta que cumplió seis meses. Pero muchas de mis clientas tenían que volver al trabajo y dejar a sus bebés después de sólo seis cortas semanas. ¡Demasiado pronto!

Creación de una placenta externa para la madre

Habiendo probado el método «machote», el de la supermujer, en el periodo posparto, te recomiendo hacer lo contrario: tómate mucho tiempo para ti, y consigue toda la ayuda que puedas. Todas las madres necesitan una placenta externa de amistades, familiares y tal vez profesionales pagadas, como *doulas* o niñeras de bebé, para que la ayuden en esos primeros meses después de dar a luz. Y te conviene tener organizado mucho de esto con bastante anticipación.

Al margen de lo bien que tu madre haya cuidado de sí misma y de ti, debes saber que la energía Madre Osa que creó tu cuerpo sigue presente en ti. Puedes utilizarla ya, comenzando un régimen de cuidado personal que te haga más fuerte, para tu bebé y para ti.

Una cosa más. No olvides que el alma de tu hija te eligió de vehículo para llegar aquí. Ella sabía en qué se metía. Así que haz todo lo mejor que puedas y el resto confíaselo a tu Poder Superior (y al de tu hija).

PROGRAMA MATERNAL POSPARTO

Descansa todo lo posible. Aunque no estés cansada, descansa todo lo posible y disfruta de tu bebé. No hagas los quehaceres domésticos durante al menos una semana (dos semanas es mejor aún).

Ten contigo a tu bebé. Mantén a tu bebé junto a ti el mayor tiempo posible durante los tres primeros meses, para que reciba la estimulación táctil y el contacto visual que contribuye a formar las conexiones entre la zona frontal del cerebro y el sistema nervioso autónomo. Tenla en brazos, acaríciala, hazle arrumacos, háblale, duerme con ella a tu lado. No lo olvides: el contacto físico es un «nutriente» que necesita el bebé, en especial durante esos primeros días.

Si no puedes pasar mucho tiempo con tu bebé, por el motivo que sea, busca a una persona que pueda entregarse totalmente a estar presente para él o ella. En la familia tradicional (que incluía a parientes y muchos hijos), este papel recaía automáticamente en los hijos mayores, los abuelos, las tías, los tíos, etcétera. En la familia actual (llamada «nuclear»), restringida a los padres y pocos hijos, este papel podría tener que llenarlo una cuidadora contratada.

Los bebés también reciben «nutrición táctil» si se los coloca echados en una piel de borrego, que les da comodidad y estimulación táctil. En estudios se ha comprobado que los bebés, también los prematuros, aumentan más de peso, pierden menos calor corporal, consumen menos oxígeno y, en general, están más apacibles cuando se los coloca sobre una piel de borrego, en lugar de las sábanas normales. La piel de borrego protege su delicada piel de las abrasiones que pueden producir las sábanas normales. También les pone menor presión en la cabeza. Los bebés colocados en piel de borrego después de alimentarse, están más contentos y satisfechos, y muchas veces continúan apaciblemente despiertos ahí durante una hora, sin exigir más atención. El peligro de sofocación se elimina casi totalmente, puesto que la circulación del aire por la lana es total.

Amamanta si es posible. Amamanta a tu bebé todo el tiempo que sea posible. Uno o dos años es lo ideal. Además de los anticuerpos y otros beneficios para el sistema inmunitario, la leche materna es la única fuente de DHA (ácido docosahexaenoico), el ácido graso omega-3 esencial para el desarrollo normal del cerebro. Como he explicado antes, se cree que el DHA presente en la leche materna es uno de los motivos de que, según muestran muchos estudios sobre la posición socioeconómica, los niños que fueron amamantados son más inteligentes que sus compañeros alimentados con leche de fórmula. Si le das el pecho, complementa tu dieta con DHA. (Véase «Recursos y proveedores».)

Aunque sólo le des el pecho una semana, y aun en el caso de que esa mínima cantidad de leche materna se la des en biberón, harás un bien al cuerpo de tu bebé.

Es importante que se satisfagan las necesidades orales del bebé, y que se satisfagan plenamente. Una de mis clientas que daba de mamar me dijo una vez: «Creo que es importante que mi hija bebé chupe todo lo que pueda ahora, [...] y así más adelante en su vida, cuando necesite chupar algo, será selectiva».

Hay muchísima sabiduría en esa afirmación. Recuerdo que una vez, cuando tenía cinco años, entré en la cocina y le pregunté a mi madre si podía tomar leche en un biberón. «Por supuesto», contestó ella y me dio uno. Recuerdo claramente haber estado echada en la alfombra de la sala de estar bebiendo feliz mi leche en biberón. Ella no me hizo avergonzarme ni me dijo que las niñas grandes no beben en biberón. Debió comprender que, dado todos los biberones y bebés que me rodeaban, era natural que yo deseara hacer una «regresión» de tanto en tanto. (No tomaba la leche en biberón rutinariamente, y no recuerdo otra ocasión en que lo haya pedido.)

Si no puedes o no quieres amamantar a tu bebé, calienta un poco la leche de fórmula. Usa un biberón con una tetilla diseñada para imitar lo mejor posible la experiencia de succionar del pecho, una tetilla NUK, por ejemplo. Yo usaba una NUK cuando daba el biberón, pero hoy en día hay opciones mejores. Usa una leche de fórmula que esté enriquecida con DHA. Una buena marca es Enfamil Lipil, que contiene la mayor cantidad de DHA y ácido araquidónico (otro ácido graso esencial) que se puede encontrar en leches de fórmula. Otra buena opción es la leche de cabra.

Consigue ayuda y apoyo. A las madres les va mucho mejor cuando cuentan con la ayuda, el apoyo y la compañía de otras personas, en particular el apoyo y la ayuda del compañero. Claro que esto depende del compañero. Casi todas las madres que conozco te dirán que su reacción al llanto del bebé por la noche es oírlo y atenderlo de manera diferente a la de su compañero. Por enloquecedor que sea esto, es posible que sea cuestión de puro instinto. En la selva se ha observado que cuando una madre y un padre monos están sentados juntos y el monito bebé grita o llora, el padre no reacciona; es como si ni siquiera oyera al bebé. Entonces la madre se levanta a calmar al bebé. Pero si la madre no está ahí y el bebé llora, el padre oye el llanto y se levanta a atenderlo.[28] Este «asunto mono» no vale para todos los hombres, por supuesto. El marido de una de mis amigas se levantaba todas las noches al oír al bebé, se lo llevaba a ella para que le diera el pecho y luego lo iba a poner en la cuna cuando había terminado.

El periodo posparto es ideal también para conseguir ayuda de tu madre. Mi madre vino a quedarse conmigo una semana cuando nació cada una de mis hijas. Ojalá yo hubiera tenido la sensatez de pedirle que se quedara más tiempo. Necesitaba mucha más ayuda que la que recibía, pero yo no sabía eso en ese tiempo. Mi madre se habría quedado con mucho gusto, pero, a mi típica manera machote, yo no quería molestarla más tiempo. Pensaba que pedirle que se quedara más tiempo sería «egoísmo» por mi parte.

También te recomendaría encarecidamente que contrates a una *doula* posparto para que te ayude en casa por lo menos una semana. Como ocurre en la labor del parto, esto da a los familiares la oportunidad de adaptarse al bebé sin el enorme cansancio que suele acompañar al tener a un nuevo bebé en casa.

Abandona la ilusión de perfección. El tipo de vinculación que recomiendo no tiene por qué ser una profesión a jornada completa. El desarrollo óptimo de la zona orbitofrontal del cerebro exige lo que se ha llamado «un ambiente promedio esperable», o lo que en psiquiatría se llama atención materna «suficientemente buena». Así que no tienes por qué ser perfecta; sólo necesitas tener una cierta cantidad de conexión emocional de alta calidad periódica con tu hija, lo cual en realidad es cuestión de hacer lo que tú creas conveniente guiada por tu instinto natural.

Trastornos anímicos posparto

De la depresión en madres se hablaba ya desde los comienzos de la historia escrita. Y aunque es más común que la diabetes gravídica (o del embarazo, llamada también gestacional), la preeclampsia o el parto prematuro, la depresión posparto recibe mucho menos atención en la literatura, en la formación médica y en la práctica clínica contemporáneas. El parto es uno de los principales estresantes físico, psíquico y social en la vida de la mujer, por lo que no es sorprendente que de los cerca de 4 millones de nacimientos que ocurren anualmente en este país, alrededor de un 40 por ciento se complican por algún tipo de trastorno anímico posparto.[29] Pero estos trastornos pasan inadvertidos o no se tratan, muchas veces porque las pacientes sienten vergüenza de sentirse desgraciadas durante un periodo en que la sociedad espera que se sientan eufóricas.

Tenemos que mirar tanto el lado oscuro como el lado luminoso del parto: nos abre el corazón y suele ser una experiencia cumbre; pero a veces, cuando las condiciones no son las óptimas, este acontecimiento que nos cambia la vida puede ser un importante factor de riesgo de enfermedad mental. En un estudio de 35.000 mujeres, en que se empleó información reunida a intervalos de 90 días, comenzando en el parto y continuando hasta un periodo de dos años, se comprobó un aumento en siete veces del riesgo de hospitalización psiquiátrica en los tres primeros meses después del parto.[30]

Entre el 10 y el 17 por ciento de nuevas madres sufren de depresión posparto, que continúa hasta convertirse en un trastorno depresivo importante. Entre los síntomas están la dificultad para concentrarse o tomar decisiones, irritabilidad, nerviosismo, somnolencia o agitación, cansancio, cambios en el apetito o el sueño, pensamientos recurrentes de muerte o suicidio, y sentimientos de indignidad o culpa, centrados especialmente en ser un fracaso como madre. También puede haber una ansiedad excesiva que se centra en la salud del bebé.[31]

La depresión posparto, sea leve o grave, es la consecuencia de una compleja mezcla de herencia, fluctuación de los niveles hormonales y estrés psíquico, físico y emocional que altera los niveles hormonales. También va acompañada por un bajo nivel de DHA, el ácido graso omega-3 al que yo llamo el sustrato físico del vínculo afectivo. El DHA es una de las sustancias del cuerpo de la madre que el bebé literalmente chupa cuando está desarrollando su cuerpo. Dado que muchas madres ya tienen agotada esta sustancia mediado el embarazo, no es de extrañar que al final de éste muchas no tengan la provisión suficiente para mantener el funcionamiento óptimo cerebral y emocional.

Cuando tantas mujeres sufren depresión posparto después de lo que debe ser un proceso fisiológico normal, es hora de evaluar la cultura que rodea ese acontecimiento. Nuestros cuerpos no fueron diseñados de tal manera que tantas madres acaben deprimidas e incluso psicóticas después del parto. Dada la predominancia de la depresión posparto, debemos dedicar mucha más energía y asignar muchos más recursos para prevenirla, y recurrir a una pronta intervención para sanarla.

En el plano personal, deberías tomar conciencia de que podrías estar en particular riesgo de depresión posparto si tu madre la tuvo, o si entre tu madre y tú no hay una buena relación. La siguiente es una lista de condiciones relacionadas con la depresión posparto:

- Historial de depresión posparto en embarazo anterior
- Falta de apoyo emocional, físico o psíquico
- Labor del parto y parto difíciles
- Historial personal o familiar de trastornos depresivos, que aumenta en un 30 por ciento el riesgo de depresión posparto
- Relación conyugal inestable
- Falta de satisfacción con el resultado de tus estudios
- Relación difícil con tu madre o con tu padre.[32]

Creo que todas las madres están en cierto riesgo de depresión posparto en nuestra cultura, sencillamente porque hay muy poco apoyo para las nuevas madres incorporadas en la urdimbre de nuestra sociedad. Todos hemos de hacer todo lo que podamos para impedir que surja este trastorno, mediante un apoyo óptimo a las madres y bebés desde el nacimiento en adelante, apoyo físico, psíquico y emocional.

Si estás en riesgo de depresión posparto y planeas quedar embarazada, o lo estás, no te arriesgues a transmitir esto a tu hija. En las siguientes recomendaciones explico la manera de poner especial cuidado en asegurar que tu experiencia posparto sea buena.

PROGRAMA PARA PREVENIR
O CURAR LA DEPRESIÓN POSPARTO

Paso uno: refuerza tu primer chakra. Organiza la ayuda «antes» del parto, de modo que todo esté dispuesto cuando llegues a casa. No te arriesgues a empeorar la depresión con aislamiento. Además de contratar una *doula* u otra persona que te ayude, si es posible, consigue la ayuda de amistades y familiares para que te lleven la comida, te hagan los quehaceres domésticos y cocinen. Pídeles que te vayan a ver periódicamente, aun cuando tú no los llames.

Paso dos: busca apoyo hormonal. Una buena manera de hacer esto es comenzar a usar progesterona natural, inmediatamente después del parto, para equilibrar tus niveles hormonales durante las primeras semanas o meses. El trabajo pionero de la doctora Katharina Dalton en Gran Bretaña ha demostrado que si se administra progesterona natural a las mujeres en riesgo de depresión posparto, comenzando el primer o segundo día después del parto, suele evitarse la depresión.[33] La dosis normal es de 100 a 200 mg al día. Yo recomiendo la progesterona transdérmica, que se obtiene en una farmacia especializada en preparación de fórmulas magistrales. También la puede administrar un médico o ATS en inyección intramuscular una vez a la semana. También existe progesterona natural en forma de gel vaginal (Crinone) o en cápsula oral micronizada (Prometrium). Todas estas necesitan receta. Pero a algunas mujeres les da el apoyo hormonal adecuado una crema de progesterona natural al 2 por ciento frotada en la piel. Ésta no necesita receta. La dosis normal es de un cuarto a media cucharadita al día. (Véase «Recursos y proveedores».)

También se ha usado estrógeno.[34] Sin embargo, yo prefiero la progesterona, porque no obstaculiza la provisión de leche.

No hay ningún indicio de que la progesterona dañe al bebé si estás amamantando. En realidad, los indicios apuntan en el otro sentido: la progesterona natural (pero no las progestinas sintéticas como Provera) administrada a embarazadas durante el primer trimestre de embarazo se relaciona con inteligencia superior en los hijos. También Dalton ha demostrado que la progesterona natural previene y trata la preeclampsia (toxemia) durante el embarazo.

Paso tres: busca ayuda profesional y psicoterapia si es necesario. Normalmente se puede tratar con éxito la depresión; en algunos casos podrían ser necesarios fármacos antidepresivos. Pero se ha demostrado que la terapia conductista cognitiva (terapia que provoca cambios de pensamiento y conducta) produce los mismos cambios que los antidepresivos en la química cerebral de las personas que están dispuestas a incorporar cambios conductuales en su vida. (Véase «Recursos y proveedores».) Es interesante observar, y está comprobado, que el apoyo social es muy eficaz, incluso en la forma de salas de «chateo» en Internet dedicadas a la depresión posparto.

HABITACIÓN NÚMERO UNO

Tres meses a siete años

7

El cerebro emocional

Empatía, voluntad y vergüenza

El poema de William Ross Wallace *What Rules the World* [Lo que gobierna el mundo] contiene el muy citado verso «La mano que mece la cuna es la que gobierna el mundo», que alaba a la maternidad como a la fuerza preeminente del bienestar humano. Aunque se podría debatir cuánto poder tienen las madres en el mundo en general, no hay absolutamente ninguna duda de que la mano que mece la cuna es la influencia esencial en el desarrollo del nuevo ser que se ha colocado a su cuidado.

Es en los primeros años de la vida de un niño cuando se entretejen la mente, el cuerpo, las emociones y la experiencia formando una red biológica sin solución de continuidad que va a influir en su salud y bienestar todo el tiempo que viva. El desarrollo óptimo del cerebro, sistema nervioso y los demás órganos depende de las cantidades adecuadas de los tipos correctos de experiencias emocionales, mentales, físicas y espirituales. Si bien el cerebro y los demás órganos continúan cambiando y desarrollándose a lo largo de toda la vida, las experiencias de antes de los siete años son especialmente importantes debido a la rápida velocidad del desarrollo y cambio durante esos años.

En un famoso experimento neurocientífico, se criaron gatitos recién nacidos con sólo rayas verticales para mirar. Una vez pasada la fase crucial del desarrollo de sus cerebros, ya no percibían nada horizontal en la Naturaleza y chocaban con los objetos colocados en posición horizontal. Nunca se les estimuló la zona del cerebro necesaria para ver lo que es horizontal en sus experiencias del mundo externo y, por lo tanto, no se les desarrollaron las vías para grabarlo en la corteza visual.[1] Aun cuando es mucho más complejo, en los seres humanos se produce el mismo tipo de desarrollo visual. Y, hasta cierto punto, nuestras primeras experiencias también nos enseñan «qué» ver y no ver en el mundo emocional y social que nos rodea.

LA ZONA ORBITOFRONTAL:
LA CONEXIÓN MENTE-CUERPO-EMOCIÓN

Todo lo que ocurre a nuestro alrededor y todo lo que nos ocurre durante estos años formativos genera una impronta bioquímica en la zona del cerebro llamada corteza orbitofrontal (*orbito* por «órbita ocular» y *frontal* por «lóbulo frontal»; véase diagrama de pág. 192). Este centro del cerebro es fundamental para mantener la estabilidad anímica y tener relaciones sanas;[2] nos da la capacidad para la empatía, la intuición, la comunicación emocional, y para relacionarnos con nosotros mismos y con los demás. La calidad e intensidad de atención que recibimos durante los primeros años influyen muchísimo en su desarrollo y crecimiento.

Las vías neuronales orbitofrontales para la relación y la empatía comienzan a establecerse cuando la niña mira los ojos de su madre y ve cómo se siente respecto a ella y a su comportamiento: amorosa, decepcionada o indiferente. La información que procesa esta zona (cómo se siente la madre respecto a uno) pasa entonces al resto del cuerpo y a todos los órganos. Podríamos imaginar la zona orbitofrontal como una estación repetidora que transmite directamente a todas las células la calidad del estado anímico y de las relaciones, e influye en todos los aspectos de la salud de la niña, entre otras cosas, el funcionamiento de los intestinos, corazón, órganos reproductores, pulmones y piel.[3] Si la niña ha de sentirse bien consigo misma y tener una salud óptima, las conexiones neuronales de su zona orbitofrontal tienen que quedar establecidas adecuadamente por su relación con su madre o las personas que se ocupan de ella en esta primera fase de su vida.

La conexión neuronal entre
salud emocional y física

Se establecen conexiones muy concretas para unir la corteza orbitofrontal con las zonas del cuerpo que regulan la respiración, la función gastrointestinal, el sistema cardiovascular y el sistema hormonal. Si el cerebro registra malestar emocional, aunque no seamos conscientes de él o no sepamos o podamos expresarlo, todos estos sistemas físicos nos hablan mediante síntomas que nos dicen una de estas tres cosas:

1. Una necesidad emocional no se ha satisfecho.
2. Algo debe cambiar en nuestra vida para satisfacer esa necesidad.
3. Algo está desequilibrado en la vida de un ser querido y hay que atenderlo.[4]

En resumen, el desarrollo y crecimiento óptimos de la zona orbitofrontal derecha del cerebro y su conexión con el cuerpo es la clave para el funcionamiento sano de todo el organismo, y también para nuestra capacidad para conectar emocional e intuitivamente con los demás. Este sistema se puede considerar una especie de soporte físico de la conexión cuerpo-mente.

No debe sorprendernos que el desarrollo de la zona orbitofrontal y sus conexiones con nuestros órganos está regulada e influida por la calidad y la intensidad de la atención, cuidado y cariño que recibimos. Y esto podría afectar a nuestra salud, para bien o para mal, en los años venideros.

DESMITIFICACIÓN DEL CEREBRO

Aunque yo no soy científica del cerebro, mi mejor amiga, la doctora Mona Lisa Schulz sí lo es. La doctora Schulz es psiquiatra colegiada y también doctora en neurosciencia conductista. En calidad de intuitiva médica, ayuda a las personas a renovar sus pautas de pensamiento para que puedan crear salud física y emocional. En calidad de neuropsiquiatra, evalúa a personas con lesiones en la cabeza, accidentes cerebrovasculares, demencia, autismo y un amplio abanico de problemas conductuales. Su método es descubrir qué funciona bien en el cerebro de la persona y luego ayudarla a aprovechar y sacar partido de sus fuerzas y a trabajar sus debilidades. Nos ha ayudado a mí, a mis hijas y a un buen número de familiares a aprender a valorar y a trabajar más eficazmente con nuestros estilos cerebrales únicos.

En resumen, su entusiasta conocimiento del cerebro y su pasión académica por saber más han emparejado a la perfección con mis años de experiencia clínica en la salud de la mujer. Podríamos decir que nos entendemos en dos idiomas: ella habla fluidamente en «cerebro», y yo hablo fluidamente en «cuerpo». Nos gusta imaginarnos como los Rodgers y Hammerstein (o al menos como Laverne y Shirley)* de la salud de las mujeres. Su libro de próxima aparición *The New Feminine Brain* [El nuevo cerebro femenino], está pensado para enseñar a las mujeres a acceder a su intuición y genio único comprendiendo cómo trabajar óptimamente con sus estados anímicos, con la ansiedad, la atención y la memoria.

La doctora Schulz me ha enseñado una manera muy simple pero elegante de comprender cómo nuestro cerebro experimenta, interpreta y modula las emociones, pensamientos y conducta. El siguiente es un esquema elemental de las zonas funcionales del cerebro y de cómo se desarrollan en la infancia:

El sistema límbico: el cerebro emocional. Esta parte del cerebro es importante para las emociones y la memoria. Aquí se procesan los recuerdos, tanto aquellos de los que hablamos como los no verbales que almacenamos en el cuerpo. Gran parte de esta zona del cerebro ya es totalmente funcional al nacer. Todas las siguientes zonas entran en el sistema límbico: el lóbulo temporal, la zona orbitofrontal, la amígdala y el hipocampo. Muchos escritores llaman erróneamente «cerebro reptil» a esta zona; esta expresión hace que la doctora Schulz esté a punto de estallar, porque da a entender que el cerebro emocional es la parte más «primitiva» del cerebro; estudios de neurodesarrollo han demostrado que esto sencillamente no es cierto. Además, llamar más «primitivas» a las emociones sugiere que en cierto modo son «inferiores». ¡Y nada podría estar más lejos de la verdad!

---

* Richard Rodgers (1902-1979) y Oscar Hammerstein (1895-1960) fueron dos famosos creadores de musicales de Broadway —Rodgers era autor de las letras, y Hammerstein de la música—, como *Oklahoma, South Pacific, Sound of Music* (*Sonrisas y lágrimas*), *The King and I, Cinderella,* entre otros. Laverne y Shirley fueron un dúo famoso que protagonizaban una serie de televisión (*situation comedy*) que emitió varios cientos de episodios entre 1976 y 1983. (*N. de la T.*)

El lóbulo frontal: el cerebro ejecutivo. Esta parte del cerebro cobra forma a medida que crecemos y nos desarrollamos. Es extraordinariamente «plástica», así que se configura por las experiencias de la primera infancia. Si bien el cerebro retiene parte de esa plasticidad durante toda la vida (se renueva y modela en reacción a las circunstancias cambiantes), se «compromete» más con ciertos pensamientos y creencias una vez que las hormonas de la pubertad consolidan su circuito en su lugar. Esta parte del cerebro modula las emociones del sistema límbico para que podamos encajarlas en nuestras relaciones y trabajo, permitiéndonos así ser miembros funcionales y cooperadores de la sociedad. La función de la zona frontal ejecutiva, también llamada corteza prefrontal dorsolateral, es dirigir lo que debe sentir, hacer y decir el resto del cuerpo y cerebro. Nos capacita para actuar correctamente, inhibir los impulsos y reflexionar concienzudamente sobre nuestros actos.

Los hemisferios derecho e izquierdo. Las funciones de los hemisferios derecho e izquierdo son muy complejas y hay una amplia gama de diferencias entre persona y persona. De todos modos, la doctora Schulz los resume así:

En términos generales, en el hemisferio izquierdo los pensamientos y juicios del cerebro ejecutivo dominan a las emociones del sistema límbico. En el hemisferio derecho, el sistema límbico emocional domina a los circuitos de juicio del cerebro ejecutivo.

Las personas que tienen el hemisferio derecho dominante manifiestan emociones y comportamientos más espontáneos, menos inhibidos. Además, este hemisferio tiene más conexiones con los órganos corporales que el hemisferio izquierdo. La mayoría de las mujeres tienden a tener más aportaciones del hemisferio derecho a su función cerebral que la mayoría de los hombres.

Si bien los dos hemisferios procesan e interpretan emociones, los estudios sugieren que procesan tipos de emociones diferentes. Se dice que la zona límbica izquierda procesa las emociones de alegría, satisfacción y felicidad, y la zona límbica derecha va asociada al miedo, la rabia y la tristeza.[5]

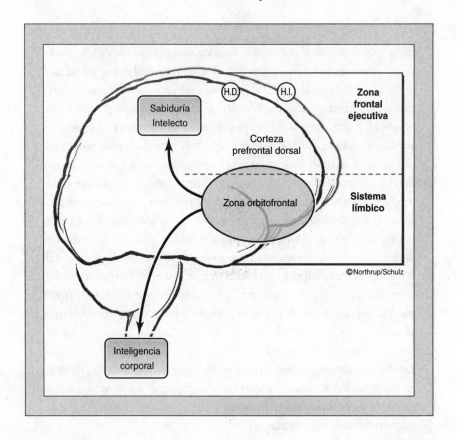

Las emociones básicas:
alegría, amor, rabia, tristeza y miedo

Los niños llegan al mundo preparados biológicamente para ir hacia lo que encuentran agradable y alejarse de lo que no. Este instinto puro y potente es uno de los componentes del sistema de orientación interior innato, que la niña conoce y en el que confía. Durante el primer año y hasta los dieciocho meses, la niña está preparada para ir en pos de lo que desea, pero no tiene la capacidad para entender las consecuencias ni para arreglárselas con ellas. Su comportamiento es el que corresponde a su edad; todavía no es capaz de dominar sus impulsos. Ella es el centro de su universo, y todo lo demás, objetos y personas, sólo existen para satisfacer sus necesidades.

Cuando el bebé ve algo que desea, se entusiasma. El corazón le late más rápido y se le ilumina la cara. Todo su sistema nervioso simpático canta con la emoción de conectar con lo que siente agradable, por ejemplo comer chocolate, jugar en el agua o ir tras un juguete. (Nunca olvidaré la desenfrenada alegría de mi hija Kate en su primer encuentro con el chocolate. Compré un pastel para celebrar su primer cumpleaños, y casi se cayó dentro, echándoselo a puñados en la boca con un enorme entusiasmo.) A la inversa, cuando no se la alimenta o no logra obtener lo que desea, aúlla de malestar. Y cuando alguien da un portazo, llora de miedo.

Pero el chocolate y otros placeres corporales no son las únicas cosas que le producen alegría. El apego a los demás, el vínculo afectivo y la sensación de proximidad física también son placenteros. La calidad de las relaciones de la pequeña en esta fase crucial configura las conexiones entre su cerebro y el resto del cuerpo. Si sus relaciones se caracterizan por una sana y correcta mezcla de todas las emociones básicas (alegría, amor, tristeza, miedo y rabia), su impronta mente-cuerpo tiende más a ser sana y óptimamente funcional. Por el contrario, si la madre es permanentemente inestable, siempre está enfadada, irritable, molesta o asustada, este caos emocional se graba en el cuerpo y mente de la niña simultáneamente. Muchas veces la consecuencia es un problema de salud para toda la vida. Y si la madre o principal cuidador/a es indiferente, está deprimida, preocupada, o sólo expresa emociones excesivamente controladas o «asépticas», las conexiones entre el cerebro y el cuerpo de la niña también tienden a ser apagadas y es más difícil acceder a ellas. Más adelante en la vida, la niña nacida de este tipo de madre podría tener dificultad para saber cómo se siente y qué le dice su cuerpo.

Mientras la niña no desarrolla las zonas del lóbulo frontal que controlan, refrenan o inhiben la expresión emocional, experimenta una conexión pura, franca y desenfrenada con sus emociones y su cuerpo. Sabe qué es agradable y qué no. La madre contribuye a reforzar el empalme de las conexiones emocionales de la hija y su capacidad de sentir pasión cuando comienza a interaccionar con su entorno. En estudios se ha comprobado que hasta las 12 a 18 semanas de edad, el 90 por ciento del comportamiento de la madre consiste en juegos y cuidados afectuosos, y sólo un 5 por ciento entraña decir no y prohibirle ir en pos de lo que desea.[6] La propia madre crea el espacio seguro en el que la niña puede conectar física y emocionalmente con el mundo que la rodea.

Los primeros pasos hacia la independencia

Recuerdo una determinada excursión familiar cuando mi hija mayor, Annie, tenía alrededor de dos años. No permitió que ni su padre ni yo la cogiéramos de la mano, aun cuando varios meses antes le encantaba caminar entre los dos cogida de nuestras manos para balancearse siempre que podía. Pero ese día, a pesar de que el terreno era escabroso, y se resbalaba y caía muchísimo, se negó rotundamente a aceptar nuestra ayuda. Cuando intentábamos cogerle la mano, la retiraba y nos decía que iba a hacer eso sola. Y ante nuestra sorpresa y diversión esta pequeña tunante hizo toda la excursión de casi dos kilómetros y medio totalmente sin ayuda, y con una impresionante resolución.

A partir de más o menos los 18 meses, la niña adquiere rápidamente la coordinación muscular y la madurez del sistema nervioso necesarias para independizarse de su madre y personas que cuidan de ella. Aprende a andar, a hablar, a controlar las funciones de defecación y micción, y empieza a explorar y a manipular su mundo externo. Es en esta fase cuando se siembran las semillas de las sanas autonomía, iniciativa y ambición que le sirven para ir en pos de lo que desea en su vida con seguridad y confianza. Al mismo tiempo comienza a establecer el circuito cerebral necesario para dirigir, restringir e inhibir sus impulsos adecuadamente para establecer relaciones y encajar en la sociedad.

El baile de la individuación: alejamiento y regreso

Los niños aprenden las lecciones más importantes y duraderas sobre la autonomía y la independencia antes de los cinco años. Cuando la niña comienza a probar sus piernas en el mundo, la primera dirección de sus pasos suele ser para alejarse de la madre. Se siente eufórica con sus habilidades recién descubiertas. En esta fase es esencial que la madre participe de esa sensación de logro y euforia y se la refleje. Esto contribuye a cimentar sobre roca su sensación de seguridad y confianza en sí misma. Si la madre no hace esto o no anima a su hija a que se aleje de ella para disfrutar de su libertad, la hija, según cuál sea su temperamento, podría acabar hallando difícil afirmar su independencia y capacidad para ir en pos de lo que desea en el mundo.

Sin embargo, hacia el final del segundo año, probablemente va a pasar la mayor parte del tiempo no alejándose sino corriendo de vuelta a su madre. Una buena amiga mía se sorprendió muchísimo cuando su hija comenzó a aferrarse a ella y a llorar cuando iba a salir. «No lo entiendo. La he dejado con niñeras desde hace seis meses y nunca había hecho esto.» Se tranquilizó al enterarse de que su hija simplemente estaba pasando por la fase normal de «aferrarse»; la niña ya tiene la perspectiva de lo que ha perdido al alejarse de su madre. Entonces regresa. Cuando la hija ha dejado a su madre, en realidad la descubre de otra manera cuando regresa. Esta fase de desarrollo marca la primera vez en que los niños experimentan realmente cómo es echar de menos a alguien que no está. La niña interioriza entonces el concepto de estar juntas o separadas, y el hecho de que ella y su madre son dos seres diferentes. Ella ya no es el centro del universo.

Durante esta fase la niña cae en la cuenta de que su madre (y otras personas) podría tener deseos diferentes a los de ella. Y dado que ya tiene la capacidad para ir en pos de lo que desea, inevitablemente surge el conflicto entre madre e hija. En esta fase se establecen las pautas básicas para las relaciones sanas mutuamente satisfactorias. La niña tiene que aprender a arreglárselas en esta fase de conflicto y resolución si ha de tener buenas relaciones en el mundo. Debe aprender que hay muchas necesidades, y no todas son de ella. Para satisfacer sus necesidades de modo equilibrado debe comenzar a considerar los puntos de vista de los demás («¿Cómo se sentirá mamá si hago esto?»).

DESARROLLO DE LA VOLUNTAD: LOS COMIENZOS DE LA PASIÓN Y LA FINALIDAD

Alrededor del mismo tiempo en que aprende a andar, la niña comienza a desarrollar su voluntad, la que le sirve para consolidar su impulso interior de ir en pos de lo que desea en el mundo. La voluntad es el poder que tienen la mente y el alma sobre los pensamientos y la conducta. Es sinónimo de firmeza, resolución, determinación, y la capacidad para elegir los propios actos y objetivos. La voluntad viene directamente del alma. Se manifiesta como impulsos que la niña ha de aprender a canalizar en una expresión única de ella que refleje la pasión y los objetivos de su alma. Una niña necesita una voluntad personal firme y un ego bastante fuerte para realizar esta tarea. Una voluntad disciplinada usada responsablemente se convierte en su volante para la autonomía y libertad personales.

En algún momento durante el segundo año de vida, la niña descubre que sus deseos y necesidades son distintos a los de sus padres. Su voluntad personal se pone a prueba por la fuerza de su deseo de ir tras ellos de todos modos. Y su ingenio o inventiva determinará su manera de arreglárselas y gestionar para obtener lo que desea en torno a sus padres, hermanos y otros cuidadores. Su voluntad se desarrolla más o menos a lo largo de un continuo de dos extremos opuestos, ninguno de los cuales es deseable ni sano: por un lado, podría quedarse paralizada por la vergüenza, miedo o culpa. Y por otro, podría intentar imponer su voluntad sobre los demás volviéndose antagónica, desafiante y rígida. La base de todo esto comienza ahora, a los dos años.

Los asombrosos dos años: el florecer de la fuerza del ego y la resolución personal

Aunque a esta fase la llamamos los terribles dos años, no tiene nada de terrible. Lo que ocurre en realidad es que la niña está desarrollando su voluntad luchando contra los límites creados por sus padres o su entorno. En este periodo la madre debe comenzar a introducir más restricciones en el entorno de su hija y a frustrar algunos de sus deseos. Y su relación con la hija pasa de estar basada principalmente en aprobación ilimitada a una que exige desaprobación de algunos de sus comportamientos. Durante este periodo, la niña va a intentar salirse con la suya aun sabiendo lo que desea su madre. Hablando de su hija de dos años me dijo una clienta: «Mi preciosa niñita, que era tan alegre y animosa, ahora dice no a todo. Incluso a las cosas que le gustan, por ejemplo a tomar un helado de crema. A mí me parece que dice no simplemente por decir no».

Ahora el escenario está preparado para sostenidos conflictos de voluntad, y el papel de la madre hace un drástico cambio: pasa de ser principalmente cuidadora a ser un agente socializador. La consiguiente lucha entre madre e hija, si bien agotadora a veces, es esencial para que haya un sano equilibrio entre determinación y adaptabilidad, amor propio y adaptación a los demás. Cuando una madre prohíbe a su hija entregarse a alguna actividad y la niña no logra obtener lo que desea, su instinto natural se frustra y experimenta rabia. Aprender a lidiar con esa frustración es aprender una habilidad importante, vital.

La niña ya tiene también la edad suficiente para saber y tomar en cuenta lo que piensan los demás de ella. Y dado que los humanos somos seres gregarios, su salud y supervivencia dependen de la sensación de pertenecer a su grupo, de encajar sus necesidades con las de otras personas y de ser amada. La niña debe aprender a pensar en lo que desea para ella sopesándolo con lo que piensan y sienten los demás respecto a ella. De esta manera sienta las bases para el baile de toda la vida de «esquivar y tantear» que todas las madres conocemos: el constante arreglo entre ir tras lo que desea en el mundo al mismo tiempo que se cerciora de que cuenta con el amor y la aceptación que también necesita. Las lecciones que aprende ahora sobre cómo y en pos de qué puede ir en la vida, configuran el circuito en su cerebro para inhibir sus impulsos desenfrenados, aprendiendo a postergar la gratificación y a canalizar sus impulsos hacia salidas constructivas.

Diferencia temperamental

Cada persona nace con un temperamento muy definido en cuanto a la manera de ir en pos de lo que desea. Y aunque este temperamento algo debe a la forma como fuimos criados, nuestro método básico continúa sin cambiar la mayor parte de nuestra vida. Mi hermana y yo éramos completamente diferentes, aun cuando sólo nos llevábamos once meses.

Cuando mi hermana Penny tenía entre tres y cuatro años, con frecuencia se levantaba a medianoche y salía a vagar por la casa. A veces, en verano, cuando todavía había luz fuera después de la hora en que nos acostábamos, incluso salía a caminar por la calle. Una vez se presentó en medio de una fiesta que daban mis padres, absolutamente desnuda, a las once de la noche.

Nuestra niñera, Matilda, que tenía 65 años cuando comenzó a ayudar a mi madre, solía atarla al porche y a veces a la cama, con una larga cuerda de cáñamo. Mis padres incluso usaron varias veces un medio de hospital: una camisa de fuerza, nada menos. Pero mi hermana, siendo una versión rubia de tres años del gran Houdini, siempre se las arreglaba para soltarse de la cuerda o de la camisa de fuerza y se iba a mi habitación a dormir conmigo. Recuerdo que a los cinco años a mí esto me divertía y me sorprendía. Por lo general yo hacía lo que me decían mis padres sin que hubiera que recurrir a una limitación física.

Según los criterios actuales de crianza, atar a un niño con una cuerda para impedirle sus movimientos no es un método óptimo, desde luego, e incluso podría producir heridas emocionales. No así a mi hermana. La llamé para preguntarle qué opinaba del hecho de que de niña la ataran, ahora que es madre de tres hijos (todos ellos, cuando eran pequeños, me tentaban de atarlos, por lo menos algunas veces). En todo caso, la respuesta de ella fue reveladora y un fabuloso testimonio del temperamento con que nació (temperamento que, en mi opinión, implicaba la presencia de la cuerda). Me dijo: «Recuerdo que lo aceptaba todo como un desafío increíble. De hecho, una vez cuando Till (así llamábamos a Matilda) me estaba atando a la cama, enrollando y enrollando la cuerda, me dije: "Esto va a ser increíblemente fácil". Desde que tengo memoria, he tenido esa sensación de que no me voy a doblegar ante nadie. Y cualquier cosa que me ocurriera la ponía en ese contexto».

Y cuando era adolescente, esta misma perseverancia y grado de actividad física, propulsó a mi hermana a entrar en el Equipo Oficial de Esquí Alpino de Estados Unidos.

Equilibrar el Sí interior (voluntad)
y el No interior (moralidad)

Como progenitor, nadie desea criar a una persona que no interiorice la empatía o la conciencia social, una personalidad antisocial o un «sociópata». Nadie desea criar a una hija que haga estragos corriendo como una tonta en pos de todo lo que desea. Por otra parte, es importante que no se torne tan inhibida y obsesiva respecto a actuar según sus deseos que se quede inmovilizada. Tiene que haber un equilibrio.

Para modificar nuestras necesidades de forma que encajen con las de los demás, primero hay que ser capaz de captar lo que piensan y sienten esos demás. Si la niña se desarrolla normalmente, esta capacidad se forma sobre los circuitos de empatía ya establecidos en su cerebro, las zonas relacionadas con la capacidad de entender y procesar el lenguaje no verbal.

Una vez que tienes la capacidad de anticiparte a lo que otra persona piensa y siente en una situación dada, se te hace posible hacerte las siguientes preguntas antes de actuar: ¿Cómo va a reaccionar esa persona? y ¿cuánto te importan sus sentimientos? Digamos, por ejemplo, que quieres otra galleta, pero tu madre te ha dicho que no debes tomar otra antes de la cena. También sabes que puedes subirte en un taburete y llegar a la caja de las galletas y coger una cuando ella esté en otra habitación. ¿La galleta vale la desaprobación de tu madre si te subes a robar una cuando ella no está mirando?

Como en todas las cosas, hay un equilibrio sano en esto. Algunos niños, por temperamento (y cualidades del alma), valoran la aprobación de su madre más de lo que valoran la satisfacción de comerse otra galleta. Para este tipo de niño, la alegría de coger la galleta quedaría su buen poco apagada por la bien supuesta desaprobación de su madre. Para otros (a los que se considera más voluntariosos), tener la galleta supera con mucho su necesidad de contar con la aprobación de su madre.

La doctora Mona Lisa Schulz explica estas diferencias en el circuito de vinculación llamándolas «Teflón» y «Velcro» respectivamente. El niño al que le importa más la galleta que los sentimientos de su madre tiene circuitos de vinculación parecidos al Teflón. Aquel al que le importan más los sentimientos de su madre que la galleta tiene circuitos de vinculación tipo Velcro.

El desarrollo de los circuitos de empatía en la niña, y también su modo de actuar más adelante en su vida, lo controla hasta cierto punto su voluntad. Si le va bien ganarse la aprobación de su madre para conseguir un objetivo que le interesa, es mucho más probable que preste atención a lo que siente su madre respecto a su comportamiento. Es decir, no tardará en aprender a «camelar» a su madre. Fíjate cómo una niñita de tres años le acaricia la mejilla a su madre, hace algo cuco para hacerla reír, o le dice «Te quiero, mamá», todo con el fin de conseguir su objetivo de quedarse en pie hasta más tarde, tener otra galleta o jugar con su peluche otros cinco minutos. Sabe activar los lazos de empatía que le abren el corazón a su madre.

Pero a veces es necesario que la niña entienda que «no» significa no, y que nada de lo que haga o diga va a cambiar eso. En esas ocasiones, tratar de dar coba a una persona para salirse con la suya sería manipular y faltarle el respeto. La niña necesita desarrollar flexibilidad emocional y mental para saber cuándo insistir para conseguir lo que desea a pesar de los sentimientos de los demás, y cuándo someter sus deseos aceptando las necesidades de otras personas. Éste es un proceso que se va perfeccionando a lo largo de toda la vida.

Muchos niños sienten también una empatía natural cuando perciben que la madre (u otra persona querida) está afligida o preocupada. Una amiga me escribió: «Mi hijo nos envió un conmovedor *e-mail* después del 11-S. Me contaba que él y su mujer estaban tristes y afligidos sentados en la sala de estar de su apartamento de Nueva York, mientras su hija Molly, de dieciséis meses, estaba de lo más cariñosa y encantadora, todo el día se había portado bien, y hacía todo lo que se le ocurría para consolarlos». Yo también he visto a niños pequeños intentando dar consuelo en funerales o cuando un familiar no se siente bien.

SABER QUÉ PIENSAS Y QUÉ SIENTES

Las conexiones entre pensamientos, sentimientos y lenguaje se forman entre los dos y los cinco años. Es durante este tiempo cuando los niños aprenden a pensar en el bien y el mal, en lo correcto e incorrecto, y también a sentir esos conceptos en el cuerpo. Las conexiones sanas entre pensamientos, sentimientos, lenguaje y cuerpo son esenciales para que la niña sea capaz de expresar sus pensamientos y sentimientos en voz alta, y también para saber cuáles pensamientos y sentimientos la apoyan totalmente y cuáles no.

El cuerpo es el primer lugar donde sentimos las emociones. El miedo se encarna en una sensación de opresión o hundimiento en el plexo solar, un dolor de estómago, sudor en las palmas, aceleración del corazón. La rabia podría venir acompañada de manos apretadas en puños, tensión muscular en todo el cuerpo, y la cara roja y ceñuda. Lo esencial para una vida de salud emocional y física es ser capaz de identificar la emoción y, por último, identificar la circunstancia o pensamiento que causó o provocó esa emoción. (Ten presente que una emoción siempre viene precedida por una creencia o percepción. No hay dos personas que reaccionen con las mismas emociones al mismo pensamiento; todo es relativo.) Es necesario que la emoción se valide y se sienta plenamente. De esa manera, se mueve de forma espontánea por el cuerpo, una vez que se ha reconocido su mensaje (*e-moción* es simplemente energía en movimiento). Y muchas veces, una vez que se ha reconocido y validado la emoción, surge una solución espontánea al problema o situación.

Incluso emociones muy desagradables o molestas, desde la rabia a la ansiedad o la vergüenza, no causan problemas duraderos a no ser que se invaliden, se teman o no haya manera de expresarlas. Este hecho es la base de una nueva terapia muy eficaz llamada terapia conductista dialéctica (TCD; DBT en su sigla en inglés: *dialectic behavioral therapy*), que enseña las habilidades o técnicas para identificar y hacer frente eficazmente a toda la gama de emociones que, si no se enfrentan, suelen tener por consecuencia una amplia variedad de síntomas somáticos (más información sobre esto en el capítulo 18).

La mayoría de las madres saben por instinto cuándo sus hijos están alterados emocionalmente, aun cuando el niño o la niña no lo reconozca. Puedes ayudar a tu hija observando su conducta y señalándosela de manera no crítica. Por ejemplo, una de mis clientas observó que su hija Susie se veía muy abatida al volver de la casa de una amiga, adonde había ido a jugar. «Susie —le dijo—, ¿te gustaría decirme qué sientes? Veo que traes la cabeza gacha y caminas muy lento.» (Una sencilla pregunta que deja abierto el final para la respuesta suele dar mejor resultado que preguntar: «¿Te pasa algo?».) Y luego limítate a escuchar. Eso solo comunica más a tu hija acerca de su valía y de la validez de sus emociones que cualquier otra cosa que puedas hacer. No es necesario comentarlo cada vez que la niña tenga un sentimiento difícil. Las emociones van y vienen naturalmente. Lo principal es siempre validar las que intuitivamente sabes que le están haciendo pasar un mal rato.

Enseñar la sabiduría del corazón

Una vez que has escuchado de verdad y te queda claro que tu hija ya no tiene nada más que decir, pídele que ponga le mente en su corazón, y que se ponga la mano en el corazón, para dar más énfasis. El corazón es el lugar donde se sanan las emociones, no el intelecto. Entonces sugiérele que piense en algo que ama, por ejemplo su perro, su gato, su mamá o su abuela. Anímala a revolcarse y bañarse en ese sentimiento un momento. Después pídele que piense en la situación problemática y vea en su corazón si éste tiene una solución para ella. Te sorprenderá comprobar con cuanta frecuencia los niños saben exactamente lo que deben hacer. En el caso de Susie, estaba triste porque el hermano mayor de su amiga se burló de sus zapatillas deportivas nuevas color rosa. Cuando ella y su madre hicieron juntas el ejercicio de buscar la sabiduría del corazón, Susie decidió que le encantaban sus zapatillas y se las iba a seguir poniendo, dijera lo que dijera el hermano mayor de su amiga. La validación de sus emociones por su madre lograron ese cambio. Inmediatamente se le alegró el ánimo y se fue a jugar con sus juguetes.

Comunicar amor y respeto

Incluso niños pequeños que aún no saben hablar entienden cuándo se los escucha y respeta y cuándo no. Cuando una persona está dolida, ya sea niño pequeño o adulto, la estrategia que comunica más amor y respeto es repetir lo que acaba de decir o expresar. En su libro *The Happiest Toddler of the Block* (el libro mejor y más divertido que he leído sobre cómo criar a un niño pequeño emocional y físicamente sano; véase pág. 154), el pediatra Harvey Karp llama «Regla de Comida Rápida» a esta estrategia. Cuando te allegas a una ventanilla de comida rápida, el dependiente pregunta: «¿Qué se va a servir?», «Una hamburguesa con patatas fritas», dices, por ejemplo. Entonces el dependiente te repite el pedido: «Será una hamburguesa con patatas fritas». No te dice: «¿Sabe cuántas calorías tiene eso?» o «¿Seguro que no quiere una ensalada?». No, no puede dar el paso siguiente mientras no te haya repetido exactamente el pedido. De igual manera, un niño que está molesto o dolido no puede pasar al paso siguiente, de ser tranquilizado y redirigido, mientras no validen sus necesidades.

Es fácil ver cómo funciona esto con un adulto o un niño mayor. Por ejemplo, mi hija menor se sintió muy dolida una vez que se olvidó de recargar su nuevo móvil Palm Pilot y perdió toda la información que había tardado horas en introducir. Cuando me lo dijo, yo no la interrumpí dándole un abrazo y diciéndole: «Vamos, vamos, cariño, puedes volver a hacerlo. Por cierto, ¿llenaste de gasolina el coche como te lo pedí?», o peor aún: «Bueno, deberías haber leído las instrucciones».

En lugar de eso, lo lamenté con ella, le conté la historia de aquella vez que perdí lo escrito durante todo el día porque me olvidé de pulsar el botón Guardar. «Uno siempre espera que haya alguna manera de arreglarlo —le dije—. Pero no la hay. Es un fastidio, de verdad.» Al poco rato se le elevó el ánimo, y logró calmarse lo suficiente para rehacer el trabajo.

De modo similar, cuando una niña pequeña está molesta, lo primero que necesita es que le validen la molestia, no que la pasen por alto, la consuelen o no le hagan caso. Y esto hay que hacerlo sinceramente, de corazón. Karp dice que los padres suelen cometer el error de decir: «Tranquilo, no pasa nada» una y otra vez, con el fin de calmar al niño. Entonces el niño tiene que gritar o armar un escándalo para hacer llegar el mensaje, porque no lo han oído.

Karp enseña a los padres a usar el lenguaje «infantil», que imita exactamente las frases cortas, la repetición, la intensidad y los gestos del niño pequeño. Una vez vi hacer esto a una de mis amigas con su hija de dos años. Estábamos en una cafetería tomando café y la niña comenzó a agitarse y a lloriquear porque estaba aburrida. Mi amiga le dijo, con enorme comprensión, poniendo en ella toda su atención: «Aburrida, Casey, aburrida. Qué aburrida. Fuera, fuera, salgamos. Casa, mamá, casa. Vámonos a casa». Inmediatamente Casey se calmó, pues sabía que su madre había recibido el mensaje. Cuando su madre sacó un juguete del bolso y se lo pasó, diciéndole que pronto se irían a casa, Casey ya estaba dispuesta a quedarse tranquila jugando.

Karp escribe: «A veces pienso en la Regla de Comida Rápida como si fuera una misión de rescate. La niña está atrapada en lo más profundo de la selva de sus emociones de la Edad de Piedra. La única manera de rescatarla es encontrarla en su selva. Y la única manera de encontrarla es reflejarle sus sentimientos».

Por qué es tan importante la validación emocional

A lo largo de los años he visto, tanto en mi consulta como en la vida diaria, a miles de mujeres que están desconectadas de lo que piensan y de lo que sienten. En consecuencia, tienen dificultad para saber qué es lo conveniente o inconveniente para ellas. Su capacidad natural para sintonizar con su sistema de orientación interior, saber quiénes son, saber qué les gusta o qué quieren, y luego expresarlo a otras personas, se les desprogramó a edad temprana, porque sus padres no sabían escucharlas o porque las avergonzaba tener necesidades válidas.

En el tiempo de nuestras abuelas, el dictamen era: «Los niños, verlos, pero no oírlos». Así, pues, no es de extrañar que a muchos de nuestros padres les transmitieran el legado de que los pensamientos y sentimientos de los niños no son importantes. Entonces ellos interiorizaron la idea de que sus sentimientos eran malos, indignos de atención y, a su vez, se les hizo difícil reconocer los sentimientos incómodos en sus hijos.

Por otro lado, claro, también hay muchísimos adultos que no han aprendido nunca a moderar su comportamiento o su expresión de los sentimientos. Sufren de insuficiente vergüenza y autodominio. Y en consecuencia también sufren su salud y sus relaciones. Ninguno de los dos extremos es sano, ni el exceso ni la falta de vergüenza. Ambos extremos pueden hacer muy difícil vivir auténticamente el verdadero yo. La solución es que las madres aprendan a escuchar a sus hijos, a escucharlos de verdad, sin pretender tener todas las respuestas ni ser capaces de «arreglarle» las cosas a los hijos todo el tiempo.

LA VERGÜENZA: UNA EMOCIÓN ESENCIAL

Cuando ya están bien establecidos los circuitos orbitofrontales para las sanas dependencia y conexión emocionales, se establece una nueva zona del cerebro: la corteza prefrontal dorsolateral, que envuelve a la zona orbitolateral por los lados y por arriba. Esta zona dorsolateral es el lugar donde se codifican las reglas, los reglamentos, el razonamiento racional y los usos sociales; dicho con otras palabras, nuestros «debo», «no debo» y «debería». Esta zona del cerebro sirve a la niña para moderar su comportamiento una vez que, basándose en la empatía creada en la zona orbitofrontal, toma conciencia de cómo van a sentirse probablemente los demás respecto a ese comportamiento.

La capacidad de sentir vergüenza y controlarse empieza a aparecer en algún momento entre los 12 y los 18 meses,[7] cuando comienza a desarrollarse la corteza prefrontal dorsolateral.[8] Cuando tienes edad para caminar, tienes edad para aprender a no tocar una estufa caliente, no golpear a tu hermano, no salir corriendo a la calle. Es decir, el cerebro ya está lo bastante desarrollado para controlar voluntariamente la motricidad hasta cierto punto. A medida que continúa desarrollándose esta zona, también lleva a la capacidad para controlar los esfínteres, recto y vejiga. Más o menos al mismo tiempo aparecen las rabietas o berrinches, que tienen su apogeo entre los dos y los tres años.

Los investigadores han observado que, en contraste con la juguetona aprobación del primer año, las madres de niños de 11 a 17 meses les dicen que dejen de hacer algo con una frecuencia media de nueve minutos. Estas interacciones minuto a minuto acerca de no jugar con el agua del perro, no sacar los libros del estante, pueden agotar a las madres, pero en realidad ayudan a los niños a desarrollar autodominio o inhibición.[9] Pero una vez que la niña tiene unos 18 meses o más, comienza a establecer las vías en la corteza prefrontal dorsolateral, que la capacitan para sentir vergüenza. Éste es el comienzo de su educación cultural y moral.

En este periodo ocurre otra cosa interesante. La madre podría observar que el padre de la pequeña comienza a interesarse y relacionarse más con ella. En general los niños mayores, con más capacidad de razonamiento, son más interesantes para los hombres que los más pequeños. Y justamente el periodo en que los padres tienden más a relacionarse con sus hijos es también aquel en que se establece la corteza prefrontal dorsolateral, esa parte del cerebro que codifica las reglas y reglamentos. A medida que la niña crece, los atributos personales de su padre se van convirtiendo en parte importante de su representación interna de cómo funcionan las reglas y los reglamentos de nuestra cultura. Si el padre rutinariamente se salta el semáforo en rojo o concede poca importancia a su mujer, por ejemplo, la niña tiende a codificar ese comportamiento como una norma cultural que está dentro del marco de la moralidad.

Es curioso que la corteza prefrontal dorsolateral funcione en franca oposición a la zona orbitofrontal, que se desarrolla primero y rige las emociones y la intuición. El desarrollo y la función de estas dos zonas del cerebro son tan pasmosamente similares a las funciones tradicionalmente atribuidas a las madres en contraposición a las de los padres, que he tenido la tentación de llamar cerebro «mamá» a la zona orbitofrontal de vinculación afectiva, y cerebro «papá» a la corteza prefrontal dorsolateral. La zona orbitofrontal nos ordena actuar según nuestros impulsos y mantenernos en la modalidad sentimiento, mientras que la corteza prefrontal dorsolateral inhibe esos mensajes.

BERRINCHES: INCONTINENCIA EMOCIONAL Y «DESCONTROL»

Según la doctora Mona Lisa Schulz, un berrinche o rabieta es la manifestación física del esfuerzo del niño por aprender a contener y dirigir sus emociones de una manera socialmente apropiada. Cuando la niña desea algo, tiene desarrolladas las habilidades motrices para alcanzarlo. Pero el aparato mental para someter sus deseos de una manera socialmente apropiada todavía no está sólidamente establecido. En consecuencia, chilla, grita o llora desconsolada cuando se se encuentra con un control externo entre ella y lo que desea. Esta frustración sale en forma de berrinche, al que la doctora Schulz llama «incontinencia emocional». Esta expresión calza a la perfección con el neurodesarrollo de esta fase, dado que los berrinches tienden a comenzar más o menos a la misma edad que el control de la vejiga. Aprender a controlar los esfínteres de la vejiga y el intestino es un proceso que dura varios años, y también tarda varios años el proceso de adquirir moderación social. No es de extrañar que cuando un adulto grita o le da un ataque de ira, decimos que se ha «descontrolado», que se ha «desquiciado». Los ancianos dementes también pierden el control de la vejiga y el emocional cuando se les deterioran los circuitos del lóbulo frontal.

Tanto la incontinencia emocional como la incontinencia urinaria tienden más a ocurrir cuando el niño está sobreexcitado o muy cansado. Aunque estas efusiones emocionales suelen disminuir a los cuatro años más o menos, la niña tenderá a descontrolarse llorando, chillando o replegándose cuando está muy cansada o frustrada. Cómo y cuándo experimente la incontinencia emocional dependerá también de su temperamento. Todos los seres humanos necesitamos descontrolarnos de tanto en tanto de una manera que no haga daño a nadie más. Al fin y al cabo los berrinches son como las tormentas: mucho ruido y mucha luz, seguidas por una refrescante limpieza del aire.

Cuando la madre se enfrenta a un berrinche, es posible que esté lista para descontrolarse también (y eso es parte del problema). Hay que conservar la continencia emocional. No zurres ni golpees a tu hija. Haz una respiración profunda, conserva la calma y, según cómo sea la situación, prueba primero con lo que el pediatra Harvey Karp llama la Regla de Comida Rápida (véase pág. 201). Si eso no resulta, lleva a la niña a un lugar tranquilo lo antes posible. No la recompenses, no la sobornes ni intentes consolarla. Renuncia a todos los estímulos y déjala sola consigo misma. Eso significa quedarte sentada en el asiento delantero del coche, dándole la espalda, o esperar en otra habitación de la casa mientras ella pasa su rato sola. Le llevará varios minutos superar el berrinche, y es posible que se quede dormida un rato.

El uso sano de la vergüenza

De nuestros padres aprendemos las primeras lecciones sobre qué abordar y qué evitar. A medida que nos hacemos mayores, también nos enseñan lecciones más complicadas acerca de cómo actuar en público y en privado. Estas instrucciones se establecen tanto en la corteza orbitofrontal (que dice: «Sí, está bien sentir eso e ir en pos de aquello») como en la corteza prefrontal dorsolateral (que dice: «No, es mejor no hacer eso ahora. Mira antes de saltar. Eso no está bien»). Necesitamos esas dos partes del cerebro para ser totalmente funcionales. Ninguna de estas dos partes es buena ni mala; cada una de estas zonas, y los órganos y funciones que rigen, han de ejercitarse de modos que apoyen nuestra salud total y expresión propia.

Si una niña ha de convertirse en una mujer de carácter, integridad y honor, o en una madre capaz de criar a una hija con esas cualidades, debe, en algún momento, interiorizar un sentido sano de cuál conducta es honrosa y cuál incorrecta. Nuestra salud de toda la vida es influida por el grado en que vivimos de acuerdo a un sistema de valores apropiado. Para aprender qué es apropiado y qué no lo es, la niña tiene que experimentar algo de vergüenza.

El *Random House Unabridged Dictionary* da un buen número de definiciones de «vergüenza». El que capta el concepto de vergüenza sana es: «El sentimiento doloroso ocasionado por la conciencia de algo deshonroso, incorrecto, humillante o ridículo, etcétera, hecho por uno mismo o por otra persona». O: «Vergüenza es un sentimiento doloroso causado por la conciencia o la exhibición de una conducta o circunstancia indigna o indecente».[10] (La emoción de culpabilidad, por cierto, es la consecuencia de sentir vergüenza por algo que uno cree que debería o no debería haber hecho. Como la vergüenza, existe una culpa sana y una culpa insana.)

A todo niño hay que enseñarle el comportamiento social apropiado para que sepa expresar su pasión y finalidad de manera respetuosa para sí mismo y los demás. Esto lo hacemos proporcionando la estructura, las reglas y la disciplina adecuada. La vergüenza actúa refrenando comportamientos que no son apropiados en un ambiente social, lo que permite encajar en el grupo y obtener los saludables beneficios de la pertenencia a ese grupo. La mayoría de las personas, en especial en la infancia, hacen lo que sea para ser aceptadas y amadas por su familia o grupo. Cuando se las avergüenza se enteran de que su comportamiento no es aceptable y que podrían arriesgarse a perder la aprobación y cariño si continúan con ese comportamiento. Refrenan el comportamiento no apropiado para ganarse la aprobación y el cariño que casi todos los niños necesitan desesperadamente.

Los investigadores han descubierto que para conseguir un crecimiento y desarrollo óptimos como ser humano, el niño necesita pequeñas dosis de vergüenza en el proceso de socialización que comienza en la primera infancia.[11] Con esto se llevan a cabo tres tareas: hacerle tomar conciencia de su conducta y su efecto en otras personas; enseñarle a distinguir el bien del mal, o lo correcto de lo incorrecto (la base de la moralidad), e infundirle la capacidad de distinguir entre el comportamiento adecuado del inadecuado.

De todos modos, lo principal es la forma de hablarle acerca del comportamiento inapropiado. Una madre respetuosa que está conectada con sus sentimientos, con su vocabulario emocional, y que ha trabajado sus pensamientos y sentimientos de vergüenza injustificada distingue muy claramente entre la no aceptabilidad de la conducta de la hija (vergüenza justificada) y la no aceptabilidad de la propia hija (vergüenza injustificada). Hace poco observé a una niñita de dos años gateando por encima de los pies de las personas en una terminal de aeropuerto. Su madre la cogió suavemente, la llevó a un lado y le dijo que dejara de hacer eso porque su comportamiento molestaba a las personas. La niña reanudó su juego con un juguete, su autoestima intacta, pero el comportamiento impropio reprimido.

El progenitor que ridiculiza a su hijo o hija, en cambio, y le lleva a creer que es malo o mala porque su comportamiento es inaceptable, puede generar un sentimiento de vergüenza tan doloroso que el niño/niña se cierra emocionalmente para no sentirla. Una vez vi tropezar a un niño en la playa. Su padre le gritó: «Aprende a levantar los pies, estúpido». Este tipo de trato, si se continúa, puede tener por consecuencia un «corte» en el circuito entre el cuerpo y el cerebro del niño. Esto tiene consecuencias duraderas para la salud física y emocional y para la capacidad de vivir una vida plena imbuida de pasión y con un propósito definido.

La vergüenza es tal vez la emoción más dolorosa que experimentamos los seres humanos. Si alguna vez has salido de los aseos de mujeres con la falda metida en los pantis, sabes de qué hablo. La mayoría de los niños, aunque no todos, hacen lo que sea necesario para evitarla. Cuando se avergüenza a un niño de un modo que daña su autoestima, los efectos pueden ser paralizadores, tanto emocional como físicamente, según las cualidades del alma y temperamento. Avergonzar a un niño de modo desequilibrado y no sano puede dañarle su sentido de la alegría, independencia, autoestima y aceptación corporal. Las decisiones que tome acerca de su valía quedarán programadas en sus tejidos celulares. Cuando se hace sentir vergüenza a la niña por funciones corporales, sentimientos o comportamientos normales, podría comenzar a creer que es defectuosa como ser humano. Y luego, mucho después que ha pasado ese sentimiento de vergüenza, las creencias y comportamientos consiguientes continuarán representándose en la vida adulta, muchas veces de modos que debilitan el sentido de identidad de la mujer como ser humano valioso, digno, íntegro y capaz. También puede haber consecuencias para la salud, como enfermedades de autoinmunidad (véase capítulo 9).

Sólo ahora se están valorando en nuestra cultura los dañinos y duraderos efectos en la salud del uso injustificado de la vergüenza como técnica socializadora. Los estudios han demostrado que avergonzar excesivamente a un niño o niña también puede llevar a la depresión, según sea su temperamento.[12]

Vergüenza y sexo

A lo largo de los milenios, en casi todas las culturas de la Tierra se ha avergonzado a las mujeres por exactamente los mismos comportamientos por los que se recompensa a los chicos; por ejemplo, comportamientos relacionados con autonomía, independencia y aventura. Cuando una niñita empieza a trepar por un árbol alto o a un mueble, se le dice: «Baja de ahí, que te vas a lastimar», o «¿No te das cuenta de que te pueden ver hasta arriba por debajo de la falda?», o «No es propio de una señorita subir ahí. Bájate inmediatamente». Un niño que hace exactamente lo mismo va a oír: «Míralo, ¿has visto qué ágil es?», o «Fíjate qué valiente, qué intrépido y coordinado es».

Cuando una niña expresa físicamente sus emociones, también es más probable que la avergüencen que si es un niño. Cuando un niño hace exactamente lo mismo, hacemos la vista gorda o exclamamos: «¡Los niños son niños!», actitud que sencillamente perpetúa comportamientos en niños, y después en hombres, que muchas veces son destructivos para la sociedad. A consecuencia de este doble criterio, la mayoría de las mujeres tienen aspectos de sus vidas en que se sienten excesivamente controladas o excesivamente temerosas. Y muchísimas aprenden a recurrir a la manipulación para satisfacer sus necesidades emocionales.

ELAINE: la vergüenza injustificada cambia el ritmo cardiaco

Elaine tenía 55 años cuando me visitó por primera vez para un control rutinario. Su historial médico del pasado revelaba ansiedad y nerviosismo en situaciones sociales, además de palpitaciones cardiacas y latidos irregulares. Cuando le pregunté por sus problemas cardiacos, me contó la siguiente historia:

> Cuando me acercaba a los cincuenta, empecé a tener palpitaciones irregulares. Al principio se me saltaban latidos. No era nada grave, me dijeron. Después comenzaron las palpitaciones. Me asustaron tremendamente. Sentía el corazón como si se hubiera descontrolado. Cuanto más miedo sentía, peor se hacía el problema. Finalmente acabé en la sala de urgencias, me hicieron varios electrocardiogramas, llevé un monitor varios días, caminé por la cinta andadora y me hicieron una ecocardiografía. Me dijeron que tenía bien el corazón y que sencillamente tenía que vivir con el problema. Mi doctor me dijo: «Considérelos un salto en el cedé de su corazón». Esa imagen me fue bien. Las cosas mejoraron un tiempo.
>
> Pasados los cincuenta, cuando me acercaba a la menopausia, me interesé muchísimo en el tenis, deporte que practicaba con gusto en el colegio, pero después, durante años, no había tenido

tiempo para practicarlo. Pronto se convirtió en una importante parte de mi nueva vida. No tenía ningún problema, así que participé en una competición de dobles. Pero entonces empezó a metérseme la idea de que igual me volvían esas palpitaciones. Y seguro, empecé a sentirlas de vez en cuando. Si paraba lo que fuera que estuviera haciendo y hacía unas cuantas respiraciones profundas, se acababan. Observé que las tenía especialmente cuando tenía miedo de hacerlo mal durante los partidos de dobles. Un día, durante un partido con una pareja a la que no conocía bien, empecé a sentir palpitaciones fuertes. Me dio vergüenza pues no quería mostrar mi debilidad delante de mi pareja. Pero ¿qué podía hacer? Tomé una decisión rápida. Pararía, me tumbaría y me relajaría. Le expliqué a la chica que eso me ocurría a veces y que no debía asustarse. Ella se sentó a mi lado y me cogió la mano. Y en ese momento sentí que me relajaba, que lo que me ocurriera no importaba, y experimenté un profundo sentimiento de calor y cariño en el corazón. Pararon las palpitaciones, como por arte de magia. Y de repente, oí la voz de mi madre diciéndome: «Pareces una idiota. ¡Deja de hacer el ridículo!». Me reí. Ya no me importaba. Estaba tumbada ahí, vulnerable y lastimosa, delante de mi amiga, y no me importaba.

Entonces me vino el recuerdo del episodio en que mi madre me dijo esas palabras. Yo tenía cuatro años; estaba en el patio delantero de la casa, donde estaban celebrando la fiesta de cumpleaños de mi hermana mayor. Estaba tan entusiasmada que empecé a cantar el *Happy Birthday* y a bailar, antes de tiempo. Todos se echaron a reír. «No seas idiota», me dijo mi hermana. «Estás haciendo el ridículo delante de todas estas personas», me dijo mi madre. Entonces mi hermana y yo nos enzarzamos en una pelea y mi madre me envió a mi habitación. Me perdí el resto de la fiesta, y me sentía tan avergonzada que no me atreví a salir en todo el resto del día. Después de eso, tenía dificultad para cantar y hablar en público, aunque he de reconocer que siempre fui algo nerviosa y tímida de niña. Finalmente comprendí que mi «nerviosismo para actuar», aumentado por mi miedo a no estar a la altura de la tarea delante de mi madre y mi padre, era algo sobreimpuesto. Y pensar que había llevado eso en mi cuerpo todos esos años. Después que por fin mi cuerpo me ofreció esa información, se me calmó el corazón. Nunca he vuelto a tener otro problema.

Una de las partes notables de la historia de Elaine es que los cambios hormonales de la perimenopausia revelaron sus pautas de vergüenza de la infancia. Y esas pautas se revelaron en parte a través de las palpitaciones cardiacas, síntoma muy común que es consecuencia del mayor nivel de estrógeno en relación al de progesterona. Estos mismos cambios hormonales afectan a zonas de la memoria del cerebro, descubriendo información del pasado que es necesario enfrentar y sanar. El trabajo sanador que hace una madre en esta fase puede mejorar enormemente las posibilidades de la hija de liberarse de pautas insanas ella sola.

HARRIET: *avergonzada por enfadarse*

Éste es otro ejemplo de cómo la vergüenza puede quedar grabada en el cerebro y en el cuerpo de un niño vulnerable.

Harriet siente vergüenza cada vez que se enfada, aun cuando el enfado sea totalmente justificado, por ejemplo cuando una compañera de trabajo llega atrasada cada día y le toca a ella hacer la parte del trabajo desatendido. De niña nunca le permitieron expresar su rabia, (¡sólo podía enfadarse su madre!). Aprendió que la rabia es una emoción «mala». Cuando se enfada, se siente mal y piensa que ella es mala. Su vergüenza también se derrama en lo que siente respecto a su cuerpo, así que cuando se siente mal por el motivo que sea, también se siente demasiado gorda, aun cuando su peso es normal, o incluso inferior al normal.

Todas las mujeres tenemos que entender que la rabia contiene energía e información que nos pueden movilizar a hacer cambios necesarios; y que la rabia derrota a las emociones paralizadoras que acompañan a la impotencia, la desesperanza y la depresión. Una de mis clientas lo explica así: «Me llevó un tiempo, pero ahora acepto mi rabia, porque sé que siempre es un mensaje de mi sistema de orientación interior, que me dice que hay algo que es necesario cambiar. Y a veces ese cambio es simplemente mi percepción de cómo deben ser las cosas». El primer paso con la rabia es permitirte sentirla totalmente de un modo no dañino para ti ni para otras personas. Muchas veces tendrás que alejarte de la situación que te provoca la rabia, más o menos como la niña que está con un berrinche. Con la práctica y el propósito llegarás a ser capaz de identificar tanto la circunstancia que la provocó como el mensaje subyacente de la rabia, y luego hacer los cambios necesarios en tu vida.

Los comportamientos obsesivos
son neutralizadores de la vergüenza

Los comportamientos o pensamientos obsesivos, como el excesivo afán por la limpieza o las ideas de estar demasiado gorda o ser muy estúpida, suelen aparecer para encubrir sentimientos de vergüenza o ansiedad. La obsesión comienza cuando interviene la zona prefrontal dorsolateral; se produce cuando están en oposición las dos zonas principales de los lóbulos frontales. Es como pisar el freno y el acelerador al mismo tiempo. Los pensamientos o comportamientos obsesivos son estrategias para controlar o reprimir nuestras emociones e impulsos normales hacia la comida, el placer sexual, la independencia o el poder, encubriéndolos con actos o pensamientos repetitivos. Las personas propensas al comportamiento o pensamiento compulsivo u obsesivo experimentan una ansiedad intensificada cuando sienten emociones que les resultan incómodas o desagradables. A veces, aunque no siempre, éstas son emociones similares a aquellas que las hicieron avergonzarse en la infancia.

SENTIR LA VERGÜENZA: SUPERARLA

Paso uno: Reconoce que es dolorosa. La única manera de superar la vergüenza es sentirla y hablar de ella; de otra manera no se puede disipar. La vergüenza es quizá la emoción más dolorosa que experimentamos los humanos. Esto se debe a la forma como se usa para controlar nuestro comportamiento. En lugar de comprender que nuestro comportamiento es inapropiado en una determinada circunstancia, acabamos creyendo que tenemos algo intrínsecamente malo en nosotros. Muchas personas harían cualquier cosa para no sentir el dolor de eso. Éste es uno de los motivos de que sea tan común el comportamiento adictivo; le quita su carácter agudo y nos hace sentir mejor por un tiempo.

Paso dos: Trata tus adicciones. La finalidad de una adicción es mantenernos desconectados de lo que sabemos y de lo que sentimos. Y no abusaríamos de sustancias adictivas como el alcohol y el azúcar, ni de procesos adictivos como el trabajo, el ejercicio o la relación sexual, si no tuviéramos sentimientos dolorosos que no deseamos sentir. El problema es que si recurrimos continuamente a sustancias o procesos adictivos para encubrir lo que realmente sentimos, no podemos identificar nuestras necesidades de un modo sano. Y si no podemos hacer eso, hay muchas posibilidades de que tampoco estemos emocionalmente disponibles para una relación. Si estás en una relación íntima con alguien adicto a drogas, tabaco, alcohol, alimento, trabajo o sexo, tienes que tener muy claro por qué estás en una relación con alguien que no está presente para sí mismo o sí misma. Si eres tú quien tienes adicciones, tienes que preguntarte si querrías estar en una relación con alguien como tú.

Paso tres: Olvida el mito de la «unicidad terminal». Muchas mujeres se quedan encerradas en un negativo ciclo de vergüenza y evasión que las incapacita porque se les ha hecho creer que son ellas las que tienen el problema. Son «únicas»; nadie podría entender lo terrible que es eso para ellas. Todos los demás son «normales», menos ellas. Esto es parte de la «enfermedad» de la vergüenza.

En realidad, los acontecimientos adversos de la infancia que llevan a la vergüenza y la enfermedad en la edad adulta son extraordinariamente comunes. A comienzos de los años ochenta comprendí que todos los casos de síndrome premenstrual grave se daban en mujeres que provenían de hogares con problemas de alcoholismo, o lo había en su hogar actual. Muchas otras con dolor pelviano crónico habían sufrido abusos sexuales. Este tipo de información fue el que me estimuló a escribir *Cuerpo de mujer, sabiduría de mujer*. Ese primer trabajo lo basé en mis observaciones en una pequeña ciudad de Maine. Desde entonces he descubierto que las experiencias de mujeres son las mismas en todo el mundo.

En el inmenso estudio ACE (Adverse Chilhood Experiences: Experiencias adversas de la infancia), realizado en 1998 por el Kaiser Permanente Health Care Center (Centro Permanente de Asistencia Sanitaria Kaiser) de San Diego, se descubrió que las experiencias adversas en la infancia son muchísimo más comunes que lo que se reconoce o admite. Algo más de la mitad de las 17.000 personas de clase media y edad madura que participaron en este estudio se habían criado en hogares alcohólicos y disfuncionales, en hogares en que residía una persona con depresión o enfermedad mental, o en hogares en que sufrieron abuso sexual o maltrato físico o emocional.[13]

No se puede cambiar el pasado, pero sí se pueden cambiar las decisiones que se han tomado basándose en experiencias del pasado. El pasado no es responsable de cómo te sientes ahora. Puedes tomar medidas, dar pasos para sentirte mejor. Al hacer esto, renuevas el cerebro y el cuerpo de maneras que apoyan la salud y el bienestar. No es el abuso, maltrato o vergüenza lo que es tan doloroso para los niños; lo dañino es el sentido o significado que dan a eso. Por ejemplo, una niña llega a la conclusión de que es mala, porque la han maltratado y golpeado. O decide que no puede fiarse de sus instintos porque la persona a la que quiere y de la que depende no es digna de confianza.

Al final, la única manera de recuperarse de estas experiencias adversas es hablar de ellas, «sacárselas del pecho» y comprender que los seres humanos tenemos la capacidad de sanar de cualquier cosa y de todo, ¡y que somos intrínsecamente valiosos y amables, es decir, amables o dignos de amor!

La poca vergüenza también perjudica a la conexión mente-cuerpo

Los padres que son egocéntricos o indiferentes podrían causar otro tipo de problema, el contrario a la carga de vergüenza injustificada. Si a una niña se le permite ir y venir sin ninguna restricción, si no aprende que su conducta tiene consecuencias, no desarrollará una dosis suficiente de vergüenza sana. Según sea su temperamento, podría convertirse en una niña que se descontrola en situaciones sociales, que hace estragos en su entorno, que no aprende a tener relaciones mutuamente satisfactorias o no se responsabiliza de sí misma ni de su conducta.

Una vez ocurrió que una clienta mía estaba sentada tranquilamente leyendo en la sala de espera mientras su hija de tres años hacía de las suyas en el espacio contiguo a la sala de examen: abrió todos los frascos, volcó la papelera, sacó del cajón todas las batas para realizar exámenes recién dobladas y las desparramó por el suelo. Cuando entré en la sala, daba la impresión de que había pasado un huracán por ella. La madre no había levantado un dedo para refrenar a su hija. Tampoco pidió disculpas, ni a mí ni al personal, por el desastre dejado por la pequeña. Lo que hizo fue comentar lo mucho que la alentaba a ser expresiva y libre porque «Yo nunca tuve eso cuando era niña». (Muchos padres de la generación de los cincuenta y sesenta que crecieron cuestionando la autoridad de cualquier tipo han dejado el péndulo demasiado movido en esa dirección.)

Los niños que no interiorizan suficiente vergüenza y moralidad no aprenden a responsabilizarse de sí mismos ni a moderar apropiadamente su comportamiento. Es posible que interioricen un sentido de identidad demasiado inflado y no temperado por la humildad. Paradójicamente, estos niños suelen ser muy airados y exigentes, incluso con toda su supuesta libertad. Una hija así crece sintiéndose una «princesa», una princesa que espera que los demás le arreglen los desastres, satisfagan sus necesidades y la tengan entretenida. Es la clásica Abeja Reina en formación. Podría convertirse en una mujer adulta que tiende a rodearse de personas que la atiendan y le hagan el trabajo.

AMOR PROPIO O EGOCENTRISMO: ¿DÓNDE ESTÁ EL LÍMITE?

Todos los niños nacen amándose y absortos en sí mismos. También tienen el deseo natural de tener lo mejor que puede ofrecer la vida. Un ejemplo de esto es que casi todos los niños pequeños que suben en un tren o un avión se sienten atraídos por los asientos de primera clase y desean sentarse ahí. Saben instintivamente que esos asientos son más cómodos. Estos deseos son un don de lo Divino y hay que honrarlos y cultivarlos como una parte esencial de la pasión y finalidad innata de los niños. Cuando se les hace sentir vergüenza por estos deseos o no se les hace caso («¿Quién te crees que eres, la reina de Saba?»), se les puede truncar la capacidad para valorar y aprovechar esos deseos para crearse una vida sana y próspera, tal como la corteza visual de los gatitos se puede desarrollar incapaz de ver las formas horizontales. La consecuencia puede ser una vida de abnegación, es decir de sacrificarse en beneficio de otros, sin procurar nunca incluirse en la columna «beneficios». La abnegación es un riesgo muy verdadero para la salud, especialmente común en niñas y mujeres. Pero hay un equilibrio.

El nacimiento del narcisismo insano

Una niña criada para creer que es el centro del universo, que tiene derecho a recibir todo lo que desea y no puede hacer nada mal, podría formarse un sentido de identidad muy diferente de otra que ha sido criada con cantidades apropiadas de vergüenza y autodominio: se convierte en una narcisista en formación.

El narcisismo debe su nombre al mito griego de Narciso, que se enamoró de su imagen reflejada en el agua y murió por no poder abrazarla. El *sine qua non* del narcisismo insano es un amor propio y un sentido de valía personal exagerado acompañados por la incapacidad de reconocerse algún defecto. Va de la mano con la falta de reciprocidad, o incluso de curiosidad por los demás. Los demás sólo existen para reflejar a la persona narcisista.

Las personas narcisistas no pueden aceptar la crítica porque se creen «perfectas», sin tener ningún fundamento para esta creencia. Si se las critica, se sienten aplastadas, porque o bien se sienten superiores a los demás, o terribles e indignas. Y no hay nada entre medio.[14]

El narcisismo excesivo nace, en parte, de no aceptar la propia humanidad, tanto las partes defectuosas y limitadas como las partes buenas. Los narcisistas carecen de la capacidad de ver cuándo lo hacen bien y cuándo no dan la talla. No es de extrañar que los rasgos de personalidad narcisista sean mucho más comunes en chicos que en chicas, dadas nuestra historia y nuestras preferencias culturales.

¿Conoces a alguna persona narcisista?

Los narcisistas son particularmente impermeables a la verdadera vergüenza. Son preponderantes ante las reacciones negativas del mundo externo y piensan que están «por encima de todo». Son hipersensibles a la crítica, pero, irónicamente, son muy críticos con los demás, para mantener su posición de superioridad, razón por la cual suelen parecer arrogantes y altivos.[15] Su mayor aspiración en la vida es parecer mejores que los demás, por lo tanto mantienen la atención centrada en sí mismos y en sus necesidades.

En consecuencia, las personas narcisistas sienten una intensa ira si se las critica cuando hacen algo cruel o hiriente a alguien. Pero no pueden reconocer su rabia porque eso las haría parecer malas. Si le dices a una persona narcisista que te ha herido, te mirará enfadada, luego lo negará e insistirá en que se siente herida y avergonzada. Esa vergüenza no es real, porque si lo fuera demostraría su arrepentimiento haciendo un esfuerzo por cambiar esa conducta hiriente. Pero eso no ocurre casi nunca. Lo que hacen es demostrar una vergüenza falsa o a veces derramar lágrimas de cocodrilo (táctica que por lo general, aunque no siempre, va dirigida al sexo opuesto) para inspirar compasión. Esto les reduce la tensión y la traslada a la persona que se quejó de su comportamiento cruel o insensible.

Una persona con empatía se para en seco ante esto, porque está segura de que el narcisista tiene la misma intensidad de sentimientos y sentido de la responsabilidad que ella. Esto sencillamente no es cierto. Si bien las personas narcisistas no sienten empatía igual que alguien con circuitos de vinculación y vergüenza normales, saben emplear la empatía para satisfacer sus necesidades a expensas de otros. Representan tan bien las lágrimas de cocodrilo que los demás aprenden a no volver a tocar jamás el tema.

Lo que hace la persona con empatía normal es intentar ponerse en el lugar del narcisista e imaginarse qué siente y cómo se siente. Y la persona narcisista es en realidad una «pantalla en blanco» en que la otra persona proyecta lo que sentiría ella. La persona con empatía le inventa disculpas a la narcisista, suponiendo que sus emociones son tan intensas y se sienten tan heridas que simplemente no pueden llegar al lugar profundo de su interior que le duele; ése debe de ser el motivo de que no desee hablar de eso ni cambiar nada.

Esto es lo que se dicen las personas que tienen relación con alguien narcisista. Se vuelve tan incómodo, desagradable e improductivo convivir con las manipulaciones emocionales de un narcisista que muchas personas jamás vuelven a pedirle que cambie su comportamiento. Simplemente las soportan. La siguiente historia es una ilustración de cómo puede ocurrir esto.

NANCY: *lecciones en derechos*

Sus padres criaron a Nancy entre algodones, era la princesa especial de la familia. Para ellos, el sol salía y se ponía en ella. Siempre le daban lo mejor de todo, y era claramente la favorita respecto a su hermana menor Sally. Los abuelos maternos de Nancy eran hispanos inmigrantes de Puerto Rico, y su madre, como muchos inmigrantes de la primera generación, creció avergonzada de sus orígenes. En la comunidad en que vivían llamaban «greenhorns» (bisoños) a su gente. Así que cuando se casó con un estadounidense de origen sueco, la madre de Nancy se sintió como si le hubiera tocado el gordo de la lotería. Las cosas mejoraron más aún cuando nació Nancy, porque tenía la piel muy blanca y el pelo rubio. Parecía «blanca». Su hermana menor Sally, en cambio, se parecía al resto de los familiares de su madre, la piel morena trigueña y una nariz prominente igual a la de su madre.

A Nancy se lo daban todo, los zapatos y vestidos a la última moda; a su hermana le compraban ropa de rebaja y le daban ropa usada. Mientras Sally se esforzaba trabajando arduo en el colegio y sacaba puros sobresalientes, Nancy prefería holgazanear y hacer el menor trabajo posible. Aunque le pedían que hiciera su parte en los quehaceres de la casa, ella no los hacía y los dejaba a Sally, que tenía que hacer lo que le correspondía a ella y también lo que correspondía a su hermana.

Durante su infancia y adolescencia, Nancy siempre esperaba que sus padres le sacaran las castañas del fuego en todo, y ellos lo hacían. Cuando aprendió a conducir, por ejemplo, con frecuencia se olvidaba de ponerle gasolina al coche; entonces llamaba a su padre, llorando (lágrimas de cocodrilo) y él se apresuraba a acudir a «rescatarla». Cuando se casó se fue de la casa, pero continuó apegada a sus padres y siguió llamando a su padre siempre que tenía algún problema. Después, cuando tuvo hijos, su madre solía cuidarlos. Cuando los niños eran pequeños, Nancy ponía las necesidades de ella primero. Por ejemplo, le gustaba levantarse tarde los fines de semana, olvidando el desayuno de sus hijos. Cuando llegaba su madre el sábado a ayudarla, muchas veces encontraba a Nancy y a su marido todavía en la cama, a las once de la mañana. Mientras tanto la niñita se había bajado de la cuna y subido la escalera para conseguir que sus padres la alimentaran.

Sally, la hermana menor, si bien comenzó con baja autoestima, lo compensaba sobresaliendo en el colegio. A edad muy temprana ya era segura de sí misma e independiente. Mientras su hermana se sentía con derecho a todo, ella era lo contrario. Trabajaba por todo lo que conseguía. Cuando las dos hermanas llegaron a la edad madura, sus caminos ya distaban mucho entre sí. Sally se había hecho muchísima psicoterapia y recuperado de la excesiva vergüenza que marcara su infancia. Ya era catedrática a jornada completa en una de las universidades de la prestigiosa Ivy League, le encantaba su trabajo creativo, había publicado muchos libros y era feliz con su alumnado, su casa y su próspera vida. Su hermana, en cambio, ya había pasado por dos divorcios, aparentaba el doble de su edad y tenía dos hijos adultos que ya no querían visitarla. Su vida truncada seguía girando en torno a sus padres.

Procurar que los hijos interioricen una apropiada cantidad de vergüenza y aprendan también a aportar verdaderamente a la sociedad y familia, es la mejor manera de evitar este trastorno más adelante en sus vidas.

La tragedia del narcisismo

Las personas narcisistas no tienen la capacidad para cuidar ni atender a otros como «madre». Esto causa enorme sufrimiento a las personas que las rodean, aquellas que compensan sus negligencias. Si una madre es narcisista, es muy posible que su hija acabe cuidando de ella, y también podría casarse con un hombre narcisista al que debe hacer de madre también. Si la hija es narcisista, es muy posible que acabe exigiendo en exceso la empatía de su madre (en dinero y en otras cosas) toda la vida. A veces son narcisistas la madre y la hija, y viven en su aislado y estrecho mundo de «derechos».

En cierto modo, los narcisistas son personas realmente trágicas, que nos enseñan al resto que si queremos encontrar la verdad tenemos que mirar más allá de las apariencias. Aun cuando pueden gozar de unos cuantos decenios de gloria, según lo buena que sea su apariencia, la mayoría de las personas narcisistas no envejecen bien porque sus valores son muy superficiales. En realidad, tienden a abandonar la etapa del crecimiento muy pronto (abandonan el colegio o la universidad). Esto se debe a que el mundo externo de trabajo y consecución jamás otorga a nadie una posición exclusiva a menos que se la gane. Debido a este vacío y carencia interiores, los narcisistas nunca sienten el auténtico calor de una verdadera relación con otra persona, ni la sensación de realización que viene de saber que has hecho bien un trabajo, ¡aunque nadie esté mirando! Al final, siempre cosechamos lo que sembramos. Y cuanto antes aprenda esto una niña, más feliz y satisfecha será.

El síndrome donante
de vergüenza/receptor de vergüenza

En muchas familias hay personas narcisistas que mantienen su posición superior avergonzando a los demás. A veces este avergonzamiento es muy sutil, otras veces muy evidente. Sea como sea, un niño o un adulto con empatía, siente sus efectos. Dada su muy inflada autoestima, los narcisistas no sienten vergüenza, pero saben que los demás sí, y suelen tener una habilidad extraordinaria para percibir el talón de Aquiles emocional

de las personas, por lo que saben tocar un punto vulnerable al avergonzar. Ven el efecto paralizador que tiene la vergüenza en los demás. Mantienen su posición superior convirtiendo a los demás en «receptores» de
vergüenza, y los mantienen en su lugar haciéndolos sentirse mal. Esto les
permite conservar su posición narcisista de superioridad. A estas personas narcisistas yo las llamo «donantes» de vergüenza. «Donan» la vergüenza que deberían sentir ellas (pero que no sienten) a personas que sí
la sienten intensamente; estas últimas son las «receptoras» de vergüenza.

En mi numerosa familia, una de las donantes de vergüenza era una tía
que solía humillar a la gente de manera crítica y engreída. Cuando yo tenía
cinco años, mi hermano mayor, que tenía siete, le regaló un llavero con una
pata de conejo a nuestra abuela para su cumpleaños. Todavía recuerdo la
intensa vergüenza que sentí cuando esta tía, que era pediatra, nada menos,
lo ridiculizó por hacer un regalo tan estúpido. A mi hermano se le cayó la
autoestima al suelo ahí mismo ante mis ojos. Se le demudó la cara y se le
hundieron los hombros. Sólo un momento antes estaba feliz pensando en
la alegría que sentiría al regalarle ese tesoro a su abuela. Y de pronto se sentía mal por su regalo y, en último término, mal consigo mismo. La vergüenza de mi hermano era contagiosa, y yo me contagié con sólo mirar la
escena. De repente, hacer un regalo se convirtió en una ocasión para sentir
ansiedad. Qué difícil hacer un regalo de manera alegre y desinhibida cuando temes que juzguen como algo estúpido tu regalo, o a ti.

Cómo se transmite la vergüenza en las familias

Hay muchísimas personas que proceden de familias excesivamente controladas y reprimidas que utilizan la vergüenza para dominar a otros. Lo
controlan todo, desde el dinero a las emociones de alegría y felicidad.
Este estilo conductual y cerebral se transmite de generación en generación. Las personas de estas familias suelen tener miedo de la espontaneidad y de la plena expresión emocional (a no ser que el alcohol las desin-
hiba), porque equiparan estas cualidades a descontrolarse.

Estos «donantes de vergüenza» se sienten muy a gusto imponiendo
reglas para controlar las emociones, los pensamientos y comportamiento
de otros. Tienden a ser rígidos y excesivamente moralistas, y muchas veces son ciudadanos serios y erguidos. Su única conexión con las emociones es una ocasional incursión en la rabia o en las lágrimas de cocodrilo
para que vuelvan a fijarse en ellos. También tienden a ser demasiado intelectuales y a estar, muy literalmente, desconectados de sus cuerpos y de

sus zonas orbitofrontal e intuitiva. Es posible que nunca haya habido en ellos un saludable diálogo entre esas dos partes de sus cerebros, necesario para la máxima adaptabilidad. En consecuencia, tienen dificultad para las tres habilidades necesarias para las relaciones satisfactorias: identificar sus necesidades, equilibrar esas necesidades con las de la otra persona, y reconocer las necesidades de la relación en su conjunto.

Las personas de estas familias aconsejan a sus hijos «hablar en voz baja» y «no reír demasiado». Por desgracia, este excesivo dominio emocional también cierra la capacidad del niño para sentir plenamente todas las emociones, lo cual puede predisponerlo para la depresión.[16] Una vez, durante un partido de un campeonato de tenis en que participaba una de mis hijas cuando estaba en primer año de bachillerato, me tocó ver una escena representada por una madre «donante de vergüenza». No la olvidaré jamás.

SARAH: *la vergüenza en la pista de tenis*

Una de las chicas del equipo de mi hija estaba terminando un partido contra una chica de otro colegio. Llegó su madre y avanzó enérgicamente hacia la pista, donde la niña estaba visiblemente disfrutando del partido. La madre llegó hasta la reja, en actitud enfadada e impaciente y le gritó: «¡Sarah, tenemos que marcharnos ya! ¡Y he dicho «ya»!» No quería esperar a que la chica terminara el partido. Y no estaba dispuesta a dejarse disuadir de su necesidad de que su hija saliera inmediatamente de la pista. Su vergonzosa actitud paró el partido.

Sarah, visiblemente avergonzada delante de todas sus compañeras y equipo, bajó la cabeza, salió de la pista y se marchó con su madre. El comportamiento de su madre lo decía todo: «No deberías estar haciendo esto en este momento. Deberías haber tomado en cuenta que teníamos que marcharnos». Al parecer había concertado una visita con un médico para su hija y necesitaban irse. No sé los detalles. Lo que sí sé es que ese vergonzoso comportamiento fue tan evidente que todos los que estábamos ahí mirando ese día lo sentimos en toda su intensidad y no olvidaremos nunca lo que nos hizo sentir.

Si una mujer de una familia «donante de vergüenza» tiene una hija, esa hija llegará algún día corriendo hasta ella muy entusiasmada por haber encontrado un gusano, un nuevo juguete o, no lo permita el cielo, descubierto lo agradable que es tocarse ciertas partes del cuerpo. La tarea de la madre es reconocer la alegría de la niña por su descubrimiento y luego redirigir su comportamiento como sea conveniente. Pero si la madre reacciona ante su entusiasmo con desaprobación o con su propia incomodidad o vergüenza, la niña entenderá que hay algo incorrecto o malo en lo que hace o siente. Y así continúa el círculo vicioso de la vergüenza.

Si este tipo de avergonzamiento ocurre de forma periódica, es posible que la niña acabe sintiéndose como si ella fuera mala o sucia, y aprenda a desconfiar de sus instintos y sentimientos naturales. Esto predispone para adicciones de todo tipo. Más aún, es posible que se atraiga un marido o compañero narcisista y abusivo que la trate de manera similar a como la trataba su madre, avergonzándola. También corre un mayor riesgo de criar a una hija (o a un hijo) que la trate mal. Al margen de sus dones y talentos innatos, podría tener enorme dificultad para descubrir su pasión y finalidad únicas, por dos motivos: 1) es probable que sufra de problemas de salud y adicciones que le sirven para mantenerse desconectada del dolor de sentirse mal consigo misma, y 2) sus adicciones y problemas de salud la harán alejarse más aún de sus sentimientos y de su orientación interior acerca de lo que es correcto y conveniente para ella.

Si tienes una madre egoísta «donante de vergüenza», cuya atención y cariño todavía intentas ganarte, tienes más probabilidades de tener una hija egoísta a la que también intentarás complacer. Si eso no se detecta pronto, podrías encontrarte emparedada entre las necesidades de tu madre y las de tu hija.

CÓMO DETECTAR A LAS PERSONAS EXCESIVAMENTE NARCISISTAS (DONANTES DE VERGÜENZA)

- Muy poco pudor; suelen andar desnudas por la casa. O es posible que en la casa exhiban fotografías de ellas desnudas.
- Parecen muy independientes, pero tienen dificultad para estar solas. Siempre han de estar rodeadas por familiares o por adoradores «sostenedores de espejo». Observando el hecho de que estas personas están en las antípodas de los mártires, la neuropsiquiatra Mona Lisa Schulz bromea: «Estas personas tienen casas con un muy elevado índice de espejos para crucificar».
- Tienen pocas o ninguna amistad verdadera porque no hay reciprocidad en sus relaciones. Muchas de sus relaciones serán con

familiares o empleados que «tienen» que estar con ellas. Esto no lo reconocen jamás.

- Suelen participar en actividades que las hacen parecer héroes, como atletismo, alpinismo, natación en aguas muy frías o excursiones por la montaña.
- Casi siempre estarán en relación con alguien que no parece tan estupendo como es. Pero esa persona que no parece tan estupenda será en realidad muy fiable y muy hábil. Esta persona será «el mago detrás de la cortina», siempre inyectando autoestima a la que sí parece estupenda.
- La motivación para dar a los demás o a causas altruistas siempre es para parecer buena persona.
- Normalmente son tacañas para los regalos, propinas y elogios. Les resulta muy cómodo que paguen otros.

CÓMO DETECTAR A LAS PERSONAS CON EXCESIVA EMPATÍA (RECEPTORAS DE VERGÜENZA)

- Siempre dan a todo el mundo el beneficio de la duda.
- Desean tanto caer bien que permiten que se aprovechen de su buena voluntad.
- Prefieren aceptar la responsabilidad del comportamiento torpe de otros antes que enfrentar la vida sin su «amor».
- Suelen provenir de familias donde la persona narcisista tiene más poder y dominio que los otros familiares.
- Tienen dificultad para mantener el peso bajo.
- No tardan en reembolsar lo que otros han gastado por ellas. Se sienten incómodas cuando pagan otros.
- Tienen muchísimos amigos íntimos; son «donantes universales» de amistad y empatía.
- Tienden a entrar en profesiones «de ayuda», como psicología, enfermería, asistencia social.
- Se pasan en el aspecto de hacer regalos.
- Llevan más que su cuota de responsabilidad en el resultado de situaciones.

MARIAN: *la danza de las relaciones entre donantes y receptores de vergüenza*

La siguiente historia ilustra cómo los donantes y los receptores de vergüenza tienden a unirse en relaciones amorosas más adelante en la vida. Este desequilibrio suele tener por consecuencia problemas de salud para los receptores.

Es viernes por la tarde y Marian está citada para salir con su novio. Él la va a pasar a recoger y piensan tener una cena romántica en su restaurante favorito. Él ya ha hecho la reserva de mesa y está ilusionado esperando dar vuelta a la hoja después del altercado que tuvieron la semana anterior. Llega al edificio de la oficina de ella a las seis en punto de la tarde, tal como estaba programado, con un ramo de flores en el asiento de atrás. Marian vuelve a retrasarse, esta vez en quince minutos. Pero cuando aparece no da señales de arrepentimiento; simplemente le dice en tono frío, defensivo:

—Lo siento pero tenía que terminar una conversación importante.

Ante ese tono de Marian, él se traga la molestia, aunque se le contrae el cuerpo de irritación. Pero no se atreve a exponer el tema otra vez, porque el tono de ella le comunica que no debe. Y no quiere estropear la noche. Así que se dice: «Bueno, al menos esta vez, más o menos se ha disculpado».

Una vez que Marian sube al coche, se le ilumina bastante la cara y en tono muy animado dice:

—Ah, por cierto, ¿cómo te ha ido el día?

Él abre la boca para contestar, pero ella no le da tiempo para hablar:

—Ah, me olvidé decírtelo, el personal de la oficina ha organizado un cóctel, que está comenzando en este momento. Creo que es importante que asistamos. Eso podría mejorar mis posibilidades para obtener ese ascenso que deseo. —Lo mira y añade con toda naturalidad—: Les dije que vendríamos, ya que supuse que a ti no te importaría...

Se interrumpe bruscamente y empieza a hurgar en su bolso en busca del pintalabios. Esa actividad no verbal con el bolso le señala a su novio que ya ha terminado la comunicación y no le interesa su respuesta.

Pasado un largo e incómodo silencio, él se aclara la garganta y le dice con la voz trémula:

—Me habría... eh... te habría agradecido que me hubieras pedido la opinión antes de aceptar esa invitación al cóctel. Me llevó muchísimo tiempo lograr la reserva de mesa para la cena, y me hacía mucha ilusión una noche especial contigo, después de nuestra última riña. —Titubea un momento y añade—: Me siento bastante dolido, ¿sabes lo que quiero decir?

Marian le dirige una mirada fría y enfadada y, luego de otro largo silencio, dice:

—Acabo de pedirte la opinión y he estado muy ocupada últimamente. He tenido muchísimo trabajo. Tú sólo piensas en tus sentimientos. No piensas para nada en mis necesidades, sólo en tus sentimientos.

En el lenguaje corporal y en la forma de hablar de Marian no hay empatía por su novio. Es una donante de vergüenza. El tartamudeo de él y su modo de aclararse la garganta indican que es el receptor de vergüenza en esta situación. Si llegan a casarse, esta pauta en sus relaciones podría pasar a la generación siguiente.

CÓMO ARREGLÁRSELAS CON UNA MADRE EGOCÉNTRICA

Las mujeres cuyas madres eran indiferentes o egocéntricas podrían quedar con un legado de inseguridad que tal vez les lleve el resto de su vida reparar. Los siguientes pasos te servirán para recuperarte más rápido de ese legado y para evitar transmitirlo a tu hija.

Reconoce que no puedes hacer las cosas bien para tu madre (o para tu hija). Por mucho que lo intentes, no tienes la capacidad para hacerla feliz ni para satisfacerla. Así que lo mejor que puedes hacer es dejar de machacarte intentándolo. Una de mis clientas me dijo:

> No hay manera de hacer algo bien con mi madre. Rara vez se la ve complacida o verdaderamente feliz. Cuando yo era niña, ella se enfadaba, tratara yo de agradarla o no. Al parecer daba igual. Con el tiempo caí en la cuenta de que mis valores no encajaban con los de ella. Y por fin comprendí que, siguiera o no siguiera su «programa», ella no aprobaba mi vida ni mis decisiones. Mi vida y mi salud comenzaron a mejorar muchísimo cuando por fin comprendí que la única opción que tenía era ser feliz conmigo misma tal como soy y dejar de intentar complacerla.

Practica la aceptación total. En cierto modo, no importa quién fue o quién es tu madre. Es la única madre que tienes. Una de mis clientas me dijo:

Mi madre me odiaba. Nunca deseó tenerme, nunca me quiso. Incluso me dijo que yo era el motivo de que ella no pudiera tener la profesión que deseaba. Ahora que soy adulta y me he trabajado a conciencia, he llegado a la conclusión de que, a fin de cuentas, ¡no me importa! Pienso que simplemente usé el útero de mi madre para llegar aquí. Mi infancia fue un auténtico infierno. Pero ahora mi vida es francamente dichosa. Ya no pierdo ni un minuto de tiempo en desear que mi madre hubiera sido diferente. Limito muchísimo las visitas que le hago, y no le doy mucho espacio en mi vida, porque sé que si se lo diera, ella me tragaría. Y yo me enfermaría.

Valórate tanto como valoras a tu madre y sus opiniones. Si tienes una madre difícil y controladora, es muy posible que seas el tipo de persona que se desvive por complacer a los demás. Dudas de tu valía innata, así que te pasas la vida intentando demostrar a los demás que vales. ¡Ese hábito sólo se acaba cuando comienzas a afirmar tu valía y a creer en ella!

Interrumpe el legado. Las mujeres cuyas madres eran difíciles e imposibles de complacer suelen tener hijas extrañamente parecidas a sus abuelas maternas. Si no se pone fin a esta pauta, una hija narcisista podría aprovecharse de su madre toda la vida.

Mi clienta Helga tuvo una madre muy difícil, que estaba enamorada de su marido (el padre de Helga), pero nunca estuvo presente para sus hijos. Helga ha sufrido diversas enfermedades de autoinmunidad la mayor parte de su vida adulta. Tiene una hija de nueve años, Ingrid, a la que siempre le ha dado todo lo que ella no recibió de niña. Desgraciadamente, Ingrid la trata mal, es muy exigente y tiene pocas amigas. Ingrid se parece muchísimo a su abuela materna. Y Helga ahora se da cuenta de que tiene que hacer algo, porque si no, empeorará la situación. Desea volver a la universidad a terminar sus estudios, pero hasta ahora ha tenido miedo de dejar sola a Ingrid.

La solución está clara: Helga debe matricularse en la universidad, organizar un programa para los quehaceres de casa y crear más expectativas para su hija. Claro que también tendrá que tratar su miedo a perder su cariño. Un punto básico es que nunca perderás el cariño de tu hija si le das directrices y disciplina. Si no le das esas cosas, ella te perderá el respeto y, en último término, tú dejarás de respetarte a ti misma.

El juego sólo se detiene cuando aprendes a sentirte bien contigo misma y comienzas a valorar tu tiempo y tu energía lo bastante para dejar de arrojarlos en el abismo de la persona egocéntrica, sea ésta tu madre o tu hija.

Deja de sentirte culpable. A la persona con excesiva empatía la manipulan fácilmente con el sentimiento de culpa. Vive temiendo que la llamen egoísta o desatenta. Teme que si deja de dar a su madre o a su hija, ellas hablarán mal de ella. Y hablarán mal, sí, pero siempre gana la verdad. Has de saber que tienes la fuerza para manejar lo que sea que ocurra.

8

Sabiduría de boca y entrañas

Las raíces del cuidado personal

EXPERIMENTAR EL MUNDO A TRAVÉS DE LA BOCA

El modo de alimentar y calmar al bebé le genera sus creencias de fondo acerca de si hay o no hay suficiente de todo lo que necesita y si lo va a recibir o no. Ésta es una de las formas más importantes de cómo los niños interiorizan la sensación de seguridad tan esencial para el buen funcionamiento del sistema inmunitario.

La primera y más constante forma de calmarse la pequeña a sí misma es chupando. También es su principal manera de experimentar el mundo, y a eso se debe que los niños pequeños siempre se meten todo en la boca. Está bien documentado que a veces los bebés se chupan el pulgar cuando todavía están en el útero materno. El alimento es necesario no sólo para la supervivencia física sino también como una potente fuente de agrado y consuelo. La necesidad del bebé de chupar y experimentar placer oral es primordial, e incluso en adultos esto nunca cesa del todo. Mi padre, que era dentista, solía decir: «La boca es el centro de la personalidad».

Las necesidades orales del bebé se satisfacen en parte por la calidad y la cantidad de alimento que se le da. Pero *la forma* de alimentarlo es más importante aún. Cuando la madre mira amorosamente a su niña mientras la alimenta, se establecen en ésta las conexiones sanas entre la zona orbitofrontal del cerebro y su estómago, intestinos y corazón. Aprende a sentirse bien consigo misma y con sus necesidades físicas. La nutrición emocional y la nutrición física son una y la misma cosa a esta edad.

Las separaciones prolongadas entre la madre y el bebé o la falta de contacto físico por parte de las personas que le cuidan, pueden ser causa de conexiones defectuosas en esas mismas zonas. Si te gustan los gatos, sabes que los gatitos que se separan prematuramente de su madre suelen coger modos alternativos muy destructivos de satisfacer sus necesidades orales: chupan, muerden y mastican lana, tela, plástico u otros objetos de la casa. Incluso se chupan su propio pelaje hasta el punto de dejarse trozos de piel calvos.[1] Todos los mamíferos necesitan succionar. (No hace mucho mi cuñada alimentó hasta sanar a una potranca diminuta que nació prematuramente y tuvieron que separarla de su madre. La adorable criaturita mastica gravilla para satisfacer sus necesidades orales.) De la misma forma, un bebé humano que no satisface sus necesidades orales durante ese periodo continúa volviendo a eso con el fin de recrear una fase fundamental de su desarrollo. Los equivalentes humanos a la succión de lana de un gato son fumar cigarrillos, pipa o cigarro, morderse las uñas, chuparse el pulgar pasada la primera infancia, comer en exceso, las adicciones a sustancias, al sexo, al alcohol, sólo por nombrar los más comunes. Lo interesante es que tanto en los gatos como en los humanos, los fármacos que elevan el nivel de serotonina en el cerebro y, por lo tanto, mejoran el ánimo, se usan a veces con éxito para tratar estos trastornos de chupar. En el caso de los gatos, también va bien darles alimento seco crujiente para satisfacer las necesidades orales, como a los humanos comer una dieta bien variada de alimentos integrales.

LAS FOTOS DE MONICA

La conducta de la madre con su bebé (en la forma de alimentarla y en todos los demás aspectos) codifica pautas conductuales en su cerebro, órganos y músculos. Recuerdo muy claramente una serie de fotografías que ilustraban esto en uno de mis libros de texto médicos. Una niña llamada Monica nació con una anomalía congénita que hizo necesario alimentarla por un tubo. En una foto se ve a la madre alimentándola por un tubo. En la foto siguiente se ve a Monica, ya madre, con su hija bebé. Sostiene a la pequeña separada de su cuerpo, como si el biberón fuera el tubo con que la alimentaron a ella. El texto explicaba que Monica nunca acercó su hija a su cuerpo mientras la alimentaba, aun cuando su marido y otras personas que la atendían la sostenían de la manera normal.

Provisión del consuelo materno

Uno de los motivos para amamantar a mis hijas hasta los dos años, a pesar de las horas que pasaba en el hospital, fue que darles el pecho era lo único que sólo yo podía hacer. No podían recibir este tipo de nutrición o atención materna de nadie más. Les daba a succionar chupetes marca NUK, que están diseñados fisiológicamente para un sano desarrollo de las mandíbulas. Las dos dejaron sus chupetes alrededor de los tres años, y ninguna de las dos se chupó el pulgar nunca, aunque a mí no me habría molestado que lo hicieran (mamaron bastante tiempo y con la frecuencia suficiente para prevenir cualquier deformación de la mandíbula o la boca por chuparse el pulgar). También les daba leche de soja, leche de cabra o zumo con agua en biberón todo el tiempo que lo desearon. Aunque no recuerdo exactamente cuándo dejamos de tropezarnos con biberones en mi casa, sí sé que no tenía ningún programa acerca de la edad en que los niños «deben» dejar de usar biberón. Mi filosofía era la siguiente: los niños pequeños necesitan chupar cosas; así fueron diseñados, para tomar alimento y amor al mismo tiempo. Si no satisfacen sus necesidades de amor y succión en la infancia, son más propensos a satisfacerlas en la edad adulta mediante el tabaco, el sexo, la comida y el alcohol. Prefiero que satisfagan esas necesidades orales usando biberón o un chupete o con amamantamiento prolongado antes que aumentar su riesgo de comportamiento insano después.

Siempre me sorprende el miedo que tienen muchas personas de la generación de la Segunda Guerra Mundial de «malcriar» a los hijos simplemente permitiéndoles el agrado y consuelo emocional de chuparse el pulgar o dormir con una manta especial. Una de mis amigas que tiene hijos pequeños me envió un *e-mail* hace poco acerca de cuánto la presionan sus padres:

> Mis padres encuentran horrible que yo les permita a mis hijos conservar sus mantas de bebés y piensan que ya debería haberlos obligado a abandonarlas. Mi impresión es que ellos las dejarán cuando estén preparados, y puesto que ése es el peor hábito que tienen, de todos modos son perfectos. A veces les digo a mis padres que ellos ya tuvieron la oportunidad de estropear a sus hijos, y que ahora me toca a mí. No es sorprendente que convencerlos de eso sea tan difícil como a una atleta embarazada saltar con pértiga. Mis hijos jamás tienen pesadillas. Creo que mi hija ha tenido tres en toda su vida, y creo que mis hijos no las han tenido jamás.

Coincido con mi amiga. Cualquier cosa que dé consuelo a un niño pequeño y no sea dañino ni para él ni para sus padres, vale la pena. Mis hijas dormían conmigo de tanto en tanto durante su infancia, sobre todo cuando su padre estaba de guardia o fuera de la ciudad (aunque en realidad él tenía el sueño muy profundo y nunca le molestó tener a las niñas en la habitación). Cuando dejaron de dormir en cuna, teníamos un futón debajo de la cama y lo sacábamos siempre que las niñas querían dormir con nosotros, ya fuera porque había tormenta o simplemente se sentían inseguras. Poco a poco abandonaron esta costumbre. Y entonces yo las echaba de menos.

Los niños más seguros e intrépidos son, con mucho, aquellos a los que se les permitió desarrollar su fuerza interior poco a poco, con el tiempo. No son aquellos a los que les quitaron el biberón o la mantita prematuramente en un erróneo intento de «endurecerlos».

Claro que, en muchos casos, los abuelos de la generación de la Segunda Guerra Mundial simplemente transmiten los legados de su propia infancia. Una de las suscriptoras de mi hoja informativa, una señora de 65 años, me escribió esta increíble historia acerca del tipo de tácticas que se empleaban en ese tiempo para destetar a los niños. Ilustra con mucha fuerza la conexión sin solución de continuidad entre nuestras emociones, necesidades orales y salud corporal:

Mi madre tenía una historia sobre mi destete que solía contar con mucho desparpajo y en tono guasón. He repetido esta historia a amigas, y su reacción ha sido mirarme con los ojos agrandados por la sorpresa. Y eso me ha hecho pensar que tal vez lo que hizo mi madre podría tener algo que ver con mis actos cuando llegué a adulta.

Contaba que me amamantó hasta cuando yo tenía unos cuatro años y comencé a avergonzarla delante de la gente subiéndome a su regazo y procediendo a desabotonarle el vestido. Por mucho que intentara enseñarme a beber en taza, yo me negaba rotundamente e insistía en tomar la leche del pecho solamente. Al final, desesperada, se pintó los pechos con hollín de la cocina (eran los tiempos en que usábamos cocina de leña). Cuando me encontré ante su pecho negro, grasiento y hediondo, me eché a llorar. Ella asegura que lloré sin parar durante tres días negándome a beber leche, hasta que al final renuncié y la dejé darme la leche en una taza.

Esta historia se convirtió en anécdota familiar. Sé que no me sentía agraviada cuando contaba la medida que tomó, la que, lógicamente, yo no recordaba. Es posible incluso que haya pensado que yo fui una cría particularmente testaruda y voluntariosa. Pero cuando llegué a los 18 años se me habían desarrollado unos pechos grandes, duros y dolorosos, con mastitis y llenos de quistes. Con mi figura bastante delgada, tenía que hacer alterar los sujetadores para que dieran la talla 90D, porque en los años cuarenta y cincuenta no se fabricaban de esa talla. Además, me daba vergüenza hablar de mi problema a un médico. Simplemente no quería que nadie me los tocara. Cuando me casé, tuve que explicarle el problema de dolor a mi marido, y dado que era el más amable de los maridos, fue comprensivo.

Mi primer hijo llegó tres años después, y el doctor me informó que tenía los pezones invertidos y que amamantarlo podría causar infecciones. Yo quedé encantada, claro, por tener una disculpa legítima para evitar que el bebé me tocara mis pechos tan sensibles. Tuvimos cinco hijos, y más o menos el mismo número de médicos, pues nos trasladamos repetidas veces por el país. Todos tuvieron sumo gusto en aliviarme la ansiedad respecto al amamantamiento. Ahora, demasiado tarde, sé que era importante. Mis hijos se lo perdieron, y yo también. No culpo a mi madre por producirme «fobia en los pechos», pero es algo en lo que hay que pensar, ¿verdad? Por cierto, la mastitis me desapareció después del nacimiento de mi primer hijo, y afortunadamente se me redujo la talla a 90B, pero mis pezones continúan invertidos.

En este caso, el legado de la infancia de esta mujer se complicó por la mala información de sus médicos. De hecho, los pezones invertidos se pueden desinvaginar fácilmente usando unas pezoneras especiales bajo el sujetador durante los dos últimos meses de embarazo. Amamantar también los desinvagina.

ALIMENTACIÓN DEL BEBÉ: EL IDEAL Y LA REALIDAD

Es una lástima que una satisfacción tan primordial como la comida se haya convertido en una de nuestras ansiedades más obsesivas. Es posible, claro, que por eso mismo cause tanta ansiedad. Si pensamos que no podemos tener lo que necesitamos, entramos en plena modalidad de supervivencia. A lo largo de mi carrera me han hecho más preguntas sobre nutrición que sobre cualquier otro tema. Las madres conscientes de la salud se desesperan con este tema, en particular cuando sus hijos llegan a la fase conservadora no-quiero-probar-nada-nuevo, alrededor de los dos años. Puedes llenar las estanterías con libros sobre cómo y cuándo hay que alimentar a los niños, pero luego tienes que enfrentar la brecha entre el ideal y lo que tu hijo o hija está dispuesto/a a comer.

Alimentar al bebé no tiene por qué ser complicado. Dale el pecho el mayor tiempo posible (por lo menos un año) y no le des comida sólida al menos durante cuatro meses (de preferencia seis). Esto previene la introducción de alérgenos alimentarios que su sistema gastrointestinal en desarrollo aún no está preparado para asimilar, y se ha demostrado que esto reduce el riesgo de alergias e infecciones de oídos posteriores. Cada vez hay más estudios que demuestran que introducir alimentos como cereales antes de los tres meses, a bebés genéticamente vulnerables, aumenta las posibilidades de que contraigan la diabetes tipo 1 (diabetes juvenil). Tal vez esto podría decirse también de la leche de vaca, de la que se sabe que causa alergias si se introduce antes del año.[2]

Cuando introduzcas comida sólida, que sea con alimentos naturales integrales de cultivo biológico siempre que sea posible.

CÓMO AYUDAR A TU HIJA A DESARROLLAR UNA RELACIÓN SANA CON LA COMIDA

- Permítele que satisfaga sus necesidades orales a su manera y a su tiempo.
- Aliméntala exclusivamente de tu pecho, sin darle comida sólida hasta los cuatro a seis meses.
- Acúnala en tu regazo con regularidad sin ofrecerle alimento. Si le das de mamar cada vez que ella señala que está inquieta o molesta, la vas a programar para comer con el fin de calmar sus necesidades emocionales, necesite o no la energía del alimento.
- Anímala a moverse libremente, para que gaste energía y calorías, en lugar de restringir sus movimientos teniéndola en co-

checito, silla para bebé o con ropa ceñida (fajarla para que tenga el consuelo del contacto es innecesario normalmente pasados los tres meses). Cuando sea algo mayor, anímala a jugar y gatear, reduciendo al mínimo su inmovilidad sentada.

- Incorpora caricias y abrazos a lo largo de la vida diaria. Permítele que duerma contigo cuando lo desee.
- Reconoce tu necesidad de cuidarte y nutrirte y aprende a calmarte de maneras sanas para que ella emule tu comportamiento.
- Da por supuesto que ella entiende lo que le dices, aun cuando no sepa hablar todavía. Debes saber que un bebé es exquisitamente sensible a las emociones que conllevan las palabras.

Un legado de alimentos integrales

Mis padres estaban adelantados a su tiempo en muchos años. Nos criaron con alimentos integrales siguiendo los consejos de Adelle Davis, que escribió *Let's Eat Right to Keep Fit* [Comamos bien para mantenernos en forma]. Mi madre hacía yogur y pan de trigo integral, y a nuestro zumo de naranja le espolvoreaban vitamina C extra. Por lo tanto a mí me resultó muy natural criar a mis hijas con alimentos integrales, entre otras cosas con arroz integral, mucha verdura, tofu, sopa de miso y algo de pescado. Cuando eran muy pequeñas, sencillamente me compré una moledora Happy Baby y molía lo que fuera que comiéramos mi marido y yo. Nunca compré comida para bebé preparada. No había ninguna necesidad.

Seguimos una dieta macrobiótica, principalmente vegetariana, hasta que las niñas tuvieron cuatro y seis años. No tomábamos leche ni queso, pero mis hijas sí bebían leche de soja. Diariamente les daba un suplemento multivitamínico y mineral, que creo deberían tomar todos los niños. Por mucho que lo intente una madre, sencillamente no es posible lograr que la comida sea la óptima para el bebé (y para ti) cada día. Dar un suplemento completo multivitamínico y mineral va bien para que la madre se relaje, ¡sobre todo aquellos días en que la pequeña sólo acepta comer unas cuantas galletas *cracker*! (Véase «Recursos y proveedores».) Mis hijas no se enfermaban casi nunca.

Mirando en retrospectiva, creo que comíamos demasiados cereales y pan en ese tiempo, y cuando las niñas entraron en la adolescencia, cambiamos la dieta a una más rica en proteínas de origen animal, pero siguió siendo rica en fruta y verdura. Se ha demostrado que, con el tiempo, comer cereales aumenta la resistencia a la insulina a algunas personas y favorece la obesidad. A mí me ocurrió: aumenté de peso cuando rondaba los 40 debido a mi dieta en que predominaban los cereales. (Tendré más que decir sobre este tema en el capítulo 13, donde hablaré del esencial tema de la insulinorresistencia.)

Te conviene que tu hija coma una dieta de alimentos naturales integrales, pero has de evitar las luchas de poder, si es del todo posible. No olvides que el énfasis está en el cuidado propio; la niña tiene que aprender a controlarse y moderarse con la comida. Una vez vi a una madre macrobiótica arrojar a su hijo al suelo porque él quiso coger un caramelo envuelto que estaba tirado en la acera. A los niños les atraen los vivos colores de los caramelos y los chicles, y el sabor del azúcar. Les encantan esas cosas. Lo principal es limitarles su consumo. Dónde trazas la raya depende de ti. (Yo ciertamente daría un no rotundo a una bebida azul, de 14 cc, llamada Slurpee, que vi beber hace poco a un niño pequeño, un «manjar» cargado de sustancias químicas y azúcar.) Pero no les hará ningún daño comer patatas fritas o crepes de pollo frito de tanto en tanto. Si se separa a los niños de la vida normal, incluida la comida basura de su cultura, sus cuerpos no aprenden a procesar una ocasional toxina. Se enferman cuando se encuentran con ellas.

Incluso cuando éramos macrobióticas, mis hijas iban a fiestas de cumpleaños y comían lo que les sirvieran (y al comienzo sí les daba fiebres y catarros). Reconozco que cuando mi hija menor fue por primera vez a una fiesta de cumpleaños en un MacDonald y llegó a casa contando que había comido una hamburguesa, me enfadé con ella. Se echó a llorar. No tardé en comprender que no podía erigir un muro para protegerla del «mundo real». Le pedí disculpas y nunca más volví a hacerlo. Comprendí que si continuaba poniéndome en la posición de «policía de la comida», finalmente tendría una hija con un trastorno alimentario (anorexia, bulimia).

Y puesto que cenábamos comidas sanas todos juntos durante la semana y también llevaban almuerzos sanos al colegio (los que yo sabía que a veces trocaban por comida basura), finalmente me relajé. Comencé a considerar la comida rápida una especie de condimento (alguno que jamás habría entrado en casa). Cuando íbamos a comer fuera los fines de semana, ellas comían su ración de pollo rebozado. Pero yo me figuraba que finalmente relacionarían los sanos y deliciosos platos que comían en casa con hogar y bienestar. Y así ha ocurrido exactamente. Hasta el día de hoy, cuando mis hijas van a un restaurante vegetariano, el arroz integral, las verduras y la sopa de miso les traen recuerdos de su infancia en casa. Lo creas o no, el cuerpo humano está hecho para comidas sanas. Con el tiempo, eso es lo que empezamos a desear.

Como muchas madres antes que yo, tuve que aprender cómo mantener el alimento en la perspectiva adecuada. Sí, es importante. Pero no tiene por qué tener el poder para crear o estropear la salud de un niño por sí solo. En la digestión del alimento también influye quién lo cocina, cómo se sirve, y el tipo de creencias y emociones que lo rodean. A fin de cuentas, la dinámica emocional de la familia es mucho más importante para la salud que la calidad del alimento. Muchísimas madres centran la atención en el alimento (algo que pueden controlar) como forma de evitar las emociones y circunstancias sobre las que no tienen ningún control. Lo fundamental es que una niña será mucho más sana comiendo espaguetis con albóndigas de lata servidos en una atmósfera amorosa y armoniosa que si come verduras de cultivo cien por ciento biológico con tofu en una familia alcohólica.

COMER POR CONSUELO

Los alimentos de consuelo son aquellos que comemos cuando nos sentimos solas o vacías. Tienden a ser los alimentos que recordamos de la niñez, como los macarrones con queso y el puré de patatas. Cuando a una mujer se le dice que no debe comer esos alimentos por motivos de salud, podría volverse irracional. Una de mis amigas me contó hace poco que no puede comer legumbres porque contienen demasiados carbohidratos. Pero el día anterior no había tenido ningún escrúpulo en comer un trozo de pastel de queso, una barra de pan francés y un plato de pasta, todo de una sentada. Cuando otra amiga común le preguntó por qué no comía más frutas y verduras, contestó: «Mi estómago no las digiere». Siempre que nos encontramos ante este tipo de justificaciones podemos estar seguras de que se trata de creencias y sentimientos que nacen de nuestros primeros días, cuando aún no sabíamos hablar, antes de los dos años, cuando el vínculo con nuestra madre es más intenso.

CUANDO LA COMIDA ES AMOR

El vínculo entre una mujer y su comida tiene su raíz en el vínculo entre una madre sana y su hija. Por eso, pese a que se realizan estudio tras estudio sobre lo que constituye una dieta sana, la ciencia y la medicina modernas han fracasado rotundamente en cambiar el apego de la gente a lo que se lleva a la boca. Tomemos, por ejemplo, la influencia materna en el hábito de fumar. Está bien documentado que los niños cuyas madres fuman están en mayor riesgo de fumar durante la adolescencia.[3] En un estudio reciente se ha comprobado que la leche de madres que fuman también sabe y huele a tabaco. Los cambios en el olor de la leche van paralelos a la concentración de nicotina que contiene. Sabemos actualmente que exponer a la nicotina el cerebro en desarrollo de un bebé aumenta el riesgo de adicción después. También sabemos ahora que, además de esto, las primeras experiencias con el sabor del tabaco en la leche materna, e incluso en el líquido amniótico, hacen más probable que los niños así expuestos encuentren atractivo ese sabor más adelante en la vida. Esto no significa que las mujeres que fuman de vez en cuando deban dejar de amamantar. Pero saber cómo afecta este hábito al sabor y al olor de la leche materna es un motivo adicional para evitar ese hábito.[4]

MARIA: una vida de lucha contra la obesidad y la adicción

La abuela de Maria era enferma mental, tenía esquizofrenia. Se casó varias veces, pero sus matrimonios no duraban. A consecuencia de esa inestabilidad y de su temperamento, su hija Sophia, la madre de Maria, nunca formó una relación sana ni con la comida ni con la cocina. Maria me contó que su madre era fatal para cocinar, y recurría a alimentos envasados o enlatados para la comida principal en su casa. Una lata de maíz con crema solía servir para alimentar a cinco personas, aun cuando el dinero no era un problema. Las únicas veces en que se reunía toda la familia para comer eran algunos domingos, en que comían pasta con salsa casera, lo único que sabía preparar Sophia. Además, Sophia se pasaba gran parte del tiempo conduciendo de ida y vuelta a/de las instituciones en que solían internar a su madre por su enfermedad mental. Por lo tanto, no había ninguna preocupación sobre la alimentación en la cocina.

Dado que ni Sophia ni su hija Maria se criaron con los placeres y satisfacciones de una buena comida preparada en casa por una persona amorosa, las dos heredaron un vacío en torno a la comida y al alimento emocional. Maria nunca se sintió plenamente vista ni nutrida por una presencia amorosa durante su fase oral de desarrollo, por lo que continuamente se sentía atraída por la comida, la bebida y el tabaco, a modo de sustitutos. Al comenzar su edad adulta su peso se había disparado, y aunque muchas veces logró bajar entre 9 y 13 kilos haciendo dieta de adelgazamiento, siempre los recuperaba. También fumaba, y a veces temía estar bebiendo demasiado.

En su trabajo como directora regional de una empresa de cosméticos, era una profesional eficiente, hábil y disciplinada. Rara vez comía durante el día, pero por la noche, cuando llegaba a casa, tomaban el mando sus necesidades orales emocionales. Se veía obligada a beber una o dos cervezas (para relajarse), y luego hacía una comida que siempre contenía abundantes porciones de pan o pasta. Estos alimentos ricos en carbohidratos son famosos por su capacidad para aumentar el nivel de serotonina y, por lo tanto, levantar el ánimo, por lo que son los alimentos de consuelo por excelencia. Lo interesante es que estas comidas siempre las preparaba su pareja, una persona que funcionaba como madre en la casa, encargándose de la compra, la cocina y la limpieza.

Después de una serie de difíciles reorganizaciones en su trabajo, Maria comenzó a sufrir de acidez gástrica y úlcera. El gastroenterólogo le dijo que la única manera de remediar su problema permanentemente era dejar de fumar y de beber, y hacer comidas normales. Aunque logró dejar de fumar durante uno o dos años y limitó la bebida a los fines de semana, aumentó más de peso. Pero la úlcera por lo menos le sirvió para hacer una dieta algo más sana.

De todos modos, ni su salud ni su peso cambiaron permanentemente hasta que a su madre, Sophia, le diagnosticaron cáncer de mama. Entonces a Maria la asustó y afligió tanto la idea de perder a su madre o enfermar ella que inició una psicoterapia y entró en la organización Overeaters Anonymous [Comilones Anónimos], en la que aprendió a seguir una dieta sana.

La última vez que la vi, María estaba bajando de peso y se veía más sana que nunca. Me dijo:

Finalmente he comprendido que mi adicción a la pasta, al pan y a otros carbohidratos se debía a que estas cosas me servían de sustituto por mi falta de una madre cariñosa que me alimentara y adorara. Intelectualmente sé que mi madre no podía darme lo que ella nunca recibió. Así que, en cierto modo, agradezco que mis ansias de comer se remonten a varias generaciones. He dejado de azotarme por tenerlas.

Cuando por fin dejé hablar a mis ansias y me dijeron lo que realmente necesitaba, descubrí que al llegar a casa cada noche me sentía angustiada y vacía. Utilizaba la comida y el alcohol para llenar ese vacío interior. Finalmente, en lugar de medicarlo, me permití empezar a sentir ese vacío. Al principio no fue fácil, pero poco a poco, paulatinamente, se está marchando. También me he puesto a seguir una dieta sana para equilibrar la química de mi cerebro.

Es posible que siempre haya una parte de mí que se sienta vacía de vez en cuando. Pero también sé que no necesito llenar ese vacío con pastas grasientas, sólo necesito un masaje en la espalda, un abrazo, o salir a hacer una caminata. Y también necesito entregar mi vacío interior a mi Poder Superior. Ese sentimiento siempre se va cuando hago esto y también cuido de mí. Ahora me siento como si yo pudiera ser mi madre y alimentar mi corazón periódicamente, además del estómago.

La historia de Maria ilustra la trampa de llenar los agujeros de cariño con alimentos consuelo y otras sustancias adictivas. Estos «remedios» rápidos nos hacen sentir mejor temporalmente, pero con el tiempo, a medida que nos habituamos a ellos sin tratar el problema de fondo, necesitamos cada vez más de ellos para obtener el mismo resultado. Lo que de verdad buscamos es la sensación de valía, autoestima y cariño propio que sólo puede venir de nuestro interior.

Nuestro legado cultural: las necesidades orales no satisfechas son epidémicas

Aunque los detalles de la historia de Maria son exclusivos de ella, su problema es muy común. Los vacíos de cariño de la primera infancia son el verdadero motivo de que me hagan tantas preguntas sobre la dieta. Y sea cual sea el tema dietético sobre el que escriba o hable, sea de alergia a los productos lácteos o el hecho de que algunas personas necesitan más proteínas que otras, y por muchos estudios científicos que apoyen lo que digo, las reacciones que recibo muchas veces rayan en el fanatismo. Por ejemplo, una señora me escribió: «No puedo creer que los productos lácteos puedan hacer daño a alguien. ¿Dónde obtuvo esa información? A mí me parece que si la leche causara problemas, yo ya lo habría oído decir al Dairy Council [Junta de Productos Lácteos]» (!). Otra me dijo que estaba muy equivocada al sugerir que a algunas personas les iba mejor con un poco de carne en la dieta. Y otras están seguras de que los productos de soja son la causa de todo, desde cáncer a pubertad prematura.

La vehemencia de las opiniones en cuanto a los síes y los noes respecto a alimentos concretos, y la vergonzosa manera como se da la información, también apuntan a otro problema: muchísimas mujeres se avergüenzan de tener apetito. Cuando la mayoría de las niñas tienen seis o siete años, ya reciben mensajes adversos respecto a cómo deben o no deben comer. Recuerdo una vez que visité a una mujer que había adoptado a una niñita de pocos meses. El marido de esta mujer, como muchos hombres, la criticaba constantemente por su peso y su manera de comer; deseaba que ella nunca subiera ni medio kilo de peso. Por lo tanto ella, como muchas mujeres, escondía chocolates y los comía en secreto cuando él no estaba presente. Cuando la niñita adoptada tenía unos dos años y demostraba tener un sano apetito, los dos se reían de ella por «comer como una lima».

Muchas madres (o padres) dicen a sus hijas en tono desaprobador: «Ya estás comiendo otra vez». Cuando se repite este tipo de avergonzamiento, en la niña se establece la sensación de que su deseo de comer la hace una mala persona. ¿Cuántas mujeres conoces que se acercan a la bandeja con los postres diciendo: «Ahora voy a ser una chica mala y voy a comer este pastel»?

La verdadera nutrición que todas deseamos

Cuando una mujer desea saber qué comer, lo que pide en realidad es un plan dietético que llene todas sus necesidades emocionales y físicas y le garantice que la mantendrá sana y segura, si sigue la dieta al pie de la letra. Ese plan no existe ni existirá jamás. La única «dieta» que se acerca a satisfacer esas exigencias es la leche materna que da una madre amorosa, bien dispuesta y bien nutrida. Pero incluso la composición de la leche materna cambia día a día según las necesidades del bebé y el estado de la madre.

Lo que en realidad buscamos todas es a la madre que pocas, si es que alguna, tuvimos: un ser sobrehumano con dos pechos siempre llenos que esté siempre a nuestra disposición, satisfaciendo todas nuestras necesidades y mirándonos a los ojos con un amor puro y no adulterado, un ser tan poderoso que pueda protegernos de todos los inevitables desagrados y dificultades de la vida, y calmar nuestros sentimientos de duda, crítica y culpa. No existe ese ser. Y cuanto antes aprendamos a cuidar de nosotras mismas, mejores seremos como modelos reales y realistas para nuestras hijas.

LA CONEXIÓN PESO-SALUD: CÓMO Y CUÁNDO SE PRODUCE LA OBESIDAD

Muchas mujeres alternan entre la preocupación de que su hija no come lo suficiente para mantenerse viva y la preocupación de que va a engordar. Esta preocupación es comprensible dado que los estudios han demostrado que lo que ocurre en los primeros años influye muchísimo en el «mecanismo estabilizador» del volumen y peso corporales. Ahora está alarmantemente claro, por ejemplo, que una vez establecida, la obesidad infantil suele hacerse crónica y resistente a tratamiento.

Por otro lado, los niños necesitan bastante de los tipos correctos de alimento para sostener el crecimiento y desarrollo de sus órganos, en lo que entra también la densidad ósea y la salud del cerebro. El enfoque nutricional durante los primeros años ha de ser prevenir problemas futuros ofreciendo sanas opciones de comida y modelando el comportamiento en torno a la comida. Una vez hecho esto, normalmente el peso cuida de sí mismo.

Comida rápida: el desafío de nuestra nación

En general, si a la niña se la amamanta durante un año por lo menos y luego se le ofrecen muchas opciones de alimentos sanos, enteros, su sabiduría innata elegirá los alimentos que necesita su cuerpo. Pero hay un problema: nuestros productos alimentarios se han alterado para influir en el centro del apetito del cerebro. Aditivos como el glutamato monosódico (MSG o GMS), que se usa como potenciador del sabor, engaña al centro del apetito, anulando las señales innatas de saciedad. La mayoría de los productos alimentarios actuales están fabricados de tal manera que «no puedas contentarte con comer uno solo». Está bien documentado, por ejemplo, que dar glutamato monosódico a ratas de laboratorio las hace engordar. Cientos de estudios han documentado su contribución a la obesidad. (Para ver estos estudios entra en www.PubMed.com y teclea «MSG obese». Te sorprenderá y consternará el número de estudios que se han hecho.)

Puestos a elegir entre patatas fritas o galletas *cracker* con potenciadores del sabor y simples zanahorias o brécol, ¿que crees que elegirán la mayoría de los niños pequeños, por no decir la inmensa mayoría de madres? Ahí está el problema. Hemos engañado a nuestros cerebros y cuerpos con nuestras opciones de comida.

Pero el conocimiento es poder. Cada una de nosotras es responsable de utilizar ese conocimiento para ayudar a nuestros hijos y a nosotras mismas a mantener sana la composición del cuerpo. A continuación, lo que toda madre debe saber.

Yo soy gorda, mi madre es gorda, ¿mi hija está condenada a ser gorda?

La respuesta es un rotundo ¡No! Muchas mujeres temen contraer las mismas enfermedades de su madres, entre otras la obesidad. Si bien es tentador pensar que heredamos la tendencia a la obesidad, principalmente en nuestros genes, esto no es cierto. Nuestros genes son entidades autónomas que «tienen su estilo» con nuestro cuerpo. En realidad, es el entorno que rodea a los genes (los factores epigenéticos) el que determina su forma de expresarse. Ese entorno está determinado en parte por nuestra forma de aplicar la faceta de poder femenino relativo al cuidado y nutrición propios. También influye profundamente el legado en torno a la comida que heredamos de nuestra madre, nuestra abuela materna y todas las mujeres que la precedieron.

Defino «legado» como la enorme cantidad de información acerca de nuestro pasado y el pasado de nuestra familia, que influye en nuestra energía, salud y posibilidad de cambio en cada generación. Esta información se transmite «inconscientemente» a través del comportamiento repetido, y «conscientemente» en forma de consejos. Por ejemplo, si se nos enseña a «dejar limpio el plato» y agradar a la mamá pidiendo siempre una segunda ración, es probable entonces que tengamos la tendencia a aumentar de peso, sobre todo si también llevamos una vida sedentaria y comemos demasiado del tipo malo de calorías (véase capítulo 13).

En lugar de creer que son los genes los que nos hacen gordas, tenemos que enfrentar la verdad. Es el legado que hemos heredado de nuestras madres en torno a la comida y la actividad física lo que influye en nuestro peso en la actualidad. Mira a Oprah Winfrey; ha cambiado totalmente su herencia genética relativa a la obesidad y la diabetes cambiando su comportamiento en torno a la comida y ejercicio. Esto lo sé yo muy bien. Si comiera lo que fuera que se me antojara y siempre que lo deseara y no hiciera ejercicio cada día, estaría obesa en un mes. Y también lo estaría una de mis hijas. Punto. Fin de la historia. ¡Sencillo, pero no fácil!

La composición corporal sana comienza en el útero

Hay tres periodos críticos en que la niña tiene más probabilidades de generar problemas de peso, los que con mucha frecuencia persisten en la edad adulta. Éstos son los periodos pre y perinatal, alrededor de los dos años, y nuevamente durante la adolescencia.

Periodo prenatal

El ambiente intrauterino sienta los cimientos de la relación de la niña con el alimento y el peso corporal. Influye en el número de células adiposas, y otras, que se desarrollan en los órganos, en el centro de saciedad del cerebro y en el funcionamiento del sistema endocrino. Todos estos factores juntos favorecen el crecimiento, ya sea restringido o bien exuberante.

Al parecer los bebés que nacen con poco peso para su edad de gestación (menos de 2,5 kg a término del embarazo) continúan siendo más menudos que aquellos que nacen con peso normal. Sin embargo, unos extensos estudios longitudinales han demostrado que la limitación del crecimiento en el útero podría sentar las bases para la diabetes tipo 2 y la enfermedad cardiovascular más adelante en la vida. Esto se debe a que algunos bebés de crecimiento reducido tienen tendencia a engordar una vez que tienen suficiente para comer. La teoría es que han desarrollado un metabolismo «tacaño» dentro del útero. En resumen, son como pequeños «dieteros» [personas que siguen una dieta], cuyos cuerpos aprenden a aprovechar al máximo cualquier caloría que les llegue.

El tabaquismo de la madre está relacionado con la limitación del crecimiento fetal; también el aumento de peso inadecuado durante el embarazo. Los investigadores han documentado una relación muy clara entre la delgadez en la niñez y la mala tolerancia a la glucosa o diabetes en la juventud. Sin embargo, pasar a categorías más altas del índice de masa corporal (medida de la relación entre peso y altura) después de los dos años también está relacionado con estos trastornos.[5]

Por otro lado, los bebés que nacen con mucho peso (más de 4 kilos) también parecen tener un mayor riesgo de sobrepeso posterior. Las madres que suben demasiado de peso, o que tienen diabetes gravídica o de otro tipo, tienden a tener bebés grandes.

Los bebés amamantados rara vez son obesos. Si lo son se debe a alimentación prematura con alimentos sólidos que les dan un exceso de calorías. La leche materna proporciona el tipo adecuado de nutrición debido a que su composición se adapta continuamente para satisfacer las necesidades únicas del bebé en crecimiento. Por ejemplo, el contenido de grasa de la leche materna aumenta hacia el final de la mamada. Esto se llama leche postrera. Es más dulce y suculenta que la primera leche, que es más acuosa para saciar la sed del bebé. La leche postrera es el «postre» de la Naturaleza.

Aumento de peso en niños de alrededor de dos años

Un segundo indicador de problemas de obesidad y cardiovasculares posteriores se llama técnicamente «adiposidad de rebote». Durante el primer año es normal que los bebés tengan un porcentaje de grasa corporal relativamente elevado. Muchas veces adelgazan drásticamente cuando comienzan a andar y a moverse más. Se llama adiposidad de rebote a la vuelta a un porcentaje elevado de grasa corporal. Si su peso sobrepasa el que se considera normal para su edad y altura, podría estar en mayor riesgo de problemas más adelante.

Aunque es necesario hacer muchos más estudios en este aspecto, una cosa está clara: los problemas de peso en la infancia son más fáciles de prevenir que de curar. El sistema actual es que la niña «baje el porcentaje elevado al crecer», es decir, no se ha de esperar que «baje» de peso; el objetivo es que sencillamente frene el aumento de peso hasta que llegue a la altura en que ese peso sea el normal.

EN RESUMIDAS CUENTAS

Aunque nadie puede retroceder para cambiar el peso al nacer ni puede cambiar las circunstancias del embarazo, siete directrices básicas harán más fácil controlar el peso a madres e hijas.

- Mantén estables los niveles de azúcar e insulina en la sangre con una dieta rica en proteínas, frutas y verduras, y grasas sanas como las que se encuentran en los frutos secos, semillas y pescado de agua fría.
- Haz ejercicio moderado con regularidad. Los programas de natación o gimnasia «Mamá y yo» son ideales para hacer ejercicio juntas.
- Evita los productos alimentarios que estimulan anormalmente el centro del apetito, como el glutamato monosódico, el azúcar refinado y la cafeína.
- Cambia el legado de tu hija haciendo del comer sano un asunto familiar.
- Toma un buen suplemento vitamínico mineral rico en antioxidantes.
- Practica la higiene emocional para que haya menos posibilidades de adicción a comer.
- Busca maneras de disfrutar tú y tu hija de diversas actividades placenteras que no incluyan comida. ¡El masaje periódico está bien arriba en mi lista!

AGUA: POR QUÉ LOS NIÑOS NECESITAN BEBERLA

¡Se calcula que actualmente un 30 por ciento de las calorías de los niños estadounidenses provienen de la soda pop! La soda no es un alimento y no debería formar parte de la dieta de ningún niño. Aunque nunca di bebidas gaseosas a mis hijas, como a muchas madres de ese tiempo se me pasó la mano con el zumo de manzana, que es fundamentalmente agua con azúcar. Lo creas o no, la principal bebida de los niños debería ser agua pura. Veamos por qué.

Los estudios realizados por el doctor Fereydoon Batmanghelidj, autor de *Your Body's Many Cries for Water* [Tu cuerpo clama por agua], señalan que muchas personas están deshidratadas debido en parte a que sus mecanismos naturales de la sed se han desconectado a causa de tomar bebidas como gaseosas, zumos y té. El doctor Batmanghelidj nos recuerda que la vida comenzó en el agua, y que en las rutas evolutivas había complejos mecanismos para mantener la provisión de agua del cuerpo. El agua tiene un papel dinámico para mantener la química corporal; transporta oxígeno, nutrientes y otras sustancias por todo el cuerpo; también es necesaria para eliminar los productos de desecho de las células. Para que el cuerpo funcione bien, es necesario repostar periódicamente la provisión de agua. Esto es lógico: el 75 por ciento del cuerpo consiste en agua, y sólo el 25 por ciento es materia sólida.

En la Escuela de Medicina aprendimos que la boca seca es una señal fiable de deshidratación. Pero no es la única. Es muy común que un niño (o un adulto) sienta hambre cuando en realidad tiene sed. El cuerpo también siente dolores de sed, tal como siente dolores de hambre, así que otra señal de deshidratación es el dolor.

Si bien el cuerpo puede sobrevivir a cierta deshidratación, finalmente paga un precio. En los adultos, la deshidratación crónica puede ser causa de trastornos como la dispepsia (acedía, acidez), dolor artrítico, dolor de espalda, dolor de cabeza (incluso jaqueca o migraña), dolor intestinal acompañado de estreñimiento, dolor de angina de pecho (dolor del corazón) y dolor de piernas (al caminar). Todo esto además del común síntoma de cansancio, particularmente a media tarde.

En la sociedad moderna la mayoría creemos que todos los líquidos son iguales. Pero los zumos más corrientes, el café, el té y las bebidas gaseosas agotan la provisión de agua del cuerpo porque contienen sustancias deshidratantes como la cafeína y el azúcar. Estos agentes extraen agua de las reservas del cuerpo. Peor aún, una vez que la persona le ha tomado gusto a estas bebidas, pierde su sed natural de agua. Ése es uno de los motivos de que las personas no se den cuenta de que están deshidratadas. La salud mejora rápidamente una vez que la niña bebe suficiente agua cada día.

La cantidad de agua óptima para una niña es más o menos un tercio de litro por cada diez kilos de peso. Por ejemplo, si pesa 15 kilos, necesita beber medio litro de agua al día. (No hay que forzar esto; simplemente vigila que tenga agua a su disposición todo el tiempo.) Por lo general, los bebés obtienen todo el líquido que necesitan de la leche materna o de fórmula, aunque va bien darles agua de tanto en tanto. Actualmente yo tengo botellas de agua filtrada en el refrigerador, para que sea fácil coger una según se necesite. Te recomiendo hacer lo mismo. Bebe agua de manantial o filtrada; en muchas partes el agua de grifo no es lo bastante pura. Mientras la niña beba suficiente agua, puedes darle también otras bebidas sanas, como té verde, amasake o zumos recién hechos. (Véase «Recursos y proveedores».)

¿Necesitan leche tus hijos?

A pesar de lo que a muchas personas se las ha llevado a creer, es totalmente posible que una hija desarrolle huesos y dientes sanos sin beber leche de vaca. Como he dicho, mis hijas nunca la bebieron. Ni siquiera teníamos leche de vaca en casa hasta que fueron adolescentes, y ni siquiera entonces la bebían en vaso. La usábamos para los cereales del desayuno o para añadirla al té de vez en cuando. Las niñas bebían leche de soja, y también una bebida de arroz llamada amasake.

La realidad es que la mayor parte de la población mundial no bebe leche después de dejar de ser bebé. Al fin y al cabo la leche de vaca está destinada a los terneritos bebés. La leche humana está destinada a los humanos bebés. (Incluso los bebés amamantados pueden sufrir de alergia a la leche de vaca si su madre la bebe.)

La leche no es el alimento milagroso que se dice. En su libro *The Wellness Revolution* [La revolución de la salud], Paul Zane Pilzer escribe:

> Una vaca típica en la naturaleza produce hasta 4,5 litros de leche al día, mientras que las torturadas vacas de hoy en día producen hasta 45 litros al día; esto se debe a que ahora se da a las vacas grandes cantidades de hormonas especializadas, como la del crecimiento bovino, para aumentar la producción de leche, leche que les hincha tanto las ubres que las arrastran por el suelo. Esto tiene por consecuencia infecciones frecuentes que se han de tratar constantemente con antibióticos. El USDA (Departamento de Agricultura de Estados Unidos) permite beber leche que contiene de un millón a millón y medio de glóbulos blancos (eso es pus para los no biólogos) por mililitro.[6]

La hormona del crecimiento bovino (BGH), el pus y los antibióticos continúan en la leche después de procesada, y es causa de todo tipo de problemas de salud para aquellos que consumen productos lácteos, en especial los niños. La flatulencia, el estreñimiento, las alergias y las infecciones de oídos son comunes. No siempre está claro si los síntomas provienen de intolerancia a la lactosa, de los antibióticos que contiene la leche o de los alérgenos de la propia leche. También ha sido mi experiencia que algunos niños son sensibles a la leche producida por estos métodos pero no a la biológica. Pero lo que me preocupa aún más son los efectos de la hormona del crecimiento bovino. Desde la introducción de esta hormona y de otras en nuestros productos alimentarios, ha bajado la edad de la pubertad, y aumentado la talla de pechos de las adolescentes. Estoy convencida de que estas hormonas han alterado el desarrollo y crecimiento humanos y han contribuido no sólo a un mayor volumen de los pechos sino también al aumento del cáncer de mama y el de ovario.

Y para hacer aún más confusas las cosas, hay pruebas convincentes de que beber leche no previene la osteoporosis. Por ejemplo, en un estudio publicado en *The American Journal of Public Health*, se comparó el consumo de leche y calcio de 77.000 mujeres en un periodo de 12 años para determinar la incidencia de fracturas de cadera y antebrazo. ¡Las mujeres que habían consumido más productos lácteos tenían más fracturas que aquellas que bebían menos leche! De hecho, los autores llegaron a la conclusión de que los datos no apoyan la hipótesis de que consumir leche y otros alimentos fuentes de calcio proteja a las mujeres de las fracturas de cadera y antebrazo.[7] En otro estudio se descubrió que entre aquellas que habían consumido más leche y queso cuando eran veinteañeras había una mayor incidencia de fracturas de cadera más adelante en su vida.[8]

La conexión calcio

Recomiendo que, en lugar de leche de vaca, los niños tomen un suplemento de calcio y magnesio. El magnesio es un mineral tan importante como el calcio para la salud de los huesos. También contribuye a la asimilación del calcio. En realidad, hay pruebas que indican que los niños son más propensos a la carencia de magnesio que a la de calcio. Existen tabletas masticables. La dosis para niños que ya andan es de 400 mg de calcio y 100 mg de magnesio al día. La dosis va aumentando gradualmente hasta 1.300 mg de calcio y unos 400 mg de magnesio al día para adolescentes. (Véase «Recursos y proveedores».)

Las legumbres, la melaza líquida oscura, las sardinas y las verduras de hoja verde también son ricas en calcio, así como una multitud de otros alimentos. El problema es, lógicamente, que muchos niños, en especial los pequeños, pueden pasar semanas sin acercarse a una verdura. Así que, para la paz mental, recomiendo darles suplementos. Si tus hijos no los mastican, puedes añadir calcio y magnesio molidos o líquidos a las sopas o incluso a las galletas, pasteles o panes al hornearlos. No notarán el sabor.

Y si estás firmemente convencida de que debes darles leche a tus hijos, asegúrate ante todo de que sea producida biológicamente y no contenga la hormona del crecimiento bovino.

LUZ DEL SOL: NUTRIENTE ESENCIAL

Aunque hoy en día se nos enseña a tenerle miedo al sol, todos, incluidos los niños, necesitamos periódicamente su luz para estar sanos. Nuestra sabiduría interior sabe esto y por eso, pese a la propaganda sobre los peligros de la exposición al sol, millones de personas siguen yendo a la playa. El sol es sencillamente tan agradable que no puede ser malo. Además de aumentar el nivel de serotonina en la sangre y contribuir a equilibrar la melatonina, sus rayos ultravioleta permiten al cuerpo fabricar vitamina D en la capa de grasa que tenemos bajo la piel.

La dosis actual de vitamina D recomendada oficialmente es la cantidad que necesita un niño para prevenir el raquitismo, trastorno caracterizado por la formación anormal de los huesos. Pero prevenir el raquitismo no es el único beneficio de un nivel óptimo de vitamina D. Se está produciendo un cambio paradigmático en la medicina, ya que nuevos estudios revelan un papel mucho más importante de la vitamina D que lo que se sabía. La vitamina D es vitamina, pero también es una hormona precursora que tiene un papel esencial en el mantenimiento de la salud de los huesos, los pechos, el cerebro, el sistema inmunitario y los intestinos. A lo largo de toda la vida, la cantidad adecuada de vitamina D contribuye a formar masa ósea, a mantener sanos los niveles de colesterol y la tensión arterial, y a la salud de las articulaciones. Los investigadores han demostrado que incluso una dosis de 2.000 UI de vitamina D diaria como suplemento a bebés menores de un año reduce en un 80 por ciento la incidencia de diabetes tipo 1.[10] También disminuye el riesgo de esclerosis múltiple, previene algunos cánceres, entre ellos el de mama, de ovario, de próstata y colorrectal. De hecho, un nivel subóptimo de vitamina D podría ser una de las causas de que en las latitudes norteñas sea mayor el índice de cáncer de mama que en las latitudes más cercanas al ecuador. Se estima que la exposición adecuada a la vitamina D, ya sea tomando el sol o en suplementos, salvaría más de 23.000 vidas al año en Estados Unidos debido a la reducción de la mortalidad por cáncer.[11]

Ahora está claro que el límite superior de 2.000 UI de vitamina D al día definido por el Consejo de Alimentos y Nutrición (Food and Nutrition Board) era demasiado bajo. La necesidad fisiológica para adultos podría ser de hasta 5.000 UI al día, y por lo menos de 1.000 UI para niños.

La toxicidad de la vitamina D es mucho menos común que lo que se pensaba. En general, para inducir toxicidad por vitamina D en bebés, sería necesario que tomara 40.000 UI al día durante cuatro meses. La toxicidad en adultos exigiría tomar como mínimo 100.000 UI al día durante varios meses.

La exposición al sol al aire libre es un indicador mucho más fiable del nivel de vitamina D en la sangre que el consumo dietético. Esto se debe en parte a que se ha descubierto que entre las personas varía muchísimo la dosis requerida de vitamina D oral. Además, el investigador de la vitamina D, doctor Michael Holick, de la Escuela de Medicina de la Universidad de Boston, observa que el contenido de vitamina D de los productos lácteos enriquecidos varía muchísimo, sobre todo en los productos con leche semidesnatada o desnatada (la vitamina D es una vitamina liposoluble, y la leche desnatada o semidesnatada no contiene suficiente grasa para disolverla). Y si bien es posible, aunque muy excepcional, como he dicho, tomar dosis tóxicas de vitamina D en suplemento, es imposible que la exposición al sol produzca demasiada vitamina D. Nuestra sabiduría corporal contiene un mecanismo por el cual fabricamos exactamente lo que necesitamos con la exposición al sol, ni más ni menos.

Para poner el nivel de vitamina D en la franja adecuada, lo único que hace falta es que la niña juegue al aire libre con la cara y las manos al descubierto y sin protector solar de tres a cinco veces a la semana durante cuatro a cinco meses al año (entre abril y octubre en las latitudes del norte). Con esta exposición su cuerpo fabricará vitamina D suficiente para todo el año. Cuanto mayor es la parte del cuerpo expuesta, mejor. La exposición de todo el cuerpo al sol en días despejados en las latitudes ecuatoriales puede fácilmente proporcionar el equivalente de 4.000 a 20.000 UI en menos de treinta minutos a personas con la piel ligeramente pigmentada. Aquellas personas con la pigmentación más oscura necesitan más tiempo de exposición. Lo principal es la moderación y evitar las quemaduras. Es más seguro tomar el sol por la mañana temprano o a última hora de la tarde. Evita tomarlo a mediodía siempre que sea posible.

No almacenamos muy bien la vitamina D al hacernos mayores. La doctora Miriam E. Nelson, autora de *Strong Women, Strong Bones*,* observa: «Si una mujer de 65 años y su hija de 35 dan un paseo de diez minutos un día soleado, la piel de la madre fabricará sólo un tercio de la cantidad de vitamina D que fabrique la hija».[12]

Comprendo que puede resultar difícil lograr que tu hija (y tú) esté al aire libre con periodicidad si trabajas o vives en una ciudad, pero el resultado vale el esfuerzo. También va bien para prevenir en ella una excesiva dependencia de la televisión o del ordenador para entretenerse.

Si la niña va a estar fuera más de veinte minutos, deberá llevar crema protectora para evitar quemaduras. La exposición a rayos ultravioleta más allá de producir pre-eritema (enrojecimiento de la piel) no aumenta el nivel de vitamina D. Sin embargo, si tu hija tiene la piel muy morena, necesita estar más tiempo al sol. Los niños deberían tomar por lo menos 400 UI de vitamina D al día (en forma de colecalciferol, o vitamina D_3) hasta los cuatro años, y luego aumentarlo hasta un mínimo de 1.000 UI. Una excelente fuente es el aceite de hígado de bacalao, el que mis padres nos daban siempre en invierno. Actualmente hay marcas que saben mucho mejor que lo que tomábamos en ese tiempo. (Véase «Recursos y proveedores».) Para información sobre la dosificación correcta de la vitamina D a diferentes edades, nivel adecuado en la sangre, toxicidad y asuntos de salud, entra en la página web de Vitamin D Council, organización no lucrativa que trabaja en dar a conocer los efectos adversos de la carencia de vitamina D (www.Cholecalciferol-Council.com).

RETENER, SOLTAR: LA BIOLOGÍA DE LA FUNCIÓN DE INTESTINOS Y VEJIGA

La capacidad para usar la taza de váter es un importante paso hacia la autonomía y la independencia. Si se lleva bien la educación respecto a su uso, la hija desarrolla la sensación de poder y dominio en torno a su cuerpo, y confianza en su capacidad de dejar que su cuerpo haga lo que sabe hacer naturalmente. También comienza a moverse más libremente

---

* *Mujer fuerte, huesos fuertes: prevenir, tratar y vencer la osteoporosis*, Paidós Ibérica, Barcelona, 2001. *(N. de la T.)*

en el mundo más ancho exterior a la casa. En realidad, muchos establecimientos preescolares y guarderías no aceptan niños que no tengan formación en el uso del váter.

La mayoría de los niños llegan al desarrollo neuromuscular necesario para controlar el intestino y la vejiga en algún momento entre los dos y los cuatro años. De todas formas, hasta llegar al control totalmente voluntario hay mucha variación individual. También hay gran variación en la frecuencia de movimiento de vientre de un niño.

Método sano para la educación en el uso del váter

Cuando le pregunté a mi madre cómo llevó ella esta formación con nosotros, me dijo:

> No hacía mucho alboroto. Cuando llegabais a una cierta edad, no os gustaba la sensación de los pañales cuando estaban sucios. Así que os ponía calzoncillos o bragas. Después, cuando ibais a salir a jugar, os preguntaba si teníais necesidad de ir al lavabo. Si decíais no, yo me limitaba a decir «Muy bien». Y os dejaba salir. Si pasado un rato entraba uno de vosotros con los calzoncillos o las bragas sucias o mojadas, yo decía: «Parece que tenías que ir, ¿verdad?». «Sip.» El que fuera se quitaba la ropa sucia, se la ponía limpia y volvía a salir. No os llevó mucho tiempo aprender que era más cómodo ir al lavabo antes de salir a jugar que esperar hasta estar mojados y con frío. No había nada de qué avergonzarse.

Cuando yo era niña, hacíamos excursiones y acampábamos muchísimo, así que aprendí a edad muy temprana a relajarme e ir de vientre y orinar en el bosque o a un lado del camino. Aparte de las inconveniencias de la anatomía femenina a este respecto, me las arreglaba tan bien al aire libre como mis hermanos. También aprendí a usar hojas como papel higiénico (claro que hay que saber reconocer el zumaque venenoso). A mis hijas les he enseñado lo mismo, para que se sientan cómodas en cuidarse de estas funciones normales en una amplia variedad de lugares y ambientes.

La formación temprana en la evacuación, regla de oro de las madres de la generación de nuestras abuelas, ya no es la norma. En realidad, se está elevando la edad para la educación con el orinal. Los estudios sugieren que mientras alrededor del 90 por ciento de los niños ya no usaban pañales a los dos años y medio en los años sesenta, ni siquiera a un cuarto de ese número se los educa tan pronto ahora. En el más extenso estudio reciente, realizado en los aledaños de Filadelfia, se comprobó que la mitad de los niños y un tercio de las niñas no estaban educados en el uso del váter a los tres años.[13] Los fabricantes de las principales marcas de pañales ahora fabrican sus productos en tamaños más y más grandes, entre ellos los Pull-Ups, pañales en forma de *slips* y bragas, que son los más vendidos de Kimberley-Clark. El famoso pediatra T. Berry Brazelton apareció en el anuncio de televisión de los Pampers de tamaño más grande diciendo a los padres: «No apresuréis a vuestro hijo a aprender a usar el váter ni permitáis que nadie os diga que ya es el momento. Tiene que ser decisión del niño».

Brazelton opina que los niños son menos propensos a tener problemas como mojar la cama y el estreñimiento crónico si los padres evitan las luchas de poder con el orinal. Estoy de acuerdo. Pero también creo que dejar que un niño continúe demasiado tiempo con pañales podría indicar la necesidad del progenitor de que el niño continúe siendo bebé, o el miedo del niño a crecer y hacerse independiente. La mayoría de los niños, en especial las niñas, están preparados para empezar el proceso de educación en el uso del váter alrededor de los dos años.

Muchas mujeres se han criado en familias en las que hay ciertos remilgos y asco por la función de los intestinos. Uno de los regalos de tener un bebé es que varios años cambiando pañales seguidos por otro año más o menos hablando de orinal ayudan a superar esto. Todos los seres humanos ingerimos alimentos y evacuamos productos de desecho. Todas las heces huelen mal (a excepción de las de un bebé alimentado exclusivamente con el pecho), y también todos expulsamos gases malolientes de cuando en cuando. Estas cosas sólo son hechos de la vida y nada de lo que haya que avergonzarse. Todas las supermodelos, los personajes de la *jet set* internacional e incluso el Papa pasan por este mismo proceso de evacuación diaria. Haz las paces con esto. Relájate y únete a la raza humana.

Si tienes una hija, deja en paz sus movimientos de vientre. Y déjala sola cuando los esté haciendo; no te quedes rondándola. Enséñale a limpiarse bien (de delante hacia atrás, para que las bacterias fecales no entren en la vagina ni en la uretra), ayúdala si «deja un desastre», y luego déjala en paz.

La conexión mente-cuerpo en la salud del vientre

La capacidad física de controlar el vientre y la vejiga se relaciona psicológicamente con las emociones relativas a retener y soltar. Retener equivale a constricción, mientras que soltar equivale a expansión. La única manera de retener la orina o las heces es contraer los músculos de los esfínteres. La única manera de evacuar el intestino o la vejiga es aflojar y expandir esos mismos músculos. Para estar y continuar sanos los niños deben llegar a un equilibrio entre estas dos polaridades, no sólo físicamente sino también emocionalmente. Durante los años en que pasan de usar pañales a hacer sus necesidades en el váter se sientan las bases de lo bien que lograrán este equilibrio más adelante en sus vidas. (Véase «Berrinches: Incontinencia emocional y "descontrol"», en capítulo 7.)

La conexión mente-cuerpo es extraordinariamente poderosa tratándose de la salud del vientre. Muchos de los problemas de vientre en los niños comienzan como un desequilibrio en los niveles de neurotransmisores que afectan al funcionamiento de los intestinos. Puesto que estos neurotransmisores son exactamente los mismos mensajeros químicos del cerebro, una «reacción visceral» en cualquier zona, por ejemplo en el colon, es en realidad el cerebro «inferior» del niño que envía mensajes. El malestar emocional puede afectar al funcionamiento del vientre de la niña aun cuando ella no tenga conciencia de ese malestar. Los cambios en la dieta, en el entorno, en el grado de actividad y en la dinámica de sus relaciones también influyen en los niveles de neurotransmisores, y en el funcionamiento del vientre. Lógicamente esto ocurre también a los adultos.

La ley del esfínter

Recibimos mensajes conscientes e inconscientes acerca de si estamos seguros o no para soltarnos en un determinado momento o lugar. En general, cuanto más relajados y seguros nos sentimos, más relajada y eficaz será nuestra evacuación. Ina May Gaskin, la famosa partera y autora de *Ina May's Guide to Childbirth*, llama ley del esfínter a esto (el cuello del útero también es un esfínter). No se puede obligar al esfínter a relajarse cuando la persona (sea niño o adulto) no se siente segura y cómoda. Es así de sencillo.

Es muy común que tanto niños como adultos no puedan ir de vientre unos cuantos días cuando están de viaje. A muchas mujeres también les resulta difícil ir de vientre en lavabos públicos; tan pronto como entran en sus casas, pueden. Hace poco una señora de 65 años me contó que hizo un viaje en un crucero Windjammer de Maine, y no pudo ir de vientre toda una semana porque el lavabo estaba situado en cubierta en un lugar muy visible. No pudo relajarse para aflojar el esfínter, aun cuando sus acompañantes en el viaje se quedaban en la puerta vigilando que no entrara nadie. Es evidente que a edad temprana esta mujer interiorizó ciertos mensajes acerca de esta función que le seguían obstaculizando la capacidad para ser totalmente funcional en el mundo. La ley del esfínter vuelve a golpear.

La ley del esfínter es consecuencia de uno de los procesos corporales más básicos, el funcionamiento del sistema nervioso autónomo. El sistema nervioso autónomo consta de dos ramas: el sistema nervioso simpático, o SNS (la parte que tiene que ver con el instinto de supervivencia, o de «luchar o huir»), contrae los músculos y los vasos sanguíneos en reacción a un desafío o peligro percibido; el sistema nervioso parasimpático, o SNP (la parte «descanso y recuperación»), relaja los músculos y vasos sanguíneos una vez que ha pasado el peligro o amenaza, o cuando sabemos que estamos a salvo y seguros. El SNS podría considerarse el acelerador, y el SNP el freno. Todos los órganos corporales, y las funciones normales del vientre, dependen del equilibrio y coordinación entre estos dos sistemas y las sustancias neuroquímicas que producen.

Cuando la niña o el niño no se siente a salvo o segura/o, o bien se aceleran las contracciones rítmicas del colon, produciendo diarrea, o se frenan, produciendo estreñimiento.

El síndrome del intestino irritable (también llamado del colon irritable), trastorno común, exacerbado por el malestar emocional, es consecuencia de un desequilibrio entre las funciones parasimpática y simpática de la pared intestinal. Se caracteriza por estreñimiento que alterna con diarrea. Los dolores de barriga que experimentan muchos niños acompaña al mismo tipo de malestar emocional que produce este mismo síndrome en los adultos. El nervio vago, el principal nervio del sistema nervioso parasimpático, está conectado con la amígdala del cerebro y también con el lóbulo temporal. Éstas son justamente las zonas relacionadas con las emociones fuertes y la información intuitiva.

Aunque a veces el estreñimiento se debe a falta de líquido y fibra en la dieta, con mucha más frecuencia está relacionado con lo que se llama alteración neurogastroenterológica, palabra muy larga para llamar a los problemas de la conexión mente-cuerpo, que normalmente tienen su origen en la infancia.

LA CONEXIÓN MENTE-CUERPO
EN EL FUNCIONAMIENTO DEL VIENTRE

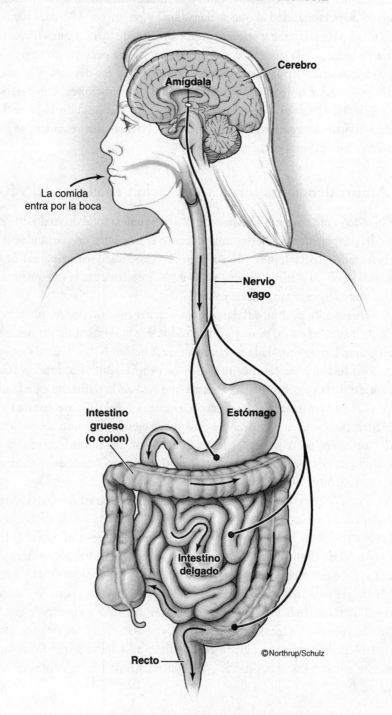

Cerebro

Amígdala

La comida
entra por la boca

Nervio
vago

Intestino
grueso
(o colon)

Estómago

Intestino
delgado

©Northrup/Schulz

Recto

Si hay luchas de poder o miedos exagerados o indebidos en la educación sobre el uso del váter, el niño o la niña podría también formarse un estilo de personalidad al que se llama anal y retentivo. Al crecer tiene dificultad para relajarse y aflojar psíquicamente, de formas que en apariencia no tienen nada que ver con los esfínteres. Una persona así se preocupa excesivamente por la perfección, la limpieza y los detalles, y le cuesta abrirse y dejar fluir libre y orgánicamente sus emociones. Las personas que tienen problemas de esfínter también intentan impedir el libre flujo de actividades expansivas que disfrutan los demás. En resumen, se convierten en «esfínteres culturales».

Ambivalencia materna y educación en el uso del váter

Cuando la niña intenta liberarse de la dependencia total de su madre, esta podría experimentar cierta ambivalencia al respecto, en particular si ha disfrutado especialmente de su papel como cuidadora principal de un bebé. También podría sentirse vacía en su interior ante la perspectiva de que sus hijos crezcan y no la necesiten.

Una madre podría, sin darse cuenta, tener fijación por lo que produce su hija en el váter, desear vigilar todos sus movimientos de vientre y, en general, dar demasiada atención a esta función. Al hacer esto comunica a su hija que su cuerpo no posee su propia sabiduría, inteligencia y sentido de la oportunidad. Y puesto que está en la naturaleza de la niña confiar en sí misma y en su cuerpo, empieza a pelearle ese control a su madre. No tarda en comprender que puede ejercer dominio sobre su madre reteniendo las heces, evacuándolas en un lugar inadecuado, o sufriendo de «dolores de barriga» y otros síntomas relacionados con su sistema gastrointestinal.

Por ejemplo, una de mis clientas me contó que su hermana mayor contrajo un trastorno llamado encopresis, o incontinencia de las heces (se ensuciaba las bragas debido a que retenía las heces durante días hasta que éstas salían solas). Este trastorno se debía en parte a que su madre era muy entrometida y quería controlarle los movimientos de vientre. Mi clienta recuerda a su hermana, que en ese tiempo tenía siete años, escondida fuera de la casa entre los arbustos, mientras su madre le gritaba por la ventana: «¡Estás ahí, lo sé! ¡Te vas a ensuciar las bragas, ¿verdad?!» Habiendo presenciado este drama, mi clienta aprendió rápidamente a hacer sus necesidades en secreto, lejos de los vigilantes ojos de su madre.

Muchas personas se han criado en la creencia de que los niños que aprenden a usar el lavabo a edad temprana son más inteligentes o superiores a los que tardan algo más. Una madre que cree esto podría considerar que la educación en esto es una manera de demostrar su pericia maternal. Esto puede generar una lucha de poder que quedará programada en la biología de la niña. Una niña que comprende que puede controlar a su madre mediante sus funciones corporales podría inconscientemente trasladar ese mismo comportamiento a relaciones posteriores; por ejemplo, podría empezar a sufrir de dolores de estómago o diarreas como una manera de evitar ir a trabajar. Por otro lado, también podría desconectarse totalmente de su sabiduría corporal innata. Las luchas de poder por las funciones del vientre en la niñez suelen disponer el escenario para problemas gastrointestinales crónicos y debilitantes, como el síndrome del intestino irritable, estreñimiento crónico, flatulencia e hinchazón y diarrea.

PATRICIA: ¿de quién es el cuerpo, entonces?

Una de las subscriptoras a mi hoja informativa escribió acerca de los intentos de su madre de convertirla en un «clon» de ella:

> Estaba decretado que sus necesidades y las mías tenían que ser idénticas. En general, tenía prohibido hablar a no ser que me hablaran, e incluso entonces, sólo había una respuesta correcta que yo tenía que saber por adelantado para sobrevivir. No había nada que yo pudiera decir que le interesara a alguien, y nadie estaba jamás disponible para ayudarme. Era sólo una niña.
>
> Recuerdo un incidente concreto de cuando tenía unos cinco años; sentí necesidad de ir al lavabo durante un viaje en coche muy largo. Me armé de valor y les pedí repetidamente a mis padres que pararan, pero no paraban. Al final se hartaron tanto conmigo que pararon el coche a un lado del camino. Mi madre me observó orinar en el suelo y recuerdo muy claramente que comentó: «Ah, pues sí que tenías necesidad de ir al lavabo». Y recuerdo que yo pensé: «No me creía», pero no lo dije. De verdad mi madre pensaba que si ella no tenía necesidad de ir al lavabo, tampoco la tenía yo.
>
> Tenía que comerme toda la comida que me servían, la que normalmente era más de lo que yo deseaba o necesitaba, y aprendí a no tener que ir nunca al lavabo en un momento inconvenien-

te. Es decir, me invalidaron o desconectaron todas las señales de mi cuerpo: han pasado muchísimos años y todavía estoy intentando recuperarlas y reiniciarlas.

DEBBIE: *madre asfixiante*

La hija de Debbie tenía tres años cuando empezó a tener estreñimiento e infecciones recurrentes en la vejiga. Debbie, que era clienta mía, la llevó a un buen número de médicos, ninguno de los cuales logró determinar la causa de esos problemas. Aunque a la niñita la trataban con todo, desde laxantes a antibióticos y a remedios homeopáticos, los síntomas siempre recurrían.

Debbie tenía 40 años en ese tiempo; había tenido a su hija después de años de tratamiento para la infertilidad. «La mejor época de mi vida», decía, para explicar el primer año con su bebé. «Me encantaba el hecho de tener un bebé. No deseaba que mi hija cambiara ni creciera.» Había tenido una serie de sueños, cuyo tema principal era que alguien venía a llevarse a su hija. La aterraba perder aquello que tanto trabajo le había costado conseguir: su hija.

Pero no se puede detener el proceso de la vida, en especial tratándose de la rápida evolución de un niño. En realidad, el grado en el cual tu identidad depende de ser una cuidadora o madre es el grado en el que podrías tener dificultad para dejar que tus hijos se hagan autónomos e independientes.

No es sorprendente entonces que cada vez que su hija daba un paso en su desarrollo (primero cuando aprendió a andar y luego cuando comenzó a ir al parvulario), Debbie se sentía algo aterrada. Reaccionaba tratando a su hija como si siguiera siendo un bebé: preparándole todas las comidas, vistiéndola, eligiendo sus actividades y dudando de dejarla ir a jugar con sus nuevos amiguitos. Constantemente revisaba el entorno, no fuera que su hija se ensuciara o se entregara a cualquier actividad que pudiera ser peligrosa, por ejemplo elevarse demasiado en los columpios del patio. Y seguía a su hija al cuarto de baño y cada vez comprobaba lo que había hecho en el orinal.

Estaba claro que la hija de Debbie tenía sus sentimientos respecto a los cuidados asfixiantes de su madre, pero al ser pequeña no tenía la capacidad para expresar esos sentimientos. Por lo tanto empezó a tener síntomas (estreñimiento e infecciones en las vías urinarias), justamente en las zonas de su cuerpo donde el control es un asunto principal.

Debbie no es única. Muchas mujeres tratan inconscientemente de lograr que sus hijos sigan dependiendo de ellas hasta cierto grado, y la recompensa es que si el niño no crece para pasar a la fase siguiente de su vida, ellas tampoco tendrán que hacerlo. He llegado a creer que ése es también el motivo de que muchas mujeres al llegar a la edad crítica de los 40 años más o menos deciden tener otro bebé.

Gracias a que estaba receptiva a mirar su papel en el trastorno médico de su hija, Debbie hizo terapia y comprendió que no podía seguir utilizando a su hija como forma de satisfacer sus necesidades maternales, necesidades cuya satisfacción había ido postergando todos los años en que intentó tener un bebé. Con el tiempo aprendió a cambiar su comportamiento en torno a su hija, y finalmente desaparecieron el estreñimiento y las infecciones de las vías urinarias de la niña.

TRATAMIENTO PRÁCTICO
PARA LA IRRITACIÓN VULVAR

Es muy común que las niñas pequeñas tengan rojez, irritación y picor en la vulva. Esto puede deberse a una excesiva proliferación de hongos en esa zona, por causa de antibióticos, a irritación por los productos químicos de los geles para baño o el papel higiénico, o a motivos desconocidos.

El tratamiento que recomiendo es el mismo que usé con mis hijas con mucho éxito. Dale un baño en agua caliente y lávale la zona vulvar con un jabón suave sin olor, por ejemplo Ivory. (Si está demasiado irritada, usa un jabón más suave aún y déjala sumergida un rato en el agua.) Sécala suavemente y aplícale el ungüento Resinol (véase «Recursos y proveedores»). Yo crecí usando este ungüento, y sigue siendo uno de los remedios más eficaces para todo tipo de irritación de la piel de poca importancia. Se encuentra en la mayoría de las farmacias y se vende sin receta. En mi opinión, en todas las casas debería haber un frasco de este ungüento en el botiquín de primeros auxilios. Si los síntomas persisten, busca atención médica. De vez en cuando la niña se inserta algún objeto extraño en la vagina, por ejemplo un botón, y éste causa irritación.

La programación cultural
del funcionamiento del vientre

Me crié viendo anuncios de televisión en que alegres madres daban laxantes a los miembros de su familia porque estaban sufriendo de los incómodos efectos de lo que se llamaba irregularidad. Cuando era niña
nunca logré entender a qué se referían estos anuncios. Siempre acababan
con un feliz grupo familiar cuyas vacaciones se habían salvado gracias a
que la doctora Mamá les daba los laxantes. Ni siquiera veíamos lo ridículos que eran esos anuncios.

El funcionamiento del vientre es tan normal y natural como respirar.
En lugar de llevar el control de la regularidad de sus hijos, las madres harían mejor dejando en paz sus pautas de evacuación, aparte de la actitud
de la mayor naturalidad. Entonces los niños interiorizan que en la inmensa mayoría de los casos, las funciones del vientre y de la vejiga fueron diseñadas para cuidarse de sí mismas. Al fin y al cabo, no hay un criterio acordado universalmente respecto a cuándo hay que ir de vientre ni
a la cantidad ni textura de las heces.

Pese a esto, muchas niñas reciben mensajes acerca del funcionamiento de la vejiga y el vientre que las predispone a toda una vida de miedo y
preocupación. A lo largo de los años, incontables clientas me han hablado acerca de la «programación» de los movimientos de vientre en su infancia. A una mujer no la dejaban salir a jugar por la mañana mientras no
hubiera ido de vientre. A muchas se les ponía enemas periódicamente si
no producían los movimientos de vientre de requisito en un periodo de
tiempo determinado. Y en el caso de otra, su madre cancelaba las salidas
de la familia si su hija aún no había ido de vientre a la hora en que pensaban salir. A mi entender, si eso no es una pesada carga para los esfínteres, no sé qué lo es.

Siempre hace un mal servicio al naciente sentido de autonomía de los
niños y a la confianza en su cuerpo, darles la idea de que algunas funciones corporales son mejores o más valiosas que otras. Juzgar mejores o
más valiosas las heces de la mañana que las hechas por la noche, o «las
que flotan» mejores que «las que se hunden», es un ejemplo de este modo
de pensar. Hace de las funciones corporales enemigas a las que hay que
controlar.

EL ESTREÑIMIENTO Y LA ALERGIA A LA LECHE DE VACA

El uso de laxantes es una forma de vida en algunas familias. Pero los laxantes y los enemas rara vez son necesarios. En realidad, la toma periódica de laxantes puede crear dependencia y tener por consecuencia problemas intestinales crónicos.

El estreñimiento es un problema frecuente entre bebés y niños. En un estudio realizado en Estados Unidos, el 16 por ciento de los padres de bebés de 22 meses informaron que sus hijos tenían estreñimiento. En el Reino Unido, se informa que el 34 por ciento de los niños de cuatro a siete años tienen estreñimiento.

En la mayoría de los casos el estreñimiento es de corta duración y no tiene consecuencias de largo plazo ni necesita tratamiento. Lo único que hay que hacer es cerciorarse de que el niño beba más agua y consuma suficiente fibra, de frutas y verduras. El funcionamiento normal del vientre a todas las edades depende de comer una dieta con cantidades equilibradas de alimentos integrales fuentes de proteínas, grasas e hidratos de carbono, para que el cuerpo fabrique la proporción adecuada de eicosanoides, las hormonas evanescentes que rigen prácticamente todas las funciones celulares.

A veces, no obstante, el estreñimiento está causado por la alergia a la leche de vaca, que produce inflamación e incluso fisuras en el ano. La intolerancia a la leche de vaca ocurre entre el 0,3 al 7,5 por ciento de bebés por lo demás normales, el 82 por ciento de los cuales tienen síntomas antes de los cuatro meses, y el 89 por ciento al año de edad. Entre los síntomas están el vómito y la diarrea, pero también pueden ser catarro, asma y eccema. La intolerancia a la leche de vaca no es algo que desaparezca. Si está presente en los dos primeros años, también puede estar presente en el mismo niño a los seis años.[14]

Si tú o tu hija teníais estreñimiento en la infancia, deja la leche de vaca durante dos semanas por lo menos y observa qué ocurre. Si no notas ninguna mejoría inmediata, reintroduce la leche de vaca pasadas las dos semanas. Normalmente los síntomas como diarrea, estreñimiento o catarro vuelven casi enseguida. Si no vuelven, es probable que no tengas ese problema de alergia. Si vuelven, evita que la niña consuma leche de vaca y los productos derivados.

El miedo a «coger algo» en un lavabo público

A muchísimas niñitas se les sigue enseñando todo tipo de paralizantes medias verdades acerca de los peligros de los lavabos públicos, aun cuando estos peligros son en su mayor parte infundados. El miedo a contagiarse de algo en el asiento de un inodoro de lavabo público se convierte entonces en parte de su herencia biológica en el periodo en que deberían estar desarrollando cada vez más confianza en el mundo que las rodea y en su capacidad para moverse por él con seguridad.

Siempre que viajo oigo a madres programando sin saber a sus hijas para posibles problemas intestinales. Cuando una niñita entra en un lavabo, suelen decirle que no toque el asiento del váter con ninguna parte de su cuerpo, que no se toque el cuerpo ni toque la manilla o pomo de la puerta. Una de las advertencias favoritas que he oído es: «No te sientes ahí porque a veces las personas se ponen de pie encima y no te conviene que se te pegue la suciedad de sus zapatos». Una amiga de universidad de mi hija mayor le dijo: «Siempre procura tirar la cadena o vaciar el depósito con el pie. Nunca toques el dispositivo para descargar la cisterna de un váter». Durante el primer año de universidad, mi hija menor compartía dormitorio con cuatro chicas; ellas eran las únicas que usaban el cuarto de baño de su habitación, sin embargo una de las chicas siempre ponía papel sobre el asiento del váter antes de usarlo.

A una niña pequeña le es casi imposible acuclillarse sobre la taza de váter sin tocarla y al mismo tiempo relajarse lo bastante para defecar. Introducir ansiedad y miedo a gérmenes y enfermedad en este proceso es un exitoso método para programar mal el funcionamiento del esfínter. Los anuncios de televisión en que unas madres usan atomizadores antibacterianos para esterilizar los asientos y los pomos de los lavabos no ayudan nada; simplemente alimentan la sensación de vulnerabilidad de las niñas.

Es mucho mejor que enseñes a tu hija que su sistema inmunitario está bien equipado para arreglárselas con los gérmenes del mundo exterior. No hay ningún estudio que demuestre que atomizar los asientos de los lavabos públicos con antigérmenes va a mejorar la salud de una hija. La verdad es que la programación cultural de miedo es mucho más peligrosa y debilitante a la larga que cualquier cosa que pueda encontrarse una mujer en un lavabo público. Después de todo, la piel de las nalgas es epitelio escamoso estratificado y contiene glándulas sebáceas, todo lo cual forma una barrera muy eficaz de defensa contra una invasión de gérmenes. En más de treinta años de práctica ginecológica, jamás he visto un solo caso

UNA FORMA SANA
DE USAR LOS LAVABOS PÚBLICOS

La programación adversa sobre el funcionamiento del vientre y la propia seguridad en el mundo puede ser causa de toda una vida de incomodidad y vergüenza. Puedes detener este ciclo enseñando a tu hija a confiar en su cuerpo y en la capacidad de su sistema inmunitario para mantenerla sana. Un buen lugar para enseñar esto son los lavabos públicos, lugares donde actúan muy claramente las creencias de las mujeres acerca de sus cuerpos y su seguridad.

- Cerciórate de que el asiento del váter esté seco. Sentarse en uno mojado es una experiencia muy desagradable.
- Deja que la niña se siente y se ponga cómoda. (Cubre el asiento con papel higiénico si es necesario, pero ten presente que lo que realmente «cogen» muchísimas niñas en este sitio es una sensación permanente de vulnerabilidad.) Sentarse bien en lugar de acuclillarse suspendida encima va bien para relajar los músculos necesarios. El asiento es simplemente demasiado alto para que una niña se relaje bien si intenta acuclillarse por encima.
- Dale mucho tiempo. Cerciórate de que ha acabado bien antes de levantarse. Pídele que le pregunte eso a su cuerpo.
- Enséñale a limpiarse bien, de adelante hacia atrás, para que la materia fecal no le entre en la vagina ni en la zona uretral. Las niñas deben saber que tienen tres aberturas en esa zona; de adelante atrás: uno para la orina, uno para hacer bebés y parirlos, y uno para las heces o caca. Aprender esta anatomía a edad temprana les servirá para toda la vida.
- Enséñale a usar la cantidad adecuada de papel higiénico. Muchas madres refuerzan el tema de la «suciedad» usando kilómetros de papel.
- Enséñale a lavarse las manos antes de salir de los lavabos. Si la cola para hacerlo es muy larga, no hay toallas de papel o tienes mucha prisa, de vez en cuando uno puede saltarse este paso, a no ser que trabaje en un restaurante, en una tienda de comestibles o en un establecimiento de atención sanitaria.
- Enséñale a hacer sus necesidades en el bosque si es necesario y a limpiarse con hojas.

en que una mujer se haya contagiado de una enfermedad en un asiento de váter, ¡ni uno solo! Evitar el contacto con la superficie de un váter de lavabo público no ofrece protección de las enfermedades de transmisión sexual. Las mujeres «cogen» cosas de sus parejas sexuales, no de los asientos de lavabo.

Desde un extremo al otro, nuestro sistema gastrointestinal nos permite «asimilar y digerir» el mundo que nos rodea. También podemos fiarnos de que las entrañas nos den pistas sobre lo que es seguro para ingerir y lo que no lo es. Aprender a confiar en nuestra sabiduría visceral nos sirve para toda la vida, y este aprendizaje comienza en serio en la primera infancia.

9

El sistema inmunitario

Un espejo de la mente y el entorno

Comenzando en el útero y continuando a lo largo de la adolescencia, el sistema inmunitario de la niña madura mediante la constante interacción con su entorno. El primer entorno de un bebé es, muy literalmente, el cuerpo de su madre, que hospeda a millones de microbios inocuos y muchas veces útiles, entre ellos los de la leche de sus pechos. Los bebés amamantados evacuan heces amarillas de buen olor porque las bacterias que contiene la leche materna no producen malos olores. En el instante en que al bebé se le da leche de fórmula u otro alimento, cambian las bacterias intestinales y por lo tanto producen mal olor. Los intestinos del bebé son estériles al nacer. Las bacterias beneficiosas de la leche materna contribuyen a colonizar los intestinos del bebé con bacterias que favorecen la digestión y las funciones intestinales sanas. Esta flora intestinal también previene las alergias y el asma.

En el entorno o ambiente del bebé entran las creencias, emociones e ideas a las que se ve expuesto, tal como entran los gérmenes, el aire, el alimento, los remedios y el agua. Todos estos factores contribuyen a la maduración y la programación de su sistema inmunitario a medida que crece hasta su primera juventud. Las elecciones de la madre en cada uno de estos aspectos (incluidos sus creencias y comportamiento respecto a los gérmenes) influyen poderosamente en la competencia del sistema inmunitario de su hija y en su capacidad para protegerse.

Nuestra primera línea de defensa está en la superficie del cuerpo. Aunque en general no se valora esto, el grueso del sistema inmunitario está localizado en las membranas mucosas que entran en contacto directo con el entorno, al comer alimentos, respirar el aire y tocar a personas, plantas, animales y cosas. El sistema inmunitario mucoso comprende la conjuntiva de los ojos, el revestimiento de la boca, los sistemas gastrointestinal y reproductor, las fosas nasales, la tráquea, y el árbol bronquial de los pulmones. El pecho y la leche del pecho también se consideran parte del sistema inmunitario mucoso, como lo es la piel. Cada una de estas superficies está colonizada por sus propias bacterias beneficiosas, que son necesarias para la salud y el equilibrio del sistema inmunitario.

Varios siglos de estudios han demostrado claramente que cada parte de nuestro sistema inmunitario se comunica con todas las demás partes. Cuando el cuerpo encuentra una proteína extraña en forma de germen, por ejemplo, el resto del cuerpo se pone en estado de alerta y las células inmunitarias de la superficie se movilizan para investigar y hacer lo que sea necesario. Si se dispara la alarma de vigilancia y se identifica al germen como «dañino», el sistema inmunitario monta una reacción inflamatoria de algún tipo para matar al invasor. Sólo cuando ha fracasado la inmunidad mucosa se llama a servicio a las células inmunitarias de la sangre.

Por motivos que aún no se entienden claramente, el sistema inmunitario también podría reaccionar exageradamente cuando encuentra ciertos estímulos medioambientales como alimentos, polen, pelo de animal, etcétera. Ésta es la base de las reacciones alérgicas y también del asma, trastorno en el que el sistema inmunitario queda permanentemente sobreactivado y desencadena la inflamación y la estrechez de las vías aéreas (respiratorias).

El sistema inmunitario está imbuido de todas las características de nuestros otros órganos de los sentidos, como los ojos y los oídos. Y así como en el famoso descubrimiento de que los gatitos criados viendo solamente rayas verticales pierden finalmente la capacidad para ver cualquier cosa que no sea vertical, también nuestro sistema inmunitario queda programado para «ver» o «no ver» por nuestras experiencias y entorno de la infancia.[1]

El funcionamiento del sistema inmunitario de una persona está inextricablemente relacionado con su estado anímico y su comportamiento. Los cambios en los niveles de neuropéptidos (las moléculas que fabrica el cerebro cuando piensa y siente) afectan a la función inmunitaria. Pero las cosas se ponen más interesantes aún. Las propias células inmunitarias fabrican esos mismos neuropéptidos que fabrica el cerebro. De hecho, el doctor J. Edwin Blalok, inmunólogo de la Escuela de Medicina de la Universidad de Alabama en Birmingham, llama «espejo de la mente» al sistema inmunitario.

Dado que la función inmunitaria está estrechamente relacionada con el estado anímico, no podemos defendernos de la enfermedad ni de las alergias retirándonos, sin más, a un ambiente herméticamente sellado en el que no haya polvo ni gérmenes. En realidad, intentar librar de microbios el ambiente es de suyo un riesgo para la salud. Esto se debe a que el desarrollo óptimo del sistema inmunitario depende de la exposición a una sana mezcla de bacterias, tanto del interior como del exterior del cuerpo. Escribiendo sobre la relación entre alergias, asma y el entorno, el investigador sueco Bengt Bjorksten observaba hace poco:

> El elevado índice de alergias en los países industrializados está en contraste con el bajo índice de alergias en Europa del Este, donde el estilo de vida es similar al que predominaba en Europa Occidental hace cuarenta años. La discusión sobre el efecto de los cambios medioambientales en el índice de asma y otras alergias se ha limitado principalmente a los posibles efectos del deterioro de la calidad del aire, casas mal ventiladas y una mayor exposición a ciertos alérgenos, en especial al polvo de la casa. Ninguno de estos factores puede explicar sino marginalmente las diferencias regionales observadas en el predominio de las enfermedades alérgicas. El concepto de «estilo de vida» debería, por lo tanto, expandirse considerablemente. La madre es un «factor medioambiental» importantísimo en la primera infancia. Estudios recientes indican un desequilibrio en la flora intestinal de bebés alérgicos, comparados con bebés no alérgicos, y en niños suecos comparados con niños estonianos. Dado que la flora microbiana lleva a la maduración del sistema inmunitario, los cambios en su composición podrían tener un papel en el mayor índice de alergias y asma.[2]

¿Por qué los niños que tienen más acceso a la medicina occidental moderna son también más propensos a tener alergias? Un motivo importante podría ser el uso excesivo de antibióticos y desinfectantes, los que no sólo matan las bacterias dañinas sino también las buenas que mantienen equilibrado el sistema inmunitario y el ambiente interno. El resultado final en los intestinos es que las levaduras y otros hongos comienzan a proliferar excesivamente, con los consiguientes cambios en la reacción inmunitaria en todo el cuerpo. Experimentos con animales han demostrado que dar antibióticos hace proliferar los hongos y mohos en los intestinos, lo cual entonces activa las reacciones inmunitarias en los pulmones porque se ven expuestos a las esporas del moho.[3]

¿Nos hemos vuelto demasiado limpios?

Cuando éramos niños y encontrábamos un gusano en la comida, mi padre decía: «No se lo digas a nadie; todos querrán tener uno». Y cuando se nos caía comida en la tierra en una excursión campestre, no se preocupaba mucho si la recogíamos y la comíamos. Decía: «Deja que pase la tierra por ti; serás inmune a todo». Los estudios más recientes sugieren que él era partidario de algo importante. Nuevas y convincentes pruebas sugieren que vivir en un ambiente demasiado limpio podría tener por consecuencia un sistema inmunitario más débil. La exposición a pequeños grados de suciedad en la infancia previene una disfunción inmunitaria más adelante. De hecho, pruebas clínicas realizadas por el catedrático Graham Rook en Londres han demostrado que se puede estimular y mejorar el sistema inmunitario de niños con inyecciones de microorganismos inocuos encontrados en la suciedad normal del medio ambiente.

Estudios médicos documentan, de forma creciente, que hay beneficios a largo plazo para la salud en procurar que desde muy temprana edad los niños estén expuestos a gérmenes, polen y pelo de animales (que lleva caspa y restos de piel muerta, descamada), así como vigilar que su propia flora corporal no sea alterada con antibióticos con mucha frecuencia. En muchos países el índice de asma ha aumentado paralelamente con el progreso de la higiene, los criterios sanitarios y la reducción de la familia en número. Y resulta que los niños que están expuestos a gérmenes en las guarderías, tienen hermanos mayores, llevan un estilo de vida rural, residen en una granja con animales cerca de la casa o tienen un perro en la casa, están protegidos de contraer el asma más adelante.[4]

También está bien documentado que nacer mediante cesárea aumenta el riesgo de asma para el bebé, como también la alimentación por biberón en lugar del pecho materno. Un bebé que sale por el canal de nacimiento se expone a la flora vaginal e intestinal de la madre, lo que contribuye a establecer el equilibrio microbiano correcto en su sistema inmunitario mucoso. Salir por el canal de nacimiento también «pone a punto» los pulmones, al escurrirlos haciendo salir el exceso de líquido y dejándolo preparado para sus primeros momentos de respiración. Estos primeros momentos imponen el tono para la experiencia del bebé de respirar solo. El amamantamiento también coloniza el intestino con las bacterias beneficiosas que contribuyen a programar la inmunidad sana.

EL ASMA: ENFOQUE HOLÍSTICO

Si bien un estudio completo del asma escapa al alcance de este libro, quiero explorar cómo esta enfermedad apunta a la complejidad de las fuerzas involucradas en la función inmunitaria y lo poco que entendemos todavía acerca de este problema tan común. Es también un ejemplo muy claro de cómo intervienen las emociones tanto en la función inmunitaria como en la pulmonar.

El asma es un trastorno respiratorio caracterizado por un sistema inmunitario hiperreactivo que produce inflamación en las vías aéreas, con lo que éstas se hinchan y estrechan. La típica tríada de síntomas que caracterizan el asma son la disnea (respiración dificultosa), la tos y el resuello o respiración sibilante. Algunos niños tienen un asma equivalente a «tos»; no resuellan, pero les vienen accesos de tos que no pueden parar. Aunque muchos pacientes de asma tienen también alergias y congestión nasal crónica, algunos no. Los ataques de asma se desencadenan cuando algo del ambiente interno o externo de la persona, o una combinación de ambas cosas, produce una contracción en los músculos de la tráquea y los bronquios, volviéndolos hiperreactivos. El asma es la causa más común de que los niños falten al colegio, y a pesar de un arsenal de tratamientos médicos, tanto niños como adultos mueren de ella en número cada vez mayor.

Los desencadenantes medioambientales comunes de un ataque de asma son el polvo, el humo del tabaco, los virus y el tiempo frío. Incluso el ejercicio puede ser un desencadenante. También hay una clara relación socioeconómica. Entre los afroestadounidenses el índice de asma grave es un 50 por ciento mayor que en el resto de la población, y es necesaria la hospitalización con mucha mayor frecuencia que entre los blancos. Entre los indios norteamericanos también hay un mayor número de asmáticos.[5]

Además, cualquier situación en que un niño tenga dificultad para expresar plenamente sus emociones puede ser un desencadenante de un ataque de asma. Esto no ha de extrañar, puesto que los pulmones están situados en el cuarto centro emocional o chakra. (El cuarto chakra está relacionado con nuestra capacidad para expresarnos totalmente, entre otras, la expresión de alegría, pasión, tristeza, rabia y aflicción.)

Sin duda sería posible evitar algunas muertes por asma si todos los que la tienen entendieran la forma de tratar la enfermedad desde las perspectivas mente-cuerpo y nutrición, utilizando sus propios poder y recursos, junto con lo mejor que ofrece la ciencia médica. Como mínimo, los pacientes de asma podrían gozar de una calidad de vida mucho mejor, ya que el asma es una enfermedad sistémica que produce inflamación en todo el cuerpo, por lo que sus pacientes suelen sufrir de cansancio y dolores además de problemas respiratorios.

¿Una cortina de humo para las emociones?

Está bien documentado que el humo de segunda mano aumenta el riesgo de asma infantil y de toda clase de infecciones de las vías respiratorias. Lo que generalmente no se valora es la relación entre las emociones difíciles de experimentar y el fumar. Los fumadores fuman para arreglárselas con sentimientos difíciles y encubrirlos. Esto significa que es probable que los padres que fuman estén más desconectados de sus sentimientos que los que no fuman. Los niños captan esas emociones no expresadas y el ambiente emocionalmente represivo que las favorece. Esta información va derecho a sus pulmones y vías respiratorias, y se expresa en forma de asma, bronquitis y otras enfermedades respiratorias. Estas pautas se transmiten en las familias tal como los genes.

La cascada química

Al margen del estímulo inicial, el resultado final es el mismo: la liberación de compuestos inflamatorios, entre otros histamina, bradicininas, leucotrienos y prostaglandinas.[6] Estos compuestos se filtran y rezuman por los vasos sanguíneos del pulmón, produciendo irritación e hinchazón en los tejidos circundantes. También causan contracción de los músculos de los bronquios y estrechan las vías respiratorias. Entonces estas vías aéreas secretan mucosidad, que las llenan y estrechan más, lo que precipita los resuellos y la dificultad para respirar bien. La mayoría de los ataques duran entre unos minutos y unas cuantas horas, y una vez pasados el paciente se recupera rápidamente. Pero a veces un ataque de asma puede agravarse hasta el punto en que se hace necesaria la asistencia respiratoria en una unidad de cuidados intensivos. Con el tiempo, con los continuados ataques, se dañan las terminaciones nerviosas de la superficie de los bronquios. Entonces, desencadenantes cada vez más pequeños producen un ataque fuerte. Todo el sistema respiratorio queda dañado y en alerta roja.

FASES DE UN ATAQUE DE ASMA

1. La niña se ve expuesta a un desencadenante emocional o medioambiental.
2. Se le oprime el pecho y le comienza una tos seca.
3. Se le hace difícil respirar.
4. Empieza a resollar, entre inspiraciones y espiraciones de aire.
5. Se le hace atrozmente difícil espirar, con lo que la respiración es más dificultosa.
6. La dificultad para respirar le desencadena la sensación de terror, además de acelerarle el ritmo cardiaco y subirle la tensión arterial.
7. El ataque empeora. Debe usar los músculos del cuello y los hombros (músculos accesorios) para inspirar.
8. Se hace casi imposible romper la cadena de dificultad para respirar, resuellos y tos.

Los medicamentos son un puente, no la solución total

El objetivo del tratamiento medicamentoso del asma es lograr periodos estables sin ataques para que el cuerpo pueda sanar. Actualmente muchos niños llevan consigo inhaladores, pero en los casos más graves podría ser necesario tomar medicamentos diarios, como teofilina o incluso esteroides. Los antiasmáticos más comunes actúan impidiendo la síntesis de leucotrienos, interrumpiendo así la cascada inflamatoria. Pero la acción supresora de estas sustancias químicas tiene por consecuencia otros problemas, como pueden atestiguar los usuarios de esteroides. Además, los investigadores han encontrado compuestos inflamatorios en los pulmones de personas que no sufren de ataques de asma, lo cual apunta a que hay otros factores involucrados en un ataque de asma.

La conexión alimento-inmunidad

Un buen conjunto de estudios ha demostrado que complementar la dieta con alimentos que contengan ácidos grasos esenciales, como el aceite de pescado, DHA (ácido docosahexaenoico) y/o EPA (ácido eicosapentaenoico; véase pág. 71), tiene un efecto muy beneficioso en el asma. Estas grasas contribuyen a impedir la síntesis de las sustancias químicas inflamatorias que desencadenan el ataque de asma. Dado que el sistema inmunitario activa cambios inflamatorios que se manifiestan de modo distinto en las diferentes partes del cuerpo, también previenen el eccema y otras manifestaciones de alergia.

Maneras de complementar la dieta con grasas esenciales:

- Añadir semilla de lino recién molida en los cereales o avena del desayuno. Ve aumentando poco a poco la cantidad hasta llegar a una cucharada.
- Comer salmón rojo salvaje o sardinas.
- Consumir frutos secos y semillas (pipas de girasol y de calabaza, nueces, etcétera).
- Añadir de una a tres cucharaditas de aceite de ácidos grasos esenciales a los zumos de fruta, a los cereales o a los batidos. Recomiendo la marca OptOmega de USANA, que es una mezcla ideal de ácidos grasos omega-3 y omega-6. (Véase «Recursos y proveedores».)

Aparte de procurar que la dieta contenga suficientes grasas esenciales, he observado que a muchos niños pacientes de asma, alergia o ambas cosas, les va mucho mejor si comen una dieta compuesta principalmente por alimentos integrales que no contenga productos lácteos, productos con azúcar refinada, aceites hidrogenados (que obstaculizan el metabolismo de los ácidos grasos esenciales) ni trigo. Además, cualquier niño que sufra de alergias o asma, o haya estado tomando antibióticos, necesita reponer su flora intestinal con una buena fuente de bacterias probióticas amigas. Algunos alimentos tradicionales que las contienen son natto (hecho de soja fermentada), miso, chucrut, yogur y algunas variedades de encurtidos caseros. También puedes comprar probióticos en cápsula y añadirlos a un batido u otro alimento. Dado que son bacterias vivas, el calor y la luz las destruyen. (Véase «Recursos y proveedores».)

Los niños también necesitan un buen suplemento multivitamínico que optimice la función inmunitaria. Como dato anecdótico, he visto a niños pacientes de alergia y/o asma experimentar un inmenso alivio sólo con el suplemento vitamínico. El motivo de esto es que los antioxidantes que contienen las vitaminas previenen la inflamación de los tejidos. (Véase «Recursos y proveedores».)

Muchos alimentos corrientes contienen proteínas que tienen una reacción cruzada con el polen, polvo y pelo casposo de animales de tal manera que activan al sistema inmunitario. Lo mismo vale para los productos alimentarios que contienen aditivos y conservantes como el glutamato monosódico (véase capítulo 8). Al cambiar la dieta de la niña, desaparecen solos muchos síntomas de alergia, como el eccema y las infecciones de oído, y los síntomas respiratorios. También mejora el asma. Conozco personalmente a muchos niños que gracias al cambio de dieta se han librado de la terrible experiencia de la colocación de tubos de ventilación a través del tímpano.

La mejor manera de evitar estos problemas es procurar que tu dieta sea rica en grasas esenciales durante el embarazo y luego amamantar a tu bebé, y si le das leche de fórmula, asegurarte de que contiene grasas esenciales y no grasas hidrogenadas. Después complementa la dieta de tu hija añadiendo a su comida unas cuantas gotas de aceite de pescado o de aceite de semillas de lino.

No expongas a tus hijos a aditivos alimentarios, leche de vaca ni productos de trigo; evítalo el mayor tiempo posible. (Esto ya no se puede controlar mucho una vez que comienzan a ir a la guardería, parvulario o a la escuela). Evitando estos desencadenantes comunes, el sistema inmunitario le funcionará bien y en el futuro será capaz de arreglárselas con proteínas extrañas sin sobrerreaccionar.

Cómo ayudar a tu hija a respirar con más facilidad

Si tu hija tiene asma, identifica los desencadenantes de los ataques y enséñale a identificarlos. Es posible que logre disminuir la frecuencia y gravedad de los ataques, e incluso que los elimine. En primer lugar, tú y ella debéis descubrir qué estímulos provocan los ataques, y luego has de ayudarla a trabajar conscientemente con sus ambientes interno y externo para recuperarse del ataque lo más pronto posible. Llevar un diario del asma te servirá para ver pautas que de otra manera tal vez no verías. Observa lo siguiente: ¿dónde estaba tu hija cuando le vino el ataque? ¿Qué sentía en ese momento? ¿Cómo estaba el ambiente? A veces, los ambientes mohosos, como las bodegas o garajes húmedos, pueden desencadenar un ataque. A veces es un viaje con el objetivo de visitar a un pariente. Algunos niños no pueden estar cerca de gatos ni del humo de tabaco.

Anímala a desahogarse

Anima a tu hija a hablar de sus sentimientos relativos a incidentes o situaciones difíciles o estresantes, o de las cosas a las que les tiene miedo.

Esto hará salir a la superficie sus emociones, y así estas no tendrán que quedarse en sus pulmones.

Por difícil que pueda resultar escuchar los estallidos emocionales de los niños pequeños o por mal que sepan expresarse, necesitan saber que sus emociones, todas ellas, existen por un motivo. Estas emociones necesitan validación y necesitan salir, expresarse de una manera adecuada. El doctor John Gottman, psicólogo investigador de la Universidad de Washington en Seattle, escribe: «Los padres hacen un daño enorme invalidando las emociones de los niños, pues eso los hace dudar de sus instintos».[7] Esto predispone también para enfermedades físicas. El principio es validar la experiencia del niño o la niña. Cuando el niño se queja: «Me duele el dedo», la mejor respuesta del progenitor es: «Sí que duele un arañazo», y no: «No puede dolerte, sólo es un rasguño». O cuando la niña dice: «Tengo calor», el progenitor debería responder: «Sí que hace calor aquí para ti», no: «No seas tonta, aquí hace un frío que hiela». Los padres no invalidan las percepciones y emociones de un hijo por crueldad, sino que al parecer creen que su tarea es sostenerle un espejo de la realidad. Pero esta invalidación bien intencionada puede hacer muchísimo daño.

La conexión mente-cuerpo en el asma y en otras enfermedades del sistema inmunitario ha sido bien documentada. En un estudio, por ejemplo, a 107 adultos pacientes de asma leve a moderada o de artritis reumatoidea se les asignó al azar escribir acerca del acontecimiento más estresante de su vida o de temas emocionalmente neutros. Todos los pacientes escribieron durante veinte minutos en tres días consecutivos. Después se les evaluó la gravedad de su enfermedad a las dos semanas, a los dos meses y a los cuatro meses. La mayor mejoría se encontró en aquellos que escribieron sobre acontecimientos traumáticos, por ejemplo la muerte de un ser querido, problemas en una relación, o acontecimientos perturbadores de su infancia. En los pacientes de asma se comprobó mejoría mensurable en la función pulmonar.[8] En otro estudio se comprobó que este tipo de escritura mejora la función inmunitaria y reduce los síntomas y las visitas médicas tanto en personas sanas como en enfermos crónicos.[9]

Una de mis clientas descubrió que su hija era más propensa a sufrir ataques de asma siempre que iba a visitar a su abuela, una mujer fría y distante. Finalmente la niñita le dijo a su madre que le tenía miedo a Maw Maw. La conexión tenía una lógica perfecta, porque un desencadenante emocional como el miedo o la tristeza casi siempre agudiza un desencadenante ambiental similar al del pelaje de un gato. Al animar a su hija a expresar sus sentimientos negativos por su abuela, esta madre le ofreció la potente función de «testigo», validando así su experiencia. Con el tiempo, el cuerpo de su hija, al sentirse más seguro con sus sentimientos por su abuela, ya no tenía que recurrir a un ataque de asma para expresar su miedo.

VISUALIZACIÓN PARA UNA MEJOR FUNCIÓN PULMONAR E INMUNITARIA

Sencillos ejercicios de visualización pueden servir a la niña para aprender a relajar conscientemente los bronquiolos. (Las visualizaciones sanadoras son especialmente potentes en los niños porque aún no han generado el escepticismo del adolescente y del adulto.) El siguiente ejercicio es una adaptación de varios que aparecen en el libro *Asthma Free in 21 Days*, de Kathryn Shafer y Fran Greenfield. (Véase «Recursos y proveedores».)

Ejercicio «El globo dorado»

Intención: Fortalecer y sanar el sistema respiratorio. Aumentar la capacidad pulmonar.

Frecuencia: Si la niña está con molestias respiratorias, se lo haces una vez cada una o dos horas mientras está despierta, con una duración de hasta dos minutos cada vez. Si su respiración es normal, se lo haces una vez por la mañana y otra por la noche.

Dile en voz alta mientras ella escucha:

Cierra los ojos y respira tres veces. Ahora imagínate que tus pulmones son un par de globos dorados. Mientras inspiras aire, imagínatelos y siente cómo se van llenando de una luz blanca y se ensanchan. Al mismo tiempo ve y siente cómo se va ensanchando tu pecho. Mientras espiras, fíjate cómo se contraen con fuerza los globos, al expulsar por la nariz el aire usado. Ve salir este aire como un humo gris que se aleja y se aleja mezclándose con la atmósfera. Al mismo tiempo ve y siente cómo se te contrae el pecho. Ahora repite este proceso cinco veces más antes de abrir los ojos. Mientras lo haces, debes saber que tus pulmones están trabajando rítmicamente, llenándote de energía y vida. Después abre los ojos y sal del ejercicio.

Los beneficios de respirar por la nariz

Respirar por la boca no es una manera natural de respirar. De hecho, esta respiración activa una reacción de estrés en el cuerpo, que viene acompañada de todas las hormonas propias del instinto de supervivencia (luchar o huir). Asegúrate de que tu hija respira por la nariz. Eso por sí solo podría prevenir ataques de asma o la aparición de alergias y sinusitis. En una reciente firma de libros, una joven me comentó que me había oído recomendar la respiración por la nariz en una charla y que eso le había eliminado por completo el asma. Estaba fascinada.

La respiración por la nariz asegura un mejor desarrollo de la mandíbula y los huesos faciales. También contribuye a mantener flexible la caja torácica, porque dirige el aire hacia el fondo de los pulmones, donde hay más sangre para oxigenar. Inspirar hacia los lóbulos inferiores de los pulmones ensancha la caja torácica en cada respiración, mientras que la respiración por la boca sólo ensancha los lóbulos superiores. Hacer inspiraciones profundas por la nariz también calienta el aire y lo filtra hasta más allá de los senos paranasales, de modo que el sistema inmunitario mucoso tiene más posibilidades de filtrarlo dejando fuera el polvo y otras partículas.

Enséñale a tu hija/o a parar un ataque de asma en las primeras fases

No cabe la menor duda de que un ataque de asma hecho y derecho puede ser aterrador. Y por eso los padres de niños asmáticos suelen estar muy vigilantes. Pero una vez que comprendas lo potente que es la conexión mente-cuerpo tratándose de la función inmunitaria y aérea, puedes enseñarle a tu hija o hijo a usar sus propios recursos para parar un ataque. Esto le reforzará su sensación de seguridad, a pesar de su enfermedad. Muchas clientas que tuvieron asma cuando niñas me han dicho que tener que afrontar ese trastorno les enseñó a asumir la responsabilidad de su salud a edad muy temprana. Ahora adultas son mucho más sanas que sus contemporáneas que simplemente se toman la salud por descontada.

Cuando tu hija comprenda lo que le ocurre durante un típico ataque de asma, aprenderá a presentir un episodio inminente y sabrá evitarlo, bien con medicación, bien con visualización y respiración, bien con ambas cosas, normalmente durante las fases uno y dos.

SENTIMIENTO DE SEGURIDAD EN LA TIERRA

En último término, las medidas inmunizadoras, la vulnerabilidad a la enfermedad, el uso de antibióticos, la dieta, el ejercicio, el ambiente emocional y las creencias están interrelacionados. Cuando una madre lleva a sus hijos al médico con frecuencia, usa mascarilla, alienta libremente el uso de inhaladores, nebulizadores nasales y otros tipos de medicación, usa purificadores del aire, ambientadores y desinfectantes, con todo eso les transmite el mensaje de que no están seguros en el mundo a no ser que ella tome complicadas precauciones. Todas estas modalidades tienen su lugar, por supuesto. Pero es la forma como le presenta el mundo a su hija la que determina cómo va a reaccionar el sistema inmunitario de esta hija a los gérmenes del medio ambiente. A menos que la niña se sienta a salvo en su ambiente familiar y se sienta segura para expresarse plenamente de manera apropiada a los usos sociales, todas las vacunas, vitaminas y alimentos biológicos del mundo no tendrán un efecto importante en su estado de salud general.

Puedes criar a tu hija en una casa sellada, con aire acondicionado (para reducir al mínimo la alergia al polen), eliminar todo lo blando o peludo (para reducir las alergias al polvo), limpiar con aspirador los tubos de ventilación con frecuencia (para eliminar el moho), bañar al gato una vez al mes o (suspiro) librarte del todo de él; puedes evitar el trigo, los productos lácteos, los huevos, el chocolate, el maíz y los cacahuetes, y no comer jamás fuera, para reducir al mínimo las alergias alimentarias; y aunque estas medidas servirán al principio, sobre todo si tienes una hija alérgica o asmática, ¡tarde o temprano la niña y su sistema inmunitario van a tener que luchar a brazo partido para vivir en el planeta Tierra, con ácaros del polvo y todo lo demás!

Unas palabras acerca de las enfermedades por autoinmunización

Por lo menos el 80 por ciento de todas las enfermedades debidas a autoinmunización, como el lupus, el bocio exoftálmico, la artritis reumatoidea y la esclerosis múltiple, se presentan en mujeres. Aun cuando estas enfermedades están relacionadas con múltiples factores genéticos, medioambientales y nutricionales, todas tienen una cosa en común: la causa de los síntomas es que el sistema inmunitario del paciente ataca sus propios tejidos.

Mi experiencia clínica y un importante número de estudios científicos sugieren que las semillas de la enfermedad por autoinmunización se siembran en la infancia. Una de las semillas más comunes es la creencia de que uno es en cierto grado inaceptable o indigna de amor. El sistema inmunitario sencillamente pone por obra esta creencia y ataca al cuerpo. Una clienta que tenía bocio exoftálmico y artritis reumatoidea me contó:

> Cuando era pequeña, mi madre me maltrataba. Me decía que si lloraba, me daría motivos para llorar golpeándome más. Así que aprendí a disociarme de mi cuerpo y mis sentimientos. Ahora mi madre ya no me golpea, pero mi sistema inmunitario sí. Cuando estoy dolida o molesta por cualquier motivo, antes de las veinticuatro horas tengo irritación de la garganta y dolor de espalda.

Mediante terapia y cambio dietético, mi clienta ha logrado hacerse un sistema inmunitario más amistoso. Pero la pauta original está dentro de ella, porque el sistema inmunitario tiene una memoria muy larga. Reprogramarlo lleva tiempo y paciencia.

RETO DE LA SABIDURÍA: *¿debes vacunar a tu hija?*

Un artículo reciente informaba que acaban de prohibir la mantequilla de cacahuete en nuestras escuelas debido al creciente número de niños que tienen graves alergias a los cacahuetes.[10] Y ya no se puede comer cacahuetes en los aviones. Éste es un ejemplo de trabajar por el extremo equivocado del problema. En lugar de eliminar todos los cacahuetes del entorno debemos preguntarnos: «¿Qué va mal hoy en día en el sistema inmunitario de tantos niños?»

Temo que saltarse los mecanismos normales de inmunidad vacunando a los niños para tantas enfermedades comunes, además de los insanos cambios en las dietas de tantos niños, altera el equilibrio y la sabiduría de la Naturaleza, y eso explicaría por qué han aumentado tanto las alergias y el asma en la última generación, por no mencionar el creciente número de niños afectados por el trastorno por déficit de atención con hiperactividad y el autismo.

Mi temor a las vacunas lo comparten muchas otras personas. El siguiente es un interrogante típico expresado por una de las suscriptoras a mi hoja informativa:

Se me está haciendo dificilísimo todo este asunto de las vacunaciones a mi hija bebé. Recurro a un grupo de pediatras algo tradicionales que siguen el calendario de los CDC [Centers for Disease Control: Centros para el Control de la Enfermedad] para la vacunación de bebés y niños. Hasta el momento he ido dejando para después el ponerle cualquier vacuna. Lo que deseo saber es si usted tiene alguna idea sobre un programa de vacunación con menos riesgo, en el que podría entrar vacunarla más adelante y eliminar del todo ciertas vacunas. Me encuentro en la desesperada necesidad de encontrar a alguien de quien pueda fiarme como profesional y que pueda ayudarme a evaluar los riesgos y beneficios de todas estas vacunas.

Este asunto de las vacunaciones en la infancia es algo sobre lo que he reflexionado muchísimo durante más de veinte años. Aquí explico mis creencias y experiencia personal con el fin de ayudar a otras personas a decidir qué tiene más sentido para ellas y sus hijos.

Mi propia historia: ambivalencia e inmunizaciones incompletas

Recuerdo cuando llevé a mi primera hija Annie al pediatra para su primera vacuna. Pesaba menos de tres kilos. Aunque nació a término y estaba sana, todavía estaba algo amarillenta porque aún no eliminaba toda la bilirrubina del organismo (la bilirrubina, que puede aparecer durante el parto, da un color amarillento a la piel). En ese tiempo yo tenía mis dudas acerca de la vacunación, después de oír hablar sobre el tema al doctor Keith I. Block en la East West Foundation de Boston a comienzo de los años ochenta. También había leído obras del doctor Robert Mendelsohn, pediatra (que escribió *Confessions of a Medical Heretic* [Confesiones de un médico hereje]) y del doctor Richard Moskowitz (médico de muchísima experiencia en inmunización y homeopatía). Estos hombres, como el doctor Block, ponían en tela de juicio las vacunaciones, citando informes que demostraban que enfermedades como la poliomielitis estaban en descenso cuando se introdujeron las vacunas. Y estas mismas vacunas no estaban libres de importantes riesgos.

Por otro lado, acababa de terminar ocho años de rigurosa formación en medicina occidental, que enseñaba que las vacunaciones en la infancia eran seguras e importantes, y estaba casada con un cirujano muy tradicional. Aunque tenía mis dudas, no quería parecer una «mala» madre ni pasarme en mis discrepancias con mi marido.

Así que llevé a Annie y, a pesar de su pequeño tamaño, el pediatra le inyectó una dosis completa de la vacuna DTP (difteria, tétanos y pertussis [tos ferina]) en la nalga. Como les ocurre a muchos bebés, reaccionó con una elevada fiebre y estuvo irritable varios días; también se le formó una hinchazón del tamaño de una moneda de medio dólar en el lugar de la inyección; esto le produjo una necrosis muscular (destrucción de células musculares) que le dejó una marca permanente.

Después de eso me sentí renuente a continuar vacunándola; decidí postergar las vacunaciones por lo menos unos cuantos meses. Me sentía mejor recurriendo a otras maneras de asegurar su salud. Sabía que la buena nutrición crea una inmunidad sana. Dado que la amamantaba, yo comía bien y tomaba suplementos, decidí poner mi fe en la sabiduría de la Naturaleza en lugar de enfermarla a propósito.

Mi marido no estaba de acuerdo. Así que durante los cinco años siguientes discutimos nuestras diferencias de opinión sobre cómo y cuándo se le pondrían las vacunas a nuestra hija. Yo insistía en que si se las ponían, debería recibir la mitad de la dosis normal, y también evitar la vacuna contra la tos ferina. No estaba sola en mi preocupación sobre esta vacuna. Por entonces se estaba sometiendo a escrupuloso examen la forma de inyección disponible debido a su posible relación con trastornos neurológicos. Annie no volvió a recibir otra dosis de DTP en su infancia. Sí le pusieron la mitad de la dosis típica de DT (difteria, tétanos), sólo una vez, y una para la poliomielitis; éstas se las administraron cuando tenía tres años y yo estaba ausente, asistiendo a un congreso médico. Finalmente le administraron el mínimo necesario para entrar en la escuela. Y nunca volvió a tener otra reacción a una vacuna.

Después, cuando estaba en primero de bachillerato, se puso todas las recomendadas para ir a trabajar en una misión en una remota zona de Zimbabue, África. En ese tiempo yo pensé que el riesgo de las vacunas era mucho menor que el de ir a un país del Tercer Mundo desprotegida.

Cuando nació mi segunda hija, Kate, decidí pasar de todas las vacunaciones. Kate fue una niña muy sana que jamás recibió ninguna vacuna hasta los 16 años. Mi marido estaba tan ocupado con su trabajo clínico que no la llevó a vacunarla cuando yo estaba fuera de la ciudad. Cuando fue a campamento por primera vez, la enfermera del campamento y yo acordamos una vacuna contra el tétanos. Antes de entrar en la universidad, ella y yo decidimos que bien podía recibir las vacunas que exigían, eso era más fácil que desafiar al servicio sanitario de la universidad. Además, yo sabía que su sistema inmunitario maduro estaba preparado para arreglárselas con los numerosos virus y toxinas que contienen las vacunas. Le fue bien. Pero al mirar en retrospectiva, no sé si debería haber cedido con tanta facilidad.

Me alegra haber reducido al mínimo y retardado las vacunaciones de mis hijas. También apoyo totalmente a aquellos padres que deciden evitar del todo las vacunaciones. La verdad es que las vacunas no son ni ciento por ciento seguras ni ciento por ciento eficaces. Y sus beneficios tienen un precio. No hay ningún médico, funcionario de la salud pública ni fabricante de vacunas que esté en desacuerdo con estas afirmaciones. La mayoría de las autoridades de salud pública sostienen que el beneficio general de las vacunas para la «multitud» vale el precio que pagan algunas personas. Tratándose de mis propias hijas, no estoy de acuerdo con eso.

La vacunación es un asunto clásico del primer chakra

Vacunar a tus hijos o vacunarte tú es un rito acordado culturalmente, destinado a reforzar dos aspectos de la salud del primer chakra (el primer chakra o centro emocional de nuestro cuerpo controla los huesos, las articulaciones, la médula ósea, la sangre y el sistema inmunitario). La salud del primer centro emocional depende directamente de dos factores: nuestra sensación de seguridad en el mundo, y nuestro sentido de pertenencia al grupo o tribu. Éste es el principal motivo de que sea tan difícil cuestionar el asunto de la vacunación. Temes perder la aprobación de la «tribu» o que te hagan sentir que eres una mala madre si no vacunas a tus hijos. Hace falta una sólida seguridad personal, como también información, para poner en duda lo que todos los demás creen que es mejor.

Las vacunas se inventaron con el sincero deseo de erradicar enfermedades mortales como la viruela y la poliomielitis, y ciertamente tienen beneficios. Muchos recordamos la epidemia de poliomielitis del verano que siguió a la Segunda Guerra Mundial y al héroe doctor Jonas Salk, que descubrió la primera vacuna contra la polio. Cuando yo era niña, en nuestra escuela local se ponía la vacuna Sabin, primero en inyección y luego de forma oral. En consecuencia, nos sentíamos más a salvo y más seguros, aun cuando yo detestaba que me pusieran inyecciones. Y debido al triunfo de la vacuna contra la polio, la cultura llevó el mismo método «guerra contra los microbios» a un mayor número de enfermedades infantiles, muchas de las cuales, como la varicela, son benignas en la gran mayoría de los niños.

Entre 1964 y 2002, en Estados Unidos se añadieron ocho nuevas vacunas al Calendario de Vacunación de la Infancia en vigor. Esto se tradujo en un total de 23 dosis, entre ellas: 5 dosis del virus vivo de la poliomielitis; 4 dosis de Hib (*Haemophilus influenzae* tipo b, una forma de meningitis); 4 dosis de la vacuna neumocócica; 3 dosis de la vacuna contra la hepatitis B; 2 dosis de la vacuna TV (sarampión, paperas y rubéola); y 1 dosis de virus vivo de varicela zóster. En los cuarenta últimos años se ha disparado el número de niños vacunados. En 1967 se administraron las vacunas DTP (difteria, tétanos, tos ferina), VP (poliomelitis) y TV (sarampión, paperas y rubéola) al 60-80 por ciento de todos los niños estadounidenses. En 1996 se administraron la DTP, la VP, la TV, HB (hepatitis B), y Hib (*Haemophilus influenzae*) al 80-95 por ciento. Desde entonces, casi el 95 por ciento de todos los niños que entran en parvulario han recibido las vacunas prescritas por los Centers for Disease Control.

Me preocupa el enorme número de vacunas que se administra actualmente a niños muy pequeños. Mi intuición me dice que están conectadas con la incidencia cada vez mayor de asma, alergias, diabetes, déficit de atención con hiperactividad, autismo y, posiblemente, cáncer infantil. También me preocupa nuestra excesiva dependencia de las vacunas como la principal manera de prevenir enfermedades a la vez que pasamos por alto otros aspectos de la inmunidad y la salud.

Cómo evitar legalmente la vacunación de tus hijos

Muchos estados ofrecen exención de las vacunas «obligatorias» por motivos religiosos, filosóficos o médicos. Actualmente hay 13 estados cuyas leyes permiten a los padres rehusar las vacunas por motivos filosóficos o ideológicos. Pero las leyes y los procedimientos varían enormemente de estado a estado, así que tendrás que hacer cierto estudio. Si no sabes cuáles son las normas, infórmate. Los padres tienen derecho a recibir información objetiva antes de decidir si vacunar o no a sus hijos. He descubierto que la información más fiable desde un punto de vista alternativo es la que ofrecen los osteópatas doctor Joseph Mercola y doctora Sherri Tenpenny (véase «Recursos y proveedores»).

Si no quieres vacunar a tu hijo o hija o querrías retrasar o reducir el número de vacunaciones que reciba, te recomiendo tomar medidas y actuar. Trata el tema con tu médico u otro profesional de la salud antes de que sea una urgencia. Suele ser necesario comenzar antes de que nazca. Algunos pediatras no atienden a niños que no están vacunados. En algunos estados las guarderías se niegan a aceptar niños no vacunados. Así que no esperes a que tu hija se enferme o necesite atención médica para establecer tu equipo médico. Para averiguar más sobre cómo evitar las vacunaciones legalmente, entra en www.mercola.com/article/vaccines/legally_avoid_shots.htm.

Te conviene mostrarte respetuosa con las opiniones y formación de tu médico, pero también encontrar uno que trabaje en equipo contigo. Yo no tuve ningún problema con las escuelas, porque el estado de Maine tiene un formulario, que firma el progenitor, que dice que te opones a las vacunaciones por motivos religiosos. Aunque yo no me opongo por motivos religiosos, decidí seguir la vía de menor resistencia. Me sirvió ser médica, lógicamente; las autoridades de la escuela supusieron que yo sabía lo que hacía, no descuidaba a mis hijas y tomaba una decisión informada.

Una de mis amigas, a la que llamaré Shirley, tiene una hija de dos meses. Le gusta su nueva pediatra, pero cuando llevó al primer control a su hijita sana, se opuso a que la vacunaran. Por suerte, su marido está tan convencido como ella respecto a evitar las vacunaciones, así que cuando la pediatra dejó clara su desaprobación, intervino para apoyar a Shirley y a su hija. Miró a los ojos a la pediatra y le dijo: «Shirley detesta las discusiones, así que no le discutirá. Simplemente evitará el tema y evitará traer aquí a nuestra hija. O cambiará de médico. Así que, por favor, no vuelva a tocar este tema».

Cuando Shirley me llamó para pedirme más consejos, le sugerí que ella y su marido le dijeran a la pediatra lo mucho que les gusta su atención, y le dijeran también que están dispuestos a poner por escrito su decisión sobre las vacunaciones en la hoja de informes de su hija. De esa manera, ellos comparten el supuesto riesgo de no vacunarla. He descubierto que, por lo general, ser sincera y apreciativa del punto de vista del pediatra es muy importante para conseguir la relación que se desea.

Al fin y al cabo, la mayoría de los pediatras no están al tanto de los estudios que demuestran el lado negativo de las vacunas. Y en su papel de «protectores de los niños» hacen lo que se les ha enseñado a hacer. Uno de mis colegas pediatras, un hombre que ahora da seminarios a padres sobre los peligros de las vacunas, me explicó que había acabado sus estudios en 1983 y hasta 1998 ni siquiera se le ocurría poner en duda las vacunaciones. Al principio, toda su información sobre las vacunas procedía de la American Academy of Pediatrics. Pero cuando llevaba un tiempo trabajando, y habiendo visto algunos efectos secundarios negativos, comenzó a investigar por su cuenta. Y, en consecuencia, me dijo, no puede en buena conciencia continuar recomendando las vacunas de rutina.

El doctor Mercola también sugiere lo siguiente, con lo que estoy de acuerdo absolutamente: «En todos sus contactos con algún miembro de la escuela, salud pública o establecimiento jurídico, mantenga siempre la calma, sea cortés y humildemente reverente hacia la posición del otro. Sólo les pide lo que la ley los obliga a darle. No hay ningún motivo para enemistarse con ellos, ni gana nada con ello». La mayoría de los funcionarios creen que están cumpliendo con su deber, como lo dice la ley. Si exageran en su interpretación de la ley, hay que hacérselo ver muy diplomáticamente, sin intentar menospreciarlos. Cuanto más les preserves el ego, con más facilidad y rapidez vas a obtener lo que quieres (un formulario en que renuncias a la vacunación). Así pues, como dice el doctor Mercola: «No hostigue, menosprecie ni se oponga a los funcionarios innecesariamente». El resto de sus consejos son igualmente sucintos, respetuosos y prácticos.

El poder de la inmunidad natural

Todavía hay muchísimas cosas que no entendemos acerca de vivir en armonía con la Naturaleza y los gérmenes. La mayor parte del tiempo, los seres humanos conviven incluso con los gérmenes más mortales de su medio ambiente. Aunque se nos ha enseñado a temer a los gérmenes, la mayoría de las infecciones documentadas ni siquiera causan síntomas, y mucho menos enfermedad. Se sabe bien, por ejemplo, que la gran mayoría de nosotros vivimos con gérmenes de neumonía neumocócica en las vías respiratorias, pero rara vez enfermamos de neumonía. De niños expuestos adrede a virus del resfriado sólo la mitad manifiestan síntomas, aun cuando los cultivos obtenidos de sus narices revelan que han «cogido» el virus.[11]

El doctor Richard Moskowitz, experto en inmunización y homeopatía, observa que el virus de la poliomielitis no produce enfermedad en más del 90 por ciento de aquellos expuestos a él. A otros les causa malestar, dolor y trastorno gastrointestinal, pero poco más. Aunque nuestra cultura está obsesionada por el hecho de que una enfermedad como la poliomielitis mata y deja lisiados a varios miles de víctimas cada año, lo que no valoramos es el hecho de que millones de niños se infectan por virus de la polio cada año y no sufren ninguna consecuencia dañina; sus sistemas inmunitarios los protegen. Y en Estados Unidos, los únicos casos de poliomielitis de estos últimos años han sido causados por la vacuna oral, que ahora está retirada del mercado.

En general, nuestra cultura nos enseña a no apreciar las múltiples maneras como nuestro sistema inmunitario nos mantiene sanos a pesar de todos los gérmenes que existen en nuestro medio ambiente. Centramos la atención en las veces, relativamente infrecuentes, en que el sistema inmunitario se debilita y permite que los gérmenes causen infección y enfermedad.

Todo vuelve a la clásica discusión entre el científico Louis Pasteur, que descubrió el papel de los microbios en la enfermedad, y sus contemporáneos Claude Bernard y Antoine Bechamp. Bernard, que defendía el concepto de homeostasis del cuerpo, y Bechamp, fisiólogo, alegaban que los gérmenes sólo pueden causar enfermedad cuando algo del ambiente lo permite. Pasteur aseguraba que eran los propios gérmenes los responsables de la enfermedad. En su lecho de muerte, Louis Pasteur declaró: «Claude Bernard tenía razón [...]: el microbio no es nada, el terreno lo es todo».[12]

El epidemiólogo doctor Leonard Sagan apunta a la evidencia de que con el tiempo una población desarrolla un grado generalizado de resistencia a enfermedades, y que este grado de resistencia podría ser más importante para controlar la mortalidad que reducir la exposición al agente infeccioso. Esto sirve para explicar por qué muchas de las enfermedades infantiles contra las que vacunamos estaban en remisión ya antes que se introdujeran las vacunas, entre otras la poliomielitis epidémica de después de la Segunda Guerra Mundial.[13] Pero también explica por qué cuando una población no ha tenido absolutamente ninguna «experiencia» inmunitaria colectiva con un agente infeccioso (como ha ocurrido cuando tribus aborígenes se ven expuestas a enfermedades traídas por los primeros exploradores), esa población es diezmada.

Sagan señala que hay pruebas que sugieren que la erradicación de un agente infeccioso del medio ambiente de una población podría abrir la puerta a otros organismos igualmente virulentos en ese medio ambiente, con lo que una causa de muerte reemplaza a otra. El sida es un ejemplo pasmoso.

Las vacunas no son ciento por ciento eficaces

Las vacunas no producen «verdadera inmunidad». Éste es el quid de la controvertida vacunación para muchos padres y médicos. Una vacuna es un «truco» destinado a estimular al sistema inmunitario para que reconozca y combata el germen (introducido con la vacuna) si el cuerpo está expuesto a él en el futuro. Pero esto no ocurre siempre. Además, las vacunas no actúan produciendo simplemente versiones moderadas de la enfermedad contra las que van a proteger. Corrientemente producen síntomas propios de ellas. Y en algunos niños estos síntomas son muy difíciles de diagnosticar.

La verdad es que nunca se ha realizado ningún estudio clínico controlado de una vacuna, en la que un grupo de niños la recibe y otro no y luego se examina la salud de los dos grupos para comparar. Lo que sí tenemos son pruebas concluyentes de que se ha reducido la incidencia de enfermedades como el sarampión en poblaciones vacunadas. Sin embargo, la incidencia general de enfermedad y enfermedades crónicas en niños es ahora más elevada que nunca, aun cuando actualmente los niños reciben muchas más vacunas que en el pasado. Y en cada brote de enfermedad infecciosa, muchos de los que cogen la enfermedad han recibido todas las vacunas.[14]

Uno de los principales motivos de la diferencia entre la inmunidad natural de toda la vida contra bacterias o virus y la prevención de una enfermedad mediante vacunas inyectadas podría tener su raíz en la diferencia entre los dos principales aspectos de nuestro sistema inmunitario. Como ya he dicho, más del 80 por ciento de la actividad total del sistema inmunitario ocurre en los puntos de entrada del cuerpo: la piel y las mucosas de la boca, la nariz, el conducto vaginal y el tubo gastrointestinal. Cuando el sistema inmunitario está funcionando bien, nunca entran bacterias ni virus en el torrente sanguíneo. Administrar vacunas mediante inyección se desvía totalmente de este sistema.[15]

Las vacunas no son ciento por ciento seguras

Está bien documentado que de vez en cuando niños individuales sufren una grave reacción adversa a la vacunación.[16] El motivo es que las sustancias con las que se elaboran las vacunas pueden causar reacciones, según sea la constitución del niño. Las vacunas se hacen o bien con virus vivos atenuados mediante una serie de pasos en cultivos de tejidos, o de bacterias o proteínas bacterianas que se han matado o desnaturalizado empleando sustancias como el formol. No se pueden cultivar virus vivos en tejido sano; se necesitan células «enfermas» y ambientes dominados por la enfermedad para cultivarlos. Los virus para vacunas se cultivan en sangre de cerdo, sangre de caballo, sesos de conejo, células de cobayas, riñones de perro y corazones de vaca, por nombrar algunos. Todos estos tejidos pueden hospedar sus propios virus y bacterias, que a su vez podrían transmitirse a seres humanos vulnerables mediante las vacunas. Para ser eficaces, las vacunas deben también contener sustancias llamadas adyuvantes, que producen inflamación de los tejidos. Esta inflamación atrae a las células del sistema inmunitario a la zona para que se «impriman» del germen o virus atenuado que contiene la vacuna, y por lo tanto puedan reconocerlo y destruirlo en el futuro. Pero estos adyuvantes pueden ser bastante tóxicos.

La controversia sobre el mercurio

Los conservantes usados en las vacunas, como el thimerosal, también podrían ser tóxicos debido a su elevado contenido de mercurio. Investigadores de Gran Bretaña han informado de la alarmante elevada incidencia de encefalopatía y graves trastornos convulsivos en niños británicos, debido al contenido de thimerosal de la vacuna DTP (difteria, tétanos, tos ferina).[17] Estudios publicados recientemente también relacionan el mayor riesgo de trastornos en el desarrollo del sistema nervioso de niños, entre ellos el autismo, con el mayor contenido de mercurio en las vacunas para niños.

En 1999, la American Academy of Pediatrics y el Servicio de Salud Pública de Estados Unidos dieron la orden de eliminar el thimerosal en la fabricación de vacunas. Pero según el informe de abril de 2003 del Director de la American Association for Health Freedom, algunos de los fabricantes todavía no han obedecido. Este mismo informe declara: «En otro importante hallazgo, los investigadores [...] han descubierto que la exposición al mercurio de muchos bebés y niños vacunados en Estados Unidos ha excedido los límites diarios máximos establecidos por la Environmental Protection Agency (EPA, Agencia para la Protección del Medio Ambiente)».[18]

Los investigadores han llegado a la conclusión de que su estudio «ofrece sólidas pruebas epidemiológicas de la relación entre la mayor cantidad de mercurio proveniente de las vacunas infantiles que contienen thimerosal y trastornos en el neurodesarrollo y cardiopatías». En su análisis de este estudio, el doctor Joseph Mercola escribió: «Es casi incomprensible que el bien documentado mercurio tóxico continúe presente en muchas vacunas, años después que las agencias federales han ordenado la eliminación del thimerosal».

A pesar de estos informes, continúa la polémica sobre el papel del mercurio en los problemas relativos a las vacunas. Un análisis independiente realizado en 2001 por el Immunization Safety Review Committee, para el Institute of Medicine, concluyó que las pruebas son inadecuadas para aceptar o rechazar una relación causal entre las vacunas que contienen thimerosal y los trastornos de neurodesarrollo.[19]

Un estudio danés publicado en 2003 comparó a niños vacunados con una vacuna que contenía thimerosal con niños vacunados con una versión de la misma vacuna sin thimerosal. Se comprobó que el número de casos de autismo y trastornos neurológicos relacionados no era diferente en ambos grupos.[20] Sin embargo, los investigadores descubrieron un importante aumento en el autismo y trastornos de espectro autista en los dos grupos durante el periodo que duró el estudio, similar al que se ha observado en otros países. Esto lleva a la posibilidad de que en las vacunas haya algo más aparte del mercurio que esté relacionado con el problema.

Lo fundamental: El mercurio sólo es una de las sustancias tóxicas que contienen las vacunas. También contienen, entre otras: aluminio, proteínas de levadura, glutamato monosódico, gelatina, antibióticos, ADN y ARN aislados. No sabemos, y nunca se ha intentado descubrir, qué pasa con estas sustancias una vez que están en el interior del cuerpo. Yo preferiría que no se las inyectaran a un niño pequeño, al margen de los informes actuales. Me sorprende que nos preocupe tanto el nivel de mercurio que contiene el pescado para advertir a las embarazadas que lo eviten, y sin embargo lo inyectemos junto con otras toxinas a bebés poco después de nacer.

Comprendo que la gran mayoría de informes sobre vacunas que ofrecen en los consultorios médicos y en Internet son positivos y muy tranquilizadores. Pero en medicina abundan los casos en que prácticas aceptadas han de revisarse después al haber nuevos datos e información disponible. Siempre me sorprende cuántas personas, entre ellas colegas médicos, comparten mi preocupación una vez que se toca el tema. Todos los padres se deben a sí mismos mirar el otro lado del tema. (Véase «Recursos y proveedores».)

La mayor vulnerabilidad lleva a reacciones adversas a las vacunas

Muchas personas no tienen ningún problema con las vacunas. Repito, como señalaron los doctores Antoine Bechamp y Claude Bernard hace más de cien años, el factor más importante es la naturaleza del terreno, no los gérmenes ni las toxinas. Muchas personas sanas toleran las toxinas que contienen las vacunas. Pero si ya hay una debilidad en el sistema inmunitario o el sistema nervioso, la historia es diferente.

Cuando mi amiga y colega investigadora, la doctora Mona Lisa Schulz, defendió su tesis doctoral, se sintió estresada y «atacada» por la comisión evaluadora de su tesis. Su sensación de seguridad quedó muy afectada por la experiencia. Al día siguiente de su defensa oral de la tesis se vacunó contra la hepatitis B, requisito para todos los alumnos de la Escuela de Medicina de la Universidad de Boston. Al día siguiente despertó con ganglios inflamados por todo el cuerpo y un dolor atroz en todas las articulaciones de las manos y los pies. Un reumatólogo le dijo que tenía la clásica «enfermedad serosa», en que complejos anticuerpos/antígenos de la reacción a la vacuna se depositan en todas las articulaciones del cuerpo. El médico le dijo que de ninguna manera se pusiera la segunda dosis.

SI TE DECIDES POR LA VACUNACIÓN

Retrasa la vacunación de tu bebé por lo menos tres meses, o más tiempo si es posible. Cuestiono la sabiduría de introducir las proteínas y sustancias tóxicas extrañas de las vacunas en el cuerpo de un bebé antes de los tres meses. Durante este tiempo el cuerpo de la madre regula básicamente el sistema inmunitario del bebé. Y si está totalmente presente y le da el pecho, el bebé recibe los anticuerpos de su leche, los que le ofrecen protección muy concreta de los gérmenes que hay en el entorno. ¿Para qué arriesgarse a estropear el diseño de la Naturaleza en esta fase crítica?

Hay estudios científicos que respaldan lo anterior. En su sitio web, el doctor Mercola habla acerca de un estudio realizado en Japón, en que a un grupo de niños se les retrasó la vacuna DPT (difteria, tétanos y tos ferina) hasta que tenían dos años. Los investigadores comprobaron que estos niños experimentaron entre un 85 y un 90 por ciento menos complicaciones graves que los bebés que recibieron la vacuna entre los tres y los cinco meses de edad.

Valora la individualidad bioquímica. Cada niño reacciona de diferente manera a las sustancias que contienen las vacunas. Es posible que algunos no tengan ninguna reacción. Piénsalo dos veces antes de vacunar a un niño si en el historial familiar hay algún caso de déficit de atención con hiperactividad, autismo, alergias, diabetes tipo 1 (juvenil autoinmunitaria) o asma.

Limita la cantidad de vacunas administradas de una vez. Y pregunta cuáles son. Algunas inyecciones combinan hasta cinco vacunas diferentes. Y vienen más de estas combinaciones. Cuando se administran de a una, por separado, es más fácil controlar los efectos.

Evita las vacunas que contengan mercurio. Antes de llevar a tu hija a vacunar, llama y pide al médico que lea la información adjunta para ver si esa vacuna contiene mercurio. Si lo contiene, pídele que ponga una de otro tipo.

No vacunes a tus hijos cuando ya están combatiendo una infección. Vacunar a un bebé cuando no está bien significa introducir en su organismo antígenos extraños ante los que su sistema inmunitario debe reaccionar cuando ya está haciendo horas extras.

Sé muy selectiva con las vacunas. No creo que deba vacunarse a los niños contra la varicela. Esta enfermedad es muy benigna en los niños, aunque más grave en la edad adulta. Al vacunar a todos los niños, e impedir que se desarrolle la inmunidad natural para toda la vida, podríamos establecer una situación en que incluso más adultos contraigan la enfermedad y en un momento en que sus efectos son más graves. Tampoco recomendaría la vacuna TV (contra el sarampión, la rubéola y las paperas) porque muchas de mis clientas vacunadas anteriormente tenían inadecuada protección de anticuerpos contra la rubéola años después. Yo retrasé la vacunación de mis hijas contra la rubéola hasta la pubertad, cuando estaban en posible riesgo de embarazo. Tampoco vacunaría a un recién nacido contra la hepatitis B, a no ser que un progenitor o un familiar tuviera hepatitis B activa en el momento de nacer el bebé.

Considera la posibilidad de recurrir a las modalidades disponibles para desintoxicar contra posibles efectos secundarios. Observación: recomiendo desintoxicar contra vacunas ya administradas. No tiene sentido poner una vacuna que se sabe que es tóxica y luego intentar desintoxicarse de ella.

- Si amamantas, aumenta tu dosis de vitamina C hasta unos 3 gramos antes y después de la vacunación de tu bebé. Este potente antioxidante protege de todo tipo de daño a los tejidos.
- Una modalidad llamada Técnica Nambudripad de Eliminación de la Alergia (NAET) es también muy eficaz para eliminar del organismo los efectos secundarios. (Véase «Recursos y proveedores».)
- La sanación vibratoria es otra forma eficaz para «limpiar» el organismo de las toxinas introducidas por las vacunas. Deena Spear ha mejorado la salud de muchos con esta técnica. (Véase «Recursos y proveedores».)

LO QUE RECOMIENDO PARA REFORZAR LA INMUNIDAD DE LOS HIJOS

Todas deseamos hacer todo lo que esté en nuestra mano para proteger la salud de nuestros hijos, formen o no las vacunaciones parte del plan. Afortunadamente, hay muchas maneras de hacer esto aparte de las vacunaciones rutinarias. Éstas son:

Mantén un hogar apacible que engendre esperanza y un trato humano a los miembros de la familia. La mejor manera de proteger la salud y la inmunidad permanente de un niño es hacer apacible y fiable el ambiente hogareño, un ambiente en el que los niños se sientan seguros y amados. Un conjunto bastante voluminoso de estudios ha demostrado, más allá de todo asomo de duda, que lo esencial para un sistema inmunitario sano y la longevidad es una crianza en que haya copiosas cantidades de esperanza y felicidad e insignificantes cantidades de desesperanza, desesperación e impotencia. Esto es verdad, después de controlar todas las otras variables que normalmente relacionamos con la salud, entre ellas el agua limpia, una buena nutrición, la herencia genética, las vacunaciones e incluso la educación.[21]

El estrés psíquico de todo tipo deprime la función inmunitaria y lleva a una mayor frecuencia de enfermedades, en particular infecciones. ¡Eso significa que vivir con un cónyuge abusivo que te amenaza delante de los hijos o amenaza con golpear o hacer daño a los animalitos domésticos hace más daño al sistema inmunitario del niño que el que pueden prevenir todas o cualquiera de las vacunas!

Dale buenos alimentos nutritivos. La nutrición tiene un papel innegablemente importante en la salud de los niños. Examinemos el papel de un solo nutriente: la vitamina A. En un estudio realizado en Sudáfrica, controlado con el método de doble ciego, de 189 niños (edad media diez meses) hospitalizados con sarampión, complicado con neumonía, diarrea y crup (difteria laríngea), los investigadores comprobaron que los niños a los que se les daba vitamina A (una dosis total de 400.000 UI de retinil palmitato) dentro de los cinco días del comienzo del brote de sarampión, se recuperaban mucho más rápido; también se reducían a la mitad los riesgos de complicaciones graves y muerte.[22] Lo curioso es que no había indicios de deficiencia de vitamina A en estos niños.

(Observación: debido a su posible toxicidad, no se han de tomar dosis elevadas de vitamina A, a no ser con supervisión médica. La manera más segura de obtener vitamina A en suplemento es tomar betacaroteno, que en el cuerpo se convierte en vitamina A.)

Más de 50 estudios indican que en casi todas las enfermedades infecciosas conocidas, ya sean de origen bacteriano, viral o protozoario, la deficiencia de vitamina A tiene por consecuencia una mayor frecuencia, gravedad y mortalidad.[23] De hecho, a veces a la vitamina A se la llama «vitamina antiinfección».[24] No esperes a que los expertos se pongan de acuerdo. Ocúpate de que tu hija tome diariamente un preparado multivitamínico de alta calidad y coma lo mejor posible. Añade probióticos o alimentos que los contengan. (Aunque, como ya he dicho, un poco de comida basura no le hará daño. Los niños necesitan participar en algunos de los ritos de nuestra cultura, y eso incluye unas ocasionales patatas fritas.)

Dale suplementos fortalecedores del sistema inmunitario. Recomiendo dos suplementos de hierbas para los niños: Kold Kare y Umcka. Kold Kare contiene la hierba asiática *Andrographis paniculata*, la que, según se ha demostrado, estimula el sistema inmunitario y disminuye el número de resfriados por estación en quienes la toman con regularidad. Una niña o un niño de diez años con propensión a catarros, alergias y sinusitis debería tomar 1 o 2 tabletas de Kold Kare por la mañana, y 1 o 2 por la noche, durante todo el invierno. Los niños menores pueden tomar Umcka.

Umcka es un suplemento bien estudiado y muy eficaz, que contiene un extracto del geranio *Pelargonium sidoides*, que protege de resfriados, amigdalitis, otitis, irritación de garganta y bronquitis. Tomarlo como se explica en las instrucciones del frasco a los primeros síntomas, y continuar tomándolo 48 horas después de haber remitido los síntomas. (Estos suplementos se encuentran en las tiendas de alimentos dietéticos y se pueden conseguir a través de Emerson Ecologics. Véase «Recursos y proveedores».)

Considera el recurso a la homeopatía. El doctor Moskowitz recomienda que los padres se familiaricen con las enfermedades infantiles más comunes a fin de estar preparados para intervenir pronto en el caso de que sus hijos enfermen. También observa que antes del invento de las vacunas se empleaba muy eficazmente la homeopatía durante las epidemias de enfermedades infecciosas, tanto como tratamiento como para mantener la salud.

CÓMO ENFOCAR LA ATENCIÓN MÉDICA DE TU HIJA

Una mujer conectada con sus instintos Madre Osa sabe cuándo su hija está bien y cuándo no lo está. Las madres que tienen un buen vínculo con sus hijos saben mejor que cualquier experto del planeta cómo están realmente sus hijos.

Por otro lado, las madres que no tienen un buen sentido interior de seguridad para sentirse a salvo, suelen dudar de sus juicios y acatar la opinión de médicos u otros especialistas en asuntos de salud. Por desgracia, nuestra cultura participa en esto en todo momento, dada nuestra creencia de que tiene que haber «una píldora para cada enfermedad». Las madres que no se fían de sí mismas son mucho más propensas a llamar al médico o correr a su consulta cada vez que un hijo tiene un catarro. Esto transmite a los hijos el mensaje de esas mismas inseguridad y desconfianza. Si a una niña se le ha enseñado que todos los síntomas requieren asistencia médica, cuando sea mayor se fiará más de los expertos que de su propia orientación interior.

Los niños necesitan saber que el cuerpo se sana solo la mayor parte del tiempo. Cuando te haces una herida pequeña, cicatriza y se cura. Claro que hay ocasiones en que es necesaria la asistencia médica, por ejemplo en el caso de una herida profunda. Pero es bien sabido que los hijos de los médicos rara vez reciben tanta atención médica como la que recomiendan los médicos a sus pacientes.

A mis hijas sólo las llevé un par de veces a visitas de control rutinarias, porque sabía que estaban sanas. Cuando mi hija menor tenía unos siete años, me preguntó: «Mamá, ¿vamos a ir al doctor alguna vez?» Todas sus amigas visitaban a médicos. Le dije que veía a doctores todos los días de su vida: a su padre y a mí.

De todos modos, de vez en cuando las llevaba a una sesión de acupuntura (con láser, no con agujas) cuando estaban enfermas. Mi hija mayor estuvo bastante mal con varicela cuando tenía once años, y la acupuntura y las hierbas le fueron muy bien para dormir y sanar. También recurría a la osteopatía clásica de tanto en tanto como prevención general.

Sea cual sea la modalidad que elijas, es enormemente tranquilizador contar con un equipo de profesionales de la salud de confianza a los que recurrir en caso de necesidad. Este equipo podría estar formado por un pediatra, un médico de cabecera, y también un naturópata o un practicante de medicina china tradicional. Mi acupuntora atiende a bebés y niños todo el tiempo, muchas veces después que la medicina ortodoxa no ha logrado resolver los problemas. Entre otras dolencias, ha sanado alergias, problemas gástricos crónicos e infecciones de oído recurrentes.

Afortunadamente, en la actualidad hay cada vez más médicos de inclinación holística. Lo que necesitas principalmente es un profesional que sea sanador y crea en la capacidad del niño para sanar y estar sano. Esta actitud es más curativa y genera más seguridad y confianza que cualquier determinada filosofía o modalidad de práctica. Una de mis amigas me contó lo importante que ha sido para ella un médico así:

> Mi pediatra me reforzó la confianza en mí misma y en mi hija, que tuvo un comienzo delicado debido a su defecto de nacimiento. Había sido médico en Rumanía antes de emigrar a Estados Unidos, y me explicó cómo los pastores bajaban de las montañas en otoño trayendo los rebaños con los recién nacidos durante el verano. Irradiaba fe en la capacidad natural de los niños para crecer sanos.

Cuando la niña necesita atención médica

Lógicamente tu hija necesita que la vea un médico si ha tenido un accidente, sufre de una enfermedad grave o necesita algún tipo de intervención médica. Pero en estas ocasiones tu sabiduría Madre Osa es especialmente importante para su salud y bienestar.

Siempre que ha habido algún tipo de trauma, el cuerpo humano vierte en la sangre una inmensa cantidad de las hormonas del estrés, adrenalina y cortisol. Esto afecta a todas las funciones del cuerpo, poniéndolo en «alerta roja». En este estado, la parte racional del cerebro se cierra temporalmente y la conciencia se vuelve hacia el interior, más o menos como cuando la mujer está en la labor del parto. Esto hace hipersugestionable al niño o niña. Ésta es una oportunidad de oro para que la madre u otra persona cuidadora aproveche este estado biológico para transmitirle mensajes de «esperanza y curación» en lo profundo del inconsciente, a los que podrá recurrir en esos momentos y en el futuro.

Este estado alterado que acompaña al trauma se puede considerar un terreno fértil. Se pueden plantar semillas que servirán a la persona para sanar y reaprovisionar su terreno emocional y capacidad sanadora; o se puede dejar que torrentes de miedo erosionen ese terreno, con lo que en él no puede crecer nada aparte de más miedo. Lo que se le dice al niño en este momento puede influir muchísimo en su capacidad para sanar.

Éste es uno de los mensajes del maravilloso libro titulado *The Worst Is Over: What to Say When Every Moment Counts* [Lo peor ya pasó: Qué decir cuando cada momento cuenta], de Judith Acosta y Judith Simon Prager. Ellas llaman «zona sanadora» a esta reacción autónoma al trauma. Es un momento o periodo en que la persona (niño o adulto) está receptiva al máximo al poder de las palabras, los pensamientos y su entorno, no diferente al estado de hipnosis. Cuando durante este tiempo le dices a tu hija, por ejemplo: «Estoy aquí, contigo. Te vas a poner bien. Entra en tu interior y pídele a tu cuerpo que deje de sangrar. Ya llamé a urgencias, no tardarán en llegar», conectas directamente con las partes de su mente y sistema nervioso que regulan las funciones curativas. También le ofreces el tipo de autoridad externa que le permite relajarse y usar su energía para empezar a sanar.

TUS PALABRAS INFLUYEN

Las siguientes son algunas de las funciones corporales en que se puede influir directamente con los primeros auxilios verbales:

dolor	sudoración
ritmo cardiaco	reacciones alérgicas
respiración	asma
tensión arterial	velocidad de curación
hemorragia	dermatitis
reacción inflamatoria	sequedad de la boca
picor, comezón	reacción inmunitaria
contracciones	secreciones glandulares
motilidad intestinal	reacciones emocionales
tensión muscular	

CÓMO DAR EL PRIMER AUXILIO VERBAL

Serénate. Haz lo que sea necesario para encontrar ese centro tranquilo y seguro de tu interior. Por grave que sea la situación, siempre hay tiempo para hacer esto. Di una oración, haz una respiración profunda, di en silencio que tienes la capacidad para auxiliar, haz lo que sea que te dé resultado.

Cuando yo estaba en régimen de tocoginecóloga residente en el St. Margaret Hospital de Boston, siempre me serenaba antes de una operación leyendo la oración que estaba fijada en la pared sobre las pilas para lavarnos las manos. No recuerdo las palabras exactas, pero sé que pedíamos que nuestras manos se convirtieran en instrumentos mediante los cuales el Gran Médico pudiera hacer su curación. Esto siempre me hacía sentir mucho mejor y más a la altura de la tarea.

Comprende tu poder para ayudar. Tú eres la autoridad última en la vida de tu hija. Cuando te haces cargo de la situación y le das mensajes positivos de apoyo, la haces sentirse segura y protegida. Puedes pedirle que te apriete la mano o haga unas cuantas respiraciones profundas; lo que sea que te parezca adecuado. Y entonces su sistema nervioso autónomo y sus órganos reaccionarán de modo increíble. No te preocupes por «hacerlo bien». Cuando tienes la intención de emplear tus palabras y tu presencia para el bien último, sabes qué decir.

Sé realista en la comunicación. Aunque no es útil ser excesivamente optimista, hay una frase mágica que abre la comunicación y permite al cuerpo comenzar el proceso de recuperación en casi todas las situaciones agudas. La frase es: «Lo peor ya pasó». En casi todas las situaciones ésa es sencillamente la verdad. Si no estás segura de que lo es, siempre puedes decir: «Lo peor ya ha pasado por ahora». Tu hija ya tuvo el accidente, la caída o lo que sea. Son muchos los beneficios fisiológicos de esta frase sanadora.

El mismo consejo vale cuando llevas a la niña al médico para una intervención que podría ser dolorosa. Sé sincera pero tranquilizadora. Si la niña pregunta: «¿Me va a doler?», dile: «Sí, pero sólo un momento», o lo que sea adecuado. Siempre transmítele tu confianza en su capacidad para pasar por la situación.

Trabaja en colaboración con el equipo médico. Consciente o inconscientemente, los niños captan los conflictos entre tú y quienes los atienden.

Así que haz todo lo que esté en tu poder para colaborar con el equipo que atiende a tu hija. Es posible que te encuentres con un médico o una enfermera de malos modales, bruscos, agresivos, o que simplemente no sean unas personas sanadoras. En ese caso, valida los sentimientos de tu hija hacia esa persona, si es lo conveniente, y busca a otro profesional lo antes posible. Comunicarle a la niña que no te vas a poner en contra suya por causa de un médico o una enfermera le hará muchísimo bien a su sensación de seguridad.

Si tu hija está hospitalizada, mantente a su lado el mayor tiempo posible. Aunque estés muy contenta con la atención médica que está recibiendo, tu presencia crea una isla de normalidad en medio de un ambiente extraño y que asusta. Hemos progresado mucho como cultura desde que mi hermana Bonnie murió en una sala de hospital sin que mi madre pudiera tocarla. Ahora se permite a los padres estar con sus hijos y se los anima a participar. ¡Qué alivio!

Hazla intervenir en su curación. Si es posible, pídele que te ayude a sostener la venda, o que respire lenta y profundamente contigo. A los niños les gusta que se los incluya, les gusta participar, y eso les sirve para centrar la atención en algo diferente al dolor o la herida o lesión. Incluso un detalle insignificante como elegir la tirita puede servir para restablecer la sensación de control y dignidad después de un asalto de dolor y miedo. Saber que participa en el proceso le permite recurrir a su capacidad interior para sanar. Los estudios corroboran esto. La pediatra oncóloga, doctora Karen Olness, de la Escuela de Medicina de la Case Western Reserve University, ha realizado extensos estudios sobre cómo enseñar a los niños a emplear técnicas de autorregulación, como la visualización y la hipnosis, para hacer frente a diversos tratamientos y estimular la función inmunitaria.[25]

Evita culpar y avergonzar. Si tu hija se ha caído, herido o lesionado haciendo algo que tú no apruebas, no empeores las cosas diciéndole: «¿No te dije que nunca hicieras eso?» o «Sabía que te harías daño». La realidad ya le ha enseñado una lección; ahora necesita tu apoyo y consuelo. No discutas con tu marido sobre lo que la niña debería o no debería haber estado haciendo; tienes que censurar conscientemente esos comentarios, porque pueden obstaculizar el proceso de curación. Apuesto a que recuerdas varias de estas situaciones de tu infancia, de donde procede tu primera programación sobre la enfermedad.

Ten la intención de ser una fuerza para el bien y lo serás. Eres más eficaz
y eficiente para auxiliar a tu hija (o a cualquier persona) cuando rezumas
seguridad y confianza y demuestras y sientes interés. La intención amorosa es lo único necesario. Aun cuando no tengas las palabras correctas,
tu verdaderos cariño, comprensión y compasión lo conseguirán.

La seguridad y confianza de la madre viene de saber que es capaz de
auxiliar a su hija con sólo su presencia y sus palabras. Así que si eres la
primera en estar en el escenario del accidente, simplemente ten presente
que eres la primera que debe auxiliar. En ese momento tú y tu hija entráis
en un lugar sagrado. Lo sé. He estado presente con mis pacientes en muchas ocasiones; es un lugar en el que compartimos nuestra humanidad
común y podemos prestarnos realmente un servicio mutuo.

10

Mapas del amor

Cómo codificamos el estado anímico, la sexualidad y las relaciones

La gran mayoría de niños nacen con las sensaciones naturales de alegría y felicidad. Éste es uno de los fabulosos regalos que nos hacen, y a las madres normalmente les encanta ver el mundo de nuevo a través de los ojos de sus hijas. Una amiga me comentaba hace poco cómo se le derritió el corazón cuando iba entrando en la casa con su hija de tres años dormida después de un trayecto en coche. Estaba oscuro, y de pronto asomó el sol por entre las nubes, iluminando las gotas de lluvia. La pequeña abrió los ojos y exclamó: «¡Mira, mamá! ¡Qué brillante!»

La madre que participa en las emociones de alegría de su hija en realidad la ayuda a desarrollar y reforzar los circuitos cerebrales que sostienen un estado de ánimo sano. Pero lo contrario también es cierto. Digamos, por ejemplo, que una niñita de 16 meses apunta entusiasmada hacia las travesuras de un mono en el zoo, tratando de captar la atención de su madre; desea compartir su alegría y ganarse su aprobación. Pero la madre está muy deprimida o agotada para responder, o simplemente está absorta en una conversación por su teléfono móvil. Los estudios han demostrado que a la edad de 15 a 16 meses los niños son particularmente vulnerables a lo que se llama «peligro de desinflarse», causado por la falta de interés de su madre, o por su incapacidad para reflejarle el entusiasmo.[1]

Si la madre no le sonríe cuando su hija está entusiasmada por algo, el ánimo de la niña se desinfla. Cuando la niña siente algo, naturalmente mira alrededor para ver si los demás comparten y reflejan su sentimiento. Si no, se siente ridícula y avergonzada por sentir esa alegría. La conclusión que saca es que su estado de ánimo tiene que estar mal. Después de todo, su madre es más grande, más poderosa y está al mando; tiene que tener razón. Entonces comienza a creer que hay algo mal en ella, y que esa alegría hay que ocultarla. Por desgracia, si una madre está normalmente preocupada, si muchas veces está de ánimo difícil, o si está pasando por conflictos graves en otras facetas de su vida, podría minar sin quererlo la autoestima de su hija.

LOS ORÍGENES DE LA AUTOESTIMA

La autoestima se desarrolla a lo largo de toda la vida, y de ella hablaremos en el capítulo 12. En los dos primeros años y la primera infancia, la autoestima intenta fundamentalmente reforzar la sensación innata de alegría y confianza en sí misma de la niña. Pero el reflejo positivo de su valía innata no basta para cimentar firmemente su autoestima cuando se hace mayor. Entonces necesita lograr objetivos o metas y satisfacer expectativas, tanto de otras personas como las propias, fijadas por ella.

A consecuencia de repetidas experiencias en que no ve su alegría reflejada por los demás, la niña aprende a embotar su entusiasmo y a ponerle techo a su alegría. Pasado un tiempo ya no se entusiasma, y podría pensar que la vida carece de esperanza y que ella es impotente para hacer algo al respecto. En su cuerpo se codifica una sensación de inutilidad y resignación. Entonces esto se transmite a su postura. Comienza a andar con la cabeza y los ojos bajos, y se trunca su exploración de sí misma y de su mundo. En resumen, se deprime.

INTENTO DE GANAR EL AMOR DE LA MADRE: NACIMIENTO DE PERSONAJES QUE REEMPLAZAN AL VERDADERO YO

Si la niña llega a creer que no va a ser amada o digna de amor si es fiel a su ser interior, podría comenzar a inventarse un personaje o máscara, una personalidad falsa que se crea como reacción a lo que los demás desean que sea y haga. Este personaje puede comenzar a cobrar forma ya a los dos años, y estar firmemente instalado a los cinco años. El número de personajes posibles es interminable, pero uno muy común en las niñas es el de «la niña buena» o «la niña útil o servicial». También he conocido a un buen grupo de rebeldes. Wanda, una de mis clientas, me contó lo siguiente:

Desde que tengo memoria me he empeñado en hacer mi trabajo de manera que agrade a los demás. Recuerdo que cuando estaba en el parvulario me echaba a llorar cuando teníamos que dibujar una casa mientras otros compañeros nos tapaban los ojos. Me frustraba no poder hacerla bien porque no podía ver lo que estaba dibujando. En la escuela una vez me eché a llorar porque no supe responder cuánto era cinco por cinco en un examen para evaluar el progreso. Aunque todavía no habíamos aprendido las tablas de multiplicar, me imaginaba que si eso era un examen, tenía que saber la respuesta correcta. Pero no era sólo la respuesta correcta lo que ansiaba; era la atención positiva del adulto lo que deseaba conseguir.

Pero debido a que mi ambición por hacerlo bien no estaba impulsada por el deseo puro y positivo de aprender y de saber, casi todos mis logros han ido acompañados por una molesta sensación de estar cargada y tener que luchar. Nunca he tenido ningún problema con la voluntad; es como si hubiera nacido con disciplina, concentración y la capacidad de atenerme a un plan. Pero cada mañana al despertar siento esa voz dentro de la cabeza que insiste en que debo levantarme y ponerme al trabajo, que hay cosas que hacer, obligaciones que cumplir. Me encanta mi trabajo y me produce mucha satisfacción. Además, soy autónoma, así que no tengo ningún jefe aparte de mí misma. Supongo que parte de esta sensación de carga es simplemente que nací así. Y una parte tiene relación con mi hogar cuando tenía entre dos y cinco años.

Cuando tenía dos años, mi hermana menor tenía tres meses y mi hermana mayor seis años. Decir que mi madre tenía muchísimo trabajo sería quedarse corta. Una vez me hizo una lectura una adivina y me dijo que de pequeña yo corría por la casa gritando encantada con el mundo. Eso no le sentaba bien a mi madre (¿quién podría culparla?), así que bajé la voz y me convertí en algo mucho más aceptable: la clásica niña buena. La mejor amiga de mi madre me dijo que yo era su favorita de las tres porque me sentaba apaciblemente en mi silla alta y no le daba ningún problema a nadie. Llamé a mi madre para preguntarle sobre ese periodo, y cuando le dejé el mensaje en el contestador, de repente me eché a llorar.

Sin la información de mi madre, mi cuerpo, a través de esas lágrimas, me había dado la información que quería. Sí, efectivamente, supe que durante ese periodo había acallado mi capacidad para experimentar la alegría diaria de la vida y dado a luz a un personaje que hacía lo que le decían y trataba en todo momento de ser aceptable, siendo agradable con los demás y haciendo lo correcto. Ahora en mi edad madura por fin puedo dejar marchar a mi útil personaje y vivir nuevamente de dentro hacia fuera, disfrutando plenamente de cada día, con confianza, esperanza y alegría, como la Wanda de dos años de ese tiempo.

MADRES DEPRIMIDAS, HIJOS DEPRIMIDOS

La depresión en las madres puede comprometer la capacidad de los hijos para vincularse y formar relaciones sanas y estables a lo largo de su vida. También puede predisponer para una mala inmunidad y otros problemas de salud. La doctora Geraldine Dawson, psicóloga de la Universidad de Washington, ha explorado por monitor las ondas cerebrales de bebés de 11 a 16 meses cuyas madres están deprimidas, y ha descubierto una notable disminución de actividad en sus zonas límbicas frontales.[2] (La zona límbica frontal izquierda es el centro de la alegría, la compasión, el contento y otras emociones sociales positivas.) Las pautas de actividad cerebral de estos bebés registran los altibajos de la depresión de sus madres. Uno de los hallazgos más pasmosos en el trabajo de Dawson es su descubrimiento de que, moderando su reacción a la alegría, los bebés también moderan su reacción a la aflicción. Es decir, hay motivos para creer que la depresión de la madre disminuye la capacidad de su bebé para sentir totalmente las emociones de cualquier tipo, ya sean de alegría o de tristeza. Podrían crecer con las emociones embotadas, a no ser que haya alguna otra persona en la familia que sea feliz y alegre.

A los tres años, los niños cuyas madres estaban muy gravemente deprimidas o con una depresión muy prolongada, continuaban teniendo lecturas anormalmente bajas de actividad cerebral. Las madres indiferentes, impacientes e irritables tendían a tener bebés con cerebros tristes. No es sorprendente que los estudios hayan demostrado que los trastornos mentales tienden a agruparse en torno a aquellas personas que tienen vínculos débiles o inseguros con otras debido a problemas como maltrato y depresión maternos.[3] El abuso de sustancias por parte de los padres, el divorcio y la adversidad económica también caracterizan con frecuencia las infancias de personas que tienen dificultad para formar relaciones sanas en la edad adulta. Estas adversidades no causan el problema; pero tienden a perpetuarlo.[4]

La depresión de la madre no tiene por qué causar daño permanente a los hijos. Otros estudios han demostrado que las madres que lograban elevarse por encima de su melancolía y prodigaban atención a sus bebés y jugaban con ellos, tenían hijos con actividad cerebral más alegre.

Otras personas cuidadoras de niños pueden contribuir también inmensamente a la salud general y bienestar de éstos cuando la madre no puede estar presente, por el motivo que sea. Una de mis clientas enfermó de cáncer de mama cuando sus hijas tenían dos y cuatro años. Muchas veces se sentía mal por los tratamientos y no estaba disponible para sus hijas. Su madre la ayudaba con las niñas, y su marido también estaba muy presente para ellas. Aunque esto no era fácil para nadie, las dos chicas son adultas jóvenes felices, sanas y bien adaptadas. Y su madre también está bien.

SOBRE LAS PERSONAS CUIDADORAS

Es un craso error (y una novedad muy reciente) que una madre se quede en casa, lejos del contacto humano adulto, y satisfaga todas las necesidades de sus hijos pequeños ella sola, sin la ayuda del resto de su «tribu». Criar hijos en el aislamiento no es bueno ni para las madres ni para sus hijos.

Así que cuando tengas que elegir la manera de atender a tus hijos, tienes que tomar en cuenta las necesidades para la salud mental y física tuyas y las de ellos. Ya sea que los lleves a una guardería, tengas niñera o te quedes en casa con ellos, el resultado va a depender de la calidad del cuidado y del apoyo que ofrece, no del tipo de cuidado propiamente tal.

Tengo una amiga que dirige una guardería sin licencia cerca de Nueva York. Tiene una larga lista de espera, aun cuando se niega a seguir las «reglas» tales como evitar coger en brazos a los niños y acunarlos en su regazo. Dice: «Sé lo que necesitan los niños y se lo doy. Los niños que vienen aquí son muy, muy felices. Y también lo son sus madres, digan lo que digan las reglas». Esta mujer es un regalo, tanto para las madres como para los niños que cuida. Es una «placenta externa» viva. ¡Y necesitamos muchas más como ella!

LA BIOLOGÍA DE LA TRISTEZA
Y LA DESESPERACIÓN

Basándose en sus observaciones, Darwin sugería que las emociones de aflicción del humano adulto tenían mucho en común con la reacción de los niños separados de sus madres. De hecho, estudios modernos han comprobado que Darwin tenía razón. Cientos de estudios han documentado que la separación prematura de un niño de su madre tiene por consecuencia cambios fisiológicos que le deprime la inmunidad. Y estos cambios podrían persistir en la edad adulta.

La separación prematura en los primeros años de vida podría generar en el cuerpo una biología de tristeza y desesperación, y es una señal de que no se satisface la principal necesidad del ser humano de pertenecer a un grupo esencial, sentirse apoyado por ese grupo y seguro en él. En consecuencia, la principal y predominante sensación de la persona es que el mundo es inevitablemente estresante porque no hay nadie en él que la sostenga, apoye, proteja y cuide. Dicho con otras palabras, es la sensación de «No soy de aquí, no pertenezco a nadie, no hay nadie aquí para mí. Estoy perdida, condenada; a nadie le importo». Este primer estado de desesperanza y desvalimiento o desamparo podría ser causa de menor resistencia a las pérdidas más adelante en la vida.

Es posible que una niña cuya primordial emoción es la tristeza y desesperación se relacione con personas felices, y entonces utilizará el ánimo alegre de otra persona para regular su tristeza. Podría sentirse deprimida y sola a menos que haya alguien con ella que le dé energía. Podría sentirse impulsada a buscar compañías de cualquier tipo, sin discriminación, sean sanas o no, para no sentirse vacía por dentro. Por otro lado, podría resultarle casi imposible disfrutar de una relación sana, mutuamente beneficiosa, con igual cantidad de dar y recibir.

Una mujer que utiliza las relaciones para regular sus estados de ánimo suele «hipervincularse» con otras personas. Cuando acaba una relación así, baja en picado el ánimo de la persona congénitamente triste. Su sistema inmunitario percibe la pérdida como un golpe fatal, que la arroja en su primer estado de desesperación biológica engendrado por la prematura pérdida de su madre.

En personas cuyo temperamento sigue la vía independiente, la separación prematura de la madre podría causar un comportamiento diferente. Una mujer así podría convertirse en una solitaria independiente que piensa que no necesita a nadie, y mucho menos a otra mujer. El siguiente es un conmovedor ejemplo, una carta que recibí de una señora de 48 años llamada Lynn, una de las suscriptoras de mi hoja informativa:

Mi madre nos abandonó a mi hermano y a mí cuando éramos muy pequeños; yo aún no había cumplido el año. Quedamos bajo la tutela de un tribunal, pues, aunque tenemos padre, no le concedieron la custodia. Durante la mayor parte de mi vida no he formado ningún vínculo con mujeres. En mi primera infancia no hubo ninguna persona cariñosa, y yo no tenía idea de cómo conectar con mujeres. A los 30 años tenía cuatro hijos, y no podría haber abandonado a ninguno de ellos, tal como no habría podido cortarme un brazo. Por eso siempre me he preguntado cómo y por qué mi madre hizo lo que hizo. Después, cuando la conocí, no sentí nada hacia ella; y cuando le pregunté por qué, la única explicación que dio fue que mi hermano y yo éramos «demasiado pequeños».

De lo que se trata es de que he sobrevivido, pero no sin costes. Desgraciadamente, pienso que tal vez mis hijas tendrán que pagar parte del precio. Sé que soy una mujer muy fuerte y que soy capaz de sobrevivir como sea, pase lo que pase, pero emocionalmente he tenido muchos problemas. No tuve ninguna amiga íntima hasta los 35 años. Mi principal problema era no poder confiar ni aceptar que tal vez alguien podría quererme incondicionalmente, que no tenía por qué ser un ser sobrehumano, que mis defectos eran aceptables y que tenía muchísimo para ofrecer.

Miro a mis hijas, que ahora tienen 30 y 22 años, y veo que tampoco tienen amigas con las que simplemente puedan intimar. Veo muchísimo desasosiego en ellas. Mi hija mayor se conforma con menos de lo que merece, y no puedo dejar de sentirme algo responsable de eso. No sé qué podría haber cambiado o haber hecho distinto, si es que hubiera podido hacer algo. Todos saben que los quiero más que a mi vida. Saben que he trabajado muy arduo para mantenernos a todos, y sé que valoran y agradecen eso. Aunque estoy sola, no me siento sola. Pero eso no funciona necesariamente así para ellas. Así que supongo que el legado continúa. Siempre tendrán la sensación de que les falta algo, y no entiendo del todo la conexión madre-hija que veo que tienen algunas personas en el lugar donde trabajo.

La historia de Lynn está a rebosar con el legado de pérdida. Su instinto Madre Osa es fuerte, pero ha pagado un precio muy elevado por su estoicismo y la capacidad de «hacerlo todo» sin pedir ayuda.

Afortunadamente, cuando somos adultos tenemos la capacidad de hacer esto. Pero la aceptación propia en la edad adulta nunca se siente tan sustentadora en el cuerpo como el haber tenido en la primera infancia una madre o un grupo de personas importantes, significativas, que nos aceptaban total e incondicionalmente tal y como somos. Eso es lo que significa el dicho: «No se puede volver al hogar». Incontables mujeres con vínculo afectivo inadecuado han encontrado la paz y la aceptación en la edad adulta. Disfrutan de una amplia variedad de amistades y se han creado una sensación de pertenencia y seguridad. Después de haber trabajado tanto y haber conseguido un sentido de identidad arduamente ganado, suelen sorprenderse y sentir dolor cuando un viaje a visitar a sus madres les hace aflorar viejos sentimientos de incapacidad.

JUDY: ¿soy digna de que se me escuche?

Judy, otra suscriptora de mi hoja informativa, comprendió que sus problemas de relación como adulta reflejaban sus primeras experiencias con su madre. Tenía 53 años cuando me escribió lo siguiente:

> En toda mi vida jamás he pensado que mi madre me escuchara realmente, o por lo menos hasta donde tengo memoria para recordar esas cosas. Sé que cuando le hablaba, y cuando le hablo, siempre está mirando hacia otra parte, haciendo algo, y me interrumpe a mitad de frase para cambiar el tema. Hasta el día de hoy, en especial con mi marido, si las personas no actúan como si me estuvieran escuchando, me siento muy insegura y simplemente me callo. Cuando hablo con alguien (y me cuesta muchísimo hablar), trato de decir lo que tengo que decir muy rápido y con pocas palabras, para no aburrir o interrumpir.
>
>   La verdad es que no puedo decir que haya resuelto totalmente esto con mi madre. Aunque sí tengo conciencia de ello, y cuando me lo hace ahora, a veces puedo mantenerme firme ante ella. Esto no lo puedo hacer con otras personas todavía. Con mi hija tenemos una relación muy íntima. Nos resulta fácil hablar, y yo me esfuerzo muchísimo en apoyarla siempre que puedo.

Otra mujer escribió:

Después de años de introspección y algo de terapia por mi parte, por fin comprendí que mi madre es muy cerrada emocionalmente, y es posible que siempre lo haya sido. Ir a ella con algo alegre, emocionante, o hacerla partícipe de una sensación de logro o triunfo, era como un ejercicio sobre sentirse decepcionada. Decía: «Qué bien, cariño», o «Estoy muy orgullosa de ti», de una manera metódica, estoica. Sus palabras decían una cosa, pero su lenguaje corporal y expresión facial decían otra.

He llegado a la conclusión de que mi madre está deprimida, y probablemente lo ha estado durante años. Es como si en su interior tuviera un vacío que sólo se llena cuando alguien le está inyectando energía. No me extraña que me sienta cansada y agotada después de hablar con ella.

Aunque quiero a mi madre, nunca me ha gustado abrazarla ni estar cerca de ella físicamente. Cuando me toca, siento deseos de apartarme al instante. Finalmente comprendí que puedo fiarme de mis instintos respecto a esto. No soy una «mala hija» al fijar límites sanos con ella. Ella nunca fue capaz de darme el apoyo emocional que yo necesitaba cuando era niña.

ALICIA: *pedir fuera cuando no hay nada en casa*

La madre de Alicia era alcohólica. Había heredado dinero de su familia, y siempre había niñeras que cuidaban de Alicia y sus hermanos y hermanas. Aunque había un hogar y la vida familiar parecía normal al mundo exterior, los niños nunca sabían si su madre estaría borracha o sobria, si estaría presente durante la comida o la salida familiar, ni si los pondría en la cama esa noche. Las niñeras, que podrían haber dado cierta estabilidad o constancia, nunca duraban mucho tiempo porque la casa era un caos total. El padre de Alicia hacía frente a la situación viajando por trabajo o negocios durante la semana.

Debido a su temperamento, Alicia aprendió muy pronto a satisfacer en la escuela su natural necesidad de atención. Ya en parvulario se convirtió en alumna modelo, y continuó así hasta acabar la universidad. Ya adulta, me dijo una vez: «Cuando no recibes el amor y el respeto que necesitas automática e incondicionalmente, tienes que hacer algo para ganártelos. Por suerte hay otros lugares aparte de la familia en que puedes recibir ese amor y respeto. Cuando no puedes comer en casa, pides comida fuera», bromeó.

Pero el problema para Alicia, y para millones como ella, es que nunca está segura de ser digna de amor y aceptable. Cuando compra un regalo para una amiga o se pone un vestido nuevo, suele decir: «No te gusta, ¿verdad?» antes de que la amiga haya tenido la oportunidad de decir algo. Se ha hecho tan hábil para protegerse del rechazo que en realidad rechaza ella primero. Pero el problema de esta forma de «protección» es que también le impide aceptar de verdad el amor y la aprobación auténticos que la rodea en su edad adulta.

No es sorprendente que Alicia haya tenido una serie de relaciones dolorosas con mujeres frías e indiferentes, tanto en su profesión como en su vida personal. Pero a lo largo de los años, a medida que ha identificado este comportamiento y aprendido a cambiarlo, han cambiado también para mejor su vida y su salud. Primero tuvo que aprender a identificar su vacío interior, consecuencia de haber tenido una madre fría y distante. Después tuvo que identificar su impulso inconsciente de llenar ese vacío y sensación de indignidad tratando de ganarse el cariño de mujeres que eran como su madre. Finalmente, mediante terapia, mejor dieta, ejercicio y afirmaciones positivas, ha aprendido a sentirse a gusto consigo misma la mayor parte del tiempo.

Un hogar espiritual

También es totalmente posible que un niño tenga el tipo de temperamento y cualidades del alma que le permitan satisfacer, hasta cierto punto, sus necesidades emocionales vinculándose con Dios o con la Tierra. El teólogo Matthew Fox observa que todas las personas que ha conocido que tuvieron una infancia de maltrato y descuido han encontrado un lugar en la Naturaleza, a la que acudían para encontrar sustento y paz.

Una de mis clientas es una mujer muy espiritual que me contó que en cierta medida comprendió de pequeña que su madre no iba a estar presente para ella así que se vinculó con la propia Fuente, con Dios, algo que todos hemos de hacer en último término. Esta conexión espiritual y su plena aceptación de todos los aspectos de su vida, entre otros su historial de maltrato físico por parte de sus padres, le han permitido mantener una actitud fenomenalmente positiva que le ha servido para sanar de diversos y muy graves problemas de salud, todos relacionados con la inmunidad, la sangre y las articulaciones, y todos relacionados con su inseguro comienzo en la vida.

FORMAR VÍNCULOS CON LA NATURALEZA

¿Recuerdas algún lugar especial al que ibas a pasar las vacaciones de verano cuando niña? ¿Tenías una roca o un árbol favorito, o un lugar a la orilla de un lago, al que considerabas el lugar de tu alma? Así es como hacemos de la Naturaleza y del mundo natural nuestra placenta externa sustentadora. Sabes que la montaña, el mar o el bosque siempre estarán ahí para ti. Los niños necesitan pasar tiempo al aire libre en la Naturaleza para experimentar directamente su vínculo o unión con la Tierra. Y eso fortalece su sensación de seguridad en el mundo, porque están vinculados con la Madre Naturaleza.

LA RAÍZ DE LA SEXUALIDAD: IMAGEN SANA DEL CUERPO

Los niños nacen con un amor y una curiosidad naturales por sus cuerpos. Sabiendo cómo muchas mujeres combaten dolorosamente con una mala imagen de sus cuerpos, y lo fatales que pueden ser las consecuencias para la salud, yo deseaba que mis hijas se sintieran lo más a gusto posible con sus cuerpos. Cuando eran pequeñas, teníamos noches de «balneario» especiales, en que yo ponía música hermosa y encendía candelas durante su baño, y a esto seguía un masaje. Sabía que no podría protegerlas totalmente de los mensajes culturales negativos, pero no estaba preparada para la realidad de que «los guardianes de los viejos reglas y reglamentos» están en todas partes. Lo único que puede hacer una madre es sostener la antorcha de la imagen corporal sana lo más alto que pueda, trabajar sus propios problemas con su cuerpo y dar ejemplo a su hija en estas habilidades para que haga lo mismo.

Todavía recuerdo un caluroso día de verano que fuimos a la playa cuando mi hija mayor tenía unos dos años. Tan pronto como llegamos, Annie bajó del coche y echó a correr hacia el agua, quitándose la ropa mientras corría. Cuando yo llegué junto a ella, estaba desnuda a la orilla del agua, pero su entusiasmo se había evaporado. Se veía triste y confundida. ¿Por qué? Porque un grupo de mujeres mayores, de la edad de su abuela, la habían avergonzado por su desnudez y preguntado dónde estaba su traje de baño.

En una fracción de segundo, su inocente alegría por sentir el sol y el agua en su cuerpo desnudo había sido reemplazada por la sensación de ridículo y la primera experiencia de vergüenza de su cuerpo. Me enfurecí con esas mujeres. ¿Cómo podría haber protegido a mi hija de esa experiencia y del peso del puritanismo de Nueva Inglaterra que consideraba indecoroso el cuerpo? No podía. Mis convicciones como madre no servían de nada ante el juicio crítico que rezumaban esas autoproclamadas guardianas del decoro. Le dije a Annie que su cuerpo era hermoso y bueno, y que no necesitaba traje de baño, dijeran lo que dijeran ellas. Pero nunca volvió a acercarse al agua con tanta alegría y despreocupación. Fin de la inocencia.

En otra ocasión, cuando mis hijas tenían dos y cuatro años y estábamos de visita en casa de sus abuelos, quisieron subir a bañarse al volver de la playa. Yo subí con ellas para ocuparme del agua y ver que estuvieran bien; me siguieron su primo, que entonces tenía tres años, y un amiguito que estaba de visita, de cuatro años. Iba pensando que una vez arriba los dividiría en grupos para bañarse. Pero aún no habíamos llegado al último peldaño cuando nos alcanzó la madre del niño de cuatro años, en un estado de casi terror, porque pensó que yo permitiría que su hijo se bañara desnudo con mis hijas. ¿Y sabes qué? Podría haberlo hecho. ¿Por qué? Porque los niños consideran normales los cuerpos desnudos, no algo de lo que haya que avergonzarse, hasta que los adultos les enseñamos lo contrario. De verdad dudo que un grupo de niños metidos en una bañera, supervisados por un adulto, se hubiera entregado a juegos sexuales morbosos (aunque sí podríamos haber tenido problemas con el agua en el suelo).

Cuando damos exagerada importancia a las diferencias genitales de los niños pequeños y tratamos de impedirles que se exploren sus cuerpos o vean los cuerpos de niños del sexo opuesto, corremos el riesgo de que se avergüencen de su curiosidad natural. Su deseo natural de conocer la verdad podría entonces empañarse por la capa de vergüenza colocada por uno o por ambos progenitores. Mi madre mencionó una vez que a mi padre su madre le enseñó que el pene era algo «que no debía tocarse». Cuando me contó esto, yo agradecí que ninguno de mis padres me hubiera transmitido ese legado de vergüenza.

Yo me conduje con bastante naturalidad cuando les expliqué a mis hijas qué eran los tres agujeros que tenían allí abajo. Una de mis clientas encontraba a veces a su hija de tres años en el baño, con un espejo, tratando de verse mejor esa parte. Eso es normal. Nos conviene que nuestras hijas tengan un sano sentido de su anatomía, genitales incluidos, desde la menor edad posible.

TU LEGADO RESPECTO
A LA VERGÜENZA POR EL CUERPO

- ¿Cómo te sientes cuando otras mujeres te ven desnuda? (Por ejemplo, ¿te envuelves normalmente en la toalla cuando estás en un vestuario con otras mujeres?)
- ¿Cuál es tu primer recuerdo de sentirte incómoda con tu desnudez?
- ¿Qué le has enseñado a tu hija acerca de su zona genital? ¿Qué te enseñaron a ti?
- ¿Cuál es (o era) la zona de comodidad de tu familia en torno a la desnudez?
- ¿Cuáles son tus criterios personal y cultural respecto a la desnudez?

Las niñas, claro está, se encuentran ante muchas más prohibiciones respecto al cuerpo que los niños, y desde edad muy temprana. Muchas veces he pensado que los trajes de baño de dos piezas para las niñas pequeñas son ridículos, porque el sujetador suele acabarles enrollado en el cuello. ¿Para qué darle a una niña la idea de que tiene que cubrirse el pecho antes que empiecen a desarrollársele las mamas? Este tipo de educación es el que comienza a apagar la energía en toda una parte de nuestros cuerpos, nuestro tórax y pechos.

La mayoría de las niñas aprenden instintivamente que hay lugares en donde es seguro estar desnudas y otros en que no lo es. Podemos estimular su sentido de orientación interior en desarrollo dando ejemplo con un comportamiento correcto y también siendo sinceras respecto a nuestros criterios y zona de agrado o comodidad en torno a la desnudez.

Cuando mis hijas tenían ocho y diez años fuimos a visitar a mi hermana en Nuevo México. Un día hicimos una excursión hasta el Río Grande, en una zona bastante remota. Hacía calor, así que decidimos bañarnos aun cuando no habíamos llevado trajes de baño. Mis hijas se sentían totalmente a gusto jugando, bailando y estirándose desnudas en el agua y en la orilla. Recuerdo que con mi hermana comentamos qué maravilloso era que todavía quedaran lugares en la Tierra donde podíamos sentirnos libres para hacer eso sin sentir vergüenza. De todos modos, tengo muy claro que ni mis hijas ni yo nos habríamos bañado desnudas si hubiera habido allí un grupo de personas desconocidas o incluso hubieran estado presentes algunos miembros masculinos de nuestra familia.

También está claro que algunas familias (y culturas) tienen diferentes normas de conducta por lo que a desnudez se refiere. No hay nada de suyo bueno ni malo en ninguno de estos comportamientos, mientras se basen en el respeto, no en la represión ni la vergüenza. La mayor parte de nuestro comportamiento en torno a la desnudez es sólo eso: cultural, no biológico. La mayoría de los hombres y mujeres europeos, por ejemplo, son mucho más libres respecto a la desnudez en la playa que la mayoría de los estadounidenses.

Hay diferencia entre la desnudez sana y la desnudez emocionalmente impropia. Una de mis clientes me contó que su padre solía entrar rutinariamente en su dormitorio a darle el beso de buenas noches sólo con sus calzoncillos. Ella siempre se sentía incómoda con eso. Le dije que su incomodidad es la única información que necesitaba acerca de si el comportamiento de él era correcto o no. Si una niña se siente incómoda por algo que hace un adulto, se debe a que la intención del adulto no es honrada. Sin embargo, muchos niños se hacen mala impresión de sus reacciones corporales sanas debido a adultos cuyas formas de actuar (que dependen de marcos culturales o religiosos) los desconciertan y les transmiten mensajes que están reñidos con lo que les dice su sentido de orientación interior.

Es fascinante cómo al acercarse a la «edad de la razón», la siguiente fase de desarrollo, las niñas suelen volverse naturalmente pudorosas. Esto no se debe a que las hayan «avergonzado» en su familia. Se debe a que ya han interiorizado las normas de conducta de su cultura. Este fenómeno ocurre en concierto con el desarrollo, que continúa, de la corteza prefrontal dorsolateral. La niña ya toma conciencia activa de «lo que hacen los demás niños» y desea, muy naturalmente, encajar.

CÓMO SE FORMA EL MAPA DEL AMOR DE LA NIÑA

Todos tenemos un mapa interior del amor, un modelo de cómo creemos que es y se siente el amor. Estos mapas nos los trazan en la mente y el cuerpo nuestras primeras experiencias con nuestra madre y personas cuidadoras, y probablemente el primer trazado lo hace la hormona del afecto, la oxitocina.[5]

El mapa del amor de una niña (y después de la adulta) está determinado por una amplia variedad de factores: herencia genética, la forma como fue cuidada y atendida en una fase crítica de desarrollo, otras experiencias de la primera infancia, su entorno físico y cultural, sus niveles hormonales, y también el misterio de las cualidades del alma.

Su mapa del amor describe lo que desea en una pareja ideal. Podría inclinarla a ser heterosexual, homosexual o bisexual, de mayor. Podría programarla hacia desear muchísima actividad sexual, una cantidad moderada o muy poca, o podría inclinarla hacia un comportamiento sexual atípico. El entorno puede activar y reforzar el mapa interior de la niña, entrelazando potentemente los sentidos del olfato, gusto, audición, vista y tacto en sus futuras respuestas sexuales.

Si bien muchos especialistas opinan que una vez establecido el mapa del amor no se puede cambiar o alterar a no ser que cambie físicamente el cerebro, yo he visto suficientes cambios cerebrales en mí y en otras personas para saber que es muy posible que tengamos dentro una gama más amplia de mapas del amor de lo que podríamos pensar.

La energía erótica también se puede conectar a otras cosas distintas a una pareja amorosa íntima, y a eso se debe que muchos anuncios usen insinuaciones sexuales para vender productos como coches. Hace poco vi un episodio de la reposición de la serie de televisión *Friends*, en la que se ilustraba humorísticamente el concepto de mapa del amor. El personaje obsesivo, Monica, y su marido, Chandler, van a visitar a otra pareja que después de pasar por un tratamiento para la infertilidad finalmente han adoptado un bebé. Monica y Chandler han estado sufriendo el proceso de adopción. La mujer de la pareja visitada ha hecho un cuaderno muy detallado, con diferentes colores a modo de código, e índice, para ayudar a otras parejas que enfrentan el dilema de la adopción. La pareja le entrega el cuaderno a Monica, y salen de la sala para ir a ver a su hijo. Monica, famosa por su obsesión por organizarlo todo en su vida, hojea el cuaderno y le dice a Chandler, entusiasmada: «Este cuaderno acaba de producirme un pequeño orgasmo».

¿Qué es un mapa normal del amor y de la sexualidad?

Lo que es «normal» lo definen, para bien o para mal, la cultura, las autoridades médicas y, cada vez más, los creadores de los medios, que emiten millones de mensajes sexuales a nuestros hogares cada día. Para algunos, actividad sexual normal significa que un hombre y una mujer tienen coito vaginal en su cama la noche del sábado. Pero «normal» no define necesariamente toda la gama de experiencias sexuales de que puede gozar un ser humano. La norma ideológica suelen imponerla quienes están en el poder, sea un progenitor, un igual, el clero o la policía.[6]

Si una mujer ha experimentado abusos sexuales en la infancia, o algún otro trauma importante, su mapa del amor podría estar deformado. Podría enamorarse de alguien que tenga los rasgos de la persona agresora, o podría tener dificultad para la intimidad y actividad sexual con cualquiera.

DOREEN y KATHY: elección de modelo

Como en todas las demás facetas de la vida, en la sexualidad y las relaciones estamos influidas por las actitudes de nuestros padres, expresadas verbalmente o no. Éste es un ejemplo:

Doreen y Kathy son hermanas. Doreen, que es unos seis años mayor que Kathy, es abogada en un grande y próspero bufete, y ha seguido los pasos de sus guapos, exitosos y emprendedores padre y hermano. Kathy, en cambio, es una mamá que se queda en casa y cuyo estilo de vida y actitudes reflejan los de su madre. A su madre muchas veces la llaman «buena cristiana», nunca trabajó fuera de casa; es la esposa sumisa que hace lo que sea que desee su marido; va a la iglesia por lo menos dos veces a la semana y prefiere pasar su tiempo en casa con sus nietos. Su marido, por su parte, está constantemente moviéndose, con deseos de viajar siempre que sea posible; aunque en la familia no se comenta esto, es bien sabido que ha tenido una serie de aventuras con otras mujeres.

El mapa interior del amor de Doreen es muy parecido al de su padre. Es muy atractiva y siempre está rodeada de hombres. Prefiere el tipo «chico malo», representado por las estrellas del rock-and-roll de los años setenta y ochenta. Pero una parte de ella también anhela estabilidad. Viajera consumada, ha tenido una serie de relaciones tempestuosas con hombres que no desean establecerse. Actualmente está comprometida para casarse con un hombre muy estable al que ella ama pero considera algo «aburrido». Su hermana Kathy, en cambio, dejó la universidad para casarse y tener hijos; como su madre, se deja dominar por su marido y hace todo lo que él desea. Y como generaciones de mujeres anteriores, entre otras su madre, satisface sus necesidades pasivamente: enfermándose o echándose a llorar cuando se siente decepcionada y desgraciada.

Cómo nuestro mapa queda trazado
por los ensayos sexuales

Aunque el mapa del amor de una niña comienza a trazarse en el útero, ella continuará añadiéndole detalles acerca de lo que es y lo que no es amor durante toda la infancia y el resto de su vida. Casi todos los niños hacen «ensayos», por ejemplo «jugando al doctor» o «Yo te enseño la mía si tú me enseñas la tuya». Esto le sirve a la niña para practicar lo que ya está codificado bioquímicamente en su cuerpo y cerebro, y también le sirve para aprender sola a comprender quién es y qué desea en el amor. Cuando la niña pasa por estos ensayos traza los detalles de su mapa del amor, entre otras cosas cómo reaccionan su cuerpo y el del otro. Podría también aprender acerca de las relaciones de poder.

Los estudios han demostrado que los monos rhesus también deben pasar por juegos sexuales con otros cuando son pequeños, si no, no son capaces de emparejarse con éxito en la edad adulta. No saben «asumir la posición» como si dijéramos, si se crían solos sin otros monos pequeños con quienes ensayar. Lo interesante es que si se les permite pasar un corto periodo de tiempo con compañeros de su misma edad, les va mejor, pero de todos modos no son tan funcionales sexualmente como lo serían si hubieran pasado cantidades de tiempo normales, sin controlar, con otros monos.

Si bien los ensayos sexuales son normales, encontrarse con ellos puede ser complicado. Una de mis clientas me contó la siguiente historia:

Cuando era pequeña, mi hija adoraba a los perros y a veces simulaba que era uno. Muchas veces se bañaba con su hermano de dos años. Una vez los dejé solos en la bañera para ir a atender el teléfono. Cuando volví un momento después, ella estaba simulando que era un perro y le estaba lamiendo el pene a su hermanito. Él tenía una erección, y estaba tendido de espaldas sonriendo de oreja a oreja. Me serené y le dije a mi hija: «Cariño, por favor, no vuelvas a hacer eso». «Pero, mamá, a él le gusta», me contestó.

No deseando avergonzar a su hija ni atraer una indebida atención al episodio, esta madre sabia simplemente le dijo: «Lo sé, cariño. Pero no debes volver a hacer eso». A mí me comentó: «No puedo dejar de imaginar que ese pequeño episodio va a quedar grabado permanentemente en el cerebro de mi hijo como una posibilidad ideal». Es posible que tenga razón, hasta cierto punto, aunque es probable que su serenidad para llevar la situación haya impedido la formación de un recuerdo con fuerte carga emocional en su hijo o en su hija.

Cómo el trauma o la violación de límites deforman nuestros mapas

Para que el mapa del amor se desarrolle normalmente tiene que haber límites adecuados entre todos los miembros de la familia, padres e hijos incluidos. El mapa del amor se puede deformar si el juego o ensayo sexual ocurre con personas que no son de la edad apropiada y que violan las normas de la sociedad relativas al contacto sexual. Es imperioso que los compañeros de ensayo del niño o la niña (jugando a la casa, al doctor o bañándose) sean de la misma edad y no haya ningún desequilibrio de poder entre ellos.

Si una niña es la pareja menor en una situación sexualmente abusiva o explotadora, esta situación puede alterar radicalmente su mapa del amor. Ejemplo: si tienes 5 años y un chico de 17 te acaricia o manosea rutinariamente, eso te influirá en a quién te sientes sexualmente atraída y en los detalles de lo que encuentras sexualmente excitante cuando seas mayor. Si una niña de 16 años tiene relaciones incestuosas con su padre de 40, después tendrá problema para crear una relación mutuamente satisfactoria con alguien más o menos de su edad.

Un niño que ha tenido este tipo de experiencia sexual podría repetir el comportamiento con un miembro menor de su familia. Por ejemplo, un niño de 10 años que ha tenido una relación sexualmente explotadora con un tío mayor podría sentirse impulsado a tener actividad sexual con un primo de 5 años, perpetuando así los mapas del amor deformados de la familia.

Sin embargo, los incidentes o situaciones que pueden deformar el mapa del amor de una persona no tienen por qué ser necesariamente de naturaleza sexual. Podría ser una enfermedad infantil, una pubertad retrasada, presenciar el maltrato a la madre, o cualquier otro tipo de trauma emocional y físico que recodifica el cerebro del niño o la niña.

La carga del secretismo y la vergüenza

Imagínate lo que le ocurre a una niña si se ve obligada a juegos sexuales con una persona mayor que tiene poder sobre ella en virtud de su edad y posición. Sabe que se meterá en dificultades si lo dice a sus padres o a otra figura de autoridad. Pero si no lo dice también se queda con un secreto muy desagradable y atrapada en un comportamiento que considera malo. Dejar esa actividad le significa rechazo y alejamiento de alguien que tal vez le cae bien, respeta, teme, o las tres cosas. Pero si no la deja, corre el riesgo de ser descubierta por sus padres o cuidadores y culpada por la actividad. De las dos maneras pierde, y eso lo sabe instintivamente. Si pide ayuda podría sufrir las amenazas de la persona agresora (que podría ser un familiar) y la ira de sus padres. Por eso en nuestra cultura son tan pocos los niños que hablan de esto. Yo tuve una experiencia personal que corrobora esto.

Cuando tenía cinco años, mi hermana y yo decidimos dormir en el porche de una cabaña que teníamos a la orilla del estanque de nuestra granja. Dentro estaban mi hermano mayor y sus amigos. Cuando estábamos a punto de dormirnos, salió al porche uno de los amigos de mi hermano, un chico que tendría unos diez años y me dijo que me levantara el camisón para poder enseñarme algo que me iba a gustar. Recuerdo que lo hice y me sentí muy incómoda. Justo en el momento en que el chico se me iba a echar encima, mi hermano gritó: «¡Vuelve aquí y deja en paz a mi hermana!». Lo hizo. Pero a la mañana siguiente, se me acercó, me cogió fuertemente del brazo y me susurró amenazante al oído: «Si alguna vez se lo dices a alguien, te mataré. ¿Entiendes?». Yo asentí. Y por todos los motivos que he mencionado antes, jamás se lo dije a nadie, hasta cuando tenía 18 años. Me daba mucha vergüenza y miedo.

Aunque sólo tuve un roce con una actividad sexual impropia me sentí tan mal que no dije nada a nadie durante años. Imagínate cómo será para una niña de la que abusan sexualmente de alguna manera y que debe guardar silencio. En muchos casos, no poder hablar sobre eso es más traumatizante que la experiencia en sí. El mapa del amor se deforma no tanto debido a lo que se hace como por el silencio y secreto que lo rodea. Cuanto más intensas son las sanciones sociales contra lo que la niña sabe, más intenso es el poder del indecible monstruo que está en el recuerdo.

Una consecuencia común de un mapa del amor deformado en una mujer es que se vuelve anorgásmica, o sencillamente no desea tener relaciones sexuales, porque su más agudo sentido del tacto está influido por el trauma sexual. Algunos hombres, debido a sus mapas del amor deformados, necesitan intensas y muchas veces explotadoras imágenes pornográficas para excitarse sexualmente. Un buen número de clientas me han dicho lo inquietante que es para ellas que sus maridos necesiten ver una película o revista pornográfica para excitarse.

Lo fundamental: para que una hija crezca con un mapa del amor interior que apoye relaciones positivas y llenas de amor, necesita una sana imagen corporal, la oportunidad para ensayos sexuales sin riesgo con niños de su misma edad y unos cuantos modelos de parejas amorosas cuya sexualidad sana forma parte de su vínculo. (Lo que no necesita es una dieta diaria de imágenes y experiencias que le enseñan que la sexualidad y el compromiso son dos aspectos de la vida mutuamente excluyentes.) Tener estos modelos, aun cuando no sean sus padres, hará muchísimo para ayudarla a formarse un mapa del amor sano.

LA GESTIÓN DE LAS RELACIONES EN TRIÁNGULO

Me sorprendía y divertía la conducta provocativa que exhibían de tanto en tanto mis hijas con su padre cuando tenían unos tres o cuatro años. Se le sentaban en el regazo, le acariciaban la cara y lo miraban batiendo las pestañas. Estoy convencida de que este comportamiento en las niñas tiene menos que ver con la sexualidad en sí que con el deseo de la atención indivisa de su padre. Al margen de la intención que haya detrás del comportamiento, era una prueba pasmosa de su programación innata para atraer la atención masculina.

El pensamiento tradicional acerca de esta conducta se ha basado en la obra de Sigmund Freud, que teorizaba que, en su camino hacia la madurez sexual, todos los niños se enamoran de uno de sus progenitores (normalmente el del sexo opuesto), e incluso desean una relación sexual con él o ella. El progenitor del mismo sexo es el rival. Ésta es la supuesta fase edípica, llamada así por el mítico rey griego que mató a su padre y se casó con su madre. Freud acuñó el término para explicar sus observaciones acerca del desarrollo masculino, y muchos han cuestionado su aplicación a las niñas. Por la obra de la psicóloga Carol Gilligan y muchos otros, sabemos que la mayoría de las niñas tienden a centrar más la atención en las relaciones que la mayoría de los niños. Y muchos estudios han documentado las diferencias entre la sexualidad masculina y la femenina, diferencias que comienzan en el útero. No voy a negar que las niñas están programadas desde el nacimiento para expresar su sexualidad, pero creo que hay otra manera de ver las rivalidades de esta edad.

Una niñita ya ha aprendido hasta cierto grado a agenciárselas con sus necesidades y deseos en una relación bipersonal con cuidadores y familiares. Pero entonces se encuentra ante un nuevo reto: cómo gestionar las necesidades de tres personas: el clásico triángulo. Su deseo de exclusividad y sus celos por la atención que sus padres podrían darse entre ellos o dar a otros amigos o hermanos la enfrenta a un dilema moral y práctico. ¿Cómo satisfacer sus deseos e impulsos personales por alguien o algo, cuando más de una persona desea lo mismo? Su exigencia de exclusividad entra en conflicto con su mayor entendimiento de que ella no es el centro del universo, y con su recién descubierto sentido de cómo influye su conducta en los sentimientos de las personas más cercanas. Este conflicto le sirve para establecer su conciencia de lo bueno y lo malo en las relaciones.

Jacques Lusseyran, el autor ciego de *And There Was Light*,* escribió:

> Todos, seamos ciegos o no, somos terriblemente codiciosos. Deseamos cosas sólo para nosotros. Incluso sin darnos cuenta deseamos que el Universo sea como nosotros y nos dé todo el espacio que contiene. Pero un niño ciego aprende muy pronto que eso no puede ser. Tiene que aprenderlo, porque cada vez que olvida que no está solo en el mundo, choca con algún objeto, se hace daño y lo llaman al orden. Pero cada vez que lo recuerda es recompensado, porque todo se le facilita.

No es diferente para los niños que ven, sólo que los objetos con los que choca son creados por su egocentrismo. Si la niña continúa egocéntrica, absorta en sí misma, será psíquicamente «ciega» a las necesidades y deseos de los demás. Continuará en la oscuridad respecto a la riqueza de un universo interrelacionado y, paradójicamente, no desarrollará nunca las habilidades y la fe necesarias para conseguir que el Universo trabaje a su favor. Los objetos con los que chocará no son sólidos, como los muebles, sino una resistencia invisible pero de todos modos dolorosa, o el retiro del afecto de quienes más necesita. Su tarea es desarrollar las habilidades necesarias para «ver» que su alma y el universo pueden ayudarla a satisfacer sus necesidades incluso en el contexto de relaciones con otros.

---

* *Y la luz se hizo*, Ed. Rudolf Steiner, Madrid, 2000. (*N. de la T.*)

El proceso suele ser así: la niña va tomando cada vez más conciencia del complejo sistema de relaciones que la rodean, las que incluyen las emociones, los pensamientos y sentimientos de otras personas. En consecuencia, según sean las cualidades de su alma, podría volverse irritable y malhumorada durante un tiempo, mientras aprende a integrar esta nueva y muchas veces desconcertante información. Una de mis clientas me contó que cuando estaba en esa fase, su hija de cuatro años intentó tirar por el váter a su hermanito recién nacido. Por otro lado, si es demasiado generosa, podría convertirse en la niña mártir, que aprende a sacrificarse por el bien de los demás. Ésta es la niñita que se convierte en un encanto angelical cuando llega a casa el nuevo bebé. En lugar de salir a jugar, sigue a su madre como su sombra, siempre deseosa de ayudarla con el bebé.

A los tres o cuatro años, una niña tiene una extraordinaria capacidad para saber lo que pasa cuando hay más de dos personas en juego. Es capaz de entender cómo se sienten los demás y sabe reaccionar a ellos. Empieza a entender que su comportamiento tendrá su efecto no sólo en la mamá sino también en el papá. Y aunque tal vez desea la atención exclusiva de su padre, al mismo tiempo sabe que su madre también podría necesitar y desear la atención de él. Puesto que quiere a su madre, comprende que debe templar su deseo de la atención exclusiva de su padre con su necesidad de encajar bien en el sistema familiar más grande.

Claro que de vez en cuando todos nos sorprendemos deseando esa maravillosa y riquísima sensación que nos produce el tener toda la atención de una persona centrada en nosotras. Y como todas las niñitas de tres años anteriores y posteriores a nosotras, cada una debe aprender a entrar y salir del foco de luz de la atención de otra persona, disfrutándola mientras dura, y confiando en nuestra capacidad de atraerla nuevamente cuando lo deseemos, mientras al mismo tiempo establecemos una conexión con nuestro yo interior, que es tan rico y enriquecedor que hace que no dependamos excesivamente de las relaciones para que nos sintamos plenas.

Triángulos deformados: el síndrome del «niño Minuchin»

Una clienta me comentó una vez que ella y su marido habían vivido por todo el mundo, pero que la madre de su marido «estaba siempre en la maleta que llevaban con ellos». Se refería, lógicamente, al hecho de que tendemos a llevar siempre con nosotros los patrones que han configurado a nuestra familia, al menos hasta que tomamos conciencia de ellos y soltamos aquellos que ya no nos sirven.

Cuando se unen las energías masculina y femenina generan una tercera entidad, una creación común que es el fruto de esa relación, ya sea un negocio, una casa, o un hijo/a. También llevan a la relación los inevitables asuntos inconclusos de sus respectivas infancias. Pasado un tiempo, la pareja comienza, consciente o inconscientemente, a caer en la cuenta de que tienen diferencias que no se pueden resolver esperando o exigiendo que uno o el otro cambie. Podrían entonces tener un hijo con el fin de impedir y desviar el conflicto, consciente o inconscientemente también. En los años cincuenta y sesenta solía aconsejarse a las parejas que tuvieran hijos para cimentar su relación. Más adelante en la vida, ese mismo deseo de evitar el conflicto podría tomar la forma de mudanza (la «cura geográfica») o la construcción de una nueva casa.

Los niños nacidos en esas condiciones heredan el asunto emocional inconcluso de sus padres. Según sea el temperamento de la niña, bien podría convertirse en un «mecanismo de evitación de conflicto» para toda su familia, lo cual le crea un verdadero riesgo a su salud física y emocional. La expresión «niño Minuchin» está tomada de la obra del doctor Salvador Minuchin, terapeuta pionero de los sistemas familiares, que postulaba que un niño suele comportarse de una manera que mantenga unida a la familia.[7]

STEPHANIE: *el canario en la mina de carbón**

George viajaba con frecuencia por trabajo y pasaba largos periodos ausente de la casa. Dado que estaba tan claramente casado con su trabajo, tanto su mujer, Amanda, como su hija, Stephanie, finalmente se desentendieron de él. Para compensar el vacío de su vida debido a la ausencia de su marido, Amanda se entregó en exceso al cuidado de la niña. Entonces, cuando George llegaba a casa, no había espacio emocional para él: su mujer y su hija estaban «casadas». Pero cuando tenía cinco años, Stephanie empezó a sentir un dolor abdominal recurrente, que preocupó a ambos padres, y esta preocupación los unió para cuidar de su hija. Los exámenes médicos revelaron que Stephanie tenía gastritis.

---

* Antes se llevaban canarios a las minas de carbón para detectar la presencia de gas grisú: si lo había, el canario se moría. Se acabó esta costumbre con el advenimiento de la lámpara de acetileno que llevaban los mineros en el casco, que se apagaba cuando había gas grisú. (*N. de la T.*)

La enfermedad de Stephanie fue el canario en la mina de carbón, que señalaba que algo iba mal en la relación de sus padres. Según la teoría de Minuchin, el primer problema fue la falta de afecto entre los padres. La enfermedad de Stephanie se desarrolló como reacción a este problema, en un intento inconsciente de reparar esa relación. Sin embargo, a no ser que ellos hagan el verdadero trabajo para reparar su relación no satisfactoria, Amanda continuará buscando en Stephanie la satisfacción que no recibe de su marido. Y la «metarreacción» de la niña a esto será más enfermedad, cuando no accidentes o conducta perjudicial.

CHERYL: *otra niña Minuchin*

El marido de Gladys comenzó a sufrir de «mal de espalda» a los 42 años, y a partir de entonces sólo hacía trabajos esporádicos. Gladys siempre había intentado «motivarlo», pero entonces ya no lograba que hiciera nada. Su reacción fue intentar satisfacer sus necesidades de logros canalizándolas a través de sus hijas. Una de las niñas, Cheryl, era muy sensible emocionalmente. Siempre que había un conflicto en la familia, su cuerpo lo registraba, siempre en la forma de un resfriado o infección. Han transcurrido los años, y su cuerpo y su sistema inmunitario continúan reaccionando en exceso (normalmente con un brote de urticaria o irritación de garganta) si nota un conflicto en el trabajo o con alguna de sus amigas.

«Mamá, me lo guardo todo para ti»

Es más fácil arreglárselas con el mundo si lo dividimos en las simplistas ideas de «bueno» o «malo». Pero así como no existe aquello de colesterol bueno y colesterol malo, puesto que los dos tipos de colesterol son absolutamente necesarios para nuestra salud, casi todas nuestras experiencias en la vida aterrizan más o menos en el medio. De todos modos, parece ser propio de la naturaleza humana centrar la atención en lo que no tenemos y no en lo que tenemos, y hacer de las cosas de las que carecemos las «buenas» o más valoradas. Este enfoque en lo que nos falta y nuestra tendencia a pensar bueno/malo actúa en nuestras relaciones desde edad muy temprana.

Cuando un progenitor está ausente más que el otro, el niño se aferra al que está presente, al mismo tiempo que descarga en ésta (porque normalmente es la madre) la rabia que siente por el progenitor ausente. Esto deja al niño o la niña libre para fantasear acerca del valor del progenitor ausente. En esencia, el progenitor ausente se lleva la fantasía del progenitor «bueno» mientras que el que cuida del niño o la niña todo el día se lleva lo peor de su rabia y desilusión. Este comportamiento ya se ve claramente a los dos años, y puede ser causa de enorme angustia para las madres solas cuyos ex maridos manifiestan poco o ningún interés por sus hijos.

Esta división se aplica a otras situaciones también. Cualquiera que haya dejado a su hijo o hija con una niñera o canguro habrá observado que, en el instante en que sale de la casa, la niña descarga su rabia en la canguro; pero luego las cosas se tranquilizan. Sin embargo, en el instante en que la madre entra por la puerta al final del día, la niña corre a ella con todas sus quejas. Entonces la canguro dice: «No lo entiendo. Se ha portado como un ángel todo el día y lo hemos pasado fabulosamente bien».

A mí solía ocurrirme esto todo el tiempo. No bien entraba por la puerta, mis hijas corrían hacia mí y empezaban a llorar y a quejarse. Mi marido, pasmado, me decía que de alguna manera yo inducía ese comportamiento porque habían estado fabulosamente bien hasta el momento de mi llegada. Yo me sentía invalidada. Muchas mujeres me han dicho lo mismo. Una colega mía le preguntó una vez a su hija de cinco años por qué hacía eso. La niña exclamó: «Mamá, ¡me lo guardo todo para ti!»

Ésta es la verdad: los niños reservan su peor comportamiento para sus madres, casi desde el comienzo. Esto se debe a que es aceptable ser vulnerable delante de la madre; sabemos que nos quiere a pesar de nuestras debilidades. Este comportamiento tiende a continuar toda nuestra vida juntas. Una vez oí decir a un psicoanalista junguiano que proyectamos nuestras inseguridades en nuestra madre; y que nuestras fuerzas y poder los proyectamos en nuestro padre. Yo creo que esto es verdad hasta cierto punto. Pero tarde o temprano el niño o la niña tiene que comprender que su madre no es un vertedero emocional. Y cuanto antes lo entienda mejor.

De la vulnerabilidad emocional a la culpa de la madre

Dado que es aceptable ser emocionalmente vulnerable con nuestras madres (lo que en parte está codificado en nuestra biología) nos resulta más fácil echarle la culpa a ellas (o a sus sustitutas) de los aspectos de nuestra vida que no funcionan, en lugar de asumir la responsabilidad de nuestro comportamiento y vulnerabilidades. De ahí la muy conveniente excusa:

«Si mi madre no me hubiera descuidado en mi infancia, yo no te trataría así». Culpar a las madres y esperar que ellas carguen con lo que sea que repartimos simplemente perpetúa el legado cultural que dice que el trabajo de la mujer es absorber y neutralizar todos los malos sentimientos de su entorno.

Dicho eso, ahora encuentro entrañable que mi hija menor se queje rutinariamente de sus dolencias y penas solamente a mí. Me siento orgullosa de la valiosa joven en que se ha convertido y comprendo que cuando hace eso, simplemente necesita consuelo extra. Ser capaz de reconocer tu vulnerabilidad de vez en cuando también es una fuerza. Le hago notar esto a ella para que aprenda a cuidar de sí misma más totalmente durante los momentos en que yo no esté disponible.

PASOS PARA SANAR EL LEGADO
DE LA PRIMERA INFANCIA

Uno. Debes saber que cualquier creencia persistente y comportamientos desagradables que siguen apareciendo en tu vida bien podrían tener su origen en decisiones que tomaste para tu vida antes de los siete años. Probablemente estas decisiones han dado forma a todas las decisiones importantes a partir de ese momento.

Dos. Toma conciencia cariñosa de cualquier parte de tu cuerpo que te esté hablando mientras lees esto. ¿Sientes tensos los hombros? ¿Sientes revoloteos en el estómago? ¿Sientes deseos de vomitar? Limítate a observar esas cosas y envía compasión y conocimiento a las partes del cuerpo implicadas.

Tres. Respira totalmente por la nariz, con los hombros relajados, inspirando el aire hasta los lóbulos inferiores de los pulmones y expulsándolo todo por la nariz, o por la boca modulando una U con los labios. Respirar de esta manera te activará el sistema nervioso parasimpático y te calmará cuando surjan emociones perturbadoras y preocupantes. Respirando así mientras recuerdas, cambiarás la química de tu cuerpo y te aligerarás mientras pasa por ti el recuerdo.

Cuatro. Sal a hacer una caminata, o paséate por la habitación mientras respiras. Éste no tiene por qué ser un trabajo arduo. Ya no tienes dos añitos. Ya puedes cuidar de ti misma.

Cinco. Anota los personajes o máscaras que has adoptado para ganarte el cariño y la aprobación de otras personas. Ejemplos: la niña buena, la niña eficiente, la niña santa o angelical, la estudiosa y trabajadora, la señorita Responsabilidad, la exitosa, la niña frágil o enfermiza, la niña mala, el payaso de la familia, el payaso de la clase, la princesita de papá, la ayudante de mamá, etcétera.

Seis. Haz una ceremonia (o rito) de liberación y nuevo comienzo. Siempre has tenido el poder para cambiar cualquier hábito persistente en tu vida, empezara cuando empezara. El factor principal es tu disposición a identificar esos hábitos y luego desprenderte de ellos, lo que te permitirá más libertad y alegría en tu vida. Un rito sencillamente ofrece una manera de enfocar tu intención y tomar conciencia de una situación; también ofrece un contenedor seguro en el que pueden tener lugar naturalmente la transformación y la curación.

Valerse de un rito para sanar

Hay muchas maneras de hacer un rito o ceremonia para sanar. Yo los hago, y los he recomendado a mis clientas durante casi veinte años, porque son muy potentes. Una de las mejores guías que he leído es *The Joy of Ritual: Spiritual Recipes to Celebrate Milestones, Ease Transitions, and Make Every Day Sacred*, de Barbara Biziou.

El rito al que recurro con más frecuencia viene de mis años de práctica de la Escritura Proprioceptiva, forma de escribir que integra la imaginación, la intuición y el intelecto. La Escritura Proprioceptiva la crearon simultáneamente los doctores Linda Trichter Metcalf y Tobin Simon (véase «Recursos y proveedores»).

Esto es lo que hago:

Enciende una vela, pon una pieza de música clásica, por ejemplo de Mozart, Boccherini o Vivaldi, u otra que te guste y conmueva profundamente. Entonces pídele a tu guía interior que esté contigo. Haz unas cuantas respiraciones profundas y escribe tu dilema y aquello de lo que deseas liberarte. También declara exactamente cómo deseas sentirte. Hoy escribí:

> Quiero liberar mi sensación de llevar una carga. Deseo sentirme más ligera y más alegre. Si la vida es eterna y somos creadoras junto con la vida, y si de todos modos nunca terminamos de ha-

cerlo todo, ¿qué es, entonces, este apremio del tiempo y la sensación de carga que llevo en mí? ¿A qué parte de mi yo infantil necesito llamar en este momento? Carga, ¿qué quiero decir con carga? Llevar un fardo, un peso a la espalda, un peso, llevar el propio peso. ¡Ajá! Llevo no sólo mi peso sino el peso de otras personas también. ¿Cuándo comencé a hacer esto? A los dos años. Me hice la idea de que para que me quisieran tenía que ser útil para mi madre, una niña buena, la pequeña ayudante de mamá. Hacer lo que me decían mis instintos y mi alegría no estaba bien...

Continué escribiendo unos veinte minutos, anotando mis pensamientos y emociones tales como surgían, simplemente observándolos y haciendo que mi yo testigo observara desde los lados.

Mientras escribes, presta atención a cómo se siente tu cuerpo: ¿Se te forma un nudo en el estómago o empieza a dolerte la cabeza cuando escribes acerca de algo? Tus emociones, en especial una opresión o nudo en la garganta, o lágrimas en los ojos, te permitirán saber que has tocado algo que se va a liberar simplemente escribiéndolo.

HABITACIÓN NÚMERO DOS

Siete a catorce años

11

La edad de la razón

Desarrollo de una brújula moral

Ya en la Edad Media se consideraba que un niño de siete años había llegado a la edad de la razón. En el derecho consuetudinario inglés, un niño menor de siete años no se consideraba capaz de intención criminal. Rudolf Steiner, el visionario fundador del movimiento educacional Waldorf, pensaba que antes de los siete años los niños no están desarrollados para salir del mundo de la imaginación y la fabulación. Decía que cuando empiezan a cambiarle los dientes es la indicación de que el cerebro ya está lo suficientemente desarrollado para el razonamiento abstracto y simbólico necesario para leer.

En las sociedades preindustriales, los niños podían empezar a servir como pajes en las cortes a los ocho años. También podían empezar a servir como aprendices. En el mundo postindustrial, la escuela ha tomado el lugar del trabajo. Hasta hace muy poco, se esperaba que las guarderías y parvularios dieran principalmente la preparación social para la experiencia escolar posterior, con rudimentos de números y letras como base. Aun cuando actualmente muchos niños pasan años en guarderías y parvularios antes de entrar en enseñanza básica, de todos modos celebramos instintivamente su entrada en la «verdadera» escuela, el comienzo de su educación formal.

La edad de la razón coincide con el comienzo de la fase de desarrollo llamada latencia. Se llama así debido a que los conflictos de la primera infancia se entierran, entran en una cápsula psicológica del tiempo, quedan escondidos (o latentes). La energía de la niña está dirigida al mundo externo, en el que desarrolla la maestría y las habilidades que contribuyen a su autoestima y finalidad en la vida.

Los conflictos interpersonales presentes antes continúan ahí, por supuesto, pero dado que el grueso de su energía está dirigida a otra cosa por las exigencias de la escuela y las amistades, pasan a un segundo plano. Durante la pubertad comienza a abrirse la tapa del frasco que contiene los conflictos anteriores no resueltos. Resurgen los conflictos de la niña consigo misma, con sus padres y la autoridad, alimentados por los fuegos hormonales y espirituales de su sexualidad emergente.

La latencia es realmente la edad de oro de la infancia. Es el periodo en que ocurren la gran mayoría de las experiencias que después recordamos como «de la infancia», aun cuando, mirando hacia atrás, es un periodo corto. Durante estos años, la mayoría de los niños son maravillosos compañeros, deseosos de colaborar y aprender de ti. Y les gusta estar contigo.

EL CEREBRO EN DESARROLLO

Antes de los siete años los niños tienen una visión del mundo relativamente estática y egocéntrica. Tienden a vivir en el momento y son prácticamente incapaces de pensamiento abstracto, puesto que la mayoría aún no han desarrollado los circuitos del lóbulo frontal necesarios para eso. Una de mis amigas, que solía trabajar de monitora en un campamento diurno preescolar, me dio un ejemplo clásico del pensamiento concreto que caracteriza a los niños pequeños.

Por la mañana, una niña de cinco años le daba dos monedas de 10 céntimos y una de 5 para que se las guardara hasta la tarde, cuando abría la cantina, en la que vendían caramelos y otras golosinas. Si cuando le pedía su dinero ella le daba una moneda de 25 céntimos, la niña se ponía a chillar que la estaba engañando. Después de todo, ella le había dado a la monitora tres monedas y ésta sólo le devolvía una. Por mucho que lo intentara, mi amiga no logró nunca enseñarles a niños de esa edad el concepto abstracto de que una moneda de 25 céntimos es exactamente lo mismo que dos de 10 y una de 5. En cambio, si devolvía veinticinco monedas de céntimo a cambio de las dos de 10 y una de 5, los niños quedaban encantados. Cuanta más cantidad y más grandes, siempre era mejor. Un montón de caramelos de los más baratos, de céntimo, eran más valiosos para ellos que una sola golosina de precio equivalente. De modo similar, los regalos más grandes siempre son los mejor considerados por los niños pequeños, porque se «ven» mucho más valiosos que los pequeños.

Pero justo antes de los siete años, comienza a cambiar esta visión concreta del mundo, ya que el cerebro desarrolla la capacidad para el pensamiento abstracto. Se produce una aceleración en la maduración del cerebro, que abre espacio para acomodar la mayor cantidad de experiencias e información a la que están expuestos los niños cada día. A los siete años el cerebro alcanza el 90 por ciento de su peso total. Este crecimiento acelerado es tan intenso y la función tan versátil, entonces, que aun si la niña sufriera un accidente cerebrovascular o una lesión grave en la cabeza, podría recuperar casi toda la función cerebral, si la lesión se produce antes de la pubertad. Esta capacidad de acomodación se llama plasticidad. También es el motivo de que es mucho más fácil que un niño aprenda un idioma, un instrumento musical o a esquiar antes de la pubertad que más adelante en la vida.

La corteza prefrontal dorsolateral también continúa creciendo y desarrollándose, dándole más control sobre las funciones corporales y las habilidades motoras. A los siete años, por ejemplo, la mayoría de los niños ya tienen la concentración y la buena coordinación motora para comenzar a escribir con la letra inclinada. Sin embargo, esta maduración es un proceso en marcha, así que, a pesar de su mejor control físico, no es infrecuente que una niña en edad escolar se moje las bragas de tanto en tanto. Pero cuanto mayor se hace, menos probabilidades hay de que ocurra esto, ya que se van desarrollando más sus lóbulos frontales.

Recuerdo una divertidísima conversación que tuvimos en mi casa una vez. Una de mis hijas estaba con sus compañeras de clase recordando la última vez que se orinó en las bragas en la escuela. Recordó un episodio de cuando estaba en quinto año de básica, cuando tenía diez años. Estaba en el patio, y pasándolo tan bien que no quería entrar para ir al lavabo, aun cuando tenía que ir. Cuando comenzaba a bajar por el tobogán, una de sus compañeras hizo algo tonto, y se rió tanto que se orinó. Me recordó que ese día yo tuve que llevarle ropa seca de casa, cuando me llamaron a mi consulta de la escuela.

ENTENDIMIENTO MORAL: LLEGA EL JUEZ

El crecimiento acelerado del cerebro de un/a niño/a en el periodo de latencia va acompañado por un cambio en su entendimiento moral. Antes de los siete años, su mundo moral es concreto y se puede dividir en yo y tú, bueno y malo, correcto e incorrecto, blanco y negro. Ahora ya tiene la capacidad para entender no sólo conceptos abstractos (como el hecho de que 25 monedas de 1 céntimo no son más que 1 de 25), sino también los grises entre lo que es absolutamente correcto y lo absolutamente incorrecto. Ha llegado el momento del desarrollo de una estructura moral interior coherente para que pueda agenciárselas con éxito entre las muchas opciones con que se encontrará en la vida.

Sus primeras experiencias de vinculación disponen el escenario para su desarrollo moral posterior, porque la moralidad se edifica sobre la capacidad de vincularse con y tener empatía por los demás. Sin estas cualidades, las personas se vuelven amorales y sociópatas: no les importan los demás y se sienten como si las normas o reglas no se aplicaran a ellas.

Antes de llegar a la edad de la razón, la niña necesita directrices conductuales concretas que la guíen para distinguir entre lo correcto y lo incorrecto («No le pegues a tu hermana». «No salgas corriendo a la calle»). Además, necesita experimentar consecuencias adversas por faltar a esas reglas, consecuencias que acaben con ese comportamiento. Saber qué esperar y cuáles son los límites contribuye realmente a que la niña se sienta a salvo y segura, y, por lo tanto, favorece la salud. Sin embargo, la moralidad no va sólo de aprender a acatar las reglas y reglamentos. En realidad, la palabra «moralidad» se define como «conforme a las reglas de conducta correcta». La base de todos los dilemas morales tiene que ver con quién determina qué es «conducta correcta». La mejor persona para determinar esto es, en último término, la propia persona. Para que sea de máximo valor para sí misma y para la sociedad, la moralidad de la niña debe formarse sobre una sólida base de desarrollo orbitofrontal, de modo que incluya la empatía y la capacidad para vincularse con otras personas. El desarrollo del carácter moral debe involucrar el cerebro y sus conexiones con el cuerpo: la niña debe conocer las reglas de una determinada situación con su intelecto y corteza prefrontal dorsolateral; al mismo tiempo debe estar involucrada su zona orbitofrontal, para que pueda sentir con el corazón cuál es la conducta correcta.

Hay tres fases predecibles de desarrollo moral que se corresponden con el continuado desarrollo de la corteza prefrontal dorsolateral. Al explicar estas fases me baso en parte en la obra del doctor Lawrence Kohlberg, psicólogo del desarrollo de la Universidad de Harvard. Ten presente, sin embargo, que entre las personas hay una amplia gama de variación en el desarrollo moral, como también en la edad a que se llega a una determinada fase. La moralidad de una persona suele depender de su historial y su nivel de educación. Pero una parte también depende de las cualidades del alma. Por ejemplo, una de mis clientas sabía desde los siete años que quería ser médico; aprender y sobresalir en el colegio se convirtió en lo más importante de su vida. Su madre, por su parte, le decía que era «egoísta» y «egocéntrica», porque no deseaba pasar más tiempo cuidando de la casa y de sus numerosos parientes.

Cuando leas la explicación de las diferentes fases de desarrollo moral verás por qué los desacuerdos morales son tan comunes.

Primera fase: moralidad preconvencional. Edades: tres meses a cuatro a siete años

La primera fase de moralidad es egocéntrica. La atención de la niña está centrada en sus necesidades, y punto. Su cerebro aún no tiene el grado de desarrollo necesario para percibir sus necesidades y las de otra persona al mismo tiempo. Los derechos de los demás no cuentan. En los últimos años de la moralidad preconvencional, es posible que reconozca que los demás también tienen intereses, pero sus necesidades están primero en casi cualquier situación.

Los niños cuyo desarrollo cerebral está en la fase preconvencional actúan principalmente por impulsos instintivos y emocionales. No tienen suficiente tono lóbulo-frontal para inhibir sus reacciones emocionales. Tienden a ser impulsivos y a actuar por emoción no equilibrada por la razón. Pueden aprender a seguir reglas claras tipo «blanco y negro», por ejemplo: «Tirar papeles al suelo está mal. Tira el papel del chicle en la papelera, no en el suelo». Pero un niño pequeño en esta fase no está preparado para aprender el concepto de compartir con otro niño, y no debe esperarse que lo haga. Para evitar algunas de las inevitables peleas por un juguete que dos niños desean al mismo tiempo, los padres o cuidadores tienen que inventar reglas externas concretas para gobernar la conducta, por ejemplo poner un temporizador y permitir que cada niño juegue con determinado juguete diez minutos y luego le toca al otro. También es importante procurar que cada niño de un grupo reciba las mismas cosas, o la misma cantidad, para reducir al mínimo las peleas.

Disciplina: las únicas reglas que sigue la niña en esta fase son aquellas que le permiten evitar el castigo o la desaprobación. Las reglas se refuerzan por medios conductuales, no razonando con la niña. Por ejemplo, si una niña pequeña le está pegando a su hermanita, la sacas de ahí y la llevas a otra habitación, donde tiene que estar sentada sola durante un determinado periodo de tiempo. No la recompenses haciéndole arrumacos o dando demasiada importancia a su molestia porque ya no es el centro de atención o ya no puede seguir jugando con un objeto cuando es la hora de irse a casa o el momento para que juegue otro niño. Hacer eso repetidamente podría volverla excesivamente egocéntrica y difícil de tratar. También da pie a que agobie a sus padres con sus exigencias.

Segunda fase: moralidad convencional. Edades: cuatro a siete años a pubertad

La niña experimenta el «ser buena» como estar a la altura de lo que los demás esperan de ella. El mayor grado de moralidad convencional está encarnado en las reglas y reglamentos impuestos por instituciones como el sistema judicial, las instituciones religiosas, las escuelas y el gobierno. Estas instituciones crean reglas y reglamentos destinados a asegurar el orden social y el buen comportamiento en la mayoría de las personas la mayor parte del tiempo.

Una niña que está en la fase convencional suele protestar en voz alta cuando no se cumplen las reglas. Recuerdo una ocasión, cuando mi hija Kate tenía nueve años. Íbamos en coche con mi amiga Mona Lisa a un centro comercial. Mona Lisa entró en el aparcamiento por la vía «sólo salida», porque le resultó más cómodo. Kate exclamó: «¡No puedes hacer eso!» No había nadie y en realidad no tenía importancia. Pero a Kate no le gustó eso de quebrantar las reglas, aun cuando no se hacía ningún daño a nadie ni se causaba ninguna molestia.

En algunas personas, el desarrollo moral no avanza más allá de la fase convencional. Dado que son incapaces (o no están dispuestas) a sentir o ver en su interior lo que es correcto, cuentan con que las autoridades externas decidan por ellas. Se fían de estas autoridades más que de sí mismas y muchas veces hacen caso omiso de esa «vocecita» de duda que suena en su interior. Así, por ejemplo, acatan las órdenes de un médico aun cuando una parte de ellas les pide buscar una segunda opinión. El predominio de la moralidad convencional es también uno de los motivos de que se tardara tanto tiempo en llamar la atención sobre los abusos sexuales a niños por parte de un número relativamente pequeño de sacerdotes de la Iglesia Católica.

Disciplina: la finalidad de la disciplina es doble: capacitar a la persona para encajar en la sociedad y desarrollar su voluntad para que ésta sea un fuerte «músculo» interior capaz de dirigir sus pensamientos, emociones y comportamientos hacia objetivos concretos, mensurables, que le procuren sensación de consecución. La disciplina interior y la voluntad se fortalecen aprendiendo en primer lugar a acatar las reglas y reglamentos. Con el tiempo, éstas se interiorizan, en combinación con las cualidades del alma únicas de la niña. El resultado óptimo es una sólida brújula moral interior de la que puede fiarse y que la guiará por la vida. Para que sea eficaz este proceso de interiorización, la niña en edad de latencia necesita cierto tipo de castigo o consecuencias coherentes por faltar a una regla. Por ejemplo, si le miente a sus padres, no se le permite ver la televisión durante una semana. Inculcar la disciplina también favorece la salud, porque es necesaria una voluntad disciplinada para realizar las rutinas de cuidado personal, como hacer ejercicio cuando uno preferiría no hacerlo.

Tercera fase: moralidad posconvencional. Edades: doce a catorce años a edad adulta

A medida que la niña deja atrás la inocencia de la media infancia y se acerca a la pubertad, su cerebro se va abriendo cada vez más a los matices grises que hay entre «correcto» absoluto e «incorrecto» absoluto en una determinada situación. Es entonces cuando llega a la fase llamada moralidad posconvencional.

La persona que está en esta fase considera los puntos de vista moral y legal de una situación y reconoce que éstos podrían estar en contradicción. Toma su decisión sobre lo que es correcto basándose en el principio del mayor bien para todos los involucrados, y está dispuesta a faltar a la regla en casos individuales. En esta fase de desarrollo, actúan unidas sus zonas cerebrales frontal ejecutiva y orbitofrontal. Junto con esto llega la flexibilidad mental: la capacidad para saber cuándo ser conservador y observar una regla, y cuándo ser más liberal al aplicarla.

Los niños suelen enfrentar dilemas que les ofrecen la oportunidad de practicar la toma de decisiones morales. Una de mis amigas recuerda que su madre le había dicho que nunca les diera comida a los gatos callejeros que vagaban alrededor de la casa. Pero ella les tenía lástima y siempre les daba comida, sacándola a escondidas de su madre. Cuando la madre le preguntaba si les daba comida, ella mentía y decía que no. Su sentido interior de lo que era correcto y bueno era más fuerte que las reglas impuestas por su madre. Sabía que recibiría castigo si su madre se enteraba, pero dice: «No me importaba. El riesgo valía la pena». Otra amiga me contó que una vez robó dinero del billetero de su padre para dárselo a un niño de la escuela que no tenía para comprarse almuerzo.

Las personas que actúan por moralidad posconvencional comprenden que hay principios morales universales de justicia y equidad que ocasionalmente podrían invalidar las leyes y reglas hechas por el hombre. Perciben la diferencia entre lo que es moral y correcto y lo que es legal. Estas personas dicen: «No me importa lo que diga la ley, hago lo que me parece correcto en el corazón». Quebrantar una regla por un bien mayor es altruista. Quebrantar una regla sólo por el propio bien es una característica de sociopatía.[1]

Disciplina: los chicos adolescentes y preadolescentes suelen aprovechar cualquier oportunidad para tironear la envoltura de autoridad parental con el fin de ponerse a prueba y poner a prueba su autoridad interior. Y muchos tienen habilidades muy desarrolladas para debatir. Por ejemplo, podrían desear defender sus actos con argumentos que contienen elementos de moralidad posconvencional. Si te gustan estos debates, éstos ciertamente le servirán a tu hija para afinar la forma de pensar respecto a los dilemas morales que enfrenta cada día. Sin embargo, los niños de edad escolar y los adolescentes todavía necesitan, y muchas veces desean secretamente, la clara orientación de sus padres sobre la conducta correcta. Éste es el periodo en que una madre debe asumir totalmente su papel como autoridad que determina cuál es la conducta correcta de su hija en torno a asuntos espinosos como salir con chicos, salir con amistades, y el tipo de experimentación con tabaco, drogas, alcohol y sexualidad, tan común hoy en día en muchos institutos de enseñanza media.

Ayudas a tu hija cuando te plantas con firmeza en tu energía Madre Osa, manteniendo claras las directrices respecto a lo correcto y lo incorrecto en un periodo en que ella va a ser probablemente bombardeada por todo tipo de presiones sociales y de sus iguales. Hacer cumplir las reglas y fijar límites a partir de un fuerte amor sirve a una importante función protectora, que da a tu hija un soporte externo mientras ella desarrolla el propio.

El origen de la mayoría de los conflictos morales: desconexión entre el cerebro y el corazón

Es interesante observar que la forma en que se establece la moralidad en el cerebro y el cuerpo está muy influida por el desarrollo de los circuitos de empatía y vinculación. Si los circuitos de vinculación de la niña no están muy bien desarrollados, esto afecta a todas las tareas del lóbulo frontal, entre otras el desarrollo de la moralidad.

Si la moralidad de una persona continúa en la fase convencional una vez pasada la pubertad, tiende a centrarse en un rígido conjunto de reglas compartimentadas muy lejos del corazón, que es donde se siente interiormente lo que es «correcto». En estas personas, la moralidad es sólo cuestión de razonamiento de lóbulo frontal. No ponen en duda su elección de lo correcto o lo incorrecto; simplemente eligen una regla y se atienen a ella. No comprenden que ciertas situaciones podrían exigir una forma de pensamiento y comportamiento diferentes. Carecen de la flexibilidad mental necesaria para equilibrar la corteza prefrontal dorsolateral con la orbitofrontal, para ver los matices de grises en torno a una regla; no pueden cambiar la regla para adecuarla a las circunstancias. Su interpretación concreta de lo que es incorrecto o correcto es una estructura intelectual inamovible que nunca se coteja con lo que se siente interiormente, en el corazón o las entrañas. Las reglas son las reglas, y no hay más que hablar. Esperan que los demás sigan también esas reglas. ¿Por qué? Porque eso es lo que la sociedad dice que es correcto, y aquellos que no están de acuerdo están equivocados. Los sentimientos acerca de lo que es moral se consideran inaplicables a la discusión; simplemente son muy complicados y caóticos para lo que «debe» ser una decisión entre blanco y negro.

Dado que tendemos a considerar la moralidad solamente desde el punto de vista de lo que la sociedad considera importante o políticamente oportuno, muchas de las cosas del diario vivir que causan estrés físico y emocional pueden parecer triviales. Me permito decir que éstas suelen ser tan pertinentes moralmente como los asuntos más importantes. El criterio de la conducta correcta se aplica ya sea que nos refiramos a cosas como la pena capital y el derecho de la mujer a elegir, o a si está bien o no llevar el coche a casa sin gasolina, volver a poner en el refrigerador el envase de leche vacío, o cuánto se ha de dejar de propina a la camarera. En último término, el carácter y la fibra moral se compone de nuestros actos en una diversidad de situaciones del diario vivir, como en el ejemplo siguiente.

JENNIFER: no debes comerte ese pastel

El marido de Jennifer es un hombre de moralidad muy convencional. Está en el consejo del hospital de la localidad, cargo que entraña hacer vida social con los demás miembros del consejo y sus cónyuges. Cuando se estaba vistiendo para una de estas funciones, Jennifer decidió llevar su postre a la cena. En ese tiempo estaba siguiendo una dieta especial, que le permitía comer los hidratos de carbono sólo durante una hora al día. Esta dieta le iba bien, ya había bajado casi cinco kilos y había disminuido considerablemente el colesterol. Sabía que los postres no eran muy buenos en esas cenas del hospital y para ella era importante darse «un gusto» al día, así que envolvió un trozo de pastel de chocolate para llevar. Pensaba comérselo muy discretamente al final de la cena.

Cuando su marido le vio el trozo de pastel, le preguntó: «¿Qué haces?» Ella se lo explicó. «No puedes comerte ese pastel ahí —dijo él—. No te lo permitiré. Nuestro hospital acaba de contratar a un nuevo cocinero y estamos obligados a comer lo que sirva. Estoy en el consejo.» Su marido no tomó en consideración el deseo de Jennifer de comer lo que le iba bien a ella en el momento; su necesidad de atenerse a su idea de «correcto e incorrecto» era mucho más importante para él que los sentimientos y las necesidades de ella. Fin de la discusión.

Es un incidente sin importancia tal vez. Pero, con el tiempo, el hecho de que se trivialicen su opinión y sus deseos porque su marido no los considera lo «bastante importantes» es un riesgo para su salud.

Cuando hay una diferencia de opinión entre una persona convencional y una posconvencional, normalmente esta última es capaz de valorar

---

CÓMO SE DESARROLLA EN EL CEREBRO LA BRÚJULA MORAL INTERIOR

Frontal ejecutiva	*Orbitofrontal/Temporal (límbica)*
Corteza prefrontal dorsolateral	Corteza orbitofrontal
Organizadora	Espontánea
Excluyente	Incluyente
Estructuradora	Expresiva
Pensamiento	Sentimiento
Racional	Intuitiva
Lo que piensas que necesita el mundo	Lo que sientes que necesita el mundo

Nota: Hay más moralidad cuando ambos lados funcionan juntos.

el punto de vista de la convencional. En cambio la persona convencional no suele reconocer el punto de vista de la posconvencional y casi siempre intenta hacerla ver que hace mal y procura controlar su conducta. La persona cuya moralidad (y desarrollo cerebral) está en la fase convencional depende de un sistema de control externo para sentirse segura. La persona posconvencional, en cambio, tiene interiorizado un sistema de control y empatía mucho más sólido. Se siente segura en virtud de este sistema interiorizado de adherirse a lo que siente que es el mayor bien y la mayor verdad para todos los involucrados, incluida ella.

RETO DE LA SABIDURÍA: *una hija con problemas de vinculación*

Las personas que tienen problemas de vinculación podrían tener problemas de moralidad debido a que sus circuitos de empatía no funcionan bien. En el capítulo 7 expliqué las diferencias entre las pautas de vinculación llamándolas «Teflón» y «Velcro». Las personas con problemas de vinculación están muy en el extremo del espectro Teflón. No las motiva particularmente el cariño ni la aprobación de los demás, y, en consecuencia, la desaprobación de sus padres u otras personas no les sirve de freno ni es motivo disuasorio.

Estos niños se sienten mucho más motivados por sus deseos que por la necesidad de complacer a los demás. Así es como han nacido; no son «malos». Pero podrían volverse «malos» si se los cría en un ambiente demasiado permisivo en el que no hay límites, expectativas, reglas ni reglamentos. Según mi experiencia, las madres de niñas así suelen tener mucha empatía; tienen circuitos de vinculación Velcro. Y ahí está el dilema. Estas madres lo sienten todo con mucha intensidad, y suponen automáticamente que sus hijas también lo sienten. Castigos que ellas encontrarían insoportables si fueran dirigidos a ellas (prohibición de salir, un buen tiempo sin actividades, perderse una salida familiar, gritos, encierro) ni siquiera perturban a una niña con problemas de vinculación. En consecuencia, una madre con exceso de empatía es fácil de manipular por una hija con este problema. Además tiene miedo de herirla o hacerla desgraciada. Hace poco oí de una niña así, de cinco años, a la que su madre encontró en el cuarto de baño «practicando» su llanto.

Para criar a una niña con problemas de vinculación de modo que desarrolle un buen carácter moral, hay que obligarla a cumplir reglas y reglamentos constantemente, aunque intente agotarte la paciencia. Necesita más estructura, no menos. Y crecerá bien cuando sepa exactamente qué se espera de ella. Para la madre con exceso de empatía, lo principal para disciplinar bien es ser cariñosa y juguetona cuando las cosas van bien, y absolutamente inconmovible para exigir buena conducta.

LAS DIFERENCIAS DE MORALIDAD SEGÚN EL SEXO

En el modo como se establece la moralidad en el cerebro y cuerpo de un niño influye muchísimo lo seguros que son sus circuitos de vinculación y empatía. Pero hay otra diferencia fascinante que depende del sexo. El cerebro de la mayoría de las mujeres está menos compartimentado que el de la mayoría de los hombres. Una de las consecuencias de esto es que en las mujeres hay más conexión entre la zona orbitofrontal y la corteza prefrontal dorsolateral. Esto también significa que su moralidad tiende más a entrar en el dominio posconvencional.

En su obra pionera, la doctora Carol Gilligan, la psicóloga y autora de *In a Different Voice*, explica que cuando a niños y niñas se les presentaba un dilema moral, elegían de forma distinta en cuanto a qué era lo «correcto».[2] Un ejemplo:

La esposa de un hombre está enferma y necesita medicación. Él no tiene dinero así que roba los medicamentos de la farmacia. Cuando a las niñas se les presentó esta situación, tendieron a ponerse de parte del marido, que cuidaba de su mujer de la mejor manera que podía. No consideraron incorrecto el robo. Es decir, el valor moral de cuidar prima sobre la ley. Los niños, en cambio, tendieron a ponerse de parte del farmacéutico. Dijeron que robar estaba mal, fueran cuales fueren las circunstancias.

Carol Gilligan fue ayudante de investigación de Lawrence Kohlberg en Harvard, y la sorprendió ver que la mayor parte de los estudios de teóricos de la moralidad, como Kohlberg y Erik Erikson, se habían hecho con varones, niños y adultos. Señaló que una psicología basada solamente en la mitad de la raza humana no servía a nadie. Sus propios estudios han servido para reencuadrar la psicología y sí que han cambiado las cosas desde la publicación de *In a Different Voice* en 1982.

Por primera vez en la historia escrita, un importante número de legisladoras están comenzando a dejar la huella de su diferente comprensión moral en nuestro sistema judicial. Con el tiempo estos aportes crearán una sociedad más equilibrada. Aún nos falta muchísimo, es cierto, pero estamos progresando. No hace muchas generaciones, se consideraba un derecho legal del marido golpear a su mujer siempre que usara una varilla no más gruesa que su pulgar (de ahí viene la expresión *rule of thumb* [regla del pulgar]: regla empírica, de la experiencia). Dentro del periodo de mi vida, la desigualdad de derechos y la exclusión arbitraria basada en el sexo se daba por descontada, y eran perfectamente legales. Por ejemplo, mi madre no podía conseguir un préstamo a su nombre cuando entré en la Escuela de Medicina, en una de las primeras clases que aceptaban algo más que a unas pocas mujeres de muestra. Actualmente, las tocoginecólogas que trabajan en hospitales superan en número a los hombres, ¡y todas han conseguido sus préstamos! Es importante recordar que oportunidades que nuestras hijas consideran normales existen debido a mujeres que tuvieron el valor de seguir sus brújulas morales interiores en lugar de ser «encantadoras».

Mi legado materno: desafío a la autoridad de la Iglesia

Si queremos que nuestras hijas sean quienes verdaderamente son, elijan vocaciones que honren su sabiduría interior y mantengan su auténtica voz durante y después de la pubertad, hemos de apoyar sus percepciones y defenderlas ante los inevitables desafíos que presentan las instituciones jerárquicas de nuestra cultura, ya sean nuestros colegios, nuestras iglesias o nuestros propios familiares.

Parte de mi capacidad para mantenerme en mis trece ante figuras de autoridad la heredé de mi madre Edna y de su madre Ruth, mi abuela materna. Mi madre tuvo el valor de abandonar la Iglesia Católica en 1939, en una época en que casi nadie ponía en tela de juicio la autoridad de la Iglesia, y mucho menos una niña de trece años. Ocurrió lo siguiente: mi madre se estaba labrando camino en una escuela católica, haciendo la limpieza para pagarse los estudios, porque su familia no tenía dinero para mandarla a la escuela. En realidad no encajaba con las demás niñas, y éstas le echaron la culpa cuando una de ellas le pintó las uñas de los pies a la estatua de la Virgen del altar. El cura intentó obligar a mi madre a confesar el delito teniéndola arrodillada ante el altar, con los brazos extendidos, durante media hora. Pero ella no le había pintado las uñas a la Virgen, por lo tanto no confesó, aun cuando el cura continuó tratando de sacarle una confesión.

Pasados unos días, el cura fue a la casa a enfrentarlas a ella y a su madre. Mi abuela se puso de parte de mi madre. Le dijo al cura: «Edna es una niña sincera. Si dice que no lo hizo, sé que no lo hizo». Después de una hora de sermón sobre los peligros de arder en el infierno, el cura le dijo a mi madre que la iba a excomulgar y no podría volver nunca más a la iglesia (no tenía el poder para excomulgarla, pero mi madre no sabía eso). Mi madre llegó a su propia conclusión: «Si esto es religión, no quiero tener nada que ver con ella».

La conducta del cura estaba en contradicción con los principios de sinceridad e integridad que mi madre consideraba parte esencial de cualquier religión que pudiera interesarle. Nunca volvió a la Iglesia Católica. Cuando se casó con mi padre, que era episcopaliano, normalmente prefería no ir a la iglesia el domingo. No estaba dispuesta a que nadie, ni ningún credo religioso, le dijera lo que debía hacer. Los niños solíamos ir a la iglesia con mi padre. Mi madre decía que iba a ir a su «iglesia», que era el bosque que había detrás de nuestra casa.

Mi madre también desafiaba la autoridad en bien de sus hijos. Aunque por lo general no intervenía en nuestras actividades diarias en la escuela, si percibía que a uno de nosotros se le trataba mal, no vacilaba en ponerse firme. Recuerdo un recital de piano cuando yo tenía unos trece años. Mi nueva profesora, que era la mujer de un director de orquesta, no era la profesora de piano normal y corriente. Y no ofrecía un recital común y corriente tampoco. En realidad, sin que lo supiera yo, mi madre o mi hermana, llevó el recital como una clase magistral. Yo toqué mi pieza y la profesora le pidió a Miriam, otra alumna, que criticara mi interpretación. Miriam era claramente la niña de los ojos de la profesora, y aunque era menor que yo, tenía más talento. «Encuentro que lo hizo muy bien», dijo Miriam. «Creo que Miriam es muy generosa contigo», me dijo la profesora. Después, cuando ya íbamos en el coche a la casa, mi madre se giró hacia mí y me dijo: «No tienes por qué volver aquí nunca más». Sabía que ese estilo de enseñanza era abusivo, en especial para una niña tan perfeccionista, ambiciosa y deseosa de complacer como era yo. Después encontré otra profesora.

Defender el mayor bien de tu hija le forma la percepción de lo que es correcto y lo que es incorrecto

Debido a mi legado materno, continué este tipo de crianza Madre Osa con mis hijas. Un ejemplo:

Una tarde, cuando mi hija Kate estaba a mitad del séptimo año en el colegio, la oí preguntarle a su padre si podía dejar un curso opcional que estaba haciendo, llamado «Junior Great Books». La clase era para chicos dotados, de talento, y ella nunca había comentado nada sobre la clase, en ningún sentido.

Mientras la oía conversar con su padre, pensé: «Uy, uy, se ha equivocado de progenitor para preguntar». La respuesta de él fue: «No podemos permitirte que dejes un curso porque no te gusta». Yo sabía lo que vendría a continuación. Kate subió corriendo a encerrarse en su cuarto. Le golpeé suavemente la puerta y le pregunté si podía entrar. Entre sollozos me contestó que sí. Fui a sentarme a su lado y la sostuve abrazada mientras lloraba todo lo que necesitaba. Finalmente hizo esa especie de inspiración entrecortada que indicaba que estaba casi preparada para comenzar a hablar. Le pasé pañuelos de papel y esperé.

Sospechaba que la respuesta de mi marido la hacía sentirse impotente para cambiar algo que verdaderamente la incomodaba, y que ésa era la fuerza impulsora que había tras las lágrimas, la sensación de desvalimiento e impotencia, de que no hay salida. Comencé la conversación sugiriéndole que en el futuro hablara conmigo primero las cosas relacionadas con su programa de clases. Después le pedí que me lo contara todo. (Sé que los padres deben presentar un frente unido ante sus hijos. Pero muchas veces yo estaba en desacuerdo con las posturas morales más convencionales de mi marido, y no habría sido sincero por mi parte simular otra cosa.)

Kate me dijo que el profesor era aburrido, y el tema también. Yo sabía que tenía que haber algo más, dada la intensidad de su reacción emocional, así que le pedí que me diera algunos ejemplos. Entonces me dijo lo que yo necesitaba saber. Me dijo que el profesor se burlaba de algunos alumnos, y que eso le producía a ella mucho desagrado y miedo de ir a la clase. Al parecer las cosas habían empeorado, o tal vez era menor su tolerancia a ese tipo de maltrato que el de comienzo del año. En todo caso, yo conocía lo bastante bien a mi hija para saber que si la clase le producía ese desagrado, teníamos que hacer algo para apoyarla. Así que le dije que yo trabajaría con ella para lograr que dejara esa clase. Me dijo que necesitaba una nota de nosotros al día siguiente.

Más tarde le expuse el tema a mi marido, diciéndole que Kate estaba muy afligida con ese curso y que me parecía que debíamos permitirle que se retirara, dado especialmente que era opcional. «No quiero que se haga la idea de que puede dejar una clase cada vez que no le vaya bien.» Le recordé que nuestra hija era una alumna de sobresalientes y que no tenía la costumbre de abandonar nada ni tampoco quejarse. «Pero no tengo ninguna información sobre esto —dijo él—. No me ha dado ninguna información.»

La «información» que él necesitaba consistía en datos que pudiera procesar su zona prefrontal dorsolateral. Los datos ante los que yo reaccionaba venían de mi vínculo orbitofrontal con mi hija; su reacción emocional era la única información que yo necesitaba. Entonces fue cuando comprendí que me encontraba ante la principal diferencia entre moralidad convencional y posconvencional (que a veces se traduce en la diferencia entre cerebro masculino y cerebro femenino). El concepto de información de mi marido era reunir datos de otras fuentes, la mayor cantidad posible. Mi concepto de información se basaba en un conocimiento íntimo de mi hija, de sus valores y de sus emociones; su aflicción era información suficiente para permitirle que dejara esa clase inmediatamente.

Mi marido decidió reunir más información llamando a los padres de todos los chicos de esa clase que logró encontrar, lo que causó inmenso azoramiento a mi hija. Descubrió que los otros chicos no habían dicho mucho a sus padres tampoco, pero que había una vaga sensación de que la clase no era fabulosa. A la hora de acostarnos, mi marido y yo habíamos llegado a un acuerdo. Él deseaba tener una reunión con el director del colegio para hablar de sus inquietudes. Pero yo quería darle a Kate la nota para que no fuera a esa clase al día siguiente, porque me parecía que había un riesgo de que el profesor la hiciera chivo expiatorio una vez que se corriera la voz de que otros alumnos y padres estaban poniendo en tela de juicio la clase. Convencí a mi marido de que el bienestar de nuestra hija era mi primer interés y que lo que era mejor para la comunidad en su conjunto era un asunto que podía llevar él. Aceptó de mala gana.

A la mañana siguiente le di la nota a Kate y me marché a dar una charla que estaba programada y me significaría pasar esa noche fuera. Cuando llamé a casa esa noche para saber qué había ocurrido, mi marido me contó que toda la clase había dejado el curso. A parecer, una vez que mi hija tuvo el valor de decir algo, los demás chicos, y sus padres, hicieron lo mismo. De repente quedó claro a la administración que algo no estaba bien en esa clase y se apresuraron a tomar medidas. En varias ocasiones le he dicho a Kate lo orgullosa que me sentí de que hubiera tenido el valor de hablar en su favor. Le dije que era heroica.

Mi intención no fue ayudar a toda la clase llamando la atención acerca del profesor. Mi objetivo era proteger a mi hija, y nada más. Mi marido, cuya perspectiva (y moralidad) era diferente, pensó que había un problema más grande en juego y que era mejor hablarlo con todos los involucrados.

Confiar en lo que sabes y en lo que sientes

La confianza en uno mismo está en el corazón de la salud y es la esencia de la sabiduría interior. Los intereses nada convencionales de mi madre, los que mi padre apoyaba, me dieron el valor para fiarme de mi sabiduría interior, en particular en mi profesión. En consecuencia, he sido capaz de poner en tela de juicio lo establecido en cuanto a la atención médica a la mujer, y también de ayudar a mujeres de todo el mundo a comenzar a confiar más plenamente en su propia sabiduría interior.

Muchos aspectos de mi trabajo han sido un laboratorio para experimentar las diferencias entre moralidad convencional (legalista) y moralidad posconvencional (la sabiduría combinada del intelecto y del corazón). Ya en los años ochenta, mi corazón (sistema límbico) y mi investigación (corteza prefrontal dorsolateral) me decían que procurara que todas mis clientas embarazadas, y todas las que planeaban quedar embarazadas, complementaran su dieta con ácido fólico para prevenir defectos de nacimiento. En ese tiempo las autoridades de mi especialidad no consideraban necesario esto, porque, aunque los primeros estudios apoyaban esta práctica, «eran necesarios más estudios» (ésta es la reacción estándar de aquellos cuya moralidad es convencional; y eso es perfectamente comprensible). Yo sabía que el ácido fólico no podía hacerles daño y bien podría serles beneficioso. Por eso lo recetaba. No hacerlo me parecía moralmente incorrecto. Pero llevó más de un decenio que «los poderes fácticos» hicieran de la complementación con ácido fólico la norma en la atención a mujeres embarazadas.

De modo similar, mi corazón (sistema límbico) y mis estudios (lóbulo frontal) me motivaban intensamente a apoyar que las mujeres dieran a luz de forma natural, en una época en que casi a todas las que llegaban al hospital les ponían un anestésico espinal para desensibilizar. También retrasaba la ligadura y corte del cordón umbilical hasta que éste había dejado de pulsar. Intuitivamente sabía que si el cordón continuaba latiendo, la Naturaleza tenía un muy buen motivo para ello. Y en efecto, finalmente encontré los estudios del doctor George Morley, que observaba con qué elegancia la Naturaleza ha diseñado la placenta y el cordón umbilical de modo que el recién nacido reaprovisione su volumen sanguíneo y establezca la oxigenación de los pulmones justo después de nacer. Asistir al parto de esta manera, como un acontecimiento natural imbuido de sabiduría, no era la mentalidad convencional en los años setenta cuando yo hacía mi práctica de formación. Pero lo hacía de todos modos. ¡Aunque caminaba por una delgada línea entre el mundo del intelecto y el mundo del corazón, sabía en lo profundo de mi interior que lo que hacía era lo correcto, aunque no siempre fuera lo popular o lo bien aceptado!

LAS MUJERES Y LA CULPA

Culpa es el sentimiento que surge en una persona con circuitos normales de empatía y vinculación cuando sabe que ha hecho algo incorrecto o no ha estado a la altura de los criterios de comportamiento aceptable propios, de su familia o de su sociedad. El sentimiento de culpabilidad es una potente señal de incorrección, la interiorización de los dolorosos sentimientos de vergüenza que sentimos cuando éramos niños. El motivo de que funcionen los criterios morales es que, en la mayoría de los casos, cuando se interiorizan y siguen, impiden a la persona sentir el insoportable desagrado de la vergüenza y la culpa. En muchos casos, sirven al orden social y nos permiten mantener nuestra comodidad o agrado interior. No es ni posible ni deseable criar a una hija que nunca experimente el sentimiento de culpa.

Por otro lado, existe aquello de sentir excesiva culpa. Y según mi experiencia, sentir excesiva culpa es muy común en niñas y mujeres. La culpa y la vergüenza se pueden dividir en dos categorías: justificada e injustificada. Uno de los problemas que enfrentan la mayoría de las mujeres, y sin darse cuenta lo transmiten a sus hijas, es el de vergüenza o culpa injustificada. Erica Jong escribió una vez: «Enseñadme una mujer que no se sienta culpable y yo os enseñaré un hombre». Una afirmación más exacta es la siguiente: «Enseñadme una mujer (u hombre) que no se sienta lo bastante culpable para cambiar su comportamiento, y yo os enseñaré una persona a la que no pueden controlar las expectativas de los demás». Esta persona, o bien no siente vergüenza ni culpa como la sienten la mayoría de las personas (como en el caso de los sociópatas), o ha desarrollado suficiente valor y confianza en sí misma para vivir su vida de acuerdo a su propia sabiduría interior.

A las niñas se las acostumbra desde muy temprana edad a sentirse responsables de la felicidad de aquellos que están en posición de poder. Con mucha frecuencia éstos son el padre u otras figuras masculinas de autoridad, pero también puede ser una figura femenina. Ésta es la norma en las sociedades jerárquicas de todo tipo, en las que la propia sensación de seguridad depende de conocer su lugar y actuar en conformidad (por eso el marido de Jennifer tenía que decidir si ella se comía su pastel o no). El problema de este modelo (y es, después de todo, sólo un modelo de organización social) es que la felicidad es en último término un trabajo interior. Nadie puede hacer feliz ni mantener feliz a otra persona, aunque en la mayoría de nosotros es una inclinación natural ofrecer apoyo y comodidad o agrado a las personas que amamos.

En cierto modo, todos nacemos sabiendo la verdad esencial de que nuestra principal tarea es cuidar de nosotros mismos primero, y luego, por empatía y amor, ofrecer nuestro apoyo a otros que hacen lo mismo. El conocimiento innato (aunque normalmente inconsciente) de esta verdad espiritual predispone a la niña para un importante dilema moral: desea encajar y caer bien en su familia y con otras personas, pero al mismo tiempo desea desarrollar sus dones y talentos innatos y disfrutar del hecho de ir en pos de lo que desea en el mundo. En la edad de latencia llega a la fase de desarrollo en que su cerebro y su cuerpo se aprestan para una inmensa cantidad de aprendizaje y maestría en el mundo exterior. Es justamente en este periodo cuando muchas niñas reciben mensajes encontrados acerca de cómo equilibrar estos dos deseos.

RACHEL: *no hagas sentirse mal a tu padre*

Mi amiga Rachel era excelente para el ajedrez cuando estaba en enseñanza básica. Siempre ganaba, lo que significaba que con frecuencia derrotaba a los chicos. Su madre se sentía orgullosa de ella y la alentaba a cultivar su don, hasta que la niña comenzó a derrotar a su padre. En ese momento, la madre le dijo que debía dejar ganar a su padre, porque lo hacía sentirse mal. Rachel encontró muy desconcertante esto. Cuando llegó a sexto año de básica, también deseaba aprender a arreglar su bicicleta sola para no tener que pedirle siempre a su padre que se la arreglara. Pero, nuevamente, su madre le dijo: «No hagas sentirse mal a tu padre. Deja que él te arregle la bicicleta». También observó que las demás chicas comenzaban a rehuirla siempre que les ganaba a los chicos en ajedrez. Desapareció su gusto por jugar al ajedrez, y finalmente lo dejó.

Rachel me dijo:

Años después entendí por fin que mi madre (y la sociedad) trataba de enseñarme la regla no escrita más importante que rige la vida de la mayoría de las mujeres, y que lleva a tanta culpabilidad y vergüenza: «Sé una niña buena y ten feliz a todo el mundo». Eso significaba que me sintiera culpable siempre que ganaba en el ajedrez y derrotaba a los chicos o a mi padre. Por lo que sea, mi pericia los hacía sentirse mal en lugar de estimularlos a jugar mejor. Eso no tenía ningún sentido para mí. Me enfurecía con mi madre por intentar enseñarme algo que yo sentía que estaba mal. Pero ella me decía que algún día lo entendería. Entonces me sentía avergonzada por no ser una «buena» persona, porque supuestamente hacía sentirse mal consigo mismo a mi padre. Al fin y al cabo, si yo era verdaderamente una «buena» chica, servir a mi padre y dejar que los chicos me ganaran en ajedrez debería hacerme sentir bien. Pero no me hacía sentirme bien. Sólo me daba rabia. Y entonces me avergonzaba por sentir rabia.

La madre de Rachel también le decía que era su trabajo levantarse a servirle a su padre la cena cada noche, aun cuando él no trabajaba fuera de casa y se pasaba la mayor parte del tiempo sentado y era muy poco lo que hacía. Su madre le dijo que si hubiera sido un hijo no se esperaría que sirviera a su padre; entonces le habrían asignado otras tareas, como cortar el césped, algo que Rachel deseaba hacer y sus padres no se lo permitían. Continúa Rachel:

No lograba imaginarme que el ego de mi padre fuera tan frágil que yo tuviera el poder para hacerlo sentirse mal consigo mismo derrotándolo en el ajedrez o no permitiéndole que me arreglara la bicicleta. También comencé a comprender que mi madre me estaba educando para vivir una mentira: «Simula que no eres tan hábil para que los demás se sientan mejor consigo mismos». Esto yo lo encontraba mal y sigo pensando que es incorrecto.

Mi madre siempre insistía en que son las mujeres las guardianas de la moral de la sociedad. No estoy de acuerdo. Las mujeres que les enseñan a sus hijas a disminuirse en beneficio de sus padres (o hermanos) hacen exactamente lo contrario de lo que es moral y correcto. Les enseñan a sus hijas que deben denigrarse para elevar a otros. Y así perpetúan el mito de que los hombres son frágiles y débiles, no fuertes y poderosos. A mí me parece que todos pierden al final con este sistema.

La educación para «chica buena», como la de Rachel, lleva a toda una vida de culpa injustificada. Una de mis clientes me dijo una vez: «Siempre me sentía como si todo fuera culpa mía. Incluso cuando entraba en un lavabo público, pensaba que era mi trabajo dejarlo mejor para la persona siguiente. Así que lo limpiaba. Pero luego sentía resentimiento». Otra clienta se pasó un par de años trabajando el enorme sentimiento de culpabilidad por haber conseguido al fin divorciarse de su marido, un hombre que fue abusivo emocionalmente durante años y que se negaba a darle ayuda para la manutención de sus dos hijos. Me dijo: «Tengo la idea recurrente de que si le escribiera pidiéndole perdón por mis defectos, él me perdonaría. Y eso les haría muchísimo más fácil la vida a nuestros hijos».

EL COSTE DE ABANDONARSE

Creer que es la responsable de la felicidad de otros suele poner a la niña (y después a la mujer adulta) en la insufrible situación de tener que traicionar a su verdadero yo. Dicho con las palabras de la famosa médica Elisabeth Kübler-Ross, se la anima a convertirse en una «pequeña prostituta». Aprende a no fiarse de su brújula moral interior, porque sus pasiones y finalidades no se consideran ni de cerca tan importantes como tener feliz a «papá» (o a su sustituto).

Este callejón sin salida lleva inevitablemente a sentimientos de culpa y vergüenza injustificados. Y estas dos emociones, si no se alivian cambiando la manera de pensar y la conducta, finalmente causa muchísimo desgaste y deterioro en el cuerpo físico. El estrés físico y emocional prolongado de la vergüenza y la culpa en todas sus diversas formas (entre otras, remordimiento, aflicción, ansiedad y depresión) puede llevar a adicciones de todo tipo. El uso adictivo de la comida, alcohol, sexo, tabaco, drogas o trabajo podría adormecer temporalmente el dolor de abandonar el verdadero yo, pero al precio de favorecerlo todo, desde la obesidad a la cardiopatía y al cáncer de mama.

Las niñas en edad escolar que todavía no han llegado a la pubertad tienen la tendencia a decir la verdad. Si viven en situaciones en las que no pueden decir la verdad, sus cuerpos las dicen por ellas. Que la niña se enferme o no dependerá en parte de su temperamento y de sus tendencias genéticas. Pero tarde o temprano el cuerpo presenta su factura; y no miente.

Dada la cantidad de dolor que causa llevar tanta vergüenza y culpa injustificadas, ¿por qué las mujeres siguen haciéndolo, y luego las transmiten a sus hijas? Porque a todo lo largo de la historia humana escrita, alinearse con un hombre le da a la mujer más poder, posición social e influencia de la que tendría si no. Si deseaba sobrevivir y crear una buena vida para sus hijos, era mejor que hiciera algún tipo de alianza con un hombre, cuanto más poderoso, mejor. Esto está maravillosamente descrito en la reciente película *Río místico*. Annabeth (representada por Laura Linney) sabe que su marido Jimmy (Sean Penn) acaba de asesinar a un hombre inocente. Sabe que esto le pesa a él, así que le dice que es un rey, y que a veces los reyes tienen que tomar decisiones difíciles. Mientras comienza a hacerle el amor, le dice con voz hipnótica que él podría «poseer» todo el barrio, que así de buen rey es. Haciendo la vista gorda al crimen de su marido, aprovecha el dilema de él para solidificar su relación con él, asegurando así que ella y sus dos hijas sean cuidadas y protegidas.

Debido a la manera como se moldean las niñas y las mujeres por la biología y la sociedad, también son más propensas que los hombres a dejarse dominar por lo que piensan los demás. Hasta hace muy poco, se ha considerado perdedora, o un fracaso, a una mujer soltera. Tener un hombre al lado, por inconveniente que fuera, se consideraba mejor que estar sola. Yo no había comprendido el increíble alcance de este estigma social hasta que tuve que llenar un formulario de seguros después de mi divorcio. Durante veinticinco años había logrado ser aceptable marcando la casilla «casada», ganando por lo tanto el Sello de Aprobación como Buena Ama de Casa. Mi diálogo interior discurría más o menos así: «Puede que sea médica, pero también soy esposa y madre. Eso me hace "simpática"». Y en ese momento estaba ante la desagradable y humillante elección entre «soltera» y «divorciada». Elegí «soltera».

Pensar que no vale bastante sin un hombre pone a la chica, y después a la mujer, en riesgo de todo tipo de conductas torpes para demostrar que es deseable y digna. Esta conducta varía desde una relación sexual sin protección a entablar y continuar relaciones abusivas o, como mínimo, insatisfactorias o insulsas. La verdad es que durante más de cinco mil años la sociedad ha alentado una división interior entre los valores que se consideran masculinos (y van con la corteza prefrontal dorsolateral) y los que se consideran femeninos (estrechamente relacionados con la corteza orbitofrontal). En consecuencia, las niñas proyectan su masculino deseo de poder sobre los niños y lo eliminan de ellas. Y los niños proyectan su vulnerabilidad y ternura sobre las niñas. Ninguno de los dos sexos desarrolla un verdadero equilibrio en su interior. Y por lo tanto ninguno logra su pleno potencial de salud y felicidad. (Observación: una gran cantidad de estudios han documentado que en toda la Vieja Europa existieron sociedades igualitarias durante más de treinta mil años. Desde el punto de vista geológico, nuestra actual cultura patriarcal es relativamente nueva. Véase capítulo 16.)

Si bien los hombres y los niños tienen sin duda la capacidad para sentir culpa y vergüenza, el contexto de esta culpa y vergüenza es muy distinto. Como escribiera John Wheeler en su libro *Touched with Fire* [Tocado con fuego], «La feminidad expresa la idea de que hay cosas por las que vale la pena vivir. La masculinidad es la idea de que hay cosas por las que vale la pena morir». De los hombres y niños se espera que arriesguen sus vidas al servicio de su país. Se los educa para luchar con otros, físicamente si es necesario, para demostrar un argumento o establecer su virilidad. También se espera que sean agresivos sexualmente, mientras que a las niñas se las educa para resistirse si desean parecer «buenas». Para portarse como se espera de ellos, los niños aprenden a edad temprana a acallar su vulnerabilidad emocional. A pesar de eso, o tal vez debido a eso, a los niños se los alienta mucho más que a las niñas a ir en pos de lo que desean en el mundo sin tener que preocuparse por lo que van a pensar los demás ni por no ser considerados «simpáticos». Dado que todo ser humano tiene energías masculinas y femeninas, este tipo de educación alienta a niñas y niños a comportarse de una manera que está desconectada de su propia orientación interior. Eso es una enorme pérdida, y un riesgo para la salud, para chicos y chicas.

CONFIGURACIÓN DE LA MORALIDAD: LOS NUEVOS MANDAMIENTOS

Una niña necesita aprender dónde empieza y dónde acaba su responsabilidad moral. Y, como ocurre en todo lo demás, primero mirará a su madre como a su modelo. Las niñas en edad escolar saben detectar la hipocresía inmediatamente. Esto significa que la conducta de la madre ha de estar en conformidad con lo que dice que cree. Si le dice a su hija que puede ser cualquier cosa que desee ser pero continúa dejando de lado sus metas para complacer a otros, no demuestra coherencia moral. Si bien es posible que la hija no se dé cuenta de esto en el momento, o no diga nada si se da cuenta, éste es el tipo de brecha entre creencia y comportamiento que predispone para el conflicto entre madre e hija cuando llega la pubertad.

Primero. Te guiarás por tu propia brújula moral. La lección más importante que puede enseñar una madre a su hija es que se le ha dado una vida sobre la que puede tener un dominio absoluto. Esa vida es suya. Nace con una especie de moralidad personal, un sentido interior de lo que es correcto o incorrecto para ella. Es importante ayudarla a reconocer y fortalecer su fe en ese conocimiento interior, y esto mientras aprende las reglas y los derechos de los demás. Su vida propia, su salud y su felicidad tiene que ser la primera y principal responsabilidad de la niña, porque ninguna otra persona puede crearle estas cosas. Si se toma su vida en serio, será capaz de desarrollar sus dones y talentos de tal manera que sean un regalo para el mundo.

Segundo. Reconocerás tu chispa interior única. Toda hija necesita saber que ha nacido con un don único, una expresión especial de la divinidad que es diferente a la de cualquiera que haya vivido antes que ella o que vivirá después. Su principal tarea es recordar esa chispa interior, avivarla, disciplinarla y desarrollarla. La niña sólo puede hacer esto siendo fiel a sí misma, ya sea un prodigio para el ajedrez o una cuidadora de animales con especial empatía. Su brújula moral interior será su guía hacia su Mayor Bien. La madre ha de ayudar a su hija a aclararse respecto a lo que verdaderamente desea en el mundo. Si su deseo más claro es el de tener hogar y familia, respeta y honra ese deseo. Si su deseo es convertirse en promotora inmobiliaria, apóyala en eso. Si desea ambas cosas, explícale que todo es posible con fe, compromiso y perseverancia. Ayúdala a elaborar una estrategia para ir en pos de lo que desea.

Tercero. Serás fiel a tu voz interior. Una hija logra desarrollar su sabiduría y su voz de autoridad interiores cuando se la alienta a ser fiel a éstas y a reconocerlas. Necesita modelos que se defiendan en eso y la apoyen. También necesita desarrollar valor, integridad e independencia. Esto significa que debe aprender a equilibrar entre defenderse ella y defender a otros. Todo esto dependerá de su grado de autoestima, cualidad que se adquiere mediante la solidificación de sus habilidades, la disciplina y la perseverancia. Sin embargo, no será capaz de continuar siendo fiel a su voz interior si continuamente se le dice, de palabra o con hechos, que su principal responsabilidad es servir y complacer a su padre, a su madre, a su hermano o a su marido, a expensas de sí misma.

Cuarto. No participarás en relaciones manipuladoras ni explotadoras. Cuando una relación comienza a causar más dolor que dicha, y gasta más energía que la que se recupera, podría ser el momento de dejarla. Esto se aplica tanto a las amistades durante el cuarto año de básica como al matrimonio. Toda niña necesita aprender a ver cuándo se la manipula para que asuma más responsabilidad de la que le corresponde en una determinada situación. Puedes enseñarle que siempre que alguien le dice: «Tú me hiciste... [sentir mal, enfadarme, romper mi promesa, (añade lo que convenga)]», la manipula. Y que la otra persona intenta obligarla a hacer algo que la hará feliz a expensas de ella. No tiene por qué creer esa mentira fundamental.

Reconozcámoslo, las mujeres y las niñas también podemos ser campeonas en manipular a hombres (o niños) y a otras mujeres (o niñas). Solamente si la mujer aprende a decir su verdad (Nuevo Mandamiento número tres) será capaz de evitar esas maneras turbias, solapadas, de obtener lo que desea. Una madre que permite que su hija se salga con la suya manipulando, o es modelo de manipulación, participa en el sistema inmoral.

Quinto. Aprenderás las habilidades para relacionarte con los demás con integridad y reciprocidad. Las relaciones han de llenarnos y animarnos, no vaciarnos o agotarnos. Las relaciones sanas son de las principales dichas de la vida. No deberíamos tener que elegir entre ser amadas y también ir en pos de lo que deseamos. El desarrollo propio es, a fin de cuentas, mucho más gratificante y duradero cuando ocurre en el contexto de relacionarnos con otros.

Relacionarse con integridad significa reconocer que toda persona tiene su propia chispa divina interior. Una niña necesita comprender que es moralmente incorrecto envidiar la chispa de otra persona, o envidiar su vida o posesiones. Esto es absolutamente esencial en nuestra sociedad de envidias y de mirar sólo la ventaja propia. Aunque la envidia es una emoción humana normal, no hace ninguna falta abonarla. Enséñale a tu hija a ver la buena fortuna de otros como una motivación para crearse algo mejor en su vida. Enséñale que le es posible ir en pos de lo que desea al mismo tiempo que se toman en cuenta las necesidades y sentimientos de los demás. Señálale personas que podrían servirle de modelos, las que creas que serían más afines a ella, y pregúntale quiénes son sus modelos. Estos dos aspectos de la vida no tienen por qué ser mutuamente excluyentes.

TENER VOZ Y VOTO: ENCONTRAR LA VOZ

La confianza de una niña en su voz suele estar permanentemente elevada justo antes de la pubertad. Éste es el periodo de la vida en que las niñas tienden a estar más en contacto con su verdad personal. A menos que haya acallado su voz por algún motivo, no tendrá ningún problema para decirte lo que cree. De hecho, podrías tener problemas para conseguir que pare de hablar. Dada nuestra cultura, la voz interior de la niña tiende a no llegar nuevamente a este grado de claridad y seguridad hasta que pasa por la menopausia, la que a mí me gusta definir como adolescencia a la inversa.

Hace poco vi un divertido anuncio de teléfonos en televisión; una niña en edad de latencia le está trenzando el pelo a su abuelo y hablando sin parar. Ya le ha trenzado el pelo a su abuela. El abuelo comenta cansinamente que tendrán que escuchar eso unas dos horas cada noche hasta que cambien las tarifas y la niña pueda comenzar a llamar a sus amigas. Se sabe que las niñas de esta edad procesan todos los aspectos de su vida y emociones (y las de sus compañeros y compañeras) hablando de eso. Esto es normal y sano. Y dado que actualmente la comunicación es más fácil que nunca, vía teléfono móvil, *e-mail* y mensajes instantáneos, es la tarea de la madre simplemente observar este comportamiento y considerarlo en lo que es, una fase normal de desarrollo. También podría tener que fijar algunos límites, para que estas conversaciones no primen sobre los deberes escolares, los quehaceres en la casa, las actividades familiares y las comidas.

Sin embargo no a todas las niñas se les permite expresar libremente lo que sienten y lo que piensan. Y no es infrecuente que una mujer tenga que combatir un legado materno difícil en este aspecto, con duraderas consecuencias para la salud. La siguiente historia, de una suscriptora a mi hoja informativa, es un hermoso ejemplo:

> Cuando yo sólo tenía tres años, mi padrastro intentó estrangular a mi madre durante una riña y tuve que intervenir para impedírselo. Durante la mayor parte de mi infancia me sentía obligada a defender a mi madre, que enfermaba con frecuencia y era tan tímida que «no tenía voz». Después, de adulta, he sufrido de infecciones en la garganta y tensión crónicas, sobre todo cuando sentía la necesidad de defenderme o defender a otras personas que «no tenían voz». Ahora estoy aprendiendo a relajarme y a escuchar a mi quinto chakra, el que me recuerda que no tengo por qué sentirme responsable de los demás, y que en lugar de eso puedo tener fe en la sabiduría divina.

El quinto chakra o centro emocional es la zona del cuerpo relacionada con la garganta, la lengua, la boca, el cuello y la glándula tiroides. Lo afectan los problemas relativos a la comunicación, la voluntad y el sentido de oportunidad. La salud de esta zona se refuerza sabiendo qué decir, cuándo decirlo, cómo decirlo y teniendo el permiso para decirlo. Muchas mujeres tienen problemas de tiroides y otros (como úlceras bucales o herpes labial) cuando tienen algo que decir pero no se atreven a decirlo, no se les permite decirlo, o repetidamente lo dicen a la persona que no corresponde o a alguien que no puede o no quiere oírlas.

El impacto del sexo

En las familias en que se valora más a los hombres y niños que a las mujeres y niñas, las niñas pierden su voz con mucha facilidad. El relato del siguiente caso es de la doctora Mona Lisa Schulz:

Durante mi rotación psiquiátrica en la Escuela de Medicina, vi una sesión grabada de una familia, compuesta por un progenitor (la madre), dos hijas y dos hijos, que vino para una terapia familiar. El motivo de la terapia era que, cuando su madre estaba en el trabajo, la hija de seis años había estado jugando con un equipo de química escolar que se guardaba en el dormitorio de su madre. Sin darse cuenta, se le incendió la ropa de cama. El hermano mayor la descubrió a ella y el fuego.

Cuando entraron en la sala, la madre se sentó con las dos hijas a su derecha y el hijo mayor se sentó al otro lado, al frente de las niñas. El niño pequeño, de cuatro años, pasó todo el tiempo corriendo y jugando por la sala.

Cuando el terapeuta preguntó qué había ocurrido, inmediatamente el hijo mayor asumió el papel de portavoz. Él había descubierto el incendio, después de todo, y por su actitud estaba claro que se consideraba el «caballero» de la familia y asumía el papel del padre que faltaba. La «culpable» de seis años estaba callada con las manos cogidas en la falda, tal como su hermanita de tres años. Comparadas con sus hermanos, las dos se veían apagadas, como si su fuerza vital las hubiera abandonado.

Siempre que el terapeuta le pedía hablar a otro miembro de la familia, el hermano mayor interrumpía. El terapeuta tenía que pedirle continuamente que se reservara los comentarios para que pudieran hablar su madre o su hermana. Lo interesante es que el terapeuta no dirigió la palabra a la hija de tres años ni una sola vez.

Por último la familia resolvió que la niña de seis años no volvería a jugar con ese equipo de química sola sin supervisión. El principal objetivo era asegurar que la casa no se incendiara, ¿y quién no estaría de acuerdo?

Pero cuando acabó el pase del vídeo y empezó la discusión, yo tenía la muy inquietante sensación de que quedó muchísimo sin decir o hacer en esa situación, y que era probable que las niñas de esa familia sufrieran más adelante en su vida a consecuencia de eso. En mi mente surgieron una serie de preguntas: ¿tendría una aptitud natural para las ciencias la niña de seis años, o simplemente quería llamar la atención de su madre? Si su hermano pequeño hubiera iniciado el incendio por accidente, ¿habría reaccionado igual su familia? ¿Apoyarían el interés por la ciencia de esa niña, aun cuando hubiera cometido un error, o ese incidente simplemente apagaría una mente científica incipiente? Si una de las niñas se hubiera dedicado a correr y jugar por la sala durante la sesión, como hizo el hermano pequeño, ¿lo habría tolerado la madre o el terapeuta? Si una de las niñas hubiera asumido el papel de portavoz de la familia, ¿habrían tolerado y respetado sus percepciones tal como lo hicieron con las del hermano mayor? Si el hermano mayor hubiera ocasionado el incendio y ella lo hubiera descubierto, ¿le creerían y confiarían en su relato del mismo modo que creyeron y se fiaron del de él? ¿Habrían acudido a terapia en ese caso? ¿O lo habrían considerado en la categoría «los chicos son chicos» de nuestra experiencia cultural? Si yo hubiera sido la niña pequeña de esa familia, ¿me habría importado que el terapeuta, una figura de autoridad, no me hubiera pedido mi opinión, y ni siquiera preguntado mi nombre?

Aunque es imposible saber de cierto lo que ocurre en una familia después de una sesión de terapia, a mí me quedó muy claro que la voz y la voluntad de las niñas de esa familia ya habían sido sofocadas.

A lo largo de los años cientos de clientas me han contado historias de cómo sus madres acallaban sus voces mientras sus padres tenían la última palabra. Y muchas me han contado que sus hermanos lograban todo el apoyo en la casa por tener las respuestas «correctas» o los objetivos profesionales dignos. Si una madre tiene este legado, es posible que lo transmita a su hija sin querer, silenciando así su voz y su confianza en sí misma.

12

La anatomía de la autoestima

Las siete claves del bienestar

La autoestima es la piedra angular de la salud y de los comportamientos que la favorecen. Durante los años de latencia, la niña entra en un terreno esencial «de rodaje» de su autoestima: el mundo exterior a su familia. Algunas, por su temperamento y primeras experiencias, parecen correr con los brazos abiertos hacia esos nuevos retos. Otras se quedan atrás, y necesitan a una Madre Osa a su lado, que sabe cuándo empujarla y cuándo proteger.

Los padres y profesores hablan muchísimo de la autoestima, pero no siempre están de acuerdo en lo que significa. Mi definición es sencilla: autoestima es la cantidad de respeto y consideración positiva que tiene una persona de sí misma. Comienza con los sanos circuitos de vinculación establecidos en su primera infancia. Si la niña pequeña disfrutó de la amorosa atención de su madre y si están bien establecidas las conexiones entre su corteza orbitofrontal y su cuerpo, le será mucho más fácil sentir en su interior lo que es bueno y correcto para ella y saber la manera de conseguirlo. También tendrá más empatía hacia los demás. La autoestima sin empatía equivale a egocentrismo o narcisismo.

La autoestima no se funda en un modelo de «suma cero», la creencia de que sólo existe una cantidad limitada, por lo que si tu autoestima es elevada, la de otro tiene que ser baja. Tu autoestima no disminuye la mía, y yo no puedo elevar mi autoestima denigrándote. (¡En su mejor aspecto, nos la elevamos mutuamente!) La autoestima es multifacética, no uniforme. Una niña (o una mujer adulta) puede tener una elevada autoestima en algunos aspectos y relativamente baja en otros. Por ejemplo, una niña podría ser una excelente deportista, pero tener dificultad en las relaciones de persona a persona; en consecuencia, su autoestima será enorme en el campo de juego, pero su salud emocional o incluso física podría sufrir más adelante en la vida debido a su talón de Aquiles de las relaciones. De modo similar, una mujer puede tener una autoestima muy elevada en las relaciones, pero baja en los aspectos relativos a la autosuficiencia. Si no terminó su educación, no tiene intereses intelectuales de fondo o nunca ha aprendido a ganar o a manejar dinero, corre el riesgo de depender excesivamente de que otros cuiden de ella.

Saber que uno es amado y respetado por otras personas es un ingrediente esencial de la autoestima, pero en último término la autoestima es un trabajo interior. «Verse bien» y poner el mayor esmero en la apariencia y arreglo personal no equivale a autoestima. Todos los mensajes positivos del mundo para «sentirse a gusto» no pueden dar autoestima a la niña si ella no experimenta o siente que es eficiente, competente y fiel a sí misma. (El insistente «lo hago yo solo» del niño que ya ha aprendido a andar es una afirmación de su autoestima y de su independencia.) Es importante que a las niñas en edad escolar se las aliente a desarrollar habilidad y pericia en ciertos campos que sean reconocidas por el mundo exterior a su familia inmediata. Esto prepara un ciclo positivo de autoestima. Cada vez que comprende que puede fiarse de sí misma o de relacionarse bien con los demás, o de conseguir un objetivo personal, más confianza y seguridad tiene para el siguiente paso en su desarrollo. Y si sufre un revés, con más rapidez se recupera y continúa adelante.

Para captar la naturaleza multifacética de la autoestima, la he dividido en siete aspectos distintos. Lógicamente, en la vida real éstos se mezclan, como lo verás en la explicación que sigue.

LAS SIETE FACETAS DE LA AUTOESTIMA

1. Destreza física. Sentirse segura de la capacidad del cuerpo para satisfacer las exigencias de la vida diaria mediante fuerza, resistencia y flexibilidad físicas.

2. Dotes y comportamiento sociales. Saber presentarse bien y actuar correcta y amablemente en las diversas situaciones sociales. Convertirse en alguien con quien desean pasar el tiempo los demás.

3. Autodisciplina. Desarrollar la capacidad de dirigir la voluntad hacia un objetivo deseado de modo sostenido; continuar una tarea aunque se esté cansada, distraída, desanimada o ya no interesada; cumplir las promesas.

4. Confianza en una misma. Saber sintonizar con y confiar en lo que se sabe y lo que se siente; evaluar la seguridad y el peligro; actuar de acuerdo a las propias percepciones aun cuando otros no estén de acuerdo con ellas.

5. Educación financiera. Formarse la capacidad para gastar, ahorrar, dar e invertir juiciosamente; valorar rectamente el tiempo y la energía propios; y entender las leyes de la prosperidad.

6. Un lugar bajo el sol. Desarrollar un don especial o talento natural por el que te reconozcan y valoren.

7. Imagen personal positiva. Sentirse segura y a gusto consigo misma, lo que entraña una imagen corporal positiva y una relación positiva con la forma de vestir y adornarse y el estilo personal.

UNO: DESTREZA FÍSICA

Nuestros cuerpos fueron diseñados para moverse a lo largo de toda la vida. Joseph Pilates, fundador del sistema Pilates de fuerza, flexibilidad y equilibrio fundamentales, decía:

> La buena forma física es el primer requisito para la felicidad. Es la consecución y el mantenimiento de un cuerpo uniformemente desarrollado y una mente sana, plenamente capaces de realizar de modo fácil y satisfactorio nuestras muchas y diversas tareas diarias con entusiasmo y placer espontáneos.[1]

La destreza física (la aptitud que le permite sentirse fuerte y capaz en su cuerpo) es un elemento esencial de la sensación de seguridad en el mundo de la niña. También contribuye a estabilizar el estado anímico, con lo que previene la ansiedad y la depresión, al equilibrar el sistema nervioso autónomo y producir las sustancias neuroquímicas, como las endorfinas, que producen una «euforia» natural. El ejercicio y el aire fresco son como los nutrientes de los alimentos. Contribuyen a desarrollar el sentido de independencia y pericia o maestría. Y son una inversión esencial en el futuro de tu hija. De todos los factores de estilo de vida que se han estudiado, la buena forma física es el indicador mejor y más exacto de la longevidad y salud de una mujer. Procurar que tu hija disfrute moviendo su cuerpo es darle la principal medida preventiva contra la osteoporosis, las cardiopatías, el cáncer, la obesidad y la diabetes, todas causas importantes de muerte prematura en Estados Unidos. Los estudios también han demostrado que las niñas que están en buena forma física tienen una imagen corporal más positiva que aquellas que no lo están, al margen de lo bien que se corresponda su cuerpo con el actual canon cultural de belleza.

Lo que los investigadores llaman «buena forma física» tiene tres componentes: fuerza, resistencia y flexibilidad. Aun cuando los programas de ejercicio para adultos podrían apuntar a estos componentes por separado, una niña desarrolla naturalmente los tres si se entretiene con exploraciones y juegos activos. Como en todas las cosas, su temperamento innato va a determinar la forma de adquirir destreza física. Algunas niñas tienen inclinación innata hacia los deportes y aprenden con facilidad las habilidades y técnicas para sobresalir en ellos. A otras no les interesan para nada los deportes, pero sí podrían interesarles el baile, el yoga o hacer excursiones. Es importante alentar a la hija a encontrar su manera única de mantenerse físicamente en forma, fuerte y flexible.

No basta con hablar de la buena forma física a los hijos. Tienes que ser modelo en comportamiento. Las hijas de madres que hacen ejercicio y están en buena forma tienen más probabilidades de seguir su ejemplo. Lo mismo vale para los padres. En un estudio reciente de niñas de nueve años, realizado en la Penn State University, se comprobó que cuando ninguno de los padres fomenta o favorece el ejercicio y el deporte, sólo el 30 por ciento de las niñas son físicamente activas. Cuando un progenitor hace ejercicio o deporte, el porcentaje se eleva a 50. Y cuando los dos padres lo hacen, el 70 por ciento de las niñas dicen ser muy activas físicamente.[2] El hábito de hacer ejercicio, como las formas de comer, se transmiten de padres a hijos. Por lo tanto, establecer estos hábitos ha de ser una prioridad.

La destreza física no tiene por qué conectarse con los deportes competitivos

Las experiencias de la niña en la escuela básica prepara el tono para su relación con la forma física para el resto de su vida. Cuando yo era niña, la buena forma física era sinónimo de habilidad deportiva. Esto sigue siendo así en muchos colegios. El deporte es una manera fabulosa de adquirir destreza física si la niña tiene dotes naturales y el deseo de desarrollarlas. Pero si se la obliga a hacer deporte en contra de su voluntad, puede ser contraproducente y desconectarla de la actividad física durante muchos años.

En su libro *Body, Mind, and Sport* [Cuerpo, mente y deporte], el doctor John Doulliard observa que el 50 por ciento de los niños de enseñanza media tienen su primera experiencia de fracaso y baja autoestima en los deportes escolares. El motivo de esto es que la gama de habilidades deportivas entre los niños es muy amplia, como también lo es la de diferencias de velocidad en el desarrollo de estas habilidades. Si de cada niño se espera que se conforme al mismo criterio, es inevitable que algunos fracasen. Algunas niñas son deportistas o atletas naturales y otras sencillamente no lo son. Algunas, como mi hija Kate, nacen con un inmenso talento deportivo pero no les gusta la competición. Por lo tanto, ninguna cantidad de apremio o insistencia las va a hacer disfrutar de los deportes.

Nuestro legado cultural

El modelo de destreza física con que me crié tenía incorporado una clara división entre mente y cuerpo. El entrenador (o profesor/profesora de gimnasia) era la mente, y las jugadoras eran el cuerpo. No se esperaba de ellas que pensaran ni sintieran. Se esperaba que obedecieran las instrucciones del entrenador. En lugar de animarte a escuchar al cuerpo, se te animaba a castigarlo hasta caer al suelo, corriendo, empujando, esforzándote, levantándose, etcétera. Y tomarse el tiempo para estirar los músculos era para las mariquitas. Nadie tenía tiempo para hacer eso. Ése fue sin duda el modelo de entrenamiento que aprendió mi hermana en el Ski Team. No es de extrañar que haya sufrido de tantos esguinces, roturas de ligamentos y operaciones.

Después llegaron los pioneros vídeos de ejercicios de Jane Fonda y los centros de puesta en forma de los años setenta. Aunque no iban de deporte, de todos modos todo iba de «quemarse», de no escuchar al cuerpo. En todo caso, pese a sus limitaciones, consiguieron que toda una generación de mujeres sudaran haciendo algo, y fueron, por lo tanto, un paso gigantesco en la dirección correcta.

Mi programa personal de puesta en forma estaba basado en la obra del doctor Kenneth Cooper, que introdujo los ejercicios aeróbicos en los años sesenta. Era aeróbico cualquier ejercicio que elevara el ritmo cardiaco lo suficiente para fortalecer y tonificar el sistema cardiovascular y favorecer la resistencia al llevar sangre oxigenada a los músculos de modo más eficiente. Cuando mis padres comenzaron a hacer «jogging» periódicamente, me uní a ellos. Me gustó la idea de elegir mis actividades para acelerar el ritmo cardiaco durante un periodo prolongado. En la universidad me mantenía en forma corriendo sin avanzar en mi habitación, procurando llegar al número de «puntos» aeróbicos que se recomendaba por semana; también saltaba a la comba a veces. Nunca me gustó mucho esto, pero sabía que me mantenía sana, y además me iba bien para controlar el peso. En la Escuela de Medicina tuve un amigo que hacía el decatlón. Empecé a correr otra vez guiada por él, y durante todos los años de estudios en la Escuela y de práctica como residente, la carrera y el yoga fueron mis principales formas de ejercicio.

Desde entonces la industria de la puesta en forma ha continuado evolucionando, como también la actitud de nuestra cultura hacia el ejercicio. Ahora es más fácil que nunca encontrar una actividad física que convenga a nuestro temperamento. Ahora sabemos sin la menor sombra de duda que la mente y el cuerpo están íntimamente conectados y que cada persona debe conectar con su cuerpo cuando se trata de ejercicio y puesta en forma. El sistema Pilates y el yoga, que se basan en la unión de mente y cuerpo, están obteniendo por fin su merecido éxito, aun cuando el yoga, que influyó muchísimo en Joseph Pilates, ha existido desde muy antiguo. Es muy alentador que las formas de ejercicio más nuevas y populares, como el yoga, desarrollen flexibilidad, fuerza y resistencia al mismo tiempo. También es alentador que los atletas y deportistas de todo tipo también disfruten de los beneficios de estos métodos mente-cuerpo y descubran que mejoran su rendimiento.

Transmisión de mi legado en buena forma física

Mi vida ha estado impregnada por la destreza física de mi madre desde que nací. Ella siempre ha sido más feliz cuando participa en deportes u otra actividad al aire libre. El deporte fue también la principal causa de que dejara atrás las circunstancias de su familia de origen. En 1941, cuando tenía 15 años, vio la película *Sun Valley Serenade* [Serenata del Valle del Sol] y se obsesionó con la idea de esquiar, aun cuando no conocía a nadie que esquiara. Cogió un tren de Buffalo al cercano Ellicottville, donde (una casualidad increíble) mi padre había introducido el deporte del esquí en la zona occidental del estado de Nueva York tendiendo un cable en una colina de la localidad. El resto es historia, como dicen. Éste es un maravilloso ejemplo de cómo, cuando algo nos toca el alma, nuestra imaginación creativa empieza a proyectarnos hacia toda una nueva vida, llevándonos a personas, lugares y cosas que lo harán realidad.

Aunque mi temperamento no se avenía con los deportes competitivos (y sigue así), la insistencia de mis padres sobre la buena forma física hacía del desarrollo de un cuerpo fuerte y sano un requisito para formar parte de la familia. Todas esas excursiones, idas a las pistas de esquí y acampadas me predispusieron para toda una vida de buena forma física. Y ése es el legado que he podido transmitir a mis hijas.

En mi familia, la fuerza física se daba por supuesta, y los niños nunca pusimos en duda nuestra capacidad para acarrear leña, limpiar los corrales del establo y quitar la nieve con palas. Estas actividades simplemente formaban parte de la vida, ya fueras hombre o mujer. Hoy en día, si bien me gusta que los hombres de mi vida pongan el hombro y ayuden, y agradezco que me abran las puertas, también me agrada saber que soy capaz de hacerlo sola. Mis hijas son iguales.

Cuando las niñas eran pequeñas solíamos hacer excursiones familiares a la playa, o a los lagos y lagunas de la zona. Siempre lo pasaban en grande en estas salidas y hacían muchísimo ejercicio. También iban a clases de danza, desde los tres años, y las han continuado hasta el presente. Sólo ahora han añadido yoga, Pilates, aeróbic y ejercicios con pesas a la combinación. Aunque de vez en cuando las llevábamos a esquiar, a ninguna de las dos se le daba naturalmente el esquí. Sólo aprendieron cuando empezaban la adolescencia y deseaban participar en la actividad con sus amistades.

Ahora, en sus primeros años de veinteañeras, mis dos hijas están en buena forma física y hacen ejercicio periódicamente, como yo. El legado de mi madre en este aspecto está muy fresco en todas nosotras, aunque de distinta forma. El invierno pasado llevé a mi madre, a mi hermana campeona de esquí y a mi hija menor a un balneario donde iba a dar unas charlas. Fue maravillosamente estimulante tener a tres generaciones de nosotras disfrutando de todo, desde clases de baile a excursiones diarias. Mi madre de 78 años, fabulosamente en forma, fue allí un estímulo para todo el mundo, un brillante ejemplo de destreza física a una edad en que la gran mayoría de las mujeres se han tragado la programación cultural de que sus cuerpos tienen que estar deteriorándose.

DOS: DOTES Y COMPORTAMIENTO SOCIAL

En Habitación Uno señalé que todas las niñas necesitan sentir que pertenecen a un lugar del planeta como también a un grupo de personas. Saber que está en su ambiente en algún lugar y que encaja con los demás es una parte esencial de sentirse a gusto en su piel, un componente básico de la autoestima. Esa sensación de pertenencia y de encajar bien en la familia inmediata y con el resto de los parientes es el trabajo de los primeros siete años de la niña. La tarea de los segundos siete años es aprender a encajar en situaciones sociales fuera de su familia. Una vez que entra en la escuela, comprende rápidamente que pertenecer a y encajar en no son cosas automáticas. Dependen en parte de aprender las habilidades sociales y la diplomacia. Las amigas y amigos de la misma edad son tan esenciales para la niña en desarrollo que vamos a hablar de este tema por separado, en el capítulo 14. Aquí quiero centrar la atención en lo que llamábamos modales.

Causar una buena primera impresión

Aunque hay cierta verdad en el dicho de que no se puede juzgar un libro por su cubierta, cualquier buen editor te dirá que una buena cubierta influye muchísimo en hacer un libro lo bastante atractivo para que alguien lo abra. Lo mismo ocurre con las personas. Sólo lleva unos quince segundos formarse una primera impresión de una persona a la que se acaba de conocer, normalmente antes de que haya abierto la boca para hablar. Esto podría parecer injusto, pero es así. Dado que la niña sólo tiene una oportunidad para causar una primera impresión, es muy útil que aprenda a hacerlo hábilmente, en diversos ambientes o situaciones, no sólo en el colegio, donde los requisitos para «encajar» siguen los dictados de la presión o apremio de los compañeros.

La importancia de un buen apretón de manos

Cuando yo tenía unos nueve años, mis padres se sentaron con todos nosotros niños para enseñarnos a saludar por primera vez a las personas. Ellos se apodaron señor y señora Peabody, apellido que nos chocó. Todos tuvimos que practicar la presentación a ellos, en que teníamos que estrecharles las manos. «¿Cómo está, señora Peabody?» «Muy bien, gracias, ¿y usted?» Había que mirarlos a los ojos sonriendo y estrecharles la mano derecha con firmeza y seguridad.

Ésa fue mi primera lección formal de comportamiento social. Recuerdo que mi padre nos hizo la demostración de un apretón de mano «desganado, frío» y del saludo «evitando el contacto visual». Nos explicó que era importante dar un firme y confiado apretón de manos acompañado por una cálida sonrisa y buen contacto visual; que esas dos cosas decían muchísimo sobre el carácter de una persona, y que su falta también decía muchísimo. No me llevó mucho tiempo comprobar que mi padre tenía razón. Esa pequeña lección en comportamiento social me ha prestado un buen servicio. Se las di a mis hijas cuando tenían ocho o nueve años también.

Hola y adiós: saludos y despedidas

Reconocer las partidas y reuniones con el saludo correcto nos une de un modo saludable y respetuoso que nos hace sentir bien. Por ese motivo es muy importante que una niña aprenda a saludar y a despedirse correctamente. Esto comienza con saludar a los familiares cuando llegan a casa, y despedirse de ellos cuando se marchan. También entraña tomarse el tiempo para despedirse cuando alguien sale, o cuando uno se va. Hasta el día de hoy, si una de mis hijas está en casa y tengo que salir antes de que despierte, le dejo una nota diciéndole adiós y dónde voy a estar. Cuando eran pequeñas, entraba en sus habitaciones a darles un beso y un abrazo antes de salir. Todavía hago esto si voy a estar fuera durante un periodo de tiempo importante. Cuando vienen a casa también dejo de hacer lo que sea que esté haciendo para saludarlas. Cuando una de nosotras no se toma el tiempo para hacer esto, es como si hubiera en la tela social un desgarrón que hay que reparar. Estas pequeñas cortesías significan muchísimo a la larga.

Fiestas de cumpleaños: un laboratorio social

Las fiestas de cumpleaños de los hijos son las ocasiones perfectas para enseñar las primeras lecciones de comportamiento social y gratitud. Si es la fiesta de tu hija, puede aprender a saludar amablemente a sus invitados en la puerta, y a despedirlos cuando se marchen. También puede aprender a recibir sus regalos con gracia. Además, participar en la planificación de la fiesta de cumpleaños es una buena introducción a las habilidades de iniciar el contacto social. Algunas niñas son iniciadoras natas: los demás siguen su dirección, juegan a los juegos que proponen, etcétera. Otras son casi totalmente pasivas, aprueban, aceptan iniciativas, pero no saben «hacer ocurrir» las cosas. Esto tiene claramente que ver con el temperamento, pero también es una habilidad que se puede aprender.

Las notas de agradecimiento

Siempre se distingue a los niños o niñas de «buena crianza». Son aquellos que cuando reciben regalos muestran su gratitud con notas de agradecimiento. Las madres suelen ser las que enseñan a sus hijos a escribirlas. Y el agradecimiento a un regalo de cumpleaños es una buena ocasión para comenzar. Explícale a tu hija que es tan importante agradecer a los hermanos, padres y parientes como lo es agradecer a los amigos y otros conocidos. Siempre me emociono y sorprendo cuando alguna de las amigas de mis hijas me envía una notita o tarjeta después que la he llevado a comer fuera o la he tenido de invitada en mi casa. Eso eleva su valor a mis ojos; y aquellas que no lo hacen pierden categoría en mi opinión, por fabulosas que sean en otros aspectos.

Una de mis amigas me contó que su abuela solía enviar regalos y dinero a cada uno de sus nietos todas las navidades y para sus cumpleaños. En los últimos diez años de su vida dejó de enviar regalos a los nietos que nunca se lo agradecían; también los dejó fuera de su testamento. Mi amiga, que era una de los nietos que siempre le agradecía, me contó también que su abuela no se sentía amargada por la falta de agradecimiento, y que le dijo: «Sencillamente no quiero continuar recompensando la ingratitud. Eso no ayudará a esos niños en su vida». Tenía razón.

Los niños han de aprender a edad temprana que cosechamos lo que sembramos. Nada, y quiero decir nada, dice más acerca del carácter de la niña o niño que el hecho de que se tome el tiempo para escribir una nota o tarjeta de agradecimiento. Los *e-mails* no cuentan tanto, aunque son mejor que nada.

Ofrecimiento de ayuda

Aprender a ayudar en situaciones sociales también favorece la posición social y el grado de habilidad de la niña. A muchas niñas les encanta ayudar a atender, ya sea pasando las bandejas con refrigerios, poniendo la mesa, poniendo los cubitos de hielo, etcétera. En la ayuda también debería entrar parte de la limpieza. Sin embargo, es importante procurar que los niños y hombres de la familia hagan su parte. Si no, es muy fácil que se transmita el mensaje de que servir y limpiar son tareas exclusivas de mujeres.

TRES: AUTODISCIPLINA

Sin duda has oído el viejo refrán de que el éxito es un 2 por ciento de inspiración y un 98 por ciento de sudor. Bueno, es cierto. Gran parte del éxito en la vida, en cualquier aspecto, entraña simplemente presentarse y poner un pie delante del otro para hacer el trabajo, ya sea que te lo elogien y reconozcan o no. Por eso es importante que una niña aprenda a dirigir su voluntad hacia un objetivo deseado, sin gastar su energía intentando tomar atajos, desafiar la autoridad o evitar de alguna otra manera hacer el trabajo necesario. El viejo anuncio de Nike: «¡Simplemente hazlo!» resume a la perfección esta cualidad. La autodisciplina le permite a tu hija acceder a, y luego dirigir, la reserva de fuerza interior con que todos nacemos. La niña entrena su voluntad mediante la repetida práctica de una habilidad o técnica o la realización de una tarea. De esta manera su voluntad se convierte en su servidora y en su llave para el éxito, en lugar de ser una piedra de tropiezo toda la vida que la hace renunciar siempre que algo se pone difícil o aburrido o tiene una oferta mejor.

Todas las niñas necesitan tener algunas tareas que sencillamente se esperan de ella regularmente. Yo me crié en una granja, y teníamos caballos, vacas y perros. Mis hermanos y yo teníamos que limpiar los corrales con regularidad, y también alimentar a los caballos y los perros. Además, teníamos que mantener llena la leñera de la casa en invierno, lo que significaba llevar un tobogán hasta el depósito de leña, cargarlo y luego deslizarlo hasta entrarlo en la casa, y varias cargas, muchas veces durante una nevasca (Ellicotville está en la franja al sur de Buffalo donde nieva muchísimo). Evidentemente también aprendí muchísima autodisciplina en las excursiones y salidas deportivas de nuestra familia.

En cuanto a mis hijas, me pareció que la autodisciplina se aprende mejor en los deberes escolares y las actividades extracurriculares. Cada noche debían poner la mesa para la cena y luego retirar las cosas, pero no las puse a hacer los quehaceres domésticos con que yo me crié. A diferencia de mi madre, yo trabajaba a jornada completa fuera de casa, y no quería pasar el limitado tiempo que tenía para estar con ellas supervisando quehaceres domésticos. Además tenía ayuda doméstica cuando estaba en el trabajo, por lo que habría sido el trabajo de la asistenta ocuparse de que las niñas hicieran algunos quehaceres, y me parecía incorrecto que una asistenta doméstica se encargara de este papel parental. Y, para ser franca, desde mis años en la Escuela de Medicina, una casa limpia y ordenada estaba muy abajo en mi lista de prioridades.

Eso sí, en lo que se refiere a deberes escolares tenía criterios muy elevados; los consideraba el trabajo a jornada completa de las niñas. Debían sacar buenas notas y hacer sus deberes a tiempo. También esperaba que hicieran todo lo que fuera necesario en las actividades extracurriculares que requieren práctica, como las clases de piano y de canto. Mis dos hijas eran muy disciplinadas en estos aspectos y continuaron así en la universidad. Sí, también aprendieron los rudimentos de cocina y limpieza. Las tres hemos llegado finalmente a reconocer el valor del orden y la organización en la casa, después de estudiar feng-shui; ahora comprendemos que nuestro entorno nos refleja y nos afecta profundamente.

SOBRE EL ELOGIO Y LA CULPA

Contribuyes a reforzar la autoestima de tu hija cuando le reconoces o das fe de sus logros. Para hacer esto no esperes ocasiones oficiales, como un recital o las notas e informes escolares; díselo siempre que la «pilles» haciendo algo bien. Todas seguimos teniendo dentro a la niñita que dice «Eh, mamá, mírame». Así que mírala frecuentemente.

Por otro lado, no exageres los elogios, en un erróneo intento de apuntalarla. Los niños saben muy bien cuándo han dado lo mejor de sí y cuándo no. Así que no elogies a tu hija por logros que obviamente son menos de lo que ella es capaz, como entregar con retraso un trabajo en el colegio o limpiar mediocremente la cocina. Resístete a desear tanto caerle bien que no exijas el cumplimiento de las reglas o normas de comportamiento.

Mantén la perspectiva con los errores. Recuerdo el día en que a una de mis hijas se le cayó algo sobre una alfombra recién comprada. Yo me fijé, me di cuenta de que podía limpiarse y volví la atención a la televisión. Ella dijo: «Vaya, me alegro de que seas mi madre. ¿Sabes cuántas de las madres de mis amigas se habrían enfurecido por eso? ¡Les habría dado un ataque de rabia!»

«Un ataque de rabia» por errores, desórdenes o suciedades comunes destroza el sentido de identidad de la niña. Si te ve reconocer y ordenar o limpiar lo que has desordenado o ensuciado, aprenderá a llevar los desastres de ella de forma responsable sin perder su autoestima.

CUATRO: CONFIANZA EN SÍ MISMA

El primer día de escuela es un rito de pasaje importante para madres e hijos por igual. Ver a tu hija subir al bus escolar o entrar en la sala de clase sin ti es un conmovedor ejercicio de soltar y confiar. Este paso es mucho más fácil si has equipado a tu hija con el conocimiento seguro de que nació con un sistema de orientación (o guía) interior del que puede fiarse que la mantendrá segura. Todos nacemos con esta capacidad. La orientación o guía interior respecto a la seguridad procede del cuerpo físico, y se manifiesta mediante sensaciones en la zona del plexo solar, como también en el centro del corazón.

Marcy, una de las suscriptoras a mi hoja informativa, aprendió una valiosa lección sobre esta orientación de su madre, que era huérfana. Y la transmitió a sus hijas. Le pedí que nos participara de esta sabiduría, porque es muy práctica y tranquilizadora.

MARCY: *acceso a la orientación o guía interior*

Mi madre nació de inmigrantes italianos en Nueva York. Se crió en orfanatos y casas de acogida durante los comienzos de los años veinte. Sus habilidades maternas las aprendió sola puesto que no tuvo a nadie que le enseñara y cuidara de ella cuando estaba creciendo.

Yo fui hija única, y cuando era pequeña y le preguntaba algo, me decía que escuchara a mi Guía Interior o Ángeles de la Guarda. Decía que ellos siempre estarían conmigo para guiarme y apartarme del peligro o las situaciones malas. Se tocaba la zona del plexo solar y me decía que «sintiera» las respuestas. Al ser huérfana, aprendió a edad muy temprana a escuchar su Sabiduría Interior, probablemente porque era lo único de que podía fiarse.

Cuando tuve a mis hijas y ellas comenzaron a aventurarse en el mundo, empecé a enseñarles a escuchar a su Guía Interior. Es difícil enseñar a una niña de parvulario de camino a la escuela y a sus primeras experiencias fuera de casa, a escuchar a sus Ángeles de la Guarda. La orientación divina no es fácil de aprender a ninguna edad, y yo deseaba enseñarles a mis dos hijas a saber sin ninguna duda cuándo algo no era correcto o no estaba bien.

Me senté con ellas y les hice una meditación guiada para enseñarles en qué parte exacta del cuerpo sentimos las respuestas.

Empecé a enseñarles a escuchar e interpretar lo que nos dice nuestra Guía, y más importante aún, a no dudar ni buscar el por qué o el qué. A simplemente actuar según la orientación sin ponerla en duda. Y punto.

Les pedí que cerraran los ojos y se imaginaran que tenían en sus brazos a una cachorrita recién nacida; la perrita se mueve en sus brazos tratando de lamerles la cara y deseando jugar; es suave, dulce y cálida. Queremos mucho a esta perrita y estamos muy felices de que forme parte de nuestra familia. Cuando las niñas estaban sonriendo y yo sabía que sentían amor por la cachorrita, las toqué en el corazón y les dije que ése es el lugar que Dios llena de amor. Ése es el lugar de nuestro cuerpo que nos dice que estamos seguras y a salvo, que la situación en que estamos es buena. Les pedí que me describieran el sentimiento, cómo sentían el corazón: cálido, amoroso, feliz, lleno, liviano, etcétera.

Entonces (todavía con los ojos cerrados) les pedí que se imaginaran poniendo a la cachorrita en el césped del patio anterior de la casa y viéndola salir corriendo a la calle. Ven el coche que viene muy rápido por la calle y la perrita no sabe que está en peligro. Ellas no pueden salir a la calle a cogerla y el coche está tan cerca que la va a atropellar...

Entonces les pedí que me enseñaran dónde sentían el miedo en sus cuerpos. Se tocaron la zona del plexo solar. Una de ellas se echó a llorar. Les expliqué que ésa es la manera como Dios o nuestros Ángeles de la Guarda nos dicen que hay un peligro y que algo no está bien. Entendieron las palabras «peligro», «problema», «asustada», «sufrimiento». Les expliqué cómo podemos tocarnos los dos lugares del cuerpo (el chakra del corazón y el chakra del plexo solar) que nos alejan de las malas situaciones y nos llevan a situaciones buenas o a la seguridad.

Aunque mis hijas eran bastante pequeñas cuando les enseñé esto, siguen haciéndolo todo el tiempo. Con los años se les ha desarrollado la habilidad para interpretar a su Guía, y emplean la palabra «guía» en sus conversaciones normales. Lauren, mi hija de 15 años, recurre a esta habilidad para decidir si desea conocer más a un chico. Megan, nuestra hija de 13, me lo dice cuando «siente mal» la casa de alguien. Las dos han salido de peluquerías, restaurantes y cines o me han llamado desde fiestas y juergas para que vaya a recogerlas. Lo captan y yo agradezco muchísimo eso.

Una de las dificultades para enseñarles esto fue no quitar importancia a sus «sensaciones» para mi comodidad o conveniencia. Cuando estaban «practicando» el recibir la orientación, hubo unas cuantas ocasiones en que íbamos a algún lugar y decían: «Tengo la sensación», y teníamos que marcharnos. Al principio tuve la impresión de que me decían «Mis ángeles me dicen que esto no está bien, vámonos» sólo para ver mi reacción. El reto para mí era nunca hacer caso omiso o estar en desacuerdo con ellas cuando lo decían, por trivial que fuera la situación. Esto no siempre me resultó fácil. Pero era importante, porque es muy fácil querer «pensar» una manera de no hacer caso a un consejo de la Guía: «Se ve tan simpático» o «Parecen inofensivos» o «Les dije que vendría». Siempre les refuerzo esto; también a mí misma: «No lo pienses, simplemente escucha y actúa, sin dudarlo. Ya, ahora mismo. Y no hay más vueltas que darle».

Respetando su intuición creo que las he capacitado y ayudado a desarrollar su autoestima. Nunca tienen que justificar su Guía u orientación ante nadie, por ningún motivo.

Estoy totalmente de acuerdo con Marcy, y también respeto y honro a su madre, que descubrió a su guía porque no tenía ninguna otra opción. He oído a otras personas llamar «sirena interior» a la zona del plexo solar. Hacer saber a tu hija que tiene esta sirena interior de la que puede fiarse es mucho mejor que decirle: «No hables con desconocidos». La verdad es que la mayoría de los desconocidos son personas de fiar.

No cabe la menor duda de que este método funciona. Una de mis amigas me contó la siguiente historia:

Cuando tenía unos once años, tenía que coger el último bus para volver a casa de la escuela porque pertenecía a una banda y teníamos que practicar. Un día, al bajar del bus vi un coche aparcado cerca de la parada. Había un hombre sentado dentro. Cuando yo me bajé, él se bajó del coche. Por la sensación que sentí en mis entrañas comprendí que era un hombre peligroso. Cuando eché a caminar hacia casa, observé que me seguía. Me aterré. Así que bajé de la acera y me escondí debajo de uno de los coches aparcados. Vi detenerse sus pies junto al coche. Estaba claro que me buscaba a mí. Pero continué allí hasta que él se marchó y se alejó.

Saber lo que es bueno y correcto
para tu cuerpo

Una de las formas más potentes como una hija aprende a confiar en sí misma y en su valía, e interioriza por lo tanto una fuerte autoestima, es experimentar que su madre la defiende y se pone de su lado ante autoridades externas. Ya he contado la historia de cómo mi madre nos daba esto en cantidad. (Es posible, sin duda, confiar en sí misma aun cuando no se haya tenido una madre que la defendiera, pero no es tan fácil.) Cuando la madre de una niña la defiende, esto pasa a formar parte de su ADN emocional, y entonces lo transmitirá a su hija en una cadena de capacitación materna sin solución de continuidad.

En contraste con el muy positivo legado que recibí del fuerte sentido del bien y el mal de mi madre ante la moralidad convencional, hubo otros aspectos de mi legado materno que fueron causa de dolor y conflicto. Irónicamente, mi madre me enseñó a fiarme de mis creencias y convicciones, pero no de las sensaciones que surgían en mi cuerpo por no desear participar en la «religión» familiar de deportes, esquí y actividades de esfuerzo al aire libre. No es de extrañar que yo haya acabado en el campo de la medicina mente-cuerpo.

El lema de mi madre en nuestras numerosas excursiones era: «No pidas una mochila más liviana sino una espalda más fuerte». Todas las mañanas de fines de semana teníamos que estar en las telesillas antes de que abrieran, aunque el tiempo fuera de lluvia helada. Ya tenía unos doce años cuando caí en la cuenta de que otras familias pasaban los fines de semana haciendo algo distinto a esquiar o caminar en excursiones.

De niña no tenía otra alternativa que seguir el programa. Mi madre y mis hermanos estaban en su elemento en este tipo de actividades, y todos eran dotados deportistas. (Mirando en retrospectiva, tengo la impresión de que mi padre habría disfrutado de un asueto no heroico y con buen tiempo de vez en cuando.) Me sentaba junto al hogar y me sumergía en libros y música siempre que era posible. Trataba de encontrarle el gusto a los deportes, pero jamás logré convencer a mi cuerpo de que lo estaba pasando bien, a no ser cuando el día estaba soleado. En mi familia, eso me ponía en la categoría de «esquiadores con buen tiempo», que era una expresión de burla, no de cariño. Y, como la mayoría de los niños que son la oveja negra en sus familias, me sentía mal por mi incapacidad de dar la talla.

Con el tiempo desarrollé la capacidad de no hacerle caso a mi desagrado y obligarme a salir de mi zona de agrado físico durante largos periodos de tiempo: la preparación ideal para la formación quirúrgica que estaba en mi futuro. También me desconecté de las emociones de tristeza y rabia que eran mis reacciones naturales a sentirme obligada a hacer actividades para las que no era apta. Esto no lo sabía conscientemente, pero mi cuerpo seguro que sí, y me presentó factura después.

Aunque ahora agradezco mi primer entrenamiento, que me desarrolló la espalda y la voluntad, finalmente descubrí que ya no me servía vivir mi vida como si fuera una montaña cuya cima hay que conquistar. Esto fue un proceso, no un acontecimiento. Me llevó años comprender esto. Después de todo me había casado con un hombre que, como mi madre, creía que las actividades al aire libre, incluido ir de campamento en invierno, tenían las llaves del reino de los cielos. Y en los primeros años de nuestro matrimonio ponía el mayor empeño posible en continuar así. ¡Aun cuando era «como estar en casa», la verdad es que nunca me sentí bien tampoco!

Recuerdo el momento en que de verdad comprendí que podía fiarme de mí misma para decidir qué actividades al aire libre debía hacer. Acababa de empezar mi cuarta década de vida. Mis hijas, mi marido y yo estábamos de excursión por un sendero de trece kilómetros en las White Mountains. El día estaba caluroso y desagradable. Mi hija menor Kate y yo no lo estábamos pasando bien. Así que cuando llegamos a una encrucijada en el sendero, decidimos que era el momento de volver atrás. Mi marido y mi hija mayor deseaban continuar para admirar las vistas. Esta vez ni Kate ni yo estábamos dispuestas a dejarnos seducir por el razonamiento «las vistas valen el esfuerzo» (yo me había obligado a hacer esto siempre, desde que tengo memoria). Kate me adelantaba en esto porque jamás la había obligado a ir de excursión. Calculamos que otros cinco kilómetros de sufrimiento no iban a valer la pena. ¡Qué revelación! Sabía decir no. Y mi hija lo decía conmigo.

Ahora nos reímos con mi madre recordando los viejos tiempos. Ella también ha cambiado. Aunque le sigue encantando escalar montañas, jugar al golf y al tenis e ir de caza, también le gusta hacer los ejercicios Pilates, recibir masajes y llegar a casa a un lugar abrigado al final del día. Esto podría parecer una insignificancia. Para mí es una inmensa y fabulosa curación.

CINCO: CULTURA FINANCIERA

> ### CONCEPTOS BÁSICOS
> ### DE LA CULTURA FINANCIERA
>
> - El dinero es una forma universalmente acordada de dar y recibir valor.
> - En la relación con el dinero tienen muchísima influencia las experiencias de la infancia.
> - El dinero y la prosperidad están regidos por «leyes de prosperidad» universales; por ejemplo: no se puede obtener algo gratis.
> - Manejar responsablemente el dinero es una habilidad que cualquiera puede aprender.

Las lecciones sobre el dinero y la prosperidad aprendidas en la infancia influyen en la salud y riqueza de una chica toda su vida. Estas primeras lecciones le vienen de asimilar la relación de sus padres con el dinero y las finanzas. A la gran mayoría de niñas se les enseña, directa o indirectamente, una o más de las siguientes creencias:

- Nunca hay suficiente dinero.
- El dinero es difícil de obtener.
- La mejor manera de tenerlo es casarse por dinero.
- Los hombres son naturalmente mejores que las mujeres para manejar el dinero.

Éstas son las creencias que se manifiestan en las tristes estadísticas siguientes: comparadas con los hombres, las mujeres tienen un 40 por ciento más de probabilidades de ser pobres. Cuanto mayor se hace la mujer, mayor es la diferencia entre sus ingresos y los de un hombre de su misma edad. Además, las madres solteras tienen el doble de probabilidades de vivir en la pobreza que los padres solteros.[3]

El tema del dinero, más que cualquier otro, deja al descubierto las creencias de fondo de las personas acerca de las posibilidades en la vida. Y cambiar esas creencias, y los comportamientos que son su prolongación, podría ser el legado más difícil que enfrenta una chica. Pero vale la pena descartar las creencias que ya no nos sirven en cualquier fase de la vida, comenzando lo más pronto posible. Gran parte de la programación que recibe la niña en torno al dinero ocurre durante la edad de latencia, cuando está recién despertada su capacidad de razonamiento y su cerebro está preparado para un aprendizaje muy rápido. Éstos son los años en que la mayoría de las niñas captan agudamente las diferencias en la situación económica entre las familias, quiénes tienen casas «bonitas» y las «mejores» ropas, lo que pueden permitirse pagar sus padres comparados con otros, y si sus padres riñen por motivos de dinero.

El tema del dinero hace aflorar inevitablemente los miedos colectivos de la humanidad a la carencia, a la pobreza y a la limitación, miedos que son casi universales. La pobreza de suyo va acompañada en todas partes por la enfermedad y los problemas crónicos de salud. Esto se debe a que el dinero proporciona una red de seguridad que ofrece cierta protección de la caída en las inevitables dificultades en la vida, como el incendio de la casa o un accidente. Su falta hace justamente lo contrario, erosionando la sensación de seguridad y de estar a salvo en el mundo, y afectando adversamente, por lo tanto, a la inmunidad. La vulnerabilidad a la enfermedad es el resultado final. En un estudio reciente, realizado por el Economic Policy Institute (EPI), se comprobó que en un determinado año, el 30 por ciento de los pobres experimentaron penurias críticas, entre ellas expulsión de la casa, desconexión de los servicios públicos, compartir las casas de otros por falta de fondos, o no tener lo suficiente para comer; y que otra cantidad de pobres, entre el 30 y el 40 por ciento, experimentaron otras penurias graves.[4]

Si bien es importante echar una mano a aquellos que sufren los muy reales efectos de la pobreza, es aún más importante comprender y eliminar las condiciones que la perpetúan. Como en todos los demás aspectos de nuestra vida, en la salud económica influyen muchísimo nuestros pensamientos, emociones y comportamiento. En la salud económica también influyen la política y las normas sociales, ninguna de las cuales ocurre en un vacío. Las normas sociales son el resultado de los pensamientos, creencias y comportamientos de toda una población. Las pautas de pensamiento caracterizadas por impotencia, desesperanza y pesimismo llevan a depresión, mala salud, relaciones abusivas y problemas económicos.

CREENCIAS EMPOBRECEDORAS

- Prepárate para lo peor, seguro que va a venir *(pesimismo)*
- Es imposible salir adelante con las cuentas *(fatalismo)*
- Nunca hay suficiente dinero y nunca lo habrá *(fatalismo)*
- La única manera de salir de la preocupación por el dinero es ganar la lotería *(razonamiento mágico)*
- Las personas prósperas son egoístas y/o antipáticas *(envidia)*
- Es más noble y santo ser pobre que ser rico *(martirio)*
- Alguien debería proporcionarte dinero *(derechos)*
- Sólo existe una cierta cantidad de dinero, así que si alguien es rico, otros tendrán que sufrir *(persecución)*.

Los pensamientos pesimistas, empobrecedores, perpetúan la pobreza. Los pensamientos de prosperidad y riqueza perpetúan la prosperidad.

Programación antiprosperidad

A los niños se los programa contra la prosperidad diciéndoles cosas de este estilo: «El dinero es la raíz de todos los males», «Los ricos no pueden ser espirituales ni buenos» o «El dinero no crece en los árboles». Lo que se les enseña en realidad es que su muy natural deseo de tener lo mejor que ofrece la vida, en lo material y demás, es malo o incorrecto. La madre de una de mis amigas le decía: «No puedes permitirte ni mirar» siempre que ella miraba algo que le gustaba en un escaparate. Cuando se cría así a una hija, ésta aprende a sentirse culpable por desear cosas, aun cuando ese deseo es innato y es la base del progreso y la evolución humanos. Si con frecuencia se la avergüenza por desear cosas que su familia no puede permitirse, finalmente podría acallar sus deseos y aspiraciones innatos y aprender a conformarse con mucho menos de lo que es capaz de tener; aprende que es mejor desear menos que arriesgarse a repetidas decepciones. Claro que en algunas niñas también puede engendrar la sensación, a lo largo de toda su vida, de no tener «nunca bastante», lo que las impulsa a enfocar excesivamente la atención en acumular «cosas».

Acallar los deseos y aspiraciones se generaliza fácilmente a otras facetas de la vida también. En las relaciones, por ejemplo, la constante sensación de limitación puede influir en lo que creemos «valer» y en lo que creemos «merecer».

En lugar de enseñar a nuestras hijas a aceptar la carencia y las limitaciones económicas, deberíamos enseñarles modos de pensar y comportarse en torno al dinero y la prosperidad que las capaciten. En lugar de pisotear sus sueños y aspiraciones tenemos que darles las herramientas de la educación financiera para que sean capaces de crear el cielo en la Tierra en sus vidas. Las herramientas de la cultura financiera son dobles: hay que entender las leyes universales de la prosperidad y cómo funcionan (véase págs. 391-392), y hay que conocer los aspectos prácticos de la administración del dinero para hacer concretas, reales y prácticas estas leyes. Pero para poder enseñar estas cosas a tu hija primero necesitas tener claro tu propio historial financiero.

HAZTE TU EVALUACIÓN EN CUANTO A TU RELACIÓN CON EL DINERO

- ¿Cuánto pesimismo, depresión o convencimiento de carencia se filtra en tus creencias y conducta? ¿Qué forma adoptan?
- ¿Crees que te es posible tener verdadera prosperidad, por ejemplo salud, riqueza y felicidad?
- ¿Crees que es más espiritual tener dificultades económicas que tener bastante dinero?
- ¿Conoces los rudimentos de la administración del dinero?
- ¿Quién toma las principales decisiones financieras en tu familia?
- ¿Conoces tu valor neto?
- ¿Tienes planes financieros para tu futuro?
- ¿Tienes un testamento?

Mi legado financiero

Todos tenemos una determinada relación con el dinero, que tiene sus raíces en nuestra historia personal. Algunas mujeres han sido mantenidas económicamente por sus familias o maridos toda la vida y ni siquiera saben de dónde viene el dinero. Otras se han mantenido a sí mismas desde los años de enseñanza secundaria o bachillerato. En realidad no importa cuál es tu legado familiar en torno al dinero siempre que entiendas cómo influye tu pasado en tu presente. Una vez que lo entiendas puedes cambiar cualquier creencia y comportamiento que necesite una puesta al día. Contaré mi historia a modo de ejemplo.

Nunca se hablaba de dinero cuando yo estaba creciendo. Siempre teníamos suficiente. A los niños se nos daba una asignación que nos permitía ir a la tienda a comprar caramelos o chicle más o menos una vez a la semana. Aparte de eso, mis padres se ocupaban de darnos todas las cosas esenciales, como la ropa. Muchas veces llevábamos ropa usada y no le dábamos la menor importancia. No recuerdo haber oído jamás a mis padres discutir ni quejarse por dinero. Como niña que estaba en la escuela básica en los años cincuenta y sesenta, no me interesaba el dinero. No era un problema. Mi padre era un próspero dentista en nuestra pequeña ciudad, y tenía el consultorio que había sido de su padre. Al parecer teníamos todo lo que necesitábamos.

Mi madre, por su parte, se había criado durante la Depresión y recuerda haber estado, cuando niña, en las colas para el pan. Cuando vio la película *Seabiscuit (Más allá de la leyenda)*, ésta le trajo recuerdos muy desagradables. Cuando se casó con mi padre, mejoraron considerablemente las circunstancias de su vida, más o menos como en un cuento de hadas. Mi padre tenía 36 años y estaba bien establecido en su consultorio dental.

La filosofía de la vida de mi padre era vivir plenamente y hacer que cada día fuera importante. (Una vez me contó que su padre había sido bastante tacaño; no quería hacer viajes, aun cuando su mujer deseaba viajar. Mi padre se sentía mal por su madre y se identificaba con ella, así que no estaba dispuesto a permitir que el pesimismo controlara su visión del dinero.) Un verano alquilamos una caravana Winnebago y visitamos muchos estados occidentales. El viaje duró casi seis semanas, lo que significaba que no había ingresos durante ese tiempo porque mi padre no estaba atendiendo a clientes. No sé como se las arreglaron mis padres para hacerlo, porque nunca se habló de eso.

Lo que sí recuerdo es que cada año había mucha tensión cuando llegaba el momento de hacer la declaración de renta y venía a casa el contable (a los niños no se nos permitía estar presentes). A veces pedían préstamos para pagar los impuestos, y a mi madre la preocupaba eso. De todos modos, a mi padre le encantaba su trabajo, y se imaginaba que mientras él fuera a trabajar cada día, siempre habría dinero. Nunca se le ocurrió la idea de «ingresos extras», procedentes de una fuente distinta de su trabajo diario. Pero a mi hermano sí se le ocurrió y, con el apoyo y ayuda de mi padre, parecía comprender las leyes del dinero y la prosperidad desde una edad muy temprana. Comenzó a invertir en tierras cuando tenía unos veintipocos años, mientras trabajaba en obras de construcción.

Mi vibrante y bienamado padre murió repentinamente de la ruptura de un aneurisma cerebral cuando tenía 68 años, y dejó a mi madre sin seguro de vida ni ninguna otra fuente de ingresos. Ella tenía 52 años y estaba en la plenitud de su vida. Sin la asistencia económica de mi hermano habría tenido que vender la granja familiar. Pero debido a la conciencia de prosperidad de mi hermano y a su saber hacer financiero, eso no ocurrió. Y en consecuencia, no sólo mi madre sino mis hijas y todo el resto de la familia han podido disfrutar de la maravillosa casa de mi infancia, nuestra raíz central en la Tierra.

Enseñanza de la conciencia de prosperidad a mis hijas

Cuando tenía unos doce años ya me fascinaba no sólo la conexión entre la mente y el cuerpo sino también la conexión entre los pensamientos y las circunstancias físicas. Después me topé con el clásico de Napoleon Hill, *Think and Grow Rich,** en el que decía que «los pensamientos tienen la peculiar cualidad de convertirse en sus equivalentes físicos». Cuando entré en la fuerza laboral, ya veía las pruebas de esto en mi vida y en mi trabajo. Así pues, cuando tuve a mis hijas, deseaba que ellas supieran que el Universo es un lugar de abundancia, no de limitaciones. Deseaba que ellas introdujeran la experiencia de la abundancia en las células de sus cuerpos en rápido crecimiento para que aprendieran a abrazar la abundancia con sus pensamientos, no resistirse a ella ni creer que no era una posibilidad.

Como mis padres antes que yo, nunca me quejaba de los precios y ponía sumo cuidado en vigilar mi lenguaje respecto a «tener suficiente». Como las madres de todas partes, también me desvivía por hacer especiales las navidades y los cumpleaños. Cuando pasábamos por la sección de primera clase en un avión y mis hijas me preguntaban por qué no podíamos sentarnos en esos enormes asientos, les decía: «Es posible que algún día podáis, aun cuando ahora no podamos». ¡Después de todo, yo también deseaba sentarme ahí! No deseaba resistirme a nada de primera clase; simplemente no tenía un plan práctico para llegar ahí.

---

* *Piense y hágase rico*, Grijalbo, Barcelona, 1992. *(N. de la T.)*

El problema en mi primera conciencia de prosperidad fue que aún me faltaba la segunda herramienta de la cultura financiera: la habilidad para manejar o administrar el dinero. Como tantas mujeres, no participaba en las principales decisiones sobre cómo gastaba, ahorraba y aportaba dinero nuestra familia. Aun cuando tenía buenos ingresos y llevaba las cuentas y pagaba las facturas del mantenimiento de la casa, estaba convencida de que los aspectos básicos de la administración del dinero eran demasiado complicados (por no decir aburridos) para tomarme el trabajo. Así, mi conciencia de prosperidad continuó en un plano mental y emocional en lugar de aterrizar y conectar con la realidad física práctica. Me sentía principalmente feliz con esta situación y contenta de que mi marido quisiera encargarse de nuestras principales decisiones financieras.

Mi divorcio fue una llamada a despertarme. Tuve que volver a la fase de latencia en mi vida para desarrollar las habilidades que me faltaban. Ya no bastaba con creer en la conciencia de prosperidad; también tenía que conectar esta conciencia con el manejo del dinero día a día. Me puse en una empinada curva de aprendizaje. Comencé por leer los dos primeros libros de Suze Orman, *The Nine Steps to Financial Freedom* [Los nueve pasos hacia la libertad económica] y *The Courage to Be Rich* [El valor para ser rica]. Después leí el libro de David Bach, *Smart Women Finish Rich.** Rehíce mi plan de bienes raíces, contraté a un planificador financiero que sólo cobra por trabajo, y comencé el proceso de tomarme en serio a mí misma en cuestiones de dinero.

Después leí *Rich Dad, Poor Dad,*** de Robert Kiyosaki y Sharon Lechter. Me enteré de que la gente rica no sólo piensa diferente de la gente pobre y de clase media, ¡piensa justo lo contrario! Curiosa por lo que estaba leyendo, compré el excelente juego de mesa de Kiyosaki, *Cash Flow*, y empecé a jugarlo con mis amigas e hijas. El objetivo de este juego es salir de la lucha incesante por salir adelante (vivir de paga a paga) para entrar en la vía rápida, cambio que ocurre cuando has reemplazado los ingresos de la paga por ingresos residuales de bienes inmuebles e inversiones. Además de aprender las diferencias entre distintos tipos de ingresos, el jugador no tarda en comprender que no importa a cuánto asciende el cheque de paga al comienzo del juego. Una camarera o un camionero sale antes de la lucha porque sus gastos mensuales son inferiores a los de un médico o un piloto.

---

* *Las mujeres inteligentes acaban ricas*, Amat Edit., Barcelona, 2ª ed., 2005. *(N. de la T.)*
** *Padre rico, padre pobre*, Aguilar, Madrid, 2004. *(N. de la T.)*

Después de jugar periódicamente al *Cash Flow* durante varios meses, cambió drásticamente mi forma de pensar acerca del dinero y el negocio, y también cambió mi conducta. Comencé a donar el 10 por ciento de mis ingresos e inicié la primera cuenta de fondo de inversiones de mi vida. Desde entonces he continuado poniendo al día mis conocimientos y habilidades. En esto entra afirmar periódicamente mi capacidad para crear prosperidad, mediante mis pensamientos, palabras y comportamiento. He pasado esta información a mis hijas.

LOS RIESGOS DEL EXCESO DE CONSENTIMIENTO

Programar la prosperidad no significa comprarles a los hijos todo lo que desean.

La publicidad dirigida a los adolescentes es una industria de 175.000 millones de dólares que está en todas partes donde hay niños, entre otras Internet, televisión y muchas aulas escolares.[5] El niño estadounidense corriente ve más de 40.000 anuncios comerciales al año. Esta cifra no toma en cuenta los restaurantes de comida rápida de los colegios, la aparición de productos en películas y series de televisión, ni los anuncios de las empresas patrocinadoras de deportes escolares o en estadios para aficionados y profesionales. El alumno de parvulario normal ha visto más de 5.000 horas de televisión, y ha pasado más tiempo ante el televisor que lo que lleva sacar una licenciatura.[6]

Dar demasiado y demasiado pronto y no ser capaz de decir no y mantenerse firme pone a los niños en riesgo de problemas físicos y mentales. Los estudios realizados por el doctor Dan Kindlon, psiquiatra de niños y autor de *Too Much of a Good Thing: Raising Children of Character in an Indulgent Age* [Demasiado de algo bueno: criar hijos con carácter en una era indulgente], y por Juliet Schor, experta en consumismo y autora de *Born to Buy: The Commercialized Child and the New Consumer Culture* [Nacido para comprar: el niño comercializado y la nueva cultura del consumidor], han demostrado que los niños consentidos tienen un sentido muy hinchado de sus derechos, tienen dificultad para retrasar la gratificación, esperan ser el centro de la atención y carecen de responsabilidad personal. El estudio de Schor también ha demostrado que los niños muy consentidos sufren de depresión, ansiedad, baja autoestima y dolencias psicosomáticas como dolores de cabeza y de estómago. Son más propensos a consumir drogas y alcohol porque tienen muy poca capacidad para tolerar la incomodidad o el desagrado. Esto tiene lógica. Los anuncios de los medios dirigidos a los niños (y adultos) tienen éxito fácil porque dan el falso mensaje de que comprando algo vas a ser feliz y continuar siéndolo. Nada podría estar más lejos de la verdad. Los niños excesivamente consentidos son más propensos a sufrir de ansiedad y depresión que los adultos porque no han aprendido las importantes habilidades de tolerancia a las molestias. Entran en la fuerza laboral con una profunda sensación de tener derechos, la que los predispone para el fracaso y para más depresión.

Lo siguiente es lo que toda madre necesita saber:

- Aprende a tolerar la decepción y molestia de tu hija cuando digas no. No hacerlo la pone en riesgo de depresión, ansiedad y fracaso social en el futuro.
- Comprende que aprender a retrasar la gratificación y soportar la decepción es tan importante para el desarrollo de la psique como lo es entrar en contacto con gérmenes para el desarrollo del sistema inmunitario. La tolerancia a las molestias favorece el carácter y la fortaleza o resistencia psíquica.
- Conserva tu sentido del humor. Cuando tu hija te pida una y otra vez algo que no le vas a comprar, dile: «Buen trabajo. Buen intento. Me gusta tu perseverancia, pero la respuesta sigue siendo no».

El dinero y las «cosas» en sí no son el problema. El problema es no fijar límites. Esto rebasa toda situación socioeconómica. Me llevó un tiempo entender esto, pero más vale tarde que nunca. Cuando mis hijas eran pequeñas, a veces me sentía culpable de «comprar su cariño». Cuando eran adolescentes ya les había impuesto unos límites a sus gastos mensuales. Podían gastar el dinero como quisieran, pero una vez que lo habían gastado, no había más. Me sorprendió la rapidez con que desarrollaron habilidades para comprar. De repente ese «debo» tener ese par de zapatos ya no era tan importante.

No hay ningún misterio en la administración del dinero

Aunque de ninguna manera soy una experta en finanzas, he descubierto que no hay ningún gran misterio en el manejo del dinero. He comprendido que puedo confiar en mi sabiduría interior respecto al dinero tal como he enseñado a las mujeres a confiar en su sabiduría interior tratándose de sus cuerpos y salud. Valen los mismos principios. En realidad, cuando conocí a Suze Orman en el salón verde del programa *Today*, me dijo que los problemas de salud se manifiestan primero en el dinero de las personas (en forma de deudas, más gastos que ingresos, etcétera) y luego, tarde o temprano, se manifiestan en el cuerpo físico. El motivo de esto es que nuestras finanzas forman parte de la «prolongación» de nuestro cuerpo, y reflejan con precisión nuestra salud general. Suze me dijo que es mucho más difícil ocultar los problemas de dinero que los de salud, porque el dinero es muy transparente: o hay o no hay. El cuerpo físico, en cambio, es autosanador innato, y siempre está trabajando para mantenerse así. Por lo tanto, los problemas del cuerpo físico tardan mucho más en manifestarse que los del «cuerpo» financiero. He visto repetidamente la verdad de esto.

No es necesario hacer esto sola

Kiyosaki y Lechter señalan lo importante que es tener un equipo de profesionales que nos asistan en crear prosperidad. Para hacer esto, lógicamente, hay que haber superado el miedo a las finanzas y a los profesionales de las finanzas.

Lo primero que hice fue despedir a mi agente de negocios, persona que durante años hablaba principalmente con mi marido acerca de «nuestras» finanzas. Suze Orman se niega a hablar con un solo miembro de una pareja, aun cuando el otro o la otra diga que no le interesa. Entiende claramente que los dos miembros de la pareja deben formar un equipo cuando se trata de tomar decisiones sobre el manejo del dinero. Yo no podría estar más de acuerdo.

Durante las entrevistas para encontrar a las personas para mi nuevo equipo comprendí que los profesionales de inversiones, abogados y contables son simplemente humanos y que yo los iba a contratar para que trabajaran para mí, no para que me juzgaran ni se mostraran condescendientes o superiores.

Al comienzo me sentía como una niñita estúpida que no era digna de los mejores consejos. No creía tener el dinero suficiente para justificar la atención de los profesionales en administración del dinero. Esta actitud cambió rápidamente. Nunca olvidaré la ocasión en que un profesional de inversiones entró en mi oficina y, con una increíble arrogancia, comenzó a cuestionar mis decisiones de negocios. Dado que mis ingresos no entran de una manera previsible, garantizada, él no veía cómo podría yo hacer frente a los gastos, pese a mi historial muy positivo. (Como muchas mujeres, yo me fiaba tanto de mi intuición como de los «hechos» tratándose de mis asuntos monetarios.) Sabía que él sencillamente no entendía esto, procedíamos de mundos muy diferentes, pero de todos modos me sentí una enana y muy estúpida cuando no supe contestar a sus preguntas sobre gastos y dinero disponible. Comprendí que no deseaba sentirme así nunca más.

Así que retiré el dinero de mi pensión de su empresa y comencé a crear un contenedor más sólido de salud financiera, en lo que entraba un presupuesto, un nuevo y capaz contable y un profesional de inversiones. También llegué a comprender que, inconscientemente, había recreado la pauta financiera de mi padre. Como él, me encantaba mi trabajo y siempre lograba tener dinero cuando lo necesitaba, simplemente yendo a trabajar. Pero en la edad madura, sabía que tener dólares a cambio de horas de trabajo no era la manera como deseaba vivir el resto de mi vida. Aunque tengo la intención de no jubilarme nunca, deseaba tener la opción de trabajar menos en el futuro. Necesitaba un sólido plan financiero para crearme ingresos extras.

Confiar en mí respecto al dinero

Había doblado una esquina. Nunca más volvería a permitir que un profesional de las finanzas me tratara mal. Nunca más permitiría que un profesional financiero creyera que era mejor que yo para manejar mi dinero, o emitiera juicios sobre mis creencias, sobre cómo llevaba mi negocio o cómo decidía gastar mi dinero.

Descubrí que yo tenía que tomar las decisiones financieras y que no existía ningún profesional en el mundo que supiera hacer eso mejor que yo. Comprendí que es francamente peligroso que una mujer deje todas sus decisiones financieras en manos de otra persona, por amorosa y bien intencionada que sea ésta. Y si ocurre que tienes en tu vida a una persona verdaderamente hábil con el dinero, de todos modos es importante que te comunique sus decisiones y te tenga informada de todos los aspectos de tu dinero, comenzando por el elemental asunto de ¡dónde está!

Es interesante observar que mi pérdida de apoyo financiero por parte de un marido me ocurrió a la misma edad que le ocurrió a mi madre, aunque la pérdida de ella fue por viudez y la mía por divorcio. Mi abuela materna, Ruth, se divorció cuando mi madre estaba en el instituto. Después de eso tuvo que trabajar por las noches de camarera para mantener a sus hijas, mi madre y mi tía. Al casarse con mi padre, mi madre pudo mejorar no sólo su destino sino también el de su madre y el de sus hijas. (Mis padres ayudaron a mi abuela a trasladarse a nuestra ciudad, donde vivió el resto de su vida en relativa comodidad.) Pero yo, a diferencia de mi madre, cuando me divorcié, llevaba más de veinte años trabajando de médica, por lo tanto podía depender de mí en el apoyo económico, aunque no fue fácil. Llevando mi legado financiero materno a su siguiente nivel, he mejorado a mi vez la salud económica de mis dos hijas.

PROGRAMA DE EDUCACIÓN FINANCIERA PARA NIÑAS EN LA EDAD DE LATENCIA

Introduce a tu hija en los conceptos de ahorrar, gastar y dar. Cuando la niña ya tiene unos siete años y es capaz de razonamiento abstracto, está preparada para comenzar a aprender acerca del dinero. Llévala al banco y abre su primera cuenta de ahorro, a su nombre. De esta manera se sentirá cómoda en una institución financiera desde la infancia en adelante. Mi hija Kate me ha dicho que nunca olvidará la vez que fue al banco y recibió su primera libreta de ahorros. Además le dieron una tarjeta para cajero automático, para que pudiera ingresar y retirar dinero cómodamente. Hacíamos visitas periódicas al banco para depositar el dinero de su asignación, el que recibía de regalo para su cumpleaños y para Navidad y, cuando ya era mayor, por hacer de canguro. También retiraba su dinero para regalos o compras especiales. Ahora que está en la universidad, la ha sorprendido descubrir que algunas de sus compañeras de clase jamás han usado un cajero automático.

Enséñale (y enséñate tú) los elementos básicos del manejo del dinero. Como en todas las cosas, los niños aprenden más de lo que haces en tu vida que de lo que dices. Tener un flujo de fondos positivo (más dinero entrante que saliente) es la base de la prosperidad. Para conseguir esto, el

INCLUSO NIÑOS DE SIETE AÑOS
YA PUEDEN APRENDER A MANEJAR DINERO

Un artículo aparecido en nuestro diario local relata cómo la escritora Leslie Linfield, directora ejecutiva del Institute for Financial Literacy [Instituto para la cultura financiera], aprovechó la primera vez que su hijo de siete años iba de campamento para experimentar en el manejo del dinero. El folleto del campamento decía que los niños necesitarían un mínimo de 3 a 5 dólares al día para sus gastos. Así pues, se sentó con su hijo y le dijo que tendría 20 dólares para los cinco días de campamento, y que la cantidad que no gastara quedaría para él. La única pega era que tenía que llevar una libreta de gastos en la que anotaría sus compras.

Pasó la semana. Linfield escribe: «Cuando bajó del bus, quemado por el sol y comido de pulgas, me imaginé que su libreta de gastos estaría tan olvidada como la crema solar y el aerosol para las pulgas. Imagínense cuál no sería mi sorpresa cuando sus primeras palabras fueron: "Tengo mi libreta y creo que me quedan cinco dólares, mamá"». Los dos se pusieron a mirar la libreta y los detalles de sus decisiones, entre ellos la compra de una botella de agua de 8 dólares, porque venía con recambios gratis para toda la semana. El niño se sentía muy orgulloso de sus recién descubiertas habilidades. Linfield concluye: «Un niño de siete años con un determinado presupuesto fue capaz de fijarse un objetivo financiero, tomar decisiones de compra inteligentes y llevar la cuenta de sus gastos. Ésas son las habilidades básicas de las finanzas personales, y se pueden aprender mucho antes de lo que pensamos, si las enseñamos».[7]

Imposible no estar más de acuerdo.

niño (o el adulto) necesita llevar la cuenta de dónde procede su dinero y adónde se va. Esto entraña tomar decisiones prudentes en los gastos y el ahorro. También favorece sus habilidades aritméticas.

A la niña se la ha de introducir en la disciplina de invertir o ahorrar el 10 por ciento de todo lo que gana (o recibe de asignación), si es posible. Cuando invierte, ese dinero comienza a trabajar para ella. Una vez que comprenda cómo funciona esto, seguro que la va a entusiasmar. Con el tiempo, se le pueden enseñar las alegrías de ahorrar e invertir en cuanto opuesto a gastar. Ambas cosas tienen su lugar, y hay que mantenerlas en equilibrio. Si la niña aprende a edad temprana los rudimentos de la inversión, también verá la posibilidad de crearse un flujo de fondos positivo para no tener que pasarse la vida viviendo de una paga a la siguiente.

La mejor herramienta didáctica que he visto sobre el tema del dinero es *Cash Flow for Kids*. Robert Kiyosaki y su socia Sharon Lechter han hecho este libro y juego (tanto la versión para ordenador como el juego de mesa) para profesores, que lo pueden adquirir gratis. Creo que la educación financiera, incluidos el uso de tarjetas de crédito y las gestiones de préstamo, bancos, inversiones, etcétera, debería ser una asignatura obligatoria, que comience en enseñanza básica y continúe en secundaria. Esto daría a todos nuestros niños las herramientas que necesitan para crearse verdadera prosperidad en sus vidas. (Véase «Recursos y proveedores».)

Enséñale las leyes universales de la prosperidad y síguelas tú. Los principios que rigen la prosperidad son similares a los que rigen la salud física y emocional. Las circunstancias económicas de la persona están conectadas sin solución de continuidad con sus pensamientos y emociones. Una vez que comienzas a ver cómo funciona esto en tu vida, estás en el camino hacia la libertad económica y mejor salud.

Mi autora favorita sobre la prosperidad es Catherine Ponder, ministra de la Unity Church. Sus libros, entre los que se cuentan *The Dynamic Laws of Prosperity*, *The Millonaires of Genesis* y *The Prosperity Secrets of the Ages*, están llenos de información útil que yo uso cada día. También me encanta la obra de Randy Gage, hombre que a los treinta años estaba arruinado y con mala salud, y se convirtió en multimillonario aplicando las leyes de la prosperidad. Sus libros *Accept Your Abundance* y *101 Keys to Prosperity* son muy buenos resúmenes de estos principios. (Véase «Recursos y proveedores».) El brillante economista Paul Zane ha escrito también un fascinante libro titulado *Unlimited Wealth: The Theory and Practice of Economic Alchemy*, que ofrece un modo de pensar nuevo y más próspero acerca de la economía y las finanzas. Aunque una explicación completa de las leyes universales de la prosperidad escapan al alcance de este libro, permíteme que me refiera a un par de ellas aquí:

- **La ley de circulación.** Toda salud, ya sea física o financiera, necesita circular. Es muy importante enseñarle a la hija que todas las cosas materiales sólo son una manifestación de la energía. Están para ser usadas y disfrutadas mientras se necesitan o desean. Después hay que soltarlas. Sólo guardar las cosas que quieres absolutamente. Cuando ya no las quieres, las das a otra persona que las quiera.

Acumular y aferrarse a más cosas que las que se necesitan genera congestión, estancamiento y, en último término, enfermedad. (Las personas que tienen el garaje, el sótano, los armarios y el ático llenos a rebosar de cosas que no usan pero de las que no logran desprenderse suelen sufrir de estreñimiento.) Cuando haces circular libremente tu dinero y te desprendes de las cosas que ya no necesitas o deseas, favoreces una sana circulación en tus circunstancias y en tu cuerpo físico. Limpia periódicamente tus armarios y otros lugares de almacenamiento y líbrate del exceso. Ayuda a tu hija a hacer lo mismo. Si su temperamento es tal que tiende a acumular o aferrarse, ayúdala en el aprendizaje de soltar y liberar.

- **La ley de dar.** La Biblia nos enseña a «arrojar nuestro pan a las aguas, porque a la larga lo volverás a encontrar» [Eclesiastés, 11,1]. No creo que eso fuera para garantizar un interés fijo sobre nuestra «inversión». Se refiere más bien al poder de la fe en la abundancia del Universo. Con mucha frecuencia, para romper un hábito de aferramiento tenemos que desprendernos de algo para que pueda entrar otra cosa. Lo mismo ocurre con el dinero. Arrojar el pan a las aguas es una manera simbólica de decir que recuperas lo que das gratis. Dar gratis forma parte de crear prosperidad.

  Recomiendo dar el 10 por ciento de tus ingresos a lo que sea que te aliente e inspire. Tradicionalmente, dar el diezmo significa dar el 10 por ciento a la obra de Dios. Para mí, Dios está en todas partes, y eso significa confiar en que mi corazón me diga a qué dar. Si no puedes dar el 10 por ciento (y hay veces en que eso sencillamente no es posible), da lo que puedas. He aprendido a hacer regalos monetarios cuando estoy preocupada por dinero. Aunque da miedo, siempre inicia nuevamente el flujo en mi dirección.

- **La ley de atracción.** La ley de atracción es la ley más básica que rige el flujo de energía y materia por el Universo. Afirma que «lo semejante atrae a lo semejante». La ley de atracción también sostiene que los pensamientos que se tienen producen con el tiempo su equivalente físico. Cuando te concentras en tener pensamientos prósperos, poderosos, comienzas a atraer a tu vida oportunidades y circunstancias prósperas.

SEIS: UN LUGAR BAJO EL SOL

La edad de latencia es el periodo en que la niña está más propensa a manifestar las señales de su verdadera vocación, no contaminadas por las presiones sociales y familiares a ser complaciente y simpática, o a competir por la atención de los chicos. Sus primeras inclinaciones vocacionales forman la base de su «lugar bajo el sol» especial.

Recuerdo que mi padre nos decía que, para ser sana y feliz, toda persona necesita tener su lugar bajo el sol, un lugar en el que brille. La filosofía de mis padres era apoyar cualquier actividad que deseara uno de nosotros, siempre que hiciéramos el trabajo que entrañaba para desarrollar más esa habilidad o capacidad. Esto significaba que si te pagaban clases de piano, tenías que practicar y hacer progresos. Mi lugar bajo el sol era tocar el piano y el arpa, y también destacar en los estudios. Yo fui la única de mis hermanos que brillé en esos aspectos. En ese tiempo, mis habilidades académicas y musicales se veían horrorosamente insignificantes comparadas con las de Penny en el U.S. Ski Team. Pero finalmente mi camino resultó bien. Sólo tardó un poco más en manifestarse. El mensaje: apoya a tu hija en el desarrollo de las habilidades que la atraen naturalmente, veas o no un beneficio inmediato o una manera de ganarse la vida con ellas.

En mi hija Annie, esa habilidad especial era la escritura, idiomas, y una aptitud para actuar y cantar que se manifestó cuando estaba en enseñanza básica. Cuando llegó a enseñanza media ya tenía clases periódicas de canto, y también participaba en actividades de verano en representaciones de Shakespeare. Finalmente, en la universidad tomó inglés como asignatura principal, y ahora sigue una carrera que combina escritura, actuación y canto.

Su hermana menor Kate fue bailarina desde que aprendió a andar. Los dos años siguientes los pasó vestida con un tutú rosa que finalmente se deshizo por el uso. Cuando venían amigos a casa las niñas solían bailar y cantar para ellos. Aunque Kate piensa trabajar en inmobiliarias y tiene un don para las finanzas, participa en dos compañías de baile étnico en la universidad y también le encanta salir a bailar con sus amistades, una actividad frecuente. Resulta que ninguna de mis hijas tiene un solo hueso para deporte competitivo en su cuerpo.

Cuando una hija tiene problemas en un aspecto, como la amistad, por ejemplo, lo mejor que se puede hacer por ella es apoyar su lugar bajo el sol, que es también donde tiene más probabilidades de conocer verdaderos compañeros. Tener compañeros y compañeras que se relacionan por logros y aspiraciones, en cuanto opuesto a popularidad y estilo de vestir, es increíblemente positivo para las niñas. Una de mis amigas me contó que cuando estaba en básica era una especie de «excéntrica», y no muy popular, pero le encantaba bailar, y en la clase de danza hizo varias amistades sólidas que duraron hasta bien entrada la adolescencia. Encontrando su lugar bajo el sol también encontró su «tribu».

Tener un lugar bajo el sol también entraña ser capaz de reconocer el lugar bajo el sol de otra persona. La franca admiración o valoración de las habilidades de otra persona es una de las maneras más poderosas de crear salud y felicidad para toda la vida. La admiración es afín al cariño, y se ha demostrado que equilibra la variabilidad latido a latido del corazón, favoreciendo, por lo tanto, la salud general.[8] Llevar a los hijos a obras de teatro, conciertos y eventos deportivos para que vean y admiren a otros es una buena manera de generar esta emoción.

SIETE: IMAGEN PERSONAL POSITIVA

Casi todas las niñas en edad escolar interiorizan el concepto de un yo ideal al que aspiran. Éste es un importante paso en el desarrollo, y lo ha hecho posible la madurez de la corteza prefrontal dorsolateral. Ve el modelo de su «yo ideal» en una persona a la que respeta y admira; normalmente, pero no siempre, es el progenitor con quien más se identifica. Puede ser la madre, o puede ser el padre, si ha sacado la apariencia, porte o tendencias generales de su lado de la familia. También podría elegir por modelo a otra persona cariñosa que ha sido importante en su vida. En el concepto de sí misma de la niña y su subsiguiente autoestima influye muchísimo en qué medida cree que está respecto a su yo ideal interiorizado.

La conducta de su madre le sirve de modelo respecto a lo que son y lo que hacen las mujeres. Es importante que vea a su madre ocupada en actividades que la gratifican y la hacen sentirse bien consigo misma; también es importante que la vea relacionarse con hombres y mujeres de forma sana y segura. Estas formas sanas de comunicación las incorpora a su concepto de yo ideal y después se siente inclinada naturalmente a repetirlas. Las mujeres que no aprenden esto en la infancia a veces se desconciertan por lo fácil que parece resultarle a otros. Una sabia amiga que tuvo una infancia inestable me dijo una vez: «Tenemos que hacer por arte lo que otras hacen por naturaleza».

Por otro lado, si la hija ve rutinariamente que su madre es sumisa e indecisa ante los hombres en general o ante su marido en particular, tiende a interiorizar este comportamiento en lugar de aprender las adecuadas habilidades de afirmación propia. Sufre su autoestima en las relaciones. Como su madre, podría atraer parejas dominantes. O podría hacer exactamente lo contrario: atraer parejas sobre las que tiene total dominio. En uno y otro caso, le será difícil formar relaciones con hombres en las que haya un equilibrado toma y daca.

Otro ejemplo: supongamos que tu madre es una profesional con dos doctorados, delgada, y perfecta en llevar la casa. También domina bien sus emociones, es tranquila y algo reservada. Pero es desenvuelta en las reuniones sociales, habla muy bien y es culta. A los diez años tienes muy claro que tu aspecto es sólido, no esbelto como el de tu madre. Has salido a la parte de la familia de tu padre en apariencia, constitución y temperamento. No te sientes cómoda hablando en público y tiendes a la timidez en las situaciones sociales. Eres dura contigo misma, pero muy orientada a lo artístico. Tener tu cuarto limpio no es una prioridad. En el colegio obtienes aprobados y menos que notables.

Si una niña así interioriza a su madre como modelo del yo ideal, siempre quedará corta. Aun cuando su temperamento y forma de ser en el mundo sean naturalmente diferentes de los de su madre, es posible que se pase la vida intentando estar a la altura de su legado. Más adelante en la vida podría obtener títulos importantes, ganar buenos ingresos, y lograr que su cuerpo tenga el peso «ideal», y de todos modos sentirse como si no diera la talla en ciertos aspectos.

Afortunadamente muchas niñas tienen padres con los que se identifican y que las ayudan a apuntalar su sentido de identidad. El padre de una amiga mía le enseñó a conducir una moto por el patio cuando tenía diez años. Después salían juntos a hacer excursiones en moto. ¡También han compartido siempre un interés por los coches rápidos! Muchas niñas conectan con una tía, una profesora u otro tipo de mentor o mentora. Éstos son también los años en que la niña se enamora de las personas que la reconocen y la reflejan bajo una luz positiva. Yo recuerdo que me enamoré de mi profesor de ciencias a los doce años más o menos. ¡Aprender acerca del interior de una célula cobró un sentido nuevo teñido de romance!

Héroes e ídolos: imaginándose el yo ideal

Se sabe que las niñas en edad escolar tienden a la adoración del héroe o ídolo adolescente. A través de sus ídolos exploran maneras de ser en el mundo y experimentan con su yo ideal. Si bien estos ídolos son mucho menos importantes que sus madres, les ofrecen una variedad de modelos posibles. La verdad es que las cualidades que la niña admira en otros ya están dentro de ella latentes, dormidas. Ver esas cualidades en sus ídolos es una manera segura de imaginarse cómo podría ser su vida algún día. Aunque estos ídolos son personas reales, funcionan como arquetipos vivos sobre los cuales puede proyectar partes inconscientes de sí misma y ver cómo estas partes viven ante sus ojos. Esto explica la fascinación de la niña (y casi de todo el mundo) por las celebridades cuyo trabajo es representar una forma de ser en la vida. Nuestra cultura les paga muy bien para que vivan nuestras fantasías por nosotros.

Nuestros medios de comunicación ofrecen muchos posibles modelos para las niñas, tanto positivos como negativos. A mis hijas les encantaba She-Ra, la Princesa del Poder, una serie de televisión de dibujos animados y una muñeca robótica. También les gustaba Jem y los Hologramas. Jem era un estrella del rock en dibujos animados que combatía el mal en cada episodio. Después, cuando comenzaron a leer más, se les abrieron los ojos con escritoras como Sojourner Truth, Maya Angelou y Louisa May Alcott. Al mismo tiempo, Madonna dominaba la televisión con sus innovadores música y vídeos, entre otros *Like a Virgin* y *Material Girl*. Una amiga que tenía hijas de la misma edad de las mías me dijo una vez: «Es bastante desconcertante ver a tu hija de ocho años corriendo por la casa cantando "Like a Virgin"». Lo decía muy en serio.

Afortunadamente, la American Doll Collection [Colección de muñecas], que fue iniciada por una ex maestra de escuela, apareció cuando mis hijas estaban en enseñanza básica. Se pasaban horas jugando con Samantha y Kirsten, leyendo los libros que relataban sus vidas y representando obras con ellas como personajes. Cuando mi hija menor tenía 20 años me dijo que había aprendido más historia del país con el material de esta colección que en el colegio, y la recordaba. Aplaudo a esta empresa por haber creado modelos tan positivos para las chicas, y por el éxito obtenido, aunque sé que sus productos están fuera del alcance de los bolsillos de mucha gente. Su popularidad es un testimonio de que no todas las niñas dedican todo el tiempo a imitar el lema pop «sabor del mes», cuyo verdadero papel es comercializar productos para niñas pequeñas.

Cuando yo era niña, la presencia de los medios era mucho menos invasiva de lo que es ahora. Ninguna familia tenía más de un televisor, y nadie tenía ordenador. Y dado que el movimiento femenino aún no había llegado a su segunda oleada, también había mucho menos mujeres modelos en los medios, aparte de actrices como Doris Day y Marilyn Monroe. Yo era una voraz lectora, y encontré mis modelos en libros. Hellen Keller fue un modelo para mí porque estudió en Radcliffe y superó asombrosas adversidades para educarse. Elizabeth Blackwell fue otra de mis modelos, la primera mujer médico de Estados Unidos. Leí su biografía cuando tenía unos doce años, aunque sólo consideré la posibilidad de ser médica después de terminar el colegio.

La madre u otra mentora puede contribuir activamente a que la niña encuentre modelos hablando de las personas que ella admira. Una de mis amigas me contó:

> Siempre recordaré a la profesora de la escuela dominical que me prestó una enorme biografía de Marie Curie en tapa dura para que la leyera, cuando tenía doce o trece años. Me costaba levantar el libro, y mucho más entender la parte científica. Pero perseveré hasta terminarlo, porque venía con el mensaje tácito de que yo debía tomarme en serio como mujer y aspirar a hacer algo en el mundo. Cincuenta años después, todavía recuerdo algunas de las fotografías de ese libro.

Imagen corporal: sentirse cómoda en la propia piel

Mentiría, por supuesto, si te dijera que es fácil aceptar incondicionalmente el cuerpo, o que he inventado una fórmula a prueba de tontas que puedes seguir para que tu hija crezca queriendo su cuerpo y sintiéndose totalmente a gusto en su piel. Dada la influencia de los cuerpos femeninos estilizados y con mamas implantadas que vemos en los medios, es muy excepcional la mujer o la niña que está feliz con todos los aspectos de su cuerpo.

De todos modos, es del todo posible reducir al mínimo el efecto de la cultura, comenzando por uno mismo. Nunca olvides que cada persona participa en la creación de la «cultura» que la rodea. No hay algo por ahí fuera que la cree para nosotras. Eres una influencia mucho más importante en la vida de tu hija de lo que serán los medios jamás. En realidad, aquellas niñas en las que influyen excesivamente los medios suelen estar buscando erróneamente algún tipo de orientación o guía para seguir. Y esto ocurre cuando la orientación materna es débil o no existe.

Una hija siempre capta las actitudes de su madre respecto a sí misma. Si haces comentarios negativos acerca de tu cuerpo, es muy poco probable que tu hija te crea cuando le dices que su cuerpo es hermoso. Así que cuanto antes aprendas a aceptar incondicionalmente tu cuerpo, más posibilidades tendrá tu hija de interiorizar un sano respeto por su cuerpo. Recuerda que puedes amar y aceptar incondicionalmente tu cuerpo, y de todos modos desear mejorarlo con ejercicios, disminución de peso o incluso cirugía plástica.

Lo mismo vale para el padre de tu hija. No le permitas que haga comentarios negativos ni acerca de tu cuerpo ni del de ella. Eso es maltrato, puro y simple. Si lo toleras, predispondrás a tu hija para relaciones abusivas en el futuro. Sufrirá inevitablemente su autoestima. En cambio un padre que elogia a su hija por su apariencia o por su elección de ropa contribuye de manera inconmensurable a que ésta tenga buena imagen de sí misma y autoestima.

Sin duda yo aporté mi bagaje personal en este aspecto. De todos modos, por lo menos estaba consciente de que no deseaba transmitir mis complejos a mis hijas. Muy pronto me di cuenta de que no era una «celebridad genética»; se me calificaba de «rechoncha» y «sólida», no exactamente las cualidades físicas que hacen volver las cabezas o te proporcionan servicio completo en las gasolineras a precio de autoservicio. Como muchas chicas en posición similar, me vi obligada a desarrollar mis recursos interiores.

Así pues, alentaba a mis hijas a sentirse a gusto con sus cuerpos, animándolas al mismo tiempo a desarrollar sus recursos interiores: su intelecto, energía física, empatía, voluntad, autodisciplina, espiritualidad y sentido del humor. Por muy guapa que seas, depender principalmente de tu apariencia física para que se te abran las puertas de oportunidades no es una habilidad para largo plazo. Como lo expresa la famosa juez Judy: «La belleza se marchita; la estupidez es para siempre». Pero eso no quiere decir que no debas desarrollar y apreciar las cualidades físicas con que naciste.

Desarrollo de un estilo personal

El desarrollo de un estilo personal en la ropa, el pelo y otros aspectos del acicalamiento es otro aspecto en que las madres pueden apoyar el sentido de identidad en formación de sus hijas. Esto se debe a que la forma de vestirse y presentarse ante el mundo refleja nuestro sentido de identidad y autoestima. Una de mis colegas me contó que su madre y sus tías parecían volverse más hermosas con el paso de los años. Entonces ella interiorizó de forma muy poderosa la creencia de que las mujeres se vuelven más atractivas con la edad, y eso es lo que ha transmitido a su hija. Durante unas vacaciones familiares con otra familia, se horrorizó cuando su amiga le dijo a su hija de 16 años: «¡Vale más que disfrutes de tu apariencia ahora porque a partir de aquí irá en declive!».

Mi legado de acicalamiento

Aunque sé que de niña me interesaba por la ropa, el maquillaje y las joyas, mi madre tenía la actitud de «sólo colores básicos». Su paleta de colores para nosotros niños, por no decir para ella, se limitaba al azul marino, el caqui y el verde, con algún que otro toque rojo de tanto en tanto. Comprar significaba una expedición anual para comprar ropa escolar. En consecuencia, mi naciente interés por la moda quedó oculto, y no le di mucha importancia a la ropa ni a la moda (a no ser que se tratara de equipo de esquí) hasta cuando era treintañera. Cuando me casé, me alegró comprobar que una de mis parientes tenía un vestido de novia que me quedaba bien. Estaba en la Escuela de Medicina, y comprarme un traje de novia se me antojaba una experiencia horrorosa para la que no tenía tiempo.

También me sentía insegura cuando tenía que vestirme para alguna ocasión que no fuera una reunión social informal. Afortunadamente para mí, esto no ocurría con mucha frecuencia después que nos trasladamos a Maine. (En 1995, se invitó a todo el que quisiera asistir al baile inaugural del entonces gobernador Angus King, y la gente llegó ataviada de todas las formas posibles, desde esmoquin a camisas de franela y botas camperas).

Durante los años ochenta, una de mis clientas comenzó a dar seminarios basados en el popular libro *Color me Beautiful.** La idea era que a las mujeres se las puede clasificar en las diferentes «estaciones», según la tonalidad de su piel, y cada estación tenía una paleta de colores específicos. Cuando me hicieron mi primer estudio de «color», a los 34 años, y descubrí que yo era un otoño natural, se me abrió el mundo de la moda y las compras. Ya no tenía miedo de entrar en una tienda con la sensación de que la dependienta o bien sabía más que yo, o iba a intentar encajarme algo que sería un error absoluto. No sabía que existen personas geniales

---

* Carole Jackson, *El color de tu belleza*, Granica, Barcelona, 1984. *(N. de la T.)*

para ayudarte en este sentido. Tampoco sabía que cada una de nosotras tiene un sentido instintivo de lo que le queda mejor.

A partir de entonces, aprender a fiarme de mi sentido de la moda ha sido una verdadera curación para mí. A medida que han aumentado mi autoestima y confianza en mí misma, estos cambios interiores han tenido por consecuencia más seguridad externa al elegir mi ropa. Más importante aún, mi curación en este aspecto se ha transmitido a mis hijas, a las que les encanta vestirse bien, y saben exactamente cómo hacerlo con seguridad y facilidad.

Yo apoyé su estilo personal en desarrollo procurando no imponerles mis gustos en ropas, a no ser para darles algún consejo cuando necesitaban orientación respecto a qué era apropiado para la ocasión. (Por ejemplo, les sugerí que no fueran de compras ni viajaran vistiendo pantalones de chándal o ropa vieja a mal traer, basándome en la teoría de que las tratarían mejor si se veían atractivas y elegantes. Descubrieron que mi teoría tenía fundamento cuando hicieron su primera incursión en el centro comercial sin mí.)

Aunque sé que a algunas niñas en edad de latencia podría no importarles demasiado la ropa, a mis hijas sí les importaba desde que eran muy pequeñas. Cuando Kate estaba en básica solía pedirme que fuera a su habitación a ayudarla a elegir la ropa para el día. A mí me encantaba que me lo pidiera y siempre iba a darle mi opinión. ¡Y casi invariablemente, ella iba y elegía otra cosa! Siempre nos reíamos con eso. Ella no sabía por qué me quería ahí, pero por algún motivo lo consideraba importante. Al mirar en retrospectiva, pienso que estaba desarrollando confianza en sus gustos y estilo, y sencillamente quería que yo estuviera presente para bendecir y aprobar su proceso.

Mi legado materno en cuanto a modas completó el círculo cuando mi madre y una amiga terminaron un libro sobre la historia del esquí en Ellicotville. Para el lanzamiento del libro se celebró una gran fiesta en Ellicotville Inn, y yo quise ayudar a mi madre a lucir su mejor aspecto para el acontecimiento. La llevé de compras y le enseñé a combinar su arreglo de manera que se sintiera «cómoda» pero también elegante. Lo pasamos en grande. Acabó con un nuevo guardarropa todo de colores vibrantes y telas que le sentaban estupendamente, pero que ni siquiera se habría probado sin un poco de aliento a que se abriera a la moda. Desde entonces ha limpiado sus armarios y se ha creado un guardarropa de estilo funcional, pero más elegante y atractivo que refleja mejor a la mujer en que se ha transformado a lo largo de los años.

CÓMO RESTAR IMPORTANCIA
A LA CONNOTACIÓN SEXUAL DE LA ROPA

Cuando yo era niña no existía la ropa interior sexy a excepción de en el cursi catálogo Frederick's de Hollywood, que nos hacía reír. Nuestra ropa para dormir consistía en un camisón o pijama de franela y calcetines de lana. Todavía no existía Victoria's Secret, que ha puesto al día y es la principal reencarnación de Frederick's; tampoco existían los implantes de mama ni Britney Spears. ¡Cómo ha cambiado nuestro mundo!

Hoy en día habría que vivir en un agujero para evitar ser bombardeada en todo momento por imágenes de chicas con exagerada carga sexual. Si una niña está expuesta a mucha de la programación de los principales medios, seguro que van a influir en ella los estilos de ropa y comportamiento que se ven en los vídeos musicales y otros programas de televisión dirigidos a adolescentes y preadolescentes. La presentadora y cantante Britney Spears fue pionera del abdomen desnudo, marcando el comienzo de una era en que miles de niñitas se ataban bien arriba las camisetas y se enrollaban hacia abajo los pantalones cortos para imitarla. A esto siguieron rápidamente los modelos de ropa, y cambió para siempre la moda para chicas.

En una cultura que empuja a las niñas a entrar en una pubertad prematura en todos los aspectos, desde la dieta al entorno, es importante que las madres quiten importancia a la ropa demasiado sexualizada en la elección de ropa de las escolares. Esto es lo que recomiendo:

Limítale el tiempo para ver televisión. Elige tú los programas que le vas a permitir ver. Esto exige compromiso de tu parte, pero es totalmente posible, sobre todo durante los primeros años de latencia.

Cuando vea un programa o una película «indecente», debes estar presente para supervisar y ofrecerle comentarios. Yo permití a mis hijas ver la película *El lago azul* cuando tenían unos nueve y once años. La película, con Brooke Shields, era una exploración bastante inocente del amor y la sexualidad. También las llevé a ver *Dirty Dancing*, simplemente porque me encantó. A ellas también les encantó. Sólo se fijaron en las secuencias de baile, no en el trasfondo sexual. Claro que desde entonces ha aumentado tremendamente el contenido sexual. Pero tarde o temprano una niña tiene que aprender acerca de la sexualidad, lo bueno, lo malo y lo feo. Intentar protegerla totalmente de eso no resulta; según sea su temperamento, esa actitud podría simplemente incitarle el interés en material ilícito.

Enséñale los tipos de mensajes que envían los estilos de ropa. Si a tu hija le atraen los estilos supersexualizados, explícale que éstos tienden a «abaratar» su imagen y envían el mensaje de que los demás no deben tomarla en serio. Dile que esto podría parecer injusto, pero que así son las cosas, desgraciadamente. Aun cuando tu estilo es en definitiva más importante que cualquier cosa que digas, no siempre ocurre así durante los años en que la influencia de sus compañeras es tan fuerte. Recuerda que no tienes por qué comprarle ropa que la haga parecer una mini «bomba sexual», aun cuando ella la desee. Pero resígnate a un control limitado: las niñas igual piden ropa prestada a sus amigas cuando no está la madre ahí para supervisar.

No exageres. Prohibirle que enseñe el ombligo o experimente de alguna otra manera puede añadir combustible al fuego. Simplemente réstale importancia al asunto. Y fija un criterio acerca de la ropa que puede ponerse para ir al colegio. Los uniformes de colegio o códigos de ropa escolar son útiles porque eliminan gran parte del problema para elegir ropa. También contribuye a que las niñas centren más la atención en su educación que en la moda del día.

Consigue la colaboración de otras madres de mentalidad afín. Las niñas que se resisten a aceptar la opinión de su madre suelen ser más receptivas a la opinión de las madres de sus amigas. Reúnete de modo informal con las madres de las amigas más íntimas de tu hija para hablar sobre el tipo de valores que tenéis para vuestras hijas como grupo. Probablemente descubrirás que las otras madres piensan igual que tú. Ellas pueden convertirse en poderosas aliadas para ayudarte a inculcar valores apropiados a tu hija, tanto tratándose de ropa como igualmente de otros aspectos.

13
Comer para vivir
Alimento, peso y salud

Las experiencias infantiles con la comida marcan el tono de la relación de la niña con el alimento y la salud para toda la vida. Con su buena disposición a ayudar en la cocina y su sed de conocimiento, éste es el periodo ideal para enseñarle los elementos básicos de la preparación y compra de los alimentos y el disfrute de las comidas en familia. Su cerebro ya está desarrollado lo necesario para aprender a distinguir un melón maduro de uno verde, y lo normal es que ya haya pasado de la fase «sólo como pollo rebozado».

Las comidas familiares son las ocasiones ideales para intercambiar cariño e información al mismo tiempo, reforzando así la salud del primer chakra. Lo que pones en la mesa, cómo lo sirves y cómo se disfruta continúa programando al sistema gastrointestinal tal como lo hiciera el amamantamiento antes. Éstos son también los años en que una niña está más propensa a interiorizar la imagen corporal que tendrá el resto de su vida. A muchas madres las preocupa el peso de su hija en este periodo y procuran ayudarla a tener y mantener una constitución sana.

Para contribuir al aprendizaje de comer para la salud en todos los aspectos, las madres necesitan comprender qué lleva a la mesa desde el punto de vista de su propia historia en peso y alimentos. Voy a hablar de mi historial con la comida con cierto detalle porque en su mayor parte vale, de una u otra forma, para aproximadamente el 75 por ciento de la población: aquellos que hemos tenido continuados problemas con nuestro peso.

MI LEGADO ALIMENTARIO: ALIMENTOS INTEGRALES Y CARBOHIDRATOS ADICTIVOS

Mi legado alimentario lo forman dos historias diferentes, unidas sin solución de continuidad.

Una es la de haber sido criada con alimentos naturales integrales, consecuencia de los conocimientos y entusiasmo de mi padre por el tema. Comíamos siete cereales, tomábamos suplementos vitamínicos y yogur hecho en casa muchos años antes que estas cosas fueran corrientes. También comíamos verduras y frutas frescas de la estación y cultivadas en la localidad: espárragos de nuestra huerta, fresones y arándanos, melocotones de los Grandes Lagos y jugosas manzanas rojas del norte. Mis tío y tía médicos nos llamaban fanáticos de la salud.

Y luego está la otra historia: nos gustaban muchísimo los dulces y los tipos de carbohidratos que tienden a elevar rápidamente el nivel de azúcar en la sangre, y son adictivos. Por suerte, dado que la mayor parte de la dieta era sana y hacíamos mucho ejercicio, ninguno fue nunca gordo. Pero tampoco éramos lo que se llama esbeltos. Mi madre a veces tomaba Metrecal, la primera bebida de dieta que apareció en el mercado en los años sesenta, para controlar su peso. Se mantenía en buena forma física principalmente por los deportes. A los niños no se nos permitía comer caramelos más de una vez a la semana. Pero satisfacíamos nuestro gusto colectivo por los dulces tomando helados de crema muy dulces mientras mirábamos la televisión por la noche. También nos encantaban los pasteles, empanadillas y galletas que preparaba mi madre, que a veces eran de harina de cereales integrales, pero de todos modos estaban cargados de grasa y calorías.

Continué mi legado alimentario cuando tuve a mis dos hijas, y lo mejoré un poco. La literatura científica que empezaba a aparecer, junto con muchos especialistas en nutrición, me convencieron de que lo esencial para la salud era consumir más cereales integrales, fibra y verduras, y mucha menos carne. Cuando estaba en mi práctica como residente en el New England Medical Center, conocí a Michio Kushi, el japonés pionero de la filosofía de salud y nutrición llamada macrobiótica. Estuve presente en muchas de sus visitas a personas con problemas de salud. Como ocurre a muchas mujeres, mi primer embarazo fue la ocasión para reevaluar mi dieta, y adopté el método de Kushi. Tomé clases de cocina y eliminé de nuestros armarios todos los productos envasados y enlatados. Crié a mis hijas con arroz integral, sopa de miso, algas, legumbres y un poco de pescado. No comíamos carne ni productos lácteos.

A pesar de esta dieta de cereales integrales de cultivo biológico, poca grasa, y casi vegetariana, descubrí que seguía ansiando comer dulces. Los consumía en forma de galletas de harinas integrales, tortas de arroz con mantequilla de cacahuete y jarabe de arce, y diversos tipos de panes.

También nos servíamos empanadillas, pasteles y galletas cuando íbamos a comer fuera; después de todo, razonaba yo, eran productos vegetarianos. No estábamos solos en esto: mi hermana Penny, que alrededor de ese mismo tiempo vivía en medio de la comunidad macrobiótica de Boston, me contaba que muchos vegetarianos «acérrimos» solían ir al Dunkin' Donuts amparados por la oscuridad de la noche a saciar su necesidad de azúcar.

Mirando en retrospectiva, veo que continuaba con los dos legados entrelazados de mi infancia: alimentos naturales integrales junto con grandes cantidades de otros que elevaban el nivel de azúcar en la sangre y producían más ansias de azúcar así como toda una cantidad de enfermedades, como explico más adelante. También vi que las personas más propensas a las ansias de tomar azúcar tenían un tipo de cuerpo característico, como el mío.

El camioncito Mack

Un día, cuando tenía unos cuatro o cinco años, estaba jugando en una alfombra pequeña de la cocina oyendo la conversación de mis padres que estaban en la sala de estar con unas visitas, y oí comentar a mi madre: «Está fabricada como un camión M-A-C-K». Deletreó la palabra «Mack», para que yo no entendiera qué quería decir. Pero yo sabía qué era un camión, y no me gustó nada que me compararan con uno. Pasados unos años, cuando ya sabía leer, recuerdo que vi un camión Mack por primera vez, entero, con su sólido bulldog de adorno en el capó. En ese momento lo comprendí todo, y eso me cimentó una imagen corporal negativa con la que tuve que contender los casi cuarenta años siguientes.

Aunque de niña nunca tuve verdadero sobrepeso, estaba en el límite máximo de lo que se consideraba normal para mi altura. Nací con una estructura ósea voluminosa y mucha masa muscular lisa. Cuando me pesaron en la clase de gimnasia en el séptimo año de básica, era una de las más pesadas de la clase, con casi 57 kilos. En ese tiempo el peso normal se consideraba simplemente en relación a la altura, y como medía 1,58 m, debía pesar 52 kilos. Ese peso lo conseguí una sola vez cuando estaba en la universidad, cuando me dejé matar de hambre. Y conseguí mantenerlo sólo unas dos semanas, porque mis ansias de comer, además de mi sensación de debilidad y frío, pudieron más que mi voluntad. (Cuando no mantienes estable el nivel de azúcar en la sangre ni equilibrada la química cerebral, las ansias de comer siempre ganan.)

Pronto comienzo de regímenes de control del peso

A los doce años hice la primera de incontables dietas de régimen, todas destinadas a impedirme engordar hasta el volumen que habría alcanzado rápidamente mi cuerpo si hubiera comido todo lo que deseaba. Y entre las cosas que deseaba comer siempre estaban el pan, las patatas, los pasteles y los helados de crema. Este camino me llevó finalmente a una comprensión personal, de primera mano, del aumento y pérdida de peso y de la bioquímica que los acompaña. Nada de lo que aprendí acerca de la dieta y la salud en mi formación médica me ha sido tan útil, ni como madre ni como médica, como el haber tenido que aprender lo que se necesita para controlar un posible problema de peso.

Pensándolo ahora, veo que gran parte de mi motivación para estudiar nutrición, cocina y dietética, desde la macrobiótica al método Atkins, ha sido una búsqueda personal del Santo Grial del control permanente del peso. Finalmente lo encontré, pero me llevó muchos años. En esencia: controla los niveles de azúcar y de insulina en la sangre (aunque no seas diabética), y a eso sigue el control del peso. Ojalá hubiera sabido esto cuando mis hijas eran pequeñas. Habría reducido el consumo de cereales, aumentado el de proteína magra y añadido más fruta. Pero en ese tiempo eran muy pocos los científicos que entendían la endocrinología del consumo de alimentos y cómo afecta cada opción al nivel de azúcar en la sangre y a la grasa corporal. Tampoco valorábamos las diferencias genéticas que predisponen a ciertas personas para las ansias de azúcar y aumento de peso.

Las muchas caras de la adicción al azúcar

Durante años bailé al son de mi adicción al azúcar, controlando mi peso con ejercicios periódicos principalmente, y limitando comer postres y pan a pura fuerza de voluntad.

Claro que no me era desconocido el hecho de que el alimento y el estado anímico están estrechamente conectados. El alimento tiene bien documentados efectos en la química cerebral, entre otras cosas los niveles de la hormona del estrés, la adrenalina, y los neurotransmisores del placer como la serotonina, la dopamina y los opiáceos. Consumir azúcar en todas sus diversas formas, entre ellas las féculas refinadas, es una manera muy común de aliviar el dolor emocional y elevar el ánimo. Durante años había trabajado los desencadenantes emocionales de mis ansias de comer, y había solucionado los aspectos de mi trabajo y de mi vida personal que en el pasado me habían producido un estrés permanente, y que medicaba con carbohidratos refinados. Eso ya no era un problema.

Por suerte para mí, siempre he detestado el sabor del alcohol, porque el alcoholismo no es otra cosa que una forma de adicción al azúcar. Aunque en ese tiempo no hacía la conexión, sabía que un buen número de personas de la comunidad macrobiótica eran alcohólicas. Y las reuniones de Alcohólicos Anónimos son famosas por sus refrigerios azucarados.

De todos modos, todavía no tenía el eslabón perdido de los niveles de azúcar y de insulina en la sangre que finalmente resolvió el enigma metabólico que desconcierta a tantas personas. Ni sabía que mientras siguiera intentando descubrir la manera de introducir en mi dieta «premios» como pasteles, productos de cereales o helados de crema, seguiría predisponiendo mi metabolismo para bruscos picos de los niveles de azúcar e insulina, y para las batallas contra el «picoteo» más tarde ese mismo día, o el siguiente.

Ahora comprendo que mis ansias de carbohidratos refinados y mis pautas emocionales para comer eran simplemente reacciones bioquímicas producidas por una combinación de hormonas del estrés, subidas del nivel de azúcar en la sangre y la consecuente subida del nivel de insulina.[1] Todo esto genera un círculo vicioso en la mente y el cuerpo, que naturalmente lleva a más de lo mismo.

EL ESLABÓN PERDIDO: EL ESTRÉS GLUCÉMICO Y LA RESISTENCIA A LA INSULINA

El exceso de grasa corporal es en realidad un síntoma de un problema mucho mayor: el estrés glucémico y la consiguiente resistencia a la insulina (o insulinorresistencia). Éste era el eslabón perdido esencial del que me enteré por la obra del doctor Ray Strand, médico de cabecera de Dakota del Sur y autor de *Releasing Fat: Developing Healthy Lifestyles that Have a Side Effect of Permanent Fat Loss* [Liberación de la grasa: Adopción de estilos de vida sanos que tienen un efecto permanente en la reducción de grasa]. Si bien hacía mucho tiempo que sabía sobre la conexión entre exceso de azúcar en la sangre, insulina, diabetes y obesidad, no sabía hasta qué punto estos problemas, y muchos otros trastornos como el síndrome premenstrual y los dolores menstruales, provienen de las opciones alimentarias hechas en la infancia.

El doctor Strand ha atendido a muchísimas personas de su comunidad durante treinta años, visitándolas cada año para reconocimiento físico, análisis de sangre y problemas de salud. Haciendo esto ha ido documentando los cambios metabólicos que conducen, muchas veces veinte años después, a una insulinorresistencia hecha y derecha. Ningún estudio controlado puede igualar la perspectiva que viene de ver a pacientes año tras año y documentar cómo cosas sencillas como un cambio de dieta, ejercicio moderado y toma de micronutrientes en suplemento pueden detener y finalmente dar marcha atrás a la insulinorresistencia y a los trastornos que la acompañan.[2] Después de leer el libro del doctor Strand comprendí por fin por qué había batallado con mi peso toda mi vida y por qué tantos familiares habían muerto de enfermedad cardiovascular a pesar de seguir una dieta que se consideraba muy sana. También descubrí la causa de fondo de la actual epidemia de obesidad y enfermedades que la acompañan, entre ellas la diabetes, cardiopatías, accidentes cerebrovasculares y ciertas formas de cáncer.

OBESIDAD INFANTIL Y ADOLESCENTE: LA ENVERGADURA DEL PROBLEMA

Entre 1976 y 2000, el sobrepeso infantil se duplicó entre los niños de 6 a 11 años, y se triplicó entre los de 12 a 16. Este trastorno afecta desproporcionadamente a niños y adolescentes negros, hispanos, indios norteamericanos y mexicanos estadounidenses. La obesidad infantil que persiste suele llevar a una obesidad más grave en la edad adulta. Un niño de siete años obeso tiene un 40 por ciento de riesgo de ser un adulto obeso. La obesidad a los doce años aumenta este riesgo a un 70 por ciento. Entre 1979 y 1999, las hospitalizaciones relacionadas con obesidad (por ejemplo apnea durante el sueño y enfermedad de la vesícula biliar) se triplicaron entre niños de 6 a 17 años. La diabetes tipo 2, antes llamada diabetes del adulto, se consideraba una enfermedad de personas maduras y ancianas; ahora se estima que entre un 8 y un 45 por ciento de todos los casos nuevos ocurren entre niños.[3] El comienzo temprano de esta enfermedad significa que los niños se enfrentan a toda una vida en que tendrán que cargar con sus tratamientos y costes.

La insulinorresistencia
comienza en la infancia

Lo que han descubierto el doctor Strand y otros es que la larga marcha hacia la insulinorresistencia (también llamada síndrome X o síndrome metabólico) suele comenzar en la infancia. Comienza con lo que se llama abuso insulínico, que viene de comer regularmente alimentos como bollos, panes, galletas *cracker*, cereales instantáneos, puré de patatas y postres que elevan el nivel de azúcar en la sangre. Aunque muchas personas no lo comprenden, el pan blanco, la mayoría de los llamados pan de trigo y muchos otros alimentos feculentos se convierten rápidamente en azúcar y elevan el nivel de azúcar en conformidad.

Los alimentos varían muchísimo en cuanto a su efecto en el nivel de azúcar en la sangre. En 1981 el doctor David Jenkins introdujo el llamado *índice glucémico* a modo de herramienta comparativa.[4] A los alimentos se les asignó un valor entre 0 y 100, basándose en la rapidez con que un determinado número de gramos de un alimento eleva el nivel de azúcar, comparado con un alimento básico, normalmente glucosa o pan blanco. (El doctor Strand y yo usamos el índice basado en la glucosa, a la que se le asigna el valor 100.) Los estudios con el índice glucémico llevaron a una medida más útil aún, la *carga glucémica*, que toma en cuenta el índice glucémico de un alimento y la cantidad de carbohidratos que proporciona una ración. Por ejemplo, tal vez has oído decir que las zanahorias tienen un elevado índice glucémico, pero su carga glucémica, basándose en el tamaño de la ración, es baja.

De hecho, la mayoría de los carbohidratos complejos, entre ellos las frutas, las verduras, las legumbres y los cereales integrales, tienen una carga glucémica baja; comerlos desencadena una moderada elevación del nivel de azúcar en la sangre. En cambio los cereales refinados, pulverizados, tienen una carga glucémica elevada, y la fruta exprimida para zumo se convierte en equivalente a agua azucarada. Las patatas blancas son una excepción en el perfil glucémico sano de la mayoría de las hortalizas, y son con mucho la hortaliza más popular en la dieta actual de Estados Unidos, consumidas principalmente en forma de patatas fritas.

CARGA GLUCÉMICA DE ALIMENTOS COMUNES
(Basada en la escala de glucosa)

Carbohidratos malos (>20)		Carbohidratos buenos (<10)	
Macarrones con queso	32	Cereales All Bran (integrales)	9
Arroz blanco	30	Legumbres	7
Patatas al horno	26	Pan de cebada basta	7
Bollo (harina blanca)	25	Ciruela	7
Fanta de naranja	23	Manzana	6
Copos de maíz	24	Zanahoria	3
Crema instantánea de trigo	22	Almendras	0
Espaguetis (harina blanca)	21	Brécol	0

FUENTES: Walter Willett, Going Beyond Atkins; Patrick Skerret, «Separating the Good Carbs from de Bad», Newsweek, 19 enero 2004, p. 47; y Ray Strand, Releasing Fat, Concept Publishing, 2004, págs. 255-266.

¿Por qué los alimentos con carga glucémica alta causan «abuso insulínico»? Porque alteran uno de los actos equilibradores más delicados y esenciales del cuerpo humano: la secreción de insulina como reacción a la ingestión de alimento.

Insulina, la hormona del almacenamiento

La buena salud depende de la capacidad del cuerpo para producir y utilizar la cantidad correcta de insulina a fin de mantener óptimo el nivel de azúcar en la sangre y el funcionamiento metabólico normal. El consumo de carbohidratos refinados y de alcohol produce una inmediata subida del nivel de azúcar en la sangre. Esto induce al páncreas a secretar grandes cantidades de insulina para procesar el azúcar. Todas las células del cuerpo tienen receptores de insulina en su superficie; estos receptores permiten a la insulina «abrir la puerta» para que entre la glucosa en las células y se queme como combustible. La glucosa que no es necesaria de inmediato se almacena entonces como grasa, lista para ser utilizada si nos saltamos una comida, hacemos ejercicio en el gimnasio o corremos para coger el bus. Pero una cantidad excesiva de insulina en realidad impide que se queme la grasa. Cuantos más alimentos de carga glucémica elevada comemos, más insulina tenemos y más difícil le resulta al cuerpo liberar la energía almacenada como grasa. Ése es el motivo de que muchas chicas continúen siendo gordas aun cuando hacen ejercicio.

Pero las cosas son más complejas aún. Con el tiempo, cuando el nivel de azúcar en la sangre continúa demasiado elevado, los receptores de insulina pierden su capacidad de reaccionar ante esta carga metabólica. Se insensibilizan, y comienza entonces un trastorno llamado resistencia a la insulina, o insulinorresistencia, en el que el páncreas libera más y más insulina con menos y menos efecto. Finalmente, ni los tejidos ni el páncreas pueden arreglárselas con la carga de azúcar en la sangre. Esto es lo que lleva a la diabetes tipo 2 en las personas propensas, que hace necesario inyecciones de insulina, o medicamentos llamados agentes diabéticos orales.

Prácticamente todas las células del cuerpo se ven afectadas por el abuso insulínico, que también es causa de una producción excesiva de sustancias químicas inflamatorias en las células. Llamadas colectivamente eicosanoides serie 2, entre estas sustancias químicas están las citocinas, las prostaglandinas y las prostaciclinas, todas las cuales están implicadas en la mayoría de las enfermedades que nos atormentan hoy en día, entre ellas el cáncer, la enfermedad cardiaca, la diabetes y la artritis. Por eso, comer una dieta que mantenga estable el nivel de azúcar en la sangre es una parte tan eficaz de un plan de tratamiento para todo, desde dolores de cabeza a insomnio. Y por eso también tantos de los medicamentos más vendidos del mercado están destinados a bloquear los efectos de los factores inflamatorios.

Y hay otra complicación más: no hace mucho se ha descubierto que las propias células adiposas (o grasas) producen estas sustancias químicas inflamatorias, y ése es uno de los motivos de que la obesidad sea un factor de riesgo de cáncer. La grasa corporal también tiene receptores de insulina, por lo que, cuanto mayor es la gordura, más insulina se necesita para hacer llegar a las células el azúcar de la sangre.

Lo bueno es que este proceso es reversible, si se coge a tiempo. Una vez que dejas de comer alimentos que elevan el nivel de azúcar en la sangre, el nivel de insulina se normaliza y se hace más fácil bajar de peso. Paras la larga marcha hacia la insulinorresistencia y la diabetes tipo 2. En algunas personas, incluso remite la diabetes tipo 2.

SÍNTOMAS Y SIGNOS DE ABUSO INSULÍNICO

- Cansancio y posible debilidad temblorosa después de una comida.
- Ansias de comer carbohidratos y hambre incontrolable (el picoteo).
- Comer para calmar las emociones.
- Comer por la noche.
- Lento ensanchamiento de la cintura.
- Mayor resistencia a bajar de peso.

Del abuso insulínico al estrés glucémico: el camino hacia la insulinorresistencia

El doctor Strand introduce un concepto nuevo muy útil, al que llama *estrés glucémico*. Se refiere a la inflamación del revestimiento de los vasos sanguíneos (el endotelio) después de una comida con elevada carga glucémica. Esta inflamación es la consecuencia de la liberación de moléculas de oxígeno inestables llamadas radicales libres, que se producen cuando se eleva el nivel de azúcar en la sangre. El movimiento rápido que se produce con la liberación de radicales libres en los capilares y arterias causa daño e inflamación a los tejidos. Como revelan los estudios actuales, el estrés oxidante causado por los radicales libres está en el centro del proceso de enfermedad y envejecimiento cuando se produce en el cuerpo. En los vasos sanguíneos llega a ser causa de disfunción endotelial, trastorno en que se engrosa y constriñe el revestimiento de los vasos sanguíneos, y comienza en los músculos esqueléticos. Finalmente, afecta a todo el sistema cardiovascular, incluido el cerebro y todos los demás órganos. Y esto prepara el escenario para la aterosclerosis (endurecimiento de las arterias) más adelante en la vida. También es el motivo de que la insulinorresistencia se asocie con la enfermedad cardiaca y los accidentes cerebrovasculares, incluso en personas que no enferman de diabetes ni son obesas. (También es cierto que no todas las personas obesas tienen insulinorresistencia ni signos de síndrome metabólico.)

El estrés glucémico genera una barrera física, que hace más difícil que la insulina salga de los vasos sanguíneos para entrar en el líquido que rodea la célula. Cuando ocurre esto, el azúcar no puede entrar en la célula para ser quemada como energía. Este proceso comienza mucho antes que los receptores de insulina de las células adiposas se vuelvan insensibles a los efectos de la insulina o se agote el páncreas.

Predisposición genética

Alrededor del 75 por ciento de la población tiene por lo menos una cierta tendencia heredada a la resistencia a la insulina, tendencia que ha aflorado debido a nuestro moderno estilo de vida con comida rápida y poca actividad física. Durante los milenios en que evolucionó el ser humano, este legado genético, que ahora es un problema tan grande para muchos, nos daba una clara ventaja en la supervivencia porque hacía más fácil almacenar el exceso de grasa para los inevitables periodos de hambruna. Ahora, en épocas de abundancia, muchas personas muestran una marcada acumulación de grasa intracelular, tanto en el hígado como en los músculos, muchos años antes de que se manifieste realmente la diabetes u otro indicio de insulinorresistencia. Este almacenamiento de grasa se debe en parte a que los músculos esqueléticos de las personas propensas no metabolizan la glucosa con la misma rapidez con que lo hacen los de las personas no propensas. De hecho, se ha comprobado que los hijos de personas con diabetes tipo 2 han heredado menos cantidad de mitocondrias en los músculos esqueléticos, esa parte de la célula muscular que quema la glucosa para producir energía. Dada la interacción entre los genes y el entorno, la tendencia a la insulinorresistencia y la obesidad parece ir empeorando con cada sucesiva generación de niños.

INSULINORRESISTENCIA: ENVERGADURA DEL PROBLEMA

En los veinte últimos años, la diabetes tipo 2 ha aumentado en más de un 500 por ciento. Más del 90 por ciento de casos de diabetes tipo 2 es consecuencia de insulinorresistencia, y el 75 por ciento de la población es propensa a adicción al azúcar y al consiguiente estrés glucémico. Actualmente, un pasmoso 25 por ciento de la población ya sufre de síndrome metabólico, y cientos de miles más van camino a la diabetes tipo 2. Se estima que si continúa la actual tendencia, uno de cada tres niños nacidos ahora enfermarán de diabetes tipo 2 en algún momento de su vida. Y en aquellos que no enfermen de diabetes, el acelerado envejecimiento de las arterias, debido a los continuados inflamación y engrosamiento, finalmente llevará a enfermedad cardiovascular.

Lo fundamental: cada vez que te complaces con una comida que eleva rápidamente el nivel de azúcar en la sangre, te produces inflamación en los vasos sanguíneos, lo que finalmente causa daño de los tejidos, acumulación de grasa en los músculos e insulinorresistencia. Este proceso puede llevar años. Pero en los hijos de padres insulinorresistentes esto puede ocurrir mucho más rápido.

Fases de la insulinorresistencia

Normalmente la insulinorresistencia progresa en las siguientes fases:

Fase 1. Estrés glucémico. Esto ocurre cuando se continúa consumiendo alimentos de índice y carga glucémicos elevados. Comienza la inflamación de los vasos sanguíneos, a esto sigue el estrés glucémico que causa daño a los vasos sanguíneos por estrés oxidante. En esta fase muchas personas experimentan hipoglucemia (el efecto del nivel de azúcar bajo). Se sienten débiles y temblorosas después de una comida con elevada carga glucémica o después de beber café; el motivo es que la cafeína o la barra de caramelo produce una reacción de estrés, que aumenta el nivel de adrenalina. Esto a su vez eleva el nivel de cortisol, que activa la producción de insulina. Se eleva el nivel de azúcar en la sangre y luego baja en picado al nivel que estaba antes de tomar el café (o el caramelo). La persona está peor que cuando empezó; entonces recurre a otro poco de cafeína o azúcar para reanimarse y sentirse mejor. Es un círculo vicioso. Con el tiempo, los altibajos en el nivel de azúcar llevan al engrosamiento de los vasos sanguíneos, comenzando por los de los músculos y luego en el resto. Entonces la insulina no puede pasar por las paredes de los vasos sanguíneos para ir a ayudar a las células musculares a utilizar el azúcar de la sangre. Y se va a acumulando grasa en el hígado y los músculos.

Fase 2. Inicio de la insulinorresistencia. El cuerpo reacciona estimulando a las células beta del páncreas a producir más insulina. En consecuencia, empieza a elevarse el nivel de insulina. Con el tiempo, el páncreas debe producir más y más insulina para lograr que pase por las engrosadas paredes de los vasos sanguíneos. El nivel de insulina se mantiene permanentemente elevado y la persona sufre de hiperinsulinemia, el primer signo de verdadera insulinorresistencia. El nivel elevado de insulina produce entonces una cascada de cambios metabólicos y endocrinos, entre ellos elevación del nivel de triglicéridos, bajo nivel del colesterol HDL (el bueno), hipertensión, enfermedad cardiovascular y mayor riesgo de diabetes en personas propensas.

Cuando el nivel de insulina ya está permanentemente elevado, se activa una reacción en cadena que no se puede detener sin hacer cambios importantes en el estilo de vida. Una de las primeras cosas que el doctor Strand ve en las personas encaminadas hacia la insulinorresistencia es un nivel bajo de colesterol HDL. (Cuando yo era vegetariana macrobiótica, mi colesterol HDL estaba sólo en 35, nivel que se relaciona claramente con un mayor riesgo de enfermedad cardiovascular. En mi perfil lípido más reciente, mi HDL está en 75. Cuando estaba en la Escuela de Medicina, me enseñaron que el ejercicio es lo único que se puede hacer para elevar el nivel de colesterol HDL, hasta ahí llegaba la formación tradicional.) También se instala la obesidad central (grasa en el abdomen) durante la fase 2 de la insulinorresistencia, con el ensanchamiento del talle. Por eso la medida de la cintura es una indicación de estrés glucémico (véase apartado en trama más adelante). Antes que una persona se vuelva insulinorresistente, los músculos captan hasta el 85 a 90 por ciento de la glucosa de nuestras comidas para utilizarlas para producir energía. El doctor Strand dice: «Los músculos se vuelven insulinorresistentes mucho antes que las células adiposas. Entonces la glucosa se redirige a las células adiposas, principalmente a las del abdomen. Se ha elevado el nivel de insulina (la hormona del almacenamiento) y los músculos no son capaces de captar normalmente la glucosa. Esto significa que más cantidad de la glucosa o calorías de la comida va directamente a las células adiposas para ser almacenadas como grasa, en lugar de ir a los músculos para ser utilizadas como energía».

SIGNOS DE INSULINORRESISTENCIA TEMPRANA

- Comer durante la noche.
- Aumento de peso central (ensanchamiento del talle).
- Lento aumento de peso sin cambio de dieta.
- Colesterol HDL bajo.
- Aumento del nivel de triglicéridos.
- Acidez.
- Mayor cansancio o fatiga después de una comida o tentempié con elevada carga glucémica.
- Irregularidades menstruales.
- Hipoglucemia.
- Ansias de azúcar y de carbohidratos de elevada carga glucémica.

Fase 3. Síndrome metabólico hecho y derecho. Con el tiempo, la insulinorresistencia lleva a cambios metabólicos más drásticos que producen hipertensión, niveles anormales de colesterol, mayor producción de fibrinógeno (factor coagulador de la sangre), enfermedad cardiovascular y diabetes.

LA INSULINORRESISTENCIA (SÍNDROME X O SÍNDROME METABÓLICO) CONTRIBUYE A:

- Diabetes tipo 2.
- Mayor nivel de fibrinógeno (mayor coagulación de la sangre).
- Obesidad.
- Hipertensión.
- Niveles anormales de colesterol (dislipidemia).
- Enfermedad cardiovascular, incluidos los accidentes cerebrovas-
culares.
- Muchas formas de síndrome de ovario poliquístico.
- Menstruaciones muy abundantes.
- Anovulación.
- Hirsutismo (incluido el exceso de vello facial).
- Formas de calvicie masculina.
- Cáncer de mama, de colon y otros.
- Depresión.
- Demencia.

¿Busca signos tu médico?

Es posible que el nivel de azúcar que se ve en los análisis que se hacen en
la mayoría de los controles médicos anuales no esté elevado aun cuando
ya esté instalada la insulinorresistencia, porque el páncreas sigue bom-
beando insulina suficiente para compensar. Sólo cuando el páncreas ya
está agotado aparece el nivel de azúcar elevado en los análisis de glucosa.
Y no lo olvides: aunque tengas el nivel de azúcar normal, puedes estar generando lesiones cardiovasculares, y también estar en las primeras fases
de cáncer, todo desencadenado por la dieta.

Todos los adultos deberían hacerse un perfil de lípidos cada cinco
años, más o menos, para controlar los niveles de triglicéridos, colesterol
total HDL (bueno) y LDL (malo). Un nivel elevado de triglicéridos y
uno bajo de colesterol HDL están entre los primeros signos de estrés
glucémico. Y pueden estar presentes durante años en personas delgadas

sin ningún signo de diabetes ni de enfermedad cardiaca. Estos niveles responden muy bien a cambios en el estilo de vida, y es muy satisfactorio verlos normalizarse. (Véase «Recursos y proveedores».)

UN EXAMEN QUE PUEDES HACER TÚ MISMA

Para los adultos, la medida de la cintura es la evaluación más exacta del riesgo de estrés glucémico. Coge un metro y mídete el contorno del abdomen unos dos centímetros y medio más abajo del ombligo. En las mujeres, la medida debería ser 86 cm o menos, y en los hombres 102 cm o menos. Si es más, estás comenzando a desarrollar obesidad central. Observación: la grasa en los muslos y caderas es mucho menos activa metabólicamente y plantea poco o ningún riesgo para la salud.

Estudios realizados por la doctora Katherine Tucker, epidemióloga nutricionista de la Tufts University, sugieren que las pautas de aumento de peso podrían determinarse en parte por los alimentos de que proceden las calorías. Descubrió que las calorías procedentes de pastas, pan blanco y otros carbohidratos refinados tienden a acumular grasa alrededor del abdomen, mientras que el mismo número de calorías procedentes de alimentos de baja carga glucémica, como las verduras, frutas y legumbres, no cambian la medida del talle. Mi experiencia clínica y personal corrobora esto.[5]

DOLORES: *diabetes en la familia*

Dolores era una clienta mía cuya familia era originaria de Portugal. Había combatido con su peso desde la adolescencia. En uno de los exámenes anuales de rutina descubrió que su colesterol HDL estaba por el lado bajo (unos 40) mientras que su colesterol total estaba en 230. Todo lo demás estaba bien, aunque a mí me preocupó su adicción a las colas de dieta (bebía un paquete de seis botellas al día). Me contó que toda su familia tenía tendencia a aumentar de peso, sobre todo después del embarazo. Cuando llegaban a la edad madura, todos comenzaban a «derramar azúcar». Creía que eso era sólo una parte normal del envejecimiento, porque les había ocurrido a todos sus familiares, hombres y mujeres. Además, todos empezaban a tener hipertensión.

En realidad, ninguno de esos problemas era inevitable para Dolores. Una vez que comenzó a hacer ejercicio con regularidad y aprendió a controlar el peso reduciendo el consumo de cereales y azúcares, escapó de su herencia genética.

Cambio de mi legado cardiovascular

Mi familia, como la de Dolores, tiene una tendencia genética a la insulinorresistencia y la adicción al azúcar, pero mi legado se ha manifestado en diversas formas de enfermedad cardiovascular, desde accidentes cerebrovasculares (derrames, embolias) a infarto de miocardio y paro cardiaco. Mis cuatro abuelos murieron de enfermedad cardiovascular. Cuando yo tenía 16 años, mi padre me dijo: «Algún día se me va a romper un vaso sanguíneo de la cabeza y voy a salir flotando al Universo». Y eso fue exactamente lo que le ocurrió cuando, a sus 68 años, en la plenitud de su vida, estaba jugando al tenis con mi madre.

No creo que estas enfermedades sean inevitables, aun cuando mis hermanos y yo, y una de mis hijas, tenemos el tipo de «herencia» que lleva al componente cardiovascular de la resistencia a la insulina. Estas

SIGNOS Y SÍNTOMAS DE ESTRÉS GLUCÉMICO
A LO LARGO DEL CICLO VITAL

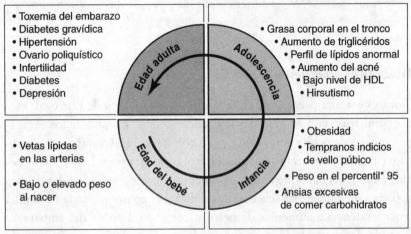

©Northrup/Schulz

* Percentil: Valor que divide un conjunto ordenado de datos estadísticos de forma que un porcentaje de tales datos sea inferior a dicho valor. Así, un individuo en el percentil 80 está por encima del 80 por ciento del grupo al que pertenece. (*N. de la T.*)

dos cosas las hemos tratado mediante nuestro consumo diario de alimentos y con nuestro programa de suplementos antioxidantes, lo que unido reduce espectacularmente el nivel de azúcar en la sangre y el estrés oxidante. El endurecimiento de las arterias, como también gran parte del proceso de envejecimiento en general, están causados por el exceso de estrés oxidante, la mayor parte del cual se puede prevenir. (En el capítulo 18 explico el programa de suplementos que va bien para madres e hijas.)

Celebridades genéticas

Alrededor de un 25 por ciento de la población parece ser genéticamente resistente a los efectos adversos de la sobreproducción de insulina y la insulinorresistencia. Por lo general estas personas se las arreglan para mantenerse delgadas coman lo que coman. Por motivos que no están del todo claros, tienden a quemar las calorías que consumen, procedan del alimento que procedan. Al parecer el propio acto de comer les acelera el metabolismo: sienten calor después de comer y/o les aumenta la motilidad gastrointestinal después de una comida. Entran en la modalidad «quema y elimina», no en la modalidad más corriente «retiene como si en ello te fuera la vida» con la que tantos debemos contender.

Tampoco parecen tener la misma reacción a los alimentos de elevada carga glucémica que tienen aquellas personas genéticamente predispuestas para la obesidad o la insulinorresistencia. Pueden comerlos, disfrutarlos y pasar a otra cosa. La doctora Kathleen DesMaisons, autora de *Potatoes, Not Prozac* [Patatas, no Prozac] y experta en nutrición adictiva, dice que la población se puede dividir en dos grupos, según sean los recuerdos de salir a tomar helado de crema en la infancia. Aquellas personas que tienen tendencia al estrés glucémico y a la insulinorresistencia recuerdan el helado de crema como la parte más gratificante de la experiencia (ésa era yo). Las que no son propensas a problemas de peso recuerdan otros detalles, por ejemplo el trayecto en coche o el olor del atardecer de verano; es decir, el helado de crema no les «cantó» de la misma manera.

La doctora DesMaison postula que las personas a las que les «canta» el helado de crema nacen con menor cantidad de receptores de endorfinas en el cerebro; ansían los carbohidratos porque éstos actúan como una droga, las hacen sentirse mejor. La experiencia de millones de mujeres (y alcohólicos) dan testimonio de la verdad de esta teoría. Si una madre «celebridad genética» tiene una hija que nunca ha conocido un carbohidrato que no le encante, esto podría ser causa de conflicto, a no ser que dicha madre comprenda que el metabolismo de su hija no está conectado con su fuerza de voluntad y no es un defecto de carácter.

No es culpa tuya: las ansias de carbohidratos constituyen un mecanismo de supervivencia obsoleto

No olvides, el deseo de comer azúcar y cereales evolucionó en cuanto mecanismo de supervivencia. Durante la mayor parte de la historia humana, conseguir alimento suficiente para evitar la inanición ha sido un problema continuo. El ser humano desarrolló la capacidad metabólica de almacenar grasa con el fin de subsistir en periodos de hambruna. Por desgracia, este mecanismo se ha convertido en el mayor riesgo para la salud que enfrenta el mundo desarrollado. Mientras no entiendas el modo de comer la cantidad correcta de alimentos correctos, estás condenada a una vida de esforzar tu voluntad para combatir las ansias.

Comprende que estas ansias son una reacción natural del cuerpo que no se puede suprimir mientras no logres el equilibrio metabólico y des marcha atrás al estrés glucémico. Claro que estas ansias pueden también formar parte de la sabiduría interior de la persona, que le comunica, mediante cambios en su humor y grado de ansiedad, que algo está desequilibrado en su vida. Es realmente un círculo vicioso. El doctor Strand escribe: «Llámalo hambre, ansias de comer, comer para satisfacción emocional o adicción; al final conduce a tu caída y te obliga a hacer exactamente lo contrario de lo que deseas: comer menos». ¿Te suena a conocido eso? Si la respuesta es sí, quiere decir que te conviene tratar el problema para no transmitirlo a tus hijos.

Una vez que elimines de tu dieta los alimentos que disparan el nivel de azúcar en la sangre, no tendrás necesidad de volver a hacer régimen porque habrás encontrado la manera de alimentar tu cuerpo que te servirá para liberar el exceso de grasa, así como también prevenir las enfermedades relacionadas con la insulinorresistencia. Nunca más tendrás que contar las calorías, o un gramo de grasa, una vez que comprendas los principios. Sí, tendrás que eliminar muchos de los alimentos que te gustan. Pero cree lo que te dice una veterana adicta al azúcar: no es tan difícil como parece una vez que estabilizas el nivel de azúcar en la sangre.

CUIDADO CON LA ALTERNATIVA RICA EN GRASA

Durante decenios los especialistas en nutrición nos dijeron que una dieta pobre en grasa era la clave para prevenir la enfermedad cardiaca, la obesidad, e incluso el cáncer. La industria alimentaria respondió creando todo tipo de alimentos envasados, desde galletas, pasteles y helados de crema a patatas fritas, bajos en contenido graso pero abundantes en carbohidratos refinados. Ahora el péndulo se ha movido en la dirección opuesta, y los estantes de los supermercados están llenos de productos bajos en azúcar refinada y carbohidratos de elevada carga glucémica, pero muchas veces muy ricos en grasa, como el chocolate y el helado de crema, ambos pobres en carbohidratos.

El exceso de grasa (sobre todo de la mala) es tan insano como el exceso de carbohidratos refinados. La solución correcta es, como siempre, el «equilibrio».

No todas las grasas son malas. Necesitamos la cantidad correcta de ácidos grasos esenciales que se encuentran en los frutos secos, semillas, pescado graso y algunos aceites. Éstos son los ácidos grasos esenciales omega-6 y omega-3. No se ha establecido ningún mínimo diario de estos ácidos grasos, pero la mayoría de los estudios (no todos) sugieren que la proporción entre grasas omega-6 y omega-3 debería ser alrededor de 3:1. Dado que la dieta estadounidense ya es bastante rica en grasas omega-6 (de los aceites de semilla, como el de colza, de cacahuete, etcétera), es mucho más importante consumir suficientes grasas omega-3, de fuentes como las semillas de lino, de cáñamo y el salmón salvaje. Las grasas omega-3 también se encuentran como suplemento en cápsulas. (Véase «Recursos y proveedores», y capítulo 3.) Están bien establecidos sus efectos en el cerebro, el sistema inmunitario y prácticamente en todas las células del cuerpo.

La grasa saturada, el tipo de grasa que se encuentra en alimentos de origen animal, como la carne vacuna y los huevos, pueden ser un añadido sano a la dieta siempre que los animales que la proporcionan estén criados biológicamente con la alimentación correcta. Por ejemplo, las gallinas criadas libres producen huevos con un alto contenido de omega-3. Pero para las personas genéticamente pre-

dispuestas a tener un nivel elevado de homocisteína, la grasa saturada es un factor de riesgo de enfermedad cardiaca y accidentes cerebrovasculares. Estos riesgos, no obstante, se pueden reducir muchísimo tomando ácido fólico y vitamina B_{12} en forma de suplemento.
La grasa animal también es rica en ácido araquidónico, que puede
ser causa de la producción de eicosanoides inflamatorios en personas propensas. Las personas que tienen un historial de artritis deberían evitar la grasa animal un par de semanas y ver si les disminuye el dolor de las articulaciones. Si el dolor vuelve cuando se
reintroduce la grasa saturada, deberían eliminarla en gran parte para
siempre.

Las grasas parcialmente hidrogenadas (también llamadas grasas
trans) son muy peligrosas. Este tipo de grasa no se encuentra en la
Naturaleza. Se fabrica inyectando hidrógeno en grasas poliinsatu-
radas a temperaturas y presiones muy altas. Esto las deja sólidas a
temperatura normal (como la margarina) y les da una duración
prácticamente indefinida. El problema es que estas falsas grasas se
metabolizan en las membranas de casi todas las células del cuerpo,
incluidas las neuronas (ricas en grasa) del cerebro y del sistema nervioso. Con el tiempo se acumulan en el organismo y obstaculizan
el funcionamiento de las membranas celulares, favoreciendo la aparición de cáncer, cardiopatías y problemas anímicos. Lee las etiquetas y evita comprar productos que las contengan. Te sorprenderá
ver cuántos productos envasados las contienen. Pero eso te acica-
teará para buscar alternativas más sanas.

RETO DE LA SABIDURÍA: *cuando te preocupa el peso de tu hija*

Mi hija menor Kate tenía un poco de sobrepeso durante sus años de
latencia (como yo), problema que la dieta vegetariana rica en carbohidratos que seguíamos en ese tiempo no solucionaba en nada.
Pero debido a mi legado «camión Mack», hice todo lo posible para
protegerla de comentarios negativos similares. Le restaba importancia a sus elecciones de comida porque estaba sana, y yo no quería hacer un problema de su peso. Finalmente adelgazó durante el estirón
de la adolescencia, pero en ese tiempo yo también había cambiado la

dieta de la familia a otra que contenía más proteínas, frutas y verduras y muchos menos productos de cereales (todos los granjeros saben que la manera de engordar el ganado es darles grano). Mi peso había aumentado con esa dieta a base de cereales y veía que a mis clientas les ocurría lo mismo, además de cambios adversos en sus perfiles de lípidos, cabello y uñas. También estaban comenzando a publicarse los estudios que apoyan el consumo de más proteína y menos carbohidratos. Comprendí que necesitábamos un cambio.

Hace poco le pregunté a Kate cómo se sentía respecto a su imagen corporal cuando estaba en básica. Me dijo que cuando tenía nueve años, su mejor amiga le dijo: «Mi madre te encuentra demasiado gorda». También recordó que un chico de su clase la llamaba gorda. Después añadió: «Pero tú siempre me decías que era hermosa y que mi cuerpo estaba bien, así que nunca me sentí mal conmigo misma. Simplemente llegaba a casa y sabía que todo estaba bien». (¡Esto es música celestial para los oídos de una madre, como comprenderás!)

También le pregunté qué habría ocurrido si yo le hubiera prohibido comer los alimentos ricos en carbohidratos que siempre elegía cuando salíamos a desayunar los fines de semana (las crepes eran sus favoritas, tal como lo eran para mí cuando era más joven). «Habría tenido graves problemas —me dijo—. Sencillamente no se puede controlar tanto lo que come un niño sin crear fuerte resistencia».

Yo sabía eso intuitivamente. Una vez su abuelo paterno le comentó el peso de Kate a mi marido. Entonces él, preocupado, me dijo si no deberíamos ponerla a régimen. Yo le dije que si hacíamos eso estaba segura de que la niña acabaría con algún trastorno alimentario. Le recomendé que hablara con mi colega, la enfermera Marcelle Pick, de *Women to Women*, que sabía (y sabe) muchísimo acerca de estos trastornos. Ella le aconsejó que no lo hiciera y que nunca mencionara ni el peso ni el volumen de Kate de manera despectiva. Él siguió el consejo de Marcelle, y todos salimos triunfantes de ese pequeño contratiempo. (Véase «Recursos y proveedores».)

Por otro lado, si nuestra dieta hubiera contenido muchas bebidas gaseosas, pasteles y productos refinados, la situación habría sido mucho peor. Dado que gran parte de nuestra dieta era buena, hacíamos juntos las comidas familiares y las dos niñas participaban en actividades como baile y natación, el peso de Kate nunca se descontroló realmente.

Si tienes una hija con sobrepeso, tienes que entender que tú, más que ninguna otra persona de su vida, estás en la mejor posición posible para ayudarla a lograr una estructura corporal sana. Kate me dijo: «No era tanto lo que decías sobre la alimentación, era ver lo que hacías, lo que ponías en la mesa, eso fue lo que me sirvió para aprender a hacer elecciones sanas». Aunque no puedes permitirte ser la «policía de la comida», debes asumir la autoridad parental y procurar que los alimentos a los que está expuesta tu hija sean los que van a favorecer su salud. Eso significa que tal vez no le gusten algunos de los productos alimenticios que llevas a casa. Y que es muy posible que proteste si eliminas algunas cosas que a ella le gustan (por ejemplo los macarrones con queso precocinados). Resiste. Todavía no sabe conducir ni tiene el dinero para comprarse ella la comida. Vas a aprovechar este tiempo para educar sus papilas gustativas. Al final te lo agradecerá.

No hace falta decir que las opciones sanas de alimentos deben ser un asunto familiar. Si en la casa tienes bolsas de patatas fritas, gaseosas y productos para picar para el resto de la familia, tu hija tendría que ser una santa para no resentirse, sentirse en desventaja y, en definitiva, rebelarse.

FOMENTAR LA ALIMENTACIÓN SANA EN LA EDAD DE LATENCIA

En la infancia se siembran las semillas de todas las enfermedades relacionadas con el estrés glucémico, y a partir de ahí se abonan y riegan con las elecciones de comida y actividades diarias. Por eso la educación y experiencias nutricionales de los niños son tan poderosas para crear toda una vida de salud. Esto es lo que puedes hacer para contribuir a ello:

Reconoce la composición innata del cuerpo de tu hija. De niñas, tanto Kate como yo estábamos arriba, y posiblemente más arriba del límite, en las tablas de peso según la edad. El sobrepeso en niños y adolescentes se define como un índice de masa corporal en o por encima del percentil 95 en niños de igual sexo y edad. A veces esto es un riesgo para la salud y a veces no. Depende de cuánto de ese peso es músculo magro y cuánto es grasa. En general, el porcentaje de grasa debería estar entre el 18 y el 26 por ciento en niñas y mujeres. Los hombres son sanos con menos porcentaje de grasa corporal que las mujeres.

Hacia el final del periodo de latencia es normal que aumente la grasa corporal en las niñas. Esta grasa es necesaria para el buen funcionamiento hormonal en la pubertad. Así que si tu hija está un poco regordeta justo antes de la pubertad no te preocupes. Si come principalmente alimentos de baja carga glucémica, adelgazará cuando entre en la pubertad.

Las diferencias innatas en la composición corporal tienen un importante efecto en el peso, incluso en niñas totalmente sanas. Mis dos hijas son muy buenos ejemplos de esto. Yo aumenté exactamente el mismo peso en mis dos embarazos, 11 kilos. Mi primera hija pesó 2,5 kg al nacer (nació alrededor de una semana y media antes de la fecha esperada, pero estaba totalmente a término). Mi segunda hija nació en la fecha esperada y pesó 3,830 kg. La composición y metabolismo de sus cuerpos comenzaron siendo distintos y han continuado así. Mi hija mayor pesa unos cuatro kilos menos que su hermana. Las dos tienen porcentajes de grasa normales, alrededor del 19 y 22 por ciento, pero la mayor tiene menos masa muscular, por lo que la pequeña siempre se ve más «vigorosa».

Ten aprovisionada la casa con alimentos integrales y deliciosos, y sigue la regla 80:20. Intenta que el 80 por ciento de lo que come tu hija sean alimentos integrales, sanos y de baja carga glucémica. El otro 20 por ciento pueden ser los que comparte con sus amistades. Aunque sin duda va a comer su cuota de *pizza* y patatas fritas cuando esté con sus amistades, finalmente volverá a la alimentación sana y equilibrada que se le ha grabado en la casa. Esto lo he visto repetidamente en muchos chicos jóvenes, y en mis dos hijas.

No tengas comida basura en la casa. Que no entre comida basura en la casa. Evita tener gaseosas, caramelos, productos para picar envasados, etcétera. Éstos no sólo elevan demasiado rápidamente el nivel de azúcar en la sangre; las bebidas gaseosas contienen mucha cafeína y sustancias químicas que pueden tener efectos secundarios como dolor de cabeza, en particular si contienen el edulcorante artificial aspartamo. El fósforo que contienen las gaseosas también puede obstaculizar la absorción del calcio y el hierro, y causar problemas para dormir.

Llévala a la compra contigo, y prepara algunas comidas con ella. Enséñale a elegir un melón, tomates o una piña en su punto. Compra en los pasillos o puestos donde están los alimentos frescos y evita los de productos envasados o prepreparados. Siempre es divertido probar nuevas recetas con ingredientes sanos. Y te sorprenderá la cantidad de recetas fabulosas que hay para frutas, verduras y soja rica en proteínas. Aprender a cocinar puede ser un verdadero refuerzo para la sensación de pericia y autoestima de una hija en edad de latencia.

Sirve un desayuno que contenga algo de proteínas. Un buen desayuno es esencial para estabilizar el nivel de azúcar en la sangre y mantener el ánimo estable todo el día. Si el desayuno se compone de una parte de proteína, una parte de carbohidratos y un poco de grasa sana, el nivel de azúcar se eleva lentamente y se mantiene normal durante toda la mañana. Eso significa que tú y tu hija vais a tener claridad mental y muchísima energía. No hay ninguna buena excusa para no tomar desayuno. En primer lugar, actualmente se pueden preparar una gran variedad de batidos en el robot o licuadora. También hay bastante surtido de barras alimenticias para comer cuando se tiene prisa, si es necesario. Aunque sentarse a tomar un desayuno nutritivo es lo ideal, una barra de buena calidad con proteínas es mejor que empezar el día sin comer nada. (Véase «Recursos y proveedores».)

En cambio, si tú o tu hija toma un tazón de cereales refinados con azúcar, el nivel de azúcar se dispara en menos de una hora, y luego baja a como estaba antes de que despertaras. A las diez de la mañana tienes tanta hambre que te comerías el papel de la pared. (Esto es lo que ocurre también después de un desayuno con café y un bollo, donut, cruasán u otro tipo de pasta dulce.) No hay manera de aguantarlo. A las cuatro de la tarde el nivel de azúcar en la sangre está tan bajo que cuando llegas a casa del trabajo (o del colegio), empiezas la cena picoteando en el refrigerador, y esto no para hasta que te vas a la cama.

Haced las comidas en familia. Los estudios han demostrado que las familias que se sientan a comer juntas por lo menos tres veces a la semana son más sanas y los hijos son mejores alumnos. Esto puede ser difícil durante los años de colegio. No permitas que los horarios irregulares sean una disculpa para perderos este importante rito familiar de vinculación. Nada es más importante. Así que haz tiempo para comidas familiares, aunque esto signifique encontrarse todos en un restaurante. Cada vez hay más restaurantes de comida rápida que ofrecen opciones más sanas. De todos modos, no hay sustituto de una comida hecha en casa y compartida alrededor de la propia mesa.

Evita aprovechar la hora de comida para sacar a luz los conflictos familiares o asuntos inconclusos de todo el día. Esto tiende a relacionar estrés con comer y a generar una pauta metabólica que favorece la indigestión, como mínimo. La hora de comer no debe ser una sesión de psicoterapia. (Véase, más adelante, «Diagnóstico de la mesa del comedor», pág. 431.)

Sirve raciones más pequeñas. En los treinta últimos años se ha aumentado tanto el tamaño de las raciones que ya no recordamos cómo es una ración «sana». (Hace poco vi la película *Miracle*, sobre los Juegos Olímpicos de Invierno de 1980 en Lake Placid, y me asombró lo pequeño que era el vaso de café de expendedora en una de las escenas.) No tomes por modelo para la casa las raciones que sirven en restaurantes.

Anímala a probarlo todo por lo menos una vez, pero después no la obligues a comer lo que no desea comer. La mesa no es el lugar para guerras a causa de la comida. A mi hija menor no le gustaban las ensaladas verdes. Procuré lograr que las comiera, pero siempre acababan en su servilleta. Ahora le encantan.

Enséñale a saborear la comida y a parar cuando esté satisfecha. La mayor parte del placer de comer viene de la interacción entre los sentidos del olfato y del gusto. Para maximizar ese placer es necesario comer lento y saborear cada bocado. Esto también sirve para extraer el máximo beneficio de los componentes energéticos de la comida, la fuerza vital, como si dijéramos. ¡Ten presente que el único bocado del que puedes disfrutar totalmente es el que tienes en la boca!

Si tu hija se «zampa» la comida muy rápido, prueba con la demostración con pasas. Éstas son las instrucciones: ponte una pasa en la boca y retenla ahí un instante; después mastícala lentamente y presiónala entre la lengua y el paladar. Así liberarás la máxima cantidad de aroma y sabor. Tómate el tiempo para saborear su sabor. Después coge la siguiente.

La señal «estoy satisfecha» tarda unos veinte minutos en llegar al cerebro. Así, cuando las comidas familiares son despaciosas y agradables, la experiencia de saciedad se registra en todo el cuerpo y en la mente. Si comes lentamente, casi siempre comes menos, y hay pocas probabilidades de que necesites picotear después.

No ofrezcas postre ni productos muy azucarados como recompensa. Eso sólo añade combustible emocional al fuego de la adicción al azúcar. Si deseas ofrecer postre de vez en cuando, que sea al final de una comida que contenga proteína. Esto reducirá automáticamente la velocidad del postre en llegar al torrente sanguíneo en forma de azúcar. Cuando salgas a comer fuera con tu hija y una amiga, ve la posibilidad de dividir un postre en tres partes. Si se come lentamente, saboreando cada bocado, el cuerpo recibe la señal «estoy bien saciado». Y el mensaje que transmites será de disfrute, no de privación. (Se puede hacer lo mismo con las patatas fritas en un McDonald.)

Evita los picoteos nocturnos.* Si hay un hábito que no deseas transmitir a los hijos es el de comer por la noche, sobre todo después de las ocho. Los estudios han demostrado que si se comen la mayoría de las calorías a una hora temprana, se puede mantener el peso e incluso bajarlo. Pero el mismo número de calorías consumido en la comida de la tarde o después tiene por consecuencia un aumento de peso. Cuando una familia picotea reunida ante el televisor por la noche, sienta las bases para toda una vida de problemas de salud y obesidad. Claro que romper este hábito es más difícil aún debido a los muchos anuncios de comida basura pobre en nutrientes, todos pensados para hacerte ir a la cocina a buscar algo para picar. Así que «mujer prevenida vale por dos». Y si necesitas picotear algo, que sean verduras frescas, por ejemplo palitos de zanahoria o apio, y sin salsa grasa para remojar.

Sin embargo, algunos niños necesitan una merienda al llegar de la escuela y un tentempié por la noche, sobre todo aquellos que tienden a ser muy delgados. Procura que tu hija coma conscientemente ese tentempié y se lo sirva y lo disfrute en la mesa. (La niña delgada de hoy se convierte fácilmente en la obesa de mañana.) Repito, ese tentempié debe ser sano: buenas opciones serían rodajas de manzana con mantequilla de cacahuete biológica, zanahorias con una salsa suave, o yogur con bayas (fresones, arándanos, moras, frambuesas, etc.) biológicos.

Contribuye a limpiar el ambiente alimentario de la escuela. Cuando tu hija entra en la escuela, dejas de tener el control sobre sus opciones dietéticas. Tanto las escuelas públicas como las privadas tienen frecuentes celebraciones en que abundan las galletas, los pasteles y los caramelos. Muchos profesores ofrecen rutinariamente caramelos a sus alumnos en recompensa por su progreso académico o buena conducta. En las escuelas se está despertando por fin a este problema, debido en gran parte a que la epidemia de obesidad es tal que ya no se puede pasar por alto. Or-

---

* Hay que tomar en cuenta que en Estados Unidos, como en otros países del norte, se cena entre las seis y las siete de la tarde. *(N. de la T.)*

ganízate con otros padres para conseguir que retiren de las escuelas las máquinas expendedoras y que los «productos para fiestas» se reemplacen por otros sanos. Este cambio va a llevar un tiempo porque el azúcar y los alimentos refinados forman parte importante de nuestra cultura. Haz todo lo que puedas, pero no impongas reglas excesivamente rígidas acerca de lo que la niña puede y no puede comer en la escuela, porque eso puede ponerla en desventaja social.

Explícale la relación entre alimentos de elevado índice glucémico y el comer para calmar emociones. Enséñale a verificar cómo se siente su cuerpo después de comer alimentos de alto índice glucémico. Pregúntale si tiende a comerlos en exceso y luego se siente hinchada o tiene indigestión o acidez. Si tiende a comer en exceso, pídele que lleve un diario de sus sentimientos y ansias de comer. Ayúdala a hacer la relación entre sus ansias de comer, el tipo de comida que come y sus emociones. El objetivo es que experimente el hecho de que cuando el nivel de azúcar en la sangre se mantiene estable, comer para calmar emociones y picotear es muy excepcional.

Anímala a encontrar placer en una variedad de actividades que no incluyan comer. Si bien es cierto que comer carbohidratos refinados eleva el ánimo y relaja, hay otras maneras más sanas de alterar la química cerebral. Entre éstas están hacer ejercicio, escuchar música y participar en actividades creativas que producen una sensación de recompensa y reconocimiento.

Encárgate de que tome diariamente un suplemento vitamínico y mineral. Los estudios han demostrado, fuera de cualquier sombra de duda, que la toma de vitaminas y minerales en suplemento previene las infecciones, el cáncer, las cardiopatías, y mejora la inmunidad. La calidad de los suplementos es muy variable. En general, se obtiene lo que se paga. Un suplemento de calidad debe elaborarse con ingredientes de grado farmacéutico y tener su potencia garantizada. (En el capítulo 18 se tratan los suplementos de forma exhaustiva.)

Anímala a mantenerse en buena forma física. El ejercicio periódico contribuye a que los músculos utilicen más eficazmente la glucosa y por lo tanto previene la insulinorresistencia. Está muy bien documentado que las niñas que están fuertes y en buena forma física tienen una imagen corporal mucho más positiva que las sedentarias. Lo mejor es que tú seas el modelo de destreza física para tu hija.

Enséñale a fiarse de sí misma en lo relativo a la comida. Nunca olvidaré una conversación que tuve a comienzos de los años ochenta, cuando mis dos hijas eran muy pequeñas. Una profesora de macrobiótica, experta en los efectos sanadores de los alimentos naturales, me dijo que ella seguía preparando todo lo que comían sus hijas y les vigilaba sus elecciones de comida. Me dijo: «Es evidente que no tienen ningún juicio tratándose de comida. Si no fuera por mí, irían por el mundo comiendo basura». Asiduamente se ocupaba de que sus hijas no tocaran los alimentos más comunes en este país, y las reprendía si comían pan con mantequilla de cacahuete. ¡Sus hijas tenían doce y catorce años!

Recuerdo que pensé: «¿Cuándo van a desarrollar un juicio propio estas niñas respecto a la comida? ¿Y cómo lo van a desarrollar si ella vive fijándoles límites tan rígidos?» Mientras la niña no ha llegado a la edad de la razón, lo que come es responsabilidad de los progenitores. Pero una vez que llega a esa edad, está preparada para aprender a elegir ella su comida sin estar controlada por la desaprobación de su madre.

Mirando atrás, he comprendido cómo mis juicios acerca de la comida (por ejemplo, llamar «vaca muerta» a la carne vacuna) hicieron un verdadero mal servicio a la autoestima y sentido de orientación interior de mi hija menor. Se sentía naturalmente atraída por la carne, y cuando tenía nueve años declaró que no sería vegetariana cuando fuera mayor. Resultó que la sabiduría de su cuerpo tenía razón. Dado su metabolismo, le habría ido mucho mejor con más proteína y menos productos de cereales.

Después he llegado a la conclusión de que a muchas personas les va mejor una dieta que contenga algo de proteína de origen animal. Sé que los vegetalianos no estarán de acuerdo con esto, y comprendo y respeto su posición. Si bien pienso que muchas personas deberían reducir el tamaño de sus porciones de carne, todas las tribus indígenas estudiadas han tenido por lo menos algo de proteína de origen animal en sus dietas. La mayoría de las personas vegetalianas que conozco sencillamente no son tan sanas como podrían ser (y con el tiempo muchas de ellas aumentan muchísimo de peso, por la insulinorresistencia).

Lo fundamental: en definitiva, la salud y el control del peso van de libertad. La libertad para saber cuándo se tiene hambre y cuándo se ha comido lo suficiente. Libertad no significa comer a toda hora y cualquier cosa que se desee. Como la disciplina, la verdadera libertad entraña comer de un modo estructurado y consciente. Éste es el regalo que puedes hacer a tu hija, y a ti misma.

DIAGNÓSTICO DE LA MESA DEL COMEDOR: LAS RELACIONES FAMILIARES AFECTAN A LA SALUD TANTO COMO LA COMIDA

El sistema digestivo de los niños es muy sensible al estrés familiar. Vale la pena repetir que el modo de alimentarse y el ambiente en que come influye profundamente en cómo asimila el alimento el cuerpo de la niña. Esto comienza en el útero (las emociones de la madre influyen en la cantidad de sangre que llega al bebé), y continúa hasta cierto grado toda la vida. La forma como lleva la familia los asuntos de control, los conflictos y todas las emociones relacionadas con éstos suele hacerse evidente alrededor de la mesa en las comidas. De hecho, lo que ocurre en la mesa es una metáfora de la dinámica que impera en el sistema familiar.

¿Cómo se relaciona tu familia? Hay dos formas características de relacionarse que pueden ser causa de enfermedad en una familia; estas formas son de «imbricación» y de «distanciamiento». Las dos se caracterizan por relaciones desajustadas en que nunca se resuelven los conflictos.

Imbricación: prohibida la separación

En las familias imbricadas, los límites entre los miembros son débiles o inexistentes. Un cambio en un miembro de la familia o en la relación entre dos miembros reverbera en todo el sistema familiar como el sonido en una escuela de una sola aula.

En la familia de Denise, sus padres suelen encontrarse como dos barcos que se cruzan por la noche; se han distanciado emocionalmente. Su madre compensa esto entrometiéndose exageradamente en la vida de su hijo adolescente. Al comenzar la cena, madre e hijo se sumergen en una conversación acerca de a quién va a llevar él al baile de gala de los alumnos del último año; comentan los pros y los contra de diferentes chicas. El hijo da mucha más información personal de la que darían a sus madres la mayoría de los adolescentes. Denise, que tiene diez años, escucha y trata por todos los medios de participar en la conversación, pero está claramente entre bastidores. A media comida entra el padre. Después de un somero saludo, la madre se desentiende de él y continúa conversando con su hijo. Denise se siente mal y aparta su plato, se le ha acabado el apetito; su cuerpo ha captado que su padre es excluido. Se levanta a traerle un plato de comida, asumiendo el papel de madre y esposa y adoptando inconscientemente la responsabilidad de atenderlo. Cuando el hijo termina de comer, anuncia que debe marcharse porque tiene entrenamiento de baloncesto. Tan pronto él se marcha, la madre se levanta y le dice al padre: «¿Puedes creer a quién quiere llevar John al baile de gala?» Entonces los dos comentan la vida social de su hijo con todo lujo de detalles. Está claro que el hermano de Denise es la persona principal de la casa, la persona de quien todos hablan y en torno a quien centran sus vidas. Denise se siente dejada de lado, pero en cierto modo entiende que la única manera de encajar en su familia es venerar a su hermano mayor tanto como lo veneran su madre y su padre.

En las familias imbricadas, todos saben los asuntos de todos. En las familias más sanas, cada miembro tiene su habitación propia metafórica y se le permite y se espera que cierre o abra la puerta según sea necesario. En las familias imbricadas no hay vida privada, ni física ni psíquica. Cualquiera puede irrumpir en cualquier momento. En consecuencia, los miembros individuales de la familia no pueden crecer como personas. Cuando se cruza un límite personal, la niña (o el niño) podría sentir la necesidad de actuar erróneamente como progenitor de uno de sus padres. Esto fue exactamente lo que le ocurrió a mi clienta Claire.

Más o menos a los ocho años Claire se convirtió en la verdadera Cenicienta de su familia (antes de que apareciera el príncipe). Dado que su madre trabajaba, se esperaba que ella limpiara la casa, preparara las comidas y fregara los platos después. Su hermana mayor no hacía prácticamente nada. Finalmente, se le deterioró la columna bajo el peso de ese tipo de responsabilidad, que era demasiada para una niña. Le vino una escoliosis muy grave y tuvieron que operarla. En circunstancias normales, esto la habría apartado de su papel en la familia. Sin embargo, en la familia imbricada esto no se permite; cuando un miembro de la familia trata de individualizarse, o se ve obligado a hacerlo por enfermedad, los demás familiares no saben llevar esta situación. Mientras Claire estaba en el hospital, su padre adelgazó mucho; quería que se diera prisa en volver a casa para hacer la comida y servirla. Pero debido a que tenía el cuerpo escayolado y al horario de trabajo de su madre, se fue a vivir seis meses con unos parientes. Finalmente sanó y volvió a la casa, pero la experiencia la había cambiado profundamente. Se esperaba que volviera a su acostumbrado papel como si no hubiera ocurrido nada, pero al poco tiempo, cuando Claire entró en la pubertad, comenzaron a hacer erupción los conflictos no resueltos, en especial con su madre.

HÁBITOS TÍPICOS EN LAS FAMILIAS IMBRICADAS

El «plural» mayestático. Tu madre dice «nosotros» o «la familia» al referirse a cualquier miembro, como si la familia no estuviera compuesta por individuos. Evita la palabra «yo» y espera que tú también la evites. («Pero nosotros siempre servimos corona de chuletas de cerdo en Nochebuena».) No se aprueba tener una identidad separada de la familia.

Reconocimiento por servir a la familia. Las mujeres de la familia en particular se sienten realizadas y valiosas por servir a la familia de alguna manera. Las niñas suelen buscar el reconocimiento aprendiendo a hacer pan, galletas y pasteles, y preparar otros platos ricos en carbohidratos de alta carga glucémica que a los familiares les encanta.

Represalias por individuarse. Si decides dedicarte a una actividad que tu familia no aprueba, experimentas alguna forma de «represalia» que manifiesta su desaprobación. Te sientes culpable cuando sigues los dictados de tu corazón y no las actividades ya aprobadas de la familia. Una de mis amigas se hizo vegetariana cuando estaba en la universidad y comunicó a su familia sus nuevas preferencias. Pero cuando llegó a casa a pasar las vacaciones, su madre sirvió un guiso de carne la primera noche. Cuando mi amiga no se lo comió, su madre dijo, enfadada: «Bueno, ya no sé qué deseas» y retiró bruscamente las cosas de la mesa.

Siempre cerca de casa. Todos los miembros de tu familia viven muy cerca los unos de los otros. La mayor parte de tu vida social gira en torno a la familia, nacimientos, bautizos y aniversarios, y se espera que los hijos adultos se presenten con frecuencia para las comidas del domingo «en casa». Si no viven cerca, se llaman todos los días.

El sistema del portavoz familiar. Cuando ocurre algo en tu vida, todos tus familiares lo saben en menos de un día. Muchas veces los familiares hablan a través de otra persona. Los mensajeros mediadores suelen ser mujeres, y la matriarca del clan actúa de armonizadora.

Deserción. En las familias imbricadas suele haber escasos límites y alianzas débiles, que se rompen fácilmente con triángulos. Digamos que la madre y la hija han decidido que ésta debe comprarse un vestido nuevo para el primer día de colegio. Es caro, pero perfecto. Pero cuando llega el padre del trabajo, oye lo del vestido y decide que no puede pagarlo. Al instante la madre rompe su primera alianza con la hija y se pone de parte del padre. La niña se siente abandonada, pero si intenta protestar, su madre le dice: «¿Por qué no podemos simplemente llevarnos bien?»

Decisiones por votación familiar. Las personas de tu familia no pueden hacer nada ni tomar una decisión sin hacer primero una votación familiar. Si intentas tomar una decisión tú sola, hay represalias.

La suavizadora humana. A ti o a tu madre os han formado para ser «pacificadoras» o «armonizadoras», cuyo trabajo consiste en meter bajo la alfombra cualquier posible conflicto cuanto antes. Usas un lenguaje vago, no concreto, para evitar el conflicto, al mismo tiempo que aludes tangencialmente a él. Por ejemplo, tu madre tiene un conflicto con tu padre, pero no habla de eso con franqueza y ni siquiera reconoce que tienen un problema. En lugar de eso, dice: «Me siento desgraciada cuando hay riñas en la "familia"». Las personas de familias en que hay este comportamiento tienden a estar de acuerdo instantáneamente y a negar cualquier conflicto. Cuando una de ellas comienza a individuarse de cualquier manera, la hacen sentir que «es la mala», y luego dedican tiempo a planear la manera de hacer volver al redil a la que se «ha escapado».

Fiestas obligadas. Ni tú, ni tu madre ni otro familiar ha pasado nunca una fiesta importante fuera de casa. Si no llegas el día anterior a la fiesta, todos tienen algo que comentar al respecto. La comida de la fiesta es de suyo una «actuación obligada» que si te la saltas, te arriesgas. Y vale más que comas en exceso para manifestar tu agradecimiento, porque «tu madre ha trabajado mucho preparando la comida».

Padres organizadores sociales. Tu madre orquesta las obligaciones sociales de la familia, y luego te obliga a cumplirlas mediante el sentimiento de culpa. Por ejemplo, se espera que invites a tu boda a los amigos de tus padres aunque no los conozcas. También se espera que asistas a los funerales de los amigos de tus padres, y a celebraciones de personas que no conoces bien o que ni siquiera te importan.

El síndrome del cachorrito herido. Los miembros de la familia intentan recibir atención, compasión o protección haciéndose los mansos, débiles o indefensos. Arrastrar la metafórica pata lesionada desalienta y evita el conflicto. Ejemplo: anuncias que vas a salir con amigos la Nochebuena después que la familia vaya a la iglesia. Tu madre te mira llorosa y dice: «Ay, cariño, me hacía tanta ilusión que estuviéramos todos reunidos alrededor del hogar, tal como en los viejos tiempos».

TÉCNICAS DE EVITACIÓN DE CONFLICTO

Decides sacar a la luz un conflicto hablando y explicando con detalles lo que piensas, cómo te sientes y qué deseas. La otra persona evita el enfrentamiento con una de las siguientes tácticas, o con una combinación de ellas:

- **Evasión.** Reacciona a tus dos o tres parrafadas con dos o tres palabras: «No recuerdo eso», «¿Y qué?» o «Ése es tu problema».
- **Derrumbe emocional.** Se echa a llorar y no puede decir ni una palabra. Esto activa tus instintos de cuidadora y te pillas pidiendo disculpas.
- **Justificación o negación.** «Sencillamente no entiendes el problema», «No tuve tiempo, con todo lo que tenía que hacer» o «¿Y qué quieres que haga yo?»
- **Broma.** El humor es una táctica defensiva de primer orden, pero sigue siendo una defensa si te impide solucionar el conflicto.

Distanciamiento: ¡prohibidas la intimidad y la espontaneidad!

Las familias distanciadas tienen límites exagerados, lo contrario de las familias imbricadas. Hay mucha distancia y privacidad entre los miembros de la familia, no equilibrados por la espontaneidad ni la intimidad. La comunicación es circunspecta. El acento se coloca en las «reglas» formales. El conflicto se niega o se pasa por alto.

Joan procede de una familia que ahora ella llama «aséptica». Su madre, que se formó en la economía doméstica estilo años cincuenta, se enorgullecía de preparar comidas bien equilibradas y atractivas, preocupándose de servir cada plato «exactamente así» para presentarlos a su familia. No se aprobaban las repeticiones, porque la madre era partidaria de «justo lo suficiente». Cuando Joan y su hermano eran pequeños, no se les permitía comer con sus padres. Se les daba la comida antes que el padre llegara a casa del trabajo. Cuando él llegaba, los niños no debían «molestarlo», porque trabajaba muchísimo. Debían jugar en silencio mientras sus padres tomaban un aperitivo de una hora antes de cenar. Esto separaba aún más a los miembros de la familia, tratándolos como si fuesen «enfermos».

Joan recuerda que cuando por fin se le permitió sentarse a la mesa con sus padres, solía sentirse rebosante de entusiasmo, deseosa de contarle a su padre los detalles de su día. Pero tenía que hacerlo con comedimiento, y sólo cuando su padre la «invitara» a hablar. Su padre siempre le golpeaba el codo con el cuchillo para bajárselo del borde de la mesa. Y solía decirle: «¿Así es como vas a comer cuando te inviten a la Casa Blanca?» Los platos se llevaban servidos a la mesa, así que la madre se pasaba la mayor parte del tiempo yendo y viniendo de la cocina en lugar de participar.

HÁBITOS TÍPICOS EN LAS FAMILIAS DISTANCIADAS

Coge número. No hay lo que se llama una conversación espontánea durante la comida. Los familiares tienen que hablar «por turno».

Habla en voz baja. Este tipo de familia valora el orden y el control por encima de todo lo demás. Por lo tanto, se desaprueba cantar o reírse en voz alta en la mesa. También se desaprueba hablar en voz alta o tener una conversación animada.

Reglas rígidas. La forma de doblar o desdoblar la servilleta y usar los cubiertos es mucho más importante que la diversión o comunicación familiar. La mesa se pone «así». Las fuentes, platos y utensilios se consideran más importantes que la comida.

Prohibido repetir. En este tipo de familia se ha perdido el concepto de abundancia en torno a la comida. Cada miembro recibe una pequeña porción de cada plato. No hay suficiente para repetir. En realidad, repetir una vez se considera «excesivo». Por otro lado, también se espera que «dejes limpio tu plato».

No preguntes, no digas. Los miembros de familias de exagerados límites no se preguntan cómo se sienten, ni se comunican sus sentimientos entre ellos. Cualquier cosa más fuerte que el sentimiento término medio «Estoy bien» se considera lioso y difícil de controlar.

Los sentimientos se tratan con adicciones. En las familias distanciadas se suele recurrir al alcohol, la comida o el tabaco para tragarse las emociones espontáneas no aceptables. Los comentarios y comportamiento que afloran bajo los efectos del alcohol deben olvidarse o disculparse.

Siempre se ha hecho así. Las familias distanciadas tienden a seguir los mismos ritos de fiestas, vacaciones y cumpleaños año tras año, yendo a los mismos lugares, viendo a las mismas personas, preparando las mismas comidas. La seguridad emocional se consigue repitiendo las mismas «tradiciones» una y otra vez.

Volver la espalda. Dado que jamás se habla de las verdaderas emociones, las familias rígidas tienen una infinidad de signos físicos que señalan a sus miembros no «ir allí». Hacen caso omiso de cualquier tipo de «estallido» y le vuelven la espalda al que los hace. Este tipo de comportamiento pasivo-agresivo garantiza que nunca se trate un conflicto, ni mucho menos que se resuelva. Cuando les hacen una pregunta que no desean contestar, los padres simplemente guardan silencio.

Aquí llega el juez. Las familias rígidas se creen moralmente superiores a las demás, y esto lo manifiestan con una actitud altiva. Oír un constante chorro de desaprobación de otras personas por deslices conductuales sin importancia angustia y pone nerviosos a los niños. Todo el mundo está en peligro de pisar una bomba-trampa con las reglas, pero dado que son tácitas, la niña tiene que adivinar qué se espera de ella. Si sin darse cuenta «pisa» una de esas reglas no dichas, se la reprende diciendo: «Tendrías que haber sabido que eso molestaría a tu padre», etcétera.

Toma de rehenes. Si no te atienes a las reglas y reglamentaciones, te hacen caso omiso, te hacen pagar el pato, te critican o te menosprecian. La atención es como el oxígeno para los niños; la necesitan para crecer y prosperar. Pero en una familia rígida, controladora, deben desprenderse de sí mismos para obtenerla. (Por ejemplo, el padre le dice a la hija: «Tu madre ha trabajado todo el día preparando esta comida, así que te la vas a comer y te va a gustar».)

Aguas infestadas por tiburones. En las familias rígidas suele haber rabia reprimida que acecha justo debajo de la superficie. Los niños son muy intuitivos y saben esto. Por lo tanto aprenden a desviar esa rabia, procurando que no se exprese abiertamente, o, peor aún, que les caiga encima. (Por ejemplo, se esfuerzan en ser especialmente complacientes con el papá y la mamá, diciendo «Te quiero», o siendo la pequeña anfitriona que siempre es muy útil.)

La familia perfectamente funcional no existe, así que relájate

No te sorprendas si te identificas con algunos de los hábitos que he señalado aquí. No existe una familia «perfecta», totalmente libre de hábitos emocionales no resueltos. Al fin y al cabo, muchos de esos hábitos se nos han transmitido generación tras generación. De todos modos, tenemos menos posibilidades de repetirlos una vez que tomamos conciencia de ellos, así que es importante que identifiques las formas de resolver conflictos de tu familia y resuelvas sanarlos lo mejor que puedas para no transmitirlos a tus hijas. Éste es un proceso de toda la vida. Haz lo mejor que puedas, y el resto déjalo estar.

14

La escuela de la amistad

Entrada en el mundo más grande

El baile de toda la vida entre separación e intimidad comienza en serio en el periodo de latencia, cuando la niña comienza a hacer sus amistades y a tener actividades fuera de casa. Las relaciones que forman las escolares entre ellas suelen estar entre las más íntimas y gratificantes de su vida, aunque rara vez duran toda la vida. Las amigas de la escuela básica tienden a fundirse y hacerse inseparables. Y estas intensas amistades (normalmente en el contexto de la escuela, el campamento, las actividades deportivas y otras situaciones organizadas) tienen la ventaja de estar libres de la dinámica emocional de la familia. Ofrecen a la niña un campo de juego mucho más amplio en el que puede desarrollar dos habilidades esenciales y relacionadas: 1) la capacidad de ir en pos de lo que desea en el mundo externo, sea éxito académico, habilidad deportiva u otras formas de reconocimiento público, y 2) la capacidad de formar, cuidar y conservar relaciones beneficiosas y enriquecedoras para todos los involucrados.

La individuación durante los años de latencia es una tarea para las madres y para las hijas. Mientras la hija descubre su lugar en el mundo ahora más grande, su madre está pasando por su propia fase de desarrollo. Una vez que sus hijos están en la escuela, muchas madres reanudan lo que dejaron aparcado de su vida para tener hijos. Vuelven al trabajo, vuelven al colegio o inician una nueva empresa. También madre y padre suelen encontrarse en una fase nueva en su relación. Aflora cualquier problema en la relación que se soterró cuando nacieron los hijos. Por otro lado, la relación podría mejorar al no tener ya que ocuparse de niños muy pequeños.

Al margen de lo que decida hacer, una madre cuyos hijos ya están en edad de latencia está en una encrucijada de su vida. Necesita encontrar el equilibrio entre su propio desarrollo y el continuar siendo activamente madre de sus hijos.

POR QUÉ LA AMISTAD ES UN ASUNTO DE SALUD DE TODA LA VIDA

Está bien documentado que la salud de una mujer se beneficia de modo importante por la calidad de sus amistades femeninas a lo largo de toda su vida. Por ejemplo, un estudio muy conocido, realizado por la catedrática doctora Shelley Taylor* y sus colegas en la UCLA, ha demostrado que las mujeres reaccionan a situaciones estresantes protegiendo a sus hijos y cuidando de ellos (reacción que los investigadores llaman «de atender a»), y también buscando contacto social y apoyo de otras personas, especialmente mujeres (reacción «de amistad»). Dado que el apoyo social favorece la inmunidad y ofrece protección contra las cardiopatías y otros problemas de salud, esta pauta integrada de «atender a y recurrir a la amistad» favorece la salud femenina.

Taylor basó sus conclusiones en el análisis de cientos de estudios biológicos y conductuales de las reacciones de estrés de humanos y animales. Descubrió que la reacción de «atender a y recurrir a la amistad» es característica de las hembras de muchas especies. También difiere de la reacción normal de los machos. Cuando los machos están estresados, tienden a ponerse agresivos o a aislarse socialmente, la clásica reacción del instinto de supervivencia («luchar o huir»). Las reacciones de lucha o huida repetidas son un claro y bien documentado riesgo para la salud, relacionado con hipertensión, violencia y abuso de alcohol y drogas.[1]

La principal base biológica de la positiva reacción de «atender a y recurrir a la amistad» parece ser la oxitocina, la hormona de la vinculación. Taylor señala que tanto los animales como las personas que tienen un nivel elevado de oxitocina son más tranquilas, más relajadas, más sociables y tienden menos a angustiarse. La oxitocina también lleva a un comportamiento cariñoso y a buscar afiliación social. Aunque los machos también secretan oxitocina, parece que sus efectos los contrarrestan las hormonas masculinas, por lo que las mujeres tienen el efecto más protector. Taylor concluye: «Esta pauta bioconductual podría ofrecernos la explicación de por qué las mujeres viven un promedio de siete años y medio más que los hombres».[2]

---

* Shelley Taylor es autora del libro sobre este tema *Lazos vitales: De cómo el cuidado y el afecto son esenciales para nuestras vidas*, Taurus, Madrid, 2002. *(N. de la T.)*

Actuación en el campo de la amistad

Para muchos niños la escuela es la parte más fiable y segura de su mundo social. En el patio de juego se comienza a ver inmediatamente cuáles son solitarios y cuáles son mariposas sociales. Pero en la escuela básica ni siquiera los solitarios están verdaderamente aislados, porque todos los niños comparten una poderosa experiencia común de vinculación. El proceso de socialización se incorpora en la vida diaria sin solución de continuidad, y los compañeros se convierten en una parte cada vez más importante de la «placenta externa» del niño o la niña. Las amistades ofrecen compañía, recreación, la oportunidad de intercambiar ideas y posesiones, y también la oportunidad de hacer confidencias. Las amistades enseñan importantes lecciones de lealtad y apoyo social en momentos de dificultades. Las acaloradas discusiones y negociaciones sobre jugar según las reglas, la justicia, y quién ocupa el asiento de la ventana en el bus escolar sirven a los niños para interiorizar la moralidad convencional típica de esta edad, e incluso para mirar más allá de ella.[3]

No es de extrañar que tantos estudios demuestren que la camaradería y el apoyo de los compañeros son determinantes esenciales de la buena o la mala adaptación social.[4] De hecho, la calidad de sus amistades es uno de los indicadores más fiables de la salud emocional general del niño o la niña, incluso ante otras graves carencias.

A los niños que tienen sanos circuitos de vinculación y buena autoestima tiende a irles bien en el aspecto de la amistad, mientras que aquellos que tienen débiles los circuitos de vinculación o un temperamento difícil enfrentan más dificultades. Aunque es fácil caer en la excusa de «los niños son crueles entre ellos», si una hija tiene problemas en la amistad, es importante que la madre no haga la vista gorda a estas dificultades con la esperanza de que al crecer las supere. Si bien eso es muy posible, hay ciertos signos de «bandera roja» a los que hay que estar atenta (véase más adelante «Banderas rojas en el campo de la amistad»).

También es importante comprender que las madres que tienen amistades duraderas y enriquecedoras con otras mujeres, sus hermanas, y con sus madres, son modelo de comportamiento muy potente y favorecedor de la salud para sus hijas.

RETO DE LA SABIDURÍA: *tiempo para las amigas*

Actualmente las mujeres y las niñas se encuentran ante obstáculos importantes para cultivar y disfrutar de los beneficios para la salud de las amistades femeninas. Estos obstáculos son muy recientes en la historia humana: el trabajo fuera de casa y la vida excesivamente programada de las familias de hoy en día. Muchas mujeres a las que les encanta su trabajo y se enorgullecen de su capacidad para arreglárselas con sus diversas responsabilidades se sorprenden al caer en la cuenta de lo mucho que echan de menos el «tiempo para las amigas». La catedrática doctora Alice Domar, directora del Mind/Body Center for Women's Health en el Mind/Body Medical Institute, y del Centro Médico Beth Israel Deaconess de la Escuela de Medicina de Harvard, expresa bellamente esto:

> La manera sutil en la que se han deshilachado los vínculos entre las mujeres ha engendrado un fenómeno extrañamente poco feminista: las mujeres buscan que los hombres satisfagan todas sus necesidades. En los viejos tiempos, las necesidades intelectuales y creativas de las mujeres no se veían satisfechas, pero, con frecuencia, sus necesidades emocionales sí, por otras mujeres de su propio hogar y de su comunidad. En épocas más recientes, las mujeres trabajadoras cuentan con tan poco tiempo libre, y con tan pocos vínculos fuertes con sus compañeras de trabajo, que recurren a sus parejas masculinas para que compensen esa carencia. Esto pone demasiada presión en la relación de pareja, y las mujeres suelen experimentar un sentimiento de anhelo hacia la compañía de confidentes femeninas.[5]*

Recomiendo encarecidamente a todas las mujeres que consideran una prioridad el pasar tiempo con sus amigas. Esto hay que programarlo en la agenda con la misma diligencia con que se anota un corte de pelo. Una de mis amigas dice: «Hombres van, hombres vienen, pero las buenas amigas están contigo toda la vida». Amén.

---

* Alice Domar, *Cuida de ti misma como cuidas de los demás*, Urano, 2002, pág. 300. *(N. de la T.)*

Estilos y opciones de amistad: tan únicos como las huellas dactilares

No hay una sola forma correcta de amistad. Cada niña es diferente según sea su temperamento. En principio, a las niñas extravertidas podría resultarles más fácil relacionarse y lograr formar un círculo más amplio de amigas, pero las tímidas y las lentas para encariñarse también pueden formar lazos intensos. En general, ha sido mi experiencia que la amistad es cuestión de calidad, no de cantidad. Si tienes dos o tres buenas amigas que han estado contigo en los buenos y en los malos tiempos, te ha ido bien.

Una de mis clientas me contó acerca de su hija Emily, de doce años, que estaba atrapada en el clásico torbellino social de la preadolescencia:

Emily está siempre rodeada por amigas, y prefiere con mucho pasar el tiempo con sus compañeras que conmigo y mi marido. Si no insistiéramos, ni siquiera la veríamos los fines de semana, aparte del tiempo que se tarda en llevarla en coche a las casas de sus amigas. Nuestra casa se ha convertido en un «centro de llamadas» de preadolescentes; el teléfono casi siempre suena para ella, no para nosotros. Cada mañana, antes de irse a la escuela, la llama por lo menos una amiga para preguntarle qué se va a poner para ir a la escuela ese día. Finalmente le pusimos un teléfono con su propio número, con un timbre diferente al del nuestro. Sabemos que sus amigas son importantes, así que procuramos que nuestra casa sea el tipo de lugar donde las chicas deseen venir. Así por lo menos tenemos más posibilidades de ver a nuestra hija durante más tiempo que el que llamamos en broma «una rápida visita turística».

En cambio yo, cuando estaba en la escuela primaria y secundaria, mi mejor amiga era una chica cuya familia venía a la ciudad a esquiar los fines de semana. Durante la semana mi atención estaba centrada en los estudios. Pero sí tuve un amigo estable, el mismo chico, desde los trece años hasta la universidad. Mirando atrás veo que mi amigo me ocupaba el tiempo que de otro modo podría haber pasado con amigas. (También tenía cuatro hermanos para jugar.) ¡No formé lazos estrechos con un grupo de amigas hasta cuando ya tenía unos 35 años!

En la mayoría de las veces, tu papel como madre es acoger bien a las amigas de tu hija, y luego hacerte a un lado y dejar que las cosas ocurran.

Las amistades son valiosas en parte porque no están dirigidas por los padres. Sirven a la niña para reforzar su opinión arreglándoselas y defendiéndose sola, para definir en qué se parece y no se parece a sus padres, y para descubrir que otras familias tienen diferentes valores y estilos de vida. Cuando tu hija se encuentra ante un problema de amistad, entonces es cuando sientes el impulso a involucrarte.

Aunque mi hija Kate siempre tuvo una amplia variedad de amigas desde que entró en parvulario, siempre tuvo también una «mejor amiga» exclusiva. Todavía recuerdo lo destrozada que se sintió cuando los padres de una de esas mejores amigas se trasladaron a otra ciudad durante el primer año de básica. Le llevó un tiempo encontrar otra mejor amiga.

Pero la pérdida de amigas no se debe necesariamente a un traslado físico. A veces la amistad se acaba porque una niña cierra su corazón a otra. Una amiga mía tiene una hija de siete años que se echó a llorar cuando su madre la fue recoger al final del primer día de clases en segundo año. Su «mejor amiga» le había dicho que ya no deseaba que siguieran siendo amigas. La pequeña Sophie estaba desolada.

Y ése sólo fue el comienzo, porque la guerra entre chicas que es tan común en enseñanza media ahora se ha abierto camino a los cursos inferiores. Esto se debe en parte a la presión social de ser sexy, estupenda y popular, ya antes de la pubertad. Pues claro, a la mitad del año escolar las compañeras de clase de Sophie que antes eran amistosas, se habían organizado en una pandilla de «chicas populares» que se sabían la letra de todas las canciones de Britney Spears que Sophie no sabía. Su vida familiar no giraba en torno a la cultura popular ni la televisión. Así que Sophie ya no «encajaba», aun cuando era una estupenda alumna, buena jugadora de fútbol y tenía una agradable vida hogareña. Ser dejada de lado es tan doloroso, que Sophie dice que ya no quiere volver a la escuela.

Para contar el otro lado de la historia, recuerdo claramente el día que llevé a Kate a su primer día de clases en sexto de básica. Tenía once años en ese tiempo. Cuando paré el coche ante la escuela, las amigas de su círculo estaban ansiosas esperándola. Después que corrió a reunirse con ellas observé que una niña, a la que llamaré Jane, rondaba alrededor del círculo con el claro deseo de formar parte de él. Era evidente que mi hija y sus amigas excluían a Jane. Vi cómo se le entristecía la cara, parecía desolada. Sentí una terrible pena por ella. No logré entender que mi hija pudiera ser tan insensible. Esa tarde, cuando llegó de la escuela, le dije que entendía lo entusiasmada que se sintió al volver a ver a sus amigas, pero también le dije que no estaba bien excluir de forma tan grosera a otra compañera de clase, aun cuando no deseara pasar mucho tiempo con ella. Le expliqué que hay otras maneras hábiles de distanciarse de una relación que ya no funciona, por ejemplo ir disminuyendo lentamente la comunicación y las actividades compartidas.

Estoy muy segura de que mi observación no cambió nada a corto plazo. Años después, le pregunté a Kate por qué habían hecho eso a Jane ella y sus amigas. «No lo sé —me dijo—. Simplemente no encajaba. Era algo rara.» Varios años después le pidió disculpas a Jane, quien, para entonces, ya había formado su círculo de amigas y tenía sus actividades.

La pubertad suele ser una línea divisoria en las amistades de las chicas. Una niña que madura antes abandona a su anterior amiga del alma, cuyos cerebro y cuerpo aún no han experimentado los efectos de las hormonas transformadoras. Y la más madura no tarda nada en llamar «bebé» a su ex amiga. Casi de la noche a la mañana sus formas normales de jugar juntas le parecen demasiado «pueriles» a aquella cuyo cuerpo está madurando.

Rickie y Caroline, por ejemplo, prácticamente vivían la una en la casa de la otra desde tercero a sexto año de básica. Iban al mismo campamento de verano y dormían en la misma cabaña. Entonces, durante el verano anterior al séptimo año, le ocurrió algo a Caroline; se le desarrollaron los pechos y le vino la menstruación. Rickie se quedó con la impresión de que Caroline la abandonó sin darle ninguna explicación. Cuando comenzaron las clases, Caroline excluyó a Rickie y nunca le devolvió las llamadas ni las invitaciones a encontrarse. En realidad, a Caroline sólo le interesaban los chicos. Rickie se sintió desolada. En un verano perdió a la amiga más importante de su vida. Y nunca pudo hablar de eso con Caroline.

El efecto de los sentimientos heridos

Los estudios han demostrado que la pena de ser excluido se registra en el cerebro exactamente igual que el dolor físico. Un estudio reciente, publicado en la revista *Science*, documentaba que las zonas del cerebro que se activan cuando una persona siente un dolor físico también se activan cuando los sentimientos de una persona son heridos por el rechazo o la exclusión. El estudio fue bastante inofensivo. Encerraron a trece estudiantes voluntarios en una máquina de resonancia magnética para escanear el cerebro. Tenían que jugar a un sencillo juego de vídeo en que uno de tres jugadores lanza una pelota a otro. Primero vieron a dos jugadores lanzar la pelota, y luego se activaron sus controles y estuvieron jugando un rato. Pero muy pronto, los otros dos jugadores (figuras de hombres computarizadas, en realidad) jugaban solamente entre ellos. Cuando los estudiantes cayeron en la cuenta de que los excluían, les dolió. Se les encendieron las zonas del cerebro relacionadas con el dolor. En una entrevista publicada sobre el estudio, uno de los investigadores comentó: «Hay algo en el hecho de ser excluido por otros que se percibe como dañino para la supervivencia, como algo que nos puede herir físicamente, y esto el cuerpo lo sabe de forma automática».[6]

Aprender a arreglárselas con la pena del rechazo y a evitarlo en el futuro forma parte del proceso de crecimiento. De todos modos, es importante comprender que el cuerpo y la mente registran esa pena del mismo modo que registran un golpe físico. Es necesario validar esa pena y trabajarla. Y las madres han de tomar medidas para detener esa cadena de dolor cuando sea posible. (Véase «Cómo ayudar a la hija a agenciárselas en la guerra entre chicas», págs. 469-470.)

DESCENSO EN LA CURVA DE DESARROLLO

Con lo duros que pueden ser los rechazos, por lo general son parte normal del proceso de desarrollo por el que la niña aprende a encontrar su camino en el mundo fuera de su familia. Sin embargo, hay ciertas banderas rojas, o señales de alarma, que indican que podría estar bajando en su curva normal de desarrollo.

BANDERAS ROJAS EN EL CAMPO DE LA AMISTAD

Relaciones. La niña se vuelve pegajosa contigo o con otras personas adultas y evita el contacto con sus compañeras o niños y niñas de su edad.

Humor. Está mohína, quisquillosa, nerviosa, irritable o desconfiada; por ejemplo, se enfada cuando intentas ayudarla a encontrar actividades que podrían gustarle y les encuentra defectos a todas.

Atención. Está obsesionada con un solo aspecto de su vida, excluyendo todos los demás; por ejemplo, vive preocupada de su apariencia, hace listas y listas, o se pasa todo su tiempo ordenando y limpiando su cuarto.

Memoria. No para de pensar en todo lo que ocurre en la escuela, analizando quién dijo qué y enumerando los defectos de sus compañeras. Podría hablar sin parar sobre este tipo de cosas. Parece no fijarse en los momentos agradables ni en las ocasiones en que alguien es atento con ella.

Salud física. Es propensa a pequeños achaques, dolores, sarpullidos y otros síntomas físicos que son consecuencia de estrés emocional. Los exámenes o análisis diagnósticos no revelan ningún problema.

Michelle, de nueve años, es la hija de otra clienta mía. Su madre me contó lo siguiente:

Michelle ha tenido dificultades para hacer amigas y mantenerlas desde que entró en la escuela. Cuando llega a casa al final del día, se queja de sus compañeras, siempre está criticando a las demás chicas. También parece que siente envidia de algunas de sus compañeras de clase, sobre todo de las que son más populares y guapas. Cuando en alguna ocasión lleva a alguna amiga a casa al terminar las clases, a veces la deja sola y quiere pasar el tiempo conmigo y mi marido. Siempre ha sido una «pequeña catedrática» y le va muy bien en los estudios. Prefiere la compañía de adultos a la de amigas. Estoy un poco preocupada por ella, pero sus profesores la quieren y me dicen que le va muy bien.

Es posible que Michelle esté dando señales de un «descenso» en el desarrollo de los aspectos de vinculación y relaciones. Su madre, como las madres de todas partes, sabe que algo no está del todo bien en su hija. Pero no logra poner el dedo en la llaga. Y no recibe ninguna confirmación por parte de la escuela, aun cuando ha preguntado a los profesores de su hija acerca de sus dificultades en la amistad.

Si no mejoran las habilidades relacionales de Michelle, su madre podría acabar siendo su principal relación de apoyo, y viceversa. Es fácil comprender cómo puede ocurrir esto, dada la potencia de la vinculación biológica madre-hija. Cuando una madre percibe que su hija ya no lleva un progreso normal en la curva de desarrollo, automáticamente hace todo lo que puede para arreglar eso. Ese «arreglo» suele incluir darle su tiempo, su energía y recursos de manera que las haga continuar avanzando a las dos en sus vidas.

ISABEL: *estancada en la latencia*

Cuando la conocí, Isabel tenía 48 años y vivía en un apartamento-estudio en Boston. Siempre había sido buena alumna, pero nunca tuvo amigas. Terminada la universidad, se fue a Perú con una prestigiosa beca Fullbright y estuvo varios años ahí especializándose en investigación. Cuando volvió tenía la intención de escribir un libro acerca de sus experiencias e investigaciones ahí, pero las cosas no fueron como las había planeado. No terminó su tesis; su libro también quedó en nada; al parecer no logró entenderse con el director o el personal de la editorial. Su trabajo como ayudante de cátedra en la universidad acabó antes de seis meses. Según ella, el trabajo no aprovechaba sus dotes y talentos y era muy aburrido. (Por su parte, sus alumnos se quejaban de su forma de enseñar.)

Finalmente se estableció en un trabajo de secretaria en el Departamento de Antropología de una universidad local. Aunque parecía muy prometedora cuando estudiaba en la universidad, no era capaz de entablar y mantener relaciones satisfactorias fuera del ambiente «parental» de la universidad. Su apartamento era un altar a su pasado, y su vida se caracterizaba por una rutina inmutable: cada mañana compraba leche fresca y huevos, tal como hacía durante su estancia en Perú. Todas las noches al llegar del trabajo leía *The New York Times*. Tenía varias conocidas de su época universitaria, con las que de vez en cuando iba al cine o a un concierto, pero ninguna amistad íntima, continuada. Todos sus días festivos y muchas noches los pasaba con su madre viuda, que vivía en un barrio cercano.

Isabel estaba estancada en el periodo de latencia. Su madre era su relación «por defecto», la única con la que podía contar como un puerto seguro. Por desgracia, hacía poco que a su madre le habían diagnosticado cáncer de mama, y las dos estaban tremendamente apenadas y preocupadas por el futuro.

Por mucho que lo intente, una madre no puede serlo todo para sus hijos. Incluso el intento de serlo puede paralizar tanto a la madre como a la hija. Independientemente de su temperamento, ésta no podrá recibir apoyo ni cariño de otras personas mientras su madre no sea lo bastante flexible para permitirlo. Muchas familias se marginan del mundo que las rodea y adoptan la actitud «nosotros contra el mundo», que más adelante puede poner en riesgo su salud por falta de apoyo.

PROGRAMA DE ATENCIÓN PARA UNA HIJA QUE HA EXPERIMENTADO UN DESCENSO EN SU DESARROLLO Y ESTÁ ESTANCADA EN LA LATENCIA

Vigila las señales de alarma. Si una niña desea estar principalmente con su madre y no con sus amigas, eso es una bandera roja que indica futuros problemas en su individualización. Procura no ser la relación «por defecto» de tu hija. Si observas que ella siempre desea estar contigo y con tus amigas, dile que necesitas un tiempo para estar sola, y también un tiempo para estar con tus amigas.

No te conviertas en su directora social. Aunque podría no gustarle, tu hija necesita decidir ella sola su manera de pasar su tiempo libre. (Tal vez te sirva tener presente que el aburrimiento no es una enfermedad de urgencia ni fatal.) Entre los 7 y los 10 años, la niña debería ser capaz de ocuparse en algo sola unas dos a tres horas cada vez. A los 14 debería ser capaz de pasar la mayor parte de su tiempo libre sola o con amigas, y sólo necesitar pasar un par de horas diarias con sus padres. Anímala a emprender actividades que le interesen y que pueda hacer sola.

Fija límites sanos. Las niñas estancadas en una fase del periodo de latencia pueden ocupar muchísimo espacio y tener interminables problemas que desean que solucione su madre. No permitas que tu hija monopolice la conversación de la familia quejándose de ser víctima entre sus amigas en el colegio o en el campamento. Puede que sea agradable sentirse necesitada, pero no haces ningún favor ni a ti misma ni a tu hija estando disponible para sus dramas de relación (o, después, dramas en el trabajo). Si es necesario, haz un programa u horario en que fijes cuánto tiempo estás dispuesta a pasar con ella los fines de semanas y las tardes o noches. El tiempo de calidad con este tipo de niñas se pasa mejor en salidas estructuradas, como ir a ver una película, ir a un museo o salir a comer.

Anímala a hacer vida social. A los 9 o 10 años la niña ya debería ser capaz de llamar a sus compañeras de escuela y concertar citas con ellas para jugar. Tal vez sea necesario que ensayes con ella esas llamadas o le fijes una hora para que las haga; también tienes que ayudarla a comprender que normalmente esto entraña comprobar antes la disponibilidad del progenitor que la lleva y la trae en coche. Si después de llamar es repetidamente rechazada, esto podría ser muy doloroso para ella y para ti. Los rechazos repetidos son una señal de aviso de que es necesario cambiar algo. Es posible que tanto tú como ella necesitéis ayuda especializada (véase más adelante).

Hazla responsable. A veces las madres de hijas difíciles exageran en compadecerlas. En consecuencia, descuidan otras cosas. Esto no hace ningún favor a la hija, porque en realidad satisfacer expectativas y sentirse útil refuerza su autoestima. Exígele que colabore y se encargue de algunos quehaceres en la casa, aun cuando se queje y te critique.

Céntrate en lo positivo. Cualquier hija, por difícil que sea, tiene aspectos amables y adorables. Centra la atención en esos aspectos siempre que sea posible. Esto no quiere decir que pases por alto o restes importancia a los aspectos difíciles. Pero esto sirve para tratar mucho más eficazmente a este tipo de hija.

Sé sincera contigo misma. Si descubres que siempre deseas pasar tu tiempo con tu hija en lugar de estar sola o con tu marido o amigas, es posible que *tú* tengas problemas con la separación. Busca la ayuda de un terapeuta especializado para que tu necesidad no afecte adversamente a tu hija.

Recuerda que no eres un «pueblo». Aunque una niña siempre necesita por lo menos una relación estable con la que puede contar, también necesita la capacidad para aceptar y recibir cariño y atención de un buen número de otras personas. Pide a otras personas que te ayuden a cuidar de tu hija, aunque ella sólo desee a «mamá». Una profesora o vecina puede ser una cuerda salvavidas para este tipo de niña.

Fíate de tus instintos. A muchas madres que tienen hijos que están descendiendo en la curva de desarrollo se les dice que esto es «sólo una fase» y que el niño o la niña lo superará cuando crezca. A veces esto es cierto; a veces no. Normalmente, una madre lo sabe; por desgracia, muchas veces otras personas invalidan sus instintos debido a que nuestra cultura aún no entiende el efecto y el predominio de los trastornos de vinculación.

Busca ayuda profesional. Haz evaluar a tu hija por un profesional de la salud mental especializado en terapia conductista dialéctica. Si bien este tipo de terapia se ideó para tratar a personas a las que un trauma ha trastornado su personalidad, puede servir para cambiar los aspectos desmañados de la personalidad de una niña antes que sufra de problemas más graves. Una niña de doce años probablemente no necesita un tratamiento completo con esta terapia, pero un terapeuta que esté versado en el método sabrá qué habilidades concretas necesita desarrollar para aprender a entablar relaciones duraderas, sostenibles. Sabrá ayudarla a cambiar eficazmente las pautas de pensamiento (y reacciones corporales) que han contribuido y contribuyen a sus problemas. (Véase «Recursos y proveedores».)

No lo tomes como algo personal. Las dificultades de vinculación de tu hija no siempre son un reflejo de ti. Haz todo lo que puedas para darle un buen ejemplo en habilidades relacionales, y luego deja eso en paz. Si continúan los problemas relacionales de la niña, sé realista respecto a sus limitaciones y date permiso para afligirte. En último término, éste es un asunto entre ella y su alma.

¿HAS PERDIDO TU INFLUENCIA EN TU HIJA? RECUERDA EL SÍNDROME DEL PLATO DEL GATO

Muchas madres de niñas preadolescentes se encuentran ante una situación diferente: se sienten en un plano subalterno ante determinadas amigas que se citan como autoridades en todo, desde la hora de acostarse a la asignación para ropa o a cómo debe partirse un bocadillo. Sí, la influencia de las compañeras es muy fuerte, pero si ésa es tu historia, te invito a considerar lo que yo llamo el síndrome del plato del gato.

Seguro que habrás observado que los gatos suelen no hacer el menor caso de la comida que tienen en su plato hasta que otro gato manifiesta interés en su contenido. Entonces no hay nada que impida al gato que no estaba interesado ir a examinar el plato que encontraba aburrido para asegurarse de que no falta nada en él.

Bueno, los humanos no somos muy diferentes, sobre todo en lo que concierne a las madres. Una vez que reconozcas tu capacidad para atraer a otros a tu «plato», puedes usar conscientemente esa atracción para influir de forma positiva en tu vida y en la de todos los demás de tu familia.

Éste es un ejemplo: cuando mis hijas tenían nueve y once años, decidí disminuir mi consumo de grasa. Comencé por comprarme un aliño para ensalada con poca grasa, a pesar de que no sabía tan bien como el normal. En las comidas ponía en la mesa varias botellitas de las dos clases de aliño, el normal y el con poca grasa, para que mi familia pudiera elegir. Fuera lo que fuera lo que yo ponía en la mesa, las niñas siempre usaban mi botella de aliño con poca grasa. Mientras tanto varias botellas del aliño antes popular quedaban sin tocar, aparte del viaje del refrigerador a la mesa y de la mesa al refrigerador cada vez que había ensalada. Le pregunté a mi hija mayor por qué se servía del aliño con poca grasa. Me contestó «No sé». Así que decidí experimentar un poco y volví a usar el aliño normal. Pues, faltaría más, el aliño con poca grasa quedaba sin tocar. Quedó claro que la botella que yo deseaba para mí tenía un encanto casi mágico para el resto de la familia. (Después descubrí que este mismo principio vale para las prendas favoritas de ropa, e incluso para los coches.)

En el capítulo 2 comparé la energía femenina o poder «yin» con una fuerza centrípeta o que «atrae hacia dentro», por ejemplo el poder del óvulo que envía una señal al espermatozoide y luego espera que éste venga a él. Esta energía centrípeta es la esencia de la actitud y cuidados maternos. Con razón el perro merodea por la cocina, esperando que le caiga algo, y a las madres de niños pequeños les resulta imposible darse un baño a solas. Al fin y al cabo, es el cuerpo de la madre el que, en el plano físico, tiene la sabiduría para producir una leche que contiene exactamente la proporción correcta de macronutrientes, micronutrientes y anticuerpos para su bebé. La energía que rodea a ese cuerpo puede ser igualmente nutritiva. Millones de años de evolución y de memoria celular nos han programado para confiar en que el cuerpo de nuestra madre tiene lo que necesitamos y cuando lo necesitamos.

Cuando tu hija es pequeña, es fácil ver el efecto de tu energía centrípeta en ella (y en tu pareja). Desean hasta la última gota del jugo nutricio que puedes producir. Y durante esos primeros años, es probable que tengas la sensación de que jamás volverás a tener vida para ti. Yo me sentía así, ciertamente.

Pero cuando tu hija se haga mayor experimentarás un cambio en las exigencias sobre tu energía y tu abnegación. Eso es natural y necesario. Mientras tú comprendes (tal vez por primera vez en muchos años) tu necesidad de individuarte y cuidar de ti, tu hija pasará por una fase en que deseará pasar más tiempo con sus amigas que contigo. Entonces es el momento para controlar tu «plato del gato».

Dado el grado de acogida que tu presencia da a tu hija, no te sorprenda lo que ocurra cuando decides por primera vez alargar la mano para llenar tu plato en lugar de estar constantemente llenando los de todos los demás. Da un paso atrás y observa cómo los gatos comienzan a rondar.

Tomemos una típica mañana de sábado cuando mis hijas tenían entre 10 y 14 años. Las niñas siguen durmiendo, mi marido ya ha comenzado a trabajar en su barca y yo deseo disponer de mi propio día. De todos modos, como si esto estuviera incorporado biológicamente, no pongo la firma en mis planes hasta saber los de todos los demás. Si las niñas me dicen que van a estar ocupadas (lo que es cada vez más común), entonces podría llamar a una amiga para ir al cine o a la playa.

Una vez que hago esto, invariablemente los gatos empiezan a notar que otra persona se ha interesado en el plato materno. Hacer los quehaceres de la casa, o simplemente estar en casa y disponible, hace aburrido el plato de la gata y nadie le hace caso. Pero en el instante en que anuncio mi plan de salir a pasarlo bien con una amiga, tendrías que ver cómo corren los gatos a inspeccionar el plato. De repente sus planes parecen perder parte de su brillo. ¿Por qué? Porque la mamá ha empezado a prestar atención a su propio plato.

Decidir cuidar de ti cuando tu familia se siente repentinamente amenazada por tus planes podría ser un verdadero reto para ti. ¿Por qué? Porque podrías sentirte tentada de cambiar tus planes en favor de ellos, sobre todo si inventan algún motivo para necesitarte después, o que los lleves a alguna parte. Mantente firme, tanto con tus hijos como con su padre. Tienes que ser modelo y dar el ejemplo de que tienes derecho a una vida plena.

Así que prepárate para el inevitable síndrome del plato del gato. Menciónalo cuando tus hijos tengan edad para entenderlo. Que experimenten el tener una madre que sabe preparar un plato nutritivo que no sólo atrae a otros sino del que también sabe disfrutar ella. Goza de tu capacidad de cuidarte tú y cuidar a otros. Y ríete cuando los gatos empiecen a rondar tu plato.

EXCESIVA INTROMISIÓN EN LA VIDA DE UNA HIJA

En este periodo algunas madres se entrometen excesivamente en la vida de sus hijos. Una mujer corre el riesgo de perder sus posibilidades de avanzar en su propio desarrollo personal si pone demasiada de su energía en dirigir, micromanejar y controlar a sus hijos y a su pareja con el fin de hacerse indispensable. Las madres que caen en esta trampa suelen tener vacíos de desarrollo que les quedaron de sus años de latencia. Se sienten bien consigo mismas principalmente siendo de servicio a su familia, aun cuando sus hijos ya no la necesiten como la necesitaban antes. (Siempre necesitamos a nuestra madre en cierto modo, pero no necesitamos que nos dirijan la vida.) Cuando una madre calma su miedo de ser incapaz entrometiéndose demasiado en la vida de los miembros de su familia corre el riesgo de truncar su proceso de individuación y el de su hija.

En cambio una madre que pasó óptimamente su proceso de individuación en sus años de latencia, está feliz de hacerse a un lado y dar más autonomía a su hija, porque comprende que eso significa más libertad para las dos. Su papel día a día pasará de cuidar y alimentar a uno más de supervisión.

Pero si la madre se aferra a la anterior manera de ser con sus hijos cuando están en el proceso de individuación, ellos reaccionarán con algún tipo de rechazo porque percibirán que su deseo de estar con ellos viene de su propia necesidad y falta de compleción. La niña sabrá que la motivación de su madre no viene del puro deseo de contar con su compañía y apoyar sus intereses más elevados.

ALICE: *separarse de una madre con problemas de latencia*

Es sábado a mediodía. Las amigas de sexto de básica de Alice van a ir de compras y luego pasarán a almorzar en un McDonald, y Alice está invitada. Todo esto lo ha organizado la tía de una de las niñas, que las acompañará. Pero la madre de Alice ha estado esperando con ilusión pasar un tiempo con ella porque su marido está fuera en uno de sus frecuentes viajes de trabajo; ella no sabe esto conscientemente. Lo que hace es transmitir su deseo de comportarse como madre. Comienza a preparar un nutritivo almuerzo de sopa y ensalada. También ha hecho pan fresco. De modo que cuando Alice le recuerda que va a ir con sus amigas a almorzar en McDonald, la madre le hace ver que ya ha empezado a preparar el almuerzo y que la comida rápida no es sana. También se muestra alicaída y triste, aun cuando ya había aprobado la salida.

Alice ha estado toda la semana esperando con ilusión esa salida con sus amigas, pero en ese momento se siente desgarrada. En realidad no ha procesado el mensaje sobre la nutrición, pero la cara de su madre le dice lo mucho que ésta desea que se quede en casa.

Esto es lo que ocurre realmente: la madre de Alice no sabe cuidar de sí misma ni satisfacer sus necesidades como adulta. Cuando estaba en la universidad, tomó como asignatura principal artes liberales y dejó de pensar en seguir una carrera. Se casó justo después de la graduación y quedó embarazada antes del año. Cuando nació Alice, se sintió como si hubiera encontrado lo que siempre había estado buscando. Se convirtió en la quintaesencia del ama de casa, y mientras Alice, su marido y otros familiares estuvieran a su lado para disfrutar de su trabajo, se sentía gratificada. Creía que nunca volvería a tener que hacer frente a la incertidumbre y soledad que había sentido en sus años de estudios. La nueva independencia de Alice amenaza esa cómoda suposición.

Alice encuentra repulsiva la conducta de su madre en torno al almuerzo, aunque es posible que no entienda por qué. De hecho, su madre no actúa como madre sino como una hija dependiente. Eso pone a Alice en la insana posición de tener que hacerle de madre justamente a la persona que debe cuidar de ella como madre. El apremio para adaptar sus necesidades y deseos a cuidar de los sentimientos de su madre es mayor aún porque la quiere.

Alice está atrapada: si decide quedarse con su madre en lugar de salir con sus amigas, pierde una oportunidad de individuación, por no hablar de la de diversión. Si dice sí a sus amigas, sentirá la desilusión de su madre. También podría tener que soportar la «represalia», por ejemplo un silencio pétreo o comentarios sarcásticos. O cuando llegue de vuelta a casa, su madre podría comenzar con «Tu habitación está hecha un asco» o «¿Ya hiciste tus deberes?» Esos comentarios simplemente desvían la atención del verdadero problema: la incapacidad de la madre para dejar crecer a su hija.

El distanciamiento tampoco es sano

No todas las madres que quedaron con vacíos de su edad de latencia se entrometen demasiado en la vida de sus hijos de edad escolar. Algunas podrían hacerse supercompetentes en el mundo externo y lanzarse a los rigores del trabajo voluntario o la profesión, a expensas de su vida familiar.

Este tipo de madre suele ser la que, por temperamento, encontró extremadamente agotadores los años de cuidar de niños pequeños. Así que cuando su hija va a la escuela, lo que le deja más tiempo en sus manos, podría sobrerreaccionar a esa recién encontrada libertad y excederse en ese paso de desarrollo. Podría desentenderse excesivamente de la necesidad de su hija de la atención materna constante y centrarse demasiado en su necesidad de reconocimiento y respeto en el mundo externo.

DANIELLE: *arreglárselas con la ausencia materna*

Danielle rondaba los 30 años cuando vino a verme por primera vez. Tenía problemas de dolores menstruales y obesidad. También padecía hipotiroidismo y frecuentes irritaciones de garganta. Me explicó que tenía dificultad para sentirse «valiosa», aun cuando era una muy eficiente secretaria personal de una próspera empresaria.

Al observar que tenía problemas de autoestima y también en su «voz» personal (véase «Tener voz y voto», en cap. 11), le pregunté acerca de su relación con su madre. Me dijo:

> Cuando yo tenía unos siete años, mi madre se lanzó a hacer trabajo voluntario en nuestra iglesia y en el hospital de la localidad. Nunca estaba en casa cuando yo llegaba de la escuela. La verdad es que no sé qué hacía. Siempre tenía algo que hacer. Yo tenía que pasar a recoger a mi hermano pequeño al parvulario y llevarlo conmigo a casa. También tenía que ocuparme de que merendara. Esto duró años. Mi madre no tenía ninguna necesidad de trabajar fuera; mi padre era un próspero banquero. A decir verdad, no sé qué hacía todo el día, y ni siquiera sé adónde iba.

A mí me quedó claro que a Danielle le habría ido muy bien recibir más atención y cuidado maternos durante su edad de latencia. En lugar de tener eso, se vio obligada prematuramente a hacer ella el papel de madre con su hermano menor. Y eso contribuyó a hacerla sentirse excesivamente responsable de los demás, como también a su falta de autoestima, durante su vida adulta.

RETO DE LA SABIDURÍA: *cuando una niña tiene un hermano difícil o con discapacidad*

Cuando era niña, una vez escuché una conversación que nunca olvidaré, entre mis padres y otra pareja. Hablaban del efecto que había tenido el nacimiento de un hijo retrasado en una familia de amigos comunes. A lo largo de los años he tenido muchas clientas que se criaron con un hermano que tenía una u otra anormalidad, y he comprendido que casi en todas las familias numerosas hay por lo menos un miembro con un problema grave, entre otros retraso mental, autismo, personalidad fronteriza u otro problema de personalidad, enfermedad crónica o hiperactividad. Aunque no es un tema popular de conversación, tener un hermano difícil puede cobrarse un precio elevado en los hijos normales, y éste se comienza a pagar muy pronto.

Donna, una de mis clientas, se crió con una hermana mayor enferma mental cuyos estallidos emocionales la hacían el centro de atención. La madre procuraba conservar la paz teniendo contenta a esa hija. Donna, la hermana normal, se sentía como si debiera ser perfecta para compensar los defectos de su hermana. Maduró mucho antes de lo que es normal o sano, ya que las necesidades de su infancia eran invisibles. Su hermana siempre «se chupaba todo el aire» de la habitación y agotaba las energías de todos. Me contó:

> Dado que nunca sabíamos qué podría desencadenar un estallido de mi hermana, andábamos con pies de plomo alrededor de ella. Y puesto que su conducta era tan irregular y molesta, mi madre no le ponía ningún límite. Hacía estragos con mis juguetes, en mi habitación y en mis deberes escolares; y yo no podía quejarme a mi madre de eso. Tampoco me atreví nunca a llevar amigas a la casa porque no sabía qué podría hacer mi hermana. Me avergonzaba. Pero me daba vergüenza sentirme así porque mi madre siempre se ponía de su parte y decía: «No puede evitarlo, Donna».

Otra de mis clientas sufrió muchísimo tratando de decidir si invitar o no a su hermana difícil y distanciada a la boda de su hija. Al final su hija le dijo: «No, mamá. Desde que tengo memoria, Cory ha estropeado todas las reuniones familiares con sus estallidos y sus dramas. Déjame tener una boda tranquila y hermosa». La hermana no asistió y la boda fue hermosa, pero mi clienta sigue sintiéndose culpable por su decisión, porque, como todas, ansía la versión boda familiar estilo Hallmark Card, completada por una reconciliación que no ocurrirá nunca.

En su revelador libro *The Normal One: Life with a Difficult or Damaged Sibling*, la doctora Jeanne Safer, psicóloga que tiene un hermano difícil, escribe:

No hace falta que el trastorno sea catastrófico para que la importancia de un hermano problemático parezca más grande que la de uno normal; de todos modos tienes que, como dice la hermana de una mujer anoréxica, «organizar la vida en torno a eso». Muchos hermanos ni siquiera saben el diagnóstico del hermano problemático, ya sea porque es difícil clasificar el trastorno o porque los padres deciden no saberlo. La ambigüedad intensifica la ansiedad, y crecen con una vaga depresión y un miedo indefinido que deben guardarse para sí mismos. Aprenden a guardar secretos.

Si tienes un hijo o hija anormal con hermanos normales, tienes que hacer todo lo que esté en tu poder para lograr que las necesidades del anormal no tengan indebida prioridad sobre las necesidades de los normales. Lo primero que te recomendaría es que leas el libro de Jeanne Safer. Nunca volverás a ver la situación de la misma manera, y te dará la información exhaustiva que necesitas para fiarte de tus instintos en una cultura que tiende a aprobar excesivamente la santidad de quienes cuidan de personas anormales.

Procura intervenir cuando el hermano difícil se descontrole y no respete los límites del o la normal. Defiende los derechos de tus hijos normales. No los hagas excesivamente responsables de su hermano anormal. Por ejemplo, si tu hija con problemas no tiene ninguna amiga, sencillamente no es justo que la normal la lleve con ella todo el tiempo. No esperes que tu hija o tus hijos normales sean sus cuidadores regularmente. Busca toda la ayuda exterior que puedas.

Ésta no es una situación fácil para nadie, pero una madre empeora las cosas si se agota satisfaciendo las interminables necesidades del niño anormal a expensas de los otros niños de la familia. Esto no sirve a nadie, ni siquiera al difícil. De hecho, sólo lo hace más difícil y exigente, sea cual sea el trastorno o enfermedad. Haz el esfuerzo consciente de tener tiempo a solas con tu hija normal y procura que sepa que tratarás de apoyar sus necesidades de todas las maneras posibles.

Encontrar el equilibrio

Cuando tus hijos comiencen a hacerte a un lado y prefieran estar con sus amistades, es posible que sientas una punzada en el corazón o en el abdomen. A mí me ocurrió, sobre todo en los últimos años de latencia de mis hijas, cuando ellas planeaban pasar sus fines de semana con amigas y ni siquiera consideraban la posibilidad de que yo deseara pasar un tiempo con ellas. Echaba de menos nuestras actividades de fin de semana y el saber que siempre estarían bien dispuestas a salir de excursión con mi marido o conmigo y salir a desayunar. Por otro lado, me encantaba verlas conversar con sus amigas y profesoras y observar cómo se iban convirtiendo en ciudadanas de comunidades más grandes, con amigas e intereses que no tenían nada que ver conmigo.

Es natural echar de menos esa especial intimidad que tenías con los hijos cuando eran pequeños y te creían el centro del universo. Pero éste es el momento para permitir que se desarrolle una forma de intimidad diferente y más madura.

Ten presente que tu hija sigue necesitándote, pero de modo distinto, en una fase más avanzada de su desarrollo. Sería incorrecto que una madre pájaro continuara poniéndole la comida en la boca a sus pequeñuelos cuando ya son capaces de salir del nido a buscar sus propios gusanos. Si la madre sigue alimentándolos así, ellos no desarrollarán su capacidad para alimentarse solos y no aprenderán a volar con sus propias alas.

Confía en el proceso de la vida. Tu hija tiene todo lo que necesita para convertirse en una mujer adulta íntegra, sana y segura de sí misma. Tu tarea es ser un modelo de en lo que ella se va a convertir y transmitirle el mensaje de que crees que es capaz de hacerlo. La siguiente es una fabulosa afirmación adaptada de Louise Hay para esta fase:

Mi hija y yo vamos por la vida como personas individuales, seguras, confiadas y dichosas, sabiendo que todo está bien en el futuro.

LA ADOLESCENCIA: SUPERVIVENCIA DE LAS MÁS ADAPTABLES

La adolescencia es un periodo muy fogoso durante el cual el alma de la niña exige encarnarse y expresarse de maneras que apoyen su pasión y finalidad únicas. Esto es difícil en una cultura que combate la autenticidad en las chicas, que les niega las vías legítimas al poder, y por lo tanto las alienta a buscar el poder por asociación en lugar de por consecución. Dado que nuestra cultura valora más a los chicos que a las chicas, las chicas tienden a infravalorarse y a infravalorar su tiempo y su energía. Lo que hacen, entonces, es batallar entre ellas, competir por los chicos y denigrarse mutuamente, señales todas de una opresión interiorizada.

Ser excluida de la pandilla de chicas populares en el colegio es muy estresante para incontables chicas. Pero su manera de interpretar y reaccionar a esta exclusión (muchas veces orientada por su madre o por su padre) es esencial para su futuro. Si decide que es una «perdedora» y «fea», y estas percepciones no cambian con el tiempo, hay muchas más probabilidades de que se entregue a adicciones o a otras conductas torpes para sentirse mejor y encajar en la multitud «guay». Por otro lado, podría decidir desentenderse de esas chicas y volver la atención a perfeccionarse en otros campos, tales como el deporte, los estudios o la música. También podría buscar la amistad de otras chicas que no pertenecen a esa pandilla.

Claro que la adolescencia no se ve tan sencilla cuando la chica está pasando por ella. El sufrimiento que siente una joven cuando la dejan de lado o la atacan otras chicas es intenso y muy real. Pero ese sufrimiento se puede usar como un impulso para el crecimiento personal. Por lo tanto, hay que animar a las adolescentes a encarar esto de frente y a tomar medidas para usar su energía de modos más beneficiosos.

MEGAN: *la crueldad como mecanismo de reacción*

A veces la reacción de las compañeras de la niña, por cruel que pueda ser, en realidad lleva un mensaje que es necesario oír y considerar. Una de mis clientas me contó la siguiente historia sobre la experiencia de su hija en enseñanza media:

> Nunca olvidaré la vez que llevé a mi hija Megan a una pizzería adonde iba a comer con sus amigas antes de un baile del colegio. Las vi salir a todas del restaurante sin ella, dejándola terminar su comida sola, y después la vi caminar hacia el colegio detrás de ellas. ¡En esos momentos sentí una furia tan intensa que tuve que reprimir el deseo de atropellar a esas chicas con mi coche! Megan me contaba que a veces sus compañeras de clase se levantaban de la mesa y se marchaban tan pronto como ella ponía su bandeja con el almuerzo en la mesa. Aunque era una excelente alumna, Megan parecía obsesionada por el comportamiento de las otras chicas y no lograba formar amistades duraderas.

Preocupada por la forma como trataban a mi hija sus compañeras, tuve una entrevista con su asesora para hablar de la situación. Ella me dijo que, según su amplia experiencia en educación, las chicas del segundo ciclo de primaria y las de secundaria eran «las criaturas más antipáticas de la Tierra». Eso me consternó. En ese momento pensé: «Con esta forma de pensar en una figura de autoridad escolar, ¿cómo van a mejorar las cosas?» Claro que me dijo que hablaría con las otras chicas sobre su hiriente comportamiento, y añadió también que las cosas mejorarían en bachillerato. Francamente, eso no me tranquilizó mucho. Me costaba aceptar la idea de que era natural que las chicas fueran tan crueles entre ellas.

Las adolescentes ofrecen una respuesta o reacción inmediata, desenfrenada y muchas veces cruel a lo que uno hace. Las niñas que entran en este ambiente del colegio de enseñanza media deben aprender a adaptarse para sobrevivir. En el caso de Megan, por ejemplo, resulta que ella misma daba pie a ese trato por parte de sus compañeras. En lugar de suponer que la esperarían hasta que terminara de comer, debería haber estado atenta a las demás y terminado de comer a tiempo. Su madre me contó que muchas veces Megan se hacía esperar por los demás, y rara vez colaboraba en los quehaceres de la casa porque consideraba más importantes sus actividades e intereses que encajar bien en su familia. Ya de niña sus compañeras la calificaban de mandona. Dice su madre:

Durante toda su niñez Megan fue muy ensimismada, nunca se fijaba ni le importaba cuando era la hora de subir al coche para ir a la escuela, para salir a comer o para un viaje. Cuando viajábamos en coche a alguna parte, ella iba con la nariz metida en un libro. Cuando llegábamos al lugar nunca tenía los zapatos ni la chaqueta puestos, por lo que nuevamente nos hacía esperar. Teníamos la impresión de vivir esperándola; esperando que terminara de vestirse, que terminara sus deberes, etcétera. Una vez llevé a su hermano al colegio y la dejé en casa porque ya estaba harta de esperarla.

Evidentemente el grupo de compañeras de Megan no tenía ni de cerca el grado de aceptación que tenía su familia. Y ése es el quid del asunto. El grupo de compañeras de la adolescente no le permite salir impune de ese irritante comportamiento al que su familia inmediata ya está acostumbrada. Aún no son lo bastante codependientes porque en sus cerebros todavía no está establecido del todo el impulso a controlar. ¡Y esto puede ser bueno! Contribuye a preparar a la niña para el mundo tal como es, no al mundo como ella desea que sea. Le ofrece una respuesta o reacción instantánea y dolorosa.

Actos fortuitos de crueldad: ¿qué ocurre en realidad?

A los trece años, Lisa era lo que su madre llamaba una «flor tardía». La diferencia en el desarrollo físico entre ella y las otras chicas era cada vez más evidente. Un día de fin de semana en que estaba con toda la clase celebrando la fiesta de *Bar Mitzvah** en la casa de un compañero, se enzarzó en una discusión con su amiga Jamie. Jamie ya empezaba a atraer muchísima atención entre los chicos, y estaba encantada con eso. La discusión se fue acalorando, hasta que Jamie le gritó por encima de la mesa delante de todos: «Lisa, eres tan plana que pones envidiosas a las paredes». Lisa sintió los ojos de todos sobre su pecho, salió corriendo de la sala, llorando, y llamó a su madre para que la fuera a recoger.

Tu hija adolescente podría tener el temperamento más amistoso del mundo y de todos modos encontrar difícil el ambiente social del colegio. Una de mis hijas iba a un instituto privado y la otra a uno público, los dos de una pequeña ciudad de Maine. Los problemas relacionales entre adolescentes eran iguales en los dos colegios, y similares a los que yo leía en reportajes e informes sobre adolescentes de colegios de todo el país.

Por ejemplo, recibí un informe del director del instituto local cuando mi hija menor estaba en segundo año:

> Estamos contendiendo con un problema que superficialmente es tecnológico pero que toca más profundo valores esenciales, y deseo explicárselo, con la esperanza de que podamos tratarlo juntos.
>
> Hace poco los alumnos nos hablaron de la existencia de un sitio web llamado freevote.com, que permite crear «urnas» para votar acerca de cualquier tema. Si bien esto podría ser interesante, algunas personas han creado «urnas» muy perniciosas, como la del «peor perdedor del Instituto de Yarmouth». Y hay otras de

---

* *Bar Mitzvah:* ceremonia religiosa judía por la que, a los trece años, un chico entra a formar parte de la comunidad de los adultos. *(N. de la T.)*

peor espíritu aún que emplean un lenguaje que no deseo repetir aquí. Como puede imaginarse, esto ha sido desastroso para muchos de nuestros adolescentes que aún están muy frágiles en el desarrollo de su sentido de identidad.

Aunque hemos cerrado el acceso a este sitio web en el colegio y estamos ideando maneras de tratar los valores más profundos en torno a este uso de la tecnología, no podemos controlar lo que hacen los alumnos en los ordenadores fuera del colegio. Y los alumnos nos dicen que, gracias a la inmediatez de los mensajes, ese sitio y sus efectos siguen muy vivos. Por lo tanto le pedimos que hable con sus hijos e hijas acerca del uso responsable de la tecnología, y vigile cómo usan la tecnología de Internet en casa. Es de esperar que juntos podamos ayudar a los jóvenes a sortear las tentaciones que ofrece la tecnología moderna utilizando los valores de Yarmouth como filtro.

Y ése era un instituto de bachillerato, enseñanza preuniversitaria, que suele ser un bienvenido cambio después de la locura de los cursos inferiores. Muy francamente, no veo cómo se pueden poner juntos a adolescentes de los dos sexos en las mismas aulas durante tres o más años y esperar que las cosas vayan bien. Muchas veces he dicho que nuestra cultura estaría mejor servida si separáramos normalmente a las chicas de los chicos y los ayudáramos a canalizar sus energías hacia algo útil. El trabajo de mantenimiento de los senderos de la Ruta Apalache (Appalachian Trail) es una de mis fantasías favoritas.

Los adolescentes están aprendiendo a controlar sus verdaderas emociones

Dado mi interés en mejorar la salud de las mujeres en todos los aspectos, durante años me he esforzado en entender el tema de la grosería y crueldad de los adolescentes y sus negativos efectos en las niñas. Finalmente encontré parte de la respuesta al dilema, estudiando el desarrollo del cerebro. Así es como lo entiendo: los cambios cerebrales y hormonales que forman parte de la adolescencia producen una variedad de emociones reales, crudas y no reprimidas. Un adolescente que expresa rabia u hostilidad hacia otro no es, en realidad, diferente de un adulto. La única diferencia está en que el adulto ha aprendido a controlar la expresión de esos mismos sentimientos, muchas veces con sustancias adictivas como la comida, el alcohol o la marihuana. O bien esos sentimientos «inaceptables» podrían haberse introducido en lo profundo del cuerpo para expresarse en forma de enfermedad (en el capítulo 15 hablaré de cómo actuó eso en mi cuerpo).

La inmensa popularidad de los programas televisivos llamados «reality show», como *Survivor, Fantasy Island, The Bachelorette* y *American Idol*, en los que la «diversión» consiste en ver a personas maltratadas y humilladas públicamente, es prueba viviente de que muchos adultos siguen experimentando los mismos sentimientos que experimentaron en su adolescencia. La única diferencia es que han aprendido a ocultar esos sentimientos, incluso de sí mismos.

La adolescencia es una pequeña ventana en el tiempo en que se junta todo un grupo de iguales (todos los cuales estan experimentando enormes cambios físicos y emocionales a un ritmo ligeramente diferente) en el colegio para aprender las habilidades sociales y vocacionales que emplearán a lo largo de toda su vida. Este proceso se inició en la infancia, lógicamente, pero a esta edad el añadido de los impulsos hormonales y la sexualidad intensifica mucho más las cosas. Dado que todavía es nuevo e incompleto el efecto de las hormonas en sus lóbulos frontales, muchos adolescentes tienen muchas menos posibilidades que los adultos de controlar o reprimir sus sentimientos más profundos y su expresión. (Claro que esta impulsividad también afecta a otros comportamientos, sobre todo si hay a mano sustancias como el alcohol; véase capítulo 17.) Si alguien no les cae bien, si alguien no encaja en el grupo, los adolescentes, como los animales de la selva, se ensañan con esa persona que es «diferente». Parte de esto es pura biología, una especie de comportamiento de manada destinada a reducir al mínimo el efecto de la diferencia. Pero otra parte es decididamente atribuible a la cultura en que vivimos.

EL EFECTO DE LA PARCIALIDAD SEXISTA

Uno de los argumentos más convincentes en favor de los colegios para un solo sexo, al menos para niñas, es que en esos ambientes las niñas tienen muchas menos posibilidades de basar su valía en la apariencia que las niñas de colegios mixtos. Además, las chicas de colegios de niñas tienen más probabilidades de ocuparse en actividades e intereses que no se consideran necesariamente «femeninos», así como los chicos de colegios de niños tienen más probabilidades de elegir arte o baile.[7]

Creo que la crueldad femenina en la adolescencia es una consecuencia natural de crecer en una sociedad patriarcal en que hasta hace muy poco no se tomaba en serio la necesidad de desarrollo propio de las chicas. En estructuras sociales jerárquicas, como el patriarcado, se ha observado que los que están más abajo en la escala social tienden a pelearse entre ellos buscando la atención de aquellos que tienen más poder. Alice Walker observó una vez que los dueños de esclavos sabían muy bien la manera de mantener en su lugar a los esclavos: simplemente haciéndolos pelear entre ellos. Así sus energías se disipaban en riñas frívolas y nunca se desafiaba de manera eficaz el orden social que creaba su opresión.

De modo similar, si como madres y mujeres continuamos creyendo que las adolescentes son naturalmente odiosas, malhumoradas y difíciles, no podemos servirles de mucha ayuda cuando están gestionando esta importante entrada en el mundo adulto de mayor expresión propia y creatividad.

Y puesto que las heridas de la adolescencia continúan en tantas mujeres durante muchos años, suelen activarse en ellas sus asuntos inconclusos de ese marco de tiempo de sus vidas. Si no han trabajado sus asuntos, no pueden guiar a sus hijas hasta más allá del lugar en donde también ellas están estancadas, con lo que el ciclo continúa sin romperse, transmitido de una generación a la siguiente.

Los estudios de la catedrática Lyn Mikel Brown, del Colby College, y otros muchos, indican que la guerra entre las chicas en los colegios de enseñanza media es principalmente un fenómeno cultural, no debido a defectos de carácter innatos de las chicas. En una entrevista para su libro *Girlfighting: Betrayal and Rejection Among Girls* [Guerra de chicas: Traición y rechazo entre chicas], Lyn Brown dice:

> Creo que mucho de esto [la guerra entre chicas] viene de la manera como presionamos a las chicas a mostrar un lado de sí mismas y ocultar otro. Hay mucho tipo de prohibiciones que les impiden manifestarlo francamente cuando están furiosas o dolidas. Por lo tanto, para mantener la reputación de chicas simpáticas, encuentran mucho menos arriesgado descargar indirectamente sus miedos y ansiedades sobre otras chicas (con chismes, puñaladas por la espalda, y formando pandillas excluyentes) en lugar de desafiar la manera como las tratan los chicos o el modo en que nuestra cultura apoya las prácticas sexistas. Esta guerra tiene efectos muy duraderos en las chicas, especialmente en las que son excluidas.[8]

Las guerras relacionales en la vida de las chicas se remontan a cientos de años, tal como en la vida de los chicos. La diferencia es que las chicas usan palabras y chantaje emocional como armas mientras que los chicos usan sus puños. Louise Hay, la famosa escritora y fundadora de Hay House, que ahora ronda los ochenta años, me contó que aún recuerda que sus compañeras la excluían en la escuela debido a que procedía de una familia pobre. No le permitían saltar a la comba; sólo le permitían hacer girar la cuerda para que otras saltaran. Prácticamente todas las chicas y mujeres que he conocido tienen por lo menos una historia dolorosa de amistad femenina en su pubertad. Aunque esto es la norma, ciertamente la guerra entre chicas no sería tan intensa si se valorara a las chicas (y al comportamiento considerado femenino) tanto como a los chicos (y al comportamiento considerado masculino).

La desigualdad económica, como la que enfrentó Louise Hay, simplemente echa más combustible al fuego. En algunos colegios, a las chicas las pinchan hasta casi matarlas si usan tejanos Wal-Mart en lugar de Abercrombie & Fitch, o cualquiera que sea la marca que está de moda en el momento. En este aspecto mis hijas tuvieron suerte al criarse en Maine. Mi hija menor comentó hace poco: «Me alegra tremendamente no haber visto un expositor de Tiffany hasta cuando tenía 17 años». Si yo fuera profesora de una clase en que la categoría dependiera del consumo ostentoso, puedes estar segura de que crearía una unidad de estudio en torno a eso. También les enseñaría a las chicas acerca de la mentalidad antiprosperidad, que eso es lo que es, ciertamente.

Lyn Mikel Brown sostiene que no son las chicas las que necesitan arreglo, sino la cultura. Tiene razón. Mis amigas que han educado a sus hijos en casa, no en colegio, me han dicho que este tipo de guerra no ocurre en los ambientes sociales donde sus hijas se reúnen con otras de su edad. También es mucho menos común en los colegios sólo para niñas.

De todos modos, es importante comprender que «la cultura» no es una entidad separada o distinta de nosotros. Está formada por personas individuales que mantienen en vigencia las costumbres o conductas participando ciegamente en ellas. Una vez que una persona toma conciencia de esta conducta belicosa entre chicas, tiene la oportunidad de evitar tomar parte en ella. Entonces el primer paso es identificar los comportamientos negativos concretos: excluir a las chicas que no «encajan»; burlarse de la ropa o pelo «equivocados»; pelearse por chicos; hablar de otras chicas a su espalda; traicionar las confidencias; enviar *e-mails* hirientes, etcétera. Entonces se acaba el comportamiento, niña a niña, madre a madre, profesor a profesor, colegio a colegio. Así es como cambia la cultura.

Ahora se presta muchísima atención a las relaciones entre chicas en libros y películas populares y a través de organizaciones como Ophelia Proyect, que comenzó en los colegios de Erie (Pensilvania) y ahora ofrece talleres sobre la agresividad relacional en todo el país. Tanto madres como hijas pueden beneficiarse de leer el libro *Odd Girl Out: The Hidden Culture of Aggresion in Girls* [La chica rara excluida: La cultura oculta de la agresividad de las chicas], de Rachel Simmons, y *Queen Bees and Wannabes: Helping Your Daughter Survive Cliques, Gossip, Boyfriends, and Other Realities of Adolescence* [Las abejas reina y las aspirantes: Cómo ayudar a tu hija a sobrevivir a las pandillas, los chismes, los chicos y otras realidades de la adolescencia], de Rosalind Wiseman. El solo hecho de poder llamar Abeja Reina a esa chica aparentemente todopoderosa sirve para quitar algunos aguijones de su comportamiento. (Véase «Recursos y proveedores».)

También podría decir que las chicas que han encontrado «su lugar bajo el sol» y están trabajando con miras a objetivos concretos son mucho menos propensas a tener problemas bélicos con otras chicas. Sencillamente no tienen ni el tiempo ni la inclinación a participar en eso, aunque podrían recibir algún disparo furtivo de tanto en tanto.

Tomar posición

Si bien es imposible, e indeseable, legislar sobre todos los aspectos de las relaciones y estilos de comunicación de los adolescentes, sí podemos hacerlos responsables de sus comportamientos torpes. También podemos pedir la colaboración de los profesores de nuestras hijas y de otras madres. Te sorprendería lo que pueden hacer unas pocas personas para mejorar el ambiente de un colegio. Una amiga me contó la siguiente historia sobre una enérgica profesora que intervino cuando sorprendió a la hija de mi amiga, a la que llamaré Sandy, en una guerra de chicas.

SANDY: lección en responsabilidad

Confabulada con una de sus amigas, Sandy hizo circular un *e-mail* anónimo por el colegio denigrando a dos chicas de su clase. El *e-mail* tuvo el efecto deseado. Las dos chicas se sintieron avergonzadas y humilladas y dejaron de sentarse en la mesa donde siempre habían almorzado con

Sandy y sus amigas. Una de las profesoras de Sandy sabía muy bien quién había enviado el *e-mail*, porque un día al acabar las clases oyó a Sandy y su amiga cuando lo estaban redactando. Inmediatamente tomó medidas para cortar el comportamiento en su brote.

Lo primero que hizo fue llamar a la madre de Sandy y a las madres de las dos chicas atacadas y les comunicó su idea para poner fin a ese comportamiento. Las madres aceptaron. Después llamó a Sandy y a su amiga a su despacho para una reunión en privado. Les dijo que ese comportamiento era una consecuencia evidente de baja autoestima y de mentalidad de «perdedora», puesto que nadie que se sintiera bien consigo misma tendría motivos para herir a otras de esa manera. También les explicó que la guerra indirecta entre chicas era señal de opresión interiorizada y que al final eso las haría sufrir a ellas y a todas las chicas. Finalmente les detalló las consecuencias:

En primer lugar, a Sandy y sus amigas no se les permitiría volver a sentarse juntas en la clase. Luego asignó un trabajo que Sandy debía hacer en compañía de las dos chicas hostigadas. Juntas (las víctimas y la opresora) tenían que investigar el problema de la guerra entre chicas, sugerir soluciones, y presentar el trabajo a toda la clase dentro de dos semanas. (Recuerda que ya había conseguido el apoyo de las madres, por lo que las chicas no podrían poner a las madres en contra de la profesora ni entre ellas.) Para hacer la investigación debían ver la película *Mean Girls (Chicas malas)* y leer *Queen Bees and Wannabes*. Sólo podían trabajar las tres juntas, no con otra chica de la pandilla.

Aunque ése fue un tiempo difícil para Sandy, pues lo pasó mal, le enseñó que sus actos tenían consecuencias y que era responsable de ellos.

RETO DE LA SABIDURÍA: *intervenir o no intervenir*

Si la adolescencia es el periodo en que la chica debe aprender a valerse y defenderse sola y a hacer lo que sabe que es correcto, independientemente del apremio de sus compañeras, ¿qué haces entonces cuando ves a tu hija víctima de otras chicas, o siendo ella la agresora?

Una de mis amigas, gerente ejecutiva de una importante empresa, lo expresa así:

Traté de no intervenir demasiado en los dramas de amistad de mi hija cuando estaba en básica ni después en secundaria. Francamente, los mismos dramas que veía en ella y sus amigas ocurren diariamente en todas las empresas y en todos los grupos de adultos con los que he trabajado en mi vida. Razonaba que cuanto antes aprendiera mi hija a enfrentar esto por sí sola, mejor.

«Hasta cierto punto» estoy de acuerdo con ella. Después de todo, para triunfar en el juego de la vida, una niña debe aprender a elegir entre ser excluida o formar parte de una pareja o grupo. En realidad estos miedos nunca se marchan, aun cuando nos hagamos más hábiles para enfrentarlos. Por ejemplo, una amiga mía, que es una excelente profesional literaria, me contó que siempre que va a un congreso muy numeroso, sigue sintiéndose insegura cuando busca una mesa para almorzar. «Heme aquí, ya cuarentona, y cuando tengo mi bandeja lista y miro el mar de desconocidos, siempre busco a mis compañeros de trabajo, para no tener que sentarme sola, sentarme con una persona aburrida o, peor aún, ser rechazada si intento sentarme al lado de un desconocido que tiene reservado el asiento para otra persona.» Yo puedo corroborar eso, ciertamente. Experimento eso mismo cada vez que voy a un congreso o reunión de médicos.

Cuando pones las inseguridades normales de las jóvenes que están intentando establecer sus identidades y a eso le añades la presión de sus compañeras, ya tienes todo lo necesario para sufrimiento, drama y excitación. Ver todo esto puede ser desconcertante y doloroso para una madre, en especial si ella no ha sanado sus heridas de la adolescencia.

De todos modos, si ves que tu hija está sufriendo de verdad, podría convenir que la ayudaras a desarrollar algunas habilidades para hacer frente a la agresividad y el maltrato. Si la ves hiriente con otros (lo cual podría ser mucho menos evidente para ti y más difícil de reconocer), entonces conviene que la ayudes a encontrar una manera mejor de hacerse valer y sentirse bien consigo misma. La mayoría de las chicas que se entregan a este tipo de comportamiento lo hacen debido a una sensación de incapacidad personal, no porque sean «malas» personas.

CÓMO AYUDAR A TU HIJA A AGENCIÁRSELAS EN LA GUERRA ENTRE CHICAS

Valida su experiencia. Aunque por lo general no es conveniente entrometerse en los dramas de amistad de una hija, es importante validar su experiencia y emociones, sobre todo cuando es ella la excluida o maltratada.

Estas heridas no son triviales, aun cuando puedan serlo las situaciones que las causan, y no puedes esperar que tu hija esté «por encima de todo» o se tranquilice si le dicen que «todo será diferente en la universidad».

Pon al día tus opiniones. Revisa todas las suposiciones culturales que has heredado respecto a que es «normal» la guerra entre chicas. Si las madres continúan creyendo que es natural que las adolecentes sean malhumoradas, odiosas y difíciles, ¿cómo pueden ofrecerles una alternativa? Deja de participar a ciegas en la creencia de que la crueldad está codificada biológicamente en los genes que nos hacen mujeres, lista para manifestarse con toda su fealdad en la pubertad.

Señala la verdadera motivación que hay tras las Abejas Reina del mundo. Explícale que esas pandillas se forman con el fin de controlar la conducta de las demás en beneficio de unas pocas. El único motivo de que las chicas se junten en pandilla es que se sienten incapaces e inseguras solas. El libro de Rosalind Wiseman te puede servir para explicar que la Abeja Reina mantiene su poder e influencia «esterilizando» a las aspirantes y zánganos que la rodean, tal como hace la abeja reina en la Naturaleza. Los chicos acuden en bandada hacia ella atraídos como las proverbiales abejas a la miel, y ella hace parecer menos deseables a las otras chicas (las esteriliza) sólo con el poder de su presencia. Su «corte» de aspirantes sólo existe para satisfacer sus exigencias.

Actuando así, la Abeja Reina no aprende ninguna manera auténticamente hábil de ser en el mundo, sino justamente lo contrario. Su debilidad interior se manifiesta en su necesidad de estar rodeada por una corte para sentirse bien consigo misma. Aunque es posible que tu hija desee angustiosamente ser «vista» por la Reina, puedes explicarle que ser como la Reina no es un objetivo digno, porque en realidad la Reina teme ser una perdedora. Los verdaderos ganadores nunca necesitan menospreciar a otros para sentirse bien consigo mismos. Dile que esto quedará muy claro hacia el final de los cursos de bachillerato. Puedes poner la mano en el fuego. La Abeja Reina perderá su poder cuando sus compañeras desarrollen su personalidad y autoestima. Y los chicos también se alejarán. He visto ocurrir esto una y otra vez, y estoy segura de que tú también.

Acepta la humanidad de tu hija y la realidad de que tal vez no logres eliminar la influencia de la Reina. Según sea el temperamento de tu hija, es posible que se sienta obligada a ganarse el favor de la Reina. Algunas chicas quedan absolutamente hipnotizadas por las Abejas Reina. Las adoptan temporalmente por su yo ideal y no son capaces de ver sus defectos. Si tu hija entra en esta categoría, procura explicarle que es posible relacionarse con la Reina y su corte sin sacrificar la integridad ni los valores. El humor suele ser una buena manera de hacer esto. (Véase «Cómo hacer frente a la presión de los compañeros con eficacia y humor», al final del capítulo 17.)

No le permitas que se descargue contigo. Es muy común que las adolescentes descarguen su congoja contra sus madres. Cuando permites que tu hija te trate sin respeto, contribuyes al problema. No le toleres miradas fulminantes ni conductas groseras.

LO QUE SE ENVÍA, VUELVE: REVISA LA LEY DE ATRACCIÓN

Esta ley espiritual básica vale para todo, desde el dinero a la felicidad (véase «Educación financiera», en el capítulo 12). La ley de atracción también se puede formular así: «Cosechas lo que siembras» o «Lo que se envía, vuelve». Explica a tu hija que cuando participa en habladurías a la espalda, insultos y menosprecio a otras chicas, en realidad se lo hace a sí misma. Tarde o temprano eso volverá para atormentarla. También éste es un buen periodo para insistirle en que sus pensamientos, emociones y conducta son la manera como genera las circunstancias de su vida. Los pensamientos de gratitud y aprecio producen circunstancias beneficiosas. Los pensamientos de odio, mezquindad y envidia producen lo contrario. Todos nacemos con la capacidad para elegir en qué ponemos la atención y qué pensamos acerca de ello. Y estas elecciones configuran en último término nuestra vida.

Continúa hablando y mantén el oído alerta. Todas las hijas interiorizan en su cabeza la voz de su madre, aun cuando parezca que no están prestando atención. Por eso es importante continuar hablando y comentar el comportamiento torpe de las amigas de tu hija. Por ejemplo, uno de los comportamientos comunes que he identificado se llama dividir (tratar de destruir un lazo de lealtad entre dos personas denigrando a una ante la otra, y viceversa). Algunas amigas de mis hijas venían a casa y susurraban a mis espaldas; yo me daba cuenta intuitivamente cuando ocurría esto, de modo que cuando se marchaba la chica, les señalaba ese comportamiento a mis hijas y les decía que era inaceptable. También les decía: «Creo que el motivo de que vuestra amiga haga esto es que no se siente bien consigo misma. Entended, por favor, de dónde procede este comportamiento. Y entended que eso no es aceptable en esta casa».

Sé su madre, no su mejor amiga. Es importante que la madre, a diferencia de muchas de las amigas de su hija, adopte una posición impopular con ella, aun cuando eso enfurezca a la hija. Digamos que tu hija le ha dicho a su amiga Alice que va a pasar con ella la noche del viernes para trabajar juntas en un deber. Pero resulta que la llama la Abeja Reina para invitarla a una fiesta, y al mismo tiempo critica duramente a Alice, llamándola «capullo o inútil». Si te enteras de esto, tu tarea es convencer a tu hija de que siga con sus planes con Alice. También tienes que hacerle ver que demuestra falta de integridad al cotillear con la Abeja Reina sobre la ropa, los zapatos y las opciones vocacionales de Alice, simplemente porque son diferentes a lo que la pandilla considera aceptable. Eso es una regla de hostigamiento puro y simple. Explícale entonces la importancia de pensar con criterio crítico independientemente de la presión social.

Reconoce su capacidad innata para arreglárselas con su vida. Todos nacemos con un radar interior que nos dice qué es sano, seguro y útil y qué no lo es. Tu hija adolescente no es una excepción, aun cuando es posible que de vez en cuando no haga caso de su radar porque está desesperada por lograr la aceptación de sus compañeras. Reconoce periódicamente esta sabiduría interior. Dile que tú confías en la tuya y que ella puede confiar en la suya.

Ésta es otra afirmación de Louise Hay para que la hagas con tu hija:

Me expreso libre y dichosamente. Me hago valer y me defiendo con naturalidad. Expreso mi creatividad. Estoy dispuesta a cambiar y a crecer.

15

El paso de niña a mujer

El cuerpo, el cerebro y el alma en la pubertad

Cuando nacemos, las cualidades del alma brillan en los ojos. Las conexiones entre la zona cerebral orbitofrontal y el cuerpo nos permiten sentir totalmente el corazón, el cuerpo y las emociones. Cuando entramos en la «edad de la razón» y se inicia el periodo de latencia, el refuerzo de la corteza prefrontal dorsolateral nos capacita para reprimir o controlar una parte de nosotros, haciéndonos más aceptables a nuestra familia y nuestra sociedad. Éste es un paso importante en el desarrollo porque nos libera para concentrarnos en el conocimiento y dominio del mundo externo. Pero luego, en la pubertad, las hormonas y los cambios cerebrales y corporales que se activan en este periodo nos despiertan la emotividad orbitofrontal. Nos reconectamos con nuestro verdadero yo y con todo el potencial con que nacimos.

Hay un buen motivo que explica por qué todos los pueblos indígenas de la Tierra han ofrecido a sus jóvenes ritos de pasaje concretos para marcar el cambio de categoría que entraña el paso de niño o niña a joven adulto. La explosiva energía de individuación que se libera en la pubertad exige una especie de contenedor en el que se pueda canalizar constructivamente. No sólo cambia el cuerpo de tu hija al pasar de ser niña a mujer sexualmente madura; también cambian rápidamente su cerebro y emociones. En resumen, se está preparando para ser un miembro más independiente de su familia y de la sociedad. Éste es el periodo en que sus dones y talentos innatos se preparan para el reconocimiento y el desarrollo en profundidad. Es también un periodo en que los cambios hormonales y cerebrales de la pubertad abren la tapa del frasco con la etiqueta «conflictos familiares», que normalmente se mantiene muy bien cerradito durante la fase de latencia.

El grado en que recibimos apoyo y ayuda de nuestra familia y contactos sociales para ser quienes somos realmente es el grado en que vamos a prosperar en la pubertad y continuar sanas. Pero cuando no recibimos ese total apoyo para transformarnos en quienes somos de verdad, estamos en mayor riesgo de contraer enfermedades o trastornos anímicos en la adolescencia. Según sea nuestro temperamento, o bien podríamos reprimir nuestra individualidad, para encajar, o individuarnos de formas ajenas o inaceptables a nuestra familia para ser fieles a nosotras mismas. Cualquiera de estos dos caminos se cobra su precio, emocional y físicamente.

RITOS DE PASAJE DE LA INFANCIA A LA EDAD ADULTA

- El pueblo nootka de Canadá celebraba una gran fiesta inmediatamente después de que una niña tuviera su primera regla. Luego ella tenía que pasar por un rito de resistencia en que la llevaban mar adentro, la dejaban ahí y tenía que volver nadando. Cuando llegaba a la playa, la recibía toda la aldea. Después de eso se la reconocía como a una mujer que ha demostrado su capacidad de paciencia y perseverancia.[1]
- Entre los dagara de África Occidental, se celebra un rito de iniciación una vez al año, para todas las niñas que han comenzado a menstruar durante el año. Esta ceremonia es el inicio de un largo periodo de instrucción, en que se les da información sobre la sexualidad, la relación sexual y el especial poder sanador de la mujer que está menstruando.[2]
- Muchos navajos todavía celebran su rito de la pubertad para las niñas, llamado *kinaalda*. Según la estudiosa de la menstruación Lara Own, éste se considera el más importante de todos los ritos porque aporta vida nueva a la tribu. En el mes posterior a la primera regla de una niña, todos sus familiares se reúnen para una ceremonia que dura cuatro días. Durante estos días la niña viste un traje tradicional de ante y se le trenza el pelo de una manera especial. Cada mañana se levanta a la salida del sol y corre hacia el sol naciente. Cada día debe correr más rápido. Cuando vuelve, un familiar mayor, que adopta el papel de Mujer Ideal, le enseña el Camino de la Belleza, le da masajes y la instruye acerca de la sabiduría en las relaciones hombre-mujer. Juntos, la niña y todos sus familiares, incluidos los hombres, preparan un

enorme pastel de maíz, que cuecen en un horno de barro cons-
truido especialmente para la ocasión. Durante toda la ceremonia
la niña debe asumir un nuevo grado de responsalidad hacia ella
y hacia los demás. La última noche todo el pueblo la pasa en pie,
dirigidos por su hechicero, haciendo oración por la niña y su familia. El énfasis de este rito se pone tanto en la fuerza física
como en el carácter.[3]

Éstos son sólo unos pocos de muchos ejemplos de culturas indígenas que tenían (o todavía tienen) ritos positivos de pasaje a la
edad adulta, desde tatuajes a cambios de peinado y ropa, a ceremonias en que participa toda la tribu, a búsquedas visionarias so-
litarias. En general, estos ritos entrañan menos dificultades físicas
para las niñas que para los niños, tal vez porque todas las culturas
reconocen que los hombres nunca pasarán por la ardua iniciación
representada por el parto. Pero todos marcan claramente el límite
entre la infancia y la edad adulta, y representan el momento en que
el niño o la niña asume su responsabilidad hacia el resto de la comunidad.

Comparados con éstos, los ritos de pasaje de nuestra sociedad parecen superficiales. La obtención del permiso de conducir,
el derecho a voto o a consumir bebidas alcohólicas legalmente
llegan cronológicamente tarde para marcar la pubertad, y no van
acompañados por la buena voluntad y la instrucción de toda la
comunidad. Por mucho que nuestros niños esperen con ilusión
esas cosas, no empiezan a reconocer ni a honrar el poder de que
disponen cuando su biología les da un cerebro renovado, un nuevo cuerpo y sentimientos nuevos. Ante la ausencia de búsquedas
visionarias aprobadas culturalmente, ceremonias de pasaje a la
edad adulta significativas, o verdaderas pruebas de fuerza física
y psíquica, muchos, demasiados, jóvenes adolescentes llenan el
vacío con drogas, alcohol, relaciones peligrosas o consumismo
compulsivo.

¿SE «PIERDEN» LAS NIÑAS
EN LA PUBERTAD?

En la década pasada, el popular libro *Reviving Ophelia*,* de la psicóloga clínica doctora Mary Pipher, llevó la atención del país al hecho de que muchas niñas se vuelven «inconscientes» en la pubertad, pierden su voz, y caen presa de todo, desde trastornos alimentarios a depresión, desde insertarse mútiples *piercings* en el cuerpo al sexo explotador. Este libro despertó la conciencia de las madres de la generación de los años cincuenta y sesenta, como yo, señalando la experiencia de tantas niñas púberes que casi de la noche a la mañana se vuelven taciturnas y antipáticas. La consecuencia ha sido una continuada investigación cultural sobre qué les ocurre a las chicas en la pubertad, por qué ocurre, y cómo prevenir la tan común regresión de la personalidad en las niñas justamente en el periodo en que deberían florecer convirtiéndose en jovencitas.

Pubertad acelerada

Aunque los padres se han quejado de sus hijos adolescentes durante toda la historia escrita, no cabe duda de que la adolescencia era más fácil cuando el ritmo de la vida era más lento, había menos opciones, estaban más rígidamente definidos los papeles masculino y femenino, y no existía el hechizo de los medios de comunicación.

Puede que deseemos una época más «simple», pero está claro que esos tiempos ya pasaron y no volverán. Actualmente se ha borrado de manera importante el límite entre la infancia y la adolescencia. Haya comenzado la niña o no el proceso físico de la pubertad, jamás han sido mayores las presiones sociales para que se comporte de un modo sexualmente maduro. Estas mismas presiones son también un reto a la relación madre-hija. Los intereses comerciales suelen explotar las sensibilidades sexuales de las adolescentes en el periodo en que están intentando encontrarle sentido a sus tormentosas emociones y profundos anhelos y deseos.

Mi hija mayor hizo un curso sobre la adolescencia femenina en la universidad, y me escribió lo siguiente:

---

* Versión en castellano: *Cómo ayudar a su hija adolescente: respuestas sólidas a la anorexia, la sexualidad, la incomunicación, el fracaso escolar y otros problemas de las adolescentes de hoy*, Amat Editorial/Ediciones Gestión 2000, Barcelona, 2002. *(N. de la T.)*

Hoy analizamos diez revistas para adolescentes. De verdad que fue divertido y muy interesante, aunque algo perturbador. Cuando uno mira realmente los mensajes que envían, da miedo. Redacté un ejercicio para la clase sobre un anuncio de los cosméticos Cover Girl que dice: «Algunas chicas estudian química, algunas chicas crean química». ¡Aj!

El anuncio de Cover Girl [Chica de portada] le habla a un anhelo profundo y universal. En cierto sentido todas deseamos crear química, decidamos o no estudiar química. Una vez que la chica entienda que puede tener dominio sobre su química y aprender a hacérsela, será mucho menos vulnerable a los mensajes culturales que de otro modo podrían minar su sensación de valía.

La información que necesita comienza con la de la transformación de su cuerpo.

EL CUERPO EN LA PUBERTAD

La pubertad es un proceso fascinante que entraña una serie de cambios en el cuerpo y el cerebro de la niña mediados por las hormonas. Aunque muchas personas piensan que la pubertad es un acontecimiento marcado por el primer periodo menstrual, en realidad la palabra abarca toda la serie de cambios de esta fase de desarrollo que llevan a la madurez sexual y reproductiva. Entre los signos físicos están el crecimiento acelerado o estirón, el desarrollo de las mamas, la aparición de vello púbico y axilar, y el olor corporal que es consecuencia de la activación de las glándulas apocrinas en esas zonas (adrenarquia). El primer periodo menstrual (menarquia) ocurre cerca del final de este proceso. Normalmente todo este proceso lleva unos cuatro años y medio, aunque en algunas chicas es más rápido que en otras (la franja de duración es de un año y medio a seis años).

Los cambios de la pubertad comienzan en el cerebro. Durante unos ocho años, desde la primera infancia hasta el comienzo del periodo prepuberal, se mantienen muy bajos los niveles de dos hormonas llamadas gonadotropinas, la luteinizante (LH) y la foliculoestimulante (FSH), que estimulan los ovarios. Pero entre los diez y los once años los niveles de estas dos hormonas aumentan a los niveles que se ven en una mujer posmenopáusica. La elevación de los niveles de estas hormonas comienza varios meses antes del inicio del desarrollo de las mamas, cuando el hipotálamo comienza a secretar la hormona liberadora de gonadotropinas.[4] Esto, a su vez, ordena a la glándula pituitaria que libere las hormonas luteinizante y foliculoestimulante, las que ordenan a los folículos ováricos que empiecen a producir y secretar estrógeno y testosterona. Es el estrógeno el que estimula el desarrollo de las mamas, el crecimiento óseo y la distribución de la grasa femenina, mientras que la testosterona estimula el impulso sexual y la mayor secreción de las glándulas sebáceas, que pueden causar el acné.

La ovulación regular tarda un tiempo en establecerse. Mientras tanto la menstruación de la niña es normalmente anovulatoria y puede ser irregular o muy abundante. Es común que entre el 25 y el 50 por ciento de las adolescentes sigan teniendo algunas menstruaciones anovulatorias durante cuatro años después de la menarquia.[5]

Muchos factores diferentes influyen en la función hipotalámica y pituitaria, de ahí la diferente duración del proceso puberal. Entre estos factores se cuentan las emociones fuertes, las creencias, la composición del cuerpo, la dieta y la dinámica familiar, además de la composición genética. Durante los cuarenta años siguientes, más o menos, la función menstrual y reproductora de la niña, y luego la mujer, continúa influida por estos mismos factores, incluidos sus pensamientos y emociones. La doctora Mona Lisa Schulz explica esto así:

> El sistema límbico envía la información emocional directamente al «termostato» hormonal del cuerpo, el hipotálamo, que está situado muy al interior del cerebro. El hipotálamo, a su vez, envía la información a todas las glándulas, el tiroides, los ovarios, las suprarrenales, el páncreas, etcétera. También se envían señales al sistema nervioso autónomo. Si la niña está muy afligida o angustiada, el efecto en sus hormonas será considerable. Si sólo está ligeramente acongojada, el efecto será mínimo.

Cualquier mujer cuya regla se retrasa, se adelanta o no viene durante periodos de estrés, sabe en su cuerpo esta verdad.

Hay muchas formas diferentes de experimentar la pubertad. Algunas chicas pasan rápidamente el proceso, mientras que otras parecen quedarse estancadas en la infancia el mayor tiempo posible y de repente maduran a los dieciséis años, mucho después que las demás. Sin embargo, con todos sus giros y revueltas, la pubertad es un proceso normal de la vida que rara vez requiere atención médica.

HIJA EN LA PUBERTAD, MADRE EN LA MENOPAUSIA

Muchas veces he dicho que la menopausia es la pubertad al revés. Durante estas dos fases el cerebro experimenta los mismos rápidos cambios hormonales. El aumento de las hormonas luteinizante y foliculoestimulante es uno de los motivos de que muchas chicas experimenten el mismo tipo de cambios de humor y de temperatura (acaloramiento, sofocos) que experimentan las mujeres en la menopausia. Durante los varios años que lleva el establecimiento de la ovulación regular, el estrógeno, no equilibrado por la progesterona, puede producir la misma irritabilidad cerebral que produce el predominio del estrógeno durante la menopausia.

Ya sea que los niveles de hormonas se eleven durante la pubertad o bajen durante la menopausia, hay un periodo de dos a tres años de inestabilidad y flujo hormonal que es en realidad una oportunidad apoyada biológicamente para limpiar asuntos inconclusos del pasado. Aunque nuestra cultura nos lleva a creer que los cambios anímicos de una niña (o una mujer menopáusica) son simplemente la consecuencia de hormonas locas y no tienen nada que ver con su vida, hay sólidas pruebas de que los conflictos importantes debido a relaciones, hermanos, padres, etcétera, por los que la niña se siente impotente o furiosa, en realidad son llevados al conocimiento consciente por estos cambios hormonales. En *La sabiduría de la menopausia* escribí:

> El cerebro empieza a cambiar realmente en la perimenopausia; al igual que el cuerpo, con los sofocos, el cerebro también se enciende. Los cambios hormonales que son típicos durante la transición menopáusica conectan un interruptor que señala cambios en los lóbulos temporales, la zona del cerebro relacionada con la mayor intuición. El cómo nos influye esto depende en gran medida de nuestra disposición a hacer los cambios en nuestra vida hacia los que nos impulsan las hormonas durante los más o menos diez años que dura la perimenopausia.

Al igual que la perimenopausia, la pubertad es un periodo de «crece o muere». Surge el mismo anhelo de compleción y satisfacción. La mayoría de las niñas tienen sus primeros sueños eróticos a partir de los diez u once años, cuando empieza a elevarse el nivel de estrógeno. La niña tiene la oportunidad, mediada por sus hormonas, de conectar con la finalidad de su alma, de aprender a escuchar su intuición y de establecer un fuerte sentido de identidad, durante el periodo en que están madurando su cuerpo y su cerebro. A los pocos años, cuando vuelvan a ser estables sus niveles hormonales, habrá llegado a un nuevo grado de madurez y poder. Cuando llegue a la menopausia, podrá mirar en retrospectiva todo el proceso y, una vez más, hacer una revisión de sus creencias y comportamientos, ya que entra en otra «primavera», la segunda mitad de su vida.

Dado que los cambios de la perimenopausia podrían preceder a la menopausia hasta en diez años, las hijas suelen comenzar la pubertad alrededor del mismo tiempo en que sus madres comienzan la perimenopausia. Esto ofrece una inmensa oportunidad para sanar los dos extremos del espectro madre-hija.

¿Maduran antes las chicas de hoy?

Factores ambientales como el mejor nivel de vida y la mejor nutrición de las madres antes y durante el embarazo han tenido un papel importante en producir niños más altos, de más peso, y que maduran antes de lo que maduraban los niños de hace cien años. A comienzos del siglo veinte, la edad promedio de la menarquia en Estados Unidos era de unos 14,5 años. Ahora la edad promedio es de 12,8 años, dentro de una franja normal de 9,1 a 17,7 años. Algunos estudios indican que la tendencia descendente en la edad de la menarquia se detuvo alrededor de 1960.[6] Incluso hay datos que indican una tendencia ligeramente ascendente en la edad, lo cual tal vez sugiere cierto deterioro medioambiental.[7]

Estos cambios han afectado a niños y niñas. Un fascinante dato tomado de informes históricos: en el siglo dieciocho, la edad promedio en que se producía el cambio de voz en el Coro de Niños de la iglesia de Santo Tomás de Leipzig (hecho famoso por J. S. Bach) era de 18 años; ahora es de 13,5 años.[8]

Las reglas no se están adelantando,
¡el desarrollo de los pechos sí!

Aunque la edad del primer periodo menstrual no ha cambiado en los últimos cuarenta años, sí ha cambiado la edad en que las niñas experimentan otros signos de la pubertad, como el crecimiento del vello púbico y las mamas. Un estudio de 17.000 niñas realizado por la American Academy of Pediatrics durante la década de los noventa informaba que un importante número de chicas manifestaban signos de desarrollo (p. ej., aparición de vello púbico) seis meses antes que lo documentado antes, en muchos casos antes de los ocho años.[9] Esto entra en la franja normal, pero una niña que antes de los seis años manifieste cualquier signo de desarrollo puberal, como el crecimiento de mamas o de vello púbico, necesita una revisión médica completa.

En promedio, las chicas estadounidenses negras comienzan a manifestar signos de desarrollo entre los ocho y los nueve años; las niñas blancas, a los diez. Como grupo, independientemente de la raza, en las niñas norteamericanas el crecimiento de vello púbico y los primeros asomos de mamas empiezan unos seis meses antes que en las niñas europeas. En general, las que viven más cerca del ecuador (o tienen raíces genéticas de esas zonas) entran en la pubertad antes que las de climas más norteños. Las niñas tienden también a tener la primera regla alrededor de la misma edad en que la tuvieron sus madres y hermanas. Cuanto antes comienza la pubertad más tiempo dura el proceso.[10]

Una vez que se ha cruzado el importantísimo umbral del crecimiento físico, se puede activar el mecanismo central del cerebro que controla el inicio de la pubertad mediante la producción de estrógeno, sin tomar en cuenta de dónde proceda éste. Dado que las células grasas producen estrógeno, las chicas que tienen mayor porcentaje de grasa corporal suelen comenzar el proceso de la pubertad antes que el promedio. También tienen la menarquia antes. (Por motivos relacionados probablemente con la secreción de melatonina, también la tienen antes las niñas ciegas.)

En las niñas con sobrepeso, el crecimiento temprano de vello púbico suele ser un signo de estrés glucémico e insulinorresistencia. Éstas son las niñas que más adelante tienen más probabilidades de tener problemas con reglas irregulares y muy abundantes, ovario poliquístico y anovulación. También tienden a manifestar hiperandrogenismo, lo que significa que el cuerpo produce demasiado andrógeno, clase de esteroides sexuales que incluye la testosterona. Esto ocurre porque el estrógeno producido en la grasa corporal se convierte fácilmente en andrógeno, sobre todo cuando hay exceso de insulina y cortisol en el organismo. Como has visto en el capítulo 13, esto es casi siempre consecuencia de una dieta que causa estrés glucémico. El hiperandrogenismo va acompañado de obesidad troncal, acné y exceso de vello facial, todo lo cual se resuelve con un cambio dietético en la mayoría de los casos. (Observación: un poco de vello facial es normal en la pubertad. En una niña de peso normal depende de su herencia genética. Por ejemplo, las mujeres mediterráneas tienden a tener más vello facial oscuro que las mujeres escandinavas.[11])

¿Qué altura tendré?

Mis hijas, como muchas de sus compañeras, deseaban ser más altas de lo que son. Una vez que mi hija menor se golpeó un dedo, más o menos a los doce años, su padre, cirujano ortopedista, le hizo hacer una radiografía para determinar si estaba fracturado o no. No lo estaba, pero se habló muchísimo sobre cuál era su «edad ósea» y de si las epífisis (los extremos de los huesos largos, que en la infancia son cartilaginosos, para poder crecer o alargarse) prometían más crecimiento o no. La respuesta no era definitiva. Pero lo que sí era definitivo era que mis dos hijas proceden de una larga cadena de antepasados de estatura relativamente baja. Yo mido 1,62 m, y mis padres eran más o menos de la misma estatura. Y aunque su padre mide 1,83 m, su abuela paterna sólo mide 1,57. Mis hijas salieron a las mujeres de los dos lados, y llegaron a su estatura máxima alrededor de los quince años.

Las chicas dan el estirón antes que los chicos, y por eso muchas sobrepasan en altura a sus compañeros de séptimo año y siguen sobrepasándolos uno o dos años. Cuando los ovarios comienzan a producir estrógeno, el hipotálamo estimula a la glándula pituitaria a secretar la hormona del crecimiento, la que a su vez estimula el crecimiento lineal de los huesos. En general, cuanto antes tiene la niña la primera menstruación, antes se detiene su crecimiento. Lo contrario es cierto también. Por eso tantas mujeres altas y delgadas dicen que en secundaria eran larguiruchas y desgarbadas. Mientras todas las demás ya tenían pechos y atraían el interés masculino, ellas seguían alargándose y adelgazando, y esperando que les crecieran los pechos, lo cual venía mucho después (y más pequeños). Aunque muchas chicas llegan a su altura máxima antes de tener pechos de adulta, no siempre ocurre así. A mis hijas les decía que era posible que les aumentara en dos o tres centímetros el volumen de los pechos al final de la adolescencia, como me ocurrió a mí.

EDAD DE LAS FASES DE LA PUBERTAD[12]
(En años)

	Edad promedio	Franja normal
Mamas en ciernes	10,5	8-12,5
Aparición de vello púbico	11,0	8-14
Velocidad máxima de crecimiento	11,4	10-14,5
Menarquia	12,8	9-17
Mamas de adulta	14,6	12-18
Vello púbico de adulta	13,7	12-18

Cambios en la composición del cuerpo

Además del desarrollo de los pechos y la aparición del vello púbico, el cuerpo de la adolescente experimenta cambios importantes en su composición. Aumenta tanto su masa corporal magra como la grasa corporal total, y el porcentaje de grasa también aumenta respecto al que tenía en la prepubertad. Eso se debe en parte a un complejo cambio en la interacción entre el estrógeno y la leptina, hormona producida por las células adiposas y que regulan su metabolismo. Gran parte de esta grasa nueva va a las nalgas y caderas. En los chicos, en cambio, tiende a aumentar la masa corporal magra mientras disminuye el porcentaje de grasa corporal. No es de extrañar entonces que tantas chicas adolescentes comiencen a hacer régimen de adelgazamiento en este periodo mientras sus compañeros pueden consumir litros y litros de leche y *pizzas* enteras sin aumentar ni medio kilo de peso. Los chicos dan el estirón entre los 13 y los 16 años, de promedio, junto con el aumento del nivel de testosterona, que es causa del crecimiento del vello facial, el desarrollo muscular y el enronquecimiento de la voz.[13]

Los cambios en los pechos

El inicio del crecimiento de las mamas es la primera fase de su desarrollo. Por lo general empieza a crecer un pecho primero, por lo que a veces las niñas se asustan pensando que les ha brotado un tumor. Mi hija mayor me llamó a su habitación cuando notó que tenía un «bulto» debajo de un pezón, aterrada pensando que tenía algo malo. La tranquilicé diciéndole que todo estaba normal, pero se echó a llorar cuando le dije que le estaban comenzando los cambios de la pubertad. Tenía once años y, como muchas niñas de esa edad, la horrorizaba la idea de dejar atrás la infancia.

Los pezones suelen ponerse muy dolorosos durante ese tiempo. El solo hecho de tranquilizar a la niña diciéndole que eso es normal ya disminuye el dolor, como también seguir una buena dieta. Nunca he visto ni un solo caso de verdadera patología relacionada con ese dolor. Una vez que empieza a desarrollarse el pecho se ensancha la aréola, y entonces el pecho se va agrandando debajo de la zona del pezón. Aunque siempre un pecho será un pelín más grande que el otro, algunas chicas tienen una marcada asimetría. Puede llevar años que los pechos adquieran aproximadamente el mismo volumen. Es posible que continúen agrandándose hasta los 18 años, aunque normalmente llegan a su volumen de adulta a los dos años después de la menarquia.

El primer periodo menstrual

Tener la primera regla puede ser un motivo de celebración o de trauma; eso depende de la edad, de si la niña es la primera que la tiene entre sus compañeras, y de las circunstancias en que ocurre. Mis dos hijas fueron la noche y el día en sus reacciones. Kate sólo tenía 12 años, y lloró desconsolada durante horas mientras yo intentaba tranquilizarla diciéndole que se acostumbraría y con el tiempo incluso llegaría a agradecer ese signo de su conexión con la Luna y el Universo. Principalmente la sostuve abrazada, dejándola llorar y afligirse. Muy pronto aprendió a usar todos los productos sanitarios que necesitaba, y cuando a una de sus amigas le llegó la primera menstruación en nuestra casa, ella se ocupó de todos los detalles, como una profesional. Después estuve conversando con la madre de la otra chica y me dijo: «Yo esperaba que eso le ocurriera cuando yo estuviera con ella, para poder tener un momento madre-hija sobre el asunto. Pero Kate lo llevó maravillosamente bien. Supo exactamente qué hacer».

Su hermana mayor, Annie, que era mucho más delgada, tuvo su primera regla a los 14 años. Así que, al contrario de Kate, todas sus amigas ya habían comenzado sus periodos y ella estaba ansiosa esperando el de ella. Le llegó en el colegio, y quiso la suerte que yo estuviera en casa. Fui al colegio, con un amuleto de los indios norteamericanos que había comprado esperando ese día. Le encantó. Me la llevé del colegio porque tenía dolores y pasamos un día tranquilo juntas. Esa noche su padre llegó del trabajo con un ramo de flores para ella. Pero todavía tengo la preciosa muñeca hecha a mano que simboliza el paso de niña a mujer, que pensaba regalarle a Kate. No me pareció apropiado celebrar un momento tan doloroso para ella. Tal vez la guarde para una nieta.

Incluso en la mejor de las circunstancias, es normal cierta angustia. Por ejemplo, en los meses anteriores a la primera menstruación, es común que a las niñas les salga un flujo vaginal, que puede ser o bien transparente, blanco, o ligeramente amarillento. Este flujo se debe a las mayores secreciones vaginales estimuladas por el estrógeno. Una amiga que no sabía esto, recuerda: «Qué susto me llevé cuando empecé a tener un flujo de mucosidad incolora, que me vino antes de la "sangre" para la que ya estaba preparada. Pensé que me había producido cáncer masturbándome. De dónde salió ese sentimiento de culpa, jamás lo sabré, porque mi madre era muy liberal en esas cosas y me tranquilizó inmediatamente cuando le conté mi miedo de tener cáncer».

Las niñas suelen sentirse más cohibidas cuando tienen sus reglas. Las preguntas sobre si los chicos «lo notan» ha sido un tema candente en los colegios de enseñanza media durante generaciones. Las chicas que hacen deporte tienen que aprender a arreglárselas con la hemorragia mientras compiten. Lleva un tiempo tener de la mano todos los aspectos fundamentales, especialmente las nadadoras.

RETO DE LA SABIDURÍA: *¿qué productos sanitarios debería usar tu hija?*

Ha habido un avance enorme en productos sanitarios desde el cinturón portacompresas de mi adolescencia. Sin embargo, por lo general recomiendo que la niña use compresas hasta que sus periodos se estabilicen y regulen. Esto es particularmente recomendable si las reglas son muy abundantes. Habría que evitar las compresas perfumadas porque las sustancias químicas del perfume suelen ser irritantes.

Algunas chicas prefieren los tampones. Éstos van muy bien en ocasiones, pero yo prefiero que las chicas muy jóvenes eviten usarlos siempre. El motivo es que el cuello del útero de la adolescente experimenta un rápido crecimiento y cambio en la parte llamada zona de transformación, donde las células mucosas se convierten en células escamosas en el ambiente ácido de la vagina. Ésta es la zona de donde se toman las muestras para el análisis citológico Papanicolau. Los tampones pueden producir irritación ahí. (He visto un buen número de úlceras en el cuello del útero a consecuencia del uso de tampones perfumados; en un caso semejaban tanto a cáncer del cuello del útero que fue necesaria una biopsia para determinar el diagnóstico.) Si bien no hay absolutamente ninguna prueba de que los tampones normales de algodón causen anormalidades en el cuello del útero, creo que es más seguro permitir que la vagina y el cuello del útero se desarrollen con la menor exposición posible a agentes medioambientales. Por eso también desaconsejo las duchas vaginales, práctica que es absolutamente innecesaria y sólo perpetúa la idea de que la vagina es «sucia». En realidad esas duchas aumentan el riesgo de infecciones bacterianas.

Si una adolescente usa tampón, debe cambiárselo como mínimo cada seis horas. Si un tampón se deja demasiado tiempo pueden colonizarlo las bacterias *Staphylococcus aureus*, tipo de bacterias que comúnmente se encuentran en la piel, y que en las condiciones adecuadas proliferan sin control y producen toxinas que afectan a casi todo el organismo, siendo causa del síndrome de choque tóxico.

El síndrome de choque tóxico captó la atención a comienzos de los años ochenta, cuando se produjo un brote en todo el país en mujeres, por lo demás sanas, que estaban con el periodo menstrual. Se encontró una relación con el uso de un tipo de tampones muy absorbentes, que de inmediato fueron retirados del mercado. El número de casos disminuyó de forma rápida, pero sigue habiéndolos. Comienza con síntomas relativamente no específicos, parecidos a los de la gripe. En los casos menstruales, los síntomas se presentan a los dos o tres días del comienzo de la regla y puede ir acompañado por fiebre, baja tensión arterial, enrojecimiento de las superficies mucosas de la vagina y los ojos, y sarpullidos o erupciones en la piel. Esta infección es peligrosa si no se reconoce y se trata bien. Por esta razón no recomiendo los tampones superabsorbentes, los que más se prestan para la proliferación de estafilococos.

También ha habido informes a propósito de que los tampones contienen dioxina (a causa del blanqueo con cloro), que podría aumentar el riesgo de endometriosis. Sin embargo, en un estudio realizado en el Georgetown University Hospital se encontraron cantidades muy mínimas de contaminantes tipo dioxina, cantidades por lo menos seis veces menores en magnitud que a la que nos exponen nuestros productos alimentarios.[14] ¿Plantearía un riesgo esto para algunas personas? Es posible, pero muy, muy bajo. En un esquema global de nuestra vida, no logro preocuparme por eso si lo comparamos con los riesgos muy reales y conocidos del alcohol, el tabaco, las drogas y la dieta de alimentos refinados.

Un buen número de educadoras en la menstruación recomiendan usar compresas menstruales de tela, amigas del medio ambiente, que se pueden remojar, lavar y volver a usar. Aunque de ninguna manera puedo discutir el problema medioambiental, y aunque es absolutamente cierto que el agua en que se remojan es un fabuloso abono para las plantas, también es cierto que muchísimas chicas ya se sienten raras y cohibidas por tener sus reglas. La mayoría no van a usar de ninguna manera compresas reutilizables cuando todas las demás usan productos corrientes. A las madres que se sienten atraídas por los productos menstruales ecológicos, por motivos de salud y éticos, les aconsejaría que dejen la decisión en manos de sus hijas, y luego esperen a que sean mayores para reintroducir la idea de compresas de tela.

CAMBIOS EN EL CEREBRO DURANTE LA ADOLESCENCIA

Durante la adolescencia comienzan a estabilizarse el extraordinario desarrollo y la transformación del cerebro que caracterizaron la infancia, preparando al chico o la chica para las responsabilidades y productividad de adultos. En el plano físico, en exploraciones mediante tomografía por emisión de positrones (PET), resonancia magnética (MRI) y electroencefalogramas, se ha establecido que los cambios cognitivos de la adolescencia van acompañados por la eliminación de sinapsis entre neuronas, muerte de neuronas y el consiguiente adelgazamiento de la capa exterior del cerebro llamada corteza. Pero al mismo tiempo que el cerebro pierde algunas de sus conexiones de la infancia, se van formando otras nuevas. Esta dinámica remodelación del cerebro se estabiliza alrededor de los veinte años, pero continúa a un ritmo más lento durante toda la vida.

Como todas las fases importantes de la vida, la adolescencia es un periodo en que hemos de tomar decisiones respecto a dónde poner nuestra atención. Mientras vamos podando nuestra vida mediante elecciones, nuestro cerebro va haciendo lo mismo. Las vías o rutas neuronales que quedan son las más utilizadas. Pero al elegir ésas, eliminamos un buen número de posibilidades que teníamos disponibles durante la primera infancia. En lugar de disponer de un número prácticamente ilimitado de carreteras panorámicas de dos carriles, elegimos selectivamente y usamos un número limitado de autopistas interiores de cuatro carriles. Dominar una nueva técnica o habilidad, como tocar un instrumento musical o hablar otro idioma, podría hacerse un tanto más difícil. Por otro lado, es a menudo pasmoso el aumento resultante en velocidad y capacidad, o competencia en ciertos campos para los que son buenos los adolescentes.

La plasticidad es la cualidad que le permite al cerebro recuperarse después de una lesión o aprender cosas nuevas fácilmente. Antes de la pubertad, el niño o la niña que sufre un accidente cerebrovascular u otra lesión cerebral tiene la capacidad para hacer una recuperación extraordinaria dado que gran parte de su cerebro aún no está comprometido a viajar por rutas o vías establecidas. Según las estadísticas, es probable que en una chica o un chico de 20 años que sufre esa misma lesión no sea tan completa la recuperación de la función cerebral y corporal como la del niño o la niña de 8 años. A pesar de esta disminución de la plasticidad, los estudios han demostrado que nuestro cerebro tiene la capacidad para crear nuevas neuronas y hacer nuevas conexiones a lo largo de toda la vida; continuamos siendo capaces de aprender y sanar.

El baile del compromiso frente al baile de la plasticidad

Los cambios cerebrales que experimenta la adolescente son un reflejo del reto que enfrentamos a lo largo de toda la vida: equilibrar la libre expresión creativa, la expansión, la fluidez y la libertad con la estructura, las reglas y los reglamentos. Durante la adolescencia la niña busca identidades con las que se pueda comprometer, tal como su cerebro busca pautas con las que se pueda comprometer. Consciente o inconscientemente, la chica se está preparando para importantísimas decisiones adultas: elegir pareja y elegir una carrera o profesión que refleje lo que ella es y lo que desea ser. El proceso de dejar atrás la relativa libertad y las posibilidades aparentemente ilimitadas de la infancia puede amilanar a la niña, cuando se encuentra cara a cara con la necesidad de elegir y asumir una mayor responsabilidad en sus decisiones y elecciones. Es normal entonces que sienta cierto sufrimiento y conflicto durante esta fase, entre otras cosas cambios de humor, pero el grado de ese sufrimiento dependerá de su temperamento y de que cuente o no con modelos que apoyen y ayuden a su emergente sentido de identidad.

En la pubertad, la niña comienza a buscar en serio la validación externa de lo que ella espera y desea ser como mujer joven. Si no encuentra lo que busca o si ve a mujeres comprometidas con cosas que a los hombres de su familia o de la sociedad no se les pide que hagan, muy naturalmente siente rabia, miedo o decepción. Eso es parte del motivo de la rebelión de las adolescentes. Es una consecuencia natural cuando ve que sus deseos y sensación de posibilidades ilimitadas chocan con las limitaciones y compromisos que ve en la vida de sus padres y de otros adultos. Sus pasiones aún no han sido templadas por una corteza prefrontal dorsolateral totalmente desarrollada, y tampoco ha tenido que vérselas con la realidad de las cargas y responsabilidades de adulta.

Si no se validan y reorientan sus emociones de modo positivo, su decepción, rabia y angustia podrían tomar cualquiera de las siguientes rutas, según sea el temperamento con el que nació:

- Se vuelven hacia dentro, en forma de depresión, malhumor o enfermedad física.
- Se convierten en estímulo para comportamientos autodestructivos de todo tipo, por ejemplo, abuso de sustancias, entrar en relaciones destructivas o hacerse múltiples *piercings* y tatuajes en el cuerpo.
- Se vuelven hacia fuera, en forma de hostilidad hacia sus compañeros o iguales, sus padres u otras figuras de autoridad.

De todos modos, la mayoría de las chicas llegan a un nuevo ajuste emocional y se calman hacia los últimos años de enseñanza secundaria o bachillerato.

Mi legado en el paso de niña a mujer

Uno de los beneficios de escribir este libro ha sido entender y hacer las paces con las formas en que actuaron estas fuerzas en mi vida, después de varias generaciones.

Mi madre fue una niña nada femenina, cuyas horas más felices las pasaba jugando a la pelota con los chicos del vecindario. Cuando le vino la primera regla, no le permitieron seguir jugando con los chicos; se esperaba que asumiera el papel de una mujer en la sociedad. Y mirando alrededor a finales de los años treinta, no encontró muy atractivo ese papel. Destrozada, le rogó a su madre que la llevara al hospital para que la «arreglaran». Clarísimamente, no estaba en posición para celebrar su naciente feminidad.

Este legado continuó en mí, pero se manifestó de forma del todo diferente. En mis años de veinte y treintañera, creía sinceramente que había escapado de los problemas de la pubertad sin un rasguño. Sólo cuando me enteré de la conexión mente-cuerpo en la salud, vi muy claro que me había metido en el cuerpo toda la angustia de la pubertad, en lugar de sentirla. Se manifestaba en forma de enfermedad física.

Una manifestación fue el astigmatismo y la miopía, y tuve que usar gafas, aun cuando nadie más de la familia había tenido problemas de la vista. Comencé a tener jaquecas tan fuertes que me tuvieron hospitalizada una semana en Boston para descartar un tumor cerebral. Me sentía cansada todo el tiempo. También tuve fascitis plantar, que es una inflamación muy dolorosa del tejido conectivo de las plantas de los pies, trastorno pariente de la fibromialgia. Cuando me comenzaron las reglas, los dolores menstruales eran tan fuertes que muchas veces tenía que marcharme del colegio e irme a casa. Aunque finalmente se solucionaron del todo las jaquecas y los dolores menstruales, mis ojos no se recuperaron nunca. Todavía uso gafas y lentes de contacto.

En ese tiempo, como millones de otras adolescentes de la generación de los cincuenta, no tenía ninguna manera socialmente aceptable de expresar mis emociones, en especial la rabia. Si me hubieras preguntado si estaba enfadada, yo habría dicho que no. La rabia no era una emoción que se nos animara a sentir o tratar en mi familia. Teníamos que estar alegres y felices. También se permitía la tristeza y la empatía, pero la rabia, uuh, uuh.

El primer problema importante de mi pubertad fue verme obligada a hacer de madre precoz, debido a la ausencia de mi madre. Cuando yo tenía doce años, los recursos de mi familia se orientaban a la carrera de esquiadora de mi hermana. Mi madre la llevaba en coche a las competiciones de esquí, por todo el noreste, y finalmente Penny entró a formar parte del equipo estadounidense de esquí alpino. Siendo la hija mayor, yo debía preparar la comida para mi padre y mis hermanos y tener la casa limpia. (De mis hermanos no se esperaba que hicieran ninguno de estos quehaceres extras.) Eso me dolía, pero cualquier resentimiento que pudiera sentir se iba para dentro. Expresarlo era sencillamente arriesgado.

Otro problema importante era no obtener reconocimiento de lo que yo era. Una vez, cuando tenía unos trece años, les dije a mis padres que necesitaba un lugar silencioso y tranquilo en la casa para estudiar o practicar mi música. Les dije que en muchas familias significaba muchísimo ser buena alumna. Mi padre replicó que la familia estaba harta de oírme tocar una y otra vez el tema de *Éxodo* en el piano; y que, además, la familia no existía para satisfacer mis necesidades. También me dijo que cuando estuviera en la universidad, a nadie le importaría mi necesidad de silencio (tenía razón). Recuerdo que me puse a llorar desconsolada y dije lo mucho que me herían esos comentarios. Pero no me hicieron caso. Mi madre no dijo nada.

Así que aprendí a callarme, a estudiar en medio del caos y a obtener de mis profesores la satisfacción de mi necesidad de reconocimiento. Aprendí a traducir del latín *De Bello Gallico* (Comentarios sobre la guerra de las Galias), de Julio César, con el ruido de fondo del *Red Skelton Show* en televisión o el de las prácticas de acordeón de mi hermana. Claro que tenía sentimientos por esto; años después, cuando me familiaricé con la medicina tradicional china, comprendí que todas las enfermedades que tuve en ese tiempo tenían relación con el meridiano del hígado, cuya principal emoción es la rabia. Mi problema de peso, que empecé a combatir con ese primer régimen a los doce años, en parte era consecuencia también de mis intentos de demostrar mi valía cuidando de y atendiendo a los demás. (Las personas que no se sienten valiosas suelen dar a los demás lo que a ellas les gustaría recibir. Esta actitud las lleva a «llevarles la carga». Eso no es sano para ninguna de las partes involucradas.)

Hasta la edad madura, no tenía idea de que seguía llevando en mi interior la rabia y resentimiento de mi infancia. Pero no había la menor duda. Cuando comencé a escribir acerca de mis problemas de salud en la adolescencia, me vino una erupción roja escamosa en la piel de la garganta, nuca, pecho, orejas y cuero cabelludo, que me duró muchos meses. Una crema de esteroides me iba bien por un tiempo, pero me volvía y volvía, hasta que al fin decidí que no me convenía seguir tapando lo que fuera que deseaba captarme la atención. Así que dejé salir la erupción, tratando al mismo tiempo de mantenerme receptiva al mensaje que tenía para mí. Las erupciones en la piel son la manera que tiene el cuerpo de intentar contruir una «armadura» o protección. La localización de la erupción era reveladora también. La garganta está relacionada con la expresión propia, el decir la propia verdad y poder hablar. Me llevó un tiempo encontrar las palabras para expresar lo que me decía mi cuerpo acerca de mi legado madre-hija.

Alrededor de ese mismo tiempo comencé también a tener los mismos síntomas en los ojos que precedían a mis jaquecas, que hacía años que no experimentaba. Aunque una visita a mi acupuntora puso fin a esos síntomas antes de que pasaran a jaquecas más intensas, me quedó claro que mis defensas normales estaban débiles y que mi vieja rabia estaba justo bajo la superficie.

En los meses siguientes experimenté de primera mano el tipo de sanación en la edad madura de que hablo al comienzo de este capítulo. Explorando mi rabia y sintiéndola totalmente, redescubrí la intensidad de esos años de adolescencia. Sentí en mis huesos lo mucho que le gusta a una niña el reconocimiento y cómo hace lo que sea necesario para conseguirlo. Pero también comencé a ver al resto de mi familia con una visión más amplia.

Irónicamente, mi hermana Penny, la ex esquiadora de categoría mundial, ahora madre de tres hijos, me dijo hace poco: «Yo no veía manera de competir con lo inteligente que eras en el colegio. Así que decidí esquiar porque era buena para eso. Y mi madre me apoyaba totalmente». Resulta que ella pensaba que yo era la «ganadora» con la que no podía competir, aun cuando era ella la que tenía la habitación llena de trofeos y recortes de prensa.

También comprendí que mi madre prefería estar esquiando o cazando antes que planchar, llevar la casa y preparar las comidas en el clásico papel de ama de casa de los años cincuenta. No es de extrañar que estuviera dispuesta a llevar a mi hermana por todo el noreste durante tantos años. Ahora veo que yo simplemente cogí su carga, me la eché al hombro y la llevé a mi manera. Eso nunca resulta, por supuesto, pero eso no significa que no lo intentemos.

Mirando atrás, creo que mi hija Kate fue afectada hasta cierto punto por mi legado materno, dada su primera reacción a la menarquia. Sin embargo, permitiéndole simplemente sentir lo que estaba sintiendo, sin tratar de «mejorarle» la experiencia, creo que el legado negativo perdió mucho de su fuerza. Ninguna de mis dos hijas tuvo nunca dolores menstruales, problemas de vista, jaquecas, ni cualquiera de los otros problemas físicos que tuve yo en la pubertad.

MADRES CONSCIENTES, HIJAS CONSCIENTES

Siempre que me topo con la tan difundida creencia social de que los chicos son más fáciles de criar que las chicas o que las chicas adolescentes son naturalmente odiosas, no puedo dejar de sentir cómo sube dentro de mí una apasionada reacción. Finalmente he comprendido por qué. Es posible que de jovencitas incorporemos los mensajes de nuestra sociedad en la corteza prefrontal dorsolateral de tal manera que nuestra conexión corteza orbitofrontal-cuerpo se duerme y quedan censurados sus mensajes vitales. Entonces es cuando verdaderamente Ofelia se vuelve inconsciente. Pero ten presente que las sinapsis cerebrales que causan esta «anestesia» cultural se ceban en casa. La sola idea de que las personas de un sexo tienen que ser más fáciles de llevar que las del otro (en cualquier asunto o problema) es tan claramente la consecuencia del prejuicio patriarcal aceptado sin mayor examen, que me sorprende que sigamos creyéndolo. Como madres de hijas, cada una debe aprender a reconocer este prejuicio cuando nos encontramos con él, y también reconocerlo en nosotras, para no trasmitir esta paralizadora creencia a nuestras hijas y nietas.

Un importante número de personas sigue creyendo que es posible tener una hija angelical de conducta perfecta que de repente se convierte en una arpía incontrolable debido a las «hormonas». Nada podría estar más lejos de la verdad. La niña simplemente expresa los conflictos que siempre han estado ahí, justo bajo la superficie, conflictos tales como la desigualdad entre los papeles masculino y femenino que ve con tanta claridad en su casa y en el colegio con la nueva visión de la pubertad. Cualquier conflicto que experimente la niña, ya sea en su interior, en su familia o su cultura, lo excitan los fuegos hormonales de la pubertad. Y esos fuegos hormonales son todos de realización, desarrollo y expresión personales.

Reviving Ophelia (Cómo ayudar a su hija adolescente) se publicó justo cuando mis hijas estaban llegando a la pubertad. Lo leyeron, como muchas de sus compañeras de clase. Hace poco le pregunté a una de ellas que le pareció el libro, y me dijo: «En ese tiempo yo andaba buscando algo que me explicara por qué me sentía como me sentía. Lo encontré útil». El libro documenta las tristes realidades de la adolescencia para muchas niñas; coincidía con lo que yo había visto en mi práctica médica. De todos modos, recuerdo que pensé: «¿Por qué es necesario revivir a Ofelia? ¿No podríamos hacer algo como madres y como sociedad para que menos niñas caigan en ese coma adolescente?» No le encontraba sentido entonces, ni se lo encuentro ahora, que chicas perfectamente sanas, bien adaptadas, caigan de repente por un acantilado cuando llegan a la pubertad, una fase normal de la vida.

Libros como *Reviving Ophelia (Cómo ayudar a su hija adolescente)*, *Saving Beauty from the Beast* [Salvar a la Bella de la Bestia], *Queen Bees and Wannabes* [Abejas reina y aspirantes], *Odd Girl Out* [La chica rara excluida] y *Girlfighting* [Guerra entre chicas] han dilucidado el contexto cultural que pone en riesgo a tantas adolescentes. Pero eso es sólo una parte de la historia. Las hijas no se vuelven «inconscientes» en los aspectos en que sus madres están plenamente conscientes. Ofelia no necesita que la resuciten si su madre ya ha resucitado (o nunca ha necesitado resucitación, para empezar). La Bella tiene menos probabilidades de enamorarse de la Bestia si su autoestima es elevada y su madre le ha enseñado a estar conectada con sus instintos.

Todas y cada una tenemos que asumir la responsabilidad de la manera que abordamos y llevamos «la cultura» de cerca, en lo personal, en nuestros hogares y en nuestra vida. Esto es infinitamente más difícil que echarle la culpa a la cultura. También es una manera mucho más gratificante y poderosa de cambiar las condiciones y circunstancias de nuestra vida, aunque sea una madre y una hija por vez.

CÓMO SE ALINEAN LAS HORMONAS, LA PERSONALIDAD Y LAS ENERGÍAS ARQUETÍPICAS EN LA PUBERTAD

Hay una bella coincidencia entre los cambios fisiológicos cerebrales y hormonales de la pubertad y los ritmos arquetípicos universales que configuran nuestras almas. En medio de los inevitables conflictos, encuentro consolador y práctico pensar en las transiciones importantes de la vida de esta manera objetiva, mirando el «cuadro grande».

«Sé lo que quiero»: primera expresión creativa y conocimiento propio

Las niñas de diez a once años tienen muy claro lo que les gusta y lo que no les gusta. Dicen lo que piensan. Éste es el periodo en que las chicas suelen encontrar, y comprometerse con, el arte, la poesía, el deporte, el baile o danza u otras actividades creativas que contienen la clave de su futura vocación. Ya han interiorizado las reglas de la sociedad (aun cuando no las acaten necesariamente), y esto las libera para concentrarse en tareas creativas. El ego se fortalece y la vida adquiere la dichosa cualidad de «el verano dura eternamente».

¿Cómo eras tú a los diez y once años? Si no lo recuerdas, pregúntaselo a tu madre. Esta edad contiene importantes claves de las cualidades del alma de una niña. Yo me pasaba horas sentada arriba de un árbol leyendo o representando cuentos de hadas entre los lilos con hadas dibujadas en papel y recortadas. También me encantaba caminar por la orilla del estanque de nuestra granja, atrapando salamandras y recogiendo flores y vainas silvestres y otras cosas naturales. No es de extrañar que acabara estudiando biología como asignatura principal.

«Sé lo que quiero pero a veces tengo que esperar»: crecimiento con limitaciones y estructura

Cuando mi hija Kate estaba en esta fase, conocía a más personas de nuestra ciudad que yo, y su agenda social siempre estaba llena. Recuerdo que me sorprendía que hubiera hecho todo eso sin mi ayuda. En esta fase se acelera el desarrollo intelectual de la niña, y es posible que se forme creencias fuertes diferentes de las de su familia. (Si su familia o grupo social tiene sentimientos muy fuertes acerca de lo que se debe creer, podría reprimir esas percepciones en maduración, juzgándolas «malas», «equivocadas» o «pecaminosas».) De modo similar, si una niña está interesada en ordenadores o música, pero procede de una familia que ha producido generaciones de médicos, le irá mejor si la apoyan en las empresas que la atraen aun cuando éstas no estén dentro de la tradición familiar.

El despertar del deseo e interés sexuales también es perfectamente natural en esta fase. También es natural la masturbación. Pero si a la niña se le ha enseñado que las sensaciones sexuales son sucias o vergonzosas, podría interpretar que eso significa que ella es mala o vergonzosa simplemente porque tiene sensaciones que son tan naturales como la hierba que crece verde en primavera.

A esta edad la niña suele sentir tensión entre el deseo de continuar siendo niña y el conocimiento de que debe asumir más responsabilidades hacia la familia y la sociedad. La dichosa, libre y despreocupada época de la infancia, que parecía que iba a durar eternamente, se va desvaneciendo a medida que la chica entra en las realidades más duras de la inminente edad adulta.

«¿Podemos acordar estar en desacuerdo?»:
enfrentarse a la autoridad o definirse en su contra

Alrededor de los catorce años, la tensión interior entre infancia y responsabilidad adulta suele manifestarse en un enfrentamiento con la autoridad. Aquí es cuando incluso la niña más dulce y servicial podría volverse taciturna y huraña, o belicosa y rebelde.

Esto crea un problema si uno crece en una familia como la mía, donde si uno bajaba por la mañana con la cara no del todo feliz, la enviaban de vuelta arriba para que volviera a hacer su entrada de una manera más positiva. No recuerdo estallidos emocionales de ningún tipo. Pero teníamos muchísima alegría y risas. En la superficie, esto parece delicioso, pero, como he dicho, aprendí muy pronto a reprimir mis emociones supuestamente «negativas», como la rabia y la tristeza, en lugar de comprender que éstas eran una parte importante y válida de mi sistema de orientación interior. En consecuencia, también me aterraba la expresión de la rabia en los demás, ya que no tenía ninguna experiencia al respecto. Finalmente aprendí a manifestar mi desacuerdo diplomáticamente, pero me ha llevado muchísimos años dominar esa habilidad. Una de mis colegas dice: «La diplomacia se convierte en evasión o manipulación si antes uno no ha hecho frente a las verdaderas diferencias que están implicadas». Es importante que la niña comience a fiarse de su autoridad interior. Puede que al principio usemos torpemente ese poder, incluso ofendiendo, pero es peor no hacerlo valer nunca.

CUIDADOS MATERNOS A LA HIJA PÚBER: NUEVE MODOS DE AYUDARLA A CRECER Y PROSPERAR

Las siguientes directrices te servirán para que entre tú y tu hija gestionéis este paso de la infancia a la edad adulta con el máximo acceso al poder y las posibilidades de este importante periodo.

Uno: endereza tu historia

Todas tenemos un bagaje del pasado del que no somos conscientes. Así son sencillamente las cosas. El sufrimiento no resuelto del pasado lo transmites sin querer a tu hija. Haz todo lo que puedas y no te preocupes. Ten presente que ella te eligió por madre, y una parte de su viaje del alma es trabajar con el material que se le ha dado. Sé todo lo sincera posible contigo misma y con ella acerca de tus experiencias de la pubertad, y sé compasiva contigo. Si sufres trastornos como el síndrome premenstrual, dolores menstruales, fibromas o endometriosis, quiere decir que tu cuerpo lleva asuntos inconclusos del pasado y/o hace falta hacer un ajuste en alguna otra cosa (la dieta, por ejemplo). Recuerda que el mejor regalo que puedes hacer a tu hija es tu propio ser sanado.

Una de las suscriptoras a mi hoja informativa, Joan Morais, es la autora de *A Time to Celebrate: A Celebration of a Girl's First Menstrual Period*. Me envió una conmovedora carta sobre cómo su libro nació de su deseo de introducir a sus tres hijas al primer periodo menstrual de un modo significativo, a diferencia de la manera superficial con que lo hizo su madre, diciéndole «Ya eres una mujer», lo que para ella no tenía ningún sentido. Escribe: «Al hacer este profundo viaje interior y entender por qué es tan importante celebrar y honrar mi menstruación, cambió toda mi vida. Dejé de experimentar ese intenso síndrome premenstrual, cambié esa arraigada visión cultural de esconder la menstruación y no la transmití a mis hijas, y aprendí a amar mi cuerpo femenino».

Si bien la mayoría de las adolescentes aún no están preparadas para digerir el enfoque mente-cuerpo de la menstruación, sus almas anhelan conocer el verdadero poder de este rito de pasaje. Y si tú, como Joan, has hecho tuyo este poder, se lo harás más fácil a tu hija. Para comenzar, recomiendo leer el capítulo sobre el ciclo menstrual de mi libro *Cuerpo de mujer, sabiduría de mujer*, y también *Honoring Menstruation: A Time of Self-Renewal*, de Lara Owen. (Véase también el capítulo 16 de este libro.)

Cuando mis hijas eran adolescentes, yo no tenía conciencia de mi rabia y resentimiento reprimidos de los que hablé unas páginas atrás ni de sus efectos en mi cuerpo. Pero sí sabía que ellas necesitaban el permiso para sentir totalmente sus emociones, sin tomar de rehenes a otros ni echarles la culpa. Y también sabía que esas emociones no eran «sólo hormonas». Las emociones tempestuosas casi siempre contienen un mensaje, pero en la pubertad las chicas aún no saben comunicar hábilmente ese mensaje. Las tormentas de los primeros años de la adolescencia suelen ser como los berrinches de los niños de dos años cuando se sienten muy cansados o frustrados. La Regla Comida Rápida de Harvey Karp sigue válida (véase capítulo 7). Así que cuando tu hija esté afligida o molesta, procura «anotar el pedido» y repetírselo de corazón, por ejemplo: «Karen,

EL PRIMER SUJETADOR

Habiendo sanado las heridas de su pasado, muchas madres están deseosas de celebrar la transición a mujer de sus hijas con alguna ocasión especial, como ayudarles a elegir su primer sujetador. Algunas niñas no ven las horas de que llegue ese rito de pasaje, mientras que a otras las horroriza. Incluso si ya han tenido su primera regla, muchas niñas de esta edad se sienten muy cohibidas por los cambios de su cuerpo y la atención que reciben. Cualquier cosa que no sea el sujetador o camiseta más usuales podrían darle un aspecto excesivamente sexual, sea cual sea el volumen de sus pechos. Muchas jovencitas no se sienten cómodas viéndose «sexys» hasta cuando ya son mayores (en algunos casos a los quince años como mínimo).

Una suscriptora a mi hoja informativa explicaba que su hija intentaba ocultarse los pechos con el pelo largo y se negaba a usar sujetador, aun cuando lo necesitaba. Sus compañeras ya usaban camisetas ceñidas sin manga o de tirantes. Comentaba: «Me daba pena verla driblar por el campo de baloncesto tratando de ocultar los pechos. Pero yo no podía hacer nada. Por suerte esa fase ya pasó». Por otro lado, está la mujer que me contó que no veía el momento de usar sujetador cuando estaba en séptimo año de básica, aun cuando no tenía nada que poner dentro.

Así que dale tiempo. Lleva un tiempo que el desarrollo emocional de la niña se ponga a la altura de su desarrollo reproductor. Y eso puede ser causa de unos cuantos años difíciles en que un momento es la niñita pequeña que quiere sentarse en tu falda, y al siguiente la jovencita adulta que no quiere tener nada que ver contigo. Lo importante es que veas a tu hija como una persona individual y respetes sus elecciones y el momento en que está en su desarrollo emocional.

veo que en este momento estás afligida, así que haz lo que necesites hacer para sentirte mejor. Si quieres hablar, estoy disponible».

No me interpretes mal. Nunca es sano revolcarse ni marinar en las emociones negativas, pero como me ha enseñado mi cuerpo, reprimirlas, desentenderse de ellas o criticarlas tampoco es sano. El feliz término medio entraña reconocer y sentir plenamente la emoción, identificando su función, y luego dejarla marchar.

Dos: aprende a forjarte tu propia felicidad

Si deseas que tu hija sea sana y feliz, tu trabajo es ser sana y feliz tú, para que puedas servirle de modelo en esto. (Por cierto, no es el trabajo de ella hacerte feliz a ti haciendo todo lo que deseas que haga, como tampoco es tu trabajo de madre hacerte feliz a ti.)

Tu equilibrio y felicidad tienen que ser más importantes para ti que los de tu hija. Si no, no tienes nada para darle. Una madre que está dispuesta a renunciar a toda su felicidad por sus hijos se convierte en mártir.

Si tienes una hija difícil, podría ser más fácil tratarla a partir de la desesperación; tus vibraciones estarían más igualadas a las de ella. Pero eso os deja a las dos más hundidas en la desesperación. Recuerda esta cita: «Disminuir tu luz para que brille más la de otro oscurece más a todo el mundo».

Tres: revisa tus expectativas respecto al tiempo en familia

Las adolescentes menores necesitan estar con sus padres, pero lo necesitan sólo de vez en cuando. Las horas o momentos para reunirse en familia ya no funcionan como en la edad de latencia. Los momentos dorados del tiempo de calidad suelen ser los trayectos cuando la llevas al colegio o a eventos o actividades. Ésta es una manera de sintonizar con su vida que de otra manera no tendrías. Tienes que hacer el esfuerzo de estar en casa cuando asoma la nariz entre actividad y actividad social, y para estar cerca para escuchar, de una manera totalmente diferente de los primeros años de enseñanza básica, cuando tendía a ser cariñosa, le encantaba estar contigo y deseaba tu presencia. Ahora no, pero sí. Es una repetida alternancia entre aproximación y alejamiento, tal como cuando tenía dos años. Estando disponible, estarás presente para ella cuando necesite hablar.

También es importante programar momentos especiales para estar juntas. Tu relación con tu hija púber no debería limitarse a llevarla al colegio o a otras actividades, y luego traerla, aun cuando estos trayectos son momentos importantes para comunicarse. Un ejemplo es la «noche de cine», cuando la hija elige una película PG-13 (no recomendada para menores de 13 años) o una R (menores de 17 deben verla acompañados por un adulto), que podría resultar incómoda para la madre. Verla juntas es una manera de «desintoxicar» algunos de los mensajes culturales adversos pero potentes con que son bombardeadas nuestras hijas. ¡Estás ahí para contribuir con tu ayuda, aunque sea mínima! Ésa era una de mis actividades favoritas con mis hijas.

Las salidas y viajes familiares suelen convertirse en tema de negociación. Da libertad a tu hija para no participar algunas veces. A los trece años yo me acababa de enamorar de mi primer chico cuando mi familia hizo un viaje de un mes a los parques nacionales y a Alaska. Suspiré por él todo el tiempo, esperando anhelante sus cartas. Pero también lo pasé bien con mi familia y, mirando atrás, me alegra no haberme perdido ese viaje. Pero más avanzado ese año, solía pasar el día con él mientras mi familia iba a esquiar. Íbamos al cine, hacíamos *pizza* y, en general, pasábamos el tiempo juntos. Si mi familia hubiera intentado obligarme a ir a esquiar todos los fines de semana, habría hecho todo lo que hubiera podido para estar con mi novio. Afortunadamente, eso nunca ocurrió.

Cuatro: apoya su sentido de lo sagrado

Dado su creciente sentido de identidad y búsqueda de un yo auténtico, no es sorprendente que a las niñas de diez a trece años les fascinen los temas metafísicos, como la astrología, los ángeles o el tarot. Claro que este mismo impulso se puede canalizar a la religión de la familia. Alrededor de los trece años yo comencé a tocar el órgano de mi iglesia, y recuerdo con qué fervor participaba en las ceremonias litúrgicas de la Iglesia Episcopaliana. En ese tiempo sentía la sacralidad de los himnos y los textos sagrados con una agudeza que nunca he vuelto a experimentar después. Ya sea a través de la religión, los estudios metafísicos o simplemente escuchando su voz interior, escribiendo sus sueños o llevando un diario, las adolescentes se sienten instintivamente atraídas a campos vivos de significado y posibilidades. Éste es un periodo en que el alma conecta con su verdadera pasión y finalidad, y el interés de tu hija por las cosas espirituales le servirá para encontrar sentido en las inevitables dificultades que acompañan su transformación en adulta.

MENTORA ESPIRITUAL

Cuando tenía unos doce años, una noche hice de canguro para los nietos de una amiga de la familia. Cuando los niños ya estaban acostados durmiendo, cogí un libro titulado *Natives of Eternity*, escrito por Flower Newhouse, ministra cristiana y mística, que podía ver a los ángeles y comunicarse con ellos. Me conmovió profundamente leer acerca de los ángeles en el nacimiento, la muerte, la música, el fuego y otras cosas más, y ver pinturas de sus caras. Me pareció una prueba de que era real lo que yo siempre había esperado que lo fuera. Me sentí eufórica, y cuando llegué a casa le conté mi descubrimiento a mi madre. Ella entonces llamó a su amiga Gretchen para comentarle mi entusiasmo. Gretchen me envió un ejemplar del libro, y además me invitó a tomar el desayuno en su casa para hablar de ángeles y de otros temas místicos. Ella había estudiado temas metafísicos durante años y asistido a varias reuniones del Christ-ward Ministry* dirigidas por la reverenda Newhouse. Ese desayuno dio paso a una serie de encantadoras y estimulantes visitas que continuaron durante todos mis años de bachillerato y primeros estudios universitarios. Gretchen fue una de mis primeras mentoras espirituales.

Una de las maneras de ayudar a tu hija es instruirla acerca de la cara femenina de Dios. El libro *Moon Mother, Moon Daughter* [Madre Luna, hija Luna], de Janet Lucy y Terri Allison, contiene muchos mitos, como el de Kwan Yin, la diosa china de la compasión. Las autoras reunieron estas bellas historias educativas cuando trabajaban con un grupo de niñas de diez a doce años. Leerlas junto con tu hija la introducirá a la cara femenina de la divinidad que está presente en todas las culturas. Es también una manera de recuperar nuestro pasado histórico: los muchos miles de años en que en la Vieja Europa existían religiones centradas en la Diosa, religiones que eran igualitarias y pacíficas. En esas religiones, el cuerpo

---

* Christward Ministry es una organización cristiana fundada en 1940 por la reverenda Flower Newhouse (1909-1994) y su marido Lawrence Newhouse. No es una secta ni pretende establecer un credo; sólo trata de revelar la unidad en la diversidad de todos los credos y caminos hacia Dios. *(N. de la T.)*

femenino y sus procesos se consideraban sagrados. Conocer esta historia es muy positivo para las jóvenes.

Mi hija Annie me recordó hace poco que durante la semana de su primer periodo menstrual yo le regalé un libro especial acerca del poder espiritual de ese paso de niña a mujer. Aunque yo lo había olvidado, ella no, porque le encantó leerlo. El libro era *Flowering Woman: Moontime for Kory* [Mujer en flor: La menstruación para Kory] de Mary Dillon con Shinan Barclay. También recomiendo *The Seven Sacred Rites of Menarche: The Spiritual Journey of the Adolescent Girl* [Los siete ritos sagrados de la menarquia: El viaje espiritual de la chica adolescente] de Kristi Meisenbach Boylan.

Cinco: inventa una ceremonia de pasaje

Si tu hija está de acuerdo y le entusiasma la idea, recomiendo hacerle una especie de celebración planeada de su paso de niña a mujer. Ten presente, sin embargo, que las adolescentes son tremendamente sensibles a la cultura dominante y a los mensajes negativos acerca del cuerpo femenino. Por lo tanto algunas no querrán que esta ceremonia tenga algo que ver con la menarquia. No obligues a tu hija a tener una ceremonia con la que tú deseas sanar tu paso de niña a mujer. (¡Muy francamente, creo que muchas de nosotras, las de la generación de los cincuenta y sesenta, aprovechamos el cincuenta cumpleaños para hacer esto!)

No tienes por qué esperar a que tu hija tenga su primera regla. Puedes planear esta ceremonia, o algún viaje o actividad especial madre-hija, en cualquier momento entre los once y los catorce años. Si participas en una religión que ya tiene una ceremonia de entrada en la edad adulta, como la confirmación cristiana o la *bar mitzvah* judía, podrías descubrir que ésta va bien a tu hija también. Pero otras madres podrían preferir inventarse una ceremonia más enfocada en la mujer, que podría incluir más energía de la Diosa. Una cooperativa llamada Red Web ha reunido un buen número de recursos para enseñar a mujeres y niñas la importancia de recuperar la sabiduría de sus ciclos menstruales y la menopausia. (Véase «Recursos y proveedores».)

CELEBRACIONES DEL PASO DE NIÑA A MUJER

Cuando les pedí a mis suscriptoras que me enviaran recuerdos de este rito de pasaje, las respuestas que recibí fueron un maravilloso testimonio del vínculo madre-hija en la menarquia. Éstos son sólo unos pocos:

• Cuando mi hija mayor cumplió 11 años (ahora tiene 16), empecé a pensar cómo deberíamos marcar su paso de niña a mujer. Recordaba lo traumática que fue mi primera regla, me llegó justo el día antes de mi entrada en un nuevo colegio en otro estado, así que quería que la de Molly fuera mucho más natural y estimulante. Les escribí a mis amigas y familiares, pidiéndoles a cada una que me ayudaran a celebrar a Molly desde la distancia enviándole una tarjeta, una nota o escrito diciéndole lo que desearían decirle cuando llegara el día. Mi idea era guardarlas todas en un sobre o álbum especial y esperar que llegara el día para entregárselas.

Todas estas mujeres, entre ellas mi compañera de cuarto en la universidad, cuñadas y amigas de la infancia, aprovecharon la oportunidad para hacer algo muy especial. Lo que fue llegando en los meses siguientes fueron cajas llenas de regalos, libros, escritos. Encontré una hermosa caja de almacenamiento forrada en una tela floreada para presentar estos regalos, en lugar del sobre o álbum que había planeado. La caja se llenó con muchos objetos en forma de mariposas: un collar, un joyero y pinzas para el pelo, para significar su transformación; una placa celta en que estaban grabadas una doncella, una madre y una vieja, para educarla acerca de los ciclos de la vida; fotos de una de sus tías con unas «garbosas» gafas ojos de gato que llevaba a la edad en que tuvo su primera menstruación; un libro de sabiduría adolescente; una enorme caja de chocolates para gourmet de una prima mayor que decía que ésos siempre la hacían sentirse mejor en «ese periodo del mes». Y había muchísimas palabras de sabiduría y recuerdos de esas maravillosas mujeres, entre otras una desmañada nota de su abuela (mi madre), que sencillamente no supo qué decir para reconocer un acontecimiento que se llevaba muy en secreto cuando ella era niña.

El día que le llegó el periodo, Molly estuvo muy normal, como suele ser en la vida. Antes de que se fuera a acostar, la llevé a nuestra habitación para huéspedes y saqué la caja de celebración. Primero leyó la tarjeta mía, que le explicaba lo que iba a recibir, y luego entre las dos abrimos la enorme caja forrada en tela y fuimos sacando todos los regalos de sus «hermanas», bellamente envueltos. Durante esa hora fue como si todas las mujeres que conocíamos estuvieran ahí con nosotras, un círculo de mujeres unidas en la distancia y el tiempo. Juntas leímos todo lo que enviaban todas esas mujeres: recuerdos, consejos y profundos sentimientos.

- La llegada de la primera regla era motivo para celebrar un gran día en nuestra casa. Fue la única vez en que mi madre nos permitió, a mí y a mis hermanas, faltar al colegio. Comenzamos el día con una mañana especial ganduleando juntas en la casa, luego nos tomamos todo el tiempo del mundo para vestirnos y acicalarnos y fuimos a almorzar en un restaurante elegante; después pasamos la tarde comprando un ajuar nuevo para la nueva joven mujer. (Eso era otro lujo, porque no éramos el tipo de familia que compra todo lo que desea.) Pero lo que a mí más me gustó del día fue pasar ese tiempo con mi madre y oírla hablar sobre cómo ésa era una ocasión especial que había que celebrar.

- Antes de que le llegara el primer periodo menstrual a Marina, contacté con todas las personas que la querían y les pedí que escribieran unas cuantas frases sobre lo que desearían haber sabido a esa edad. ¿Qué ideas, actitudes, creencias y conocimientos podrían haber influido favorablemente en su adolescencia? ¿Qué instrumentos y estrategias habían aprendido de la vida? La lluvia de amorosos, amables y sabios consejos que llegó fue inmensamente conmovedora.

Hice imprimir y encuadernar todos estos tesoros y le regalé el libro a Marina en una pequeña ceremonia en que participaron su mejor amiga y la madre de esa amiga. No sólo marcamos esa transición con una ceremonia significativa sino que además ahora tiene un valioso recurso para orientarse durante los momentos difíciles. También tiene la experiencia de una amorosa y profunda red de contactos, algo muy excepcional para el conocimiento y comprensión de una adolescente.

Sexto: enséñale cultura emocional y dale tú el ejemplo

Las tormentosas emociones que acompañan la adolescencia se pueden capear con más eficacia si uno comprende que las emociones son simplemente mensajes de nuestro sistema de orientación interior. Cada una tiene una función. Cada una nos dice algo que necesitamos saber. Cada una debe sentirse totalmente y luego liberarse. Es así de simple. Si no ocurre esto, o si una emoción se sofoca o reprime, puede causar alguna enfermedad.

Si tu hija está malhumorada o «rezongona», dale mucho espacio y no trates de animarla ni de «mejorarle» sus emociones. Déjala que descubra su sistema de orientación interior que le ayudará a llegar a sus soluciones. Si dice «no quiero hablar de eso» cuando le preguntas por qué está triste, dile que está muy bien sentir tristeza pero que debe encontrar la manera de resolver su problema de modos que no afecten negativamente al resto de la familia. Dile que estás disponible si desea hablar de lo que sea que la preocupa, pero que no está bien sentarse mohína a comer sin decir palabra; ésa es una manera de convertirlos a todos en rehenes. Podrías hacerle una breve demostración haciendo el papel de hosca y mohína para que vea el efecto que causa en ella. Es mejor dejarla que se vaya de la mesa a solucionar sus asuntos sola.

No te permitas, en ninguna circunstancia, ser el contenedor personal de basura de tu hija. Nunca está bien permitirle que te trate mal de ninguna manera. Eso significa que si te mira poniendo los ojos en blanco por algo que has dicho, o te insinúa que eres «estúpida» o «no guay», párala inmediatamente. Cuando mis hijas (o sus amigas) comenzaron con eso, yo monté en mi caballo de guerra y les dije: «Si continuáis con ese comportamiento, vais a contribuir a la degradación de las mujeres que ya ha durado los cinco mil últimos años. No permitiré eso en mi casa porque así es como se perpetúa en la cultura. Si continuáis, iré a vuestro colegio y daré una charla sobre esto en vuestra clase». ¡Eso cortó el comportamiento de raíz!

Por otro lado, explícale que cualquier rabia o tristeza que sienta es un mensaje válido para ella. (Incluso contigo podría enfadarse muchísimo por impedirle hacer algo que quiere hacer. Eso es lógico, tienes que aceptarlo; no puedes intentar ser su amiga todo el tiempo.) Podrías sugerirle que lo escriba en un diario o comience una práctica de meditación para enterarse de cuál es el mensaje y de qué debe hacer al respecto. Normalmente ese «golpe» intuitivo sobre lo que significa la emoción sólo llega cuando ya has experimentado totalmente la emoción.

Este método modela límites emocionales sanos. No te inmiscuyes ni te desentiendes demasiado. Ella sabe que te preocupas por ella desde una distancia de respeto, y que sus emociones son válidas. Pero no vas a permitir que manipule ni a ti ni a los demás familiares con sus emociones.

Siete: valida su sabiduría interior

A pesar de la omnipresente influencia de los medios y la cultura de masas, nuestras hijas pueden aprender que su sabiduría interior y su voz intuitiva son guías mucho más potentes hacia una vida de satisfacción, salud y dicha que cualquier otra cosa exterior a ellas. Una vez que aprendan a identificar y a confiar en esa voz, serán mucho menos propensas a quedar atrapadas, o al menos no mucho tiempo, en el vacío de relaciones sin sentido, el consumismo desenfrenado o el uso de sustancias y procesos adictivos cuya única finalidad es simplemente embotar el dolor y la conciencia.

Ocho: que la madre de otra persona se lo diga

Las hijas necesitan todas las «madres» que sea posible. Cuando no están dispuestas a escucharte a ti, es posible que sí escuchen a la madre de otra persona. Yo he sido esa «otra madre» para muchas chicas, y es un papel muy enaltecedor y gratificante. Pero también he recurrido a otras madres en el caso de mis hijas.

Cuando mis hijas entraron en la adolescencia, comencé una serie de conversaciones con la profesora de séptimo año de mi hija menor, que era también la madre de una de sus amigas de toda la vida. Nuestras hijas habían sido compañeras durante todos los años de educación básica y secundaria. Conociendo los peligros de la adolescencia, decidimos actuar y creamos un espacio para charlas informativas.

Juntas tuvimos varias reuniones con las niñas de séptimo (sin chicos), estando presentes nuestras hijas, en las que les hablé de sus ciclos de fertilidad y creatividad, su sexualidad y sus cuerpos cambiantes. Me las arreglé para que mi hija «oyera» las cosas que yo sabía que toda niña necesita saber, pero de una manera que ella pudiera ir asimilando a su propio ritmo. Les explicamos cómo iban creciendo y cambiando sus cuerpos, sus corazones y sus espíritus, preparándose para llegar a ser mujeres adultas. Además de darles una perspectiva positiva de los procesos físicos de la pubertad, queríamos también ofrecerles un lugar seguro en el que pudieran hablar libremente sobre lo que pensaban y sentían. Hablamos de los dolores menstruales, del tamaño de los pechos, de los chicos y de cualquier cosa de la que ellas desearan hablar, entre otras cosas de la pena de que llegaran a su fin algunas amistades porque las personas empiezan a cambiar y se separan.

Durante esas sesiones observé el agudo sufrimiento que sienten las niñas cuando dejan atrás la infancia y desarrollan cuerpos de mujer. Sea conscientemente o no, la mayoría saben que otros van a cosificar sus cuerpos, considerándolos objetos sexuales, por ejemplo, en lugar de ser considerados los templos que albergan sus almas. Principalmente intentamos mantener abiertas las líneas de comunicación entre madres e hijas en un periodo en que éstas suelen cerrarse. Las reacciones que recibimos de los padres de las otras chicas fueron muy gratificantes. Sé que nuestro trabajo fue importante y positivo.

El otro pequeño milagro ocurrió cuando llevé a Kate a Nueva York a ver una obra de teatro. Les pedimos a unas amigas que nos compraran entradas para cualquier obra que consideraran buena. Y así fue como, sin haberlo imaginado, asistimos al estreno de *Los monólogos de la vagina* (*The Vagina Monologues*), que está basada en entrevistas de Eve Ensler a mujeres de todas las edades e historiales. Pensé que había muerto e ido al cielo cuando estaba sentada en medio de un público lleno de celebridades con mi hija de trece años, no muy feliz con la pubertad, experimentando las historias jocosas, emotivas, muy conmovedoras y absolutamente fascinantes de esas mujeres, leídas e interpretadas por actrices de la talla de Whoopi Goldberg, Calista Flockhart, Glenn Close, Marisa Tomei, Gloria Steinem y Shirley Knight. Fue una noche de enaltecimiento y potenciación de las mujeres que no olvidaré jamás. Como decíamos, que la madre de otra persona haga llegar el mensaje a tu hija.

Esta obra en particular dio pie también a una serie de celebraciones del llamado V-Day (Día V), el día de san Valentín, dedicadas a acabar con la violencia contra niñas y mujeres de todo el mundo. Y ha continuado la toma de conciencia cultural. Siete años después, cuando mi hija Annie actuó en esta misma obra, producida por su universidad, Kate y yo nos sentamos, embelesadas, en la primera fila. Todas habíamos recorrido un largo camino.

Nueve: abandona tu ilusión de control

Nuestras hijas son almas individuales que entran en esta vida totalmente equipadas para influir en su entorno desde el momento en que nacen. También tienen la capacidad de aprender y reaccionar de acuerdo a su temperamento innato. Esto significa que las madres no somos responsables, como se nos ha llevado a creer, del carácter de nuestras hijas. Aunque sin duda influimos profundamente en ellas, no somos su Poder Superior; cada una de ellas tiene su propio Poder Superior. En definitiva, no es nuestra responsabilidad crear infancias ni adolescencias perfectas para nuestras hijas. Nuestro trabajo es apoyarlas cuando hacerlo no vaya en perjuicio de nuestras propia salud y felicidad. Como madre, yo encuentro consuelo y aliento en el hecho de que tuve exactamente el tipo de adolescencia que necesitaba, con jaquecas y todo, para hacer el trabajo de mi vida. No cambiaría nada. Espero que algún día mis hijas piensen lo mismo. Pero probablemente no comprenderán esto del todo hasta la edad madura. Así que anímate, alégrate, y disfruta del paso de niña a mujer de tu hija. Recuerda que ella está aquí para llevar su legado materno al siguiente nivel a su manera única y a su tiempo.

HABITACIÓN NÚMERO TRES

Catorce a veintiún años

16

El nacimiento de Afrodita:

Canalización de la energía de la sexualidad

Hay periodos en la vida de todos en que es particularmente evidente el potencial para convertirse en otra persona diferente. La adolescencia es uno de ellos. Éste es el periodo en que muchas patitas feas descubren que se están transformando en cisnes; en que la niña comienza a intuir su poder y sabiduría femeninos interiores; en que ve posibilidades a cada paso. Si la fuerza vital que emerge en este periodo recibe cuidados, protección y abono, el florecimiento consecuente es una bendición, muy impresionante de ver.

Recuerdo cuando mi hija menor tenía catorce años y pude observar maravillada esta fase. Kate ya había desarrollado una figura esbelta y la seguridad en sí misma que suele acompañar estos cambios externos. Un día, cuando ya se acercaba el fin del año escolar, me dijo: «¡Este verano voy a estar fuerte y estupenda!» Había pasado por muchísima aflicción cuando le vino su primera regla a los doce años. A diferencia de Annie, que tuvo su primer periodo menstrual a los catorce años y pasó mucho más gradualmente los cambios físicos y emocionales de la adolescencia, sin ningún cambio importante en la personalidad, para Kate la experiencia de la pubertad fue algo repentino, algo que no deseaba que ocurriera, así que durante un par de años su personalidad, antes siempre alegre, estuvo algo apagada y con cambios de humor. Dado ese muy difícil periodo de adaptación que había pasado, me sentí particularmente feliz al verla revivir. En ese tiempo escribí:

> Kate ha cambiado. Noto cómo fluyen con mucha fuerza por ella la vida, la celebración y Afrodita. Pasa el cortacésped sin que se lo digan. Está interesada en el yoga y hace sus abdominales todas las noches. Le interesan los vestidos por primera vez (había pasado la mayor parte de sus años en básica con chándal o mono, y casi nunca se ponía un vestido).

También habla de aprender a navegar por Casco Bay. La energía kundalini está subiendo rápidamente por esta niña.

Como madre, me siento como una jardinera que ha abonado y aireado esta tierra durante años. Ahora está brotando en esta niña algo mucho más grande que yo. Pero debo continuar regando y alimentando esta fuerza para que crezca derecha y alta, y no se doble ni quiebre antes de que haya tenido la oportunidad de desarrollar corteza en sus partes tiernas.

Observar a Kate me recordó vivamente esa época de la vida en que una siempre tiene la sensación de que está a punto de ocurrir algo bueno. En mí esa sensación comenzó a surgir cuando tenía alrededor de trece años. De repente sentí que era físicamente poderosa, que podía ser, hacer o tener cualquier cosa que deseara. Y una de las cosas que deseaba era ser una buena tenista. Y estaba tan resuelta y tenía tanta energía que cogí una pala, limpié de estiércol de vaca el trozo de hormigón de la parte de atrás del establo y me pasé horas practicando contra la pared. ¡Vaya manera de sublimar!

AMOR, ANHELO Y LIBIDO

La misma fuerza vital emergente que cambia el cuerpo, la mente y el espíritu de la niña en la pubertad, también la hace fértil y apta para quedar embarazada. En la antigua mitología griega, Afrodita era el nombre que se daba a la diosa de la sexualidad y el amor. Afrodita es la encarnación de la fertilidad, la sexualidad y el amor femeninos. Se manifiesta por primera vez en la vida de la niña en la adolescencia, en forma de deseo y anhelo. Como todas las fuerzas de la Naturaleza, la libido de la jovencita debe honrarse, respetarse y reconocerse de manera consciente. Sólo así ella puede aprender a canalizar esta energía potencialmente explosiva de modos constructivos y sanos.

Es importante que la adolescente comprenda pronto la verdadera naturaleza de la sexualidad, en especial si, como muchas chicas de esa edad, tiene problemas con su sentido de valía personal; en este caso es propensa a anteponer las necesidades de los demás a las suyas, incluidas las necesidades sexuales. Y esto puede llevarla a relaciones insatisfactorias en el mejor de los casos, y explotadoras e incluso abusivas en el peor.

Las adolescentes suelen sentirse avasalladas por un deseo o anhelo de conexión con un chico como pareja significativa. Se enamoran del amor, como si dijéramos. Este sentimiento no va solamente de sexo, ni tampoco lo experimentan sólo las chicas. En realidad, en un estudio sobre este tipo de enamoramiento —experiencia a la que da el nombre de *limerence*—,* la psicóloga Dorothy Tennov descubrió que el 95 por ciento de las mujeres y el 92 por ciento de los hombres rechazan la afirmación: «Lo mejor del amor es la relación sexual».[1]

CULTURA Y SEXUALIDAD

Es políticamente correcto imaginar que las chicas se sienten excitadas igual que los chicos, y que enfocarían la relación sexual de la misma manera que ellos si no fuera porque las considerarían «furcias» si lo hicieran. Y es muy cierto lo que dice Naomi Wolf en *Promiscuities: The Secret Struggle for Womanhood*,** que «las claras realidades del desarrollo sexual femenino en la adolescencia, en especial las del deseo de las chicas, han sufrido una larga historia de censura activa». No es broma. Mientras los escritores por lo general hablan con orgullo sobre sus primeras experiencias sexuales, las escritoras, y las chicas de todas partes, tienden a ocultar sus experiencias sexuales del pasado por temor a lo que van a pensar de ellas. En mi calidad de ginecóloga, muchas veces he sido la única persona de la vida de mis clientas que ha sabido todos los detalles de su historia sexual, incluidos abortos y enfermedades de transmisión sexual.

Pero las creencias culturales acerca de los dos sexos han tenido una influencia más profunda aún, que va más allá del secreto y la vergüenza hasta el núcleo mismo de la experiencia sexual. Wolf escribe que en 1948, después de observar siete grupos étnicos de la Polinesia, la antropóloga Margaret Mead llegó a la conclusión de que el valor que una determinada cultura da a la sexualidad femenina influye en la capacidad de la mujer para lograr satisfacción sexual. Margaret Mead opinaba que para que una mujer considere su sexualidad bajo una luz positiva debe vivir en una cultura que:

---

* *Limerence:* Si bien esta palabra se ha traducido literalmente como «limeranza», significa lo que en castellano se llamaría «apego», «enamoramiento», o deseo de «apegarse o apegar». Deriva de la palabra inglesa *limer*, en su sentido de persona que usa liga para cazar pájaros (liga es una masa hecha con zumo de muérdago). *(N. de la T.)*

** *Promiscuidades*, Planeta, Barcelona, 1998. *(N. de la T.)*

- Reconoce y honra el deseo sexual femenino
- Le permite entender su anatomía sexual
- Enseña las habilidades para hacer el amor que producen orgasmo a la mujer.[2]

Pese a que el orgasmo es una función corporal normal para cuya experiencia no hace falta «entrenamiento» (incluso los sacerdotes y las monjas tienen orgasmos durante sus sueños, como han documentado Masters y Johnson), es posible entrenar a los circuitos lobulofrontales de la corteza prefrontal dorsolateral para que inhiban la respuesta orgásmica. Estamos neuralmente equipadas para el placer sexual, pero es bastante fácil que las conexiones nerviosas se hagan un «lío». Y ahí es donde entra la cultura y la crianza.

No hay manera de hablar de la sexualidad femenina separadamente de la cultura en que se expresa. Si bien es cierto que han existido culturas en las que los hombres y las mujeres gozaban de igual poder y autonomía, en la sexual y otras facetas de la vida, la cultura actual no es una de ésas. Por lo tanto es prácticamente imposible saber qué parte de los impulsos libidinosos de una chica son realmente expresión de deseo sexual, y qué parte son sencillamente expresión de su deseo de ser aceptada y valorada por el sexo que históricamente ha tenido más influencia.

Al vivir en una cultura que no les da total igualdad, las chicas deben aprender a afirmar su derecho a la satisfacción sexual, y también a hacerlo de una manera que favorezca su salud. Esto lo considero el reto esencial de la sexualidad femenina adolescente. Dicho eso, hay chicas que se las han arreglado para encontrar satisfacción sexual en el contexto de una relación amorosa. Recuerdo que en una sesión de firma de libros, conocí a una chica de 15 años y a su chico de 16. Tenían una relación sexual muy seria, y ella lo había llevado a mi charla porque él quería aprender acerca del cuerpo de ella, en particular de la sabiduría que acompaña a su ciclo menstrual. Nunca olvidaré a ninguno de los dos. Preciosos. Por otro lado, muchas chicas esperan años para encontrar a su pareja ideal, si es que la encuentran. Sin saber que su sexualidad es un don que sólo debe compartir con alguien que las respete y valore, podrían caer en relaciones en que no encuentran mucha satisfacción, ni sexual ni emocional. Ruth es un buen ejemplo.

Ruth tuvo su primera experiencia sexual en el asiento trasero del coche de su chico cuando tenía 16 años, después de una noche de parranda con bebida. Lo permitió porque pensó que era la única manera de retener al chico. Aunque continuaron viéndose hasta el final del instituto, su relación nunca avanzó más allá del sexo. Cuando entró en la universidad, tuvo una serie de relaciones sexuales que fueron igualmente insatisfactorias. Aunque ahora sale con un chico estable, en realidad no disfruta mucho de la relación sexual y nunca ha tenido un orgasmo, aunque ha aprendido a fingirlo para que él crea que es un buen amante. «Muchas de mis amigas hacen eso», me dijo. Aunque no tiene mucho en común con este chico, es «un tío guapo y decente» (como dice ella). Continúa la relación porque tiene miedo de estar sola y no tener con quién salir. Desgraciadamente su enorme necesidad de aprobación de los chicos y de figuras de autoridad, su baja autoestima respecto a sus capacidades (en el instituto era una alumna de aprobados y logró justito aprobar sus últimos exámenes) y su dificultad para estar sola, la hacen propensa a toda una vida de experiencias sexuales insatisfactorias.

Muchísimas jóvenes como Ruth se abandonan a sí mismas por falta de sentido de valía propia. Una manera de salir de este punto muerto es mediante el arduo trabajo que lleva a la sensación de logro o consecución. Cuantas más habilidades domine una joven, ya sea en el colegio o en una situación laboral, más opciones ve que tiene, entre otras las opciones respecto a relaciones.

Todas las chicas necesitan saber que hay una alternativa al enfoque de Ruth de la relación sexual, que es mucho más gratificante y da mayor valor a la vida. Esto entraña entender que cuando se combinan el amor, el deseo y el respeto propio, la sexualidad puede conducir a lo Divino.

Celeste, otra de mis clientas, tuvo una primera experiencia sexual que está en marcado contraste con la de Ruth.

No sé por qué, pero desde que tengo memoria, he sabido que hay algo sagrado y especial en el sexo. Cuando tenía once años, recuerdo que tuve un sueño muy nítido en el que estaba en un estanque de agua verde mar, y entonces viene esa magnífica criatura angelical y me besa. Y yo me fundí en ese beso. Siempre supe que no iba a compartir mi cuerpo con cualquiera. Tenía que amarlo y saber que él me correspondía el amor. Estaba dispuesta a esperar hasta saber que había conocido al chico adecuado. Me sentía muy segura de eso. Y había aprendido espontáneamente a masturbarme cuando tenía doce años. Así que no necesitaba a un chico para sentir un orgasmo.

Cuando estaba en la universidad, un chico con el que estuve saliendo un tiempo no lograba entender por qué no quería acostarme con él. Le contesté: «Porque no me imagino que eso pueda añadir algo a nuestra relación». Él no se lo podía creer. Al fin y al cabo, en ese tiempo (finales de los años sesenta) todos se acostaban con todas. Era una libertad sexual total. Aunque yo no juzgaba a las chicas que experimentaban sexualmente con muchas parejas, siempre supe que eso no era para mí. Poco después de salir del instituto universitario, conocí al hombre que sería mi marido. Nunca lo olvidaré. Mirarlo me hacía temblar las rodillas. A los tres días de conocerlo ya sabía que «él era el hombre». Y la primera vez que hicimos el amor sencillamente me fundí con él. Fue una verdadera experiencia espiritual. Tuve la sensación de que desaparecían nuestros cuerpos y nos convertíamos en uno. Me sentí flotar en un estado de dicha que continuaba y continuaba [...], como si fuera remontando una ola de energía que siempre había estado ahí pero que sólo puedes sentir en un estado de amor y rendición. Evidentemente, nunca he lamentado mi decisión. Y claro que estoy agradecida de que mi convicción interior me salvara de tener que preocuparme por tener herpes, verrugas genitales y cosas peores. Muchas de mis amigas cogieron esas cosas y me daban mucha pena. Sus experiencias sexuales les dieron enfermedades de transmisión sexual, no el amor que deseaban.

Celeste es muy afortunada por haber tenido esa comprensión de lo que hace falta para la relación sexual dichosa y amorosa. Siempre pensó que su libido era «algo bueno», no algo de lo que haya que avergonzarse. Y dado que entendía lo valiosa que es, también sabía que debía ser selectiva para compartirla. La relación sexual sana, como comer bien, se basa en la autoestima, el respeto propio y la creencia de que el cuerpo es un don que tiene un enorme valor y sólo debe compartirse con alguien que dará algo a cambio. A excepción de la limosna, uno no daría algo de valor a alguien que no lo valorara y diera algo de igual valor. ¿Por qué dar el cuerpo a alguien con el que no hay ninguna reciprocidad? Tal vez Celeste encontró un modelo de relación amorosa en sus padres, o en otras personas a las que conoció o sobre las cuales leyó. Pero lo encontrara donde lo encontrara, comprendió en su alma que la sexualidad ha de honrarse como la propia fuerza vital del Universo.

Yo tuve esos mismos sentimientos desde muy temprano. Cuando era adolescente, sabía que nunca podría tener intimidad física con alguien a quien no quisiera. Siempre ponía todo mi ser en una relación. Si besaba a alguien, estaba presente en ese beso. Me sumergía en la dicha del beso, en su total sensualidad. Y nunca podía hacer eso a menos que respetara a toda la persona a la que estaba besando. Nunca tuve una división entre mi sexualidad y mi espiritualidad.

Sé, no obstante, que mi historia con chicos es atípica, en parte, creo, porque siempre he detestado el sabor del alcohol, por lo tanto nunca me he emborrachado. Esto me hacía mucho más fácil no hacer cosas estúpidas ni ceder al apremio de chicos que no eran los adecuados para mí. Cuando tenía 12 años, me enamoré de uno de los amigos de mi hermano mayor, que tenía 14 años. Comentábamos libros, música y todo lo que nos ocurría en nuestra vida en la ciudad y en el colegio. Esta relación, como todas las relaciones importantes que he tenido desde entonces, estaba sólidamente asentada en mi conexión corteza orbitofrontal-cuerpo. Soy muy de «vínculo», y nunca he podido tener intimidad física con alguien a menos que haya también una sincera comunicación de nuestros corazones. Mi cuerpo simplemente no me lo permite.

Continué con el mismo chico hasta terminar el primer año de medicina. (Después salí con unos cuantos otros chicos, incluso me enamoré perdidamente de uno; pero cuando iba a visitarlo a la casa de sus padres, él sólo deseaba mirar series de televisión con su madre, ¡una inmensa bandera roja!) Después tuve otro novio que estuvo dos años en mi clase de la Escuela de Medicina. Y luego conocí al hombre que se convirtió en mi marido, que hacía su práctica como residente en cirugía en el mismo hospital que yo. Supe inmediatamente que él era el hombre para mí y me casé con él nueve meses después, a los 25 años. Estuvimos felizmente casados veinticuatro años, hasta que me llegó el estirón de crecimiento de la edad madura y se hizo evidente que ya no estábamos en la misma onda.

Tuve mucha suerte en que todas mis relaciones con chicos y hombres fueran amorosas. Cuando la relación sexual se limita a una transacción para obtener algo que deseas, tienes que ser capaz de desconectar tus circuitos de vinculación y tu corazón del resto del cuerpo, incluida tu espiritualidad. Finalmente el cuerpo te envía la factura de esto. (Todo el campo de las enfermedades ginecológicas no son otra cosa que una descripción de estas diversas facturas.)

EL NÚCLEO ESPIRITUAL
DE LA SEXUALIDAD

En el plano subatómico, la sexualidad está en todas partes. Es la misteriosa energía de enlace que mantiene girando a los electrones alrededor del núcleo. Es la energía de Dios y del espíritu que se expresa en forma física siempre cambiante, siempre evolutiva. Es la fuerza vital que hace brotar flores en primavera y produce frutos en otoño. Es la energía de atracción que enlaza todas las partes del Universo. En el reino mineral, es la fuerza que une los elementos para formar compuestos. En los seres humanos, es el deseo y anhelo que atrae y une a dos personas para crear algo nuevo. La doctora Mona Lisa Schulz observa que las zonas del cerebro que son importantes para el impulso sexual son las mismas que intervienen en la espiritualidad. Como todos los otros aspectos del mundo natural, la sexualidad actúa de acuerdo a ciertas leyes básicas del Universo. Esto está magníficamente expresado encima de la puerta principal del Mary Frances Searles Science Building del Bowdoin College: «Las leyes de la Naturaleza son pensamientos de Dios». La relación sexual trasciende la procreación física, como lo demuestra el hecho de que los seres humanos continuamos experimentando el impulso sexual hasta mucho después que se ha acabado la capacidad reproductora. A medida que nos hacemos mayores, la sexualidad va adquiriendo una dimensión cada vez más espiritual, aun cuando esa dimensión está disponible en cualquier fase de la vida. La energía sexual es la fuerza que hay detrás de la creatividad, la comunicación, la generosidad y la expresión personal en todos los aspectos.

En un artículo titulado «Spiritual Sex: Beyond the Physical», que se publicó en mi *e-letter* de abril de 2004 (véase www.drnorthrup.com, e-letters), la investigadora y escritora doctora Linda Savage, autora de *Reclaiming Goddess Sexuality*, escribió:

> La relación sexual espiritual abarca una energía sexual que trasciende las sensaciones físicas de placer, orgasmos genitales, e incluso la conexión amorosa de la comunión sexual. Difiere de la visión común del acto sexual, que es estimulación genital y liberación de la tensión mediante el orgasmo. Cuando se practica conscientemente, hay una «presencia mental», que es atención intensificada y conciencia expandida. Las experiencias más cósmicas que utilizan energía sexual ocurren con mayor probabili-

dad en los estados de éxtasis. La esencia de la relación sexual espiritual es una conciencia expandida, una extraordinaria inspiración, y la sensación de fundirse con la fuerza vital.

En el sentido más amplio, la relación sexual es el modo como el espíritu busca expresarse en forma física. Por eso la sexualidad está tan profundamente vinculada con la espiritualidad, idea que es conocida en muchas otras culturas. En incontables templos antiguos del sureste de Asia, por ejemplo, hay esculturas de seres divinos unidos en un abrazo sexual, una forma de comunión espiritual. Y en India existe una rica tradición de sacerdotisas del templo que se remonta a miles de años atrás. A estas mujeres se las forma desde niñas para consagrar sus cuerpos y su sexualidad a Dios. Aunque los hombres van a los templos a tener relaciones sexuales con ellas como sacramento de purificación espiritual, su sexualidad no la puede poseer ningún hombre.[3]

¡Imagínate vivir en una cultura en que la relación sexual es un sacramento, no un pecado! En el mundo occidental, sin embargo, la cultura ha llevado incorporada desde hace muchísimo tiempo una escisión entre la sexualidad y la espiritualidad. Pero hoy en día está aumentando el interés en reconocer y sanar esa división. La doctora Savage continúa: «Podría parecer escandaloso considerar la sexualidad con términos tan elevados. Sin embargo, ya no tiene sentido negar la dimensión espiritual de nuestra sexualidad, como si tuviéramos deseos físicos "inferiores" y funciones espirituales "superiores". La energía sexual es la fuente de nuestra conexión con la fuerza vital».

El amor sexual es uno de los aspectos más profundos de nuestra vida romántica, el acto físico que nos permite hacer una realidad del anhelo de compleción que sentimos todos. Un intenso deseo de unirnos con el ser amado es una parte esencial de estar enamorada. Escribiendo acerca del deseo sexual en su libro *The Sacrament of Sexuality*, Morton Kelsey, sacerdote episcopaliano, y su mujer Barbara dicen: «En este deseo vemos el anhelo de unión con nuestras partes ocultas, con nuestras almas y con Dios». Cuando la relación sexual es verdaderamente un acto de hacer el amor y no de tomar de o explotar a otra persona, nos sentimos completos porque la unión que experimentamos con el ser amado nos pone en contacto con nuestra alma. Eso es una apertura a lo Divino, un acto que podría culminar en ver al ser amado como una expresión de lo Divino.

MAPAS DEL AMOR DEFORMADOS:
EPIDEMIA CULTURAL

Se ha dicho que no se puede sanar una cultura sexualmente reprimida quitándole la ropa. Nuestra cultura es el ejemplo perfecto de esto. Aunque hay más sexo explícito que nunca en la televisión y en el cine, el tipo de actividad sexual a la que estamos expuestos es típica de una cultura represiva: mecánica, explotadora, degradante para las mujeres.

Cuando la sexualidad se divorcia de la espiritualidad y la emoción, las mujeres son particularmente vulnerables a ser heridas. Después de todo es rara la mujer que puede ir con regularidad a los bares, ligar con desconocidos fortuitos para tener una relación sexual y encontrarla satisfactoria. Dados los circuitos de vinculación y emocionales impresos en el cerebro de la mayoría de las mujeres, éstas comienzan a formar un vínculo después de un encuentro así, y en definitiva quedarán sintiéndose vacías. Muchas mujeres me han dicho que se sienten mucho más solas teniendo una seudorrelación con alguien con quien no están verdaderamente conectadas que viviendo solas.

Sin embargo, si miramos las imágenes de sexualidad y amor que nos emiten en casa diariamente, lo que vemos es una deformación cultural del mapa del amor. Estas imágenes hacen parecer normal lo que en realidad es un enfoque dañino del comportamiento sexual: la separación del amor y el cariño de la sexualidad. Y también desvalorizan el cuerpo femenino pintando un ideal del que casi ninguna mujer puede estar a la altura. Gracias a los medios, hemos criado a toda una generación de jóvenes, hombres y mujeres, que tienen ideas no realistas, imposibles de satisfacer, sobre lo que hace sexualmente atractiva a una mujer. Los jóvenes de casi todas partes desean mujeres semianoréxicas con enormes pechos, un tipo de cuerpo que es excepcional o no existe en la Naturaleza; y las jóvenes casi uniformemente desean conformarse a ese tipo de cuerpo, excepto en las comunidades afroestadounidenses, a cuyos hombres tienden a gustarles sus mujeres mucho más generosamente dotadas. Aunque hay quienes podrían aducir que en realidad no son los medios los que tienen la culpa en esto, yo estoy en desacuerdo. Está muy bien documentado que tanto el contenido de los programas de televisión como el tiempo que se pasa mirándolos pueden afectar, y afectan, al comportamiento de las personas, como explico más abajo.

Cómo se establecen las rutas del amor y la sexualidad en el cuerpo y el cerebro

Desde que somos bebés vamos haciéndonos una idea de cómo es y cómo se siente el amor sexual entre las personas. La relación con nuestra madre y nuestro padre, la relación entre ellos, lo que vemos en los medios y lo que vemos ocurrir entre las personas del mundo que nos rodea, todo esto, para bien o para mal, tiene efectos emocionales y biológicos en nuestro mapa individual del amor. Por lo normal, una chica que ha sido criada por personas que se aman y respetan mutuamente y la aman y respetan a ella, sabe de forma intuitiva que el amor y la relación sexual van juntos. Pero según cual sea su temperamento y/o entorno, una niña muy influida por las representaciones mecánicas, sin alma, del acto sexual, de los medios o de Internet, podría experimentar una desconexión entre sus zonas orbitofrontales de vinculación y su impulso sexual. Es decir, le resultará difícil sentir verdaderamente con alguien el tipo de vínculo amoroso que induzca naturalmente el deseo sexual.

Vivimos en una cultura que fomenta este tipo de desconexión. Desde los cimbreños cuerpos de enormes pechos de las modelos de ropa interior de Victoria's Secret (muchas de las cuales estoy segura se han hecho implantes) al hipersexualizado (aunque divertido y entretenido) contenido de programas televisivos tan populares como *Sex and the City (Sexo en Nueva York)*, *Friends* y *Will & Grace*, y a la omnipresencia de la pornografía en Internet, nuestra cultura está tan saturada de imágenes de sexualidad no realista y muchas veces explotadora que no puede por menos que afectar a las mentes de nuestros hijos.

Por desgracia, por mucho que lo intentemos, casi no hay manera de impedir que una hija se vea expuesta al contenido mediático hipersexualizado, porque éste es tan común como la hierba diente de león. Por ejemplo, en un estudio sobre el efecto de los medios realizado por la American Academy of Pediatrics se comprobó que el telespectador joven corriente está expuesto a más de 14.000 referencias sexuales cada año.[4] Esta exposición tiene un efecto. En un estudio prospectivo reciente, realizado por la doctora Rebecca Collins, de la Rand Corporation, se comprobó que los chicos de 12 a 17 años que ven más actividad o insinuaciones sexuales en televisión (ya sea diálogos explícitos sobre sexo o verdadero contacto sexual) tenían el doble de probabilidades de tener relación sexual con coito que aquellos que no veían programas con contenido sexual; y la relación sexual tendía a ser sin protección. Los jóvenes negros que veían contenido sexual, en cambio, eran menos propensos a tener relación sexual con coito, lo cual es curioso. Según este estudio, el 46 por ciento de alumnos de enseñanza secundaria superior habían tenido relación sexual con coito, lo cual explica por qué Estados Unidos tiene la mayor tasa de embarazo de adolescentes del mundo industrializado. Y por cada cuatro adolescentes sexualmente activos, uno tiene una enfermedad de transmisión sexual diagnosticada.[5] Sin embargo, los programas de televisión rara vez muestran las consecuencias adversas del comportamiento sexual irresponsable, como el sida y otras enfermedades de transmisión sexual, por ejemplo el herpes, o el embarazo indeseado.

Hablar claro sobre la pornografía

La adicción a entrar en sitios web pornográficos es en la actualidad un problema importante que está erosionando relaciones y familias. Internet comenzó a operar cuando mis hijas ya estaban a mitad de la adolescencia, así que esto fue algo con lo que nunca tuve que contender. Ahora los niños pequeños navegan por la red casi desde cuando pueden sentarse solos. Se estima que alrededor de un 40 por ciento de Internet se dedica a pornografía. Tarde o temprano, haga lo que haga un progenitor, el niño o la niña van a encontrarse expuestos a material sexualmente explícito. Es importante estar preparada para esto.

Cómo afectará esto a una hija depende en parte de lo que hacen sus padres y en parte de su temperamento. Una de mis clientas recuerda la primera vez que vio pornografía. Era una niña de mucha empatía, y recuerda que sintió lástima de las mujeres que aparecían en las escenas porno; dice que captó la tristeza de las mujeres. No deseó seguir mirando. Otras personas se sienten atraídas por la pornografía, incluso a edad muy temprana. La hija de una de mis clientas, que sólo tiene siete años, logró entrar en un vídeo, grabado en directo, que mostraba a una mujer practicando sexo oral a un hombre. Deseó saber qué ocurriría si él «sentía la necesidad de ir al lavabo». La fascinó ese sitio web y deseaba continuar mirándolo. Si bien algunos niños parecen atraídos por material sexualmente explícito como las polillas por una llama, yo diría también que el control de Internet de esta familia no funcionaba bien.

Los padres tienen que controlar la exposición de sus hijos a los medios y el uso de Internet (en especial el de los pequeños) y hablar sobre el material que consideran inapropiado. A mis hijas les encantaba ver *Sex and the City (Sexo en Nueva York)*. Aunque estaba bien escrito y era inteligente, yo lo detestaba. Y siempre que estaba cerca para oír, hacía continuos comentarios sobre por qué lo encontraba grosero.

Cuando una madre (o padre) habla sinceramente con su hija acerca de material que considera grosero o repugnante, le explica lo que tiene de objetable, ya sea un programa que encuentra que mina la belleza de la relación sexual representándola como explotadora y sin amor, o el contenido es francamente pornográfico, la arma con información útil. Haz lo que puedas: ocúpate de saber qué ve tu hija en televisión y qué sitios visita en Internet, dónde está en su tiempo libre y con quién, y díselo cuando piensas que se ha salido de los límites. Ella necesita saber no sólo cuál es tu posición, sino también que estás dispuesta a tomar posición y ser firme cuando esté mirando o haciendo algo que tú encuentras que será dañiño para ella. Eso forma parte de la sabiduría Madre Osa.

Una de mis clientas me contó la siguiente historia sobre su hija:

Cuando Sissy tenía 14 años tuvo un diálogo sexualmente impropio con un individuo. Estaba en una sala de chateo de Internet. Un hombre le preguntó cuáles eran sus medidas; en respuesta ella le preguntó cómo de largo tenía el pene; él le dijo que de 27 centímetros. Ella continuó un rato más en la sala de chateo, aun cuando estaba claro que él era un fracasado que no tenía nada mejor que hacer que tener esas conversaciones con chicas en Internet. Esto lo sé porque ella me lo dijo. No logré entender por qué Sissy continuó hablando con él. Tampoco entendí por qué deseaba hablar conmigo acerca de él. Yo no le habría hecho caso y habría salido inmediatamente de esa sala. Pero Sissy no. No lo entiendo. Y a decir verdad, estoy un poco preocupada por ella.

La madre de Sissy debería estar más que un poco preocupada. Este tipo de comportamiento debe alertar a la madre de la realidad de que el mapa del amor y la sexualidad de su hija está deformado. Sus circuitos de vinculación se conectan para responder a insinuaciones sexualmente provocativas, y podría acabar enredándose en encuentros sexuales arriesgados mucho peores que la simple conversación en una sala de chateo. Es necesario que la madre le diga a Sissy, en términos muy claros, que no quiere que esto vuelva a ocurrir nunca más. Debe hacer entender a su hija que lo que hace no sólo está mal, sino que también es peligroso. Los predadores de Internet suelen apuntar a la necesidad de interés y aprobación de las chicas.

Siempre es mejor hablar franca y claramente sobre el contenido sexual o los encuentros sexuales que consideras inconvenientes. Si te callas, por vergüenza, o dices que eso es tan asqueroso que ni siquiera puedes hablar de ello, sólo vas a avergonzar y confundir a tu hija, o estimularle un mayor interés. El doctor Patrick Carnes, experto en adicción sexual, coautor de *In the Shadows of the Net* [A la sombra de la red], dice que la epidemia de adicción a la pornografía de Internet obligará finalmente a nuestra sociedad a aclararse sobre el sexo.

Espero que tenga razón. Pero para rectificar de verdad nuestras ideas sobre el sexo tenemos que ser sinceras con nosotras mismas acerca de nuestra propia experiencia.

RESOLVER LA PROPIA HISTORIA SEXUAL

Como he dicho, he pasado gran parte de mi vida profesional en las primeras filas de la atención a la salud de la mujer, tratando lo que ocurre en el cuerpo, mente y espíritu de las mujeres a consecuencia de sus creencias y comportamientos sexuales. Y muchísimo de eso es simplemente doloroso. He visto a incontables mujeres con herpes o verrugas que cogieron de una pareja sexual que no fue sincero sobre su historia sexual (o ni siquiera sabía que tenía algo contagioso). También he visto varios casos trágicos de adolescentes a las que una enfermedad de transmisión sexual les causó una inflamación pelviana con la consiguiente pérdida de la fertilidad. Y luego están los embarazos no deseados. La lista sigue y sigue, y gran parte de ella tiene relación con el secretismo y la vergüenza que rodea al sexo en nuestra cultura.

Lógicamente, ninguna madre está obligada a contarle su pasado sexual a su hija; esto es especialmente válido cuando hacerlo no serviría a ninguna finalidad. Lo que sí está obligada a hacer es cerciorarse de que ha enfrentado, lo mejor posible, algún trauma o desengaño sexual que podría influir en el legado que transmite a su hija. Según mi experiencia, el problema en el legado madre-hija no es la historia de abusos o promiscuidad de la madre; es el hecho de que sea tabú lo que la destina a repetirse en las siguientes generaciones, hasta que esa pauta se lleva a la conciencia y se sana.

Cuando hacía mi práctica de residente en el Hospital para Mujeres St. Margaret's, de Dorchester (Massachussets), éste estaba conectado con el Hogar para Madres Solteras St. Mary's (ambas instituciones están cerradas ahora). Una asistenta social que llevaba veinte años en el St. Mary's y había organizado muchísimas adopciones para los bebés de esas madres solteras, me dijo una vez que ella jamás adoptaría un bebé. Al preguntarle yo por qué, me dijo: «Porque he visto repetirse aquí una pauta que es muy preocupante. No se puede imaginar cuántas de estas nenitas bebés que se dan en adopción quedan embarazadas, exactamente a la misma edad en que quedaron embarazadas de ellas sus madres. Es increíble. Y a todas esas nenitas se las colocó en hogares buenos y amorosos». Yo no creo que el problema fuera la adopción en sí, ni tampoco el legado genético de la madre, sino más bien el secreto que solía rodear el proceso de adopción, y el no explicarle a las hijas adoptadas las realidades que rodearon su nacimiento. El énfasis actual en la sinceridad acerca de las adopciones es un paso en la dirección correcta.

LA RELACIÓN SEXUAL ES NATURAL, NO VERGONZOSA

¡La vida se transmite sexualmente! Por lo tanto, cuando limitamos el hablar sobre lo sexual a su mecánica (cómo evitar el embarazo y las enfermedades de transmisión sexual y cómo reducir al mínimo las molestias de la menstruación), les causamos un grave perjuicio a los jóvenes. ¡Tratar de enseñar a una adolescente los elementos básicos de la salud y bienestar del sistema reproductor sin celebrar también la conexión entre relación sexual, amor, creatividad y espiritualidad, es como tratar de explicar la belleza de una sinfonía de Beethoven enseñando a desarmar la radio en la que se está escuchando la música!

En la pubertad, el cuerpo de la niña empieza a despertar y a participar en los magníficos ritmos de la fuerza vital universal que busca expresarse a través de ella. En consecuencia está, muy naturalmente, inundada de anhelo y deseo. La libido impregna todo el mundo que la rodea con sus emociones y sensaciones emparentadas, intensificando la belleza y la espectacularidad de todo su entorno. Por eso las adolescentes están convencidas de que son las primeras en descubrir y valorar verdaderamente la gloria de una luna llena, o el placer de caminar por una playa a la puesta de sol.

Aunque muchos líderes religiosos han tachado a la sexualidad de pecaminosa y vergonzosa, el deseo sexual es una parte natural y normal de la vida. Desde el nacimiento a la muerte, esta fuerza vital circula por nuestro cuerpo exigiendo expresión y satisfacción. Catherine Ponder, la ministra de la Unity Church, expresa esto así: «Lo único lúgubre (¡y prohibido!) de la relación sexual es la grave incomprensión humana y el consiguiente mal uso de esta magnífica fuerza vital».[6] Yo no podría estar más de acuerdo.

Cuando una joven acepta sus deseos físicos como manifestaciones de la energía creadora del Universo, aprende a respetar y confiar en su cuerpo y sexualidad del modo más fundamental. Sabe que su sexualidad va mucho más allá que de una simple gratificación física, tal como la religión y la espiritualidad van mucho más allá que escuchar a un sacerdote o pastor en una iglesia. Crece sin avergonzarse de su sexualidad innata, sabiendo que es un aspecto de su espiritualidad que se expresa a través de su cuerpo, y que lo erótico puede ser sagrado. A consecuencia de honrar este aspecto de sí misma, aprende a expresar y compartir su sexualidad con discernimiento y de maneras que favorecen su autoestima y sentido de valía propia.

Un buen paso para ayudar a tu hija a entender cómo su ser sexual es en último término una expresión de la fuerza vital divina es hablando con ella de su ciclo menstrual. A los 14 años, la mayoría de las chicas ya conocen bastante bien la parte mecánica del ciclo, aunque siempre es bueno revisarla con ellas, por ejemplo en qué periodo del ciclo ovulan, cuánto tiempo están fértiles, etcétera. Pero hay que procurar que más allá de la mecánica sepan algo sobre el sentido del ciclo menstrual.

Tamara Slayton, fundadora de la Menstrual Health Foundation, señala el camino hacia esa visión más amplia de los ritmos cíclicos de las mujeres:

> Se ha sugerido que el movimiento y preparación del óvulo femenino para la posible fertilización es una recapitulación de la formación de la Tierra y de la Humanidad; que almacenado en el ciclo mensual de la mujer hay un antiquísimo recuerdo de la evolución del espíritu a materia. Encontrar nuestro camino hacia ese recuerdo de los orígenes cósmicos es nuestra tarea como mujeres que nos preparamos para el futuro.

EL CICLO MENSTRUAL, CREATIVIDAD Y SEXUALIDAD

La fuerza vital que rige el ciclo menstrual es la misma que rige las fases creciente y menguante de la Luna y el flujo y reflujo de las mareas. Las chicas necesitan saber que sus cuerpos y ciclos forman parte de este proceso milagroso. ¡Gracias a este ciclo estamos en la Tierra todos los seres humanos! De modo similar, el impulso sexual que lo acompaña y la liberación del orgasmo no sólo son totalmente normales y naturales sino que además estan programados en la especie como potentes incentivos para continuar la especie entregándonos a la dicha del acto físico de creación. Tratar de negar, ignorar o denigrar este potente deseo es como intentar impedir que la Tierra gire. No es posible. El impulso sexual, como el elemento fuego, puede ser destructivo o regenerador, según cómo se canalice. Y con la remodelación del circuito lobulofrontal que ocurre en la pubertad, los jóvenes adultos comienzan a tener la capacidad neurológica para dominar y canalizar sus apetitos. Sin ese dominio y disciplina, no es posible una verdadera libertad.

El ciclo menstrual rige la circulación no sólo de los fluidos corporales sino también el estado anímico y la creatividad. Anima a tu hija a observar cómo se siente en diferentes periodos de su ciclo. Por ejemplo, podría notar que su energía, creatividad y libido van lanzados a toda marcha durante la ovulación. Y podría notar que se vuelve más introspectiva justo antes de que le llegue la regla. Ayúdale a entender que el motivo de que ocurran estos cambios es que el ciclo menstrual refleja el proceso creativo. Hay ocasiones en que tienes muchísimas intuiciones creativas, y tienes la energía para actuar según ellas. Y hay ocasiones en que tienes que abandonar un proyecto y ponerlo «en el quemador de atrás» a hervir a fuego suave. Cuando la jovencita aprende a trabajar conscientemente con las energías universales de su ciclo, desarrolla una profunda confianza en su cuerpo y un gran respeto por él. En consecuencia es mucho menos propensa a compartirlo con alguien que no la respete. Espero que la siguiente explicación de la sabiduría menstrual sirva a tu hija para ver su ciclo menstrual de una nueva manera.

La fase extravertida: desde el comienzo de la regla hasta la ovulación

Desde el comienzo del ciclo hasta la ovulación, el cuerpo está madurando un óvulo y, al menos simbólicamente, preparándose para dar nacimiento a alguien o a algo. Ésta se llama la fase folicular, el periodo en que es más probable que la energía de la chica esté elevada y enfocada en el mundo que la rodea: relaciones con amistades y familiares, deberes escolares, proyectos y actividades extracurriculares. Está elevándose el nivel de estrógeno, que favorece el «enfoque hacia fuera». Es común que la chica se sienta a rebosar de entusiasmo y nuevas ideas. Éste es un buen periodo para comenzar nuevos proyectos.

La fase receptiva: ovulación

A la mitad del ciclo, la chica ovula. Se libera un óvulo y la mucosa del cuello del útero proporciona una especie de superautopista para que el espermatozoide llegue hasta el óvulo recién madurado para la concepción. La ovulación va acompañada por la misma energía de atracción que ejercen los electrones dentro de cada átomo de materia. El aumento del nivel de estrógeno que se produce al acercarse la ovulación, va acompañado ahora por un aumento de testosterona, que intensifica los sentimientos sexuales, y por un brusco aumento de los neuropéptidos FSH (hormona foliculoestimulante) y LH (hormona luteinizante), que orquestan la ovulación y también intensifican la receptividad sexual. Al mismo tiempo que la chica experimenta el intensificado sentimiento sexual generado por toda esta actividad hormonal, secreta feromonas específicas que la hacen más atractiva. Si tiene un chico o novio, esos tres días (más o menos) que rodean la ovulación son aquellos en que él está más propenso a presionar para una expresión sexual de alguna forma. Es decir, «no puede quitarle las manos de encima».

Pero la fertilidad tiene un significado que trasciende lo sexual. Durante la ovulación, la chica es fértil de muchos otros modos también, lo que la hace naturalmente más receptiva a los demás y a nuevas ideas. A esto le llamo estar madura para la polinización de todo tipo.

Las dos primeras semanas del ciclo sólo implican hacer y actuar, mezclando la propia energía con los demás y estando disponible para ellos en muchos aspectos. Nuestra sociedad valora como «bueno» el enfoque hacia fuera y la receptividad sexual de las mujeres, y en consecuencia las chicas interiorizan este valor y llegan a considerar estas dos primeras fases de su ciclo «las mejores del mes».

La fase reflexiva: desde la ovulación al comienzo de la regla

La segunda mitad del ciclo, que comienza cuando acaba la ovulación, se llama la fase lútea. En esta fase se mantiene constante el nivel de estrógeno y aumenta el nivel de progesterona, porque al salir el óvulo del ovario deja en él una pequeña zona que se transforma en lo que se llama cuerpo lúteo, que produce progesterona. La progesterona tiene un efecto calmante e introspectivo, y contribuye a que la chica vuelva su atención a su interior, en especial los dos primeros días de menstruación. Éste es el periodo para que la chica mire atrás, lo que ha estado haciendo, para evaluar lo que funciona y lo que no funciona, y para pensar cómo va a reaccionar y cambiar. Podría ser necesario que cambie su dieta, sus amistades, sus hábitos de estudio, etcétera. Su mayor atención hacia su interior durante esta fase de su ciclo es perfecta para escribir en un diario, meditar, dar largos paseos y hacer otras actividades instrospectivas.

Muchas chicas se sienten más lentas y melancólicas durante esta fase, y podrían reprenderse por eso, creyendo que han entrado en un letargo. Dile a tu hija que no tiene por qué estar animada y extravertida todo el tiempo. Lo que siente es una parte natural del proceso creativo. El hemisferio derecho, que es la parte más intuitiva del cerebro, está particularmente activo en este periodo. Eso hace ideales los últimos días de la fase lútea para acceder al sistema de orientación interior. (¡Si no presta atención a esta orientación ni hace caso de ella, la consecuencia podría ser el síndrome premenstrual y otros síntomas, que gritan más fuerte para captar su atención!)

La fase de reposo: el periodo menstrual

La hemorragia menstrual se inicia cuando el estrógeno y la progesterona llegan a sus niveles más bajos. El flujo de sangre se puede considerar una «limpieza» mensual, no sólo del cuerpo sino también de la mente y el espíritu. No es de extrañar que tantas chicas sientan menos energía durante el primero o los dos primeros días de la regla. Muchas también sienten leves dolores. Los dolores suaves se pueden aliviar con un baño en agua caliente, compresas calientes, o simplemente haciendo respiraciones lentas y profundas por la nariz. El cuerpo necesita naturalmente reposar un poco, aminorar la marcha. Eso no significa que la chica no pueda hacer deporte ni ocuparse de sus actividades diarias si le apetece. Lo que sí significa es que necesita ser más amable, compasiva y generosa consigo misma. Tiene la piel menos dura durante esta fase. Éste es un periodo perfecto para pasar más tiempo en casa, ordenar armarios o cajones, revisar viejos papeles o, de alguna otra manera, trabajar conscientemente con la energía de «limpieza» y «desprendimiento» de su cuerpo.

EL CICLO MENSTRUAL Y LA SABIDURÍA LUNAR

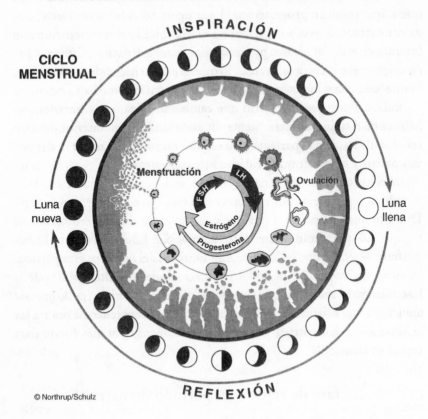

© Northrup/Schulz

Sin embargo, debido a que nuestra cultura está excesivamente enfocada hacia la actividad y la productividad incesantes, las chicas suelen sentir renuencia a tomarse el descanso que necesitan. Explícale a tu hija que éste es su «regalo» mensual. En muchas culturas, las mujeres y las niñas se iban a alojar en tiendas especiales, llamadas alojamientos lunares, cuando estaban menstruando; otras personas les preparaban y llevaban las comidas, y ellas simplemente disfrutaban de un retiro mensual. Uno de los relatos más estimulantes de mujeres que se toman este tiempo para ellas viene del pueblo yuro del norte de California, que cree que la mujer debe aislarse de sus deberes mundanos durante su periodo menstrual, porque éste es el periodo en que se encuentra en la cima de su poder. En lugar de desperdiciar su energía en quehaceres domésticos, debe entregarse a una concentrada meditación para descubrir la finalidad de su vida y acumular energía espiritual. Sabe que puede usar esta energía con la intención de purificarse para sus consecuciones espirituales.[7]

Asegúrale a tu hija que lo que siente es una expresión auténtica de lo que verdaderamente necesita su cuerpo, y que debería hacer lo que pueda para satisfacer esas necesidades: descansar, reflexionar, estar cerca de casa, si eso el lo que siente que es bueno para ella. Puede tener su pequeña celebración en el «alojamiento lunar» en la privacidad de su mente. (Véase «Recursos y proveedores».)

En resumen, el ciclo menstrual es una oportunidad mensual para trabajar conscientemente en la creatividad, en transformar las dificultades y renovarse. Todas las chicas necesitan saber que su ciclo puede conectarlas con su sabiduría femenina si aprenden a respetarlo y a trabajar conscientemente con él.

RECONOCER Y CANALIZAR LA LIBIDO ADOLESCENTE

Las chicas sienten el impulso sexual en el cuerpo mucho antes de que estén psíquicamente preparadas para comprometerse al matrimonio y a las exigencias de una relación madura. Por eso algunas culturas indígenas aprueban la experimentación sexual entre los jóvenes, para que «se lo saquen del organismo» pronto.

Pero al margen de si una cultura tiene o ha tenido una manera de permitir que los adolescentes aprendan acerca de la sexualidad directamente entre ellos, está claro que las chicas de esas sociedades se casan mucho antes que las de la sociedad occidental industrializada. También está claro que las chicas de épocas pasadas eran muy diferentes biológicamente a las de hoy en día. Nuestro estilo de vida moderno, con su gran provisión de alimentos, luz artificial y menor actividad física, así como la explosión de material sexualmente provocativo de los medios, han tenido por consecuencia el comienzo más temprano de la pubertad, una ovulación más regular, y una receptividad sexual y fertilidad mayores que en el pasado.

Lo fundamental es esto: el periodo promedio entre el comienzo de la pubertad y la formación de una relación sexual comprometida y mutuamente respetuosa con una pareja apropiada es ahora más largo de lo que ha sido nunca en la historia humana escrita. Son realmente muchos años para esperar que digan un simple «no» a algo tan fuerte como el impulso sexual humano normal. Las chicas necesitan más que nunca conocer formas sanas de arreglárselas con su sexualidad. Pero nuestra cultura, al mismo tiempo obsesionada por el sexo y reprimida sexualmente, les ofrece muy poca orientación sobre cómo hacer esto.

Cómo dirigir conscientemente el deseo y anhelo sexuales

El impulso sexual es una fuerza dinámica que comprende mucho más que el mero deseo sexual. Es el deseo creativo de expresión positiva en todos los aspectos de la vida. En palabras de la ministra de Unity Church, Catherine Ponder: «El fabuloso secreto del impulso sexual es que se puede transmutar y dirigir mediante los pensamientos, las actitudes y los actos para beneficiar todas las fases de tu mundo».[8] Es mucho mejor que las chicas aprendan a canalizar constructivamente su libido en lugar de arriesgarse a relaciones abusivas o insatisfactorias de cualquier tipo. Pero canalizar la libido no significa intentar reprimirla; tampoco se ha de enseñar a las chicas a sentirse culpables por sus deseos o anhelos sexuales. Lo que

DARSE EL PLACER HASTA QUE LLEGUE LA PAREJA IDEAL

Si bien llegar a la liberación orgásmica mediante la masturbación no es lo mismo que la intensa satisfacción que se siente en una relación sexual amorosa y comprometida, es una manera muy eficaz y normal de liberar la energía sexual para la adolescente. Una de mis clientas, que sólo aprendió a masturbarse cuando ya pasaba de los treinta años, explica así su experiencia:

> Descubrir los placeres de un vibrador fue muy liberador para mí. No podía creer que algo tan fabuloso pudiera ser gratis. Fue como descubrir el Disney World en mi cuerpo. Hasta ese momento me había liado en relaciones bastante horribles debido a que mi apetito sexual es francamente fuerte. Pero tan pronto como descubrí que podía atender yo sola a esta energía, descubrí que ya no creía que tuviera que comprometerme en relaciones sólo para obtener la liberación sexual que necesitaba. En consecuencia, desde entonces mis relaciones han sido mucho más sanas.

deben entender es que es posible dirigir conscientemente la libido y expresarla de modos no dañinos. Deben entender también que es normal tener sueños y pensamientos sexuales, algunos de los cuales podrían parecer indecentes o francamente inmorales. Eso es parte de ser humanos.

Todos tenemos la capacidad para expresar nuestra energía sexual en tres planos diferentes: físico, mental y emocional, y espiritual.

1. *Plano físico.* La fuerza vital que encuentra expresión en el orgasmo es en realidad la base de la energía, salud y vitalidad corporales. Uno de los motivos de que a los atletas y deportistas se les desaconseje tener relaciones sexuales antes de las competiciones es para que no disipen demasiado esa energía vital.

2. *Planos mental y emocional.* La fuerza vital no sólo encuentra expresión de modos físicos sino también en el uso de nuestras ideas y talentos, en los impulsos intelectuales y emocionales, en las ideas e intuiciones. El arte, la música, la literatura, el cine, los libros, los descubrimientos científicos, todos son ejemplos de canalización consciente de los aspectos emocional y mental de la fuerza vital.

3. *Plano espiritual.* La fuerza vital encuentra salida en nuestro deseo de conocer la verdadera naturaleza de Dios y del Universo. Es la sed de conocimiento y comprensión espirituales. Cuando una persona hace buenas obras, ya sea sola o como parte de un grupo, expresa su fuerza vital en el plano espiritual. Siempre que te interesas profundamente por otra persona y la amas incondicionalmente, lo que haces es canalizar los aspectos espirituales y emocionales de la fuerza vital. Actos tan simples como un paseo por el bosque, absorbiendo las vistas, los sonidos y los olores de la Naturaleza, también pueden ser transacciones espirituales.

EDUCACIÓN SEXUAL ESENCIAL PARA ADOLESCENTES

Si yo gobernara el mundo, me ocuparía de que todas las chicas adolescentes conocieran la anatomía sexual masculina y femenina, incluyendo el cómo responden sexualmente sus cuerpos, cómo, cuándo y por qué una queda embarazada. También daría información sobre cómo pueden protegerse del embarazo y del riesgo de contraer enfermedades de transmisión sexual. Dado que el tema del sexo despierta emociones tan acaloradas, enseñaría a las chicas y los chicos por separado, y en un ambiente en el que se sientan seguros para preguntar cualquier cosa a la que necesiten respuesta. Y les enseñaría acerca de mucho más que de la simple mecánica de la relación sexual. Les daría a conocer toda la verdad: que las personas jóvenes, hombres y mujeres, son capaces de usar su impulso sexual consciente, respetuosa y responsablemente si quieren.

LO QUE TODA CHICA ADOLESCENTE NECESITA SABER SOBRE EL SEXO

- Cómo valorarse a sí mismas y a sus cuerpos, incluida su capacidad para el placer.
- La conexión sexualidad-espiritualidad.
- Las realidades de las anatomías masculina y femenina.
- Los hechos sobre cómo prevenir el embarazo y protegerse de enfermedades de transmisión sexual. (Nunca se ha demostrado que esta información aumente las probabilidades de que los adolescentes tengan relaciones sexuales.)

Principio uno: hacer el amor es diferente a un simple acto sexual

Hay una diferencia esencial, tanto en lo bioquímico como en lo neurológico, entre hacer el amor como una prolongación del vínculo emocional con alguien y tener una relación sexual «fortuita» con alguien que no te importa ni amas. La palabra actual «ligue» es una definición muy exacta de ese tipo de relaciones sexuales sin amor, sin compromiso, de la que se habla tanto ahora en los principales medios.

Ese tipo de apareamiento fortuito o eventual podría ir bien a algunas chicas, según sea su temperamento. Los guionistas de la serie *Sexo en Nueva York* lo hacían parecer como si le fuera bien a Samantha durante un buen tiempo (yo no lo creo). Pero hacia el final de la serie incluso Samantha había sucumbido al amor de un hombre bueno. Puede que haya sido necesario el cáncer de mama para que llegara a eso (muy revelador), pero ella, como todas las otras mujeres de la serie, encontró finalmente el verdadero amor. De hecho, toda la última temporada de la serie parecía dedicada a reunir el amor y el sexo.

Para la mayoría de las mujeres, como al parecer concluyeron Carrie y sus amigas, hay un problema en acostarse con un hombre fuera de una relación amorosa. Cuando una mujer hace el acto sexual sin amor, la bioquímica no es la misma; podría tener que recurrir a la marihuana o al alcohol para desinhibirse. La relación sexual con cualquiera podría ser excitante al principio, pero para mantenerse estimulada a lo largo del tiempo la mujer tiene que recurrir a medios artificiales para excitarse. (Tal vez por eso Samantha era tan experta en estimulantes.) Si no hay un vínculo emocional, o si la rabia, la decepción u otro asunto inconcluso le bloquea esos circuitos, es mucho, muchísimo más difícil excitarse sexualmente.

En cambio si te besas o haces el amor con la persona adecuada y por los motivos adecuados, la relación ya es de suyo embriagadora. La sólida conexión amorosa induce a los circuitos de vinculación orbitofrontales a proveer las hormonas que permiten que el deseo siga corriendo por las venas. Cuando el acto sexual físico se combina con un encuentro de mentes, emociones y espíritu, la relación sexual es intensamente gratificante, es un acto saludable para los dos participantes. En las relaciones en que hay amor y aprecio mutuo en la pareja, no importa mucho el tipo de «técnica» que usan. Aunque podrían recurrir a una amplia gama de fantasías y estímulos para disfrutarla, en último término la relación sexual es satisfactoria debido a la fuerza de atracción de su amor y aprecio mutuo.

Principio dos: no todo el mundo «lo hace»

En fuerte contraste con la revolución sexual de los años sesenta y setenta, actualmente hay una creciente tendencia a abstenerse del coito, pese a que los programas y series de televisión dirigidos a los adolescentes pretenden hacer creer que todo el mundo «lo hace». Según los Centers for Disease Control [Centros para el control de enfermedades], el número de alumnos de los últimos años de bachillerato que dicen no haber tenido nunca una relación sexual con coito se elevó en un 10 por ciento entre 1991 y 2001. Los jóvenes atribuían su decisión de mantenerse abstinentes a padres que se preocupaban de ellos, al deseo de adquirir más dominio sobre sus vidas antes de tener relaciones sexuales, y a la sensación de no estar preparados. Yo he conocido a muchas jovencitas, tanto en mi trabajo como en el círculo de amigas de mis hijas, que han pensado así y se han mantenido vírgenes, por lo menos hasta el instituto universitario.

Principio tres: el sexo oral es relación sexual

Si bien podría estar en declive el coito entre adolescentes, la felación parece estar decididamente en aumento. Un estudio reciente de 212 alumnos de décimo año indicaba que tienden mucho más a practicar el sexo oral que el coito. Y la mayoría (el 70 por ciento) lo hacían sin protección, sin usar condón. El 40 por ciento de los chicos y chicas encuestados dijeron que habían participado en sexo oral ese año, y más del 25 por ciento de éstos dijeron que habían tenido tres o más parejas sexuales ese año pasado.[9]

Muchos adolescentes definen la relación sexual solamente como coito. Pero digan lo que digan, el sexo oral es relación sexual. Y la forma como lo practican la mayoría de los adolescentes es particularmente degradante para las chicas, puesto que normalmente no es recíproco. En realidad, el sexo oral es un «servicio» que hacen las chicas a los chicos, sin obtener nada a cambio, aparte de la pasajera atención de un chico y un mayor riesgo de contraer enfermedades de transmisión sexual.

SEXO ORAL Y ENFERMEDADES DE TRANSMISIÓN SEXUAL

Recientemente ha habido un aumento en las enfermedades de transmisión sexual entre los adolescentes, en parte debido a la práctica del sexo oral. Tres millones de adolescentes estadounidenses se infectan de una o más de estas enfermedades cada año, entre ellas infecciones bacterianas, como clamidia y gonorrea, e infecciones virales, como el virus del sida y el sida. Aun cuando el riesgo de contraer estas enfermedades por sexo oral es menor que por coito, ciertamente la posibilidad de infección es real.

El sexo oral, lógicamente, ofrece liberación sexual al chico sin el riesgo de embarazo para la chica. Pero la autoestima de la chica tiene que estar muy baja para permitir que su boca se use de vehículo para que el chico alivie su tensión sexual. No hay ninguna posibilidad de que esto se pueda considerar una experiencia espiritual, y mucho menos que esté basada en el amor y respeto mutuos (a menos que la pareja sea monógama y el placer sexual de la chica importe tanto como el del chico).

Tal vez lo que las chicas creen que obtienen de esta experiencia es «popularidad». En un estudio realizado por el doctor Mitchell Prinstein, los adolescentes, chicos y chicas, activos sexualmente eran considerados más populares por sus compañeros.[10] La siguiente es una historia relatada por una amiga mía:

> Un día cogí el teléfono y me horroricé al oír a mi hija de catorce años hablando con un chico sobre hacerle una felación. Me espanté, por decir lo mínimo. Interrumpí la llamada y les dije a los dos que lo había oído todo y que si alguna vez volvían a hablar de eso o lo hacían, inmediatamente llamaría a los padres del chico y alertaría al colegio. Después, cuando le pedí a mi hija que me explicara lo que ocurría, confesó que había entrado en una pandilla y estaba intentando ganarse su respeto y lealtad. La habían «retado» a llamar a ese chico para ofrecerle sexo oral. Me dijo que no tenía la menor intención de hacerlo; que sólo era una travesura. Fuera travesura o no, le dije que si había cualquier otro comportamiento como ése la retiraría del colegio y la enviaría a una academia sólo para chicas de la localidad. Para que registrara la gravedad de la situación, también le pedí a una amiga que trabajaba en Planned Parenthood [Paternidad/maternidad planificada] que viniera a casa y le enseñara a mi hija fotografías de textos gráficos de chicas con verrugas y herpes venéreos en la lengua y labios, todo a consecuencia de practicar sexo oral.

Que las adolescentes hagan una felación a los chicos con el fin de adquirir popularidad es sin duda uno de los aspectos más entristecedores del doble criterio de nuestra cultura respecto a la sexualidad y a la posición de las mujeres.

Principio cuatro: el doble criterio sigue vivo

Uno de los constantes desafíos que enfrentan las chicas adolescentes es que la cultura occidental aplica un doble criterio a la sexualidad masculina y femenina, considerando las necesidades sexuales de los hombres mucho más importantes que las de las mujeres. Nuestra cultura se centra en el arquetipo de sexualidad de dominancia masculina, en que lo más importante es el tamaño de las erecciones y el número de conquistas sexuales, no la verdadera relación íntima. Poco puede sorprender, entonces, que tantos hombres recurran al Viagra para su desempeño sexual: no han aprendido a conectar el pene con el corazón. Este tipo de sexualidad masculina (que también es degradante para el lado espiritual de los hombres) se ha glorificado, mientras que la sexualidad femenina se ha vilipendiado y controlado todo el tiempo.

Las investigaciones históricas y arqueológicas de Riane Eisler, autora de *The Chalice and the Blade*;* de Merlin Stone, autora de *When God Was a Woman* [Cuando Dios era mujer], y de la arqueóloga Marija Gimbutas, han documentado que este orden patriarcal no ha sido siempre la norma en el planeta Tierra. Durante al menos treinta mil años, en la Vieja Europa, Oriente Próximo y el valle del Indo vivieron pacíficamente culturas que veneraban el aspecto femenino de Dios y celebraban la sexualidad femenina. La antropóloga Helen Fisher** también ha encontrado pruebas de tribus indígenas de Canadá, África y Australia que tenían organizaciones mucho más igualitarias hasta finales del siglo diecinueve. Por desgracia, la influencia europea finalmente rebajó la posición de las mujeres incluso en esos lugares. Una vez que fueron adoctrinados por los colonos europeos, en las tribus de África y Canadá comenzaron a golpear a la mujeres por primera vez.[11]

Aunque es alentador pensar que no hay nada inevitable en el modelo patriarcal de la sexualidad y que algún día podemos cambiarlo, queda el hecho de que incluso después del muy poderoso movimiento feminista de los años sesenta y setenta, ese doble criterio continúa determinando muchas de nuestras actitudes. Por ejemplo, muy pocas chicas llegan a la edad adulta sintiéndose orgullosas de sus cuerpos y sabiendo que su sexualidad es fuerte y vital y necesita expresarse tal como la de un chico. En su libro ya citado *Promiscuidades*, Naomi Wolf relata historias de chicas adolescentes que al principio se sentían fascinadas por sus cuerpos en proceso de cambio, pero eran humilladas por otras chicas cuando se atrevían a admirarse en el espejo o a celebrarse de cualquier manera. Debido a estas actitudes, pocas chicas saben que cuando se honra, la sexualidad femenina es una fuerza capaz de enriquecer toda su vida.

De un chico se espera que tenga experiencias sexuales como parte de su derecho de nacimiento, aun cuando a estas experiencias suele llamár-

---

* *El cáliz y la espada*, Editorial H. F. Martínez de Murguía, Madrid, 1996. *(N. de la T.)*

** Helen Fisher, *Anatomía del amor: historia natural de la monogamia, el adulterio y el divorcio*, Anagrama, Barcelona, 1999. *(N. de la T.)*

selas «follar» o «tirarse a», no «hacer el amor». Es decir, no se espera que haya nada espiritual ni amoroso en ellas. Lo único que está en juego es la reputación de un chico «semental» o «actor», no su corazón ni su alma. Sin embargo, la chica cuyo comportamiento se acerca aunque sea un poco a esto, se la considera «fácil» o, en la jerga más actual, «tirada».

Las chicas podrían pensar que demuestran ser iguales a los chicos emulándolos en su comportamiento sexual, pero aparte de la pregunta sobre si ese comportamiento es bueno para un chico o una chica, está la simple realidad de que esta cultura valora más a los hombres que a las mujeres. Dado que la mayoría de los chicos tienen más influencia social que la mayoría de las chicas, la atención masculina confiere categoría y se considera muy deseable. Por eso las chicas carentes de autoestima son vulnerables a ceder al apremio de realizar el coito o hacer una felación a chicos que no las quieren ni respetan. Desde su punto de vista, la atención masculina, por pasajera que sea, vale el precio que pagan.

Una chica necesita comprender que su valía no la puede aumentar de ninguna manera sostenible participando en la actividad sexual con una pareja que sólo tiene conexión física con ella. Como han comprendido muchísimas chicas, con gran pesar, entregarse tan libremente puede, de hecho, producir lo contrario, tanto por cómo la hace sentirse como por la forma que van a hablar de ella y despreciarla los demás, incluido el chico al que ha «servido».

Principio cinco: tu cuerpo es tuyo

Gracias en parte a la omnipresente influencia de los medios, ahora muy ayudados por Internet, muchas chicas se sienten presionadas a tener relaciones sexuales mucho antes de que lo deseen. Cuanto más jóvenes son la primera vez, más lo lamentan después. En un sondeo de opinión de chicos y chicas de 12 a 14 años sexualmente activos, realizado en 1998, el 81 por ciento (chicos y chicas) dijeron que ojalá hubieran esperado más tiempo. En este estudio se comprobó que entre el 14 y el 20 por ciento de las chicas habían tenido relación sexual a los 14 años, muchas veces bajo la influencia del alcohol. De hecho, hay una relación directa entre el consumo de alcohol por parte de la chica y la probabilidad de que tenga relación sexual, y que además no use anticonceptivo.[12]

El pesar o arrepentimiento es común en adolescentes mayores también. En una encuesta a chicos y chicas de 20 a 21 años realizada en Nueva Zelanda en 1998, el 54 por ciento de las chicas que habían perdido la virginidad habrían deseado haber esperado más tiempo para tener su primera experiencia sexual. Los siguientes son otros puntos destacados de esta reciente encuesta:

- La edad promedio del primer coito fue de 16 años en las chicas y de 17 en los chicos.
- La curiosidad fue el principal motivo de perder la virginidad en el 27 por ciento de las chicas y el 35 por ciento en los chicos.
- El 7 por ciento de las chicas se sintieron obligadas a su primera experiencia.
- Sólo el 15 por ciento de las chicas estaban enamoradas en ese momento.
- El 10 por ciento de chicos y chicas reconocieron que estaban un «poco» borrachos en ese momento.
- El 30 por ciento de las chicas dijeron que el acto «fue una decisión tomada en el instante».[13]

Las madres que logran hacer comprender a sus hijas que nunca deben sentirse obligadas a hacer algo que no desean, les dan un excelente instrumento para resistirse a la presión de sus iguales. A veces, como progenitora, tienes la oportunidad de presenciar los beneficios que cosechan las hijas de esos consejos. Una noche mi hija Annie tuvo una fiesta en casa con amigos, chicas y chicos. Ya estaba avanzada la noche cuando seis de ellos fueron a meterse en el jacuzzi de la terraza de atrás. Desde mi dormitorio, donde ellos suponían que yo estaba durmiendo, oí a una de las chicas sugerir que se desvistieran porque la ropa era sencillamente una estúpida convención de la sociedad. Por las reacciones de otros chicos y chicas, estaba claro que la sugerencia les producía incomodidad, tal vez debido a que ninguno había estado bebiendo (en las reuniones en casa de nuestras hijas no permitimos alcohol, porros ni tabaco; y puesto que a ninguna de mis dos hijas les gustaba el comportamiento de quienes habían consumido esas sustancias que alteran el ánimo, preferían que sus amigos vinieran a sus reuniones sin prelubricarse con alcohol). Justo entonces oí a mi hija dar la respuesta perfecta para la situación: «No creo que eso sea una buena idea, porque así, cuando llegue el momento en que podrías querer ver desnuda a una persona por primera vez, habría desaparecido la primera emoción». Uno de los chicos se manifestó totalmente de acuerdo y añadió: «Desvestir a una chica por primera vez es uno de los mayores excitantes que existen». Aunque no tengo idea de si él habría experimentado eso personalmente, me encantó cómo él y mi hija solucionaron la situación, salvando las apariencias, a la vez que permanecían en su zona de agrado y con los bañadores puestos. Y francamente me impresioné, porque incluso de adulta a veces me ha resultado difícil defenderme con lógica en circunstancias comparables.

Por ejemplo, una vez, después de un largo día de reuniones de médicos en una hermosa casa particular, un grupo de mis colegas, principalmente hombres, salieron a la terraza de atrás a remojarse desnudos en el jacuzzi, algunos bebiendo whisky, otros fumando cigarros. Todos me invitaron a gritos a desvestirme y meterme ahí con ellos. La sola idea de meterme ahí con ellos me resultaba tremendamente incómoda. Todas las células de mi cuerpo me decían que ésa era la última actividad del mundo que me serviría para relajarme y disfrutar. Así que sonreí y les dije que pasaba. Insistieron, pero resistí. Después me preocupó pensar que esos médicos, algunos colegas que acababa de conocer, pensarían que yo era una gazmoña puritana de Nueva Inglaterra. Tenía 31 años en ese tiempo y estaba deseosa de ser aceptada. Repasé una y otra vez toda la situación en mi cabeza, conjeturando acerca de mi sabiduría interior. ¿Era una gazmoña? ¿Tenía problemas con mi cuerpo y la desnudez?

Finalmente llegué a la sencilla conclusión de que lo que pensara de mí ese grupo no tenía importancia. Su actividad simplemente no me pareció prudente ni atractiva en ese momento, aun cuando había disfrutado de un productivo día de reuniones con esas mismas personas. Terminadas las reuniones sencillamente no me sentí llamada a abrirme a su energía metiéndome desnuda en una piscina jacuzzi con ellos. Después he descubierto que mis sentimientos sobre la desnudez en un grupo dependen totalmente de la intención del grupo. Cuando se presiente el respeto y ninguna intención oculta, la desnudez no es ningún problema.

A veces la desnudez puede ser sexualmente abusiva. Una de mis clientas me contó que cuando era joven adolescente su padre solía pasar por fuera de su habitación desnudo y con una erección total. Aunque nunca entró en su habitación, esa conducta la hacía sentirse muy incómoda. A eso yo lo llamo incesto emocional. Mi experiencia es que siempre que te sientes incómoda por la desnudez, en cualquier contexto, reaccionas a la falta de respeto de la otra persona a tus límites, en el mejor de los casos, o a una intención o programa oculto en el peor.

Principio seis: el conocimiento es poder, siempre

Todos los adolescentes necesitan una sólida educación sexual. El sexo es una parte prácticamente inevitable de la vida adulta. Aunque estoy convencida de que debe ofrecerse educación sobre las ventajas de la abstinencia, también lo estoy de que los adolescentes necesitan que se les enseñe todo, desde cómo usar un condón a todas las formas de control de la natalidad y cómo usarlas. También necesitan saber acerca del ciclo de fertilidad femenino y cuándo es más probable que se produzca un embarazo. Además, es importante que sepan cómo protegerse de predadores sexuales, de las enfermedades de transmisión sexual y de embarazos indeseados. No existe absolutamente ninguna prueba de que enseñar a las chicas acerca del sexo seguro y métodos anticonceptivos fomente en ellas la actividad sexual, pese a las opiniones que expresan una minoría.

Como hijas de ginecóloga, mis hijas se criaron viendo modelos de pelvis con los que jugaban en mi despacho. También lo sabían todo acerca de condones y métodos anticonceptivos desde que estaban en enseñanza básica. Recuerdo que una vez durante la cena estábamos hablando de la inseminación con donante, intervención que yo hacía periódicamente en el consultorio. Mi hija mayor, que tenía ocho años en ese tiempo, comentó: «Podrías contagiarte de sida al hacer eso». Y tenía razón, claro. En otra ocasión, cuando iba en el bus escolar, la acosó un grupo de chicas mayores, preguntándole si sabía qué era un condón, y contestó: «Sí, es algo que usas cuando no quieres quedar embarazada». Cuando me lo contó, me dijo: «Se alejaron de mí al instante, porque estaba claro que yo no era una buena víctima para su juego».

RETO DE LA SABIDURÍA: *preocúpate de que tu hija esté protegida*

Nos guste o no, algunas chicas van a tener relaciones sexuales en la adolescencia. Necesitan estar protegidas. A lo largo de los años he visto a muchas jovencitas a las que han traído sus madres para obtener medios anticonceptivos, y a otras que han venido solas a pedírmelos. Mi criterio siempre ha sido que es mi trabajo asistir a la chica o a la mujer que es mi clienta. Y por eso siempre les he dado a las chicas la información y las opciones de control de la natalidad que son más apropiadas para ellas, estén presentes sus madres o no. Aunque siempre lo ideal es que la madre participe, a veces las circunstancias justifican que no esté presente.

Toda chica sexualmente activa necesita hacerse un examen pelviano y una citología Papanicolau al año. Y lógicamente también necesita saber protegerse de enfermedades de transmisión sexual y del embarazo. Creo que si una madre desea asegurarse de que su hija tenga lo que necesita pero no sabe si la hija va a reconocer ante ella que tiene relaciones sexuales, debería darle un permiso escrito al médico de su hija para que le dé la información y la protección necesarias siempre que se la pida.

Una de las suscriptoras a mi *e-letter* escribió que tan pronto como su hija empezó a menstruar, le explicó lo que se requería de ella al entrar en el mundo de los adultos:

> Le dije que el comienzo de la edad adulta significa asumir ciertas responsabilidades y tomarse ciertas libertades. Una de las supuestas «libertades» es responder al deseo sexual. Junto con los placeres de la relación sexual hay muchos escollos: embarazo indeseado, enfermedades de transmisión sexual, etc. Y si bien su padre y yo la criamos con un cierto conjunto de reglas morales, a las que esperábamos continuara ateniéndose mientras maduraba, también ella necesitaba entender que siempre la amaríamos y la apoyaríamos. Hablamos de embarazos no planeados y del aborto. Hablamos de las enfermedades de transmisión sexual, sobre las cuales reconocí no tener suficientes conocimientos (fuimos a Planned Parenthood para obtener información).
>
> Cuando mi hija estaba preparada para marcharse a la universidad me senté con ella a conversar y hablamos de que tal vez le convenía comprar píldoras anticonceptivas. Yo era la que tomaba la iniciativa en esta conversación. Mi punto de vista era que no deseaba que ella se metiera por casualidad en una situación y no estuviera preparada. Al principio declinó. Pasados unos días acudió a mí para decirme que había reflexionado mucho sobre nuestra conversación y que, aunque no comenzaría a tomar la píldora, se sentiría mejor teniéndolas a su disposición. No sé con exactitud cuándo comenzó a ser sexualmente activa. Lo que sí sé es que entró en esa relación muy bien preparada, con pleno conocimiento de todos los posibles escollos y total comprensión de todos los pros y los contras.

¡La verdad, esa sí que es una buena madre!

LA DINÁMICA CHICO-CHICA

Aprender a actuar en compañía de chicos

Todas las chicas necesitan la oportunidad de relacionarse con chicos de un modo normal, apropiado a su fase de desarrollo. No es posible ni conveniente intentar proteger a una hija del mundo de los hombres y los chicos. Necesita exposición a ese mundo para aprender a discernir acerca de en quién confiar y en quién no; quién es digno de su tiempo y atención y quién no lo es; quién la apoya y respeta y quién no. Las salidas con chicos y las actividades sociales de las adolescentes son el contenedor en el que va a aprender directamente esas cosas.

Una madre (o padre) que le prohíbe a su hija salir con chicos o le dice que los chicos sólo desean una cosa, o bien ahogará su naciente sexualidad y autoestima, o bien desencadenará una rebelión en toda forma, según sea el temperamento de la chica. Una de mis clientas recuerda que su madre redujo toda una conversación sobre chicos y salidas con chicos a la siguiente canción: «No nos dejes en vergüenza. No llegues a casa embarazada». En ese tiempo ella escasamente sabía lo que significaba embarazo.

Otra me contó que su madre no la dejaba salir con chicos cuando estaba en los últimos años de bachillerato. «No aceptaremos nada de eso», era su norma general respecto a salir. El único lugar en que Mary podía relacionarse con chicos de su edad era la YMCA [Asociación Cristiana de Jóvenes], donde iba a clases de natación. «Puesto que era una asociación "cristiana" de chicos, mi madre no podía poner objeciones a mis actividades ahí.» Para librarse de esas y otras restricciones tontas, se marchó al instituto universitario y no volvió la vista atrás. Allí tuvo relación sexual por primera vez y disfrutó de una relación íntima con el chico un par de años. Después salió también con otros jóvenes, y finalmente se casó con un hombre con el que que ha sido muy feliz.

En cambio Sherry, la hermana mayor de Mary, se adhirió totalmente a la programación tribal de la familia. No salió nunca con chicos, y dado que sus padres opinaban que las hijas deben vivir en casa hasta que se casan, vivió bajo su techo durante todos sus años universitarios. Conoció al que sería su marido en el último curso del instituto universitario. Él era el primer hombre con el que salía, y se casó con él poco después de graduarse. El matrimonio fue un desastre. Sherry se había enamorado de él porque era guapo, pero le faltaba experiencia para tener un cierto discernimiento respecto a hombres, y resultó que él era un hombre más interesado en esquiar y montar en bicicleta que en encontrar trabajo o contribuir al mantenimiento de la familia que Sherry deseaba. Dado que nunca se independizó de sus padres lo bastante para dejarlos atrás cuando se casó, no se fue muy lejos de casa, se las arregló para encontrar una casa en el mismo barrio en que vivían ellos. Y recurría a su padre, no a su marido, siempre que necesitaba ayuda para hacer una reparación en casa o en el coche. El matrimonio duró menos de un año. Y un segundo matrimonio también acabó en divorcio alrededor de cinco años después.

Padres, hijas y salidas con chicos

El padre de la chica y sus actitudes acerca de las mujeres crean en la psique de la niña una marca indeleble acerca de su valía y también acerca de lo que debe esperar de un hombre. Si es cariñoso y atento, ella tenderá a buscar un hombre similar. En cambio si el padre es frío, distante, abusivo o posesivo, esto también influirá en la hija.

Una vez, cuando yo tenía unos 14 años y mi chico había roto la relación conmigo y estuvimos separados unos cuantos meses, yo me sentía afligida y muy deprimida. Mi padre me abrazó y me hizo sentir valiosa y atractiva a pesar de mi falta de chico. Me dijo: «Hay muchos otros peces en el mar. En estos momentos no ves eso. Pero créeme, eres muy, muy valiosa, no te vendas barato ni te pases mucho tiempo suspirando por ese chico. Habrá muchos otros en tu futuro». Agradezco muchísimo haber tenido un padre así. Pero incluso los padres más amorosos pueden inspirar en sus hijas una especie de inquietud respecto a las relaciones con el sexo opuesto. Mi padre me dijo que yo era valiosa con o sin la validación de un chico, pero lo hizo sin intentar meterme miedo a los hombres. No todos los padres son capaces de hacer esto. Por ejemplo, una clienta me contó una conversación que tuvo con su marido y sus dos hijas adolescentes.

Hace poco estuvimos tomando un desayuno-almuerzo en un restaurante de la localidad. Hacía tiempo que las niñas no recibían su asignación y estábamos hablando de sus necesidades monetarias. Mi hija mayor, que tiene 15 años, nos preguntó qué tipo de asignación recibíamos cuando estábamos en los últimos años de secundaria y en el instituto universitario. Mi marido, John, les explicó que a fines de los sesenta, cuando él estaba en bachillerato y en el instituto universitario, todavía se acostumbraba que el chico lo pagara todo cuando salía con una chica, así que sus padres le daban unos 120 dólares al mes, para que cubriera el mantenimiento del coche, sus salidas, ropa, etcétera. Pero entonces le dijo a nuestras hijas que deseaba que cuando comenzaran a salir con chicos, ellas pagaran su parte en los gastos, en lugar de dejar que las invitara el chico. Le pregunté por qué opinaba que las chicas debían pagar. Contestó: «Porque cuando el tío paga la cena, el cine o un espectáculo, podría pensar que la chica le debe algo más». Le pedí que explicara más; entonces dijo: «Bueno, por lo menos un beso de buenas noches». «¿Aunque a ella no le guste el chico?», pregunté yo. Él no quiso continuar, pero les dejó claro a nuestras hijas que los chicos piensan que si lo pagan todo, hay un automático desequilibrio de poder en la relación y la chica «debe» algo a cambio del gasto.

Es evidente que los hombres de nuestra cultura pueden ser muy ambivalentes tratándose de sus hijas y su relación con hombres. Mi asesora financiera me contó que en todo el curso de su carrera aún no ha conocido a un solo hombre que piense que su yerno es capaz de cuidar de su hija. Recuerdo que antes de que nos casáramos y antes de que hubiéramos decidido tener hijos, mi marido dijo algo así: «Si tenemos una hija, voy a construir una valla alrededor de la casa cuando cumpla los trece». Ni siquiera sabía si íbamos a tener hijos. Sin embargo, la sola idea de tener una hija hizo aflorar su instinto de protegerla de otros hombres.

La Bella intenta salvar a la Bestia: el peligro de la «adicción amorosa»

Uno de los arquetipos recurrentes de nuestra cultura occidental es el del chico malo con chaqueta de cuero negro montado en una moto. Es James Dean, Danny de *Grease*, Marlon Brando en *La ley del silencio*; vive al borde del abismo, y opera fuera de los límites del mundo de los padres de la chica. Para muchas chicas, representa un pasaporte a la individuación. También es la oportunidad perfecta para «resistirse» a sus padres, a los que tienden a poner a prueba. Este tipo de hombre tiene un atractivo magnético para las mujeres, ya que les ofrece la oportunidad de «salvarlo» con su bondad y también la posibilidad de placer sexual. Se convierte en un proyecto personal. Y fíjate en la palabra «proyecto», porque eso es lo que es exactamente. Es una pantalla en blanco sobre la cual la chica proyecta toda la energía sexual y espiritual que no ha identificado conscientemente como propia. Este tipo de chico es narcisista y necesita su amor y atención para «completarlo». Y mientras él se alimenta de ese amor, le da a ella toda su atención y la hace sentirse especial porque ella es «la única persona que lo comprende». Narcisista y hueco, también puede ser peligroso porque una vez que tiene «enganchada» a la chica, hará todo lo que sea necesario para mantener su atención centrada en él. Si la chica consume drogas o alcohol o de alguna manera ha embotado su sistema de orientación interior, podría dejarse embarcar en un trayecto peligroso.

Nunca olvidaré aquella vez en que llevé a mis hijas, de 17 y 19 años, a cenar en un simpático restaurante de la ciudad de la universidad donde estudiaba mi hija mayor. Estábamos sentadas junto a una ventana, y cuando miré hacia el otro lado de la calle vi a una hermosa y elegante joven rubia sentada en la terraza de una cafetería con un hombre que a mí no me pareció conveniente para ella. Era guapo y musculoso, y llevaba una camiseta ceñida y sin mangas, de esas popularmente llamadas *«wife beater»* [azota esposas]. También tenía una especie de «aire» peligroso: una sonrisa despectiva en la cara y un evidente aire de resentimiento. Francamente, me asustó. Parecía enfadado y belicoso, como si se opusiera a todas las convenciones y reglas sociales. Mi hija mayor comentó que la chica (a la que llamaré Leslie) había actuado en una obra musical con ella. Se conocían. Recordé haber visto a Leslie en la obra; tenía talento y parecía tener una exitosa carrera por delante. Le pregunté a mi hija quién era el chico. No lo conocía personalmente. Lo que sí sabía era que no iba a la universidad. Al parecer, ella vivía con él desde hacía dos años mientras estudiaba en la universidad.

Entonces pregunté cómo podía ser que Leslie hubiera elegido un chico así. Mis dos hijas, llenas a rebosar de la corrección política que acompaña a una educación liberal, me saltaron encima por ser «elitista», como si mi objeción a él se debiera a que no estaba en la universidad. Era el «aire de peligro» del chico lo que me preocupaba o inquietaba tanto, no sus credenciales educacionales, pero reconozco que no supe explicar a qué se debía mi inquietud. Les dije que simplemente sentía que había una «desconexión» en esa pareja. En todo caso, di mi opinión y luego lo dejé estar, porque vi que ninguna de mis hijas entendió lo que quería decir.

Más o menos un año después, justo un mes antes de que mi hija se graduara en la universidad, me contó que Leslie había sido asesinada por un disparo hecho por ese mismo chico. Leslie se iba a trasladar a Nueva

York para proseguir su carrera y había roto con él. Su madre había venido a ayudarla a hacer los preparativos para el traslado. Mientras Leslie salía a hacer algunos recados, su madre comenzó a hacer el equipaje. Cuando la chica volvió, salió su ex chico de las sombras, le puso el cañón de una pistola en la cabeza, le disparó, y luego se mató él. Su madre lo oyó todo.

Me quedé pasmada al enterarme de esta muerte. Y me apené por sus padres. También le recordé a mi hija aquella conversación que tuvimos el año anterior durante la cena y mi desconcierto porque Leslie hubiera elegido un chico así. Cuando alguien está bajo el hechizo de un «chico malo», es como si tuviera una adicción. En realidad es una adicción, si pensamos que adicción es el «uso» continuado de algo a pesar de sus consecuencias adversas, que es una de las definiciones. La chica «se pierde», literalmente, en la relación. Y eso es lo que ocurre cuando se tiene cualquier tipo de adicción, ya sea a una sustancia, como el alcohol, o a una persona. Todas las adicciones sirven para adormecer lo que sabemos y lo que sentimos, incapacitando así a nuestro sistema de orientación interior. Lo importante es tener presente que la Bella no puede salvar a la Bestia, y no puede salvar a un chico malo que no va a ninguna parte. Si lo intenta, las cosas se le pueden poner muy feas.

RETO DE LA SABIDURÍA: *enviar las señales de advertencia correctas*

Es difícil saber qué hacer si una hija está en una relación que uno sospecha que no es buena para ella, pero tenemos que fiarnos de nuestra sabiduría Madre Osa. No quieres exagerar en tu reacción, por el riesgo de que eso la aleje de ti y la arroje en los brazos del chico. Por otro lado, no puedes simular que todo está bien. Ella te mira para ver tu reacción, aun cuando parezca que no desea tus consejos. Dile lo que sientes respecto al chico y luego déjalo estar. De verdad, nada es más poderoso que el que una madre le diga a su hija lo que realmente siente. Aun en el caso de que la hija no esté de acuerdo con ella, las palabras de su madre quedan registradas en alguna parte.

Ahora bien, si tu instinto te dice que ese chico podría ser francamente peligroso, tienes que plantar firmes tus dos patas Madre Osa traseras, enseñar las garras y los colmillos y emitir tu gruñido más ronco. Tu hija está en peligro y tus entrañas lo saben. Es posible que ella te escuche si hay entre vosotras una relación de confianza mutua.

Pero si tu hija se niega a dejar de verlo, tal vez tengas que recurrir a medidas más drásticas. Si es menor de edad, eres legalmente responsable de su bienestar. Eso significa que tienes todo el derecho a sacarla físicamente del lugar de peligro. Según sean tus circunstancias, podrías tener que sacarla del colegio, enviarla a campamento, o incluso enviarla fuera del país por un tiempo. Más vale prevenir que lamentar. Y es mucho mejor saber que tu hija está a salvo, aun cuando te acuse de «arruinar su vida». En el fondo, sabe que la quieres. Incluso podría agradecer tu intervención, sobre todo si no tiene las habilidades para poner ella fin a la relación, que es lo que les suele ocurrir a las chicas de esa edad.

Mis padres me dieron un excelente consejo preventivo sobre cómo reconocer una mala relación. Me dijeron: «Si un chico te dice que te necesita y no puede vivir sin ti, ¡echa a correr!». Esto me ocurrió una vez. Al instante pensé: «Ay, Dios, esto era lo que querían decir mis padres», y puse fin a la relación.

La autoestima y las relaciones con chicos

Una buena autoestima predispone para relaciones sanas con chicos, y con todo el mundo. Yo no quería que mis hijas perdieran el tiempo con chicos que no las respetaban. Y sabía que la confianza en sí mismas y la propia aceptación eran lo principal para evitar esos encuentros. Por la ley de atracción, cuanto más te gustas y cuanto más aprecias lo que tienes para ofrecer, más probabilidades tienes de atraer a un hombre cuyas cualidades estén a la par con las tuyas. Todos los hombres buenos que conozco desean mujeres de las que puedan sentirse orgullosos.

Las madres pueden hacer muchísimo para ayudar a sus hijas a tomarse en serio a sí mismas y a su vida, lo bastante para no perder el tiempo con hombres que no son dignos de ellas. Creo que mi comprensión de cómo comportarse con los hombres la plantó en su lugar la actitud de mi madre. Aunque le gustaban los hombres y, al ser muy atlética, le encantaba cazar, pescar y hacer deporte en compañía de hombres, jamás la vi coquetear ni hacer nada sólo para conseguir su atención. Así aprendí que yo estaba bien con o sin un chico, y que siempre debía esperar que me trataran como a una igual.

Mera, una de las suscriptoras a mi *e-letter*, escribió hace poco acerca del efecto de su madre en su autoestima.

Cuando tenía unos diez años, mi madre me preguntó qué deseaba hacer con mi vida. ¿A quién quería emular? Se me ocurrió
Ruth, de la Biblia: «Adonde tú vayas, iré yo», etcétera.

No, me dijo ella, dime tres mujeres que estén vivas ahora. Inmediatamente me vinieron a la cabeza Helen Keller, la señora
Roosevelt y madame Chiang Kai-shek. Una semana después tomamos el té en la Casa Blanca, y al mes entrevisté a Helen Keller
para el diario de mi colegio. Y finalmente, veinte años después,
cuando trabajaba de periodista profesional, pude entrevistar a
madame Chiang Kai-shek (¡que acaba de morir el año pasado a
los ciento tres años!).

Actualmente Mera es gerontóloga.

Lo más importante que debe saber una chica es que tiene que tener su
vida propia y sus intereses. No debe esperar que un hombre la llene y
haga su vida digna de vivirse. Si ella (o su madre) piensa que no es nada
sin un hombre a su lado, es probable que atraiga a un hombre que la tra-
tará mal, tal como se trata ella.

Cuando la madre sana sus hábitos relacionales, crea un patrón más sano para su hija

Si bien comencé con un sentido de valía personal bastante decente, tenía
la costumbre de perderme en las relaciones. Esto sólo lo comprendí en la
edad madura, cuando mi éxito profesional le dio un impulso a mi autoestima, impulso que me dio el valor para desear un cambio en la dinámica de mis relaciones más íntimas. Seguía siendo la pacificadora, la persona codependiente estilo «el sol saldrá mañana» que ponía la mayor parte
de la gasolina en el estanque llamado relaciones. Esa historia está bien
documentada en mi libro *La sabiduría de la menopausia*. Es una historia
corriente. Y culminó con el fin de mi matrimonio de veinticuatro años.

Durante el examen de conciencia que formó parte de este doloroso
cambio en mi vida, tuve que vadear por montañas de sentimientos de culpa. Al fin y al cabo, ¿no es la tarea de una madre mantener la paz a cualquier precio, calmar la ira del marido, hacer lo que haga falta para tenerlo
feliz, anteponer las necesidades de él y de sus hijos a las suyas en bien de
la estabilidad de la familia? ¿Acaso no es su trabajo callar, hablar en voz
baja y ocuparse de que su hogar sea un lugar seguro y agradable? ¿No
debe una madre organizar alegremente su vida en torno a las agendas y

programas de su familia? Las necesidades de las madres vienen al final, después de las de todos los demás. A esto yo lo llamo el «síndrome del ala del pollo»: la madre se sirve las alas que quedan después de servir a todos las piezas mejores. ¿Para qué liar las cosas y causar tanto sufrimiento a los demás? ¿Para qué hacer olas? ¿Por qué no seguir y seguir igual?

Esas eran las pautas de comportamiento que yo tenía que enfrentar y cambiar en mí. Estaban muy, muy profundamente arraigadas en mi mente y mi cuerpo, y eran abonadas constantemente por nuestra cultura, que casi ha hecho de la maternidad un sinónimo de martirio.

No quiero que tengas la impresión de que fui una santa figura materna durante mis veintitantos años de vida casada. Deseaba que mis hijas tuvieran un modelo de madre que no se arredraba de manifestar su desacuerdo con su padre, así que discutía hasta donde me parecía que podía llegar. Pero de todos modos había noches en que me callaba y me esforzaba muchísimo en dar a la conversación durante la cena una forma que hiciera sentirse mejor a todos, en particular si mi marido parecía preocupado o de mal humor.

Finalmente llegué a comprender que el precio de calmar las emociones de todos los demás era demasiado elevado. Pero para cambiar esa pauta también tenía que reconocer otra parte de mi legado. Yo hacía la mayor parte de dar cariño y atención en mi casa, porque nunca se me había ocurrido que me merecía un verdadero compañerismo dentro de mi hogar. No sabía que merecía más, en especial en el aspecto marido. Una parte de mí creía que tenía que demostrar mi valía dando en exceso, para ser amada.

En la edad madura, esas pautas comenzaron a cambiar cuando empezó a hablar una fuerte voz interior que se negaba a callar. Fue una conmoción caer en la cuenta de que incluso con todo mi éxito externo yo seguía perdida en mi casa.

Lo bueno es que siempre que una madre tiene el valor de sanar los hábitos insanos de su vida, su hija se beneficia también. Lo que tal vez la madre tardó media vida en tomar conciencia, su hija puede aprenderlo en un periodo mucho más corto. La siguiente historia, de una de mis clientas, es un fabuloso ejemplo.

GEORGIA: *disolver y romper la pauta*

Alrededor de nueve meses después de que nos separáramos mi marido y yo, mi hija Georgia, de 17 años, comenzó a salir con un chico llamado Jim, del que era amiga desde octavo año. Parecían sentirse muy felices juntos. Les gustaban los mismos deportes y el mismo tipo de música. Además, los dos eran excelentes alumnos y asistían a varias de las mismas clases en el instituto. Resulta que pasado un mes, observé que Georgia andaba algo agitada o preocupada y le pregunté qué le pasaba. Me explicó que Jim siempre la interrumpía y parecía creer que ella no sabía nada. Siempre andaba deprimido y abatido y vivía haciendo críticas negativas sobre el estúpido comercialismo de la cultura (por ejemplo, un día llamó «lata de cancerígenos» a una lata de Coca-Cola de dieta que ella sacó del refrigerador), aun cuando participaba totalmente en él. Georgia se apresuró a hacerle notar eso, pero él no quiso oírla. Finalmente, Georgia decidió que ya era hora de decirle lo molestas que encontraba sus interrupciones y comentarios despectivos. La reacción de él fue decirle que encontraba que eran demasiado diferentes y no deseaba esforzarse en continuar la relación. Vale decir, rompió con Georgia en el instante en que ella le pidió que aportara algo a la relación e hiciera un cambio positivo.

Georgia se sentía furiosa y dolida, y no lograba entender por qué un chico tan inteligente y con tantas cosas que le iban bien podía ser tan renuente a mirar sus hábitos relacionales. Jim había tenido una serie de chicas que hacían todo el trabajo de llamarlo, invitarlo a salir, e incluso decidir adónde ir o qué hacer. La primera vez que invitó a Georgia a salir, reconoció que no sentía ningún respeto por esas chicas, pero dijo que ya había madurado lo bastante como para salir con una chica como ella, una chica inteligente y que se respetaba a sí misma.

A mí me quedó muy claro que Jim tenía muchas de las características de mi ex marido, el padre de Georgia. Era guapo, inteligente y de talento, pero también era depresivo y dominante. Nos separamos porque yo ya no estaba dispuesta a permitir que me controlara la conducta y tomara todas las decisiones importantes sin pedirme mi opinión. Deseba una verdadera pareja, no un hombre cuyas emociones yo siempre trataba de calmar como si fueran responsabilidad mía.

Georgia quedó destrozada cuando Jim rompió con ella. ¡Y vamos si yo la entendía! Entendía hasta la médula de mis huesos lo frustrante que es ver a una persona con tanto potencial, tan renuente a hacer lo necesario para llegar a ser un ser humano feliz y productivo. Georgia me dijo: «Vivo pensando que debería decírselo cuando está dominante y depresivo. Después de todo hemos sido amigos tantos años». Lo que ella encontraba más desconcertante era que chicos como Jim (y mi marido) parecen ser muy receptivos a las opiniones o consejos, e incluso los piden. Pero luego no están dispuestos a hacer el arduo trabajo de efectuar los cambios en su comportamiento. Le dije que una de las cosas más difíciles de hacer en una relación es dejar de intentar cambiar a la otra persona. Éste es el consejo que le di: «Cariño, tienes que continuar con tu vida y aceptar que Jim nunca va a cambiar. Nunca. Créeme, no vale la pena que dediques ni un solo momento más de tu tiempo a pensar en él. Sé que estás dolida y que crees que hay algo mal en ti. Pero el problema es de él. No hay nada mal en ti».

Mi clienta me contó que a Georgia le llevó dos años superar lo de su relación con Jim. Pero un día, durante las vacaciones de verano, cuando estaba en casa de vuelta de la universidad, se encontró con él. Estaba más deprimido que nunca, consumía drogas y, como siempre, tenía a una chica con él, a la que prácticamente ignoraba. Georgia se alegró y agradeció haberlo visto, porque comprendió lo lejos que había llegado ella. Ya no sentía ni el menor interés por él.

Los hombres como Jim tienen problemas de vinculación, puros y simples. Esconden su vulnerabilidad detrás de la arrogancia y la necesidad de dominar a otros, en particular a mujeres. Y con demasiada frecuencia, encuentran mujeres vulnerables que están totalmente dispuestas a sacrificarse, ellas y su dignidad, para continuar en relaciones con estos hombres.

Dada nuestra sociedad, muchas chicas tienen que hacer un largo camino en el aspecto de la autoestima cuando se trata de relaciones, y no es de extrañar. Al margen de su edad, los hombres parecen tener menos dificultad en encontrar pareja que las mujeres de igual posición y éxito. He llegado a creer que ésta es una fase necesaria en nuestra evolución hacia una sociedad más igualitaria. La única manera de llegar ahí es que las chicas desarrollen su autoestima en todas las facetas, entre ellas el ser deseables como mujeres.

Amor orbitofrontal: el amor que enciende el corazón

El tipo de relación romántica que deseamos la mayoría de las personas, hombres y mujeres, es el caracterizado por reciprocidad en todos los aspectos. Ninguno de los dos miembros de la pareja tiene más poder ni más valor. Cuerpo, mente y espíritu están conectados en la expresión del amor. Y los sentimientos que se tienen se basan en el amor y la aceptación incondicionales, no en las necesidades del ego. Idealmente, la relación de tu madre contigo y con tu padre ha sido modelo de todas estas cualidades por lo que tú a tu vez puedes ser el modelo para tu hija.

Nuestra cultura está cambiando rápidamente en lo que se refiere a las relaciones. El listón con la etiqueta «satisfacción» está puesto más alto que nunca, porque las mujeres ya no tienen que casarse por motivos económicos. Tienen más poder económico y más opciones. Pero eso no significa que no deseen tener amor en su vida. Comoquiera que elijan expresarlo, la necesidad de amor e intimidad humanos es universal, y está aquí para quedarse. Todas las personas que conozco, y yo también, deseamos tener en nuestra vida a esa persona especial que representa, como dice la doctora Phil, «un lugar blando para aterrizar».

Tengo fe en que nuestras hijas continuarán el legado desde donde lo dejamos las madres, y, habiendo aprendido de nuestros errores, amarán más consciente e incondicionalmente que nunca.

17
Adicciones
Escape de las emociones dolorosas

Una no puede cuidar de sí misma si no entiende el concepto de responsabilidad. Cuando una chica pasa por su adolescencia de camino a la edad adulta debe enfrentar y responsabilizarse cada vez más de sus decisiones, ya sea en asuntos de sus relaciones con chicos, su compromiso con los estudios, sus opciones respecto a estudios y profesión futuros, o de la amplia gama de asuntos o problemas que tienen la posibilidad de afectar a su salud. Hay mucho en juego a esta edad. En lo que se refiere a su salud, todo, desde los alimentos que come a los ejercicios que hace a las sustancias alteradoras del ánimo, peligrosamente adictivas, que podría consumir, pueden tener consecuencias para toda la vida.

Sabiendo esto, a muchas mujeres les resulta muy difícil hacerse a un lado y dejar que sus hijas tomen decisiones, incluyendo cometer errores. Pero toda mujer tiene que encontrar su equilibrio entre proteger totalmente a su hija de las posibles consecuencias de malas decisiones, y darle la suficiente libertad para que aprenda por propia experiencia. Al fin y al cabo, la adolescencia es el periodo en que la chica debe aprender algunas de las lecciones más importantes de su vida, bajo la orientación, pero no el control, de sus padres. La adolescencia de su hija es un periodo esencial para que la madre le dé el ejemplo de buen equilibrio entre cuidar de sí misma y cuidar de los demás. Si se entromete demasiado en la vida de su hija, o se desentiende demasiado, no se beneficia ninguna de las dos.

Una de mis clientas me comentó lo reveladora que fue para ella su primera visita a los 16 años, cuando vino a verme para que le hiciera el primer examen de la pelvis. Curiosamente, la parte de la experiencia que le quedó registrada como una llamada a despertar fue que, mientras le examinaba la garganta, le pregunté si usaba con frecuencia el hilo dental. Fue en ese momento cuando comprendió que era ella, no su madre, la responsable del buen cuidado y alimentación de su cuerpo.

Otra de mis clientas me contó lo que le ocurrió cuando enfermó de un grave problema neurológico que la obligó a dejar la universidad. Para explicar su reacción después que los médicos le dijeran finalmente que no podían hacer nada más por ella, dijo: «De una extraña manera, eso fue muy liberador. Comprendí que estaba sola con mi problema y que mi supervivencia dependía de estar dispuesta a responsabilizarme totalmente de mi vida y mi salud. Saber que yo era, y soy, responsable de mi salud y de mi vida, me hizo sentirme en paz y llena de poder. Pero creer que mi salud estaba en manos de mis padres, mis médicos o mis genes..., bueno, ésa era una idea que me aterraba y me hacía sentirme impotente». Finalmente se sanó a sí misma con cambios de estilo de vida, afirmaciones, y un fuerte empuje interior.

Si bien el de esta clienta es un ejemplo extremo, ilustra una verdad esencial: para vivir bien, todos tenemos que responsabilizarnos de nuestra vida y de nuestra salud. Y cuanto antes mejor. Pocas cosas capacitan y enaltecen más que comprender que tienes la posibilidad de influir en tu vida y dirigirla asumiendo la responsabilidad de ti misma y de tus decisiones.

Dado que en la adolescencia la niña nace a la edad adulta, es un periodo ideal para establecer unos principios y una práctica del cuidado personal y los comportamientos saludables que le serán útiles por el resto de su vida. El cuerpo cambiante de la chica y los intereses sexuales recién despertados, la estimularán, muy naturalmente, a esforzarse en el cuidado de sí misma. Sin embargo, también es posible que la descarrilen, porque la turbulencia emocional que suelen producir estos cambios internos y externos pueden parecerle abrumadores. Cuando ocurre esto, los impulsos autodestructivos podrían ganarle a los impulsos positivos que animan su buena disposición a comenzar a responsabilizarse de su bienestar. Tu trabajo es reconocer cuándo el torbellino emocional normal empieza a pasar al dominio de lo patológico.

Los cambios de humor y la ansiedad son predominantes a esta edad, y es rara la jovencita que escapa de esto totalmente. Pero hay diferencia entre depresión grave y depresión leve, y entre ansiedad y trastornos de ansiedad, por difícil que pueda ser a veces distinguir entre ellas.

DEPRESIÓN Y ANSIEDAD

Durante la adolescencia, diversos factores podrían predisponer a ciertas chicas a tener problemas emocionales. Uno de estos factores es hormonal, sin duda. El drástico aumento de los niveles de estrógeno y otras hormonas, que caracteriza esta fase de la vida, actúa de estimulante en los lóbulos frontal y temporal, los centros de la emoción y el comportamiento, de modo que incluso las chicas mejor adaptadas tienden a experimentar ocasionales rachas de malhumor o melancolía, e impulsividad. No es mucho lo que se puede hacer con estos cambios anímicos aparte de remontarlos, y fijar ciertos límites para que tu hija no se sienta en libertad para descargar en ti estas emociones.

Otro factor es la gran cantidad de situaciones nuevas y estresantes que enfrentan repentinamente las adolescentes. La doctora Huda Akil, codirectora del Mental Health Research Institute de la Universidad de Michigan, ha investigado las relaciones entre estrés, circuitos cerebrales y depresión, y descubierto que «la mejor manera de activar el sistema del estrés es con situaciones sociales».[1] Los alumnos de enseñanza secundaria e intitutos universitarios hacen frente a tantos tipos de situaciones sociales nuevas que no es de extrañar que algunos empiecen a sufrir trastornos emocionales. Cuando comenzó el último año en el instituto universitario, mi hija menor, ya por fin cómoda y feliz tanto en lo social como en lo académico, comentó: «Miro a todas esas chicas que entran a primer año y siento una pena tremenda por ellas. También me alegra no tener que pasar por todo eso otra vez». Sin embargo Kate, como muchas chicas, pasó por las tormentas emocionales de la adolescencia y salió relativamente ilesa.

En algunas chicas, en cambio, la poda y reorganización de los circuitos cerebrales que ocurren a esta edad podrían desenmascarar una tendencia hacia trastornos anímicos y de personalidad que estaba dormida durante los años de latencia.[2] Es importante recordar que esos problemas no salen saltando del armario y caen sobre la chica. Los desencadenan una combinación de factores genéticos, ambientales, nutricionales y experienciales, además de los hormonales. Y también está la realidad del temperamento. Algunas chicas simplemente tienen una mayor resistencia innata como reacción al estrés.

Habiendo dicho eso, está claro que algunas chicas necesitarán ayuda externa. Además, y por encima de los factores que acabo de citar, en su estado emocional también podrían influir drogas y/o alcohol, o factores tan básicos como la falta de sueño, si no duerme las horas convenientes. Si te parece que tu hija tiene un verdadero problema, te convendrá buscar ayuda profesional. Pero cuando lo hagas, ten presente que la psiquiatría, más que cualquier otra rama de la medicina, es más un arte que una ciencia exacta. A pesar del advenimiento del escáner por resonancia magnética y las evaluaciones neuropsicológicas de la personalidad, no existe ningún escáner ni análisis de sangre que pueda dar a nadie un diagnóstico psiquiátrico definitivo de depresión, trastorno de ansiedad, trastorno de pánico ni trastorno bipolar (por no decir los diagnósticos psiquiátricos de enfermedades más graves como la esquizofrenia y el autismo/síndrome de Asperger). El diagnóstico acertado y el tratamiento apropiado va a depender muchísimo de la intuición, pericia y experiencia del médico. Y yo añadiría que también requieren una cierta cantidad de sentido común.

Antes solía ocurrir que el diagnóstico de cualquier tipo de trastorno mental arrojaba un verdadero estigma sobre la familia de la persona afectada. Ahora el péndulo ha oscilado al lado opuesto y los diagnósticos de depresión, trastorno bipolar (y los nuevos y más controvertidos bipolar II, III y IV) y trastornos de ansiedad se dan demasiado alegremente, junto con los últimos medicamentos que se creen eficaces para tratarlos. Por ejemplo Mallory, la hija de una amiga mía, siempre fue muy nerviosa y le tenía miedo a la oscuridad. Después del divorcio de sus padres, cuando ella tenía 14 años, comenzó a tener ataques de pánico y se tornó melancólica e irritable. Su madre la llevó a un profesional de la salud mental, que le diagnosticó trastorno bipolar II y le recetó un antidepresivo y estabilizador del ánimo. Después de seis meses de probar diferentes medicamentos, ninguno de los cuales produjo efecto alguno, mi amiga decidió que esa ruta no servía y no valía para su hija. La puso en un grupo de apoyo para hijos adolescentes de padres divorciados, y también le mejoró la dieta y le eliminó el consumo de azúcar y cafeína. Este método dio buen resultado. Mallory podía hablar de sus sentimientos difíciles con sus compañeros del grupo, y finalmente se recuperó sin medicamentos y sin más psicoterapia.

Dadas las ambigüedades de los diagnósticos y la poca fiabilidad de los informes, realmente no sé cuál es la tasa de incidencia de verdaderos trastornos durante la adolescencia y la edad adulta. Algunos estudios sugieren que la incidencia de problemas de ánimo, pensamiento y comportamiento, lo bastante graves para afectar adversamente a las relaciones y la adaptación vocacional y social, podría ser hasta del 30 por ciento en adolescentes y el 16 por ciento en mujeres adultas. Pero cuando se sienten más seguras de su identidad y disminuyen las turbulentas dificultades de adaptación social de la adolescencia, la mitad de las chicas con esos problemas son capaces de superar solas sus altibajos emocionales.[3] Así que cuando una madre dice: «Sólo está pasando una fase; lo superará», es muy, muy posible que tenga razón.

No obstante, el solo hecho de ser mujer en esta cultura aumenta nuestro riesgo de trastornos del ánimo y de la personalidad. Por ejemplo, comparadas con los chicos, las chicas tienen el doble de probabilidades de experimentar depresión en la adolescencia, aunque a los 11 años la incidencia es igual entre chicos y chicas.[4] En estudios se ha comprobado también que entre el 20 y el 30 por ciento de todas las mujeres, frente a sólo el 10 al 15 por ciento de los varones, sufrirán por lo menos alguna vez en su vida de un problema clínico importante, como depresión o ansiedad.[5]

Está muy fuera del alcance de este libro, y de mis conocimientos, hablar de diagnóstico y tratamiento de toda la gama de problemas emocionales que puede tener una adolescente. El diagnóstico es complicado no sólo por la inestabilidad normal de la adolescencia sino también porque tales trastornos suelen ser complejas combinaciones de problemas. Por ejemplo, aunque la mayoría de las personas tienden a pensar que la depresión es un trastorno muy definido, alrededor del 50 por ciento de todos los adolescentes deprimidos también tienen problemas de ansiedad.[6] De todos modos, igual que en el periodo de latencia, hay un buen número de banderas rojas que podrían indicar problema. La neuropsiquiatra Mona Lisa Schulz da una lista de indicadores clave que pueden servir a una madre para decidir si su hija podría necesitar ayuda externa o no.

Si cualquiera de las descripciones siguientes es aplicable a tu hija en la vida diaria o con bastante frecuencia, y hasta el punto de gravedad que le obstaculiza su capacidad para tener relaciones fuera de la familia, hacerlo bien en los estudios y finalmente sobrevivir y prosperar sola, podría convenirte buscar la opinión de un especialista en salud mental.

Si al final decides que tu hija necesita atención profesional, podría convenirte considerar si no se beneficiaría también de otros tipos de intervenciones. Un gran conjunto de estudios han demostrado que es muy eficaz tomar suplementos nutritivos y/o hierbas, además de o en lugar de los medicamentos recetados. Por ejemplo, está bien documentado que el hipérico, o hierba de san Juan, es tan eficaz como un ISRS (inhibidor selectivo de la recaptación de serotonina) para la depresión leve a moderada. Todo progenitor le debe a su hija ocuparse de que ésta reciba lo mejor que tienen para ofrecer las medicinas ortodoxa y complementaria.

También has de estar vigilante en cuanto a lo que se ofrece. Si un médico simplemente le receta un ISRS como Prozac, Zolof o Celexa, infórmate acerca de los posibles peligros de estos fármacos. Los antide-

BANDERAS ROJAS INDICADORAS
DE PROBLEMAS EMOCIONALES

Síntomas físicos. Cansancio o fatiga; lentitud de pensamiento, habla y movimiento; horas de sueño excesivas o insomnio; repetidas pesadillas; importantes fluctuaciones en el peso; constantes quejas de dolores y achaques; sobresaltos; agitación.

Síntomas mentales. Incesante cavilación, preocupación, pensamientos de impotencia, suicidio, desesperación.

Estado anímico. Murria, nerviosismo, irritabilidad, angustia al salir de casa para ir al colegio o a alguna actividad o evento con compañeros, falta de interés en las actividades.

Comportamiento. Ataques de rabia; comportamientos compulsivos como lavarse, comprobarlo todo o controlar ritualmente su entorno; negarse a ir al colegio o a participar en otras actividades normales.

Problemas de percepción. Alucinaciones, oír voces.

presivos podrían ser peligrosos para adolescentes (y niños). En 2004, el Comité para la Seguridad de los Medicamentos (CSM) del Reino Unido, el equivalente a nuestra FDA [Administración de Alimentos y Medicamentos] prohibió el uso de todos los ISRS para tratar la depresión en niños y adolescentes debido al mayor riesgo de comportamiento suicida que se observó poco después de que se comenzaran a recetar estos fármacos.[7] En nuestro país, temores similares han llevado a la FDA a nombrar dos grupos de consejeros para que llamen la atención sobre la necesidad de tener más cautela en la prescripción de antidepresivos y de poner nuevas etiquetas alertando del peligro.[8] Aun es muy pronto para saber qué efecto tendrá esta disposición en el número de recetas prescritas. Pero yo tengo la esperanza de que esto invierta lo que yo considero una tendencia muy perturbadora hacia el uso excesivo de medicamentos y dé el ímpetu para que los padres busquen soluciones más eficaces de largo plazo.

El consumo de antidepresivos entre niños y adolescentes se triplicó en Estados Unidos entre 1987 y 1996. Y entre 1998 y 2002, el número de recetas aumentó en un 50 por ciento, aun cuando los ensayos clínicos no han demostrado que estos fármacos vayan bien.[9] Esto me preocupa muchísimo, no sólo por los efectos inmediatos, entre los que están las tendencias suicidas observadas en Gran Bretaña y en muchos estudios en Estados Unidos, sino también por los aún desconocidos efectos secundarios a largo plazo que podrían tener estos fármacos psicoactivos durante un periodo de rápido desarrollo cerebral.

Toda chica, también aquellas con tendencia a la depresión y/o a la ansiedad, necesita aprender a reconocer y hacer frente a sus emociones, tome o no tome medicamento. Debe aprender de qué manera su mente-cuerpo expresa el miedo, la rabia, la tristeza, el amor, la alegría. Si no aprende a esta edad a escuchar hábilmente sus pensamientos y emociones y a usarlos de combustible para cambiar y crecer, tiene muchas más probabilidades de enfermar de depresión, pánico, trastornos de personalidad y problemas de salud física importantes. Limitarse a darle a tomar Prozac, Celexa o alguna otra «pastilla» para la depresión y la ansiedad sin darle también apoyo nutricional, cognitivo y social no le da a tu hija las herramientas que necesita para toda una vida de salud mental y física. Es como soplar aire en un globo roto.

CUANDO LAS COSAS SE PONEN DIFÍCILES: ADICCIONES PARA ESCAPAR DE LAS EMOCIONES DOLOROSAS Y DE LA RESPONSABILIDAD

Si bien las adolescentes con problemas pueden ser particularmente vulnerables a la tentación de tomar sustancias que alteran el ánimo, como el alcohol y las drogas, muchísimos jóvenes que simplemente están experimentando los altibajos de la adolescencia sucumben también a ese atractivo. Pero estoy convencida de que es posible reducirles al mínimo los riesgos para la salud del consumo de alcohol, tabaco, drogas y otras sustancias a nuestras hijas. Para hacer esto tenemos que tratar sin miedo nuestros legados personal y familiar en torno a la adicción. El trabajo comienza con entender, en primer lugar, a qué finalidad sirven estos comportamientos y sustancias adictivas.

Las sustancias adictivas son todas una forma de automedicación que produce cambios en el estado anímico (de ahí el nombre usado en

Estados Unidos de «sustancias que alteran la mente o el ánimo»). «Medican» los circuitos prefrontal dorsolateral y orbitofrontal para la emoción y el pensamiento, calmando así la ansiedad que acompaña a los «debo» y «debería», de modo que en lugar de hacer algo constructivo como reacción a una emoción, la persona simplemente se adormece o embota.

Algunas personas parecen ser más propensas que otras a este tipo de automedicación, y podemos conjeturar a qué se debe esto basándonos en interesantes estudios que se han hecho con animales. En estos estudios se ha comprobado que los animales dominantes tienen menos receptores de hormonas del estrés que los animales subordinados, más tímidos. Los especialistas piensan que la diferencia en el número de receptores de hormonas del estrés en el cerebro podría estar relacionada con las tendencias a la dominación y a la sumisión en las personas, y también podría explicar las diferencias en susceptibilidad al consumo de droga. Las personas aventureras tienden a conducir rápido, a participar en experimentación sexual y a probar drogas sólo para ver cómo es la experiencia. Las personas más tímidas, en cambio, podrían consumir alcohol y otras sustancias para automedicarse.[10]

Aunque a nuestra cultura le encanta centrar la atención en el drama de la drogadicción y las sobredosis letales entre adolescentes, la realidad es que esas muertes son relativamente pocas. En 1993, por ejemplo, sólo murieron 10 niños y 12 adolescentes por sobredosis de droga en el sur de California, frente a los 1.996 adultos de 20 años y más. La gran mayoría de las muertes por sobredosis ocurren a hombres de edad madura, no a adolescentes.[11] En todos mis años de práctica, nunca me he encontrado ante ningún caso de muerte de adolescente por droga. El alcohol es mucho más letal para los adolescentes, y sin embargo no lo tomamos tan en serio.

Además, y por encima del alcohol, las drogas y el tabaco, hay muchas otras formas de adicción, las que no se limitan a la ingestión de sustancias. Entre éstas están una amplia variedad de adicciones conductuales, como la actividad sexual, el juego, el trabajo y el ejercicio, que cuando se practican compulsivamente pueden generar cambios bioquímicos en el cerebro y el cuerpo similares a los producidos por una bebida o una inyección de heroína. También están las adicciones afectivas o emocionales: algunas personas tienen una necesidad adictiva de la sensación que produce ser el centro de la atención (narcisismo); otras necesitan estar en una relación en la que se sienten necesitadas: dependen de la dependencia de otros, por ejemplo alguien codependiente. Algunas sólo pueden sentir ese ímpetu jugando a juegos de azar, participando en actividades peligrosas o teniendo aventuras amorosas con hombres casados.

Sea cual sea la «droga» elegida, el efecto es hacernos sentir mejor, adormeciéndonos los sentimientos de rabia, miedo, aflicción, ansiedad o aburrimiento, sentimientos que podrían ser tan abrumadores que no sabríamos manejar. Estas emociones, por desagradables que sean, tienen una finalidad: impulsarnos a cambiar algo de nuestra vida que no funciona. Son parte de nuestro sistema de orientación interior. Si no nos permitimos sentir totalmente estas emociones y luego hacemos caso de sus mensajes, no estamos motivados para cambiar ni para crecer. En cierto modo esto lo sabemos, y por eso sentimos la necesidad de mentir acerca de nuestras adicciones o de restarles importancia. Si no, tendríamos que reconocer la necesidad de hacer cambios.

Dado que las adicciones nos sirven para evitar responsabilizarnos de nosotros mismos, de nuestros pensamientos y emociones habituales, nos obstaculizan la capacidad para trabajar, estudiar y tener relaciones. En resumen, el uso habitual de sustancias o comportamientos adictivos nos impide realizar nuestro trabajo, asumir las responsabilidades familiares y, en último término, nos impide vivir una vida todo lo productiva y gratificante que podría ser.

Decir la verdad acerca de las «sustancias que alteran el ánimo»

Nuestra cultura está más inundada que nunca de sustancias adictivas, en parte debido a la influencia de los medios y la publicidad, que ofrece fármacos, drogas, coches, alcohol u otros objetos de consumo como remedio rápido para al malestar y la inquietud social. Pero todas las culturas a lo largo de la historia escrita han usado sustancias que alteran el ánimo, en uno u otro grado. Incluso los animales toman a veces este tipo de sustancias. Por ejemplo, los pájaros se embriagan con bayas fermentadas, y las cabras se ponen eufóricas con bayas que contienen cafeína.

Las sustancias adictivas se pueden dividir en dos categorías: las que son social y legalmente aceptables y las que no lo son. Entre las sustancias adictivas aceptables en nuestra cultura están la cafeína, el azúcar, el tabaco, los carbohidratos refinados y el alcohol. Entre las prohibidas están la marihuana, el LSD, la cocaína, la heroína y una amplia variedad de fármacos que alteran el ánimo o humor (muchos analgésicos de venta con receta, perfectamente aceptables y necesarios para aliviar el dolor, son adictivos si se toman durante mucho tiempo o en las circunstancias no correctas). El que se considere aceptable o no una determinada sustancia depende de la época, del lugar y de la cultura. En su libro *From Chocolate to Morphine,** el doctor Andrew Weil observa que tanto el consumo de café como el de chocolate ha estado prohibido en uno u otro momento y en diversas circunstancias.

Las madres harán bien en reconocer, desde el mismo comienzo, que de tanto en tanto casi todos recurrimos al efecto de sustancias que alteran el ánimo. Sea cual sea la tuya, sea chocolate o vino, la tomas para elevarte el ánimo, aun cuando no seas adicta.

Por qué «tranquilo» es peligroso

Los adolescentes toman drogas y alcohol por los mismos motivos por los que lo hacen sus padres: para sentirse mejor, evitar los sentimientos difíciles, eludir la responsabilidad de algún aspecto de su vida. Cuando la adolescente se siente incómoda, violenta o insegura, recurre a una droga o al alcohol para parecer «tranquila», imperturbable (tal como hacen muchos adultos, que no pueden estar en una sala con desconocidos sin una copa de vino y/o un cigarrillo en la mano). Pero aparentar esa tranquilidad es un riesgo para la salud, y no sólo debido a los efectos físicamente dañinos de la sustancia. La finalidad de parecer imperturbable es desconectar la expresión facial de las emociones, y la mente del cuerpo. Las drogas y el alcohol permiten hacer esa desconexión, y eso es lo que constituye el riesgo para la salud. Una amiga de mi hija, compañera en la universidad, hizo una observación muy interesante sobre este tema: «Muchísimos alumnos se pasan la semana viviendo en la cabeza. Cuando llega el fin de semana, están desesperados por volver a conectar con el cuerpo, o por lo menos olvidar temporalmente los desagrados de su vida diaria. Entonces se pasan todo el fin de semana excediéndose en la bebida y el sexo ilícito, para luego despertar la mañana del lunes y escapar metiéndose nuevamente en la cabeza».

---

* *Del café a la morfina: Todo lo que necesita saber sobre las sustancias psicoactivas de la A a la Z*, RBA Libros, Barcelona, 2000. *(N. de la T.)*

ALCOHOL

El alcohol y el desarrollo del cerebro

Nuestras leyes indican que los 21 años es una edad en que se puede comenzar a beber sin riesgo, puesto que entonces es legal la bebida. Claro que muchos adolescentes comienzan mucho antes de esa edad, mucho antes de que los circuitos lobulofrontales del cerebro sean capaces de soportarlo y seguir manteniendo una apariencia de razón. Durante la adolescencia y los primeros años de veinteañeros, todavía se están moldeando, configurando y poniendo a punto muchos de los circuitos lobulofrontales necesarios para la organización, la planificación, las relaciones sociales, la empatía y la moralidad. Sumergir estos circuitos cerebrales en un baño de alcohol semanal afecta adversamente a su desarrollo a largo plazo. Por eso cada año que la adolescente retrasa el comienzo de su consumo de alcohol, disminuye el posible daño que éste puede causar al desarrollo de su cerebro, como también a su desarrollo social y educacional.

Se ha comprobado estadísticamente que los adolescentes y jóvenes de 18 a 24 años que se dan «trancas» periódicas (consumir cinco o más raciones de una bebida alcohólica, definida la ración como una botella o lata normal de cerveza, 18 cl de vino o 3 cl de licor)[12]* son menos eficientes en el trabajo o empleo, en los estudios y en responsabilizarse económicamente de sí mismos o de familiares.

Este tipo de borracheras entre los 14 y los 21 años reduce en un 10 por ciento el tamaño de una zona esencial de la memoria en el cerebro: el hipocampo. Nadie sabe si la reducción de esta zona cerebral es reversible o no. Pero sí sabemos que los adolescentes que se entregan a esta manera de beber tienen menor capacidad intelectual, demostrada en que puntúan más bajo en las partes de vocabulario y memoria de los test neuropsicológicos estándar.

En modelos animales, el alcohol obstaculiza la producción de acetilcolina, la sustancia química del cerebro necesaria para el aprendizaje. Una dosis baja, la equivalente a una ración de bebida, que no tenía ningún efecto en animales maduros, deterioraba gravemente la capacidad de aprendizaje en animales más jóvenes.

---

* En España, la botella de cerveza normal contiene 33 cl; la botella de vino normal, 75 cl. La capacidad de una copa de vino normal es de 12-13 cl, y la de un vaso normal es de 18 cl. (*N. de la T.*)

El alcohol hace algo más que deteriorar agudamente el pensamiento, la resolución de problemas, la memoria y la coordinación. En los adolescentes, en particular, podría tener también efectos a largo plazo en las zonas cerebrales necesarias para estas mismas funciones.[13] El motivo es que éstos son los años en que el cerebro sigue estando especialmente bien preparado para aprender como reacción a la experiencia, un estado del cerebro llamado plasticidad. Aunque podemos seguir aprendiendo después, en la edad adulta, la plasticidad va disminuyendo con la edad, y los hábitos tempranos de comportamiento y pensamiento tienden a fijarse. Los doctores Cynthia Kuhn, Scott Swartzwelder y Wilkie Wilson, catedráticos de Farmacología y Psicología en el Centro Médico de la Universidad Duke, y autores del libro *Just Say Know*,* lo expresan así: «Dado que el cerebro joven está en el proceso de formar conexiones permanentes entre las neuronas, la presencia de cualquier sustancia química durante este periodo podría cambiar el sistema de conexiones cerebrales de modos imprevisibles y para el resto de la vida de la persona». El cerebro también cambia como reacción al consumo repetido de una droga adaptándose y modificándose para reducir la sensibilidad. Dicen estos autores: «Tenemos muy poca información acerca de cómo se "adapta" el cerebro a la repetida exposición al alcohol durante la adolescencia. La experiencia con otras drogas sugiere que podría ser *menos* tolerante aún, lo cual significa que a la larga podría quedar *más* afectado».[14]

Por qué 21 años es la edad legal para beber

Beber está legalmente permitido a los 21 años, edad a la que la sociedad considera que la mayoría de las personas tienen bastante juicio para controlar el consumo de alcohol y, concretamente, saber cuándo conducir y cuándo no después de beber. Estudios compilados por la asociación Mothers Against Drunk Driving (MADD; Madres en contra de conducir bebido) indican que a fines de los años sesenta y comienzo de los setenta, cuando varios estados bajaron la edad legal para beber de 21 a 18 años, hubo un aumento importante de muertes en carretera entre adolescentes en la franja de edad 18-21. En 1982, por ejemplo, cuando en muchos estados todavía era 18 años la edad mínima para beber, el 55 por ciento de las colisiones mortales en que el conductor era joven también

---

* *Cómo hablar con tus hijos de las drogas y el alcohol*, Paidós Ibérica, Barcelona, 2004. *(N. de la T.)*

CONSUMO DE ALCOHOL EN LA ADOLESCENCIA: ENVERGADURA DEL PROBLEMA

El alcohol es la droga predilecta en nuestra cultura. Durante la edad de las juergas estilo *Desmadre a la americana*, los numerosísimos chicos y chicas que se emborrachan en fiestas de fines de semana, en «salas de estar-bares» ocultas en los suburbios, en reuniones de «hermandades», aumentan su tendencia a ser adictos al alcohol toda su vida. La palabra clave es «periodicidad». La hija de una amiga mía tiene una compañera de cuarto en la universidad que siempre se «premedica» con latigazos de licor antes de salir de su habitación los fines de semana. Y continúa bebiendo el resto de la tarde y noche. Esta costumbre es típica de muchos estudiantes universitarios.

A pesar de que es ilegal la venta de bebidas alcohólicas a adolescentes, la mayoría las adquieren fácilmente. Muchos padres infravaloran el número de adolescentes que beben, como también la frecuencia y la cantidad que consumen. Los últimos datos del proyecto «Monitoring the Future» de la Universidad de Michigan, indican lo común que es el consumo de alcohol entre adolescentes:

Porcentaje de alumnos de:	8° año	10° año	12° año
Han bebido durante el año	43%	65%	73%
Han bebido durante el mes	22%	41%	50%
Se han emborrachado durante el año	19%	42%	53%
Se han emborrachado durante el mes	8%	24%	32%
Han bebido 5 o más copas/raciones seguidas las dos últimas semanas	15%	25%	31%

Nota: 5 raciones seguidas es la definición de «tranca».[15]

iba bebido. Por lo tanto, a comienzos de los años ochenta, hubo un movimiento que consiguió de nuevo que la edad mínima para beber fuera de 21 años. Muchos estados aprobaron dicha ley y varios de ellos comenzaron a llevar la cuenta de la diferencia en la cantidad de accidentes mortales en carretera. Los investigadores descubrieron que después de aumentar a 21 años la edad mínima para beber, las muertes de adolescentes en accidentes de coche disminuyeron considerablemente, en algunos casos hasta en un 28 por ciento. ¡De hecho, desde 1982 la tasa de accidentes de tráfico fatales relacionados con el alcohol ha disminuido a la mitad! Un estudio estima que de 1975 a 2002, periodo que comprende los años inmediatamente anteriores a que se aumentara la edad mínima y aproximadamente veinte años posteriores a esa ley, se han salvado más de 21.000 vidas.[16] Si bien esto es bueno, todavía nos queda un largo camino por recorrer en lo que se refiere a los efectos adversos del alcohol en la conducción y en muchos otros aspectos de la salud pública. Según datos del FARS (sistema de análisis de accidentes de tráfico fatales) de la National Highway Traffic Safety Administration, en 2000 murieron 6.390 personas de 15 a 20 años en accidentes de tráfico relacionados con el alcohol (no todos iban conduciendo, algunos iban simplemente de pasajeros).

El alcohol y la función cerebral en adolescentes: la necesidad de una «corteza frontal externa»

Como indican las estadísticas respecto a conducción de vehículos, hemos de preocuparnos no sólo de los efectos a largo plazo del alcohol en el cerebro sino también de los efectos inmediatos. Los primeros son relativamente lentos e insidiosos, mientras que los últimos son rápidos y a veces mortales. Los adolescentes se emborrachan con dosis menores y con menos conciencia que los adultos mayores de 24 años. En realidad, los adultos tienen que beber el doble de cantidad que los adolescentes para experimentar efectos cognitivos, de memoria, juicio y coordinación motora comparables.

Si bien los adolescentes se emborrachan mucho más rápido que los adultos, tardan más en experimentar los efectos del alcohol en la coordinación motora y en su capacidad para continuar conscientes. Comparados con adultos que beben la misma dosis, los adolescentes son menos propensos a caerse y perder el conocimiento. Eso significa que es posible que continúen bebiendo y se entreguen a actividades peligrosas, como conducir, por ejemplo, pensando que están muy bien. En resumen, aun cuando no los sientan, los efectos del alcohol en el cerebro de los jóvenes son mucho más potentes que en los de personas mayores.

Y no es sólo que el alcohol se les vaya más rápido a la cabeza, sino que, además, la gran mayoría de los adolescentes todavía no tienen firmemente establecidos los circuitos lobulofrontales del buen juicio para contrapesar los efectos del alcohol. Cuando «sienten el aviso» es posible que ya hayan bebido más que lo que necesita una persona mayor para sentirlo, pero es probable que esté aún más deteriorado su juicio acerca de asuntos como beber y conducir. (¡Y no es que el adulto corriente borracho sea un modelo de pensamiento racional!) Por eso los adolescentes se ven involucrados en tantos incidentes por conducir bebidos.

Un artículo reciente sobre los adolescentes y los últimos hallazgos de la neurociencia señala que «el cerebro humano, que antes se creía que estaba totalmente desarrollado alrededor de los 12 años, continúa desarrollándose y madurando hasta pasados los 22-25 años. Y los últimos en madurar son los lóbulos frontales, o corteza prefrontal, responsables de todas las características del comportamiento adulto: dominio de los impulsos, regulación de las emociones y razonamiento moral». Ante la pregunta de cómo se las arreglan los chicos y chicas para pasar por la adolescencia sin causarse un daño duradero o causárselo a otros, la doctora Abigail Baird, neurocientífica especializada en el desarrollo, atribuyó la supervivencia de los adolescentes a la buena crianza por parte de sus padres, lo que ella compara a tener «una corteza frontal externa».[17]

El consumo social de alcohol

El consumo de bebidas alcohólicas es algo totalmente normal en casi todas las situaciones sociales, incluso en aquellas de la profesión médica. Nunca he estado en una reunión de médicos en que no se sirvan bebidas alcohólicas, actividad a la que se suele llamar en broma asaltos al hígado. Y he trabajado con varios médicos alcohólicos. La negación en torno a este tema es pasmosa. Creo que el romance de nuestra cultura con el alcohol es uno de los motivos de que se continúen haciendo tantos estudios médicos con el fin de documentar los «saludables» efectos del vino en el corazón, cuando en realidad se pueden obtener esos mismos efectos beneficiosos con los antioxidantes presentes en el zumo de uva o tomando vitaminas antioxidantes.

El origen de este romance suele remontarse a los años de adolescencia, cuando es particularmente tentador el consumo de alcohol para lubricar las palancas de marcha sociales. Los adolescentes que durante sus últimos años de enseñanza secundaria van con una copa de bebida alcohólica en la mano en todas las fiestas a que asisten no aprenden nunca las habilidades sociales necesarias para las relaciones y la vinculación sana sin que esté presente el alcohol para allanar el camino. En lugar de aprender las habilidades para hacer frente al malestar o desagrado de una situación social, simplemente adormecen los sentimientos para que éste desaparezca. Sí, una situación social puede ser muy incómoda y molesta durante la adolescencia, ¡y también en la edad adulta! En ciertos aspectos, pocos hemos dejado atrás el octavo año tratándose de nuestros sentimientos al entrar en nuevas situaciones sociales. Pero a la larga, medicar esta ansiedad con alcohol no sirve a los adolescentes (ni a nadie).

Más adelante, cuando la adolescente se va de casa para ir a la universidad y vive sola, las exigencias sociales y las relaciones se vuelven aún más complejas. Ése es uno de los motivos de que el consumo de alcohol y drogas tienda a acelerarse durante este periodo. Es muy posible que la joven adulta que participa periódicamente en consumo de bebida y drogas no haya aprendido nunca durante sus años en secundaria a hacer frente a la presión social y a la ansiedad sin esas muletas.

Hace poco una amiga mía decidió dejar de beber del todo después que un exceso de bebida tuvo por consecuencia una denuncia por conducir bajo los efectos del alcohol. Éste es su comentario después de tomar esa decisión: «He descubierto que las fiestas ya no son tan divertidas si no bebo. No tenía idea del inmenso efecto que tenía el alcohol en mi capacidad para disfrutar en una situación social. ¡Qué manera de abrirme los ojos!». Mi amiga tiene una hija de 10 años, que, jura, aprenderá las habilidades sociales sin que necesite consumir alcohol para pasarlo bien.

Por qué es tan difícil reconocer los efectos adversos del alcohol

El alcohol es la droga más antigua y mejor aceptada de nuestra sociedad. Forma parte de la tela misma de nuestro mundo social. Salir con amigos y achisparnos o coger una mona es un verdadero rito de pasaje probado y avalado. Dado que muchos padres se emborracharon en su adolescencia y ahora parecen funcionar bien como adultos, no ven ningún problema en que sus hijos beban, aun cuando no sea legal.

Apliquemos la lógica a la situación. No es ningún secreto que el alcohol tiene efectos graves en el cerebro en rápido desarrollo de un bebé y por lo tanto las embarazadas deben evitarlo. También sabemos de sus efectos adversos en el cerebro de rápido desarrollo de un niño. Como hemos visto, el cerebro adolescente continúa desarrollándose y creciendo, y seguirá haciéndolo hasta pasados los 20 años. Nuestra cultura insiste en que los jóvenes lleven casco para conducir moto y para esquiar, para protegerse de posibles lesiones en la cabeza. ¡Pero el alcohol mata más neuronas al año que todas las lesiones por accidente juntas!

El alcohol es una neurotoxina, dicho claramente. Mata neuronas según la dosis (forma o efecto dosis-dependiente). Lo mismo hacen otras sustancias adictivas como la nicotina y la cafeína.

Efectos del alcohol en la salud de las mujeres

Dado que el comportamiento de la adolescente respecto al alcohol establece su relación con él para el resto de su vida, es esencial que ella y su madre entiendan los riesgos para la salud. Se ha demostrado que una sola ración de bebida alcohólica al día aumenta en un 9 por ciento el riesgo de cáncer de mama; cada ración que se añade al día aumenta más el riesgo. Cinco raciones al día aumentan en un 41 por ciento el riesgo de cáncer de mama. El motivo de esto es que el alcohol lo metaboliza el hígado, el mismo órgano que metaboliza el estrógeno. En consecuencia, las mujeres que beben tienen un mayor nivel de estrógeno circulando, el cual, con el tiempo, favorece el desarrollo de cáncer de mama. Las mujeres se preocupan por el riesgo genético de cáncer de mama, y también están más dispuestas a «buscar la cura». La verdad es que también tienen que estar dispuestas a dejar la botella.[18] Ten presente también que el alcohol es carbohidrato refinado, por lo que hace estragos con el azúcar en la sangre y contribuye a un aumento de peso indeseado. He visto a muchas adolescentes echarse kilos encima, especialmente alrededor del abdomen, cuando han comenzado a beber con regularidad.

Qué decirle a tu hija acerca de beber

Por regla general, debes educar a tus hijos adolescentes acerca de lo que hace el alcohol al cerebro en desarrollo. Si tú bebías cuando eras adolescente, diles que si hubieras sabido lo que sabes ahora, habrías retrasado el momento de comenzar a beber. Anímalos a retrasar el mayor tiempo posible el beber alcohol.

Si hay un legado de alcoholismo en la familia, procura que lo sepan y entiendan las consecuencias de esto en sus vidas. Los datos estadísticos generales son que el 40 por ciento de los hijos de alcohólicos serán alcohólicos también de adultos. Y el 25 por ciento de los nietos de alcohólicos serán adultos alcohólicos.

Explícales cómo se usa el alcohol a modo de lubricante social, lo que en realidad no es nada conveniente. Sugiéreles que sean observadores científicos de la conducta humana en torno al alcohol. Una vez que comiencen a observar, verán que el alcohol no mejora la relación social. En realidad hace lo contrario; puede llevar a la persona a actuar o comportarse incorrectamente e inhibir su capacidad para formar un verdadero vínculo social. Una de mis amigas lo expresa así: «Cuando se te acerca un tío en una fiesta, coquetea y parece interesado en conocerte mejor, es difícil tomarlo en serio si ha estado bebiendo. No sabes si el que habla es él o el alcohol». El alcohol actúa como un tranquilizante en el cerebro, de modo muy parecido al Valium. Por lo tanto es un ansiolítico. «Suelta» a la persona, la desinhibe, muchas veces de una manera que hace que se sienta mal al día siguiente. Una de mis clientas, estudiante universitaria, me dijo: «Finalmente decidí no tener cerveza en el refrigerador. Es maravilloso despertarse descansada y renovada, sin resaca».

Dile a tus hijos que confíen en sí mismos y tengan el valor para ser fieles a sus principios sin alcohol. Un buen amigo de una de mis hijas no fuma ni bebe porque, dice: «Estoy comprometido con la idea de pasarlo bien y expresarme sin asistencia química». Ése es un objetivo valioso para todos. Explícales a tus hijos que es posible pasarlo bien con sus compañeros sin beber, aun cuando los otros lo estén haciendo. La clave es el sentido del humor y una actitud no crítica. También va bien simplemente tener una copa con algo no alcohólico en la mano toda la velada para que parezca que encajas. (Véase «Cómo hacer frente a la presión de los compañeros con eficacia y humor», hacia el final de este capítulo.)

Por último, cuando hables con tus hijos ten presente que es tu deber apoyar la ley. Es ilegal beber cuando se es menor de edad, lisa y llanamente, y tus hijos deben saber que no tolerarás que participen en actividades ilegales.

TERRY y TED: *tomarse en serio el alcohol*

La siguiente historia, que combina experiencias de personas que conozco en mi vida personal y profesional, ilustra cómo los padres que ignoran el efecto del alcohol en el cerebro adolescente y son aparentemente indiferentes a las leyes respecto al alcohol y los adolescentes, pueden sin querer poner en marcha una cadena de incidentes que podrían acabar en una verdadera tragedia.

Terry y Ted tienen dos hijos adolescentes, John y Jacqueline. Terry, de 51 años, se crió en una familia en la que se consumía alcohol en todas las fiestas o reuniones familiares. Ya fuera un bautismo, una boda, un funeral o simplemente reunirse a mirar televisión después de la cena, siempre había cerveza y vino a disposición, y a los adolescentes se les permitía beber con los adultos, siempre que fuera con moderación. Aun cuando la edad para beber alcohol legalmente son los 21 años, Terry no seguía esta regla en su casa porque estaba acostumbrada al consumo de alcohol toda su vida. Tanto Terry como Ted pensaban que si no armaban mucho alboroto respecto al alcohol, sus hijos no se desmadrarían bebiendo en fiestas ni conducirían bebidos. No eran negativos en cuanto a las bebidas alcohólicas, y de tanto en tanto sus hijos bebían un poco de vino cuando estaban creciendo. Ninguno de los dos bebía en exceso y los dos pensaban que su relación con el alcohol era normal.

Tanto John como Jacqueline eran muy buenos alumnos, estaban en la lista de honor y participaban en muchas actividades extracurriculares. Cuando John y Jacqueline tenían amigos en casa, ni Terry ni Ted pensaban que fuera algo grave permitir que los chicos bebieran una cerveza de tanto en tanto cuando estaban viendo un partido de fútbol por televisión o jugando al billar. Los dos gozaban de la fama de ser padres «guay», diferentes de otros padres «rígidos».

Cuando Jacqueline estaba en el último año de bachillerato, Terry y Ted decidieron ir a esquiar un fin de semana. Tuvieron una seria y sincera conversación con sus hijos y les pidieron que tuvieran buen juicio y sentido común en el caso de que invitaran a amigos a la casa.

Cuando volvieron a casa el domingo al anochecer, los horrorizó comprobar que alguien había estado conduciendo a lo loco por el césped del jardín de delante de la casa, dejándolo todo lleno de huellas de neumáticos. La casa olía a desinfectante y estaba claro que la habían limpiado. Había varias bolsas de basura llenas de latas de cerveza y botellas de licor vacías. Los dos chicos se veían agotados y nerviosos.

Durante el interrogatorio, John y Jacqueline revelaron que la noche del sábado tuvieron una fiesta con un grupo pequeño de amigos. Por desgracia, la fiesta se descontroló y empezaron a llegar personas a las que ni siquiera conocían, procedentes de las ciudades vecinas. Ninguno de los dos supo qué hacer cuando se descontrolaron las cosas. Uno de los «invitados» intentó zambullirse en el jacuzzi de atrás lanzándose de cabeza. Un par de chicos se subieron al techo. Otro comenzó a conducir en círculos por el camino de entrada. Jacqueline sorprendió a dos de sus amigos teniendo relación sexual en el dormitorio de sus padres.

A medida que bebían más los chicos, más se desmadraban las cosas. Dos chicos se enzarzaron en una pelea y uno le rompió una botella de cerveza en la cabeza al otro, dejándolo sin conocimiento. Todos se aterraron. Si lo llevaban al hospital o llamaban al 911, los arrestarían a todos por estar bebiendo siendo menores de edad, implicarían a los padres y los considerarían legalmente responsables de lo ocurrido en su casa. Además, ¿quién conducía para llevarlo a urgencias? Este incidente puso fin a la fiesta. Algunos limpiaron y ordenaron el desastre mientras otros esperaban alrededor del chico inconsciente, que afortunadamente recuperó el conocimiento y quien, en apariencia, no presentaba ningún síntoma preocupante.

Comprensiblemente, Terry y Ted quedaron muy afectados por este incidente. Los dos creían que sus hijos sabían usar prudentemente el alcohol. ¿Qué había ido mal?

Terry y Ted son como muchos padres. Simplemente no sabían lo que hace el alcohol en el cerebro todavía en desarrollo del adolescente. Si lo hubieran sabido, habrían estado en mejor posición para imaginar las consecuencias de permitir que sus hijos y sus amigos bebieran en su casa. Y no habrían puesto a sus hijos en ese riesgo de involucrarse en una verdadera tragedia.

RETO DE LA SABIDURÍA: *dónde trazar la raya en la bebida alcohólica antes de la edad legal*

No hay nada ambiguo en el consumo de drogas o alcohol por adolescentes. Es ilegal y es peligroso. Punto. Y conocemos numerosos hechos acerca de «por qué» es peligroso, y por lo tanto «debe» ser ilegal antes de los 21 años. Sabemos que si el cerebro en desarrollo se expone periódicamente al alcohol, tiene un efecto adverso. Sabemos que el alcohol es una neurotoxina, y que está demostrado que deteriora la capacidad de aprendizaje de adolescentes y de adultos jóvenes después de sólo una ración. En un adolescente, una sola ración puede dar positivo en la prueba de alcoholemia.[19] Sí, una sola. Sabemos que el alcohol deteriora el juicio, la coordinación y el habla. Y sabemos que la bebida en la adolescencia puede llevar posteriormente a problemas de alcoholismo. Un estudio realizado en 1998 por el Instituto Nacional sobre Abuso de Alcohol y Alcoholismo informa que si un/a adolescente comienza a beber periódicamente a los 15 años o antes, hay un 40 por ciento de posibilidades de que abuse del alcohol cuando sea adulto/a.

De todos modos, el alcohol es omnipresente en nuestra cultura. Así pues, ¿hasta cuánto deseas prohibir el consumo de alcohol a tus hijos menores de edad? Tu actitud y comportamiento influirán más en tu hija que cualquier otro factor, pero de verdad debes educarte respecto a los riesgos.

Cuando mi hija Kate estaba en el último año de bachillerato e iba a ir a España por una semana con su clase de castellano, recuerdo una larga reunión con los otros padres en el colegio para decidir si permitir o no a nuestros hijos que bebieran una copa de vino o de sangría con las familias que los alojarían si lo servían durante una comida familiar. Mi reacción fue decir: «Adonde fueres haz lo que vieres». Es decir, si mi hija deseaba beber un poco de vino con la familia que la alojaría en España, ¿por qué no? De modo similar, cuando una generosa tía llevó a París a mis hijas, de 16 y 18 años, ellas decidieron que les gustaría beber un poco de vino en la comida, como es la costumbre allá, y a mí me pareció bien. Mientras escribo esto, mis hijas tienen 21 y 23 años. Las dos tienen una relación sana con el alcohol, disfrutan de una copa de vez en cuando, pero no necesitan beber para disfrutar de una actividad social, ni para alterar el ánimo ni para irse a dormir.

Uno tiene que decidir cuál es su verdad personal respecto al alcohol. Las personas que han tenido que vérselas con familiares alcohólicos pensarán de modo diferente a las que no han tenido esa experiencia. Los propios hábitos de beber también influirán en la decisión.

Cuando yo era niña y adolescente, mi padre bebía una copa de jerez al llegar a casa del trabajo, tres veces a la semana. También le gustaba beber vino o cerveza en las reuniones sociales los fines de semana. Nunca lo vi borracho, aunque mi madre decía que de vez en cuando sí le ocurría, sobre todo cuando iba a visitar a un viejo amigo de la Segunda Guerra Mundial y se quedaban hasta tarde hablando de sus recuerdos. Mi madre no bebía nada porque no le gustaba el sabor, aversión que me transmitió a mí. Cuando las niñas estaban creciendo, mi aversión al sabor del alcohol impuso el tono en nuestra familia. Aunque siempre teníamos vino y algún licor fuerte en casa (en su mayoría nos llegaban como regalo), las botellas solían acumular polvo, porque mi marido sólo bebía algo muy de tarde en tarde, y no teníamos muchas reuniones sociales en casa debido a nuestros horarios de trabajo. No habiendo experimentado jamás el alcohol como problema en mi familia, ni cuando estaba creciendo ni en mi vida adulta, no pongo objeciones a que se beba con moderación, aun cuando yo personalmente no bebo. Y ciertamente no deseo que otras personas se sientan incómodas en mi presencia cuando están bebiendo. Pero si tu experiencia ha sido más negativa, tus sentimientos podrían ser mucho más fuertes que los míos en cuanto a prohibir a tus hijos que beban incluso muy de vez en cuando.

EL TABACO

Aunque en muchos estados es ilegal comprar cigarrillos antes de los 18 años o más, ésta es una ley que los adolescentes violan aún más fácilmente que la del alcohol, y eso es una verdadera lástima. Como señala el doctor Andrew Weil, fumar un cigarrillo es como inyectarse heroína en el cerebro, y es posible que se cree adicción fumando un solo cigarrillo. De todas las sustancias adictivas que existen, el tabaco es el que menos perdona cuando se trata de experimentación.

El siguiente es un ejemplo de mi infancia. Cuando tenía unos 11 años, mis padres nos hicieron sentar a todos en la cocina, pusieron un paquete de cigarrillos sobre la mesa y nos dijeron: «No queremos que andéis experimentando con fumar a escondidas, así que pensamos que sería mejor daros la oportunidad ahora mismo aquí en la casa». Mi padre encendió un cigarrillo y lo pasó. Yo lo detesté al instante y me salió sangre de la nariz. Varios de mis hermanos se marearon. Pero mi hermano mayor, que tenía unos 15 años y probablemente ya fumaba, continuó fumando durante veinticinco años más, y sólo lo dejó cuando ya rondaba los 40 años.

En ese tiempo no sabíamos lo peligroso que es fumar. Pero ahora prácticamente todo el mundo sabe los riesgos que acompañan a fumar cigarrillos. En lo que a la salud de la mujer se refiere, la lista es muy larga. El tabaco y las sustancias que contiene el cigarrillo son factores causantes de cáncer del cuello del útero, envenenamiento de los ovarios, envejecimiento prematuro de la piel, aborto espontáneo, poco peso de los bebés al nacer, cáncer de mama y, lógicamente, cáncer de pulmón. En

Estados Unidos, el cáncer de pulmón afecta a 80.000 mujeres y a 93.000 hombres cada año; es la causa del 25 por ciento de todas las muertes por cáncer entre las mujeres.[20] Estos datos estadísticos son particularmente alarmantes dado que actualmente las chicas fuman más que los chicos, debido en parte a que la nicotina es un supresor del apetito, lo que les permite mantenerse delgadas.

Los medios influyen muchísimo en que una adolescente comience a fumar o no. Esto tiene lógica, puesto que ésta es la edad en que se es más vulnerable al apremio por «encajar» en el grupo. Y los medios de comunicación son potentes mensajeros respecto a qué hace falta para encajar. Es interesante observar la cantidad de tabaco que se fuma últimamente en televisión y otros medios, especialmente entre chicas. Un ejemplo concreto de lo mucho que influye la publicidad en el fumar es el siguiente: entre 1988 y 1996 aumentó en un 73 por ciento el número de adolescentes estadounidenses que empezaron a fumar, pasando de 708.000 a 1.200.000, y también aumentó en un 50 por ciento la tasa de incorporación de adolescentes al grupo de fumadores, pasando del 51 por mil en 1988 al 77 por mil en 1996, según estimaciones de los CDC [Centros para el Control de la Enfermedad]; 1988 fue el año en que RJ Reynolds introdujo Joe Camel con una muy exitosa campaña, y 1996 fue el año en que la FDA prohibió el uso de Joe Camel en publicidad.[21]

Claro que la publicidad también puede influir de modo positivo. En Maine, una agresiva campaña que ha incluido anuncios muy ingeniosos sobre los efectos adversos del tabaco ha servido para disminuir, desde 1997, en un 47 por ciento el número de adolescentes que fuman, otra prueba más del poder de la publicidad, pero esta vez hecha con conciencia.

Si bien los medios (y el apremio de los compañeros) son potentes, los padres pueden ser más poderosos aún. Un estudio reciente realizado en la Dartmouth Medical School, documentaba que «comparados con sus compañeros, aquellos adolescentes que perciben una fuerte desaprobación en sus padres respecto a fumar tienen menos de la mitad de probabilidades de convertirse en fumadores, aun en el caso de que tengan un hermano, una hermana o un progenitor que fume». Además, la expectativa de que sus padres los castigarán por dicho comportamiento contrarresta poderosamente la presión de los compañeros.[22]

Otro aspecto de este estudio indica el valor de la perseverancia: cuando un adolescente percibe que sus padres se están volviendo más indulgentes respecto a fumar, es más propenso a coger el hábito. En cambio, el hecho de que los padres continúen siendo estrictos o se vuelvan más estrictos en su desaprobación, sirve para impedir que sus hijos adolescentes consuman tabaco. Puesto que la gran mayoría de las mujeres que fuman comenzaron a hacerlo antes de los 18 años, es esencial que los padres se mantengan firmes en desaprobar esta adicción tan aniquiladora y difícil de romper.

El tabaco es una droga por la que no tengo ninguna tolerancia. Aunque tengo queridos amigos y amigas que fuman, prohíbo fumar en mi casa, en mi coche y a mi alrededor en cualquier parte. No soporto el olor, y detesto que se me pegue al pelo y a la ropa.

Aunque detesto fumar, no juzgo a las personas fumadoras. Sé lo difícil que es dejarlo. Mi abuela materna fumaba, y eso contribuyó a su muerte de un ataque al corazón a los 68 años, que le vino después de quitar la nieve del camino de entrada a su casa. Fumar ahoga los sentimientos y la energía del corazón, por lo que mi reacción a las mujeres que fuman es compasión por lo que sea que necesitan adormecer en sus vidas. Si desean dejar de fumar, las animo a hacerse acupuntura, que le ha sido útil a muchas de mis clientas y amigas.

LA MARIHUANA
(HACHÍS, CANNABIS)

Un gran número de personas consumen marihuana con regularidad, tal como millones de individuos consumen alcohol. Los adolescentes la adquieren fácilmente. Mi hija mayor me dijo una vez: «Mamá, en mi colegio todos fuman porros». La marihuana, como el alcohol, le quita el filo a la vida durante un rato; después de fumarla, la persona se siente relajada y soñadora. Se siente más cómoda con las personas que la rodean (relación social con asistencia química). Pero con el tiempo va siendo necesaria más y más cantidad para obtener el mismo efecto.

Otro de los atractivos de la marihuana es su ilegalidad, lo que significa una tremenda sensación de camaradería y rito en torno a obtenerla y reunirse a fumar. La cultura de la droga está empapada de la emoción de «salir impune de algo», lo que es muy atractivo para la necesidad del adolescente de individuarse, independizándose de sus padres o de otras figuras de autoridad.

BUENAS NOTICIAS ACERCA
DEL CONSUMO DE MARIHUANA

Aunque millones de adolescentes fuman marihuana, últimamente ha bajado su consumo, según el proyecto de investigación *Monitoring the Future*, iniciado en 1975, que sigue el comportamiento, las actitudes y valores de los estudiantes de secundaria y universidad y de adultos jóvenes. Cada año este estudio sondea a un total de 50.000 alumnos de octavo, décimo y duodécimo años acerca de su consumo de sustancias, entre ellas marihuana, heroína, cocaína, éxtasis, etcétera. Este inmenso proyecto de investigación ha comprobado un gradual descenso en el consumo de drogas entre 2002 y 2003. Además del descenso en el consumo, menos alumnos en cada uno de estos cursos dicen que nunca han consumido una droga ilegal. Los autores declaran: «Dado que la marihuana es con mucho la más consumida de las drogas ilegales, su consumo tiende a marcar el índice de consumo de cualquier droga ilegal. En 2003, el consumo de marihuana estaba en su segundo año de descenso en los últimos cursos de enseñanza secundaria, y en su séptimo año de descenso entre los alumnos de octavo. Desde su índice máximo en 1996, su consumo ha bajado en tres décimas entre los alumnos de octavo año, y desde su punto máximo en 1997, ha bajado más o menos en dos décimas y una décima respectivamente entre los alumnos de décimo y duodécimo año. En 2003, el 13 por ciento, el 28 por ciento y el 35 por ciento de los alumnos de octavo, décimo y duodécimo año indicaban que habían fumado marihuana en los doce meses anteriores». Es interesante observar que los alumnos de estos tres cursos tenían más conciencia de los riesgos de la marihuana que en años anteriores.

Dado el poder de los medios, «es muy posible que la campaña *National Youth Anti-Drug Media*, realizada por la *Office of National Drug Control Policy* y la *Partnership for a Drug-Free America*, que comunica los peligros del consumo de marihuana, haya tenido el efecto deseado», declara el investigador L. D. Johnston.[23]

LA MARIHUANA Y EL CEREBRO

A semejanza del alcohol, la marihuana tiene un amplio abanico de efectos en el cerebro, tanto inmediatos como a largo plazo.

El efecto del THC. La marihuana deteriora el funcionamiento del cerebro durante mucho más tiempo de lo que dura la «euforia». La sensación subjetiva de estar «colocado» dura horas después de fumar marihuana. Pero dado que el cuerpo tarda muchísimo en eliminar su ingrediente activo (el tetrahidrocannabis, THC), sus efectos en el funcionamiento del cerebro pueden durar de varios días a un mes. El THC es liposoluble y permanece semanas en los tejidos corporales, y a eso se debe que su consumo se pueda detectar con análisis de orina varias semanas después.

Problemas de aprendizaje. La marihuana tiene un afecto adverso en el aprendizaje, la memoria y la velocidad del proceso cognitivo. La permanencia del THC y sus subproductos afectan a la capacidad del cerebro para aprender y recordar. El THC tiene un efecto directo sobre el nivel de acetilcolina en el hipocampo, la parte del cerebro que codifica y graba nuevos recuerdos. En un estudio de pilotos con simuladores de vuelo se comprobó que un consumo pequeño de marihuana les deterioraba la función cognitiva del aprendizaje y la memoria, además de su destreza motora (véase más abajo) durante por lo menos 24 horas. Pero uno de los problemas es que el consumidor no reconoce este deterioro. Si una adolescente fuma marihuana diariamente, se entorpece su capacidad de aprendizaje, y podría ir en aumento su dependencia emocional y psíquica de la droga. Los fumadores de marihuana consumados, que la consumen diariamente durante muchos años, sufren de dificultades de aprendizaje, memoria y atención. (Si has estado con una persona «drogata» de mucho tiempo, sabes exactamente cómo es esto. Es como si una parte de la persona estuviera volando por algún sector del espacio. El personaje Mitch, uno de los cantantes folk de la película *Un poderoso viento [The mighty wind]* es un ejemplo perfecto, si bien exagerado.)

La gravedad del deterioro cognitivo está en relación con el número de años de consumo. Cuantos más años se consume marihuana más problemas hay para enfocar la atención y mayor es la propensión a distraerse. Esto explica por qué las personas que consumen marihuana durante muchos años suelen minar sus posibilidades de lograr los objetivos de su vida y profesión.

Funcionamiento físico. La marihuana afecta a la capacidad del cerebro para procesar los movimientos y la coordinación motora, por lo tanto afecta al rendimiento físico en deportes, la capacidad para tocar un instrumento, para conducir, etcétera.

Adicción. La marihuana es adictiva para ciertas personas. Algunas personas, aunque no todas, que consumen marihuana se vuelven dependientes emocional y psíquicamente de ella. Cuando dejan de consumirla, experimentan dificultad para dormir, irritabilidad, ansiedad y depresión. Como en el caso del tabaco y el alcohol, otras personas pueden consumir estas drogas de vez en cuando sin ningún efecto adverso aparente.

OTROS EFECTOS DE LA MARIHUANA

Síndrome de apatía. Con el tiempo, el consumo continuado de marihuana lleva a la apatía, la falta de rumbo, la pérdida de motivación para hacer algo, falta de planificación para largo plazo y menor productividad. Aun cuando el doctor Andrew Weil, que ha hecho investigaciones sobre el consumo de marihuana, dice que lo más probable es que estos rasgos ya estén presentes antes en las personas que fuman marihuana, yo creo que sus consumidores son más propensos a la apatía debido a que la marihuana (como la mayoría de las sustancias psíquicamente adictivas) disminuye la ansiedad, y así embota justamente la emoción que es necesaria para movilizarnos a hacer frente a los conflictos, movernos hacia delante y conseguir la maestría en la vida. No olvides, las emociones siempre afectan a la cognición, y la cognición influye en el comportamiento. Cuando una adolescente (o una persona adulta) fuma un porro para aliviar la ansiedad, en lugar de aprender a enfrentar hábilmente la situación que causa esa ansiedad, se predispone para la apatía.

Daños al pulmón. La marihuana causa daños al pulmón igual que el tabaco; por ejemplo, causa cambios parecidos al enfisema en los alvéolos, los lugares de los pulmones donde la sangre recoge el oxígeno. Este efecto se puede ver después de un año de consumo, y se puede detectar en exámenes del funcionamiento de los pulmones, por radiografía de tórax o imagen por resonancia magnética.[24]

Problemas hormonales. Por último, algunos estudios demuestran que la marihuana afecta a las hormonas de tal manera que disminuye el recuento de espermatozoides, el nivel de testosterona y de otras hormonas de la reproducción.[25] La doctora Mona Lisa Schulz llama a esto síndrome de encogimiento testicular. La marihuana también podría aumentar la proporción de hormonas femeninas en relación a las masculinas, siendo causa de ginecomastia o crecimiento de los pechos en los hombres. Esto lo he observado personalmente en un buen número de fumadores de porro.

HAZTE TU EVALUACIÓN EN CUANTO A ABUSO DE SUSTANCIAS

Cuando hables con tus hijos acerca de los peligros del alcohol, el tabaco, la marihuana y otras drogas, te servirá tener claro tu propio consumo de drogas. Los chicos huelen el engaño con mucha rapidez, así que procura ser tan sincera contigo misma como quieres que sean ellos contigo. Hazte las siguientes preguntas:

- ¿Cuál es tu relación, pasada o actual, con sustancias que alteran el ánimo?
- ¿Consumes alguna? ¿Con qué frecuencia? ¿En qué circunstancias?
- ¿Sientes la tentación de mentir respecto a tu consumo de alguna de estas sustancias o de tenerlo en secreto?
- ¿Cuál es (o fue) tu motivo para consumir estas sustancias?
    ¿Divertirte?
    ¿Encajar en el grupo?
    ¿Porque te sentías incómoda en una situación social?
    ¿Para aliviar la depresión?
    ¿Para sentirte mejor contigo misma?
    ¿Para escapar de sentimientos de pena, separación, soledad, molestia o incomodidad?
- ¿Cuál es tu legado familiar con cualquiera de estas sustancias?
- ¿Estás dispuesta a hablar con tu hija de tu actual consumo de sustancias que alteran el ánimo?
- ¿Estás dispuesta a hablar con tu hija de tu consumo de estas sustancias en el pasado?

Observación: Independientemente de tu pasado, puedes ayudar a tu hija a mantenerse libre de drogas. Para más información y consejos, entra en www.theantidrug.com.

TERRY y TED: *haciendo la evaluación*

Ted y Terry, los padres de los adolescentes cuya fiesta se les desmadró debido a la influencia del alcohol, quedaron tan preocupados por lo ocurrido que decidieron dejar de beber, con el fin de dar un mejor ejemplo a sus hijos.

Sin embargo, pronto descubrieron que esto les resultaba más difícil de lo que habían imaginado. Observaron que las noches que no bebían se ponían de mal genio, nerviosos, y tenían dificultad para dormirse. Realmente no sabían qué decir, y se sentían cohibidos entre ellos y con sus hijos cuando no tenían una cerveza o un cóctel para allanar el camino.

Al poco tiempo resultó que bebían una o dos cervezas cuando los chicos no estaban en casa y luego escondían las latas. Al cabo de unas semanas, Terry comprendió que tenían un problema que debían enfrentar. Los dos se sentaron con sus hijos y reconocieron que estaban preocupados por su consumo de alcohol. Se calificaron de alcohólicos. (Ten presente que muchos alcohólicos son prósperos ejecutivos, pilotos, médicos, etcétera, no vagos de mala vida.) John y Jacqueline se quedaron pasmados, y también llenos de respeto. Comprendieron que sus padres eran realmente cabales, no sólo «guay», porque no hacían lo que hacen muchos otros padres antidroga y antialcohol, que dicen a sus hijos «haz lo que digo, no lo que hago».

Terry y su marido también asistieron a un programa de una semana de tratamiento de adicciones en la Caron Foundation; mientras tanto sus hijos se alojaron con unos familiares. Finalmente los chicos acompañaron a sus padres en algunas reuniones a las que asistían familiares, y se instruyeron acerca de cómo el alcohol había afectado a su familia y a su desarrollo social. Actualmente, ni Terry ni Ted bebe, y sus dos hijos adolescentes han decidido, debido al historial de su familia, retrasar el consumo de bebidas alcohólicas por lo menos hasta que tengan la suficiente confianza social para arreglárselas sin necesidad de drogarse con alcohol u otra sustancia química recreativa.

Aunque los investigadores usan diferentes expresiones para definir los problemas con el alcohol, éstas dicen muchísimo sobre la negación que caracteriza la consideración de la enfermedad. Tratándose del consumo de alcohol, las expresiones «consumo dañino», «abuso del alcohol» y «dependencia del alcohol» son todas variaciones sobre el mismo tema. Todas indican un problema con el alcohol. Una de mis amigas, que fue durante mucho tiempo miembro de Alcohólicos Anónimos (AA), ex-

EVALUACIÓN ESPECÍFICA PARA EL CONSUMO DE ALCOHOL: TEST PARA DIAGNOSTICAR ALCOHOLISMO

Como abuso de alcohol se define cualquier «consumo dañino» de alcohol. El siguiente test es el que usan normalmente los médicos para diagnosticar alcoholismo:

¿Alguna vez:

- Has pensado que deberías beber menos?
- Te has molestado porque te critican que bebas?
- Te has sentido culpable por beber?
- Has bebido una copa por la mañana para aliviar la resaca o los nervios?

Dos o tres respuestas positivas equivalen a un elevado índice de sospecha de alcoholismo. Cuatro respuestas positivas se considera diagnóstico.[26]

presa esto así: «No es la cantidad de alcohol que bebes la que define si tienes un problema o no. Es tu dependencia psíquica y fisiológica de él. Si no puedes pasar el día sin beber algo, eres alcohólica, lisa y llanamente. Cualquiera que intente hilar muy delgado en la definición participa en lo que en AA llamamos "pensamiento fétido"». Estoy de acuerdo con ella.

Lo fundamental: Si te preocupa tu consumo de alcohol, busca ayuda. Habla con tu médico o asiste a una reunión del grupo de AA más cercano, o llama al hospital o centro de salud mental para encontrar un buen terapeuta especializado en drogas y alcohol. Si crees que tu hija tiene un problema, busca ayuda profesional para establecer una intervención formal.

CÓMO AYUDAR A TU HIJA A HACER FRENTE A LAS EMOCIONES DIFÍCILES SIN ASISTENCIA QUÍMICA

No toleres el consumo de drogas, cigarrillos ni alcohol en tu casa ni en ninguna otra parte aun cuando esto te haga impopular. Esto es esencial para los adolescentes.

Sé realista y comprensiva. No digas a tu hija que aquellos que consumen drogas como marihuana son malas personas. Muchos consumidores de drogas y de alcohol son buenas personas, miembros de la sociedad que funcionan bien. Lo que hay que transmitir es lo siguiente: dado el efecto adverso de las sustancias adictivas, ¿cuánto más sanas, felices y eficientes podrían ser esas personas si no consumieran esas sustancias?

Enséñale a desarrollar maestría emocional y equilibrio bioquímico cerebral sin sustancias adictivas. Tú haz lo mismo. Uno de los motivos de que estas sustancias sean adictivas es que producen en el cerebro una «euforia» química que es agradable. Es decir, inducen euforia rápidamente y adormecen el dolor de todo tipo, emocional y/o físico. El problema es que el consumo continuado va acompañado por lo que se llama habituación, lo que significa que cada vez se necesita más cantidad de sustancia para producir el resultado deseado.

Afortunadamente, hay maneras sanas de producir la misma recompensa química en el cerebro sin recurrir a sustancias adictivas. Se pueden elevar los niveles de endorfinas, serotonina y otras sustancias químicas «agradables» en el cerebro mediante diversos medios naturales. Los métodos probados y avalados para hacer esto son la meditación o ejercicios de respiración; el ejercicio físico; la práctica de deportes, el desarrollo de habilidades académicas, musicales e interpersonales; y encontrar una finalidad en la vida. Todo esto fomenta la autoestima y favorece la química cerebral «de recompensa». Es decir, es agradable participar en actividades que son útiles para ti y para tu comunidad. Comer una buena dieta que contenga cantidades suficientes de proteína, carbohidratos de baja carga glucémica y grasas sanas, como las omega-3, también contribuye a producir esas sustancias químicas de agrado en el cerebro. (Véase la sección «La dieta», en capítulo 18.)

Atrévete a «no ser guay». No caigas en la trampa de ser una amiga guay de tu hija o de sus compañeras uniéndote a ellas en su comportamiento adolescente o tolerándolo, o actuando como si estuviera bien consumir drogas, tabaco o alcohol. Tú eres la madre; tienes que actuar como tal.

Todas deseamos caerles bien a nuestras hijas y a sus amigas. Y cuando las adolescentes se reúnen en grupo, esa mente de grupo tiene una manera de hacernos sentir como si fuéramos las raras del siglo. Sabes lo que quiero decir. Tu hija adolescente te mira desaprobadora y dice: «Mamá, no te vas a poner "eso", ¿verdad?» Actúa como si la avergonzara estar contigo; intenta hacerte sentir estúpida; se burla de ti si te atreves a expresar francamente tu desaprobación de sus amigas «guay» que consumen alcohol y drogas.

Cuando las adolescentes tratan de hacerte sentir estúpida y «no guay», en realidad proyectan sobre ti su intensa inseguridad. Y es posible que eso te traiga a la memoria todos tus asuntos no resueltos de tu adolescencia. Reconoce eso para ti misma, pero ten el valor de mantenerte firme. Lo que buscan realmente las adolescentes es límites y reglas. (Recuerda la necesidad de una «corteza frontal externa», ésa eres tú.) Hace falta enorme valor para resistirse a la sensación de la misma presión de las compañeras que tal vez te hizo caer cuando tenías 14 años. ¡Ahora es tu oportunidad!

Haz lo que predicas. Sé un ejemplo. Sé el cambio que buscas. Los chicos y chicas ven la hipocresía a kilómetros de distancia. Tu conducta influye mucho más que tus palabras. Si normalmente usas el alcohol, el tabaco, la marihuana (o el trabajo) como escape, es muy probable que tu hija haga lo mismo, sobre todo si consumes esas sustancias para desconectar y relajarte. Como indica el estudio citado, es posible ser fumadora y de todos modos influir en los hijos para que no fumen, si desapruebas firmemente el fumar. Pero para hacer esto eficazmente has de ser muy sincera respecto a tu adicción al tabaco (o a cualquier otra sustancia) y explicar a tus hijos que eres incapaz de dejarlo y no quieres que a ellos les ocurra lo mismo.

Dile lo que piensas de sus amigas que consumen tabaco, drogas y/o alcohol. Cuando mis hijas traían a casa a amigas que consumían cualquiera de estas sustancias, siempre les decía que me daban mucha pena esas amigas porque las chicas no se vuelven adictas a sustancias a menos que tengan un estrés importante no resuelto por algo en lo que se sienten mal consigo mismas o con su vida. Es decir, consumen sustancias que alteran el ánimo por el mismo motivo que las consumen los adultos: para no sentir algo que no desean sentir. La ansiedad social por encajar en el grupo se alivia con sustancias que disminuyen la inhibición. El comportamiento con la bebida que uno ve en las fiestas de adolescentes, si bien menos refinada, no difiere mucho del consumo de drogas y bebida que se da entre adultos en situaciones sociales.

La adolescencia es sin duda un periodo difícil, en que la aceptación por parte de los compañeros es de enorme importancia para la mayoría. Pero medicar la inhibición con sustancias es mal método para desarrollar la verdadera maestría en las situaciones sociales, educacionales y laborales.

Dile que siempre puede contar contigo. Dile a tu hija que siempre puede contar contigo cuando no sepa qué hacer o esté asustada por algo. Lógicamente no podemos proteger a nuestras hijas de todos los rasguños y magulladuras que acompañan al crecimiento. Lo que sí podemos hacer es decirles que pueden hablar con nosotras acerca de cualquier cosa que las preocupe, sin temor a juicios ni críticas excesivas.

Cuando yo era adolescente y comencé a salir por la noche con mis amigos, mis padres me decían que si ocurría cualquier cosa, podía llamarlos y ellos irían a recogerme, en cualquier momento y en cualquier lugar, y sin hacerme preguntas. Así que siempre sabía que si estaba en una fiesta o en una cita y las cosas comenzaban a asustarme o a desmadrarse, lo único que tenía que hacer era llamar a mis padres y esperar que fueran a recogerme. A mis hijas les decía lo mismo.

Enséñale a enfrentar responsabilidades diarias. Todos los adolescentes necesitan aprender a responsabilizarse de algo aparte de su propia gratificación. Una de las mejores maneras de inculcar responsabilidad a tu hija adolescente, y también de ayudarla a fortalecer la salud de los órganos y funciones de su tercer centro emocional (estómago, digestión, hígado, vesícula biliar) es exigirle que haga un trabajo o tarea. Esto puede ser un trabajo fuera de casa, pagado, o una tarea en la casa que debe hacer regularmente. Al margen de que sea pagado o no, lo esencial es que sea un trabajo que debe hacer cada día. Y debe haber consecuencias si no lo hace. Si no le da la comida al perro, no pone la mesa, no hace la colada, no limpia el suelo, o no hace el trabajo que sea, se retiran los privilegios. La capacidad de atenerse a una tarea, aunque sea aburrida o difícil, es esencial para el desarrollo del sentido de responsabilidad y aprender verdaderamente a «presentarse» para el resto de la vida. Y sirve a la adolescente para sentirse bien consigo misma. Éste es uno de los motivos de que trabajar sea tan útil para personas con cualquier tipo de problemas, entre otros la depresión y el dolor crónico. La película *La casa de mi vida (Life as a house)*, que enseña el sanador efecto del trabajo en un chico con problemas, es un pasmoso ejemplo de esto. El protagonista, un adolescente hosco, malhumorado, drogadicto, mejora todos los aspectos de su vida aprendiendo las habilidades y la disciplina necesarias para echar abajo y reconstruir una casa, en compañía de su padre.

Enséñale a hacer frente a la presión de los compañeros con eficacia y humor. Mis padres me explicaron todo acerca del apremio de los compañeros y sobre cómo resistirlo, consejo que realmente me llegó y resultó ser enormemente útil. Explícale a tu hija que la presión de los compañeros y compañeras para que participe en actividades como fumar, beber o comer cosas que preferirías evitar, siempre está motivada por una falta de autoestima en la persona (o grupo) que presiona. En cierto modo, estas personas se sienten inseguras respecto a su comportamiento, y por eso intentan sentirse mejor logrando que otras personas también participen. De ahí la presión. Saber esto es la clave para resistir eficazmente a la presión del grupo, a cualquier edad, y también para lograr encajar y estar desinhibida. Lo mejor que puede hacer tu hija cuando se enfrente a ese tipo de apremio es hacer sentirse cómodas a sus compañeras, aceptarlas, tratarlas con buen humor, pero no ceder.

Las siguientes sugerencias podrían ayudarla a poner en práctica este método:

- *Acompañarlos en espíritu pero no en la actividad.* Por ejemplo, te ofrecen una bebida, la aceptas. No tienes por qué beberla. Mis hijas usaban esa táctica todo el tiempo. Están toda la velada con la copa en la mano, simulando que participan.

- *Alegar un problema médico.* Si te ofrecen un cigarrillo o un porro, simplemente dices: «Ostras, lo siento, pero la última vez que fumé me vino una reacción alérgica tan terrible que tuvieron que llevarme al hospital».

- *No actuar nunca como «soy mejor que tú».* Llamándoles la atención a sus amigas y amigos por su comportamiento o dándoles un sermón sobre los peligros de lo que están haciendo, tu hija se arriesga a que la excluyan. Conocí a una adolescente que una vez acusó a sus compañeras que estaban fumando en los lavabos del colegio. Como puedes imaginarte, después de eso tuvo dificultad para hacer amigas y conservarlas.

- *Recurrir al humor.* Si logras hacerlos reír, tienes la aceptación instantánea y todos bajan la guardia. Mi amiga Mona Lisa Schulz solía decir a sus amigos: «Lo siento, no puedo acompañaros en eso. La última vez que lo probé me puse psicótica perdida. Me creí murciélago y mordí a alguien. Si no, me encantaría acompañaros, chicos».

Déjalo en las manos de Dios. Por último, en lo que se refiere a la conducta de tus hijos, es importante que hagas lo que puedas y luego lo dejes estar, en especial cuando ya han terminado la enseñanza secundaria. Tienes que abandonar tu ilusión de control. Es posible que lo hagas todo bien, y de todos modos tu hija acabe fumando, bebiendo o consumiendo otras sustancias dañiñas. Si ocurre eso, no te azotes. Comprende que tu hija tiene su propio Poder Superior, y ése no eres tú. Es posible que cambie cuando ronde los treinta o más años.

18
Elementos del cuidado personal
Herramientas para la buena salud

En el nivel más básico, el cuidado personal es cuestión de lo que hace la chica con su cuerpo y lo que le pone dentro. El cuidado personal lo abarca todo, desde su comportamiento con la comida y lo que come día a día a sus actividades de ejercicio y el tipo de profesionales de la salud que elige (probablemente con mucha intervención de tu parte). La calidad de su cuidado personal influye inmensamente en su estado de salud y su felicidad. Lo bien que cuida de sí misma depende en parte de cuánto entiende acerca de la relación entre las decisiones que toma y cómo se siente y se ve.

CUIDADO PERSONAL Y AUTOESTIMA: CONEXIÓN SIN SOLUCIÓN DE CONTINUIDAD

El buen cuidado personal también se cimienta en la autoestima. Si una chica se siente a gusto consigo misma, desea cuidar de sí misma. Si no se siente a gusto, es mucho más propensa a entregarse a comportamientos autodestructivos que reflejan la falta de sentido de valía personal. Es así de sencillo. Una de mis clientas me dijo que nunca se pone el cinturón de seguridad cuando se siente mal consigo misma, y creo que eso lo resume todo.

La autoestima y el cuidado personal también están conectados sin solución de continuidad con un sano sentido de responsabilidad. La adolescencia es el periodo en que la chica va tomando cada vez más sus propias decisiones. Pero es un periodo en que la madre debe continuar activa guiándola para que haga buenas elecciones. Lo más probable es que tú sepas mucho más que tu hija acerca de los factores que la ayudarán a vivir una vida larga y sana. A continuación quiero tocar un buen número de asuntos importantes que surgen durante la adolescencia, algunos que es probable que tu hija se tome muy en serio sin necesidad de que tú la incites (el cuidado de la piel, por ejemplo), y otros que te tomarás más en serio tú porque comprendes sus consecuencias a largo plazo (los trastornos alimentarios, por ejemplo). Le hará bien que estés a su lado para orientarla en ambos auntos.

CUIDADO DE LA PIEL

La piel es una especie de sistema nervioso «externo» que se origina en la misma capa embrionaria de la que derivan el cerebro y el sistema nervioso central. Esto explica por qué a la piel la afectan todos los pensamientos que tenemos y todos los alimentos que comemos.

Los efectos del envejecimiento en la piel comienzan en serio durante los años de adolescencia, pero es posible que el daño no sea aparente hasta años después, como las arrugas, las manchas de la edad y las grietas. Los años de la adolescencia son el periodo ideal para establecer un sólido programa de cuidado de la piel que recompensará a tu hija con una piel resplandeciente toda la vida. Esto es lo que toda chica adolescente debe saber:

La dieta y la piel. La clave para tener una piel fabulosa durante toda la vida comienza en el interior, con una buena dieta. La dieta se refleja en la cara. Los alimentos que estabilizan los niveles de azúcar y de insulina en la sangre mantienen la piel limpia y sin granos. Los alimentos que elevan los niveles de azúcar y de insulina (el azúcar y muchos cereales refinados, sobre todo los carbohidratos refinados a los que llamamos «blancos») contribuyen a la aparición de acné y lesiones de espinillas. Esto se debe a que una dieta que eleva el nivel de azúcar también eleva los niveles de andrógenos, con lo que se altera el equilibrio entre andrógenos y estrógenos. El desequilibrio hormonal resultante afecta a las glándulas sebáceas de una manera que lleva al acné. (Véase en capítulo 13 las orientaciones para mantener controlado el nivel de azúcar en la sangre.)

Suplementos vitamínicos y minerales y la piel. A la piel la nutre cualquier cosa que mejore la circulación, equilibre las hormonas y combata contra los radicales libres. Una amplia variedad de nutrientes contribuye a este proceso, entre ellos las vitaminas B, que son necesarias para metabolizar las hormonas; las grasas omega-3, necesarias para la salud de las membranas celulares, y la vitaminas antioxidantes, como la vitamina C, que no sólo combaten a los radicales libres que dañan la piel sino que también mantienen sano el colágeno, la sustancia que da la elasticidad a la piel. (Véase más adelante «Plan de suplementos para chicas adolescentes».)

Régimen de limpieza e hidratación y la piel. Todas las adolescentes deberían comenzar un régimen de cuidado de la piel que consiste en una buena limpieza, por la mañana y por la noche, con una loción limpiadora de pH neutro (la mayoría de los jabones son demasiado alcalinos), y luego hidratarla, también por la mañana (para el día) y por la noche, con productos que contengan antioxidantes como la vitamina E y la coenzima Q10. Los estudios sobre los efectos de los antioxidantes en la piel han revolucionado la industria cosmética, con la consecuencia de que ahora muchas cremas o lociones hidratantes contienen antioxidantes. Lee las etiquetas para cerciorarte de que los contienen. Los antioxidantes también mejoran la acción protectora de la capa de colágeno de la piel para impedir la formación de arrugas y de cáncer de piel. Cuanto antes comience tu hija a cuidar bien de su piel, mejor se verá años después.

El estrés y la piel. Por muy buena que sea la dieta que come la chica, el estrés tiene efectos adversos en la piel sensible, sobre todo durante los cambios hormonales de la pubertad. Esto se puede manifestar en una mayor tendencia a tener espinillas, como también erupciones o sarpullidos y urticaria. Otro motivo más para enseñar a tu hija las técnicas para controlar el estrés.

El sol (y los protectores solares) y la piel. Aunque todos necesitamos exponernos a la luz del sol para la buena salud (véase «Luz del sol: nutriente esencial», en capítulo 8), no cabe la menor duda de que la excesiva radiación ultravioleta es la causa número uno del envejecimiento prematuro de la piel. Los efectos se acumulan a lo largo del tiempo, de modo que incluso las jovencitas deben ponerse crema protectora o bloqueadora del sol en la cara, cuello, hombros y pecho.

Nunca salgo de casa durante el día sin ponerme una loción factor de protección 15 en la cara, cuello y hombros, y tampoco mis hijas. Por otro lado, tratamos de exponer periódicamente a un sol moderado otras partes del cuerpo, por sus efectos para la salud y la vitamina D.

Receta para los granos y espinillas. Mi tratamiento favorito para las erupciones en la piel es el aceite del árbol del té (*Melaleuca alternifolia*). Dadas su propiedades antisépticas y antifúngicas, es una aplicación tópica ideal. El aceite del árbol del té elimina más rápido las espinillas y comedones, en particular los que están desarrollándose bajo la piel y aún no brotan.

La dieta y el vello indeseado. A la mayoría de las chicas adolescentes les preocupa el vello que les aparece durante la pubertad debido al estímulo hormonal, que pueden ser pelos oscuros alrededor de los pezones, vello en la parte inferior del abdomen, y especialmente vello en la cara. Parte de esta vellosidad es simplemente genética y es más común en descendientes de personas de Oriente Medio, Europa del Este, Grecia, Asia y África. Pero al margen de las tendencias genéticas, una dieta que mantiene controlados los niveles de azúcar e insulina en la sangre va bien para prevenir la aparición de vello indeseado, de la misma forma en que previene el acné. Este crecimiento de vello se debe a que la alteración del equilibrio entre andrógenos y estrógenos producida por la elevación de los niveles de azúcar e insulina no sólo actúa en las glándulas sebáceas (como explicamos antes) sino también en los folículos pilosos, favoreciendo el crecimiento excesivo de vello. La insulinorresistencia y el estrés glucémico a edad temprana son las principales causas de la aparición prematura de vello púbico, axilar y facial en muchas chicas. Dado que el estrés glucémico es un factor de riesgo de este y muchos otros problemas de salud en la adolescencia y edad adulta, es necesario poner el máximo esfuerzo en comer una dieta normalizadora de la insulina, como la que explico en el capítulo 13, que ciertamente servirá para reducir al mínimo el crecimiento de vello indeseado.

Tratamientos no dietéticos para el vello indeseado. Afortunadamente, en la actualidad existen más métodos que nunca para eliminar el exceso de vello. La depilación con láser va mejorando sin cesar y se puede aplicar a la cara, y también a la piel que dejan visible los contornos del bañador. Es caro, pero comparado con años de azoramiento, lo vale. También hay una amplia variedad de formas de depilación, con cera, con agua oxigenada y con maquinilla. Mi recomendación sería consultar en un centro dermatológico o de cirugía plástica de vanguardia dirigido por profesionales titulados, especializados en tratamientos cosméticos con láser.

Dolores menstruales

Los dolores menstruales afectan a alrededor del 60 por ciento de las adolescentes en este país. Yo sufrí de fuertes dolores desde que tuve mi primera regla hasta cerca de cumplir los 40 años, cuando por fin descubrí la acupuntura y las hierbas y me libré de ellos para siempre. Hasta entonces eran un importante trastorno en mi vida. En muchas ocasiones tuve que irme a casa del colegio, e incluso un par de veces tuve que cancelar una cirugía debido a lo fuertes que eran los dolores. Dada mi experiencia, ha sido un placer ver que este legado lo traté tan a fondo que no lo transmití a mis hijas. Aunque mi hija mayor tenía dolores de vez en cuando en el instituto y en la universidad, ha logrado eliminarlos casi totalmente con los tipos de tratamientos que explico aquí.

Ninguna chica debería tener que sufrir de dolores menstruales año tras año. Hay muchas maneras de tratarlos.

La dieta. La misma dieta que mantiene la piel limpia y el peso controlado previene también la producción excesiva de prostaglandinas, las hormonas liberadas cuando se desprende el revestimiento del útero, las que producen espasmos o contracciones en la pared del útero. Otra consideración dietética es el ácido araquidónico que contienen los huevos, la carne roja y los productos lácteos. Las chicas sensibles a estos alimentos podrían eliminar esos dolores evitando comerlos las dos semanas anteriores al periodo menstrual.

Suplementos. El calcio y el magnesio son especialmente útiles para prevenir los dolores menstruales porque tienen un efecto relajante en la contracción muscular. También son útiles las vitaminas B y la vitamina C. El plan de suplementos que propongo más adelante contiene cantidades adecuadas de todas estos vitaminas y minerales. Además, si una chica no sigue una dieta que contenga la cantidad adecuada de grasas omega-3, en relación a las grasas omega-6, como explico en el capítulo 13, debería tomar omega-3 en suplemento diariamente, y/o 1 a 2 cucharadas de aceite de lino, o el suplemento DHA 400, o 1 a 4 cucharadas de semilla de lino molida. (Véase «Recursos y proveedores».)

Tratamientos tópicos. El Menastil, producto de venta sin receta cuyo ingrediente activo es el aceite de caléndula, se puede frotar sobre la parte inferior del abdomen. El aceite es absorbido por la piel y tiene un efecto homeopático en el útero que detiene los espasmos. Lo he recomendado a varias de mis clientas y a mis hijas, con gran éxito.

Antiinflamatorios. Fármacos antiinflamatorios de venta sin receta, como el Advil y el Anaprox, van extraordinariamente bien para los dolores menstruales. Lo principal es tomarlos «antes» de que comience el dolor, para reducir los niveles de prostaglandinas antes de que se hayan elevado lo bastante para causar espasmos. Dado que por lo general éstos comienzan a las dos horas de haber comenzado la regla, eso significa tomar el antiinflamatorio lo más pronto posible una vez iniciada la menstruación.

Acupuntura y hierbas. En el caso de que los tratamientos explicados hasta aquí no alivien suficientemente los dolores, recomiendo encarecidamente la acupuntura y hierbas chinas, realizada y recetadas por un practicante de la medicina china tradicional. La medicina china tradicional tiene un éxito muy bien documentado en el tratamiento de problemas ginecológicos de todo tipo, como reglas irregulares, infertilidad, reglas demasiado abundantes, etcétera. Los estudios han demostrado que la mayoría necesitan unas diez sesiones de tratamiento, después de las cuales se alivian de forma importante los dolores. La hierba china bupleurum *(Bupleurum rotundifolia)* o Xiao Yao Wan, es también muy eficaz tomada según las instrucciones.

Calor y descanso. El hecho de que tantas chicas tengan dolores menstruales dice muchísimo acerca del romance de nuestra cultura con la productividad y actividad incesantes a expensas de los adecuados periodos de descanso. Los dolores menstruales son una señal segura de que las hormonas del estrés del sistema nervioso simpático, las que acompañan a la reacción del instinto de supervivencia («luchar o huir»), no están equilibradas por las sustancias químicas del sistema parasimpático, de «descanso y recuperación». Por eso estos dolores muchas veces se alivian simplemente descansando con una botella de agua caliente en el bajo abdomen, o dándose un relajante baño caliente.

EL SUEÑO

«El sueño es tan importante para nuestra salud general como el ejercicio y una dieta sana», dice el doctor Carl Hunt, director del National Center on Sleep Disorders Research [Centro Nacional de Investigaciones sobre

Trastornos del Sueño]. Pero está bien documentado que los alumnos de los últimos años de secundaria no duermen lo suficiente. Por ejemplo, en un estudio sobre 3.100 adolescentes realizado en Providence, de Rhode Island, el 26 por ciento de los chicos dijeron que dormían seis horas y media o menos por noche.[1] Y la falta de sueño entre los jóvenes va empeorando. El 71 por ciento de los estudiantes universitarios se quejaban de falta de sueño en 2000, comparados con el 24 por ciento en 1978.[2] Por desgracia, los malos hábitos en el dormir que suelen establecerse durante esos años podrían ser causa de toda una vida de trastornos del sueño.

Si bien las horas de sueño necesarias, como todas las cosas relativas a la salud, difieren en cada persona (por ejemplo, he leído que Albert Einstein necesitaba dormir diez horas cada noche), los estudios sugieren que los adolescentes necesitan dormir por lo menos ocho horas cada noche, y a muchos les iría mejor dormir nueve o incluso diez horas. Dado que éste es el periodo en que el cerebro forma nuevas conexiones nerviosas y vías neurales a un ritmo extraordinariamente rápido, es esencial que los chicos y chicas duerman lo suficiente para sostener este desarrollo. Y puesto que están en el colegio, aprendiendo nuevas materias cada día, están en particular necesidad del efecto regulador de la fase de sueño REM, cuando se hace el reaprovisionamiento de acetilcolina, que participa en la reconstitución de los circuitos de la memoria.

La cultura que nunca duerme

Muchas personas de la sociedad occidental industrializada sufren de falta de sueño porque tienen sus horarios repletos, exceso de trabajo y exceso de estímulos. La existencia de la luz artificial, nuestra adicción a la televisión las 24 horas de los siete días de la semana, y la constante urgencia de continuar moviéndose, continuar produciendo, han generado una cultura del «dormir poco», en la que aquellas personas anómalas que, por algún extraño capricho de la biología, sólo necesitan dormir cuatro a cinco horas por noche, se consideran el modelo de oro para todos. Aplicar este criterio a un adulto, por no decir a un adolescente, es hacer verdaderamente un mal servicio.

Lamentablemente, los adolescentes normales necesitan dormir más horas que los adultos y se enfrentan a dificultades mayores aún para lograrlo. La mayoría de los institutos de enseñanza secundaria comienzan las clases temprano, y al adolescente típico le gusta quedarse en pie hasta avanzada la noche y se duerme tarde. Terminadas las clases, muchos pa-

san horas practicando deportes, ocupados en actividades extracurriculares, o hacen unas horas de trabajo, o las pasan con amigos. Consiguien-
temente, comienzan a hacer sus deberes escolares ya avanzada la noche.
Las presiones sociales tienen su parte también en la falta de sueño. Como
dice el especialista en sueño, doctor William Dement, en su libro *The
Promise of Sleep*, para los adolescentes de hoy en día, «quedarse en pie
hasta tarde se convierte en un emblema de la mayoría de edad», lo cual
exacerba aún más el problema para dormir las horas necesarias.

Como es lógico, no siempre se han quedado en pie hasta tarde los
adolescentes. No cabe la menor duda de que a lo largo de los millones de
años de la evolución humana los adolescentes se iban a dormir al caer la
noche, tal como todos los demás. Pero todo este apremio por quedarse
hasta tarde por la noche y ser un búho nocturno ha causado un cambio
biológico en los ritmos circadianos del sueño. No es de extrañar que los
adolescentes estén faltos de sueño; se han alterado tanto sus pautas de
sueño que ha afectado a sus cuerpos. Según la doctora Mona Lisa Schulz,
el mecanismo por el cual las presiones sociales han afectado tanto a sus
relojes biológicos tiene que ver con el hipotálamo, que es la zona eje o
zona central del cerebro, la que recibe la información emocional y social
y la traduce a reacciones corporales. El hipotálamo es también la zona
que controla los ciclos de sueño y vigilia. Esto no quiere decir que los
adolescentes estén condenados a estar faltos de sueño, porque, como
también señala la doctora Schulz, los seres humanos tenemos control ejecutivo lobulofrontal sobre nuestros actos, si elegimos emplearlo. Aprender a dormir el tiempo suficiente es otra parte de la maduración del adolescente y de hacerse responsable de su vida y salud. Nadie sabe eso
mejor que yo. La formación en tocoginecología es un verdadero estudio
en falta de sueño y en aprender a buscar la manera de recuperar sueño.
No pretendo decir que esto sea fácil, pero creo que es de fundamental
importancia.

¿Por qué? Porque la falta de sueño lleva a una menor productividad,
bajo rendimiento en el colegio, malhumor y, por ir acompañada de un
mayor nivel de cortisol, podría contribuir incluso a un aumento de peso
y a otros problemas médicos relacionados con niveles de hormonas del
estrés más elevados que los normales, entre otros la menor resistencia a
las bacterias y virus. También se cree que la falta de sueño lleva al consumo de drogas entre los adolescentes, como también a comportamiento
violento y agresivo, y a la probabilidad de tener trastornos del sueño que
se hacen crónicos.

Cuando el cerebro funciona con muy pocas horas de sueño, lo hace mal en una amplia variedad de aspectos:

- Se enlentece el tiempo de reacción.
- Se reduce la duración de la atención y se deteriora la concentración. Esto se debe, en parte, a lo que los científicos llaman microsueños, es decir, repetidos periodos de uno a diez segundos en que el cerebro adormilado simplemente se desconecta y no procesa la información.
- Afecta adversamente a la conducción. Aunque no he logrado encontrar datos concretos sobre la relación entre falta de sueño y accidentes de coche entre adolescentes, entre adultos ocurren por lo menos 100.000 choques y 1.550 muertes en accidentes de tráfico al año, causados por quedarse dormidos sobre el volante.[3] Dado que en los adolescentes todavía se están formando las habilidades para conducir, tiene lógica que sean más propensos aún que los adultos a tener accidentes cuando están faltos de sueño. Según la American Academy of Pediatrics, «entre los jóvenes de 16 a 19 años sólo hay uno de cada diez motoristas, sin embargo están detrás del volante en uno de cada siete accidentes que matan o al conductor o a los pasajeros». Estadística para hacer reflexionar.[4]
- Disminuye la capacidad de aprendizaje. El cerebro falto de sueño tiene un bajo nivel de acetilcolina, la sustancia generada durante la fase REM del sueño (relacionada con soñar), que cada noche contribuye a reconstituir los circuitos de la memoria. El nivel bajo de acetilcolina hace más difícil al cerebro almacenar la información.
- Sufren la creatividad y la capacidad para resolver problemas. Por eso es buen consejo decirle a alguien que ha llegado a un punto muerto en su trabajo que «lo consulte con la almohada». Ya sea que la chica esté intentando escribir el siguiente verso de su poema o resolver la parte siguiente de un complicado problema de cálculo, el bálsamo del sueño ayudará a sus neuronas a hacer las conexiones necesarias.
- Afecta negativamente al estado anímico. La falta de sueño puede llevar a un mayor riesgo de ansiedad y depresión, sobre todo si además el consumo de drogas y alcohol forma parte del hábito.[5]

CÓMO HACER FRENTE A LA FALTA DE SUEÑO

Los adolescentes deben entrenarse en adaptar sus ciclos de sueño y vigilia a la sociedad en que viven, de tal manera que logren dormir las horas suficientes durante este importantísimo periodo de desarrollo. También deben aprender estrategias para arreglárselas con muy pocas horas de sueño durante esos periodos en que simplemente no hay otra alternativa realista. Por ejemplo, mi hija Ann participó en una producción profesional de *Romeo y Julieta* cuando estaba en el instituto. Llegaba a casa a las 22.30, después de las representaciones, trabajaba varias horas en sus deberes escolares y a la mañana siguiente se levantaba a las 6.30 para ir al colegio. Dado que estaba muy motivada y estimulada, se las arregló muy bien para pasar ese determinado periodo académico sin sufrir ningún efecto adverso debido a agotamiento. En realidad, estaba muy animada y llena de energía todo el tiempo. Pero nadie puede sobrellevar indefinidamente este tipo de horario sin pagar un precio. Así que esto es lo que recomiendo para tu hija falta de sueño (o para cualquier persona que la sufra):

Mantenerse activa. Muévete todo lo posible para continuar despierta.

No conducir. Ni siquiera te pongas tras el volante cuando hayas dormido demasiado poco. Se ha sugerido que conducir con falta de sueño es tan peligroso como conducir después de haber bebido. Esto es particularmente cierto en los adolescentes, cuyas habilidades para conducir aún no están bien desarrolladas. Tratar de compensar la falta de sueño con cafeína genera una sensación artificial de capacidad o competencia. Nadie puede conducir con seguridad en ese estado, y mucho menos los adolescentes.

Eliminar la cafeína. Evita beber café, té o cualquier otra bebida cafeinada, pues hacen difícil dormir. A muchas jóvenes incluso una taza de café por la mañana les impide dormir por la noche.

Echar siestas o cabezadas. Echa una cabezada de por lo menos diez minutos siempre que sea posible; son sorprendentemente restauradoras.

Imponerse un horario de sueño. Paga la «deuda de sueño» los fines de semana o cuando te sea posible, pero sólo como medida temporal. Tanto la doctora Mona Lisa Schulz como el doctor William Dement observan que es mejor tener un horario de sueño fijo, es decir irse a la cama y despertar a la misma hora cada día. Esto se llama «higiene del sueño». Permitirle a una adolescente que duerma horas y horas por la mañana todos los fines de semana altera aún más su ciclo de sueño y vigilia. Dado lo sobrecargados de actividades que están normalmente los adolescentes, mantener una buena higiene de sueño hace necesarias considerables habilidades en el manejo del tiempo y discernimiento de prioridades. Pero estas habilidades le serán muy útiles el resto de su vida.

Reducir la estimulación. No mires televisión, ni escuches música fuerte ni hagas ninguna actividad en el ordenador no relacionada con los deberes escolares, durante por lo menos una hora antes de irte a la cama, para reducir la sobreestimulación. Te recomiendo no permitir que tu hija tenga televisor ni ordenador en su dormitorio.

Hacer ejercicio con regularidad. Esto le hará más fácil a tu hija conciliar el sueño cuando llegue por fin a la cama.

En general, deberás hacer todo lo que puedas para desalentar las actividades que le exijan perder horas de sueño que necesita. Sé lo difícil que es esto, puesto que durante los años de instituto mis dos hijas participaban en obras de teatro, con ensayos y actuaciones por la noche que les recortaban bastante sus horas de sueño. Les apasionaban estas actividades y yo veía que no podía negarles la oportunidad de participar. Pero durante el resto del año escolar insistía en que las noches de la semana estuvieran en casa y en la cama a las 23.00 horas.

Marca el tono para una sana relación con el sueño. Procura que tu hija entienda la conexión entre el sueño y todos los demás aspectos de su vida: salud, estado de ánimo, y la capacidad de funcionar bien en el colegio, detrás del volante, en el trabajo, en todas las actividades deportivas. Fíjale una hora para acostarse y vigila que se atenga a ella. Imponemos una hora para los hijos pequeños, pero a los adolescentes les damos más libertad. Creo que eso es un error. No es necesario tener mano dura respecto a la hora de acostarse. En realidad, la mayoría de las chicas desean que sus madres las alienten a dormir las horas necesarias. No hay nada como un viajecito a su habitación para «comprobarlo» y sugerirles que pongan fin a las actividades de esa noche.

EL EJERCICIO

Si yo tuviera que elegir una sola cosa que beneficie la autoestima de una chica en todos los aspectos para toda la vida, sería el ejercicio periódico. El cuerpo humano está hecho para moverse, estirarse, sostenerse, elevarse, correr, doblarse, flexionarse y girarse. El ejercicio puede tomar la forma de baile, danza, yoga, Pilates, carrera, caminata o cualquier deporte. Lo principal es que sea lo que sea que elija hacer la chica, lo haga con regularidad. Las mujeres que hacen ejercicio con regularidad han disminuido drásticamente los riesgos de los mayores problemas de salud: cardiopatía, cáncer, diabetes y osteoporosis. El ejercicio tiene además maravillosos beneficios estéticos, entre ellos control permanente del peso, mejor tono muscular y piel sana. No es casualidad que una deportista como la tenista Venus Williams se considere un símbolo sexual.

Las chicas que juegan en equipos del colegio satisfacen toda la necesidad de ejercicio automáticamente, pero muy pocas continúan jugando al fútbol o al baloncesto después que terminan secundaria. Por eso es esencial que las chicas establezcan un hábito de ejercicio que les dure toda la vida, jueguen o no en un equipo.

RESPIRACIÓN NASAL

Se puede revolucionar el ejercicio aprendiendo a respirar por la nariz mientras se hace. Sí, revolucionar. Al margen del tipo de ejercicio que haga la chica, su capacidad para desarrollar y mantener la máxima resistencia y capacidad pulmonar, como también para prevenir las enfermedades respiratorias, la sinusitis y otras enfermedades de los senos nasales, mejorará enormemente respirando por la nariz. Ésa es la forma de respirar para la que estamos hechos los seres humanos. Respirar por la boca es señal de estrés; le dice automáticamente al cuerpo que hay una situación de urgencia.

A continuación, una lista bastante parcial de las ventajas de la respiración nasal:

- Hace mucho más fácil el ejercicio, porque restablece el equilibrio simpático/parasimpático, por lo que terminas la sesión energizada, no agotada.
- Estimula al nervio vago en la parte superior del abdomen, permi-

tiéndote hacer ejercicio más vigoroso con menor aceleración del ritmo cardiaco.

- Mantiene flexible la caja torácica. En consecuencia, se optimiza la capacidad pulmonar y puedes oxigenar más eficientemente el cuerpo y el cerebro.
- Reduce al mínimo los resfriados y las infecciones de los senos nasales, porque el aire que se inspira hacia los pulmones por la nariz ha sido calentado y filtrado por los cilios de las fosas nasales.
- Mejora el metabolismo debido a que la mejor aireación de los pulmones oxigena la sangre y quema las calorías con más eficiencia. Respirar por la nariz mientras se hace ejercicio lo comparo con una estufa de leña en que la leña está seca y bien dispuesta, de modo que arde y produce calor eficientemente. En cambio, respirar por la boca mientras se hace ejercicio es como quemar papel. Se consume rápidamente, produciendo muy poco calor o luz.[6]

LA DIETA

Como ya hemos visto, la adolescencia de una chica se caracteriza por un aumento relativo tanto de la masa corporal magra como de la grasa corporal. La adolescencia, como el periodo prenatal y el periodo de adiposidad «de rebote» de la primera infancia, es el bien documentado tercer «periodo crítico» para el desarrollo de obesidad, y que tiene serias consecuencias para el futuro. Los estudios sugieren que hasta el 80 por ciento de las personas que tienen sobrepeso en la adolescencia lo tendrán de adultas.[7]

El factor de riesgo número uno para la excesiva grasa corporal, en particular la grasa abdominal, es comer demasiados productos procesados, sobre todo los que son ricos en aditivos como el glutamato monosódico (MSG o GMS), ya que estos interaccionan con los centros de saciedad del cerebro e inducen a comer en exceso. Los cereales y otros carbohidratos refinados, entre ellos el alcohol, también contribuyen al sobrepeso, y específicamente a la grasa abdominal, debido a su influencia en los niveles de azúcar y de insulina en la sangre.

La dieta ideal para una adolescente es la misma que explico en el capítulo 13 para las chicas en la edad de latencia. Al margen de lo que pese la chica en la adolescencia, no es necesario que haga régimen si come alimentos que mantienen estables los niveles de azúcar e insulina en la sangre, y también hace ejercicio de forma regular. Su dieta debería consistir principalmente en frutas, verduras, productos lácteos con poca grasa, carne magra y pescado, y una limitada cantidad de cereales y productos de cereales. También necesita una buena fuente de grasas, que podrían ser huevos, pescado, semilla de lino o suplementos como el DHA. (Véase «Recursos y proveedores».) Claro que mentiría si dijera que la mayoría de las adolescentes siguen este tipo de dieta. (Véase poco más adelante «Trastornos alimentarios».)

SUPLEMENTOS VITAMÍNICOS Y MINERALES

Creo que todas las adolescentes deberían tomar suplementos vitamínicos y minerales. El 80 por ciento de los niños y adolescentes estadounidenses (sin mencionar al 68 por ciento de los adultos) no comen las cinco porciones recomendadas de fruta y verdura al día. Aunque no es difícil incluir éstas en la dieta si la chica come en casa o en un buen restaurante, la dieta de comida rápida, tan común entre los adolescentes, sencillamente carece de la densidad nutritiva necesaria para llegar a su potencial biológico. Pero incluso a aquellos que siguen una dieta sana, con mucha fruta y verduras, conviene complementarles la dieta con vitaminas y minerales en forma de suplementos.

He llegado a esta conclusión basándome en mis muchos años de experiencia médica y en mi experiencia personal. Ahora estoy convencida de que las vitaminas y minerales de buena calidad pueden influir de modo muy importante en nuestro bienestar. Las vitaminas y los minerales contribuyen a reducir al mínimo los daños al ADN, mejorar la salud y prolongar la duración sana de la vida.[8]

Una insuficiencia de cualquiera de los micronutrientes esenciales (ácido fólico, vitamina B_{12}, vitamina B_6, niacina, vitamina C, vitamina E, hierro o zinc), imita el daño hecho por la radiación, siendo causa de la ruptura del ADN y los genes y disponiendo el escenario para diversos cánceres. Según el doctor Bruce Ames, importante especialista en toxicología molecular y nutrición, de la Universidad de Californa en Berkeley, las pruebas sugieren que incluso pequeñas insuficiencias en vitaminas y minerales tienen por consecuencia más daños causantes de cáncer que la radiación y las sustancias químicas.[9] La insuficiencia de micronutrientes podría explicar, en gran parte, por qué en la cuarta parte de la población que come menos frutas y verduras el índice de cáncer, de la mayoría de los tipos, es el doble que en la cuarta parte de la población que más consume estos alimentos.

Aun en el caso de que la adolescente comiera las cinco porciones de frutas y verduras necesarias para satisfacer la cantidad de vitaminas y minerales que se consideran adecuadas, ésa no sería de ninguna manera una dieta óptima. Las dosis o cantidades recomendadas (RDA) son simplemente cifras acordadas por una comisión de especialistas en nutrición para asegurar que la población (no una persona individual) esté protegida de graves enfermedades de carencia como el escorbuto y el beriberi. Pero hay una gran diferencia entre tomar lo suficiente de un nutriente para prevenir una enfermedad de carencia y tomar lo suficiente para crear una salud óptima. Además, hay un buen número de nutrientes esenciales para los cuales no se ha establecido aún una dosis o cantidad mínima. *Lo fundamental:* Tu hija debería complementar su dieta con nutrientes en suplementos, aun cuando creas que come una dieta razonablemente sana.

Plan de suplementos para chicas adolescentes

Los siguientes nutrientes son óptimos para chicas adolescentes. No conozco ninguna tableta vitamínica para «una toma diaria» que contenga la cantidad adecuada de vitaminas y minerales para una salud óptima. Serán necesarios varios comprimidos o cápsulas. Las dosis deberán tomarse repartidas en las comidas de la mañana y la noche. (Observación: Algunas personas son tan sensibles a los efectos energéticos de las vitaminas B que sólo deberán tomar estas vitaminas por la mañana, para que no les afecte la capacidad para dormir.)

Vitamina A (como betacaroteno)	9.000-15.000 UI
Vitamina C	500-1.500 mg
Vitamina D (como colecalciferol)	400-2.000 UI
Vitamina E	200-450 UI
Vitamina K	40-60 mcg
Tiamina (B_1)	9-100 mg
Riboflavina (B_2)	9-50 mg
Niacina (B_3)	15-100 mg
Vitamina B_6	10-100 mg

Folato (como ácido fólico)	800-1.000 mcg
Vitamina B_{12} (cianocobalamina)	30-250 mcg
Biotina	100-500 mcg
Ácido pantoténico (B_5)	30-400 mcg
Calcio	800-1.200 mg
Yodo (como yoduro de potasio)	150 mcg
Magnesio (quelato)	400-1.000 mg
Zinc	12-50 mg
Selenio (como complejo aminoácido)	80-120 mcg
Cobre	1-2 mg
Manganeso	1-15 mg
Cromo (polinicotinato)	100-400 mcg
Molibdeno	45-60 mcg
Colina	45-100 mg
Inositol	30-500 mg
N-acetil L-cisteína	30-65 mg
Vanadio (sulfato vanadilo)	30-100 mcg
Boro	1-3 mg
Hierro	30 mg
Oligoelementos	1 mg

TRASTORNOS ALIMENTARIOS: OBESIDAD, BULIMIA, ANOREXIA, Y TODO LO QUE HAYA ENTREMEDIO

Aunque en la superficie no parezca obvio, la obesidad es un trastorno alimentario tanto como lo son la bulimia y la anorexia. En realidad, las últimas investigaciones en este campo las consideran aspectos de lo mismo: trastorno o desorden en el comer. Y la obesidad acaba de ser considerada enfermedad por la American Medical Association (Colegio Médico de Estados Unidos).

Una combinación de factores conspiran en poner a la mayoría de chicas adolescentes en riesgo de al menos una forma de trastorno alimentario. Los omnipresentes mensajes de los medios, que sugieren que el cuerpo absurdamente delgado es esencial para ser atractiva a los chicos, el deseo de encajar, el predominio de la comida basura, rica en calorías y pobre en nutrientes, y una mayor tendencia a almacenar grasa corporal, en fin, todo colisiona en la adolescencia e incide directamente sobre los cuerpos de las chicas adolescentes. Muchas chicas que tienen sobrepeso comienzan durante la adolescencia el primer régimen de adelgazamiento de la serie que va a hacer en toda su vida. Se estima que, en cualquier momento dado, un 77 por ciento de mujeres de 21 años y menos están «a régimen».[10] Lo típico es que la chica comience a hacer régimen, lo que la lleve a darse atracones de comida en reacción a la sensación de hambre o carencia, y esto a su vez desencadene comportamientos compensatorios, como hacer ejercicio en exceso, fumar, tomar laxantes, píldoras de dieta, diuréticos, cafeína, colas de dieta, o vomitar, para evitar recuperar el peso perdido con el régimen. Estos trastornos que comienzan en la adolescencia tienden a continuar hasta la edad adulta. Así explica esta pauta una mujer a la que llamaré Peggy (estoy segura de que conoces a más de una similar):

> Desde que era adolescente he comprobado que, haga lo que haga, no logro bajar de peso y mantenerme. Aunque en el instituto tenía un poco de sobrepeso, realmente comencé a «descarrilarme» al entrar en la universidad, donde subí los habituales «seis a siete kilos del primer año», y luego otro poco más. He hecho todas las dietas de régimen imaginables, la del pomelo, la de las proteínas, la de los adictos a los carbohidratos, nombra la que quieras, ¡yo la he hecho! Tan pronto como empezaba a dar resultados el régimen y bajaba de peso, siempre acababa saboteándolo con atracones. Lo he probado todo para adelgazar. Antes bebía mucho más que ahora [...], hasta que comprendí que la cerveza también te pone kilos encima. Ah, sí, también fumo, casi me avergüenza reconocerlo, pero fumo. Cada vez que intento dejarlo, engordo como mínimo de cuatro a cinco kilos. ¡Socorro! A veces me siento como si estuviera destinada sin remedio a tener sobrepeso toda mi vida.

Muchísimas pruebas de estudios clínicos y epidemiológicos han demostrado, más allá de toda duda, que hacer régimen de adelgazamiento y ponerse como ideal un cuerpo delgado son «en sí mismos» factores de riesgo de caer en trastornos alimentarios. En un amplio estudio de 36.320 alumnas de colegios públicos, la frecuencia de dietas de adelgazamiento estaba muy relacionada con una mala imagen corporal, miedo de no poder controlarse en la comida y un historial de atracones.[11] No se puede diagnosticar un trastorno alimentario basándose en la apariencia o peso de la chica. La mayoría de las chicas bulímicas, por ejemplo, tienen un peso normal.[12] Tal como el consumo de bebidas alcohólicas en situaciones sociales, que en realidad es abuso del alcohol, los trastornos alimentarios son tan comunes que muchas veces no se los reconoce como tales. Los programas y películas de televisión que muestran a mujeres y chicas recurriendo a un helado de crema u otro producto azucarado y carbohidratos refinados cuando están nerviosas o afligidas, hacen parecer normal esta conducta, aprobándola tácitamente.

El trastorno alimentario tiene importantes consecuencias en la salud. Aquellas que mantienen sanos el peso y el índice de grasa corporal mediante ejercicio moderado y buenas opciones alimentarias tienen muchas más probabilidades de gozar de un buen equilibrio hormonal y periodos menstruales regulares. Aquellas que se entregan a desórdenes en el comer, experimentan cambios en las zonas hipotalámicas del cerebro, los cuales, según sea la gravedad, podrían ser causa de anovulación, amenorrea, reglas demasiado abundantes o irregulares, ovario poliquístico, depresión y, finalmente, problemas de fertilidad y osteoporosis. Claro que hay una gran diferencia entre los peligrosos efectos inmediatos de la anorexia y el precio a largo plazo que se cobra la obesidad en la salud y la duración de la vida, y entre estas y tener de siete a nueve kilos de sobrepeso y continuar con el ocasional y breve régimen de adelgazamiento. Pero todo esto entra en el mismo espectro de trastorno alimentario, que también incluye los regímenes yo-yo, los atracones, la bulimia, etcétera.

Dada la obsesión de nuestra cultura por la delgadez, y el hecho de que la mayoría de las personas tienen clínicamente sobrepeso, está claro que nos encontramos en medio de una epidemia de trastornos alimentarios. Si bien esto ha empeorado mucho este último tiempo, también es un legado que transmiten las madres que han combatido durante años con su peso y transmiten a sus hijas mensajes no sanos respecto a cómo es un cuerpo ideal y sobre cómo mantener controlado el peso. El sobrepeso y la obesidad «vienen de familia». Pero si la madre y la hija se comprometen a cambiar la mentalidad y las pautas de comportamiento que han establecido esa tendencia, no hay nada inevitable ni «en los genes» respecto a echarse kilos encima.

El trastorno alimentario y la mentalidad «dieta de adelgazamiento»

Si bien hacer régimen de adelgazamiento no es uno de los criterios para diagnosticar un trastorno alimentario, como he dicho, es un factor de riesgo de contraer uno. Creo que la mentalidad de régimen ha contribuido de modo importante a estos trastornos por ser un método destinado al fracaso, porque «estar a régimen o dieta» implica que vas a «dejarlo» cuando consigas el objetivo, y piensas que después vas a poder comer nuevamente todo lo que deseas. Este método no puede funcionar jamás. Como lo ha demostrado tan elocuentemente Oprah Winfrey a millones de personas, comer sano es un estilo de vida, día a día. No hay atajos ni dietas milagrosas.

He trabajado en los campos de la nutrición, el control del peso y el ejercicio con miles de mujeres y chicas a lo largo de más de veinte años. También me he pasado la vida trabajando arduamente en controlar mi peso, haciendo de todo, desde ayuno a ejercicio y a dietas de régimen (véase mi historia personal en «Mi legado alimentario», capítulo 13). Sé lo que da resultado y lo que no. Hacer régimen no resulta. Es una ley del universo que por cada dieta restrictiva hay un atracón igual en contra. Cuando le dices a una chica: «No debes comer pasteles», lo único que oye su subconsciente es «come pasteles»; en consecuencia se pone en marcha un potente deseo de comer pasteles, el que tendrá que satisfacer de una u otra manera. La clave para controlar el peso permanentemenete y prevenir un trastorno alimentario, tanto para ti como para tu hija, es que dejes de hacer dietas de régimen y le enseñes a tu hija la manera de abordar la comida de modo sano y con autoestima.

Hemos de enseñarles a nuestras hijas a identificar la verdadera hambre física y a satisfacerla óptimamente (véase el siguiente texto tramado). También hemos de enseñarles la manera de animarnos y calmar la ansiedad o malhumor con cosas diferentes a la comida o sustancias como azúcar o cafeína (véase más adelante, «Cómo elevar el ánimo sin comida»). Y hemos de demostrarles, con nuestra vida, la conexión entre comer sano y autoestima. Comer bien (que podría significar comer menos cantidad que la que se desea) para mantener un peso sano es una afirmación de la vida y nace del respeto a sí misma. Comer en exceso, matarse de hambre habitualmente o vomitar varias veces al día es justo lo contrario.

CÓMO DISTINGUIR ENTRE HAMBRE FÍSICA Y HAMBRE EMOCIONAL

- El hambre física suele sentirse como un dolor o «retortijones» en el estómago.
- El cansancio, el sopor, la dificultad para centrar la atención, un ligero mareo, pueden ser señales de hambre física.
- Si no es una hora de comer y no sabes si el hambre que deseas satisfacer es emocional o física, prueba con este sencillo experimento: no comas durante 15 minutos; da una vuelta, haz algún ejercicio o distráete de alguna otra manera. Si te continúa el hambre, toma un tentempié sano que contenga cantidades equilibradas de proteínas, grasas y carbohidratos.
- Bebe bastante agua. Muchas personas creen que tienen hambre cuando en realidad lo que tienen es sed. Esto ocurre en particular por la tarde, cuando la deshidratación puede causar un bajón del ánimo que fácilmente se confunde con una necesidad de comer algo para animarse. Antes de comer bebe de medio a un vaso de agua y espera 15 minutos antes de comer.
- Mantén estable el nivel de azúcar tomando un desayuno que contenga proteínas, grasa y carbohidratos. Es imposible distinguir entre hambre física y hambre emocional cuando el nivel de azúcar está bajo por comer desordenadamente.
- Ten paciencia contigo misma. Si fuera tan fácil distinguir entre hambre física y hambre emocional, la mayor parte de la población no tendría sobrepeso. La comida y el amor están conectados muy estrechamente. Aprende a amarte sin expresar ese amor con «regalos» de comida.

La conexión gordura-estrés

El cortisol, la llamada hormona del estrés, se libera en mayor cantidad que la normal cuando la persona está estresada. El exceso de cortisol induce al cuerpo a producir insulina, la hormona que favorece el almacenamiento de grasa. El exceso de cortisol también produce un apetito casi insaciable de azúcar, alcohol y carbohidratos refinados como pasta, patatas fritas, rosquillas saladas, etcétera. Cuanto mayor es el estrés, más cortisol; cuanto más cortisol, más insulina, más ansias de comer y más almacenamiento de grasa. Es un círculo vicioso que sólo se detiene cuando la persona se compromete a cambiar todos los desencadenantes que lo causan, tanto dietéticos como emocionales.[13]

Un desencadenante particularmente difícil de superar es el legado de pasados maltratos o abusos. Los estudios han demostrado que los adultos que en su infancia sufrieron maltrato físico o emocional o abuso sexual, están en riesgo de obesidad,[14] y uno de los mecanismos por los que actúa ese factor de riesgo es el cortisol. El maltrato o abuso de cualquier tipo es obviamente estresante, y muchas de las víctimas sufren del clásico trastorno de estrés postraumático, en que el cerebro y el cuerpo continúan secretando un exceso de hormonas del estrés aun cuando ya no hay peligro o amenaza.

Hemos aprendido muchísimo acerca de la conexión entre el maltrato o abuso y la obesidad gracias al extenso estudio ACE 1998, que se realizó sobre 17.000 personas (ACE: Adverse Childhood Experiences, Experiencias adversas de la infancia); este estudio documentó las terribles consecuencias para la salud de los malos tratos, abuso sexual y disfunción en la infancia. El estudio ACE se inició en respuesta a las observaciones hechas a mediados de los años ochenta durante un programa para la obesidad realizado en el Kaiser Permanente San Diego Department of Preventive Medicine.[15] Este programa tuvo un elevado índice de abandono; curiosamente, muchas de las personas que dejaron el programa estaban bajando muy bien de peso, lo cual resultó ser precisamente la causa de que lo abandonaran. Detalladas entrevistas acerca de la vida de casi 200 de estas personas revelaron, inesperadamente, que el maltrato y abuso en la infancia y la adolescencia era extraordinariamente común entre ellas, y anterior al comienzo de su obesidad. Una vez que en el programa se les enseñó a romper el círculo vicioso de cortisol, insulina y comer en exceso, controlando el consumo de carbohidratos refinados, incluido el alcohol, comenzaron a aflorar las emociones relacionadas con el abuso, porque ya no recurrían a esas sustancias para calmar las emociones. Además, resultó que la obesidad no era para ellas el problema, sino la solución; el exceso de peso era su capa protectora para no volver a ser sexualmente atractivas. Cuando bajaron de peso y se vieron ante el riesgo de llamar la atención, empezó a resurgir el dolor del abuso sexual que habían soportado en el pasado. Por ejemplo, una mujer que aumentó casi 50 kilos el año siguiente al que fue violada, dijo: «A las gordas no se las mira. Y eso era exactamente lo que yo necesitaba». La idea subyacente de estas personas era que «ser delgada no es seguro», de ahí el elevado índice de abandono del programa.

Reflexionando sobre la enormidad de esto, el investigador, doctor Vincent Felitti, escribió:

> Si las consecuencias del tratamiento que hemos descubierto en el estudio ACE son de largo alcance, los aspectos preventivos son claramente desalentadores. La naturaleza misma del material es tal que produce desagrado e incomodidad. ¿Para qué querría uno dejar la relativa comodidad de la enfermedad orgánica tradicional y entrar en este campo de amenazadora incertidumbre que a ninguno de nosotros se nos ha formado para enfrentar?[16]

No hay absolutamente ninguna duda de que las personas que tienen un doloroso historial de maltrato o abuso recurren al consumo de comida, tabaco o alcohol para aliviar las emociones desagradables relacionadas con la sensación de vulnerabilidad y/o violación. Personas con formas de estrés mucho menores hacen lo mismo, con la inevitable consecuencia de aumento de peso. Y, como dice el doctor Felitti, es mucho más fácil tratar solamente los llamados aspectos orgánicos del problema (adelgazar con una dieta de régimen, tomar una pastilla de dieta e incluso hacerse una operación quirúrgica para reducir el peso) que profundizar en las emociones y creencias que son la causa de que la persona se entregue al comportamiento que erosiona su salud. Pero he descubierto que al final es mucho más satisfactorio y útil si una madre (o un médico) está dispuesta a reconocer la existencia del «asunto difícil». Sólo entonces puede ayudar a su hija a usar la sabiduría interior que le servirá para enfrentar sus problemas y sanarlos, con la adecuada intervención profesional si fuese necesario.

Siempre hay esperanza

Los estudios indican que un 15 por ciento de las chicas adolescentes son obesas hoy en día.[17] En muchos casos, también lo son sus madres. Aunque no es fácil cambiar los hábitos alimentarios, ofrezco la siguiente historia de una de mis colegas médicas, a la que llamaré Irene, a modo de estímulo o inspiración de lo que es posible. Ella lo expresa así: «La gordura son sueños almacenados. Una vez que haces algo para hacer realidad tus sueños y enfrentas los temores que te refrenan, la gordura queda libre para marcharse».

Irene era enfermizamente obesa de adolescente. Su madre era esquizofrénica, y ella, la hija mayor, tuvo que cuidar de sus hermanos menores mientras su padre estaba en servicio en Vietnam. Dice que el refrigerador era su amigo de más confianza. Y aunque la llevaron de médico en médico, en su corazón sabía que no iba a bajar de peso mientras no terminara los estudios secundarios y se marchara de casa. Cuando comenzó la universidad, entró en el grupo Weight Watchers (Vigilantes del Peso) e inició un programa de ejercicios. A lo largo de los dos años siguientes, logró quitarse los kilos y mantenerse. Esto no fue fácil ni rápido. También pasó una considerable cantidad de tiempo en terapia para aprender a sentir totalmente sus emociones. Durante ese proceso me llamó una vez y me dijo: «Ahora sé por qué tan pocas personas consiguen mantenerse una vez que han bajado de peso. Sentir todas mis emociones respecto a mi madre, y enfrentar también el miedo a ser igual que ella, ha sido lo más doloroso que he tenido que hacer en mi vida. Pero el resultado final lo ha valido». Habiendo experimentado esto personalmente, ahora hace un trabajo en que dirige grupos de pacientes obesos; les demuestra, con su ejemplo, que es posible bajar de peso si están dispuestos a hacer el trabajo necesario para librarse del pasado.

CÓMO ELEVAR EL ÁNIMO SIN COMIDA

Existen un buen número de maneras probadas y ciertas de elevar el ánimo sin recurrir a la comida. Las siguientes son unas pocas:

* El ejercicio aeróbico aumenta la producción de endorfinas, los «opiáceos» naturales del cerebro. También disminuye el exceso de cortisol y así contrarresta las ansias de comer.
* La meditación, o ejercicios de respiración consciente, también aumenta el nivel de opiáceos del cerebro y reduce los efectos del estrés. De diez a veinte minutos al día es un tiempo adecuado.
* Hacer inspiraciones profundas por la nariz, dirigiendo el aire a la parte inferior de la caja torácica y al abdomen, reduce las hormonas del estrés y eleva el ánimo.
* Echar siestas o cabezadas cortas es otra estrategia para mejorar el estado anímico, sobre todo si hay falta de sueño.

PLAN PARA TRATAR
LOS TRASTORNOS ALIMENTARIOS

Comprende la conexión comida-ánimo. No lograrás establecer hábitos alimentarios sanos si continúas comiendo comida basura o productos adictivos. El azúcar, el alcohol, la cafeína y los aditivos como el glutamato monosódico (MSG o GMS) pueden tener efectos profundos en la saciedad, el apetito y el humor.

Deja de hacer regímenes de adelgazamiento. Por cada comida restringida a la que te sometes habrá un atracón igual o mayor que la privación que sientes, hasta que reconozcas y atiendas las emociones que te impulsan a comer. A veces es necesario un plan estructurado de comidas durante un tiempo para aprender los fundamentos del comer sano. Pero la idea siempre ha de ser que estás «siguiendo un plan dietético sano para toda la vida», no una dieta de régimen que se va a «acabar» una vez que consigas el objetivo.

Conócete a ti misma. Las chicas y las mujeres con trastornos alimentarios11 tienden a trabajar en torno a la comida; se convierten en cocineras, panaderas, camareras y nutricionistas. Éste es un buen ejemplo de cómo el intelecto, mediante el conocimiento, trata de curar las heridas del corazón. Pero el conocimiento intelectual no puede sanar la herida que causa el trastorno alimentario. Lo único que puede sanarla es sentir totalmente las emociones y luego dejarlas marchar. Puedes saber las dosis oficialmente recomendadas de todas las vitaminas y minerales, el número de calorías y el contenido graso de todos los alimentos conocidos por la Humanidad y cuánto ejercicio es necesario para quemar las calorías de cualquier producto de la empresa M&M, pero continuarás sintiéndote incapaz mientras no enfrentes las emociones que tratas de medicar. Éstas desean decirte algo, impulsarte a cambiar. Tu tarea es escuchar y hacer caso del mensaje, no silenciarlo.

Estimúlate e inspírate. Es muy estimulante y útil leer relatos personales de aquellas mujeres y chicas que «lo han pasado» y solucionado. En particular me gustan todos los libros de Geneen Roth, entre ellos *Cuando la comida sustituye al amor* (Ediciones Urano). Nadie ha escrito jamás con tanta elocuencia y de modo tan útil acerca del tema del comer y las emociones.

También recomiendo *It Was Food vs. Me, and I Won* [Era o la comida o yo, y yo gané], de Nancy Goodman. Es divertido y extraordinariamente sincero respecto a lo que hace falta para enfrentar los sentimientos y aprender a vivir una vida más allá de la comida.

Accede al poder de la comunidad. Uno de los motivos de que den resultado Weight Watchers, Curves, OA [Overeaters Anonymous, Comedores-en-exceso Anónimos] y otros grupos (mientras sigas yendo) es que formas parte de una comunidad de personas que te ayudan y apoyan. Conoces a otras personas y recibes ayuda para tu nueva forma de ser. Todos necesitamos ayuda para los cambios importantes en la vida. ¡Y cambiar la manera de abordar la comida es importante! OA es un programa gratis de doce pasos (basados en los de Alcohólicos Anónimos) que ha ayudado a millones de personas de todo el mundo a superar el hábito de comer impulsadas por las emociones, a fin de que puedan crearse hábitos sanos y una vida más plena.

Actúa. En su brillante memoria acerca de recuperarse de la adicción a la comida, la sacerdotisa episcopaliana Margaret Bullitt-Jonas lo expresa así:

> El primer paso en el largo proceso de la recuperación, y el fundamento del subsiguiente bienestar del adicto a la comida, es dejar el tenedor en la mesa, dejar de seguir comiendo, día a día. Ningún conocimiento del yo, por sutil que sea, ningún análisis de la dinámica de la adicción, por sofisticado o iluminador que sea, ninguna de estas cosas buenas pueden sustituir a la acción. La curación de la adicción depende, en primer y principal lugar, no de lo que sabemos, no de lo que sentimos, sino de lo que hacemos.[18]

Estas percepciones de Bullitt-Jonas respecto a la adicción son tan pertinentes para el tabaco o el alcohol como para la comida.

Terapia conductista cognitiva para los trastornos alimentarios

Si ves que tu hija tiene un trastorno alimentario que podría ser peligroso o amenazar a su vida, ve al centro de salud mental más cercano, de preferencia uno que esté conectado con alguna facultad de medicina. Ponla en un programa que aplique la terapia conductista cognitiva, concretamente para estos trastornos. Life Skills Training [Aprender Habilidades para la Vida] (se trata de una terapia conductista dialéctica [TCD; DBT], el modelo de Marsha Linehan) es una forma de terapia conductista cognitiva que enseña a reconocer la emoción que se está sintiendo (miedo, rabia, tristeza), a identificar la causa, es decir por qué se siente, y a aprender a aliviar la molestia antes de que se somatice, es decir, antes de que se haga física en el cuerpo.

Life Skills Training no es una psicoterapia estándar. Se realiza en forma de clase, en un aula, por un psicólogo o psiquiatra que centra la atención en adquirir ciertas habilidades.

La terapia conductista dialéctica y otras formas de terapia conductista son mi primera elección cuando es necesaria una terapia, no sólo para trastornos alimentarios sino también para muchos otros problemas. Estas terapias ayudan a la persona a cambiar sus pensamientos, y por lo tanto su comportamiento, y tanto mi experiencia clínica como los informes de estudios indican que son eficaces para mejorar la calidad de vida y la salud. (Para más información, busca en Google «cognitive behavioral therapy»; páginas en España: «terapia conductista cognitiva»). Aunque la terapia «de hablar» tiene su lugar, no hay ningún estudio de resultados a largo plazo que demuestre que funciona. He visto «regresión» en muchísimas mujeres y chicas, las que pierden habilidad para tratar sus emociones en lugar de adquirir más cuando la psicoterapia «de apoyo» se prolonga demasiado. Hablar de las «heridas» demasiado tiempo puede sencillamente reforzar el sentimiento de ser víctima a expensas de los sentimientos de pericia y competencia.

Para encontrar un especialista en terapia conductista cognitiva en tu zona, llama al centro de salud mental de tu localidad o llama a: DBT Training Group, 4556 University Way NE, Suite 200, Seattle, WA 98105, o busca en la web en www.behavioraltech.org.

EL ASPARTAMO

Muchas adolescentes (y sus madres) son adictas a las colas de dieta, y digo en serio lo de adictas, como lo explico más adelante. He tenido clientas que comienzan el día con una cola de dieta, y acaban el día habiendo bebido un par de litros, como sustitutivo de la comida, y como forma de mantener el ánimo elevado y el peso bajo. Esto me preocupa enormemente, porque la mayoría de las colas de dieta contienen el edulcorante artificial aspartamo, y muchas también contienen cafeína. Estas dos sustancias ya de por sí son dañinas para la salud, de modo que juntas lo son mucho más.

El aspartamo y la muerte de neuronas

El aspartamo es una combinación de dos aminoácidos naturales, el ácido aspártico y el ácido glutámico. Los dos son neurotransmisores que tienen un activo papel en el sistema nervioso central, ya que los utilizan el 75 por ciento de las neuronas de la médula espinal y del cerebro. Juntos, estos dos neurotransmisores forman una sustancia que en esencia es una neurotoxina en personas vulnerables. Esto se debe a que estos dos ácidos son excitotoxinas, es decir excitan a las neuronas. Una cierta excitación de las neuronas es necesaria para estar alerta y prestar atención. Pero demasiada no es buena para nadie, tampoco para las neuronas. La Naturaleza nos ha provisto de un equipo de limpieza del exceso de excitotoxinas en la forma de células gliales, que envuelven las neuronas y absorben y procesan las excitotoxinas como pequeñas esponjas. Pero si se eleva demasiado el nivel de excitotoxinas, las células gliales no dan abasto y en consecuencia se sobreestimulan las neuronas. Cuando ocurre esto, la neurona se hincha y el material genético de su interior se aglutina y libera radicales libres. Dado que los antioxidantes del cuerpo no pueden hacer frente al exceso de radicales libres, las neuronas mueren.

Prácticamente todas las neuronas del cuerpo tienen receptores de ácido glutámico y ácido aspártico, lo cual significa que se pueden sobreexcitar hasta el punto de morir (apoptosis). Ésa es la definición de una excitotoxina: ¡puede estimular a una célula hasta matarla!

Aspartamo, cafeína, estado anímico y conducta

La muerte de neuronas no es el único problema causado por el consumo excesivo de colas de dieta cafeinadas que contienen aspartamo. La cafeína intensifica la reacción de estrés aumentando la producción de adrenalina y noradrenalina, lo cual lleva a un menor nivel de serotonina, el neurotransmisor importante para la estabilización del estado anímico, la planificación y el control de los impulsos.

La noradrenalina y la adrenalina producen un aumento de energía y viveza de corta duración, que suele ser seguido de depresión, mayor producción de insulina, bajo nivel de azúcar en la sangre, más ansias de comer carbohidratos, y también aumentan el riesgo de contraer prácticamente todas las enfermedades que existen.[19]

Adicción a las colas de dieta

De todos los productos del mercado, las colas de dieta son las más dañinas, según mi experiencia. Esto se debe a que tanto el aspartamo como la cafeína tienen muchos efectos negativos. Hay una cierta «animación» irresistible que produce la cola de dieta a muchas personas. Este tipo de adicción no ocurre con la Ginger-ale de dieta, por ejemplo, porque aun cuando también contiene aspartamo, no contiene cafeína. Tampoco ocurre con las colas Diet Rite, que pueden contener cafeína, pero las endulzan con sacarina, no con aspartamo.

El consumo de aspartamo, particularmente en forma de colas de dieta, se ha relacionado con síntomas parecidos a los de la esclerosis múltiple en muchas personas. Entre estos síntomas se cuentan el dolor de cabeza, la visión borrosa, el habla estropajosa y la pérdida de memoria.

Quiénes deben evitar el aspartamo

Aunque recomiendo que todo el mundo procure reducir al mínimo el consumo de aspartamo, hay algunas personas que son particularmente susceptibles a sus dañinos efectos. Dado su efecto en el sistema nervioso central, las personas que sufren de las siguientes enfermedades o problemas, o tienen un historial familiar de éstos, deben evitar por completo el aspartamo:

- Problemas neuropsiquiátricos como la depresión, ataques de ansiedad, síntomas obsesivo-compulsivos, trastorno maniaco-depresivo, esquizofrenia.
- Historial de lesiones en la cabeza.
- Visión borrosa.
- Pérdida de memoria.
- Síndrome de cansancio crónico, fibromialgia.
- Tinnitus (sensación de campanilleo o retintín en los oídos).
- Espasmos, dolor punzante, adormecimiento.
- Trastorno de déficit de atención o de hiperactividad.
- Lesión en la médula espinal.

- Esclerosis múltiple.
- Esclerosis lateral amiotrófica.
- Migrañas o jaquecas.
- Problemas discales.
- Enfermedad de Parkinson.
- Enfermedad de Alzheimer.

LA CAFEÍNA

La cafeína tiene potentes efectos estimulantes en el sistema nervioso central, y nuestra hiperactiva cultura vive de ella. Pero la cafeína es una droga, lisa y llanamente. También es una neurotoxina. En cantidad excesiva puede causar convulsiones. Incluso una taza por la mañana puede causar pánico, ansiedad e insomnio a personas suceptibles. En mi trabajo he «curado» muchos casos de insomnio inducido por la cafeína simplemente recetando «dejar de tomarla».

Las colas que contienen cafeína son una causa muy común, aunque poco reconocida, de dolor de cabeza en niños y adolescentes. En un estudio de niños internados en una clínica para el dolor de cabeza se comprobó que los niños consumían como mínimo 1,5 litros de cola al día, y un promedio de 11 litros (1.415 mg de cafeína) a la semana. Cuando dejaron de consumir cafeína, les desaparecieron los dolores de cabeza.[20]

La cafeína es la sustancia psicoactiva de consumo más común en nuestra cultura, tanto entre niños y adolescentes como entre adultos. Según un estudio, los adolescentes consumían un promedio de 63 mg de cafeína al día, la cantidad que se encuentra en más o menos media taza de café remojado. Pero algunos consumían hasta 800 mg al día, el equivalente de casi siete tazas de café.[21]

La cafeína puede subir la tensión arterial de adolescentes (y de adultos) y también tener un efecto adverso en el corazón, produciendo palpitaciones y latidos irregulares.[22] También puede causar o exacerbar síntomas gastrointestinales, como el síndrome del colon irritable, úlceras, acedía, reflujo ácido y hernia de hiato. También puede ser causa de frecuencia urinaria e irritación uretral.

Como ocurre con el alcohol, los niños y adolescentes son más susceptibles a los efectos de la cafeína que los adultos. Se ha descubierto que en un adolescente una lata de 36 cl de cola tiene el mismo efecto que unas cuatro tazas de café en un adulto.[23]

La cafeína altera el estado anímico y lleva a una dependencia física tan fuerte que dejarla causa síntomas de abstinencia. El consumo regular también lleva a habituación o tolerancia, lo que significa que, mientras más se toma, más se necesita para lograr los mismos efectos. Como ocurre con el alcohol, es mejor que la adolescente la evite cuanto le sea posible para que su cerebro en desarrollo no se habitúe.

A muchas personas les encantan los efectos de la cafeína: despabila la mente, disminuye el tiempo de reacción y puede mejorar la memoria verbal. Sin embargo, todo esto lo hace estimulando la liberación de adrenalina en el cerebro y el cuerpo. Ésta es la hormona del instinto de supervivencia («luchar o huir») que prepara para el peligro aumentando la tensión arterial, el ritmo de la respiración y el funcionamiento renal (por eso la cafeína aumenta las micciones). Recuerdo que uno de mis sobrinos, cuando era adolescente, hizo una fiesta en que se bebía Jolt. Se trataba de consumir lo más posible de esta gaseosa cafeinada, hasta que todos se subían por las paredes.

CANTIDAD DE CAFEÍNA QUE CONTIENEN LAS BEBIDAS COMUNES[24]

Producto	Cafeína
Coca-Cola, 34 cl	45 mg
Pepsi de dieta, 34 cl	36 mg
Mountain Dew, 34 cl	54 mg
Jolt, 34 cl	110 mg
Café filtrado, 17 cl	110 mg
Café de goteo, 17 cl	150 mg
Café Grande Starbucks, 45 cl	550 mg
Té remojado 5 min., 17 cl	45 mg
Barra de chocolate pequeña	30 mg

La cafeína y las mujeres

Un 75 por ciento de los estudios sobre la cafeína se han realizado con hombres. Pero los hombres y las mujeres no reaccionan igual a la cafeína. Las mujeres pagan un precio más elevado por el «estímulo» de la cafeína.

- El cuerpo femenino tiene más dificultad para descomponer la cafeína en sustancias que ya no sean psicoactivas. En un hombre, los efectos de una taza de café o de una lata de Coca-Cola duran de 2,5 horas a 4,5 horas. En las mujeres estos efectos pueden durar de 4 a 7 horas.
- La desintoxicación de la cafeína depende del ciclo menstrual. En la segunda mitad del ciclo (la fase lútea) la eliminación de la cafeína del organismo puede tardar dos horas más que en la primera mitad. Las mujeres que toman la píldora anticonceptiva u otras hormonas tardan el doble en desintoxicarse de la cafeína (y del alcohol también).
- En las mujeres la cafeína irrita la vejiga y puede causar frecuencia urinaria y ardor hasta el punto que se podría confundir con infección de la vejiga.
- La cafeína favorece la eliminación de magnesio, calcio, sodio y potasio por la orina, porque aumenta la frecuencia de micciones. Esto pone a las mujeres en mayor riesgo de osteoporosis más adelante.
- La cafeína puede ser causa de deficiencia de hierro, porque al parecer oxida la forma aprovechable del hierro de los alimentos y suplementos y lo convierte en una forma mucho menos bioaprovechable. Una sola taza de café puede reducir en un 39 por ciento la absorción de hierro. (Algunas personas enfermas de anemia no se recuperan hasta que eliminan la cafeína de su dieta.)[25] Las mujeres son particularmente propensas a la anemia debido a la pérdida de sangre durante la menstruación.
- La cafeína puede desencadenar migrañas, especialmente en las mujeres.
- Puede causar sensibilidad en los pechos y otros síntomas como mamas quísticas.
- Intensifica los síntomas del síndrome premenstrual.
- Aumenta el índice de abortos espontáneos y de bebés nacidos con poco peso.

Por todos estos motivos, recomiendo que una chica evite totalmente la cafeína si tiene tendencia a la ansiedad, irritabilidad, insomnio, altibajos anímicos, bajo nivel de azúcar en la sangre, infecciones de las vías urinarias o frecuencia urinaria, o un trastorno alimentario (la cafeína es supresora del apetito).

Asegúrate de no tener bebidas con cola en tu casa. Si debes tener algo, que sean bebidas de dieta sin cola.

Afortunadamente la desintoxicación de la cafeína sólo lleva tres días, durante los cuales tienes dolor de cabeza, te sientes irritable y también muy cansada. Pero luego se acaba todo esto.

CREACIÓN DE UN LEGADO DE SALUD

Guiar a tu hija hacia buenas opciones de salud y estilo de vida puede ser muy difícil. Es posible que ella insista en beber su taza de café por la mañana, o no comprenda por qué no debe beber colas de dieta durante todo el día, o tenga cosas mucho más interesantes que hacer en su vida que dormir, o encuentre raro tener que tomar todos esos comprimidos cuando no le pasa nada malo, y su mejor amiga acaba de bajar cinco kilos con la última dieta de adelgazamiento y se ve absolutamente fabulosa con su biquini. Muy pronto estará fuera de casa y fuera de tu ojo vigilante y entonces tomará todas esas decisiones sola. Pero mientras esté en la casa, haz lo que puedas por fomentarle buenos hábitos, porque muchos de los hábitos que establezca ahora continuarán con ella toda la vida. Ayúdala a transmitir un legado de salud. Te lo agradecerá el resto de su vida.

19

El mundo real

Convertirse en la autora de la propia vida

La adolescencia, con todos sus retos y complicaciones, es el terreno de prueba en el que tu hija ha de demostrarse a sí misma de lo que es capaz hasta estar preparada para la independencia total. Aunque necesita estas pruebas, también necesita tu ayuda. Más que nunca has de mantenerte firme y ofrecerle el beneficio de tu sabiduría Madre Osa de amor fiero y duro. Si no, podrías criar una «cachorrita» que no sabe lo que necesita para lanzarse sola, y mucho menos para materializar la vida de sus sueños.

Dado que la adolescencia es el tránsito a la edad adulta, es el periodo en que la chica debe aprender las habilidades para sobrevivir, y finalmente prosperar, sola. Las cualidades de su alma, combinadas con su pasión y sus propósitos, le dan el combustible para que llegue al otro lado sana y salva. Su madre le puede dar el impulso, comunicándole que si decide lo que desea y va a por ello, muchas veces lo obtendrá. Creo que por naturaleza somos criaturas en busca de un objetivo. La mejor manera de hacer realidad los sueños es identificarlos, ponerles nombre y dar los pasos concretos, factibles, hacia su logro.

Por la ley de la atracción, nos atraemos aquello sobre lo que ponemos la atención. Y cuando escribimos nuestros objetivos y los leemos con frecuencia, tenemos muchas más posibilidades de conseguirlos. Nuestra tarea como seres humanos pensantes, conscientes, es crearnos la mejor vida que podamos. Esto lo hacemos teniendo objetivos y trabajando en hacerlos realidad. Vivir la vida sin objetivos es como navegar en un barco sin ningún medio para dirigirlo; estamos a merced de los vientos y las mareas, en lugar de usarlos para llegar adonde queremos ir. Tener objetivos concretos es como tener al mismo tiempo izada la vela y el timón sumergido en el agua.

FIJARSE OBJETIVOS: UNA TRADICIÓN FAMILIAR

Les enseñé a mis hijas a escribir sus objetivos cada año en la víspera del Año Nuevo, a partir de cuando tenían unos 12 años. Finalmente esto se convirtió en un rito familiar que los cuatro, mi marido, mis hijas y yo, esperábamos con ilusión y participábamos. Nos sentábamos en el suelo sobre cojines formando un círculo alrededor de un pequeño «altar» o espacio sagrado que yo creaba con un trozo redondo de satén sobre el cual colocaba flores, velas y otros objetos significativos como piedras, conchas y cristales. Cada uno ponía en el centro un objeto favorito propio. Luego yo ponía una música inspiradora, encendía las tres velas —una por el pasado, una por el presente y una por el futuro—, y abría el diario en que habíamos escrito nuestros objetivos el año anterior. Pasábamos el diario y cada uno leía en voz alta lo escrito el año anterior, y luego comentábamos y celebrábamos los logros de cada uno. Después cogíamos unos trocitos de papel y cada uno escribía algo que deseaba liberar del año pasado. Manteniendo en secreto lo escrito, quemábamos los papelitos, liberándonos así de la energía negativa que no queríamos llevar al nuevo año.

Después, cada uno explicaba y escribía lo que deseaba realizar el año que iba a comenzar. Entonces nos cogíamos de la mano, bendecíamos nuestra pequeña ceremonia y apagábamos las velas. Cada año repetíamos esta ceremonia, leyendo lo que habíamos escrito, viendo hasta dónde habíamos llegado, celebrando los objetivos que habíamos conseguido y hablando sobre cómo podríamos superar los obstáculos para los objetivos restantes, si seguían valiendo la pena. También hacíamos modificaciones si eran necesarias. Los objetivos cambian continuamente a medida que crecemos y nos desarrollamos.

FUSIÓN CONTRA PULSIÓN: AFIRMACIÓN DE LO QUE ES DE ELLA

En muchas chicas, y muchas mujeres también, el impulso de ir en pos de lo que desean en el mundo (por ejemplo, buenas notas, aceptación en la universidad, un aumento de sueldo, reconocimiento, posesiones materiales, éxito, posición, popularidad) está en conflicto con la necesidad de ser amadas y aceptadas. Aunque estos impulsos no son mutuamente excluyentes, muchas veces es difícil equilibrarse en el límite siempre cambiante entre el yo y la generosidad. En mujeres jóvenes y adultas hay una inclinación a someterse a las necesidades y opiniones de los demás, tendencia reforzada por lo que yo llamo el «velo» hormonal que cae sobre las mujeres en edad de concebir, haciéndolas más receptivas a las concesiones que entrañan el encontrar pareja y criar una familia. Esto está bien mientras la chica no se doblegue totalmente a las exigencias de las relaciones.

Dónde exactamente coloca el límite entre ella misma y los demás irá cambiando a medida que pasa de bebé a la infancia, luego a la adolescencia y luego a la edad adulta, hasta que esto se incorpora, muy literalmente, en el funcionamiento de sus sistemas inmunitario, endocrino y nervioso. De modo similar, durante estos años quedará programado con mayor fijeza su sentido de lo que es socialmente aceptable y deseable, establecido en la corteza prefrontal dorsolateral de su cerebro. Como dijimos antes, cuanto más se acerca uno a la edad adulta, menos «plásticas» o flexibles se hacen las vías neurales entre el cerebro y el cuerpo.

Programación para la abnegación o sacrificio

Cuando el programa de feminidad que se establece en la adolescencia está demasiado enfocado a atender las necesidades de los demás al tiempo que se desatienden las propias, el precio que se paga es elevado. A no ser en las verdaderas santas, esta programación para la abnegación o sacrificio propio lleva inevitablemente a sentimientos de culpabilidad, resentimiento, envidia, rabia, martirio, emociones que van acompañadas por elevados niveles de las hormonas del estrés, el cortisol y la adrenalina, las que aumentan el nivel de insulina, y finalmente tienen por consecuencia la inflamación celular. Muchísimos estudios ya han demostrado que la inflamación celular es la causa fundamental de todas las enfermedades, entre ellas las más comunes entre las mujeres: problemas cardiovasculares (hipertensión y accidentes cerebrovasculares, entre otros), enfermedades por autoinmunidad, cáncer, cansancio crónico, dolores menstruales, síndrome premenstrual e incluso depresión. Es decir, el exceso de abnegación o sacrificio nos enferma. Diversos estudios corroboran esto. Por ejemplo, se ha comprobado que las personas que descuidan su salud por cuidar de otros son más propensas a fumar y a abusar del alcohol, y están en mayor riesgo de depresión, cardiopatías y estrés crónico. El índice de supervivencia es menor entre estas personas cuando se enferman.[1] También se ha demostrado que el estrés, que va generalmente ligado a comportamiento abnegado, aumenta el riesgo de cáncer de mama.[2]

La abnegación va en contra de lo que nuestra alma sabe que es cierto: que nuestro mayor y más importante valor «debe» ser nuestra propia felicidad y satisfacción. Pero la nuestra no es una cultura que reconozca esta verdad para las mujeres como la reconoce para los hombres. La programación para el sacrificio, en sus muchas formas, es la «cadena de sufrimiento» que muchas madres, comprensiblemente, han transmitido a sus hijas durante generaciones. Esto les ha servido para situarse en una sociedad que no valoraba a las mujeres igual que a los hombres; y es una forma de «restitución» para la madre por el sacrificio que ha hecho. (Los hombres de nuestra cultura también eran programados con mensajes de abnegación o sacrificio, pero tradicionalmente la de ellos tenía que ver con dar su vida en la guerra, y —hasta hace poco, en que se comenzó a compartir cada vez más la responsabilidad—, con hacer todo el trabajo para mantener a sus familias.)

En las mujeres, la abnegación es la cadena de sufrimiento que no sólo nos enferma sino que además mantiene a muchas atrapadas en relaciones, trabajos y vidas sin futuro. Por eso las mujeres no piden ni reciben los mismos ascensos que los hombres en las empresas y empleos.[3] Con el tiempo, la abnegación (como también su opuesto, el egocentrismo o narcisismo) tiene inevitablemente un efecto adverso en el funcionamiento de los sistemas inmunitario, endocrino y nervioso. Después de años y años de tratar a miles de pacientes de dolores de cabeza, cansancio crónico, dolores menstruales, embarazos indeseados, problemas de fertilidad, adicciones y depresión, como también de cáncer, dolor crónico, fibromialgia, dolor de espalda y otros trastornos relacionados con el estrés, estoy convencida de que el grado en que una chica ha interiorizado la programación para la abnegación y la lleva a cabo en su vida es el grado en que es propensa a tener problemas de salud. Y, claro, esto lo he visto manifestado en mi vida (las erupciones en la piel, los problemas de vista y los dolores de cabeza que he mencionado antes) y en la vida de mis hijas.

El deseo de fusionarse: querer ser Miss Simpatía

Cuando Kate tenía 14 años deseaba desesperadamente participar en las obras de teatro del colegio. Practicaba y practicaba. Lo deseaba tanto y yo me identificaba tan fuertemente con ella que me parecía que yo iba a quedar destrozada si no le daban un papel. Le enseñaba a cantar y le decía que tenía que ser convincente. Al mismo tiempo sabía que su éxito en esa empresa escapaba de mis manos. Observándola pasar por este proceso escribí:

> Su dificultad en este respecto es que, aunque es muy inteligente y tiene mucho talento, tiende a acatar las opiniones y anteponer las necesidades de los demás, y en realidad no desea «destacar» demasiado, no sea que caiga mal. Le he dicho que a veces, para obtener lo que se desea en la vida, hay que abdicar del trono de Miss Simpatía. Eso es difícil para Kate.

Fue una inmensa alegría para mí cuando le dieron un papel. Después, cuando se repartieron unos parlamentos extras, no le dieron ninguno. La habían pasado por alto en favor de chicas que tenían mucho menos talento. Nuevamente le dije que tenía que procurar batallar como seria contendiente. Ella reflexionó sobre eso durante el fin de semana, a su manera muy profunda. (Procesa las cosas muy a fondo en su interior, y rara vez emplea palabras.)

El domingo despertó con el estómago revuelto y un dolor justo debajo de la caja torácica. No tenía mucho apetito y decidió quedarse en casa. No tenía fiebre. Su enfermedad era similar a las que siempre había tenido. Le van directo al vientre. Le viene fiebre, náuseas y vómito mucho más rápidamente que a cualquier persona que yo haya visto. Y sus enfermedades son muy reales.

El conflicto de Kate a esa edad (el deseo de triunfar en el competitivo mundo exterior, frente a la necesidad de ser amada y aceptada) es un conflicto que afecta a muchas mujeres ya bien pasada la adolescencia, y a veces toda la vida. No es de extrañar que el conflicto se manifestara en Kate justo donde se sentía atrapada: en la mitad de su cuerpo, en el tercer chakra. Ésa es la zona del cuerpo que se fortalece o se debilita según el grado en que la chica es capaz de equilibrar sus impulsos contradictorios de una manera que la haga sentirse bien consigo misma, apuntalando así su autoestima y su sensación de poder personal.

El conflicto entre el yo y los demás continuó siendo problema para Kate, y se expresaba de diversas maneras, conductuales y físicas. Aunque es una dotada deportista y una estudiante brillante, se pasó los años de enseñanza media y primeros de bachillerato eligiendo la amistad por encima de la consecución en esos dos campos de actuación. Participaba en diversos deportes en el colegio, entre otros fútbol y tenis, pero lo hacía para estar con sus compañeras, no para ganar puntos contra ellas. En séptimo año participó en el primer torneo de tenis entre colegios, lo que le significaba jugar contra sus compañeras de equipo además de contra chicas de otros colegios. Ganó su primer set, 6-0. Pero luego le tocó jugar contra una de sus mejores amigas. Estaba aterrada y tenía dolor de estómago. (Justamente cuando yo estaba preocupada por cómo iba a arreglárselas ella con este problema, oí decir a uno de los chicos lo preocupado que estaba porque tenía que jugar contra uno de los compañeros de su equipo. Me alegró haber oído eso, ya que tenía la impresión de que sólo las chicas encontraban difícil este tipo de lucha interior.)

Kate ganó un juego contra su amiga y perdió los otros. Cuando llegó al coche después del partido se golpeó la cabeza en la puerta. Aunque el golpe no fue fuerte, ese «traumatismo» físico sirvió para romper la presa emocional en su interior. Se echó a llorar. Las lágrimas eran de rabia consigo misma por haber perdido puntos que no tenía por qué haber perdido, y también eran lágrimas de alivio de la tensión que había sentido por tener que jugar así presionada ante un público importante. La amiga ante la que perdió, una chica con mucho menos habilidad pero de fiero espíritu competitivo, continuó jugando hasta ganar el campeonato.

Jamás ha servido de nada presionar a Kate para que participe en deportes (ni en ninguna otra cosa) cuando ha decidido que ya no le interesa. Tanto ella como su hermana tienen una fuerte voluntad, lo que yo, lógicamente, he alentado. Probara el deporte que probara, ninguno le hacía «tilín». Y aunque siempre ha sido alumna de puros sobresalientes, tampoco es competitiva en los estudios. Por otro lado, siempre se ha sentido atraída por la danza como una polilla por una llama. Comenzó a tomar clases de danza a los tres años, y ha continuado bailando, y desde entonces siempre ha actuado en compañías de danza. La danza es una constante y omnipresente fuente de alegría e inspiración para ella, y para quienes la ven. El hecho de formar parte de un conjunto le permite sobresalir a expensas de nadie.

CÓMO AYUDAR A LA HIJA A HACER FRENTE A LAS DECEPCIONES Y A OTRAS EMOCIONES TORMENTOSAS

Las jovencitas (y muchas adultas también) necesitan aprender a identificar sus emociones y la finalidad a la que sirven. Y necesitan aprender a conectar los puntos entre una creencia, un pensamiento y el consiguiente sentimiento. También necesitan una manera eficaz y sin riesgos de procesar sus emociones difíciles, para no descargarlas en los familiares haciéndolos «rehenes».

Lo primero que ha de entender tu hija es que todas las emociones son normales. Son simple «energía» que pasa por nosotras. Las emociones que resultan agradables significan que los pensamientos y creencias que las acompañan nos mueven en la dirección de la salud y la felicidad. Las emociones desagradables significan que tenemos pensamientos y creencias que nos alejan de la felicidad y la satisfacción. Pero para encarrilarnos es necesario que primero procesemos las emociones difíciles.

Ejemplo: tu hija no queda seleccionada en el grupo para animar los partidos del colegio. Se siente furiosa, triste o desilusionada. Eso es natural y normal. Tiene que poder expresar su decepción totalmente para superarla de modo sano. Esto podría llevar de un par de horas a un par de días, según sea lo mucho que significa para ella formar parte de ese grupo. Al mismo tiempo también necesita que la alienten a volver los pensamientos hacia otra dirección, a algo que la haga sentirse mejor. Por ejemplo: «De acuerdo, no quedé en el grupo. Eso significa que tendré bastante tiempo para dedicar a la fotografía y la música en lugar de tener que asistir a todos esos partidos los fines de semana».

Una de las formas más eficaces e inmediatas para procesar las emociones difíciles es el ejercicio, que produce endorfinas y baja el nivel de las hormonas del estrés, el cortisol y la adrenalina. Correr y levantar pesas son ejercicios particularmente buenos para la rabia. Para la tristeza y la depresión suele ir bien el yoga.

Lo fundamental: Las emociones son nuestro sistema de orientación interior; nos indican en qué dirección vamos, si hacia la felicidad o hacia lo contrario. Nuestro poder radica en comprender el mensaje que contiene la emoción y hacer algo al respecto, siempre.

El deseo de elevarse: ir a por el oro

Durante el primer año de bachillerato, Kate pasó el invierno en lo que se llama Semestre en la Costa de Maine, programa en el que vivió en una cabaña calentada con leña en la costa de Maine con un grupo de chicas del mismo curso de institutos de todo el país. Juntas estudiaban ecología, removían abono vegetal, trabajaban con animales de granja y participaban en la preparación de la comida y luego en la limpieza. También tenían que cumplir un riguroso programa de estudios. Separada de sus compañeras de clase, familiares, y de sus expectativas, finalmente comprendió que tenía algo que decir y que los demás deseaban oírlo. Eso fue un cambio decisivo.

Cuando llegó al último año de bachillerato, tenía mucha más confianza en sí misma y ya no necesitaba la aprobación de sus compañeras tanto como antes. De hecho, se pasó buena parte del año escolar haciendo cursos independientes preaprobados que muchas veces no exigían su presencia en el colegio. Había encontrado su voz, de verdad. Y lo interesante es que cuando entró en la universidad, no tuvo ningún problema para conseguir papeles fabulosos en un par de obras musicales, aun cuando la competición por esos papeles era mucho más rigurosa que todo lo que había enfrentado en su pequeño instituto.

EL ESPÍRITU COMPETITIVO

A lo largo de toda la vida hemos de enfrentar la realidad de la competitividad y aprender a manejarla eficazmente. Una buena entrenadora deportiva (o profesora) sabe que será mucho más eficiente en su trabajo si logra estimular a sus alumnas inspirándoles cariño y respeto. Cuando los alumnos «dan lo mejor de sí» suele deberse a que ansían la aprobación de la entrenadora o profesora. Eso fue sin duda parte de mi motivación cuando estaba en enseñanza media y los últimos cursos de secundaria. Claro que si competir para ganar es sólo una manera de complacer a otros a expensas de una misma (por ejemplo, jugar al fútbol competitivamente porque tu hermana mayor era buena en eso y tu madre te ha presionado para que hagas lo mismo, aunque tú preferirías concentrarte en las artes), entonces eso no es sano. Pero si el espíritu competitivo viene de tu alma, como en mi caso, puede tener muchísimo sentido. Yo nací con el deseo de triunfar en los estudios y me presioné muchísimo para lograrlo desde el día que entré en parvulario. Cuando estaba en octavo año me fijé el objetivo de ser la que dijera la oración de despedida en el último curso del instituto, y lo conseguí. Siempre supe que el éxito académico sería esencial para realizar la finalidad de mi vida, aun cuando durante mucho tiempo no sabía cuál sería esa finalidad. Aprender a manejar la competitividad fortalece la salud del segundo y del tercer chakra y de los órganos relacionados con estos centros. Todas las chicas deben aprender a manejar eficientemente el estrés de la competición, utilizándolo en conformidad con la finalidad única de su alma.

El efecto de la competitividad en la biología femenina

La competición tiene un profundo efecto en la biología, y viceversa. Por ejemplo, está bien documentado en monos que la proximidad de una hembra dominante, una que o bien ha ganado una pelea o ha asustado o desplazado a otras, puede inhibir la ovulación de las subordinadas. De hecho, el éxito reproductivo entre las leonas, lobas y mandriles hembras varía muchísimo en relación a su dominio dentro del grupo. Parece ser que el hostigamiento en ambientes familiares es causa de ciclos anovulatorios en las monas y mandriles hembras. Estos ciclos van acompañados de elevados niveles de prolactina y cortisol, las hormonas que respectivamente inhiben la libido y ayudan al cuerpo a arreglárselas con el estrés.

En las mujeres ocurre lo mismo, pero nosotras tenemos la capacidad de influir conscientemente en nuestra biología mediante la reflexión. Lo que significa esto es que podemos reestructurar nuestras percepciones acerca de la competición de modos que generen salud, no aflicción. Esto lo hacemos trascendiendo la dicotomía ganadora/perdedora y utilizando la competitividad como la energía necesaria para perfeccionar nuestras habilidades y lograr claridad respecto a la finalidad de nuestra vida. Los estudios que respaldan esta visión de la competitividad han demostrado que su efecto en nosotros no depende del resultado de la competición sino de cómo nos sentimos respecto a la experiencia de haber participado en ella. En un estudio de chicos y chicas de 18 a 21 años, los investigadores de la Universidad de Rochester comprobaron que cuando el enfoque de la competición es ganar a toda costa, la competición tiene un efecto negativo en la motivación de la persona para continuar mejorando. Pero cuando los dos competidores y los observadores centran más la atención en la buena actuación o rendimiento que en ganar, mejora el efecto sobre la motivación de los competidores, al margen de quién gane o pierda.[4]

Muchas formas de ganar:
nuestra ventaja sobre los simios

Desde el punto de vista evolutivo de los mamíferos, el éxito de la hembra para reproducirse depende de su capacidad para atraer a un macho fuerte y sano que le dé hijos y la proteja de merodeadores. Ése es uno de los motivos de que tengan tanto éxito en el colegio las chicas que son «celebridades genéticas», aquellas que atraen la atención de los adolescentes por sus atributos físicos. Pero, según mi experiencia, estas flores tempranas pueden perder los pétalos muy pronto y «pasar a ser semillas» relativamente rápido. Dado que su celebridad genética no era algo por lo que tuvieron que luchar, muchas veces no desarrollan las habilidades necesarias para construir sobre su temprano éxito. Una vez que terminan secundaria, su curva de consecución y éxito tiende a bajar, porque ya no vivimos en el tipo de mundo en que las cualidades que entran en el «éxito reproductor» son indicadoras de otras clases de éxito. A diferencia de los monos, hemos evolucionado a formas diferentes de «ganar», y por eso las reuniones con ex compañeras de colegio son tan valiosas para aquellas que no fueron muy populares en ese tiempo. Éstas suelen ser personas que tuvieron un comienzo lento, pero adquirieron velocidad y una abundancia de habilidades después. Una de mis clientas lo expresa así:

> Puesto que mis pechos no eran destacables, comprendí que iba a tener que usar el cerebro. Y como las chicas de todas partes, entendí que si no tienes el tipo de cuerpo adecuado para crearte un lugar seguro en el mundo, vale más que desarrolles otros atributos que sean atractivos, únicos y sobresalientes. Desde que llegué a la edad madura, me he dado cuenta de que tarde o temprano todo el mundo necesita aprender esta lección. He visto a mis amigas «ex reinas del baile» sentirse destrozadas cuando llegan a los cuarenta, justo cuando yo comenzaba a coger mi tranquillo. Creo que la juez Judy lo ha resumido correctamente: «La belleza se marchita; la estupidez es para siempre». En definitiva, he llegado a comprender que mi felicidad y realización eran más importantes que aferrarme a la idea adolescente de lo que significa ser atractiva.

Al margen de la naturaleza de nuestros proyectos íntimos, a todos nos afecta la competición de una u otra manera. Por ejemplo, como muchas personas que se han sentido impulsadas a triunfar en los estudios, yo tenía pesadillas en que intentaba encontrar la sala en la que se daban los exámenes finales, aterrada por la idea de perdérmelos. Con los años, a medida que iba encontrando mi camino único en la vida, han remitido esas pesadillas. Parte del motivo fue que he descubierto la manera de convivir saludablemente con la competición.

Todas las madres pueden ayudar a sus hijas a aprender las habilidades necesarias para el éxito y también ayudarlas en su deseo de llegar a la excelencia. Alentar a tu hija a pedir y a ir en pos de lo que desea en el mundo, ya sea un puesto en el equipo de fútbol, un ascenso o la aceptación en la universidad de sus sueños, es una de las maneras más potentes para sanar tú y poner al día tu propio legado. Para hacerlo podrías tener que reestructurar tus ideas sobre la competitividad y el papel que ésta tiene en la vida.

Valorar los beneficios de la competición

Cuando le pedí a mi hermana Penny que reflexionara sobre cómo la ha ayudado su carrera deportiva en su edad adulta, me dijo lo siguiente:

> Durante mi adolescencia y los primeros de veinteañera, pertenecer al equipo de esquí me hacía disfrutar de tener un propósito definido, la oportunidad de hacer algo para lo que era buena y por lo que sentía verdadera pasión. Cuando miro mis muchos años de competición desde mi punto de vista actual, veo que me dieron una muy saludable dosis de seguridad en mí misma y confianza en mi cuerpo. Tuve la energía para crear a tres niños sanos. Sé que soy capaz de perseverar en una tarea y terminarla aun cuando esté cansada y preferiría hacer otra cosa. Mi experiencia en el equipo de esquí también me dio las habilidades necesarias para participar en un equipo y ser competidora. Ahora llevo un negocio en casa que he ido desarrollando (con mi marido) durante casi un decenio. Mi tenacidad y capacidad para trabajar bien con otros ha contribuido enormemente a mi éxito. El fracaso sencillamente nunca ha sido una opción. Hago lo que es necesario hacer.

El éxito cada vez mayor de mujeres atletas o deportistas y su notoriedad es un cambio del que muchas chicas están disfrutando a tope. Es una realidad maravillosa de la vida moderna que ahora las chicas y mujeres tienen más oportunidades que nunca para competir y ganar aclama-

ción, y no sólo en el mundo de los deportes sino también en el de los negocios, las leyes, la medicina, las ciencias y las artes. El mundo se nos está
abriendo de muchas maneras. Pero tenemos que procurar que nuestras
hijas aprovechen al máximo esas oportunidades y no limitarnos a hablar
sin hacer nada.

Aprovechar la competición para identificar los dones y talentos

Explícale a tu hija que la competición puede servirle para canalizar sus
mejores energías hacia aquellos campos que tienen más sentido para ella
y en los que tiene más para ofrecer. Eso no significa excluir otras actividades. Sí, siempre es posible sentirse ridícula al meterse en la pista de baile sin saber los pasos, o al hacer cualquier otra cosa nueva; pero así es
como se siguen añadiendo nuevas neuronas. Además, las personas que
no hacen nada a menos que puedan sobresalir en eso se pierden muchísima diversión. Pero tu hija tiene que descubrir en qué está destinada a sobresalir y en qué debe simplemente disfrutar. El siguiente es un ejemplo
de mi vida:

Cuando entré en la Escuela de Medicina, no tardé en comprender que,
por mucho tiempo y dedicación que dedicara a estudiar, simplemente no
iba a ser la mejor de mi clase. Algunos compañeros tenían memoria foto-
gráfica y se las arreglaban para sacar puros sobresalientes sin estudiar
nada. Comparada con ellos, yo tenía que trabajar muchísimo. Así que
comprendí inmediatamente que tenía dos opciones: podía enfermarme y
sentirme desgraciada dedicando más y más horas al estudio en el vano intento de competir por las mismas notas, o podía estudiar lo suficiente para
obtener notas aceptables y seguir teniendo una vida relativamente equilibrada. Elegí tener mi vida; hacía excursiones, esquiaba e iba a conciertos.
Y también tocaba mi arpa en la Orquesta Sinfónica de Darmouth, actividad que no aprobaba mi consejero (que tocaba el contrabajo detrás de
mí); él opinaba que yo debía pasar todo mi tiempo en la biblioteca.

Cuando comencé a atender a pacientes en la clínica, también comencé
a encontrar mis dones. Era francamente buena para escuchar, y pronto
comprendí que esa habilidad me daría información esencial sobre la manera de elaborar los tratamientos médicos a la medida de la situación de
cada persona de modos prácticos y realistas. Esto se convirtió en la base
de todo mi enfoque de la salud de las mujeres, y ha despejado mi profesión en una forma que jamás imaginé en esos tiempos de estudiante.

Superación de la mentalidad balance cero

La competición autodestructiva (el tipo que mina la salud) se basa en el mismo modelo balance cero que rige el enfoque convencional del dinero, es decir, «sólo existe una determinada cantidad; si tú tienes más, habrá menos para mí. Si yo gano, tú pierdes». En muchas personas, la combinación temperamento innato e influencias ambientales asegura que la voz del modelo balance cero se interiorice a edad muy temprana. Podemos aprender a decir no a esa voz si entendemos que en el juego general de la vida todos podemos ser ganadores.

A veces perder algo en una faceta también acaba generando éxito en otra, llevándonos por caminos que no podríamos haber previsto. Por ejemplo, cuando mi amiga Mona Lisa estaba en segundo año en la Universidad Brown, enfermó de narcolepsia y epilepsia y su nota promedio bajó a 2,2. Al tener que dormir 18 horas al día, tuvo que dejar la universidad, pues no podía competir en los cursos preparatorios para medicina. Le dijeron que nunca podría entrar en la Escuela de Medicina, que era su sueño desde los siete años. Puesto que la medicina ortodoxa no podía hacer nada para mejorarla, recurrió a la medicina china, la acupuntura y las afirmaciones, y finalmente logró curarse sola. Esto la hizo valorar las modalidades curativas que existen fuera de los límites de la medicina occidental, modalidades que han impregnado su trabajo y sus creencias desde entonces. La experiencia de haber superado esos inmensos obstáculos le dio una motivación aún más fuerte para triunfar que la que tenía antes, y acabó graduándose en Brown, y luego no sólo entró en la Escuela de Medicina, sino también en un programa que combinaba el doctorado en medicina y el doctorado en neurociencia, algo que sus consejeros habían considerado imposible. Para hacer su tesis de doctorado en neurociencia tuvo que asistir a clases con un instructor de lectura correctiva, donde tuvo la humillante experiencia de sentarse en un aula con mesas y sillas para niños. ¡Como para no sentirse pequeña! Así pues, incluso esa pérdida contenía un rayo de esperanza; la obligó a desarrollar otras partes del cerebro, principalmente su intuición, la que es gran parte de su trabajo y su regalo al mundo.

Aceptación y superación de las inseguridades: ¡todo el mundo las tiene!

La otra noche oí a Barbra Streisand en la entrevista que le hicieron en *Inside the Actors Studio*. Una estudiante le preguntó cómo lograba ser tan segura de sí misma. Contestó: «No cometas el error de pensar que mi seguridad en mí misma significa que no tengo inseguridades. Las tengo». Sí, incluso Barbra Streisand, con el éxito que ha alcanzado, tiene sus momentos de duda. Lo esencial es seguir adelante a pesar de las inseguridades. Dile a tu hija que la única manera de hacer esto es comprobar que está en el camino en que desea estar, el de ella, no el camino de otra persona (ni siquiera el tuyo). Entonces, por pedregoso y escabroso que sea el camino, irá en la dirección que finalmente la llevará al lugar que es el correcto para ella.

Alinear el espíritu competitivo con la fuerza vital

Cualquiera que se haya esforzado en ser lo mejor que puede ser en cualquier campo tiene una voz dentro de la cabeza que le dice que podría hacerlo mejor si se empeñara más. El impulso competitivo interior es como una fuerza de la Naturaleza, y al igual que ésta, a veces puede llegar a ser abrumador. Dile a tu hija que se haga amiga de eso, que valore aquello que la impulsa a cosas mejores. Pero ha de escuchar hábilmente ese mensaje. No debe permitir que sea punitivo ni destructivo. Si lo que oye es cualquier tipo de mensaje negativo acerca de su valor o valía innatos, usa la voz para azotarse, no para alentarse a ser lo mejor que puede ser. Si bien no nos es posible librarnos de esta crítica interior, sí es posible vivir en pacífica coexistencia con ella. Mi manera de hacer esto es practicar lo que el escritor y maestro espiritual Walter Starcke, autor de *The Third Appearance: The Crisis of Perception* [La tercera apariencia: La crisis de la percepción], llama «pensamiento dual»: reconozco que soy totalmente humana y falible, y al mismo tiempo sé que mi alma es la perfección misma, que siempre me guía hacia la mayor satisfacción y felicidad.

Éxito según las propias condiciones

Tarde o temprano, tu hija comprenderá que siempre hay alguien que tiene más talento que ella, es más inteligente, más rica, más bonita, más esbelta, tiene los pechos más grandes y recibe más premios. Si eso la fastidia, nunca estará en paz consigo misma (ni tendrá el nivel normal de hormonas del estrés). El único éxito verdadero está en aprender a usar al máximo sus dones y talentos y dejarse guiar por ellos hacia la vida que está destinada a tener. Haciendo eso, será fuente de inspiración para todo el mundo que la rodea.

¿Tengo que renunciar a mí para que me ames? Cuando el amor es competitivo

Claro que a veces las personas quieren que seas más pequeña de lo que podrías ser. Esto ocurre cuando a una persona se la hace sentir que tiene que bajar la potencia de su luz para crear la ilusión de que la otra brilla más que ella, y esto es particularmente común en las relaciones hombre-mujer. Muchas mujeres hacen esto porque se las ha llevado a creer que el ego masculino es frágil, creencia que yo considero no sólo un riesgo para la salud de las mujeres sino también tremendamente degradante para la dignidad de los hombres. En la popular película *Chicas malas (Mean Girls)*, basada en el libro de Rosalind Wiseman, *Queen Bees & Wannabes*, el personaje interpretado por Lindsay Lohan finge que no entiende las matemáticas para poder conquistar al chico guapo que se sienta detrás de ella en la clase: ¡muy típico!

Esta misma creencia puede operar en otros tipos de relaciones también, por ejemplo en relaciones lesbianas, como lo ilustra la siguiente historia.

DOTTIE: *asma y palpitaciones*

Dottie vino a verme debido a palpitaciones cardiacas y ataques de asma, dos síntomas que suelen indicar problemas emocionales no resueltos. Cuando le pregunté qué ocurría en su vida, me dijo que tenía problemas en la relación con su pareja. Acababa de terminar su doctorado en biología celular en un excelente centro, y su compañera era técnica de laboratorio en la misma institución. Pero ahora que Dottie tenía un grado de primera línea y muchas oportunidades profesionales, la compañera se sentía amenazada y le dijo que temía que la dejara. La noche anterior a visitarme, había tenido el siguiente sueño: se levantaba para salir a correr y trataba de ponerse las zapatillas Reebok negras (el tipo de calzado, explicó, que era un símbolo para ella del tipo que llevaban en su grupo de amigas). Pero por mucho que intentara ponérselas, no lograba que le encajaran en los pies. Las plantillas tenían algo raro. En eso estaba cuando entró en su habitación la actriz Mariel Hemingway y le dijo: «Sé qué problema tienes. Yo te lo puedo arreglar». Y entonces Mariel se le sentó en el pecho, sofocándola y asustándola.

Después de contarme el sueño, Dottie me dijo: «Vivo metiéndome en relaciones con personas con las que al principio me siento muy bien porque tenemos mucho en común. Pero la pauta es que siempre que tengo más éxito que ellas en el mundo exterior, se sienten amenazadas y quieren controlarme y controlar mi conducta. Y entonces me siento sofocada y no tengo más remedio que dejar la relación. Hice lo mismo con mi madre. Antes de la pubertad yo era la sombra de mi madre, y creía que era igual que ella. Pero cuando llegué a la pubertad, ella vivía tratando de controlar todo lo que yo hacía y adónde iba, cuando estas actividades me alejaban de ella física o emocionalmente. Por último, tuve que marcharme de casa para siempre, para poder vivir una vida sana y cuerda. Por desgracia, parece que vivo repitiendo la misma pauta al elegir parejas que se convierten en mi madre. Supongo que el sueño me dice lo que necesito hacer».

Por el sueño y nuestra conversación durante la visita, Dottie comprendió que las palpitaciones y el problema del pulmón estaban relacionados con su necesidad de tener tanto intimidad como separación en su relación. Y en esos momentos su relación había avanzado demasiado hacia la intimidad. La ahogaba. Pero cuando volvió a casa y habló de esto con su compañera, ésta reaccionó con un silencio pétreo. Finalmente prefirió dejar la relación antes que participar en la relación de fusión que deseaba su compañera.

Si la ex compañera de Dottie se niega a crecer (y esto es muy común), sin duda se encontrará con otra que desee plegar su vida y sus sueños para que quepan en un ordenadito paquete. Todos hemos visto este tipo de parejas. Son aquellas que después de unos diez años de convivencia comienzan a parecerse en su apariencia y forma de hablar, al margen del sexo de cada una. Aunque este tipo de relación podría calmar el miedo de cada miembro de la pareja, también ahoga la creatividad y el crecimiento de los que la relación puede ser la catalizadora. Y ésta sería la moraleja de esta historia: cuando disminuyes tu luz para que brille más la de otro, se oscurece más todo el mundo. Disminuir tu luz por otra persona es también un claro peligro para la salud.

HACERLO SOLA:
¿QUIÉN ES RESPONSABLE DE QUÉ?

Cuando los niños son muy pequeños comienzan a expresar su deseo de autonomía negándose a cogerte de la mano. ¿Cuántas veces oíste el «yo lo hago sola» durante esos años, cuando tu hija aún no tenía las habilidades física, emocional ni cognitiva para hacer lo que fuera que quería hacer? La adolescencia, como la primera infancia, es otra fase de desarrollo durante la cual el deseo de independencia de tu hija podría sobrepasar a sus habilidades, sobre todo las de aquellas que entran en lo que hemos acordado llamar juicio. De todos modos, es un periodo en que debe dársele cuerda suficiente para que pueda explorar el mundo sola, aunque no tanta que se ahorque. Los adolescentes necesitan límites, aun cuando siempre protesten en contra de esos límites e intenten lograr que los quites.

Cuando los oseznos llegan a la adolescencia, la Madre Osa tiene que caminar por una delgada raya, entre permitirles vagabundear solos por el bosque y el dejar que caigan presa de los peligros que acechan ahí. Dado que cada cachorro es diferente, la Madre Osa también debe fiarse de sus instintos en cuanto a lo que es apropiado para los suyos. Sólo tú puedes saber si tu hija ha adquirido la responsabilidad y las habilidades en su enfoque de la vida para mantenerse a salvo en sus exploraciones fuera de la casa y fuera de tu protectora mirada. Pero una cosa es segura: cuanto más responsabilidades le des en sus años de formación, más competente será.

No infravaloro la dificultad de conseguir que una hija adolescente comience a asumir la responsabilidad de su vida. Sabe muy bien que si otra persona asume esa responsabilidad, ella siempre puede cruzarse de brazos y criticar si las cosas no resultan como quería. Elegir y tomar decisiones respecto a la vida siempre es un riesgo, porque si dice sí a algo, automáticamente dice no a otra cosa (o persona). ¿Y si se equivoca al elegir? ¿Y si elige mal? Por renuente que se sienta (y tú también), tienes que ofrecerle muchísima práctica en la toma de decisiones y de responsabilidad.

Asumir la responsabilidad: Kate, primera fase

Mi experiencia ha sido que los niños asumen la responsabilidad sólo cuando se lo exiges. Como miembro de toda la vida del club «asumir demasiada responsabilidad de los demás», me llevó un tiempo comprender esto, pero paulatinamente fui viendo que no le hacía un favor a nadie, ni a mí ni a mis hijas, tratando de responsabilizarme yo de todo. Cuando comencé a pasar esa responsabilidad a los hombros donde debía estar, descubrí que mis hijas eran muy capaces. No les gustó mucho al principio, pero lo hicieron. Éste es un ejemplo:

Cuando Kate tenía unos 12 años, se me ocurrió llevarla a Florida durante sus vacaciones de la próxima primavera. Eso formaba parte de una tradición familiar, yo llevaba a Kate de vacaciones mientras mi marido llevaba a Annie, ya que estaban en diferentes colegios y sus periodos de vacaciones eran diferentes también. Kate y yo teníamos que hacer nuestros planes con bastante antelación, para poder programar mi trabajo según las vacaciones de ella, pero a mí me hacía feliz hacer eso porque ese era un tiempo para estar juntas que siempre las dos esperábamos con ilusión. Pero ese año, dado que sus amigas se habían hecho tan importantes para ella, decidí ofrecerme a pagar todos los gastos para que llevara a una amiga también. A ella le entusiasmó la idea, pero se pasaba el tiempo cambiando de opinión acerca del momento, el lugar, la amiga, etcétera. Finalmente le dije: «Muy bien, se nos está acabando el tiempo. Yo me encargaré de todo, pero sólo puedo hacerlo una vez que te decidas. Y cuando tomes la decisión, no podrás cambiarla después». «Me vas a volver paranoica —me dijo—. ¿Por qué tanta urgencia?» «Porque no recibo ninguna señal clara de ti sobre lo que deseas. Y has de saber que si yo pongo el tiempo, el dinero y los medios para ir a un lugar bonito, no puedes venir a decirme después de tres meses: "Ah, oye, ¿puedes cambiar las reservas? Había olvidado que tengo un concierto o un ensayo", o lo que sea. Tienes que responsabilizarte totalmente para cumplir el compromiso.»

La fastidió que yo esperara que ella asumiera una responsabilidad. De pronto el viaje pareció volverse muy difícil. Y yo no sabía por qué, hasta que descubrí que su verdadera aflicción era que si invitaba a una amiga, otras podrían sentirse heridas. No quería dejar a ninguna fuera eligiendo porque tendría que vérselas con las consecuencias de sentimientos heridos.

Cuando estaba a punto de empezar a ayudarla a solucionar ese dilema, caí en la cuenta de que iba a hacer demasiado trabajo y excederme en mi responsabilidad de todo: iba a llevar a mi hija y a su amiga a un viaje fabuloso, iba a pagarlo todo y hacer todas las reservas y planes. Y ahora estaba a punto de pasar una hora con ella para ayudarla a decidir a quién debía llevar y a hacer frente a las posibles consecuencias emocionales con las que no iba a invitar. Iba a asumir la responsabilidad de todo, incluidos los sentimientos de mi hija y los sentimientos de todas sus amigas. ¡No era de extrañar que tuviera problemas de peso!

Un sano sentido de los límites, es decir, saber «quién es responsable de qué», es absolutamente esencial para la salud óptima del tercer chakra, en que entra la zona media de la espalda, los riñones, las suprarrenales y los órganos de la digestión: el hígado, el estómago, el páncreas y el intestino delgado. Todos los problemas de peso, ya sea por exceso o por defecto, están relacionados con la salud del tercer centro emocional. Las madres no pueden de ninguna manera responsabilizarse de todas las decisiones y sentimientos de sus hijas adolescentes, y continuar sanas y con un peso sano.

Comprendí que necesitaba pasar parte de la responsabilidad a mi hija (no toda, claro, porque sólo tenía 12 años). Tan pronto como hablé con ella del asunto, lo entendió. Comprendió que ella era la responsable de elegir a una amiga y de arreglárselas con las posibles consecuencias, y se puso a la tarea. Eligió a la amiga, el viaje fue bien, y no perdió a ninguna de las otras amigas a causa de la situación.

Asumir la responsabilidad: Kate, segunda fase

Las adolescentes no aprenden a asumir la responsabilidad inmediatamente. Hay una curva de crecimiento. Lo más importante que puede hacer la madre es resistir al deseo de coger la responsabilidad que está tratando de soltar. Déjala ahí quieta hasta que llegue la verdadera propietaria y la reclame.

Pasó otro año, durante el cual le pedía repetidamente a Kate que me dijera cómo tenía su agenda, si deseaba ir de vacaciones en febrero o en abril, y si deseaba o no llevar a alguien, y si era así, que podría ser su prima o una amiga. Ella tenía que decidir, y decidir pronto. Pasó el tiempo y fue postergando la decisión, atrapada en la inmediatez de sus deberes escolares y su vida social.

Hasta que una noche, durante la cena, me preguntó: «Bueno, ¿cuándo vamos a ir a Anguilla?» Entonces le dije: «Kate, me parece que no deberíamos ir. Te he pedido numerosas veces que me digas tu programa escolar y decidas en qué semana de vacaciones deseas ir. Y también te he preguntado si quieres invitar a una amiga o a tu prima. Planear unas vacaciones requiere tiempo y trabajo. Y no lo puedo hacer sin tu ayuda y orientación. Sé que deseas que yo llame al colegio y a tus diversos consejeros, que llame a tu prima y a sus padres, que coordine los tiempos disponibles de todos, reserve los billetes de avión y que cuando ya todo esté dispuesto me suba al avión contigo y me encargue de que lo pases en grande. Pero ya no estás en una fase en que pueda ocurrir eso. Tú y tu hermana tenéis tantos proyectos y actividades que sólo vosotras podéis tomar las decisiones respecto a eso. Sé que antes yo me ocupaba de todas estas cosas, pero ya no estoy dispuesta a hacerlo porque tan pronto como lo haga me dirás que no puedes marcharte ese determinado día porque tienes algún conflicto. Así que, venga, haz tú esos preparativos, y cuando tengas el plan, me lo presentas y podemos trabajar a partir de eso».

Cuando terminé mi parlamento, ella ya había captado el mensaje. Comenzó a pensar en voz alta, confirmando todo lo que yo acababa de decir. Puesto que aún no había decidido si participar o no en el equipo de esquí, no sabía si la semana de febrero sería conveniente; y no sabía muy bien lo de la semana de abril, porque era posible que entonces tuviera su práctica de tenis. Y claro, también estaba la competición por los papeles de una obra de teatro de un acto; no sabía cuándo sería. Y eso sólo era el asunto del cuándo. Más encima teníamos el dilema de invitar a la amiga o a la prima. ¿A quién debía llevar? Si elegía a la prima, no sabíamos si sus padres le permitirían tomarse libres unos días del colegio. Creo que con lo dicho basta.

Lo bueno fue que nuevamente le había puesto la pelota en su pista de responsabilidad. Al final decidió sus prioridades y, cuando se enteró de que su prima no podía ir, invitó a su amiga Ellen. Lo pasamos bomba.

Asumir la responsabilidad: ¡Kate despega!

Cuando llegó a los 15 años, Kate ya había progresado muchísimo en la faceta responsabilidad. Por ejemplo, un día de verano, ella y sus amigas decidieron en el último momento asistir a la representación nocturna de *Sueño de una noche de verano*, en la que Ann hacía el papel de Titania. Le pedí que ella lo organizara todo. Ella con una amiga lo hicieron todo. Kate llamó a sus amigas, se ocupó de ver cuántas iban a ser y les dijo a cada una que tenían que comer algo antes. También se ocupó de organizar los medios de locomoción para todas. Otro hito en el camino de la responsabilidad. Y ahora, cuando hacemos vacaciones juntas, inmediatamente va a hablar conmigo acerca de los detalles y me ayuda a hacer las reservas y los planes.

Aprender a interpretar sus propias señales: el progreso de Ann

Cuando la hija tiene que tomar decisiones difíciles, es muy tentador intervenir y tomar uno las decisiones por ella; al fin y al cabo uno tiene más experiencia que ella. Pero lo que uno no tiene es «su» experiencia de la vida, y por lo tanto a veces podría no ser la mejor juez. En la medida de lo posible, es mejor hacerse a un lado. Decirle que ella tiene la capacidad en su interior para tomar decisiones que serán buenas para su salud. Dile que su cuerpo le dará una señal y se lo comunicará. Su trabajo consiste en escuchar cómo se siente.

Cuando mi hija Ann estaba en el primer año de bachillerato, obtuvo un papel en un teatro profesional de la localidad (en la obra *Romeo y Julieta*, que ya he mencionado). Los ensayos y las representaciones caían justo en la parte principal de su semestre de otoño-invierno, momento en que había tomado varios cursos avanzados que le exigían entre tres y cuatro horas de trabajo en sus deberes cada noche. Estando tan próxima la universidad, a mi marido y a mí nos interesaba que no bajaran su rendimiento y sus notas. Nos parecía, como también a sus profesores, que le iba a resultar muy difícil conciliar su trabajo escolar con lo que equivalía a un trabajo a jornada completa en el teatro. De hecho, el director del colegio le recomendó que rechazara ese papel y se concentrara en los estudios. De todos modos, Ann estaba segura de que actuar en esa obra era lo mejor para ella. Dado que había participado en teatro desde enseñanza media, yo decidí apoyarla.

Ann nos soprendió a todos ese otoño. Fue mucho más organizada, enfocada y disciplinada con su tiempo que nunca antes. En consecuencia, obtuvo las notas más altas de sus años en secundaria, y también tuvo una experiencia inolvidable. Eso me recordó que todos tenemos una enorme cantidad de recursos interiores a nuestra disposición cuando realmente seguimos el camino que nos dicta el corazón y no un programa determinado que nos ha creado otra persona.

RETO DE LA SABIDURÍA: *¿quién es responsable de que la hija entre en la universidad?*

Esto está mal expresado, porque en definitiva es la hija la responsable de lograr entrar en la universidad, es decir, debe obtener las notas que conformarán su currículum, llenar las solicitudes, pasar el examen de aptitud académica o de selectividad, causar buena impresión en las entrevistas. Aun en el caso de que yo hubiera podido realizar parte de ese proceso, escribiendo algunos de los ensayos para esas solicitudes, no lo habría hecho jamás. Eso es deshonesto, y les habría robado a mis hijas la sensación de logro y de integridad. Nunca se habrían sentido «dueñas» de su lugar en la universidad.

Por otro lado, sí que trabajé arduo en apoyarlas (y empujarlas) durante el proceso. Para ser totalmente sincera, creo que ninguna de las dos habría entrado en las universidades que escogieron sin mi ayuda, ¡y, sí, sin mi coacción!

Si bien había muchos otros aspectos de sus vidas en que esperaba que asumieran toda la responsabilidad cuando llegaron a los años de bachillerato, me parecía que ninguna de las dos tenía la percepción suficiente de sus capacidades para aspirar a lo que yo creía que debían en su elección de universidad. También me parecía que no entendían, como prácticamente ningún adolescente, cuánta planificación, organización, disciplina y trabajo puro y arduo eran necesarios para llenar las solicitudes a tiempo y de modo óptimo. Dado que pensaba que el asunto de a qué universidad debían ir tenía consecuencias importantes para el resto de sus vidas, no estaba dispuesta a hacerme a un lado y dejarlas solas; o nadas o te hundes.

Con esto ciertamente no quiero decir que si cualquiera de ellas no hubiera logrado entrar en alguna de las prestigiosas universidades de la Ivy League, pensara que se había «hundido». Ocurrió que las dos acabaron yendo a excelentes escuelas. Si no hubieran sido aceptadas en ellas, sus vidas habrían ido muy bien, de eso estoy segura. Pero mi temor era que se quedaran cortas en la elección o no intentaran entrar en las mejores posibles, o no dieran lo mejor de sí si lo intentaban. Consideré que era mi tarea, en mi calidad de Madre Osa, gruñir, empujar y mordisquear hasta que se pusieran a la tarea de hacer sus solicitudes con todo el corazón, alma y mente.

Otras madres que conozco han exigido más responsabilidad a sus hijos. Dónde traza la raya una madre en esto, como en tantas otras decisiones durante el curso del desarrollo de su hija, es algo que sólo ella puede decidir.

Los entresijos del proceso de solicitud de entrada en la universidad

Yo no era ninguna experta en llenar solicitudes, en dar exámenes de selectividad ni en las sutilezas de las entrevistas, pero sí comprendí muy pronto que todo el proceso equivale a prácticamente un trabajo a jornada completa, y que ocurre en un momento en que la adolescente normal ya tiene más actividades y trabajo académico de lo que puede manejar. No logro imaginar que una adolescente pueda pasar por este proceso sin la ayuda y orientación de sus padres. Aunque mis hijas tenían excelentes profesores orientadores, que hacían muy bien su trabajo, estos profesores son responsables de muchos alumnos. Una madre puede dedicar mucho más tiempo, si cree que eso es lo correcto, y eso creía yo.

Mis dos hijas eran buenas alumnas y obtuvieron buena puntuación en el examen de selectividad, de modo que nunca hubo ninguna duda de que entrarían en la universidad. Pero yo quería animarlas a solicitar entrada en las universidades soñadas. Pensaba que, al margen de que fueran aceptadas o no, participar en ese tipo de competición era otra manera de alinearse con la fuerza vital y realizarse más completamente. Así que junto con mi amiga Mona Lisa, me puse a trabajar para ayudarlas. Mona Lisa les dijo a las dos: «Ser aceptada en la universidad que has elegido es fundamentalmente marketing y venta. Imagínate a una comisión de profesionales universitarios aburridos y cansados que tienen que leer cientos de ensayos y solicitudes. Tu tarea es despertarlos, lograr que se entretengan o les interese lo que dices. Es necesario que tu solicitud chisporrotee».

Mi hija mayor se había convencido, gracias a una combinación de temperamento y de consejos recibidos en el colegio, de que la probabilidad de entrar en una de las mejores universidades era de poca a ninguna. Yo no estaba de acuerdo; como les dijo Mona Lisa: «No puedes meter un gol si no chutas». Además, Ann es una verdadera estudiosa, una estudiante nata. Aunque nos discutió, de todos modos insistimos en que llenara solicitudes para ocho universidades, todas muy competitivas. En algún momento, para conseguir que se organizara y mentalizara para escribir sus ensayos, Mona Lisa puso un temporizador en su casa e hizo escribir a Ann sin parar acerca de un tema de su elección durante quince minutos. Esto lo repitió hasta que Ann lo hizo bien. (Me alegró muchísimo que me ayudara una amiga en esto, porque madres e hijas pueden enzarzarse en verdaderas luchas de poder en momentos como éste.) Durante el proceso de solicitud, su padre y yo nos repartimos la tarea de llevarla a visitar las diferentes escuelas. Eso en sí ya fue un trabajo importante, que nos consumió más tiempo, dinero y energía de lo que yo podría haberme imaginado. Al final, Ann fue aceptada en una universidad fabulosa y todos estábamos fascinados. Una vez allí hizo amigas para toda la vida y recibió una educación maravillosa.

Cuando mi hija menor Kate comenzó a pensar en la universidad, yo sabía que el asunto de adónde ir era aún más importante para su autoestima, porque su llama académica siempre había parecido menos luminosa que la de su hermana (éste es el tipo de sabiduría Madre Osa que las madres siempre tenemos). Así pues, nuevamente nos pusimos en movimiento Mona Lisa y yo. Si bien Kate es muy inteligente y siempre ha obtenido sobresalientes, simplemente no le gusta mucho estudiar y nunca le gustará, lo cual significaba que no tendría la ambición para aspirar a una universidad de primera clase. Al principio nos presentó unos ensayos no muy fabulosos para sus solicitudes. Mona Lisa le preguntó si eso era lo mejor que sabía hacer. Ella reconoció que no. «¿Por qué me enseñas algo inferior a lo mejor que sabes hacer?», le preguntó entonces. Kate los volvió a escribir hasta que quedaron fabulosos. En un momento de este proceso, se echó a llorar, diciendo: «¡Nadie presiona tanto a sus hijos como tú y Mona Lisa!». Y a continuación añadió, sorbiendo por la nariz: «¡Pero no lo aceptaría de ninguna otra manera!». Entró en la universidad que tenía en el primer lugar de su lista, su primera elegida. Yo estuve a punto de reventar de orgullo y alivio. Y la experiencia fue justo la que recetaba la doctora. Ahora recuerda todo el proceso y está de acuerdo en que el esfuerzo valió la pena.

RETO DE LA SABIDURÍA: *Cuando tu hija no consigue entrar en la universidad «ideal»*

¿Qué puedes hacer si tu hija abre la carta de la universidad que estaba en el primer o segundo lugar de su lista, y descubre que la han rechazado? Ver eso puede ser muy doloroso, sobre todo si sus amigas están celebrando haber sido aceptadas. Te duele terriblemente el corazón, pero ése es el momento en que tú, como madre, tienes que mantenerte firme en tu fe de que, pase lo que pase, todo va a resultar bien. Sin embargo, no debes esperar que tu hija sea capaz de tener ese tipo de fe, al menos no al principio. Primero tiene que llorar su pérdida. Esto podría llevar un tiempo. Durante ese tiempo no te precipites a decir perogrulladas como «Cuando Dios cierra una puerta siempre abre una ventana». Aunque esa perogrullada es absolutamente cierta, tu hija necesita primero sentir totalmente sus sentimientos antes de poder ver la posibilidad de que haya un rayito de esperanza en su nube personal. Finalmente llegará a eso con tu ayuda.

Si pasadas unas semanas continúa lamentando su mala suerte, necesita un empujón extra para llegar ahí, de modo que no quede estancada en el lodo del resentimiento, decepción o rabia crónicos. Podrías orientarla en la dirección de un buen libro estimulante, o contarle una historia que le recuerde que el camino hacia la realización no siempre es un renglón recto. Una de mis favoritas es la de mi hermana Penny. Cuando estaba en el Equipo oficial de Esquí y se estaba entrenando para los olímpicos de invierno en Sapporo, se le desarrolló un quiste pilonidal que requería intervención quirúrgica. En lugar de limitarse a quitarle el quiste, el cirujano le extirpó todo el cóccix (nunca entenderé por qué). Dado que fue muy larga su recuperación, se perdió el gran objetivo de su vida de ir a Sapporo a los juegos olímpicos. El proceso de hacer las paces con esto la obligó a evaluar lo que realmente deseaba hacer con su vida. Llegó a comprender que deseaba un hogar y una familia, algo en lo que jamás había pensado cuando entrenaba. Durante este proceso conoció a y se casó con el hombre de sus sueños, un hombre con el que ha compartido los treinta últimos años de su vida. Como descubrió Penny, y como sabe cada una de nosotras por propia experiencia, hay todo tipo de desvíos que nos traen bendiciones que sólo podemos valorar en retrospectiva.

Después de animar a tu hija con esta conversación, pídele que tome una decisión. Podría haber otras maneras de entrar en la universidad de sus sueños. ¿Querría tomarse el año libre y volver a solicitar entrada? ¿Consideraría la posibilidad de hacer el primero o segundo año en otro sitio? Ayúdala a aprovechar la energía del rechazo para aclararse respecto a qué es lo verdaderamente importante para ella a la larga.

Cuando yo estaba en la Escuela de Medicina de Darmouth, la administración contrató a un maravilloso e intuitivo psiquiatra para que se sentara todos los martes en la lavandería del colegio en que nos alojábamos. De esa manera, cuando uno iba a doblar la ropa de la colada, podía hablar con él sobre cualquier posible problema sin tener que reconocer que necesitaba ir a un «loquero». Una vez hablé con él sobre mi temor de no lograr un buen sitio para hacer la práctica de residente. Me dijo: «A la larga, la universidad a la que vas y el lugar donde haces la residencia no tiene importancia. Lo que importa es lo bien que lo haces cuando estás ahí. En todas las universidades del país hay oportunidades y personas maravillosas». Él había ido a una universidad de la que yo jamás había oído hablar, y su práctica de residente la hizo en un pequeño hospital comunitario del que yo tampoco había oído hablar. Dijo: «La vida siempre nos va presentando oportunidades infinitas, así que no te preocupes por algo tan insignificate como dónde vas a hacer tu práctica de residente». Al mirar atrás con la sabiduría de la retrospección, veo qué absoluta razón tenía.

El dinero importa: cómo hacerlo sola

La adolescencia es el periodo en que muchas chicas hacen sus primeros trabajos pagados, los que pueden ser cualquier cosa, desde hacer de canguro a hacer trabajos de jardinería. Algunas incluso inician empresas de negocio, como vender obras de artesanía que hacen ellas u ofrecer servicio de profesora de alguna asignatura. Las primeras lecciones en ofrecer algo de valor a otros se aprenden rápidamente en un ambiente de trabajo. Mis dos hijas hicieron de canguro cuando estaban en enseñanza media. Recuerdo que una vez Kate hizo más de ocho horas, y sólo le dieron 25 dólares por su tiempo, mucho menos de lo que habría recibido yo en el mismo trabajo treinta años antes. Estaba furiosa con la mujer que la contrató e incluso la llamó para quejarse. No recuerdo el resultado. Lo que sí recuerdo es que para ella esto fue una lección importante, si bien desagradable. Aprendió que tenía que decir antes que nada lo que cobraba, y atenerse a eso. También aprendió que podía elegir a sus clientas. Nunca volvió a hacer de canguro para esa familia, pero entabló relaciones con unas cuantas favoritas, que le pagaban bien y cuyos hijos la adoraban. Es decir, aprendió que el trabajo puede ser gratificante emocional y económicamente.

Es importante que la chica ponga al día sus conocimientos financieros en esta fase, de la forma que sea apropiada a su situación. Por ejemplo, si aún no lo has hecho, éste es un buen momento para iniciarle una cuenta de fondos de inversión, y así ayudarla a que aprenda los fundamentos de la inversión y el ahorro. Con mi marido lo hicimos con nuestras dos hijas, para que tuvieran dinero para la universidad, pero ellas no participaron. Yo no hice participar a mis hijas en los asuntos básicos de las finanzas porque hasta mi divorcio dejaba todos esos asuntos a mi marido. Aunque esto es bastante común, este método transmite a las chicas el erróneo mensaje de que los chicos y los hombres son mejores que ellas para los asuntos de dinero. Esto a su vez establece un precedente para las relaciones que puede mantener a una mujer atrapada en sus «grilletes de oro».

RETO DE LA SABIDURÍA: *¿Quién es responsable de pagar la universidad?*

Muchas chicas tienen su primer encuentro con la realidad financiera cuando empiezan a llenar las solicitudes para entrar en la universidad, en particular las de ayuda económica. En muchas familias, la decisión sobre la universidad a la que va a ir la hija se basa en lo que la familia se puede permitir y cuánta deuda está dispuesta a llevar sobre los hombros la chica en los años de posgrado. Algunas chicas trabajan durante los años de universidad mientras otras no tienen necesidad. Yo valoro las ventajas de estas dos posibilidades. Es un axioma que tendemos a no valorar lo que sencillamente se nos da. Por lo tanto, la chica que debe trabajar para pagarse los estudios es más propensa a «hacer suya» su educación y aprovechar todo lo que le ofrece la universidad, comparada con la chica cuyos padres le pagan todo. Nuestra familia podía pagar las matrículas de las universidades que eligieron nuestras hijas, así que no les pedí que trabajaran. Ya sabía que eran capaces de mantener un trabajo y prestar un servicio a los demás, y deseaba que pudieran concentrarse todo el tiempo que fuera necesario en sus estudios. Pero nunca usé la expresión «yo estoy pagándolo» con la intención de presionarlas para que sacaran puros sobresalientes. Pensé que en ese tiempo la motivación para sacar buenas notas ya tenía que venir de su interior, no de mi machaconería.

Cada familia tiene su propia manera de abordar la pregunta de quién paga qué. Mis padres accedieron a pagarme los años de preparación a la universidad, pero no más. Yo me pagué la Escuela de Medicina. Tratándose de mis hijas, mi marido y yo comenzamos a ahorrar dinero para pagarles la universidad cuando ellas todavía estaban en enseñanza básica. También aprovechamos los diversos créditos y descuentos de impuestos por gastos universitarios que existían. En consecuencia, pudimos pagarles todo, y ninguna de ellas tendrá que preocuparse de pagar préstamos de estudios. Eso, más el hecho de que he decidido ayudarlas en su manutención los primeros años después que terminen la universidad, significa que tendrán muchísima libertad para explorar las diversas opciones profesionales durante ese importantísimo pasaje de transición de la poslicenciatura.

Sea cual sea la decisión que tomen respecto al pago de la universidad, los padres deberían ser lo más sinceros posible con sus hijos acerca del respaldo económico que pueden esperar. Si la hija va a tener que pagar parte o todos los gastos de esa educación, debe saberlo con tiempo, con años de antelación, idealmente, para que pueda comenzar a ahorrar y a pensar cómo va a ganar el dinero que necesitará.

La universidad es, después de todo, un pasillo de entrada en el mundo real de la vida adulta. A algunas chicas este pasillo se les convierte en autopista: tienen que empezar a hacer frente a la realidad mucho antes que otras. Pero nunca he conocido a una estudiante que ha tenido que trabajar durante sus años universitarios que lamente la experiencia o que sufra excesivamente a causa de eso. Tener que trabajar no es algo de lo que haya que avergonzarse, y en realidad puede ser como arrancar un coche pidiendo ayuda, pues le sirve para aprender valiosas habilidades y para hacer contactos importantes. Mis dos hijas han tenido amigas de la universidad cuyos trabajos de verano les sirvieron para encontrar lucrativos empleos en el mundo de las leyes y las finanzas en Nueva York al terminar sus estudios universitarios.

El dinero importa: la voluntad de hacerlo sola

A veces los padres utilizan el dinero que pagan por la educación como el medio para controlar a su hija, y este tipo de control coercitivo puede resultar tan desagradable que obliga a la chica a hacer lo que sea necesario para hacerse autosuficiente. Esta situación es más común de lo que se podría suponer. Afrontarlo es a la vez aterrador y positivo. Éste es un ejemplo:

Los padres de unas de mis amigas se negaron a pagarle la universidad en la que ella deseaba estudiar y en la que la habían aceptado; la cantidad estaba calculada basándose en los formularios llenados por ella en que se declaraban los ingresos de los padres. Los padres querían que ella continuara viviendo en la casa y estudiara en una universidad de la localidad, no en la más prestigiosa y cara que ella había elegido.

Ella decidió que le valía la pena pagarse ella los estudios porque consideraba esencial esa universidad para sus aspiraciones profesionales. Durante dos años esta resuelta jovencita trabajó entre veinte y treinta horas a la semana, además de coger todas las asignaturas correspondientes a esos años, con el fin de pagar ella y establecer oficialmente su independencia económica. Una vez que logró demostrar que se mantenía a sí misma, pudo aspirar a una ayuda económica calculada sobre sus modestos ingresos, no sobre los de sus padres, que eran muy superiores. Entonces pudo conseguir más préstamos, subvenciones y becas. Aunque acabó los estudios con un montón de deudas, obtuvo la educación que deseaba, y también se liberó del legado de control parental que encontraba sofocante.

COMIENZO DEL PROCESO DE LIBERARSE

Es cierto que algunas madres tratan de ejercer demasiado control sobre sus hijas. Pero todas las madres, en cierto grado, temen la mayoría de edad de sus hijas. Como todas las transiciones importantes de la vida, la adolescencia y la inevitable separación que ocurre cuando la chica comienza a afirmar y llevar su propia vida, van acompañadas del sentimiento de pérdida. La hija ya no cuenta con la constante presencia sustentadora de la madre para guiarla y protegerla, y la madre tiene que hacerse a un lado y ver a su hija tomar su camino, con todos los errores que marcan estos periodos de pasaje. La preparación para esta fase comienza con el corte del cordón umbilical después del nacimiento, y continúa con diversos cortes simbólicos de este cordón a lo largo de la infancia y la adolescencia, hasta que un día (si todo va como debe ir) ella se marcha de casa, para ir a la universidad, o a un trabajo y a su apartamento propio, o a una relación con la pareja elegida. ¡Alguien dijo una vez que el amor entre los padres y la hija (o el hijo) es el único que se considera exitoso si acaba en separación! Si lo has hecho bien, los hijos se marchan.

Los primeros años de la adolescencia son un periodo en que muchas madres podrían sentir con particular agudeza las punzadas de esta inminente separación. Esto es lo que escribí cuando mi hija Kate tenía 14 años:

Esta noche Kate y yo estamos solas en la casa. Como siempre, se ha pasado la mayor parte del tiempo en el teléfono hablando con una de sus amigas. Apenas me da un momento de su día por la mañana cuando se marcha al colegio, o por la tarde cuando llega a casa. Está casi totalmente obsesionada por sus amigas y su vida social en general. Es increíble observar a esta niña, que en otro tiempo se sentía mal físicamente cuando yo estaba fuera de casa más de un día; ahora prácticamente me ignora, incluso cuando estuve fuera unos días.

Ayer volví a casa de un congreso de fin de semana. No había visto a Kate desde el viernes por la mañana cuando me dio un rápido abrazo al pasar hacia la puerta de salida, una despedida en que yo insistí. Si no, se habría marchado al colegio sin siquiera pensar en mi ausencia. Y ayer domingo, cuando llegué por la tarde, ni siquiera me saludó ni me dijo: «Cuanto me alegra que hayas vuelto», hasta que yo le recordé que había estado fuera y quería un abrazo.

Y aquí estoy, una mujer madura que hace un trabajo en el mundo que me encanta. Una de mis amigas suele decirme: «Vives la vida de mis fantasías». Y yo sé eso y me siento inmensamente gratificada por ello. Pero, de todos modos, echo de menos la necesidad que tenía mi hija de mí antes. Yo, la mujer que pensaba que no acabarían jamás los primeros años de mis hijas; la mujer que pensaba que nunca volvería a dormir las horas suficientes. Ahora lamento la pérdida de la compañía de mi hija. Su necesidad de estar con sus amigas prima sobre su necesidad de estar conmigo.

Me necesita, por supuesto. Pero no es lo mismo. Todavía desea que yo le remeta las mantas por la noche y la lleve de compras. Y algunas noches le gusta entrar en mi dormitorio a hacerme preguntas sobre su dieta y su cuerpo. Pero antes deseaba pasar la noche en un futón en mi dormitorio o, cuando mi marido estaba fuera, dormir conmigo. También observo que cuando ha acabado de hablar con sus amigas por la noche (cuando ya es hora de acostarse), a veces se queda en la sala donde estoy yo unos cuantos minutos, algo así como para «recargar sus baterías».

Me gusta estar con mis hijas... y deseo que ellas deseen pasar un tiempo conmigo... y lo hacen. Pero ya no soy su primera prioridad... ni debo serlo. Pero saber eso no hace menos aguda mi pena.

Mononucleosis: conflicto inconsciente por la separación

La ambivalencia en torno a la separación puede ser una calle de dos sentidos. Por mucho que tu hija desee independizarse, sobre todo cuando se hace mayor y está a punto de terminar el instituto o ha comenzado la universidad, también podría sentirse asustada, sola, o simplemente añorar la casa. Y a veces esos sentimientos se manifiestan de una forma física que ofrece la oportunidad de volver al nido y tener más cuidado materno, como ocurre en el caso de la mononucleosis y otros trastornos relacionados con el estrés.

La mononucleosis es una enfermedad infecciosa causada por el virus de Epstein-Barr (EBV), que es muy común en todo el mundo. Es muy frecuente en la infancia, en que se caracteriza por síntomas leves y no específicos, o por ninguno. Aproximadamente el 50 por ciento de las personas de países industrializados ya han experimentado una infección primaria por este virus al llegar a la adolescencia. En los países en desarrollo la infección se presenta mucho antes. A esta infección se la llama a veces la enfermedad del beso, porque el virus se transmite principalmente por la saliva.

En la edad adulta, casi todo el mundo da positivo en el virus de Epstein-Barr en el análisis de sangre, aun cuando nunca haya tenido ninguna infección aparente.[5] Lo principal es que este virus está en todas partes todo el tiempo. Pero las personas que contraen la infección aguda cuando son adultas jóvenes son aquellas que tienen comprometido el sistema inmunitario. Y las que enferman crónicamente de este virus son aquellas que somatizan el estrés y necesitan mejores técnicas para controlarlo (véase «Chicas fuertes» a continuación).

La infección de mononucleosis aguda se diagnostica por la tríada clínica de fiebre, inflamación de los nódulos linfáticos e irritación de garganta, junto con el análisis de sangre que da positivo respecto al virus, y un número atípico de glóbulos blancos también llamados linfocitos. Los síntomas más persistentes son malestar y fatiga, aunque a algunas personas se les agranda el bazo. En la gran mayoría de los casos, la mononucleosis aguda es una enfermedad autolimitada, lo que quiere decir que desaparece con cuidado de apoyo. La mayoría de los pacientes están lo bastante bien para volver al trabajo o al colegio a las tres o cuatro semanas. Pero algunos continúan con agotamiento, tienen dificultad para concentrarse, y no pueden reanudar todas sus actividades durante meses. Algunos tienen recaídas crónicas que continúan durante años.

CAROL: *La conexión sistema inmunitario-primer chakra*

Carol fue clienta mía, venía a verme de tanto en tanto cuando era joven veinteañera. Le habían diagnosticado mononucleosis aguda durante su segundo año de universidad, y tuvo que dejar los estudios un año y volver a casa. Nunca se recuperó del todo de ese primer ataque y la enfermedad se le hizo crónica, obligándola a reducir el número de asignaturas y a retrasar su licenciatura hasta varios años después que sus compañeros. Cuando por fin se licenció, volvió a casa y entró a trabajar de recepcionista en la empresa de su padre, pero muchos días tenía que faltar al trabajo porque se sentía muy fatigada. Aunque ninguno de los diversos médicos a los que consultó logró encontrarle nada mal, un terapeuta de medicina alternativa le dijo que sufría de fibromialgia/cansancio crónico, causado por el virus de Epstein-Barr, que continuaba en su organismo desde que tuvo mononucleosis.

Finalmente Carol dejó de trabajar y ahora, a sus 26 años, sigue viviendo con sus padres. A sus padres les preocupa que no mejore ni esté más cerca de independizarse.

Si bien prácticamente todo el mundo ha estado expuesto al virus de Epstein-Barr y tiene anticuerpos, la gran mayoría de personas no sufre de los síntomas que sufre Carol y muchos otros, como falta de iniciativa y motivación, libido débil, malestares y dolores en las articulaciones y dolor a la palpación. Estos síntomas no se deben a la presencia del virus. Son consecuencia de una compleja interacción entre el cerebro y el sistema inmunitario. Según mi experiencia, muchas de las jóvenes que sufren de estos trastornos, sobre todo cuando son de larga duración y debilitantes, están pasando por conflictos debido a la separación de su familia de origen y su salida al mundo. En el caso de Carol, aún no tenía las habilidades necesarias, ni emocionales ni vocacionales, para encontrar su lugar en el mundo externo lejos de sus padres. De modo similar, sus padres tenían dificultad para distanciarse del malestar de su hija lo bastante para comprender que necesitaba atención profesional. Éste es otro ejemplo del tipo de problema que puede solucionar la terapia conductista cognitiva. Se ha demostrado que esta terapia da muy buenos resultados para el cansancio crónico/fibromialgia, y otros trastornos que tienen un fuerte componente mente-cuerpo, como la borreliosis (o enfermedad de Lyme) crónica.

Los últimos años de la adolescencia y los primeros del periodo veinteañero van de tener un pie en la casa de los padres y el otro balanceándose en el borde de una nueva vida que aún no está firme ni sólida. Crear una red de seguridad de personas, lugares y actividades para apoyar esta nueva vida lleva tiempo y paciencia; de nadie se puede esperar que encuentre cómo hacerlo de la noche a la mañana. Mientras tanto, la chica que se siente abrumada por los cambios que espera o está experimentando podría descubrir que «giros del destino» aparentemente fortuitos, en forma de enfermedades como la mononucleosis, accidentes u otras crisis, le han proporcionado la solución perfecta para retirarse a su casa, ya sea dejando la universidad, o incluso las presiones y estrés de la vida escolar del instituto. Cuando ocurre esto, hace falta realizar una intrépida revisión del primer chakra. Es el momento de que la chica repase sus pensamientos, creencias y reacciones emocionales en relación a su capacidad de sentirse segura y a salvo en el mundo, y a problemas inherentes a su pertenencia al grupo o a estar sola: dependencia o independencia. Para hacer esto podría necesitar ayuda profesional.

Chicas fuertes

Las madres cuyas hijas sufren de mononucleosis, cansancio crónico, borreliosis crónica, síndrome del colon irritable, añoranza u otro síntoma que afecta a su capacidad para dejar el nido y sentirse bien, deberían, lógicamente, considerar la posibilidad de que esos trastornos sean la reacción a cambios de vida que han minado su sensación de seguridad y de estar a salvo. Pero, contrariamente a la creencia popular, no es el estrés producido por esos cambios el que causa la enfermedad. Es la manera como la persona hace frente al estrés lo que más predispone a la enfermedad.

Permíteme que lo explique más, porque esta información es esencial para la salud de toda la vida. Treinta años atrás, investigadores médicos de la Armada de Estados Unidos idearon la primera Escala Holmes-Rahe de Readaptación Social como medio de documentar y cuantificar la relación entre tipos concretos de estrés y el riesgo de caer enfermo; por ejemplo, a la muerte del cónyuge se le dio un valor de 100 puntos, al inicio y al fin de la escolarización, unos 25 puntos; al cambio de residencia, 20 puntos, etcétera. (Los estudiantes universitarios suelen experimentar mucho estrés del valorado por la escala Holmes-Rahe, por ejemplo el del cambio de colegio, de residencia, de condiciones de vida, de actividades sociales, de hábitos de sueño.) Según los pronósticos de esta escala, cualquier persona que en un año acumule 300 o más puntos tendría probabilidades de enfermar.

Pero estudios posteriores de seguimiento han demostrado que en realidad hay «muy poca» relación entre el estrés concreto experimentado por una persona y su probabilidad de enfermar. Es decir, no es el estrés propiamente tal el causante de enfermedad; es la reacción de la persona a ese estrés. Por ejemplo, en el estudio de la doctora Suzanne Kobasa, psicóloga de la Universidad de Chicago, en el que realizó un seguimiento de ocho años de un buen número de ejecutivos de la AT&T durante el periodo de reestructuración y desmembración de esta empresa, se comprobó que aquellos que tenían la mayor puntuación en estrés no enfermaron; en cambio, algunos con puntuaciones mucho más bajas sí enfermaron. A las personas que se mantuvieron bien las llamó «*hardy*» [fuertes, vigorosas, resistentes], concepto que han validado varios otros investigadores.[6] (Para más información sobre las enfermedades causadas o exacerbadas por el estrés, véase «Recursos y proveedores».)

Los siguientes factores de resistencia son los que predicen la reacción de la persona a un determinado estrés:

Compromiso: tener una finalidad en la vida, considerar que la vida tiene sentido.

Control: creer que uno puede cambiar las cosas, puede influir en su destino.

Desafío: considerar que los obstáculos son desafíos o retos, no amenazas.

Las personas en que estaban presentes estos factores en mayor grado tenían las mayores posibilidades de resistir a la enfermedad en periodos de estrés. Puedes contribuir a formar y reforzar estos factores de resistencia en tu hija a partir de sus primeros años. Anímala a fijarse objetivos; ayúdala a identificar sus puntos fuertes; trabaja con ella en la elaboración de un plan para levantarse cada vez que tropiece y se caiga; apóyala para que participe en actividades que tienen sentido para ella. En el proceso de generar fuerza y bienestar interior y exterior, debe también establecer buenos hábitos de cuidado personal (véase capítulo 18) y tratar cualquier problema de abuso de sustancias (véase capítulo 17). Pero creo que nada le servirá más para desarrollar ese control y capacitación en su vida como el hábito de fijarse objetivos, establecer prioridades, y luego revisarlos para evaluar su progreso; es decir, crearse un plan de vida.

Sabiduría Madre Osa en una imagen

He leído que cuando un osezno u osezna llega a la adolescencia, su madre, que ya le ha enseñado todo lo que necesita saber para sobrevivir, simplemente se aleja. Si su hijo o hija intenta reconectar con ella, la osa lo/la echa. Ha llegado el momento en que el oso adolescente haga su vida solo. La madre sabe, por instinto, que continuar cuidándolo será contraproducente.

Las madres humanas hemos de comprender esto mismo, aun cuando todas nuestras células deseen rescatar a nuestra hija de las consecuencias de sus decisiones y actos. Cuando una hija está en sus últimos años de la adolescencia, sencillamente hemos de hacernos a un lado y dejar que solucione muchas cosas ella sola, a la vez que estamos presentes para darle consejos cuando los pida. No debemos privar a nuestra hija de uno de los aspectos más liberadores y satisfactorios de la vida: el conocimiento de que ella posee lo que necesita para desenvolverse sola. A veces esto significa echar del nido a la hija renuente, o simplemente hacerse a un lado y callar cuando ella comete errores evidentes. Una madre tiene que saber apoyar realmente a su hija de una manera que la fortalezca, que no le permita quedarse estancada. De esto van los últimos años de la adolescencia y los primeros de veinteañera.

Evitar el sabotaje madre-hija

Esta fase de la vida de tu hija requiere también que tú no te quedes estancada. Cuando perciben que sus hijas ya están a punto de dejarlas para hacer su propia vida, algunas madres intentan vivir a través de ellas sus ambiciones frustradas. Cuando la hija está realmente preparada para abandonar el nido, es posible que la madre sienta la necesidad inconsciente de que esta hija realice las expectativas y sueños que a ella se le negaron. Esto fue lo que comprendí que ocurría entre mi clienta Jane y su hija Felicia.

Felicia tenía muchas dotes para el patinaje. Jane había consagrado su vida a la carrera de su hija como patinadora, y soñaba con su gloria olímpica. Pero cuando Felicia cumplió los 18 años, estaba enamorada y deseaba retirarse de los rigurosos entrenamientos para las competiciones de patinaje, con el fin de pasar más tiempo con su chico y dar a su relación la oportunidad de convertirse en algo permanente. Esto enfureció a Jane, pues ella había dedicado muchísimo tiempo, dinero y energía en alentar y apoyar las ambiciones olímpicas de su hija. Pero en esta fase comenzó a plantearse la verdadera pregunta: ¿de quién de las dos eran estas ambiciones? Lo interesante es que Jane siempre había deseado ser bailarina profesional, pero el matrimonio, cuando era muy joven, y luego la maternidad, pusieron fin a estas ambiciones; por lo tanto consideraba que Felicia iba a tomar ese mismo camino, lo que a ella le parecía un desperdicio de su talento. En opinión de Felicia, lo que deseaba su madre era controlarla, pues solamente la consideraba digna de amor cuando participaba en competiciones. Muy pronto comenzó a sufrir de repetidas lesiones que la dejaban imposibilitada para competir durante meses cada vez, las que, finalmente, pusieron fin a su carrera de patinadora, en la que su madre había puesto tanto empeño.

Cuando la madre siente celos o envidia

Para comprender por qué causan tanta pena los celos o la envidia de la madre, sólo hay que recordar por qué su aprobación nos resulta tan agradable. La amorosa mirada de nuestra madre cuando éramos bebés es lo que nos quedó grabado en el cerebro para las relaciones. Fue nuestra primera experiencia de amor y vinculación. La atención y el amor maternos son el nutriente para toda la vida que todos ansiamos, y eso es tan verdadero cuando la hija se marcha para ir a la universidad como cuando es pequeña y está dando los primeros pasos.

Para sentirse verdaderamente feliz y segura de sus decisiones, una hija siempre ansía contar en cierto modo con el apoyo y la bendición de su madre, en especial cuando está justo en el umbral de un importante hito en su vida (un canal del nacimiento, como si dijéramos); por ejemplo, pasar de una «habitación» a la siguiente, marcharse de casa para ir a la universidad, hacer un viaje largo o importante, trasladarse a otra ciudad, comenzar otro trabajo u otra profesión, casarse, tener un bebé.

Lo que nos dice nuestra madre en estas ocasiones nos da la confianza en nosotras mismas. Como la niña pequeña que está aprendiendo a andar, siempre la miramos a ella para ver cómo lo estamos haciendo. Por ejemplo, una amiga mía se fue a París a buscar trabajo en la industria de la moda, poco después del fracaso en su matrimonio, que duró muy poco. Su madre le apuntaló realmente su confianza en sí misma al decirle: «A tu edad, yo no habría tenido jamás el valor para hacer lo que vas a hacer. Me siento muy orgullosa de ti». Otra madre fue a visitar a su hija recién casada y le demostró su respeto en su nuevo papel cuando estaban preparando juntas la cena; le preguntó: «¿Cómo quieres los tomates, cortados en rodajas o en cuñas?» Incluso un gesto tan sencillo como ese ofrece una tremenda validación a una joven.

Por otro lado, una madre que sufre de envidia y resentimiento no resueltos por su propia suerte en la vida, podría negar su cariño y apoyo justo cuando su hija se acerca a uno de esos hitos de desarrollo y más la necesita, en particular si ve que su hija avanza hacia ese tipo de libertad y felicidad que ella no ha logrado. En lugar de apoyar a su hija, podría hacer manifiesta su envidia por lo que ésta ha logrado. «Tiene que resultarte agradable irte a París después de hacer un desastre de tu matrimonio», le podría decir, en lugar de lo que le dijo su madre a mi amiga. O bien: «Ojalá yo hubiera tenido a alguien que me pagara todos los gastos de una buena universidad cuando tenía tu edad». O simplemente tratarla con frialdad y silencio.

Lo que desea la madre resentida: «Sé una mártir como yo»

Muchas veces, las madres que sufren de envidia y resentimiento no resueltos desean que sus hijas se echen sobre los hombros las mismas cargas que ellas consideran que han llevado, y les transmiten el mensaje de que eso forma parte del trabajo de la maternidad, o es la suerte de las mujeres. Si la hija acepta o está de acuerdo, las dos podrían convertirse en «amorosas compañeras en el martirio», las dos únicas personas que entienden verdaderamente lo arduo que es esto y lo mucho que hay que sufrir en este mundo.

Pero si la hija se niega a aceptar esas cargas, su madre podría resentirse y retirarle su amor y aprobación. El mensaje es el siguiente: si no continúas aquí, clavada en esto, como yo, eres una mala persona y una mala hija. Es terrible el sentimiento cuando la madre niega su cariño y aprobación; es como si se bloqueara y dejara de circular la sangre vital. De ahí el dicho: «Cuando la madre no es feliz, nadie es feliz». La hija se encuentra entonces en una situación de perdedora. Si dice no a su madre, se siente mal consigo misma, pero si dice sí, se siente furiosa y se resiente con su madre. Ésta es una relación madre-hija basada en la obligación y la culpa, no en el amor y la comprensión: otro eslabón en la cadena de dolor madre-hija. Mientras la hija no se libere de la sujeción de esta cadena, ella y su madre estarán atrapadas en una pauta de comportamiento que puede afectar adversamente no sólo a ellas dos, sino también a las generaciones siguientes. Entre los factores, por parte de la madre, que podrían haber contribuido a forjar esta cadena de dolor a partir de la infancia de la hija están el alcoholismo, un historial de enfermedad mental o de maltratos, el narcisismo, o una personalidad difícil innata. Una madre que por cualquiera de estos motivos ha sido incapaz de manifestar amor a su hija o de estar por ella, podría ser causa de que la hija se crea indigna y piense que debe responsabilizarse de la felicidad de su madre, y así redimirse.

La verdad es que todos, incluidas las madres, nacemos con el derecho inalienable a la vida, a la libertad y a la búsqueda de la felicidad. Que no se nos aprecie como es debido, y que tengamos que trabajar sin el apoyo adecuado, casi siempre lleva al resentimiento, la aflicción, la envidia, o a mensajes y comportamiento de mártir: «Si de verdad me quisieras, harías...». O, «Vivo dando, dando y dando, ¿y esto es lo que recibo?» O, «Ya verás cuando me muera, lo lamentarás». Pero eso no significa que la tarea de la hija sea compensar lo que su madre no tuvo.

Cuando la madre es ambivalente

Algunas madres son tan sensibles a la inminente separación de sus hijas que podrían alentarlas a continuar en la casa un tiempo más «para que lo piensen mejor antes de decidir lo que desean hacer». La madre puede hacer esto de varias maneras, por ejemplo haciendo muy agradable y cómoda la vida hogareña, tan cómoda que cueste dejarla (redecorando la habitación de la hija, disponiéndole un sitio para que viva aparte en la misma casa, en el sótano, en el ático, en un anexo); ofreciéndole ayuda económica con la condición de que continúe en la casa; o peor aún, haciéndola sentirse culpable por marcharse, tal vez incluso cayendo enferma para retenerla un tiempo más. El problema en este caso no es la hija que se marcha sino la madre, a la que aterra la idea de entrar en la parte siguiente de su vida. El síndrome del nido vacío entraña descubrir quién eres y cuál es tu finalidad y valor una vez que tu hija ya no te necesita como antes. (La marcha de la hija también podría percibirse como amenaza si ha sido una especie de amortiguador entre los padres en momentos de conflictos conyugales.)

La verdad es que, por muy felices y realizadas que nos sintamos con nuestra vida, todas las madres nos sentimos ambivalentes cuando nuestras hijas se van de casa. Así como, según está documentado, las células fetales continúan circulando en la sangre de la madre hasta veintisiete años después del nacimiento, también persiste la sensación de que nuestra hija forma parte de nuestro ser, y esto dura mucho más de veintisiete años. Por eso muchas veces seguimos guardando muchísimo tiempo en el sótano sus «cosas» de niña pequeña.

Hay un viejo refrán que dice que «cuando los hijos ya están en forma para vivir con ellos, viven con otra persona». Y hay muchísima verdad en eso. Si has hecho bien tu trabajo, tus hijos se convierten en tus personas favoritas del mundo. Naturalmente deseas pasar tiempo con ellos. Lo bueno es que, si los dejas marcharse para que encuentren y sigan su camino, a la vez que les das tu amor y todo el apoyo práctico que sea coherente con tus valores, en realidad nunca se marchan.

MATERNIDAD A DISTANCIA

Si en casa has ido dando a tu hija cada vez más responsabilidades adecuadas a su fase de desarrollo, estará bien preparada para marcharse a la universidad. Habrá interiorizado un código de conducta moral coherente que le servirá para hacer frente a los desafíos de la universidad y de su vida después. Es decir, una chica sensata en los últimos años del instituto no se convierte repentinamente en una loca por las fiestas con malas notas una vez que entra en la universidad. Por otro lado, si a la chica se la ha criado sin expectativas ni responsabilidades, o de un modo tan estricto o rígido que la impulsa a rebelarse, sí podría ser incapaz de hacer frente a las dificultades en la universidad. Ésta es la realidad: cuando entran en la universidad, la mayoría de las chicas se encuentran por primera vez en una situación en que nadie les controla el comportamiento de ninguna manera. Son libres para ir y venir a su antojo, comer lo que deseen y cuando lo deseen, e incluso para quedarse en pie toda la noche bebiendo, si lo desean (las borracheras son una realidad omnipresente en la vida de muchos campus universitarios, aun cuando en muchas la administración ha tomado medidas para limitar sus peligros, incluso acabando con fraternidades cuando es necesario).

Una universitaria debe aprender a manejarse eficazmente para tener sus trabajos a tiempo, cumplir sus horarios, dormir, comer, organizarse en torno a salidas con chicos, hacer frente al peligro de las drogas; es decir, fundamentalmente todo lo que existe en el mundo real. Tanto según mi experiencia como las de mis hijas, muchas chicas todavía no tienen las habilidades de autogestión necesarias para triunfar en la vida. Si continúan en la modalidad rebeldía, o en la modalidad «mis padres me sacarán las castañas del fuego» o en la modalidad «no sé por qué estoy aquí», es posible que acaben con un periodo a prueba, se entreguen a la bebida o dejen los estudios. Dejar la universidad por un tiempo es a veces lo mejor que puede hacer una joven, en realidad, ya que esto le da uno o dos años durante los cuales puede adquirir cierta experiencia laboral y prepararse para sentar cabeza y sacar el mayor provecho de la experiencia universitaria cuando vuelva.

Algunas universitarias experimentan un bajón en la «curva de crecimiento» debido a dificultades en casa que las hacen perder por un tiempo su brújula interior y su finalidad. Una enfermedad grave o una muerte en la familia, por ejemplo, o el divorcio de los padres, o una mudanza de la casa donde se crió, son circunstancias que pueden alterar el primer chakra de una alumna de primer o segundo año de universidad, más o menos lo equivalente a moverle la silla para que se caiga, justamente en el momento en que está tratando de arreglárselas para vivir de forma independiente por primera vez y su vulnerabilidad está en su grado máximo. Es posible que los padres realicen sus propios cambios cuando los hijos se van de casa, que hagan reevaluaciones que podrían llevarlos no sólo al divorcio sino también a volverse a casar, e incluso a iniciar una nueva familia (no es infrecuente ver a chicas universitarias llevando un nuevo hermanito bebé en cochecito cuando sus padres van a verlas un fin de semana o el día de su graduación). Según sea el temperamento, como también esos factores de resistencia de que hablamos, el sistema inmunitario de una chica podría experimentar una fuerte reacción ante las consecuencias o repercusiones de estos cambios.

Yo me divorcié el año en que mi hija mayor entró en la universidad. Sabiendo que este importante cambio podría tener un efecto adverso en mis dos hijas, decidí continuar en la casa donde ellas se criaron e intenté hacer sus vidas lo más estables y «reconocibles» que fuera posible. A pesar de esto, ese año a cada una le derrapó el coche chocando con las vallas. También a mí me ocurrió esto, prueba energética de lo temblorosos que estaban nuestros primeros chakras. Pero podría haber sido mucho peor.

Mi consejo es éste: por grande que sea la tentación de los padres de hacer cambios en sus vidas una vez que un hijo o hija se marcha de casa para ir a la universidad, conviene que se refrenen de hacer los cambios opcionales (como vender la casa o mudarse) por lo menos hasta que la hija termine su segundo año. Es muy consolador para la chica universitaria saber que puede ir a casa y contar con su antigua habitación. Eso le sirve a modo de raíz central, de firmeza en la tierra, en un momento en que todo está cambiando. Cuando esté en los últimos años, ya tendrá los pies mucho más firmes en el suelo y será más capaz de afrontar los cambios en su ambiente hogareño.

Aunque tal vez cueste creerlo, la verdad es que tu hija te necesita durante sus dos primeros años en la universidad tanto como te necesitaba cuando estaba en el instituto. Si bien en la mayoría de las universidades hacen lo imposible por ofrecer muchísimo apoyo a los nuevos alumnos para ayudarlos a pasar por esa transición en sus vidas, ésta sigue siendo una experiencia difícil. Y el segundo año podría resultar más difícil aún, dado que es entonces cuando de repente las cosas se hacen «reales». No hay ningún periodo de orientación para las nuevas alumnas que estructure y las guíe en sus relaciones sociales, ningún colchón amortiguador. La chica tiene que organizarse para crearse su programa y vida social y tomar las decisiones sobre cómo emplear su tiempo.

Mis hijas solían llamarme con frecuencia durante sus años en la universidad, para preguntarme o pedirme de todo, desde recomendaciones para diversas enfermedades de sus amigas, mi opinión sobre los cursos o asignaturas que tomaban, y sobre asuntos financieros, por ejemplo, con cuánto dinero para gastos podían contar. Tuve la suerte de que mis dos hijas eligieron universidades que estaban a menos de un día de distancia en coche, porque yo iba a visitarlas muchas más veces de las que había pensado que iría, a veces a verlas actuar en una obra de teatro o en otros eventos, a veces simplemente para llevarlas a almorzar, o llevarles algún regalito, o para animarlas cuando estaban algo abatidas. Kate lo pasó particularmente mal durante su segundo año. (Ese temido bajón del segundo año es muy real para muchas chicas; para mí también lo fue.) Tuve que intervenir y hablar con el Decano de Vida Residencial para conseguir que le dieran una habitación sola, después que ella había hecho todas las solicitudes y gestiones necesarias sin conseguir nada. Ésa fue la única vez que intervine en favor de una hija tratando directamente con un miembro del personal administrativo. En general, los años universitarios son un periodo en que los padres han de dejar que sus hijos actúen solos y tomen sus propias decisiones (y cometan errores).

De todos modos, yo no vacilaba en imponerme a mis hijas cuando iban a tomar decisiones que a mí me parecían arriesgadas para ellas. El papel de la madre en ayudar a su hija a elegir entre las opciones que se encuentra en el camino se puede comparar a las bandas sonoras de las autopistas, que emiten un fuerte sonido cuando uno se desvía del carril. Tu hija está aprendiendo a conducir y tú no puedes hacer eso en su lugar. Pero sí tienes que decírselo cuando se desvía mucho del carril principal. Yo he sido una banda sonora muy ruidosa con mis dos hijas cuando lo veía necesario. Por ejemplo, cuando terminó su primer año en la universidad, Ann quería pasar un mes del verano en Nueva York para participar en obras de teatro allí. Yo estaba convencida de que todavía no tenía las habilidades necesarias para encontrar un buen alojamiento ni para arreglárselas con las complejidades de esa gran ciudad; se estaba desviando del carril y se lo dije. Insistí en que ese verano lo pasara en casa y se buscara un trabajo. Encontró trabajo en un turno de noche en uno de los restaurantes familiares de la cadena Denny's. La verdad es que le encantó la experiencia y aprendió muchísimo acerca del «mundo real». Esta experiencia también le mejoró la autoestima y el humor, y le sirvió para encontrar otros trabajos después.

El verano siguiente lo pasó en la ciudad donde está su universidad, compartiendo un apartamento con algunas compañeras, y trabajando en una tienda de ropa. Cuando se licenció, ya dominaba las habilidades para vivir sola y se trasladó a Nueva York, que era lo que deseaba hacer varios años antes. Ahora se las arregla para vivir en la gran ciudad mucho mejor de lo que podría hacerlo yo jamás. Y está bien encaminada para mantenerse totalmente por sí misma mientras se va abriendo camino en la carrera artística. Tiene el valor de ponerse a la cola en las pruebas de audición para obtener papeles en obras de teatro, lo que es parte de su comprensión de que cada día es una «audición» en el juego de la vida.

Está de acuerdo conmigo en que en esos trabajos de verano adquirió habilidades importantes que ahora usa cada día. No hay nada como la sensación de saber que de verdad se es capaz de «hacerlo sola».

La cafetería está cerrada (o a punto de cerrar)

Cuando la hija llega a los 21 años, se la considera adulta. Tiene derecho a voto y puede beber alcohol legalmente. Sin embargo, es interesante comprobar que no puede alquilar un coche hasta que cumpla los 25, porque al parecer las compañías de seguro saben algo que muchos jóvenes no saben: los circuitos lobulofrontales, del juicio y el control de los impulsos, aún no han llegado a su madurez, hecho que se refleja en el elevado índice de accidentes por mala conducción entre jóvenes menores de 25, comparados con los mayores. Las experiencias que enfrenta la chica de veinte y algo cuando entra en el mundo «real» de la responsabilidad adulta e individual son una manera seria, sobria, de consolidar esos circuitos en pautas más adultas.

Todas las madres necesitan saber que han criado a una hija que tiene las habilidades para hacer su vida sola. Pero éste es un periodo en que estas habilidades se ponen a prueba al máximo, y a veces la hija no lo hace fabulosamente bien en sus primeros intentos de vida independiente.

Aprender a ver fracasar a la hija sin intervenir

El periodo veinteañero es el tiempo en que la hija ha de salir al mundo para hacer su vida sola. Uno de los aspectos más difíciles de cuidar de la hija a esta edad es saber de qué manera ayudarla o apoyarla, pero no tanto que ella se vuelva dependiente o exagere sus derechos. El siguiente es un ejemplo de una de mis clientas:

Cuando terminó la universidad, mi hija Donna se trasladó a Los Ángeles. Su sueño dorado era dedicarse a la música. Pero como también era buena para las matemáticas, estudió música como asignatura principal y matemáticas como secundaria. Cuando llegó a Los Ángeles, entró a trabajar de administrativa en un bufete especializado en problemas de arquitectura. El trabajo era bien pagado y le permitía ahorrar. Pero al cabo de seis meses, el jefe le dijo que no estaba cualificada para ese trabajo y la despidieron. A sus padres nos dijo que la despidieron no porque no supiera hacer el trabajo, sino porque éste no la apasionaba; no le gustaba ese trabajo. Su padre y yo comprendimos entonces que el verdadero problema era que ella no deseaba trabajar para vivir ni responsabilizarse de su manutención.

Al fin y al cabo, había estado estudiando desde los 3 a los 22 años. Siempre alguien le había preparado el plan de estudios y estado al tanto de todo para que le fuera bien. Y siempre fue una alumna brillante. Los veranos los pasaba en campamentos dedicados a actividades musicales y a otras relacionadas con la música, las que pagábamos nosotros. Puesto que nunca tuvo que trabajar, tampoco tuvo nunca la necesidad de aprender las habilidades necesarias para independizarse, para desenvolverse y mantenerse sola. Por primera vez en su vida se encontraba en el «mundo real» sin un programa previo ni el sistema de apoyo (su padre y yo), todo listo para recoger los platos rotos y sostenerla.

Me enfadé con ella por dejarse despedir cuando aún no llevaba ni un año en el trabajo. Su padre se había preocupado de encontrarle el trabajo. Y la paga era buena, mucho mejor que la de trabajos que tenían sus amigas. Mi marido le dijo que a él tampoco le había gustado trabajar de administrativo en un bufete, pero que era una buena preparación. «Sí, pero tú sabías que deseabas ser abogado», replicó ella. Aunque eso era cierto, de todos modos me fastidió que se hubiera dejado despedir pasivamente. Eso es totalmente distinto a decidir dejar un trabajo y despedirse de buena manera para encontrar otra forma de mantenerse que esté más en conformidad con los propios deseos.

Pero cuando le dije a Donna lo que pensaba, se enfadó conmigo y me dijo: «No me des más consejos, por favor. Ya oigo tu voz en mi cabeza más de lo que deseo». En ese momento comprendí que tenía que hacerme a un lado y dejar de ayudarla económicamente. Aunque eso la enfureció, le dije que el primer paso para vivir independiente es aprender a poner un techo sobre la cabeza y comida en la mesa. Aprender esto mientras también te dedicas a la actividad que te apasiona no suele ocurrir de la noche a la mañana. Pero si estás resuelta y comprometida, eres capaz de hacer realidad tus sueños.

Al igual que Donna y su madre, algunas madres e hijas tienen que pasar por una especie de enfrentamiento explosivo en esta fase de la vida. Por dolorosas que sean estas rupturas, en definitiva pueden ser muy saludables tanto para la una como para la otra. El amor que sigue vivo bajo la superficie es lo bastante potente para resistir la franqueza, el dejar las cosas claras. Y esto es muy preferible a guardarte los sentimientos respecto a las decisiones de tu hija (mientras sigues manteniéndola). Esto es un riesgo seguro para la salud de la madre.

Una de mis clientas ahorraba y se apretaba el cinturón para mantener a su hija, hasta los 27 años. Durante ese tiempo la chica vivía con su novio y no ponía el menor empeño en fijarse objetivos ni aspiraciones. Mi clienta se afligía y se consumía porque su hija no reconocía ni asumía la responsabilidad de su vida. Finalmente su tristeza se transformó en ira cuando la chica olvidó saludarla para el Día de la Madre; no le envió tarjeta y ni siquiera la llamó por teléfono. Y ahí acabó todo. Le dijo a su hija que dejaba de mantenerla porque ya era hora de que aprendiera a mantenerse sola. Esto enfureció a la chica al principio, pero al cabo de un par de años le dijo a su madre lo mucho que agradecía esa experiencia. Cuando se vio obligada a ganarse la vida, encontró la manera. Hizo cursos de formación laboral, y ahora tiene las habilidades que necesita para ganarse la vida. Esto fue un enorme estímulo para su autoestima y llevó a una verdadera curación de la relación madre-hija.

CORTE DEL CORDÓN FINANCIERO

Toda madre tiene que decidir en qué medida y cuánto tiempo va a ayudar económicamente a su hija. No existe ninguna fórmula, aunque mi opinión personal es que la mayoría de las jóvenes ya deberían mantenerse totalmente a los 28 años, a no ser que estén estudiando en un instituto profesional a jornada completa. Sé que hay enormes diferencias culturales en lo referente a este tema. Por ejemplo, mi acupuntora dice que en China los padres mantienen a sus hijas hasta que se casan, y después siguen ayudándolas económicamente. Lo mismo ocurre en muchos otros grupos étnicos.

Mis padres me pagaron la primera parte de los estudios universitarios, y eso fue todo. Yo me he desviado de esa fórmula. A mi hija Ann le pagué la universidad, y luego el alquiler y el seguro de salud durante varios años mientras ella se establecía en Nueva York. Pienso hacer lo mismo con Kate. Después de esos primeros años quedarán totalmente solas en ese aspecto. Como es lógico, no permitiría jamás que pasaran hambre o carecieran de la atención médica necesaria. Las dos saben que tendrán una especie de red de seguridad debajo en las situaciones de urgencia.

Lo fundamental: Por mucho que desees mantener a tu hija, hay muchas posibilidades de que mueras antes que ella. Si no ha aprendido a sobrevivir sin ti, no le has hecho ningún favor.

Pero los siguientes son algunos favores que puedes hacerle, que le servirán para lanzarse sola en la vida:

Enséñale a formar un buen equipo financiero. Para ayudarla a agenciarse con conocimiento en el mundo real, necesita aprender a encontrar y trabajar con las personas adecuadas. Éstas podrían ser un contable, un abogado, un agente bursátil, etcétera. Mis dos hijas están aprendiendo a planificar los pagos de impuestos con la orientación de un buen contable, y las dos tienen fondos de inversión. Cuando Ann tenía 21 años y Kate 19, les organicé una reunión con mi abogado para que vieran mi plan financiero. He dispuesto las cosas para que, en el caso de que me ocurriera algo, tengan dinero inmediato para los gastos y no tengan que cargar con mucho papeleo o trámites burocráticos. También saben dónde encontrar mi testamento y otros documentos importantes.

Considera la posibilidad de formar una empresa madre e hija. Una posibilidad que es cada vez más común es la empresa madre e hija. Todos estábamos acostumbrados al modelo de empresa Joe Smith and Sons [José Martínez e Hijos]; ahora por fin vemos empresas Josephine Smith and Daughter [Josefina Martínez e Hija]. La mayoría de las mujeres no cuentan con generaciones de saber hacer empresarial de qué echar mano, por lo tanto muchas van aprendiendo en el camino, y aportando sus muy necesarias habilidades relacionales. La principal dificultad para las empresas llevadas por mujeres, sean de madre e hija o no, es la misma de cuidar hijos: la tendencia de las mujeres a mantener la paz a cualquier precio, no pedir lo que necesitan o desean, y poner sus necesidades en el último lugar. Si no se reconoce este hábito y no se cambia, lleva a rabia, resentimiento, tristeza, y a la inevitable enfermedad que viene cuando estas emociones duran mucho tiempo.

Hace varios años animé a mis hijas a participar en una empresa cuyos productos he usado y recomendado durante años. Ahora esto es algo que hacemos las tres, junto con mi madre, mi hermana y otras familiares. Todas hemos aprendido muchísimo, pasándolo muy bien además. Y también enseñamos a hacer lo mismo a otras. (Si quieres informarte más acerca de esto, ve a www.drnorthrup.com, haz clic en Women's Health y entra en el Prosperity Center.)

Uno de los motivos de que me guste el negocio en que estamos mis hijas y yo es que, si bien el éxito depende de crear relaciones sostenibles con otras personas, el modelo excluye la codependencia. Es decir, por mucho que se desee, no es posible hacer triunfar a otra persona a no ser que ella ponga su esfuerzo.

Dile que sabes que es capaz de hacer algo más que simplemente subsistir. En su libro *Nickel and Dimed: On (Not) Getting By in America*, Barbara Ehrenrich documenta las enormes dificultades económicas que enfrentan las mujeres que trabajan en empleos de salario mínimo; peor lo tienen las que tienen hijos. En un mundo ideal, ninguna mujer tendría hijos sin antes encontrar los medios para mantenerse ella y mantener a sus hijos. Por desgracia, no vivimos en ese mundo sino en uno que es todo lo contrario. Los estudios han demostrado que son las mujeres más pobres y con menos educación las que quedan embarazadas más jóvenes, y en un periodo de su vida en que sus recursos económicos suelen ser los mínimos.

Habiendo trabajado con un buen número de adolescentes embarazadas y mujeres que trabajan por un salario mínimo, puedo decirte esto: las que salen del ciclo de pobreza son las que logran conectar con su Poder Superior y su sabiduría interior. Ponen su espíritu y su voluntad en la dirección que desean seguir y no dedican mucho tiempo a quejarse de la situación en que se encuentran.

Una amiga mía que contrajo enormes deudas para estudiar, quedó sin techo cuando terminó el instituto universitario. Para poder llegar a fin de mes, hacía dos trabajos y vivía en una iglesia, hasta que una noche la descubrió el pastor. Él se compadeció de su dilema y la ayudó a encontrar un alojamiento que ella pudiera pagar. Su vida es una iluminadora ilustración de cómo la conciencia crea las circunstancias, no al revés. Si hubiera recibido ayuda económica de sus padres, no habría tenido que pasar por esa experiencia penosa. Por otro lado, no se habría convertido en la persona exitosa y resistente que es ahora: una mujer con los pies muy firmes en la realidad de Dios y el poder de la fe.

El mundo está lleno de ángeles y demonios, y los periodos de éxito alternan con los de adversidad. Tienes que centrar la atención en los ángeles y tener la fe de que posees lo que necesitas para crearte un futuro mejor para ti y/o para tus hijos. Esto sólo lo puedes hacer si aprendes a escuchar a tu guía interior y le haces caso. También va bien dirigir conscientemente los pensamientos.

Si te arrodillas y de verdad pides ayuda y orientación, las obtienes. Es así de sencillo. Mi abuela materna es un ejemplo. Crió sola a mi madre y a mi tía, trabajando de camarera y llevando comida a casa para sus hijas después del trabajo. Aunque sólo había estudiado hasta octavo año, tenía muchísimo sentido común, un fabuloso sentido del humor, y fe en la bondad de la vida. Nunca se autocompadeció, y siempre sacó el mejor partido de lo que tenía. Aunque mi madre tenía que hacer todos los quehaceres domésticos cuando era niña, comprendía que eso era necesario. Ir al cine le daba una visión de una vida mejor. Una vez me dijo: «Me sentaba en la escalera del patio de atrás y contemplaba las estrellas. Sabía que ahí había algo más para mí que la vida que llevaba».

Ayúdala a entender la paradoja de la riqueza. A lo largo de los años he trabajado con muchos hombres y mujeres que han heredado dinero o tienen fondos en fideicomiso. Algunos aportan su pasión y finalidad únicas a este legado y lo mejoran. Pero a otros, este tipo de legado monetario no les sirve para crear salud y felicidad; muchas veces hace lo contrario. Esto se debe a que la herencia que reciben estas personas no es sólo de dinero; también reciben el legado de que se les ha dado algo sin tener que gastar nada de su energía vital a cambio. Esto lleva a sentimientos de culpa e incapacidad, porque, en un plano profundo, no han tenido que usar su creatividad y capacidad para crear abundancia; fue otra persona la que hizo eso. Nunca sentirán la verdadera euforia que produce el haber creado algo de la nada, solos, usando sus dones y talentos. Cualquier buen filántropo te dirá que por eso es tan difícil dar una buena beca, una beca que proporcione la oportunidad a la persona pero que no le haga el trabajo. Si la persona no tiene que trabajar por ella y sabe que siempre hay más en la fuente de donde vino, está el peligro de que no explore la Fuente de la abundancia que tiene en su interior.

No olvides nunca que la esencia de la abundancia no es solamente la riqueza material. Tener un corazón agradecido y valorar la vida, lo que hemos hecho de nuestra vida así como lo que nos han dado, es la más dichosa de todas las formas de abundancia.

Cuando la madre se siente culpable de los problemas de su hija

Cuando estaba en la Escuela de Medicina, un profesor nos llevó a un grupo a un establecimiento para adultos y niños afectados por graves discapacidades físicas y mentales. Muchos de los residentes de esa escuela habían sido colocados ahí por padres que no podían cuidar de ellos en casa. Mientras mi profesor nos llevaba por las salas, señalándonos diversos trastornos mentales, también nos contó que una de las primeras cosas que hizo cuando empezó a trabajar en esa institución, al margen del tiempo que llevara la persona ahí (algunos llevaban años), fue llamar a los padres de cada residente. Esto lo hizo por bondad y compasión; les explicaba a los padres que la mayoría de estos trastornos genéticos son inevitables y no tienen nada que ver con lo que haya hecho o no hecho la madre durante su embarazo. Muchas de estas madres no sabían esto. Y al carecer de la información genética actual, se echaban la culpa ellas de las discapacidades de sus hijos. Una madre, por ejemplo, cuyo hijo tenía un raro trastorno genético que produce la formación de tumores en los nervios (neurofibromatosis) y por lo tanto grave retardo mental, había pasado años creyéndose responsable. Había ido a nadar en el mar estando embarazada, aun cuando su médico le había dicho que no lo hiciera, y suponía que eso fue la causa del problema.

Todas las madres con las que habló mi profesor llevaban años sintiéndose culpables de lo ocurrido a su hijo, cuando en realidad ninguna de ellas tenía la culpa. La mayoría de los niños tenían problemas genéticos muy poco frecuentes que escapaban totalmente al control de las madres. Lo que les dijo mi profesor les cambió la vida a estas madres. Por fin podían dejar de sentirse culpables. Nunca olvidaré lo sanadora que fue esa información.

Si bien los problemas de que se sentían responsables estas mujeres son muy diferentes de los tipos de problemas que pueden presentarse cuando una joven inicia su vida sola, vale el mismo principio: las madres deben aceptar que, hasta un cierto punto, los problemas de sus hijas son de sus hijas.

Mi vida depende de mí

Sea cual sea la situación de una madre o una hija, una cosa está muy clara. Cuando la hija es veinteañera, ya debe estar funcionando totalmente el motor de su vida, haya ocurrido lo que haya ocurrido con su madre. Debe asumir la responsabilidad de su vida, de sus decisiones y de su felicidad.

Ser responsable de sí misma no significa que la madre y la hija se distancien o se desentiendan mutuamente. Muchas mujeres son amigas de sus madres toda la vida, aun cuando esta amistad pase por periodos de tensión. Como todas las relaciones, tendrá sus altibajos.

La calidad de esta amistad será más verdaderamente sustentadora de la vida y la salud cuando cada una haya aprendido a vivir su propia vida. Para las dos esto entrañará el inevitable proceso de soltarse. Mientras escribo, mi hija menor Kate está en el último año de universidad y se graduará esta primavera. Aunque desea establecerse finalmente en Maine, primero quiere vivir unos cuantos años en Nueva York (dice que desea un tipo de experiencia «amistades»). Yo deseo que sea feliz y se sienta realizada y satisfecha. Pero, como tantas madres, me gustaría que encontrara esa satisfacción viviendo más cerca de casa. Hace poco me dijo que quiere que le mantenga su habitación tal como está durante unos años, pero que después puedo hacer lo que quiera con ella. ¡Esa sola idea me hace doler el corazón!

Mientras tanto Ann, mi hija mayor, que desde que nació estaba destinada a vivir en Nueva York, está feliz abriéndose camino sola. Dice que no sabe si podrá venir a casa para el día de Acción de Gracias o para Navidad debido al trabajo. Yo lo comprendo, pero eso no significa que esté feliz por eso.

Nuevamente estoy asomada al borde de otra fase de desarrollo: mi «nido» se está quedando más vacío que nunca de la presencia diaria de mis hijas. Y nuevamente me siento ambivalente: deseo que cada una de ellas tenga una vida plena, rica en consecuciones, tal como la deseo para mí; pero también deseo que estén aquí conmigo, siempre. Ojalá pudiéramos vivir todas juntas, como una de esas familias tan comunes antes, en que todos los parientes vivían cerca, y que ahora están desapareciendo. Pero eso no está en nuestros caminos. Me consuela saber que, en cierto modo, mis hijas están siempre conmigo y yo estoy siempre con ellas. Estamos y siempre estaremos unidas por el amor y, como lo expresa Adrienne Rich, por «el conocimiento que fluye entre dos cuerpos semejantes, uno de los cuales ha pasado nueve meses dentro del otro».[7]

EPÍLOGO

EPÍLOGO

20
El legado continúa
La sabiduría madre-hija a través de las generaciones

A lo largo de este libro he centrado la atención en los ciclos, de siete años, de crecimiento y desarrollo que llevan a una hija a la edad adulta. Pero la relación madre-hija no acaba cuando la hija se marcha de casa. Sea cual sea nuestra edad, la vida continúa ofreciéndonos oportunidades para fortalecer nuestro vínculo madre-hija y sanar nuestro legado materno.

Hay tres momentos clave en que la energía del nacimiento, renovación y sanación está particularmente concentrada:

El nacimiento. Cuando nacemos, cuando damos a luz un hijo, o adoptamos un hijo, fluyen por nosotros las energías de la creación. Lo mismo ocurre cuando nuestras hijas se convierten en madres. Una de mis amigas acaba de convertirse en abuela. Está «enamorada» y se ve diez años menor.

La menopausia. Los cambios hormonales nos activan la necesidad de desprendernos de la piel vieja y reinventarnos. Eso suele entrañar hacer las paces con nuestra madre y con los asuntos inconclusos de la primera mitad de nuestra vida.

La muerte. La muerte es el paso por el canal de nacimiento de vuelta a la vida no física. La luz que hay durante esta transición es verdaderamente poderosa.

Cada una de estas fases vitales es una escalera en la casa de la vida que describo en el capítulo 2. Dado que cada una contiene la sabiduría, la energía y el potencial de nuestro nacimiento, cada una es una oportunidad incomparable para sanar nuestro legado madre-hija y renacer.

LA MADRE COMO LA ESTRELLA POLAR

Pasar por cada una de estas experiencias de nacimiento, sea en sentido metafórico o literal, nos obliga a entrar en territorio desconocido. Hemos de dejar atrás el pasado, desprendernos de nuestra vieja y conocida piel, llorar nuestras pérdidas y recrearnos. Nuestro cuerpo y nuestra alma saben esto, así que naturalmente deseamos la orientación y ayuda de alguien que haya estado ahí antes y sepa mostrarnos el camino; alguien que ha estado con nosotros desde el comienzo: nuestra madre. Si ella está situada firme en su sabiduría en lo alto de la escalera de su vida, es como la Estrella Polar, un faro que nos alumbra, nos orienta y nos da fuerza. Mirándola a ella sabemos qué viene después. Podemos avanzar con seguridad y confianza, sabiendo que todo estará bien.

Patricia es la hermana de 55 años de una de mis amigas. Este verano vino a Maine con su madre de 85, Catherine, que venía a visitar a las amistades y familiares de su infancia, tal vez por última vez, pensaba ella. Catherine y Patricia han vivido juntas desde que Catherine sufrió un grave ataque al corazón hace dos años. Hasta entonces trabajaba de recepcionista a media jornada en un centro para ponerse en forma. Ella no quería irse a vivir con su hija y su yerno después del ataque, pero Patricia, que es enfermera, insistió, hasta que finalmente aceptó, pero le dijo: «Ahora, cariño, por favor considérame una pensionista en tu casa. Tú y tu marido necesitáis cenar juntos sin mí cuando llegáis a casa del trabajo. Eso es importante para vuestro matrimonio». Lógicamente, no la consideran una pensionista, pero todos valoran y agradecen su sensibilidad a sus necesidades. Catherine es el tipo de madre y abuela de cuya presencia todos disfrutan. Tiene un fabuloso sentido del humor y una sabia perspectiva de la vida. Sus nietos le cuentan sus problemas a ella antes que a sus padres. Brilla luminosa, como una Estrella Polar, en lo alto de la escalera de su vida.

Si tu madre se está acercando al final de su vida y tú, como Patricia, siempre has tenido una relación íntima y cómoda con ella, es posible que cualquier cuidado que necesite no te suponga una carga excesiva (aun cuando podrías necesitar ayuda y apoyo). Una de mis amigas, agente bursátil de 60 años, tiene a su madre de 95 viviendo con ella desde hace unos años. Esta mujer ha sido una Estrella Polar para cientos de personas. Fue música profesional hasta que un día tropezó con el perro y se quebró la cadera, a los 94 años. Aunque está frágil físicamente, sigue siendo independiente, enérgica y animosa, y es capaz de pasar bastante tiempo sola sin que necesite mucha atención. ¡En lugar de ser una carga, esta mujer sabia tiene más compañía de la que puede atender! Todos sus ex alumnos desean formar parte de su vida y ayudarla. Sigue dando clases de tanto en tanto. Y su alma radiante y atemporal brilla luminosa en sus ojos.

Mi madre ha sido una brillante Estrella Polar para todos sus hijos y nietos. También ha inspirado a miles de otras personas. Verla deslizarse por la pista de esquí, escalar una montaña o aparcar su caravana sin ninguna dificultad, todo esto a los 78 años, cambia las ideas estereotipadas sobre el envejecimiento y el cerebro. No toma ningún medicamento, rara vez visita a un médico y está vitalmente sana. La influencia Estrella Polar de mi madre es uno de los motivos de que yo piense que no comenzaré a llegar a mi cima antes de por lo menos los 65 años.

DEBORAH: *cuando la hija se convierte en la madre*

No todas las madres brillan tanto cuando llegan al ático de sus vidas. Poco después de dar una charla sobre las hijas adultas y sus madres, recibí el siguiente *e-mail* de una mujer de edad madura (a la que llamaré Deborah) que se encuentra ante este tipo de reto.

> Encontré perfecta su charla para mi situación. Una pregunta: mi madre tiene 81 años y se niega a estar en la habitación que le corresponde en esta fase de su vida. Soy la hija mayor y ella intenta ponerme en la posición de madre. No hace falta decir que esto me trae loca.
>
> Tengo 54 años, soy madre de dos hijos, me divorcié hace poco y estoy comenzando la carrera de orientadora profesional. También hago trabajo voluntario, trabajo fuera, viajo, etcétera. Mi padre murió hace cinco años, y dado que la salud de mi madre se ha deteriorado, las cosas han empeorado. Nunca hemos tenido una estrecha relación, por lo que ahora me resulta muy difícil estar siempre a su disposición.
>
> ¿Alguna sugerencia? Tengo una hija de 20 años que tuvo un trastorno alimentario hace siete años, pero ahora está bien. Deseo transmitirle un legado sano.

La situación de Deborah es común a miles (si no millones) de mujeres que están en la escalera de la menopausia mientras la madre se está acercando al ático o a la azotea de su vida. Muchas tienen hijas jóvenes adultas también. Esto es lo que necesitan saber: el reto que enfrentan, si bien difícil, es una inmensa oportunidad para sanar y actualizar sus legados. Si verdaderamente logran hacer las paces con sus madres en esta fase, pueden poner fin a una cadena de dolor que es posible que ya lleve generaciones. Y los beneficios para la salud son enormes, para ellas dos y para sus hijas.

Es probable que la madre de Deborah, como muchas de su generación, se haya pasado la vida satisfaciendo las necesidades emocionales de su marido; su pasión y finalidad eran tenerlo feliz. Ahora él ya no está y ella todavía no ha desarrollado las habilidades necesarias para emprender las tareas de desarrollo que son adecuadas para esa fase de su vida. He conocido a muchas mujeres como la madre de Deborah. En muchos casos, a los 50 años ya han dejado de conducir distancias largas y dependen de sus maridos en eso; cuando él muere, sólo son capaces de conducir unas cuantas manzanas, y jamás de noche. También carecen de educación financiera, y no saben dónde está el dinero o si tienen lo suficiente para vivir. Incapaces de depender de ellas mismas, esperan que sus hijas sean sus madres y maridos. Y para las hijas que están pasando por sus propios renacimientos de la edad madura, el momento no podría ser peor.

Coerción mediante achaques y dolores

Muchas madres mayores buscan el cuidado y la validación de sus hijas mediante dolencias físicas menores. Muchas veces sus médicos no logran encontrarles nada mal. En mi profesión tenemos un nombre para esto: «the dwindles» (decrecimiento). Como un niño que no quiere ir a la escuela y le duele el estómago, una madre podría ser renuente a hacer el trabajo de desaferrarse para avanzar hacia la fase final de la vida.

No es infrecuente ver a una madre anciana «disfrutar» de mala salud durante años mientras su hija de edad madura se agota tratando de complacerla. Las dolencias físicas de la madre se convierten en el centro de atención en el tiempo que pasan juntas. Estas hijas suelen tener problemas de peso, lo que es consecuencia, en parte, de llevar la responsabilidad de la salud y felicidad de su madre a la vez que sacrifican la suya. También podrían fumar y beber alcohol para aliviar el estrés. Si estas hijas se toman un descanso se sienten culpables, como si eso significara abandonar a sus madres. Al mismo tiempo podrían sentir resentimiento, rabia y aflicción, emociones que producen demasiadas hormonas del estrés y la consiguiente inflamación de los tejidos. Con el tiempo esto afecta adversamente al corazón, las mamas, los pulmones y los huesos, disponiendo el escenario para las enfermedades que acaban con la vida de muchas mujeres: cardiopatía, cáncer y osteoporosis.

Tengo una amiga cuya madre de 82 años está en perfecto estado de salud y sin embargo vive quejándose de sus juanetes, manchas en la piel y otros achaques menores. Telefonea a su hija dos veces al día, y se enfada si ésta no coge la llamada inmediatamente. Mi amiga tiene 56 años, lleva su propia empresa y vive corriendo en círculos por su madre, llevándola a médicos, renovándole el seguro de la casa con mejores condiciones, y luego haciendo frente a sus quejas; la última, porque su nueva póliza de seguro, más barata, tiene menos deducción fiscal. Mi amiga no se atreve a decirle no a su madre, porque si lo hiciera tendría que soportar su ira. Y eso haría aflorar sentimientos de culpa no resueltos sobre su valía personal, que vienen de la infancia. Ella es la hija del medio, y su madre siempre le dice que es «la mala hierba entre mis dos rosas». Las «rosas» son sus hermanos. Mi amiga alivia su ansiedad fumando, y ahora tiene tos crónica. A mí me parece que si no cambia algo, caerá enferma, y tal vez muera antes que su madre.

Aunque es tentador para la hija convertirse en la madre de su madre, esto no le hace bien a ninguna de las dos. A menos que esté verdaderamente incapacitada, resiste al deseo de ponerte a su disposición para todo. Hacer eso cuando en realidad no lo deseas simplemente refuerza la anticuada idea de que eres una mala hija si no haces lo que tu madre desea que hagas. Además, esto causará una regresión en ella y se hará excesivamente dependiente en un periodo en que necesita fortalecer su conexión con su alma. En realidad, hacer demasiado por ella debilita su capacidad para llegar al ático de su vida con alegría y claridad.

Sabe que no puedes sanar toda una vida de dificultades con tu madre sacrificando tu calidad de vida por ella cuando está mayor. Eso sólo te agotará; y no conseguirás que cambie. En lo referente al cuidado de tu madre, tienes que conocer tus límites. No puedes hacerlo sola, tal como la madre de un recién nacido no puede satisfacer todas las necesidades del bebé sin una «placenta externa» que la ayude y apoye.

Fija límites sanos

Hazte un horario con las veces en que puedes estar disponible para tu madre de buena gana. Elige actividades que sean agradables para las dos, por ejemplo ir a comer fuera o ir al cine. Dile por adelantado que ésas son las horas en que estás disponible y que, aparte de eso, tienes tu vida y actividades propias.

Si tu madre está verdaderamente enferma o necesita mucha atención y cuidados, busca ayuda. Consigue que participen tus hermanos. Con muchísima frecuencia este deber recae en la hija mayor, la hija soltera, o aquella que ya no tiene hijos en casa o no tiene un hombre en su vida. Los demás hermanos se desentienden. Si viven lejos, calcula cuánto vale el tiempo que dedicas a tu madre, incluyendo el que tardas en llevarla y traerla en coche, en preparar las comidas y en hacer las compras. Luego convoca una reunión familiar y sugiere que tus hermanos te paguen esas horas o compartan los gastos de contratar a alguien.

No olvides: cada vez que cedes a las exigencias de tu madre, o sientes culpa o vergüenza injustificadas por tus necesidades o tu deseo de felicidad, pones en peligro tu salud. Y eso envía un mensaje fuerte y claro a tu hija acerca del valor de una mujer. Cuando no estés disponible para tu madre o tengas que decir no a alguna de sus peticiones, aprende a considerar normal que a ella no le guste eso. Debes dejar que su rabia o decepción sean de ella y no aceptarlas como prueba de que eres una mala hija. No te revuelques en el resentimiento tampoco. Recuerda, ella no podría «engancharte» si no hubiera una parte de ti que cree que ella podría tener razón.

Usa tus pensamientos para afirmar una realidad mejor, recordando que, con el tiempo, los pensamientos se convierten en sus equivalentes físicos. Las siguientes son afirmaciones para esta situación, que he adaptado del libro de Catherine Ponder, *Dynamic Laws of Healing* [Leyes dinámicas de la curación]:

> *Me alegro por el conocimiento seguro de que mi madre tiene su Poder Superior, que no soy yo.*
>
> *Agradezco al Amor Divino el revelarme la verdad sobre esta situación.*
>
> *Me alegro por el conocimiento seguro de que todo está bien y el Amor Divino está sanando esta situación.*

La puerta se abre en ambos sentidos

No siempre es la madre anciana la que está estancada. A veces es su hija de edad madura. A muchas mujeres maduras las tienta aprovechar la mala salud de su madre como pretexto para abstenerse de vivir su vida. Si estás ante las dificultades de un divorcio o viudez, cambio de trabajo o el nido vacío, necesitas reinventarte. Debes resistir el deseo de poner a tu madre en medio de un conflicto para no sentirte obligada a resolverlo. Vigila a ver si te sorprendes diciendo cosas por el estilo de: «Si no fuera por mi madre

- me volvería a casar»
- volvería al trabajo»
- terminaría mi educación»
- etcétera.

Hace poco una mujer de edad madura fue a consultar a la doctora Mona Lisa Schulz por un buen número de problemas de salud. Le explicó que tenía la oportunidad de entrar en una profesión que siempre había deseado, pero «el momento no era oportuno». En lugar de aprovechar la oportunidad iba a tomarse el año libre para cuidar de su madre. La doctora Schulz le hizo una pregunta clave: «Si apareciera el hombre de sus sueños con un pasaje en avión para llevarla a viajar alrededor del mundo, ¿iría? ¿Lo entendería su madre?» La respuesta a la primera pregunta fue sí, y la respuesta a la segunda fue no. Fin de la presentación de mi alegato.

NOS CONVERTIMOS EN LO QUE RESISTIMOS

¿Cuantas veces has oído decir a una mujer: «Uy, no, me estoy volviendo igual que mi madre»? Una amiga de una de mis hijas me dijo: «En mi familia lo llamamos "rumbo hacia la abuela"». Claro que las mujeres que temen ser iguales a sus madres, en realidad se refieren a los aspectos negativos de sus madres (a nadie le molesta que le digan "Encantadora y hábil, igual que tu madre"). Los tres principales canales de nacimiento ofrecen la oportunidad de observar lo que no nos gusta de nuestras madres, para que podamos dejar de resistirnos y combatirlo. En un tira y afloja, la manera de ganar es simplemente soltar la cuerda. Siempre que te niegas a reaccionar cuando tu madre te pulsa las teclas, te estás encaminando a un nuevo legado de salud y libertad.

La madre de una de mis clientas era dominante, manipuladora y tacaña. Cuando mi clienta era niña, su madre encontraba defectos en todo y en todos, y jamás quería pagar todo el precio por artículos o servicios. Siempre que iban a comer a un restaurante, su madre encontraba algo malo en la comida, y luego exigía un descuento en la cuenta. En los grandes almacenes siempre pedía hablar con el director para conseguir un descuento en una prenda de ropa en que había encontrado alguna tara.

Mi clienta se sentía tremendamente avergonzada por estas cosas. Así que lo compensó en exceso siendo todo lo contrario; y un giro en 180 grados respecto de lo anormal no es normal. Acepta trabajos chapuceros, paga precios excesivos y se contenta con un trato inferior al debido. Lógicamente, siempre se atrae a su vida a mujeres (u hombres) que se aprovechan de ella y tratan de obtener ventajas a su costa. Por ejemplo, contrató a un ama de casa que siempre llegaba tarde y le robaba dinero. Pero no se atrevía a decirle nada por temor a que la mujer se enfadara con ella, igual que su madre. Se ha pasado la vida siendo demasiado acomodadiza, renuente a hablar en su favor, por temor a ser «igual que su madre».

Cuando es difícil dejar que se vaya

Sea cual sea la edad de la madre y sea cual sea el historial con ella, puede resultar difícil desentenderse de ella. En mi profesión he visto a muchas hijas que, cuando su madre es bastante mayor, la tratan como si fuera una niñita irresponsable, que podría salir corriendo a la calle y ser atropellada por un coche. O viven preocupadas de la dieta o la medicación de su madre. Francamente, ¿qué importancia tiene que tu madre de 85 años se coma un trozo de tarta de chocolate o se olvide de tomar una dosis de medicamento? Sí, es posible que uno de estos días se muera. Pero no puedes impedir lo inevitable. Tratar de impedirlo sólo hace desgraciada la vida de todas las personas involucradas. La creencia de que podemos y debemos evitar la muerte a toda costa, sobre todo cuando una mujer está claramente en la escalera hacia la azotea de su vida, se refleja en el hecho de que casi el 90 por ciento del gasto de Medicare [Seguridad Social para mayores de 65 años] se gasta en las últimas semanas de vida.

Tarde o temprano tenemos que dejar que nuestras madres se vayan de este mundo, tal como ellas dejaron que nos marcháramos de casa cuando llegamos a la edad adulta.

SANAR EN LA HORA DE LA MUERTE

No es coincidencia que, cuando se hacen mayores, muchísimas comadronas y enfermeras que asisten en partos hagan trabajo voluntario en hospitales-residencias para enfermos terminales. Se sienten naturalmente atraídas por el comienzo y el fin de la vida. Saben que estos dos procesos son muy similares. La única diferencia es quién espera en el otro lado para recibirnos. Dado que las madres y sus hijas han pasado juntas el proceso del nacimiento, es muy natural que la hija haga de partera a su madre cuando ésta vuelve a su hogar espiritual. Ése es otro motivo de que la muerte consciente de la madre, con su hija a su lado asistiéndola en el proceso, puede contribuir a sanar el legado madre-hija. Esto es lo que escribió Marie, la suscriptora a mi hoja informativa que cito en el capítulo 1, sobre su experiencia de cuidar de su madre al final de su vida:

> Haría mal en dar la impresión de que mi relación con mi madre era perfecta. No lo era. Reñíamos con frecuencia, y muchas veces ni siquiera nos hablábamos, pero jamás hubo la menor duda de que nos queríamos.
>
> Tuve el privilegio de cuidarla durante ocho intensos meses antes de que muriera; sufría de una difícil enfermedad. Poco antes de que se agravara su enfermedad, me despidieron del trabajo en que llevaba veinticinco años. Sinceramente, creo que todo lo que ocurre en mi vida ocurre por un motivo. Aunque fue uno de los periodos más difíciles de mi vida, también tuve algunos de los momentos más hermosos con mi madre.

He dicho que una mujer lleva la labor del parto tal como vive. También muere como ha vivido. Otra suscriptora de mi hoja comprendió que no iba a poder sanar la relación con su madre ni siquiera en el momento de la muerte de ésta. Esto es lo que escribió:

> Cuando mi madre se estaba muriendo, después de un año de bailar con el cáncer, le pregunté si quería que me quedara con ella en

Nueva Jersey (vivo en California, en el otro extremo del país). Su respuesta fue: «No, yo no estuve contigo cuando naciste, así que no tienes por qué estar conmigo cuando me muera. Vete a tu casa».

Yo no era adoptada, por eso sus palabras me dejaron perplejo unos cuantos meses. Finalmente entendí. Ella solía jactarse de que «no estuvo presente» durante tres días (el día anterior y los dos siguientes a mi nacimiento) debido al «sueño crepuscular» [anestesia parcial obstétrica]. Este conocimiento me sirvió para comprender por qué nunca hubo un verdadero vínculo afectivo entre ella y yo. Tal vez a causa de eso yo insistí en dar a luz con partos naturales a mis tres hijos (hace 49, 47 y 44 años), con los que sí tengo un vínculo realmente fuerte. Con mi marido (su padre), con el que llevo cincuenta años casada, solemos salir en parejas con nuestros hijos. Es decir, el distanciamiento de mi madre me motivó a ser madre de mis hijos de otra manera, de una manera mejor.

Éste es un doloroso ejemplo de cómo nuestras madres suelen ser nuestras maestras más profundas acerca de lo que es importante, lección que a veces enseñan negándonos justamente la cualidad que ansiamos. En este caso, el regalo de despedida de la madre fue reconocer lo importante que es estar totalmente presente.

El miedo de nuestra cultura al proceso del nacimiento se refleja en nuestro miedo a la muerte. Ya sea que lleguemos o nos vayamos, se nos enseña a tener miedo. También se nos enseña que es imposible pasar conscientemente por estos canales de nacimiento sin drogarnos o adormecernos con una versión moderna del sueño crepuscular.

Con los años me he informado acerca de las experiencias llamadas de cuasi muerte, o muerte clínica temporal, lo bastante para comprender que el proceso de morir no es aquello tan terrible que nos han llevado a creer. Es justamente lo contrario. A aquellas personas que han «cruzado el umbral» y luego han vuelto, esta experiencia las ha transformado e inspirado, y muchas pierden totalmente el miedo a la muerte.[1] Si en nuestra sociedad los partos fueran más valientes y conscientes, nuestro tránsito final por el canal de nacimiento para salir de la vida terrenal sería igual. No tendríamos que experimentar ni una ni muchas conexiones a tubos y monitores. El maestro espiritual llamado Abraham tiene un mantra fabuloso que a todos nos conviene considerar: «Feliz, sano, muerto».² Éste subraya el hecho de que no es necesario alargar dolorosamente el final de la vida.

La hija de la música de 95 años de que hablé antes me contó que su madre hablaba sin tapujos sobre su muerte. «No te preocupes por mí, Pam. Cuando esté preparada para irme, me daré vuelta en la cama hacia la pared, y ya está. Cierro las puertas. No miro atrás». Esta actitud de vivir en el presente es lo que ha permitido a esta mujer vivir tan sana y bien durante tantos años. No se aferra al pasado, y está dispuesta a enfrentar el futuro desconocido con valor y confianza.

Habiendo pasado más de veinte años asistiendo en partos, y habiendo pasado por mi propio renacimiento en la edad madura, estoy absolutamente segura de que podemos confiar en el proceso de la vida y en su complemento, el proceso de la muerte. Los dos son procesos naturales, sin riesgos, que nuestros cuerpos saben hacer. Ninguno de ellos fue diseñado por nuestro Creador como una situación médica. Sólo hemos de rendirnos a la orientación que encontramos en nuestra alma, en nuestra sabiduría interior y en nuestra conexión con la Fuente, o la Madre Divina, en todas sus muchas formas o disfraces. Lo principal, tanto para un nacimiento sano como para una muerte sana es aprender a soltarse, desaferrarse, y, como explico más adelante, la mejor preparación para soltarse es el proceso del perdón.

Si tu madre ha muerto

Las hijas huérfanas de madre, de todas las edades, hablan de la carencia de una brújula interna cuando han llegado a, y luego sobrepasado, la edad en que murió su madre. Sin su Estrella Polar personal para que les muestre el camino, no saben qué esperar.

Las chicas que pierden a la madre en la infancia o en los primeros años de la edad adulta se ven obligadas a interiorizar la función materna muy pronto. También se ven obligadas a conectar con sus almas y con el arquetipo de la Madre Divina antes que la mayoría. Por difícil que sea esto, podrían adquirir verdadera sabiduría a una edad mucho más temprana que las mujeres cuyas madres todavía viven.

Las hijas huérfanas de madre saben que si bien nadie puede reemplazar a la madre biológica, el mundo está lleno de madres adoptivas que pueden intervenir para ofrecer el cariño y la ayuda cuando es necesario. La mejor manera de encontrar una es declarar la necesidad claramente al Universo, y luego dejar que la ley de atracción te traiga una.

He visto a muchos maridos que son maravillosos compañeros y consejeros, ¡y que incluso cocinan, limpian la casa y hacen la compra! Realizan bellamente el papel de madre para sus esposas. También he conocido a muchas mujeres mayores que orientan conscientemente a las jovencitas que aparecen en sus vidas, asumiendo así un papel materno ausente.

Más importante aún, las mujeres que han perdido a su madre, a cualquier edad, han de saber que no son realmente huérfanas. En el plano del alma sus madres siempre están con ellas. Marie, la suscriptora que he citado antes, tenía 49 años cuando murió su madre. Su conmovedora carta continúa así:

Una de las cosas más dolorosas que comprendí cuando murió mi madre fue que nunca más sería amada (en esta vida) con un amor tan incondicional como el de mi madre. Sin embargo, ahora, muchas veces siento ese maravilloso amor. Mi madre ha tocado mi vida después de morir, eso lo he experimentado. (Véase el maravilloso libro *Feathers Brush My Heart* [Unas plumas rozan mi corazón], de Sinclair Browning.) Mi madre me decía: «Un céntimo por tus pensamientos», cuando notaba que yo estaba preocupada por algo o necesitaba hablar. Después que murió encontraba un céntimo (uno solo) en los lugares o en los momentos más increíbles. Yo entendía que ésa era su manera de decirme que seguía amándome. Todavía ocurre eso, y me conmueve hasta el fondo del corazón cada vez. Ahora me suele ocurrir cuando me siento sola o cuando estoy lidiando con algo difícil o arduo... y sé que es su manera de abrazarme.

Otra lectora escribe:

Hace veinte años que murió mi madre, pero nuestra relación continúa creciendo y cambiando. Esto ha sido una inmensa sorpresa para mí. Si bien nuestra relación llegó a ser muy íntima y profunda, los años anteriores a su muerte fueron difíciles entre nosotras. Ahora ya han desaparecido las viejas heridas y la rabia, y la siento conmigo todos los días, en todas las cosas que me enseñó a amar. Cuando estoy planeando un viaje a la aventura, aparece ella. Cuando visito un museo o escucho música, ella mira o escucha conmigo. Cuando finalmente llegué al puesto de vicepresidenta, se lo dediqué a ella, porque fue un modelo de trabajo arduo. Y cuando nos juntamos a comer mi hermana y yo, siempre decimos: «¿Qué crees que prepararía mamá hoy?», porque, a diferencia de sus amigas que siempre preparaban carne con patatas, ella siempre probaba nuevos sabores y nuevas recetas. No tengo hija, pero mis dos hijos son fabulosos cocineros. Cuando veo a uno de ellos en la cocina picando un montón de ajos, sé de dónde viene eso y digo en silencio: «Hola, mamá».

EL REMEDIO DEL PERDÓN

Lo que sea que haya ocurrido o esté ocurriendo entre tú y tu madre, puedes sanarlo y sanar tú mediante el poder del perdón. El perdón es la verdadera llave para liberarse. Te libera del pasado y te devuelve a tu propia vida.

Contrariamente a la creencia popular, el perdón es un regalo que te haces a ti misma; no es algo que haces por otra persona. Guardar rencor, echarle la culpa a tu madre (o a ti misma) de los problemas de tu vida, es como tomar veneno y esperar que muera otra persona (o tú misma). El doctor Fred Luskin, director del Stanford Forgiveness Project [Proyecto Perdón, de Stanford], escribe que la causa de que no seamos capaces de olvidar una herida o agravio del pasado es que en el momento en que fuimos heridos (por una traición, desaprobación, humillación o abandono de cualquier tipo), carecíamos de las habilidades para llevar la pena o dolor emocional. Nadie nace con estas habilidades. En realidad, muchas veces han pasado años cuando nos damos cuenta de que tenemos viejos resentimientos que afectan adversamente a nuestra salud. El primer paso para liberarte de esos sentimientos difíciles es reconocer que los tienes y sentirlos totalmente. El dolor emocional del pasado debe reconocerse y validarse para poder dejarlo marchar. Pero entonces hemos de dejarlo marchar, porque continuar aferrándose a la rabia, la aflicción o el rencor hasta mucho después que ha pasado el incidente o acontecimiento doloroso es un verdadero riesgo para la salud.[3] El perdón es una potente manera de actualizar nuestros legados. Lleva tiempo, paciencia y buena disposición. Y vale todo el esfuerzo que entraña.

AFIRMACIÓN PARA EL PERDÓN

Para ayudarte a perdonar, repite periódicamente para tus adentros:

Mamá, te perdono. Te libero. Ahora entro libre en la dicha y satisfacción cada vez mayores. Te libero para que hagas lo mismo. Sé que tu espíritu es fuerte y tienes todo lo que necesitas para conectar directamente con él. Te libero para que hagas lo que necesitas hacer en tu vida. Sólo tú sabes qué es eso. Lo que sea que elijas hacer, apoyo tu elección. Me respeto lo que hace falta para crear límites sanos entre tú y yo. Mientras conecto con mi energía Fuente, te libero para que hagas lo mismo. Ahora conecto con la Madre Divina que está siempre presente para mí. Confío en que la Madre Divina, trabajando a través de mí, me orientará respecto a lo que necesito hacer en mi vida ahora. Sé que hará eso mismo para ti. Te confío a su cuidado. Me confío a su cuidado.

Asumir la responsabilidad del perdón

El perdón es la paz que surge cuando te tomas una herida no como ofensa personal y cuando te responsabilizas de tus sentimientos. El pasado no es responsable de cómo te sientes ahora. Perdonar significa ser el héroe en lugar de la víctima en la historia que cuentas sobre tu madre. Por ejemplo, una mujer cuya madre prefería claramente a su hermano, se encuentra en la situación de que su madre se enferma, necesita atención y cuidados, y recurre a ella. En lugar de fastidiarse por esto, la mujer decide ver la situación de otra manera. Se dice: «Nunca he podido decir no a mi madre porque no me sentía bien conmigo misma. Ahora tengo la maravillosa oportunidad de aprender esas habilidades, fijar límites sanos, y perdonarme y aceptarme realmente. Sé que tengo la sabiduría interior para hacerlo. Aunque todavía no tengo resueltos los detalles, sé que puedo aprender a hacerlo sin sacrificar mi salud ni mi felicidad. También he descubierto que la persona a la que de verdad necesito liberar y perdonar no es mi madre, soy yo».

Cuando estamos dispuestas a responsabilizarnos de nuestra vida y felicidad, perdonarnos, y permitir que nuestras madres hagan lo mismo, nos cambia el mundo. Es enorme el sufrimiento que viene de la errónea idea de que es responsabilidad nuestra hacer felices a nuestros hijos adultos o a nuestra madre. Eso sencillamente no es posible. Vivir una vida sana y feliz es realmente una elección, una decisión. Esto lo haces aprovechando tu poder para elegir pensamientos, comportamientos y creencias que te hagan sentirte bien. Éste es un proceso que requiere tiempo y esfuerzo. Significa estar dispuesta a buscar y encontrar belleza y alegría día a día, en la vida cotidiana. Tienes que buscar conscientemente pensamientos y cosas que te hagan sentirte mejor. Esto se hace más fácil con el tiempo.

Una de las suscriptoras a mi hoja informativa escribió un poema que expresa bellamente esto:

ANTES Y AHORA

Estaba tan inmersa
en proteger tus sentimientos
que no respetaba los míos.
Estaba tan inmersa
en intentar hacerte feliz
que no encontraba mi felicidad.
Estaba tan inmersa
en buscar tu aceptación
que no me aceptaba yo.
Estaba tan inmersa
en tratar de verme guapa para ti
que dejé de ver mi belleza interior.
Estaba tan inmersa
en cuidar de ti
que no cuidaba de mí.
Estaba tan inmersa
en nutrirte
que no me nutría yo.
Estaba tan inmersa
en amarte
que no me amaba yo.

Hoy respeto mis sentimientos,
ahora puedo compenetrarme con los tuyos.

Hoy he encontrado mi felicidad,
ahora puedo compartir la tuya.

Hoy me acepto,
ahora te acepto, sin condiciones.
Hoy veo mi belleza interior,
ahora veo la belleza en ti.
Hoy me tomo el tiempo para nutrirme,
ahora puedo nutrirte a ti.
Hoy me amo,
ahora puedo corresponder a tu amor.

(No se pone el nombre a petición de la autora)

Sacrificio, culpa, martirio: píllate in fraganti, *y para*

Un día, cuando me acercaba al final de este libro, una mujer me oyó explicárselo a una amiga. Se me acercó y me dijo: «No me va a decir que tengo que ir a visitar a mi madre, ¿verdad?» La tranquilicé asegurándole que no. Ir a visitar a tu madre cuando no lo deseas no os va a sanar ni a ti ni a ella. Cuando sacrificamos nuestra vida por el supuesto bien de otros sin tomar en cuenta nuestras necesidades, participamos en la conducta que nos hace enfermar y nos mantiene enfermas. Eso no sirve a nadie; es antivida, es antihumano, es antimujer. ¿De veras quieres continuar este legado y transmitirlo a tus hijos?

Sanas tu legado materno en el instante en que dejas de participar en el martirio, la abnegación, la culpa o el resentimiento. Cuando cambias tu reacción habitual respecto a tu madre, acaba el legado de dolor. Eso es todo lo que hace falta. Sanar tu legado no significa que tu madre va a cambiar; y no significa que va a dejar de intentar mangonearte. Significa que tú abandonas tu reacción habitual a ella.

Debes estar dispuesta a aceptar lo que sea que tu madre haga o no haga (lo mismo vale con tu hija adulta, si la tienes). Acepta lo que sea que ella piense o sienta respecto a ti. Ten presente que eso no tiene que ver contigo y que no puedes cambiarlo. Deja que su comportamiento y creencias sean asuntos de ella. Deja de intentar controlarla. Verás que es inmensamente liberador dejar que tu madre (o tu hija) piense o sienta lo que sea que piense o sienta respecto a ti. Simplemente acéptalo, sea lo que sea. Esto no es fácil, pero es posible con la práctica. Quédate tranquila con «lo que es». Medítalo; no trates de cambiarlo. Verás cómo tus emociones cambian automáticamente. Recuerda que tienes la capacidad para sobrellevar lo que sea que tu madre piense o haga respecto a tu comportamiento. Acepta su reacción, no pasa nada. Estás haciendo lo que hace falta para sanar tu legado, aun cuando sea desagradable al principio. La labor del parto suele serlo. Pero la recompensa, el nuevo «bebé», lo vale. Tú vales el esfuerzo que entraña renacer y renovarte.

PERDONAR NO SIGNIFICA...

- que lo que fuera que te haya hecho tu madre estuviera bien.
- que debas pasar más tiempo con tu madre ni que tu relación con ella vaya a mejorar necesariamente.
- que debas hacer lo que ella desea que hagas cuando a ti no te va bien, ni sacrificar tu salud o tu felicidad por ella. Eso sólo recrea la conducta que estás intentando perdonar.
- que debas permitir que tus hermanos o tu padre te digan lo que le «debes» a tu madre.

Haz todo lo que puedas. La herida de la madre es más grande que nosotras. La poetisa Adrienne Rich lo expresa así: «La mujer que yo necesitaba llamar madre fue silenciada antes de que yo naciera».

Aunque el trabajo de mi generación ha sido sacar del silencio esas voces femeninas, aún nos queda camino por andar. Es nuestro trabajo convertirnos en el cambio que deseamos. Ésa es la única manera como se materializará realmente en nuestra vida.

Una última cosa: el verdadero perdón incluye la liberación física, la que sólo se produce una vez que te has permitido sentir la rabia, la ira o la tristeza que llevas años enterrada dentro. La liberación del perdón sana todas las células del cuerpo. En el caso de mi amiga Angie, a la que conociste en el capítulo 6, este proceso resolvió su infertilidad.

ANGIE: *sanar y dar vida*

Angie tenía 19 años cuando se marchó de su casa, de un barrio obrero de una ciudad inglesa, y empezó a viajar por el mundo, trabajando en diversos empleos dondequiera que llegaba. Finalmente llegó a Estados Unidos, donde trabajó de niñera y, pasados varios años, conoció a un hombre maravilloso y se casó con él. Casarse y establecerse en su propia casa fue como un sueño hecho realidad, aunque casi vivía preocupada por su salud, pensando siempre que enfermaría de cáncer o de alguna otra cosa. Además, no lograba quedar embarazada, aun cuando no había ningún motivo médico para su infertilidad.

Durante ese tiempo, viajó con su marido a Inglaterra para asistir a la boda de un familiar. Pasadas las festividades, su madre la criticó, diciéndole que no había agradecido adecuadamente un regalo que le hiciera un familiar. Después Angie me contó:

Aunque el incidente fue bastante trivial, la crítica de mi madre me rompió algo. Me enfurecí tanto con ella que deseé estrangularla. Y lo habría hecho si no hubiera intervenido mi marido para calmarme.

Volvimos a Estados Unidos y pasé seis meses sin poder decidirme a hablar con mi madre ni con su hermana. Seguía terriblemente furiosa. Comprendí que había recorrido casi la mitad del mundo para alejarme de su influencia negativa, pero ésta seguía ahí dentro de mí. Ella fue madre soltera (quedó embarazada en una aventura de una noche), me mintió acerca de mi padre, al que no conocí, y me llamaba hija del diablo. Decía que yo le había destrozado la vida. Cuando alguien le preguntaba si yo era su única hija, contestaba: «Sí, y es peor que diez».

La desilusión de mi madre por su vida la sentía yo como una carga de la que no podía escapar. Y esa carga la llevé durante años, sin saber que afectaba a todas las células de mi cuerpo. Cuando por fin me di permiso para sentir con toda su fuerza mi rabia con mi madre por haberme cargado con eso, fue como si algo de mi interior hiciera una respiración profunda y sanara. La liberé. Bajé de peso. Y antes de cuatro meses estaba embarazada; tuve un embarazo y un parto sanos.

Tener mi bebé, único nieto de mi madre, generó entonces una profunda curación entre nosotras.

Cuando vino a visitarnos después del nacimiento de mi hijo, mi madre me enseñó a cuidar de él. Se lo agradecí muchísimo. También me contó la verdad sobre su vida, y sobre lo mal equipada que estaba para cuidar de mí. Su madre cuidaba de mí durante el día para que ella pudiera ir a trabajar. Pero mi abuela murió repentinamente y ella quedó sola con la carga de mi cuidado. No tenía las habilidades para arreglárselas con eso. Y yo, que era muy pequeña para entender lo que pasaba, pensé que se debía a mí el motivo de su infelicidad.

Finalmente sentí compasión por mí, y por ella. Y también comprendí que el motivo de que no hubiera podido quedar embarazada era que tenía miedo de ser como mi madre y pasarle a mi hijo/a la misma carga de culpa que me pasó mi madre inconscientemente. Sentir mi rabia y liberarla me permitió quedar embarazada. Y fue también el primer paso para sanar mi legado madre-hija.

Cuando Angie cumplió 40 años, su madre le envió una carta en que le expresaba su amor y le pedía perdón de corazón por cualquier herida o sufrimiento que le hubiera causado sin querer en el pasado. Realmente no hay nada más dulce ni más conmovedor que el que una madre tenga el valor para reconocer su vulnerabilidad y su humanidad y se arriesgue a pedirle perdón a su hija por lo que hizo, sin saberlo aún. Este sencillo y sincero acto suele ser lo único que se necesita para sanar toda una vida de sufrimiento, dolor e incomprensión.

Me encantaría decirte que a consecuencia de eso la relación de Angie con su madre está totalmente sanada y funciona. Eso no sería la verdad ni para Angie ni para millones como ella. Pero ha cambiado algo importante. Cuando hablé con Angie hace poco, me dijo que había ido nuevamente a Inglaterra a visitar a su madre, esta vez con su hijo pequeño. «¿Cómo está tu madre?», le pregunté. «Más o menos igual. Pero lo bueno es que yo estoy distinta. Ahora me acepto con bastante amor incondicional y ya no busco a mi madre para que me lo dé. La he desenganchado y liberado para que sea su ser imperfecto. En consecuencia, me siento libre para hacer lo mismo.»

Angie ha aprovechado a fondo la sabiduría madre-hija: la aceptación de su humanidad imperfecta. Al hacerlo, se ha convertido en la madre que no tuvo. Ha terminado la cadena de dolor madre-hija porque tuvo el valor de enfrentarla y cambiarla. Angie irradia felicidad, respeto por sí misma y humor; es un luminoso ejemplo de una mujer que ha creado un verdadero legado de salud emocional y física.

MI ORACIÓN DE CIERRE

Al terminar este libro, mi oración para madres e hijas de todas partes es que todas y cada una de nosotras estemos dispuestas a apoyarnos mutuamente mientras damos a luz las mejores vidas posibles. Que aprendamos a honrarnos y respetarnos sin que haga falta un sacrificio indebido. Que estemos dispuestas a perdonarnos mutuamente el sufrimiento y las heridas que nos causamos sin saberlo y sin querer. Que nos respetemos como poderosas maestras. Que sepamos que nuestra sabiduría Madre Osa vive en todas las células de nuestro cuerpo y siempre está disponible, aun cuando no esté nuestra madre. Que sepamos que podemos llamar a nuestras abuelas para pedirles orientación siempre que la necesitemos. Y, finalmente, que las relaciones madre-hija del futuro sean tan firmes y sustentadoras que cuando una mujer diga: «Me estoy volviendo como mi madre», lo diga sonriendo con orgullo. Y que sus amistades y familiares proclamen: «¡Bien hecho!»

Notas

LA BASE DE LA SALUD MADRE-HIJA
Capítulo 3: El milagro de la concepción

1. A. Dillard, *Pilgrim at Tinker Creek*, Harper's Magazine Press, Nueva York, 1974, p. 183.

2. J. D. Forrest, «Epidemiology of unintended pregnancy and contraceptive use», *Am. J. Obstet. Gynecol.*, 170 (5 Pt 2), 1994, pp. 1485-1489.

3. L. Speroff, R. Glass y N. Kase, *Clinical gynecologic endocrinology and infertility*, Lippincott, Williams, and Wilkins, Filadelfia, 6ª ed., 1999, pp. 112-117.

4. J. Johnson y otros, «Germline stem cells and follicular renewal in the postnatal mammalian ovary», *Nature*, 428 (6979), 2004, pp. 145-150.

5. E. E. Birch y otros, «A randomized controlled trial of early dietary supply of long-chain polyunsaturated fatty acids and mental development in term infants», *Developmental Medicine & Neurology*, 42 (3), 2000, pp. 174-181.

6. B. Barnes y S. G. Bradley, *Planning for a healthy baby: essential preparation for pregnancy*, Vermillion Publishing, Londres, 1994.

Capítulo 4: Embarazo

1. R. E. Giles, H. Blanc, H. M. Cann y D. C. Wallace, «Maternal inheritance of human DNA», *Proc. Natl. Acad. Sci. USA*, 77 (11), 1980, pp. 6715-6719.

2. C. W. Birky, hijo, «Relaxed cellular controls and organelle heredity», *Science*, 222 (4623), 1983, pp. 468-475; E. H. Davidson, B. R. Hough-Evans y R. J. Britten, «Molecular biology of the sea urchin embryo», *Science*, 217 (4554), 1982, pp. 17-26.

3. I. Elia, *The female animal*, Oxford University Press, Oxford, Gran Bretaña, 1985, p. 4.

4. Comunicación personal de una colega. No sé el nombre de la bióloga.

5. M. L. Casey y P. C. MacDonald, «Human parturition», en J. P. Bruner (ed.), «Endocrinology of pregnancy», 5 (4), de *Infertility and reproductive medicine clinics of North America*, W. B. Saunders, Filadelfia, 1994; G. C. Liggins, P. C. Kennedy y L. W. Holm, «Failure of initiation of parturition after electrocoagulation of the pituitary of the fetal lamb», *Am. J. Obstet. Gynecol.*, 98 (8), 1967, pp. 1080-1086; J. C. Condon y otros, «A decline in the levels of progesterone receptor coactivators in the pregnant uterus at term may antagonize progesterone receptor function and contribute to the initiation of parturition», *Proc. Ntl. Acad. Sci.*, 100 (16), 2003, pp. 9518-9523.

6. N. Geschwind y A. M. Galaburda, «Cerebral lateralization: biological mechanisms, associations, and pathology», *Archiv. Neurol.*, 4 (5), 1985, pp. 428-459.

7. Para más documentación, véanse los capítulos sobre el embarazo en *Women's bodies, women's wisdom*, ed. rev., Bantam Books, Nueva York, 1998. En castellano, *Cuerpo de mujer, sabiduría de mujer*, Ediciones Urano, Barcelona, 1998.

8. R. J. Gelles, «Violence and pregnancy: are pregnant women at greater risk of abuse?», *J. Marriage Fam.*, 50, 1988, pp. 841-847.

9. A. King y Y. W. Loke, «On the nature and function of human uterine granular lymphocytes», *Immunology Today*, 12, 1991, pp. 432-435.

10. D. W. Bianchi, G. K. Zichwolf, G. J. Weil, S. Sylvester y M. A. DeMaria, «Male fetal progenitor cells persist in maternal blood for as long as 27 years postpartum», *Proc. Natl. Acad. Sci. USA*, 93 (2), 1996, pp. 705-708.

11. S. Berga, «Comentary: identification of fetal DNA and cells in skin lesions from women with systemic sclerosis», *Ob./Gyn. Clinical Alert*, 15 (2), 1998, p. 12.

12. G. Kolata, «Stem cells: promise, in search or results», *The New York Times*, 24 agosto 2004.

13. American Academy of Pediatrics, American College of Obstetricians and Gynecologists, *Guidelines for perinatal care*, AAP and Washington, DC: ACOG, Elk Grove Village, Illinois, 5ª ed., 2002, p. 96.

14. L. Dossey, «Taking note: music, mind, and nature», *Altern. Ther. Health Med.*, 9 (4), 2003, pp. 10-14.

15. L. Durham y M. Collins, «The effect of music as a conditioning aid in prepared childhood education», *Journal of Obstetric, Gynecologic, and Neonatal Nursing*, 15 (3), 1986, pp. 268-270; J. Kershner y V. Schenck, «Music therapy-assisted childbirth», *Int. J. Childbirth Educ.*, 6 (3), 1991, pp. 32-33; J. Caine, «The effects of music on the selected stress behaviors, weight, caloric and formula intake, and length of hospital stay of premature and low birth

weight neonates in a newborn intensive care unit», *J. of Music Therapy*, 28 (4), 1991, pp. 180-192.

16. Tomado de «If I had my life to live over again», de Erma Bombek, popular artículo que recibí por Internet. Fuente original desconocida.

17. S. G. Gabbe y otros, «Duty hours and pregnancy outcome among residents in obstetrics and gynecology», *Obstet. Gynecol.*, 102 (5 Pt 1, 2003, pp. 948-951.

18. Testimonio personal (12 de mayo de 2004), Exposición de la Dra. Eve Lackritz, Jefa de la Maternal and Infant Health Branch, Division of Reproductive Health, National Center for Chronic Disease Prevention and Health Promotion, Centers for Disease Control and Prevention, Dept. of Health and Human Services on Meeting the Challenges of Prematurity: CDC Prevention Efforts, ante el Subcommittee on Children and Families, Committee on Health Education, Labor and Pensions, del Senado de Estados Unidos.

19. J. A. McGregor, K. G. Allen, M. A. Harris y otros, «The omega-3 story: nutritional prevention of preterm birth and other adverse pregnancy outcomes», *Obstet. Gynecol. Surv.*, 56 (5 supl. 1), mayo 2001, pp. S1-13; K. G. Allen y M. A. Harris, «The role of n-3 fatty acids in gestation and parturition», *Experimental Biology and Medicine*, 226 (6), 2001, pp. 498-506.

20. E. B. Da Fonseca, R. E. Bittar, M. H. Carvalho y M. Zugaib, «Prophylactic administration of progesterone by vaginal suppository to reduce the incidence of spontaneus preterm birth in women at increased risk: a randomized placebo-controlled double-blind study», *Am. J. Obstet. Gynecol.*, 188 (2), 2003, pp. 419-424; P. J. Meis, M. Klebanoff, E. Thom y otros, National Institute of Child Health and Human Development Maternal-Fetal Medicine Units Network, «Prevention of recurrent preterm delivery by 17 alpha-hydroxyprogesterone caproate», *N. Engl. J. Med.*, 348 (24), 12 junio 2003, pp. 2379-2385.

21. N. Mamelle, M. Segueilla, F. Muñoz y M. Berland, «Prevention of preterm birth in patients with symptoms of preterm labor: the benefits of psychologic support», *Am. J. Obstet. Gynecol.*, 177 (4), 1997, pp. 947-952.

Capítulo 5: Labor del parto y parto

1. D. A. Wing, «A labor induction with misoprostol», *Am. J. Obstet. Gynecol.*, 181 (2), 1999, pp. 339-345; S. J. Ventura y otros, «Advance report of final natality statistics, 1993, monthly vital statistics report», Public Health Service, Centers for Disease Control and Prevention, National Center for Health Statistics, 44 (supl. 3) Hyattsville, Maryland, 1995, pp. 1-88; American College of Obstetricians and Gynecologists, «Induction of labor», *ACOG Practice Bulletin*, n° 10, ACOG, Washington, DC, noviembre 1999.

2. A. M. Weber y L. Meyn, «Episiotomy use in the United States, 1979-1997», *Obstet. Gynecol.*, 100 (6), 2002, pp. 1177-1182; J. Goldberg y otros, «Has the use of routine episiotomy rates decreased? Examination of episiotomy rates from 1983 to 2000», *Obstet. Gynecol.*, 99 (3), 2002, pp. 395-400.

3. La extracción de la sangre menstrual es una intervención real que se ha hecho para impedir el embarazo. Y la nueva píldora anticonceptiva llamada Seasonale (Estacional), que reduce notablemente el número de periodos menstruales, se comercializa como «comodidad» para las mujeres y con falsos motivos destinados a convencerlas de que sus ciclos mensuales son «peligrosos» para la salud.

4. H. M. Fletcher y otros, «Intravaginal misoprostol as a cervical ripening agent», *Br. J. Obstet. Gynaecol.*, 100 (7), 1993, pp. 641-644; D. A. Wing y otros, «A comparison of misoprostol and prostaglandin E2 gel for preinduction cervical ripening and labor induction», *Am. J. Obstet. Gynecol.*, 172 (6), 1995, pp. 1804-1810; W. R. Mundle y D. C. Young, «Vaginal misoprostol for induction of labor: a randomized controlled trial», *Obstet. Gynecol.*, 88 (4 Pt 1), 1996, pp. 521-525; D. A. Wing y R. H. Paul, «A comparison of differing dosing regimens of vaginally administered misoprostol for preinduction cervical ripening and labor induction», *Am. J. Obstet. Gynecol.*, 175 (1), 1996, pp. 158-164; D. V. Surbek y otros, «A double-blind comparison of the safety and efficacy of intravaginal misoprostol and prostaglandin E2 to induce labor», *Am. J. Obstet. Gynecol.*, 177 (5), 1997, pp. 1018-1023.

5. M. H. Klaus y J. H. Kennell, *Maternal-infant bonding: the impact of early separation or loss on family development*, C. V. Mosby, St. Louis (Missouri), 1976.

6. M. H. Hall, «Commentary: confidential enquiry into maternal death», *Br. J. Obstet. Gynaecol.*, 97 (8), agosto 1990, pp. 752-753.

7. N. Schuitemaker y otros, «Maternal mortality after cesarean section in the Netherlands», *Acta Obstet. Gynecol. Scand.*, 76 (4), 1997, pp. 332-334.

8. E. L. Shearer, «Cesarean section: medical benefits and costs», *Soc. Sci. Med.*, 37 (10), 1993, pp. 1223-1231.

9. American College of Obstetricians and Gynecologists, *Task Force on Cesarean Delivery Rates*, «Evaluation of cesarean delivery», ACOG, Washington, DC, 2000.

10. S. M. Miovich y otros, «Major concerns of women after cesarean delivery», *J. Obstet. Gynecol. Neonatal Nurs.*, 23 (1), 1994, pp. 53-59.

11. E. R. Declercq, C. Sakala, M. P. Corry, S. Applebaum y P. Risher, *Listening to mothers: report of the first national U.S. survey of women's childbearing experiences*, Maternity Center Association/Harrys Interactive Inc., Nueva York, octubre 2002.

12. M. Lydon-Rochelle y otros, «Association between method of delivery and maternal rehospitalization», *J. A. M. A.*, 283 (18), 2000, pp. 2411-2416.

13. J. Jolly, J. Walker y K. Bhabra, «Subsequent obstetric performance related to primary mode of delivery», *Br. J. Obstet. Gynaecol.*, 106 (3), 1999, pp. 227-232.

14. J. M. Crane, M. C. van den Hof y otros, «Neonatal outcomes with placenta previa», *Obstet. Gynecol.*, 93 (4), 1999, pp. 541-544.

15. March of Dimes, Medical references: preterm birth, www.marchofdimes.com/printableArticles/681_1157.asp?printable=true

16. M. A. Van Ham, P. W. Dongen y J. Mulder, «Maternal consequences of caesarean section. A retrospective study of intra-operative and postoperative maternal complications of caesarean section during a 10-year period», *Eur. J. Obstet. Gynecol. Reprod. Biol.*, 74 (1), 1997, pp. 1-6.

17. D. J. Annibale y otros, «Comparative neonatal morbidity of abdominal and vaginal deliveries after uncomplicated pregnancies», *Arch. Pediatr. Adoles. Med.*, 149 (8), 1995, pp. 862-867.

18. E. M. Levine y otros, «Mode of delivery and risk of respiratory diseases in newborns», *Obstet. Gynecol.*, 97 (3), 2001, pp. 439-442.

19. R. Goldberg, *Delivery mode is the main determinant of stress urinary incontinence after childbirth: analysis of 288 identical twins*, presentado en la Reunión Conjunta de la International Continence Society y la International Urogynecology Association, 23-27 agosto 2004, en París.

20. M. A. Moran, *Pleasurable husband/wife childbirth: the real consummation of married love*, Terra Publishing, Fairfaix (Virginia), 1997.

21. C. S. Carter y M. Altemus, «Integrative functions of lactational hormones in social behavior and stress management», *Ann. N. Y. Acad. Sci.*, 807, 1997, pp. 164-174.

22. U. Ackermann-Liebrich, T. Voegeli, K. Gunter-Witt y otros, «Home versus hospital deliveries: follow-up study of matched pairs for procedures and outcome. Zürich Study Team», *B. M. J.*, 313 (7068), 1996, pp. 1313-1318; J. Davies, E. Hey, W. Reid y G. Young, «Prospective regional study of planned home births. Home Birth Study Steering Group», *B. M. J.*, 313 (7068), 1996, pp. 1302-1306; Northern Region Perinatal Mortality Survey Coordinating Group, «Collaborative survey of perinatal loss in planned and unplanned home births», *B. M. J.*, 313 (7068), 1996, pp. 1306-1309; N. P. Springer y C. Van Weel, «Home birth», *B. M. J.*, 313 (7068), 1996, pp. 1276-1277; T. A. Wiegers, M. J. Keirse, J. van der Zee y G. A. Berghs, «Outcome of planned home an planned hospital births in low risk pregnancies: prospective study in midwifery practices in the Netherlands», *B. M. J.*, 313 (7068), 1996, pp. 1309-1313.

23. I. M. Gaskin, «Appendix A: the farm: outcomes of 2,028 pregnancies: 1970-2000», en *Ina May's guide to childbirth*, Bantam Books, Nueva York, 2003, pp. 321-322.

24. M. H. Klaus y J. H. Kennell, *Maternal-infant bonding: the impact of early separation or loss on family development*, C. V. Mosby, St. Louis (Missouri), 1976.

25. S. H. Landry y otros, presentado en la reunión de las Pediatric Academic Societies of America, Nueva Orleans (Los Ángeles), 1998.

26. S. Wood, «Childbirth today», *Parenting*, dic.-ene., 2003, pp. 96-102.

27. G. M. Morley, «Cord closure: can hasty clamping injure the newborn?», *O. B. G. Management*, 10 (7), 1998, pp. 29-36; S. Kinmond, T. C. Aitchison, B. M. Holland y otros, «Umbilical cord clamping and preterm infants: a randomised trial», *B. M. J.*, 306 (6871), 1993, pp. 172-175.

28. S. Clement, «Psychological aspects of cesarean section», *Best Pract. Res. Clin. Obstet. Gynaecol.*, 15 (1), 2001, pp. 109-126; G. Gathwala e I. Narayanan, «Influence of cesarean section on mother-baby interaction», *Indian Pediatr.*, 28 (1), 1991, pp. 45-50; J. Trowell, «Possible effects of emergency caesarian section on the mother-child relationship», *Early Hum. Dev.*, 7 (1), 1982, pp. 41-51.

Capítulo 6: El cuarto trimestre

1. J. Bostock, «Evolutional approach to infant care», *Lancet*, 1, 1962, pp. 1033-1035. También citado en A. N. Schore, *Affect regulation and the origin of the self: the neurobiology of emotional development*, Lawrence Erlbaum Assoc., Hillsdale (Nueva Jersey), 1994, p. 432.

2. S. G. Almroth, «Water requirements of breast-fed infants in a hot climate», *Am. J. Clin. Nutr.*, 31 (7), 1978, pp. 1154-1157; F. D. Gillin, D. S. Reiner y C. S. Wang, «Human milk kills parasitic intestinal protozoa», *Science*, 221 (4617), 1983, pp. 1290-1292; G. G. Schwartz y L. A. Rosenblum, «Allometric influencies on primate mothers and infants», en L. A. Rosenblum y H. Moltz (eds.), *Symbiosis in parent-offspring interactions*, Plenum Press, Nueva York, 1983; E. Z. Tronick y otros, «Multiple caretaking in the context of human evolution: why don't the Efé know the western prescription for childcare?», en M. Reite y T. Field (eds.), *The psychobiology of attachment and separation*, Academic Press, Orlando (Florida), 1985, pp. 293-322.

3. J. E. Blalock, «A molecular basis for bidirectional communication between the immune and neuroendocrine systems», *Physiol. Rev.*, 69 (1), 1989, pp. 1-32.

La fase bebé representa un periodo crítico durante el cual se produce una comunicación bidireccional entre los sistemas neurológico, endocrino e inmunitario. Lo que ocurre entonces es que la relación madre-hija establece todas las vías de comunicación entre estos sistemas.

4. D. M. Tucker, «Developing emotions and cortical networks», en M. R. Gunnar y C. A. Nelson (eds.), *Developmental behavioral neuroscience: the Minnesota symposia on child psychology*, vol. 24, Lawrence Erlbaum Asocc., Hillsdale (Nueva Jersey), 1992, pp. 75-128.

5. D. W. Goodwin, F. Schulsinger, J. Knop, S. Mednick y S. B. Guze, «Alcoholism and depression in adopted-out daughters of alcoholics», *Arch. Gen. Psychiatry*, 34 (7), 1977, pp. 751-755; J. Moore y E. Fombonne, «Psychopathology in adopted and nonadopted children: a clinical sample», *Am. J. Orthopsychiatry*, 69 (3), 1999, pp. 403-409.

6. S. P. Shelov y otros, *Caring for your baby and young child, birth to age 5*, Bantam Books, Nueva York, 2004.

7. T. M. Field, «Interventions for premature infants», *J. Pediatr.*, 109, 1986, pp. 183-191; véase también A. Montagu, *Touching: the human significance of the skin*, Perennial Library, Nueva York, 3ª ed., 1986. [Versión en castellano: *El tacto: la importancia de la piel en las relaciones humanas*, Paidós Ibérica, Barcelona, 2004.]

8. L. N. Raymond, E. Reyes, S. Tokuda y B. C. Jones, «Differential immune response in two handled inbred strains of mice», *Physiol. Behav.*, 37 (2), 1986, pp. 295-297.

9. M. L. Laudenslager, M. Reite y R. J. Harbeck, «Supressed immune response in infant monkeys associated with maternal separation», *Behav. Neural. Biol.*, 36 (1), 1982, pp. 40-48.

10. G. F. Solomon, S. Levine y J. K. Kraft, «Early experience and immunity», *Nature*, 220 (169), 1968, pp. 821-822.

11. A. Garber, «Police gather details on gun that killed 12-year old», *Portland Press Herald*, 16 de agosto de 1997.

12. A. C. Wilson, J. S. Forsyth, S. A. Greene y otros, «Relation of infant diet to childhood health: seven-year follow-up of cohort of children in Dundee infant feeding study», *B. M. J.*, 316 (7124), 1998, pp. 21-25.

13. L. J. Horwood y D. M. Fergusson, «Breastfeeding and later cognitive and academic outcomes», *Pediatrics*, 101 (1), 1998, p. E9.

14. S. Hetchel, «Bilirubin acts as antioxidant in the brain», Reuters Health, 31 de enero de 2000.

15. A. S. Ryan, «The resurgence of breastfeeding in the United States», *Pediatrics*, 99 (4), 1997, pp. E12; American Academy of Pediatrics, Work Group on Breastfeeding, «Breastfeeding and the use of human milk», *Pediatrics*, 100 (6), 1997, pp. 1035-1039.

16. T. R. Smith, *Socio-cultural aspects of the infant feeding decision*, Tesis doctoral, Departamento de Sociología, Universidad de Florida, Gainesville, Florida, 1997.

17. Q. Tian, «Women kept in dark about safety of silicone implants», *USA Today*, 17 de octubre de 2003, p. 13A.

18. S. Cohen y otros, «Social ties and susceptibility to the common cold», *J. A. M. A.*, 277 (24), 1997, pp. 1940-1944.

19. W. Ruberman, E. Weinblatt, J. D. Goldberg y B. S. Chaudhary, «Psychosocial influences on mortality after myocardial infarction», *N. Eng. J. Med.*, 311 (9), 1984, pp. 552-559; L. G. Russek, G. E. Schwartz, I. R. Bell y C. M. Baldwin, «Positive perceptions of parental caring are associated with reduced psychiatric and somatic symptoms», *Psychosom. Med.*, 60 (5), 1998, pp. 654-657; L. G. Russek y G. E. Schwartz, «Perceptions of parental caring predict health status in midlife: a 35-year follow-up of the Harvard Mastery of Stress Study», *Psychosom. Med.*, 59 (2), 1997, pp. 144-149; L. G. Russek y G. E. Schwartz, «Narrative descriptions of parental love and caring predict health status in midlife: a 35-year follow-up of the Harvard Mastery of Stress Study», *Altern. Ther. Health Med.*, 2 (6), 1996, pp. 55-62; L. G. Russek, S. H. King, S. J. Russek y H. I. Russek, «The Harvard Mastery of Stress Study 35-year follow-up: prognostic significance of patterns of psychophysiological arousal and adaptation», *Psychosom. Med.*, 52 (3), 1990, pp. 271-285.

20. B. Zuckerman, H. Bauchner, S. Parker y H. Cabral, «Maternal depressive symptoms during pregnancy, and newborn irritability», *J. Dev. Behav. Pediat.*, 11 (4), 1990, pp. 190-194; J. T. Winslow, N. Hastings, C. S. Carter y otros, «A role for central vasopressin in pair bonding in monogamous prairie voles», *Nature*, 365 (6446), 1993, pp. 545-548.

21. M. A. Hofer, «Relationships as regulators: a psychobiologic perspective on bereavement», *Psychosom. Med.*, 46 (3), 1984, pp. 183-197.

22. Esta zona crece muy rápido en este primer periodo de desarrollo de 10 a 12 y de 16 a 18 meses. El polo frontal es más grande en el hemisferio cerebral derecho humano, lo que tal vez refleja lo esencial que es el establecimiento de estas rutas neurales para la salud y la felicidad emocionales.

D. R. Weinberger y otros, «Asymmetrical volumes of the right and left frontal and occipital regions of the human brain», *Ann. Neurol.*, 11 (1), 1982, pp. 97-100; S. Weis y otros, «The cerebral dominances: quantitative morphology of the human cerebral cortex», *Int. J. Neurosci.*, 47 (1-2), 1989, pp. 165-168.

23. La doctora Mona Lisa Schulz observa que el vínculo madre-bebé, en especial durante el periodo posparto, es en realidad un modelo de cómo una persona puede saber lo que pasa en el cuerpo de otra persona. Esta capacidad es la base de la intuición médica.

24. C. Modahl, L. Green, D. Fein y otros, «Plasma oxytocin levels in autistic children», *Biol. Psychiatry*, 43 (4), 1998, pp. 270-277.

25. L. C. Huffman, Y. E. Bryan, R. del Carmen y otros, «Infant temperament and cardiac vagal tone: assessments at twelve weeks of age», *Child Dev.*, 69 (3), 1998, pp. 624-635; S. W. Porges, J. A. Doussard-Roosevelt, A. L. Portales y P. E. Suess, «Cardiac vagal tone: stability and relation to difficultness in infants and 3-year-olds», *Dev. Psychobiol.*, 27 (5), 1994, pp. 289-300; J. A. Doussard-Roosevelt, B. D. McClenny y S. W. Porges, «Neonatal cardiac vagal tone and school-age developmental outcome in very low birth weight infants», *Dev. Psychobiol.*, 38 (1), 2001, pp. 56-66.

26. B. Beebe y otros, «Rhythmic communication in the mother-infant dyad», en M. Davis (ed.), *Interaction rhythms: periodicity in communicative behavior*, Human Sciences Press, Nueva York, 1982; T. B Brazelton y otros, «The origins of reciprocity: the early mother-infant interaction», en M. Lewis y L. A. Rosenblum (eds.), *The effect of the infant on its caregiver*, John Wiley & Sons, Nueva York, 1974, pp. 49-76.

27. D. Breen, *The birth of a first child: towards an understanding of femininity*, Tavistock Publications, Londres, 1975, pp. 176-177.

28. I. Elia, *The female animal*, Oxford University Press, Oxford (Gran Bretaña), 1985.

29. M. W. O'Hara, *Postpartum depression: causes and consequences*, Springer-Verlag, Nueva York, 1995.

30. R. E. Kendell, D. Rennie, J. A. Clarke y C. Dean, «The social and obstetric correlates of psychiatric admission in the puerperium», *Psychol. Med.*, 11 (2), 1981, pp. 341-350. Véase también V. Thurtle, «Post-natal depression: the relevance of sociological approaches», *J. Adv. Nurs.* 22 (3), 1995, pp. 416-424; R. E. Kendell, S. Wainwright, A. Hailey y B. Shannon, «The influence of childbirth on psychiatric morbidity», *Psychol. Med.*, 6 (2), 1976, pp. 297-302.

31. M. Steiner, «Postpartum psychiatric disorders», *Can. J. Psychiatry*, 35 (1), 1990, pp. 89-95.

32. K. Williams, «Antepartum screening questionnarie», *Medical Tribune*, 3 (6), 1996, p. 5. Informe en la reunión anual de la North American Society for Psychosocial Obstetrics and Gynecology, Santa Fe (Nuevo México).

33. K. Dalton, «Progesterone prophylaxis used successfully in postnatal depression», *The Practitioner*, 229 (1404), 1985, pp. 507-508.

34. D. A. Sichel, L. S. Cohen, L. M. Robertson y otros, «Prophylactic estrogen in recurrent postpartum affective disorder», *Biol. Psychiatry*, 38 (12), 1995, pp. 814-818.

HABITACIÓN NÚMERO UNO: TRES MESES A SIETE AÑOS

Capítulo 7: El cerebro emocional

1. D. H. Hubel y T. N. Wiesel, «Binocular interaction in striate cortex of kitten reared with artificial squint», *J. Neurophysiol.*, 28 (6), 1965, pp. 1041-1059.

2. H. S. Mayberg, «Limbic-cortical dysregulation: a proposed model of depression», *J. Neuropsychiatry Clin. Neurosci.*, 9 (3), 1997, pp. 471-481; D. N. Pandya y E. H. Yeterian, «The anatomical substrates of emotional behavior: the role of the cerebral cortex», en G. Gainotti (ed.), *Handbook or Neuropsychology*, vol. 5, Elsevier, Nueva York, 2ª ed., 2001, pp. 49-87.

3. D. R. Weinberger, D. J. Luchins, J. Morihisa y R. J. Wyatt, «Asymmetrical volumes of the right and left frontal and occipital regions of the human brain», *Ann. Neurol.*, 11 (1), 1982, pp. 97-100.

4. M. L. Schulz, *Awakening intuition*, Harmony Books, Nueva York, 1998. [Versión en castellano: *Despierta tu intuición*, Urano, Barcelona, 2000.]

5. J. B. Hellige, «Hemispheric asymmetry», *Annu. Rev. Psychol.*, 41, 1990, pp. 55-80; W. Wittling y M. Pfluger, «Neuroendocrine hemisphere asymmetries: salivary cortisol secretion during lateralized viewing of emotion-related and neutral films», *Brain Cogn.*, 14 (2), 1990, pp. 243-265; R. J. Davidson y otros, «Approach-withdrawal and cerebral asymmetry: emotional expression and brain», *J. Pers. Soc. Psychol.*, 58 (2), 1990, pp. 330-341.

6. S. R. Tulkin y J. Kagan, «Mother-child interaction in the first year of life», *Child Dev.*, 43 (1), 1972, pp. 31-41.

7. B. K. Amsterdam y M. Levitt, «Consciousness of self and painful self-consciousness», *Psychoanal. Study Child.*, 35, 1980, pp. 67-83; F. J. Broucek, «Shame and its relationship to early narcissistic developments», *Int. J. Psychoanal.*, 63 (Pt 3), 1982, pp. 369-378.

8. M. J. West y A. P. King, «Settling nature and nurture into an ontogenetic niche», *Dev. Psychobiol.*, 20 (5), 1987, pp. 549-562; S. R. Tulkin y S. Kagan, «Mother-child interaction in the first year of life», *Child Dev.*, 43 (1), 1972, pp. 31-41; B. I. Fagot y K. Kavanagh, «Parenting during the second year: effects of children's age, sex, and attachment classification», *Child Dev.*, 64 (1), 1993, pp. 258-271; J. Strachey (ed. y trad.), *The standard edition of the complete psychological works of Sigmund Freud*, Institute of Psycho-Analysis, Hogarth Press, Londres (obra original publicada en 1905).

9. T. G. Power y M. L. Chapieski, «Childrearing and impulse control in toddlers: a naturalistic investigation», *Developmental Psychology*, 22 (2), 1986, pp. 271-275.

10. *Random House Unabridged Dictionary*, Random House, Nueva York, 2ª ed., 1993.

11. H. Kohut, *The analysis of the self: a systematic approach to the psycho-analytic treatment of narcissistic personality disorders*, International Universities Press, Nueva York, 1971; D. L. Nathanson, «A timetable for shame», en D. L. Nathanson (ed.), *The many faces of shame*, Guilford Press, Nueva York, 1987, pp. 1-63; C. Malatesta-Magai, «Emotional socialization: its role in perso-nality and developmental psychopathology», en D. Cicchetti y S. L. Toth (eds.), *Internalizing and externalizing expressions of dysfuction: Rochester symposium on developmental psychopathology*, vol. 2, Lawrence Erlbaum As-soc., Hillsdale (Nueva Jersey), 1991, pp. 203-224.

12. M. S. Mahler, «Notes on the development of basic moods: the depres-sive effect», en *The selected papers of Margaret S. Mahler, M. D.*, Jason Aron-son, Nueva York, 1979, pp. 59-75.

13. V. J. Felitti, R. F. Anda, D. Nordenberg y otros, «Relationships of childhood abuse and household dysfunction to many of the leading causes of death in adults. The Adverse Childhood Experiences (ACE) Study», *Am. J. Prev. Med.*, 14 (4), 1998, pp. 245-258.

14. H. M. Lynd, *On shame and the search for identity*, Harcourt, Brace, Nueva York, 1958.

15. H. Kohut, «Thoughts on narcissism and narcissistic rage», en P. Orns-tein (ed.), *The search for the self: selected writings of Hein Kohut, 1950-1978*, International Universities Press, Nueva York, 1978.

16. Mahler, M. S., obra citada (nota 12).

Capítulo 8: Sabiduría de boca y entrañas

1. N. Dodman, «Lucky the wool-sucking cat», en *The cat who cried for help: attitudes, emotions, and the psychology of cats*, Bantam Books, Nueva York, 1997, pp. 171-184.

2. J. M. Norris y otros, «Timing of initial cereal exposure in infancy and risk of islet autoimmunity», *J. A. M. A.*, 290 (13), 2003, pp. 1713-1720.

3. M. Osler y otros, «Maternal smoking during childhood and increased risk of smoking in young adulthood», *Int. J. Epidemiol.*, 24 (4), 1995, pp. 710-714.

4. J. A. Mennella y G. K. Beauchamp, «Smoking and the flavor of breast milk. Correspondence», *N. Engl. J. Med.*, 339 (21), 1998, pp. 1559-1560.

5. S. K. Bhargava y otros, «Relation of serial changes in childhood body-mass index to impaired glucose tolerance in young adulthood», *N. Engl. J.*

Med., 350 (9), 2004, pp. 865-875; P. W. Soothill y otros, «Prenatal asphyxia, hyperlacticaemia, hypoglycaemia and erythroblastosis in growth retarded fetuses», *B. M. J. (Clin. Res. Ed.)*, 294 (6579), 1987, pp. 1051-1053; D. L. Economides y otros, «Hypertriglyceridemia and hypoxemia in small-for-gestational-age fetuses», *Am. J. Obstet. Gynecol.*, 162 (2), 1990, pp. 382-386; R. S. Strauss y W. H. Dietz, «Growth and development of term children born with low birth weight: effects of genetic and environmental factors», *J. Pediatr.*, 133 (1), 1998, pp. 67-72.

6. P. Z. Pilzer, *The wellness revolution: how to make a fortune in the next trillion dollar industry*, Wiley & Sons, Nueva York, 2002, p. 83.

7. D. Feskanich y otros, «Milk, dietary calcium, and bone fractures in women; a 12-year prospective study», *Am. J. Public Health*, 87 (6), 1997, pp. 992-997.

8. R. G. Cumming, «Case-control study of risk factors for hip fractures in the elderly», *Am. J. Epidemiol.*, 139 (5), 1994, pp. 493-503.

9. La alteración de los alimentos es un gran negocio, y la industria láctea recibe 7.000 millones de dólares al año en subvenciones gubernamentales. Hay también otros factores. Monsanto Pharmaceuticals (ahora llamada Monsanto Co.), fabricantes de la hormona del crecimiento bovino, presiona muchísimo a los productores de leche. Hace un par de años esta empresa entabló pleito a Oakhurst Dairy, lechería perteneciente a una familia de aquí, en Maine, porque en la etiqueta decía que ninguno de los granjeros proveedores de leche usaba la hormona del crecimiento bovino. Monsanto alegó que eso era engañoso para el consumidor porque, según ellos, no hay ninguna diferencia entre la leche producida con o sin la hormona del crecimiento bovino. Finalmente llegaron a un acuerdo cuando la lechería Oakhurst accedió a decir que no hay ninguna diferencia debajo de donde en la etiqueta dice: «producida sin hormona del crecimiento artificial».

10. E. Hypponen y otros, «Intake of vitamin D and risk of type 1 diabetes: a birth-cohort study», *Lancet*, 358 (9292), 2001, pp. 1500-1503.

11. A. Vasquez, G. Manso y J. Cannell, «The clinical importance of vitamin D (cholecalciferol): a paradigm shift with implications for all healthcare providers», *Altern. Ther. Health Med.*, 10 (5), 2004, pp. 28-36.

12. M. E. Nelson, *Strong women, strong bones: everything you need to know to prevent, treat and beat osteoporosis*, G. P. Putnam's Sons, Nueva York, 2000. [Versión en castellano: *Mujer fuerte, huesos fuertes: prevenir, tratar y vencer la osteoporosis*, Paidós Ibérica, Barcelona, 2001.]

13. K. Painter, «Parents no longer rush to flush toddlers's diapers», *USA Today*, 25 de agosto de 1998, p. 7D.

14. G. Iacono y otros, «Intolerance of cow's milk and chronic constipation in children», *N. Engl. J. Med.*, 339 (16), 1998, pp. 1100-1104; V. Loening-Baucke, «Constipation in children», *N. Engl. J. Med.*, 339 (16), 1998, pp. 1155-1156.

Capítulo 9: El sistema inmunitario

1. Dr. Steven F. Maier, neurocientífico de la Universidad de Colorado en Boulder.

2. B. Bjorksten, «Environment and infant immunity», *Proc. Nutr. Soc.*, 58 (3), agosto de 1999, pp. 729-732.

3. «Are antibiotics to blame for many allergies? Study: bugs in the gut may cause symptoms felt in the head», MSNBC, 25 de agosto de 2004.

4. S. C. Christiansen, «Day care, siblings, and asthma—please, sneeze on my child», *N. Engl. J. Med.*, 343 (8), 2004, pp. 574-575; T. M. Ball y otros, «Siblings, day-care attendance, and the risk of asthma and wheezing during childhood», *N. Engl. J. Med.*, 343 (8), 2000, pp. 538-543.

5. K. C. Shafer y F. Greenfield, *Asthma free in 21 days: the breakthrough mind-body healing program*, Harper San Francisco, San Francisco, 2000, p. 25.

6. V. Ziboh, A. S. Naguwa, K. Vang y otros, «Suppression of leukotriene B4 generation by ex-vivo nautrophils isolated from asthma patiens on dietary supplementation with gammalinolenic acid-containing borage oil: possible implication in asthma», *Clin. Dev. Immunol.*, 11 (1), marzo de 2004, pp. 13-21; M. A. Carey, D. R. Germolec y otros, «Cyclooxigenase enzymes in allergic inflammation and asthma» (evaluación), *Prostaglandins Leukot. Essent. Fatty Acids*, 69 (2-3), 2003, pp. 157-162; S. E. Wenzel, «The role of leukotriens in asthma. Review», *Prostaglandins Leukot. Essent. Fatty Acids*, 69 (2-3), 2003, pp. 145-155; M. E. Surette, I. L. Koumenis, M. B. Edens y otros, «Inhibition of leukotriene biosynthesis by a novel dietary fatty acid formulation in patiens with atopic asthma: a randomized, placebo-controlled, parallel-group, prospective trial», *Clin. Ther.*, 25 (3), 2003, pp. 972-979.

7. J. Gottman, «Meta-emotion, children's emotional intelligence, and buffering children from marital conflict», en C. D. Ryff y B. H. Singer (eds.), *Emotion, social relationships, and health*, Oxford University Press, Oxford, Gran Bretaña, 2001, p. 29.

8. J. M. Smyth y otros, «Effects of writing about stressful experiences on symptom reduction in patients with asthma or rheumatoid arthritis: a randomized trial», *J. A. M. A.*, 281 (14), 1999, pp. 1304-1309.

9. Ibíd.

10. T. Bell, «Schools ban peanuts as precaution», *Portland Press Herald*, 15 de septiembre de 2003, p. 1A.

11. R. M. Naclerios y otros, «Is histamine responsible for the following symptoms of rhinovirus colds? A look at the inflammatory mediators following infection», *Pediat. Inf. Dis. J.*, 7 (3), 1988, pp. 218-222.

12. L. Delhoume, *De Claude Bernard à d'Arsonval*, J. B. Baillière et Fils, París, 1939.

13. L. Sagan, *The health of nations: true causes of sickness and well-being*, Basic Books, Nueva York, 1987, p. 68.

14. T. L. Gustafson y otros, «Measles outbreak in a fully immunized secondary-school population», *N. Engl. J. Med.*, 316 (13), 1987, pp. 771-774.

15. S. A. Halperin y otros, «Persistence of pertussis in an immunised population: results of the Nova Scotia enhanced pertussis surveillance program», *J. Pediatr.*, 115 (5 Pt 1), 1989, pp. 686-693; J. Ward y otros, «Limited efficacy of a haemophilus influenza type b conjugate vaccine in Alaska native infants», *N. Engl. J. Med.*, 323 (20), 1990, pp. 1393-1401; C. Christie y otros, «The 1993 epidemic of pertussis in Cincinnati. Resurgence of disease in a highly immunized population of children», *N. Engl. J. Med.*, 331 (1), 1994, pp. 16-21; G. A. Poland y R. M. Jacobson, «Failure to reach the goal of measles elimination: apparent paradox of measles infections in immunised persons», *Arch. Intern. Med.*, 154 (16), 1994, pp. 1815-1820; «Measles outbreak among school-aged children. Juneau, Alaska», *Morb. Mortal Wkly. Rep.*, 45 (36), 1966, pp. 777-780; S. M. Lemon y D. L. Thomas, «Vaccines to prevent viral hepatitis», *N. Engl. J. Med.*, 336 (3), 1997, pp. 196-204.

16. «Immunisation in childhood», *Brit. Med. J.*, 1, 1959, pp. 1342-1346; D. L. Miller y otros, «Whooping cough and whooping cough vaccine: the risks and benefits debate», *Epidem. Rev.*, 4, 1982, pp. 1-24; A. R. Hinman, «The pertussis vaccine controversy», *Pub. Health Rep.*, 99 (3), 1984, pp. 255-259; T. M. Pollock y otros, «Symptoms after primary immunisation with DTP and with DT vaccine», *Lancet*, 2 (8395), 1984, pp. 146-149; H. Peltola y O. P. Heinonen, «Frequency of true adverse reactions to measles-mumps-rubella vaccine. A double-blind placebo-controlled trial in twins», *Lancet*, 1 (8487), 1986, pp. 939-942; D. Miller y otros, «Pertussis immunisation and serious acute neurological illnesses in children», *Brit. Med. J.*, 307 (6913), 1993, pp. 1171-1176; P. O. Honkanen y otros, «Reactions following administration of influenza vaccine alone or with pneumococcal vaccine to the elderly», *Arch. Intern. Med.*, 156 (2), 1996, pp. 205-208; K. L. Nichol y otros, «Side effects associated with influenza vaccination in healthy working adults. A randomized, placebo-controlled trial», *Arch. Intern. Med.*, 156 (14), 1996, pp. 1546-1550; «Paralytic Poliomyelitis-United States, 1980-1994», *Morb. Mortal. Wkly. Rep.*, 46 (4), 1997, pp. 79-83.

17. C. W. Bierman y D. S. Pearlman (eds.), *Allergic diseases of infancy, chilhood, and adolescence*, W. B. Saunders Co., Filadelfia, pp. 27-35.

18. C. Cosmos, «Director's Report», American Association for Health Freedom, Great Falls (Virginia), abril de 2003, p. 8.

19. K. Stratton, A. Gable y M. C. McCormick (eds.), *Immunization safety review: thimersol-containing vaccines and neurodevelopmental disorders*, National Academy Press, Washington, D.C., 2001.

20. A. Hviid y otros, «Association between thimersol-containing vaccine and autism», *J. A. M. A.*, 290 (13), 2003, pp. 1763-1766.

21. V. J. Felitti y otros, «Relationship of childhood abuse and household dysfunction to many of the leading causes of death in adults. The Adverse Childhood Experiences (ACE) Study», *Am. J. Prev. Med.*, 14 (4), 1998, pp. 245-258; W. H. Foege, «Adverse childhood experiences. A public health perspective», *Am. J. Prev. Med.*, 14 (4), 1998, pp. 354-355.

22. G. D. Hussey y M. Klein, «A randomized, controlled trial of vitamin A in children with severe measles», *N. Engl. J. Med.*, 323 (3), 1990, pp. 160-164.

23. N. S. Scrimshaw y otros, *Interactions of nutrition and infection. WHO [World Health Organization] monogram series n° 57*, Organización Mundial de la Salud, Ginebra, 1968.

24. H. N. Green y E. Mellanby, «Vitamin A as an anti-infective agent», *Brit. Med. J.*, 2, 1928, pp. 691-696.

25. K. Olness y D. P. Kohen, *Hypnosis and hypnotherapy with children*, Guilford Press, Nueva York, 1996.

Capítulo 10: Mapas del amor

1. M. S. Mahler, «Notes on the development of basic moods: the depressive affect», en *The selected papers of Margaret S. Mahler, M.D.*, Jason Aronson, Nueva York, 1979, pp. 59-75; C. E. Izard, «Facial expressions and the regulation of emotions», *J. Pers. Soc. Psychol.*, 58 (3), 1990, pp. 487-488; C. E. Izard, *The psychology of emotions*, Plenum Press, Nueva York, 1991.

2. G. Dawson y otros, «Frontal lobe activity and affective behavior of infants of mothers with depressive symptoms», *Child Dev.*, 63 (3), 1992, pp. 725-737.

3. «U.S. survey explores relationship styles», *Science News*, 152 (20), 15 de noviembre de 1997, p. 309.

4. Los autores del estudio, doctores Kristin D. Mickelson y Ronald C. Kessler, de la Escuela de Medicina de Harvard en Boston, sugieren que esto se

debe a que la inseguridad en el afecto podría predisponer a algunas personas a trastornos psíquicos. A la inversa, un trastorno psíquico podría perjudicar la capacidad para formar relaciones seguras.

5. T. R. Insel, «Oxytocin, a neuropeptide for affiliation: evidence from behavioral, receptor autoradiographic, and comparative studies», *Psychoneuroendocrinology*, 17 (1), 1992, pp. 3-35.

6. J. Money y G. F. Pranzarone, «Precursors of paraphilia in childhood and adolescence», *The Child and Adolescent Psychiatric Clinics of North America: Sexual and Gender Identity Disorders*, 2 (3), 1993.

7. S. Minuchin y otros, *Psychosomatic families*, Harvard University Press, Cambridge (Massachusetts), 1978, pp. 23-50.

HABITACIÓN NÚMERO DOS: SIETE A CATORCE AÑOS

Capítulo 11: La edad de la razón

1. A. Colby, L. Kohlberg y otros, *The measurement of moral judgment*, vol. 1, Cambridge University Press, Cambridge (Gran Bretaña), 1987.

2. C. Gilligan, *In a different voice*, Harvard University Press, Cambridge (Massachusetts), 1982.

Capítulo 12: La anatomía de la autoestima

1. S. P. Gallagher y R. Kryzanowska (eds.), *The Joseph H. Pilates Archive Collection: Photographs, Writings, Designs*, BainBridgeBooks, Filadelfia, 2000.

2. K. Krahnstoever-Davison, T. M. Cutting y L. L. Birch, «Parents' activity-related parenting practices predict girls' physical activity», *Med. Sci. Sports Exerc.*, 35 (9), septiembre de 2003, pp. 1589-1595.

3. B. D. Proctor y J. Dalaker, *U.S. Census Bureau, current population reports, poverty in the United States: 2002*, U.S. Government Printing Office, Washington, DC, 2003, pp. 60-222.

4. S. Pressman, *Explaining the gender poverty gap in developed and transitional economies*, Luxembourg Income Study Working Paper n° 243, Maxwell School of Citizenship and Public Affairs, Syracuse University, Syracuse (Nueva York), septiembre de 2000.

5. P. Zollo, *Getting wiser to teens: more insights into marketing to teenagers*, New Strategist Publications, Ithaca (Nueva York), 2004.

6. Amye Walters y CWK Network, Inc., Páginas de consejos para padres que no saben decir no: *Parents Can't Say No*, www.connectwithkids.com/tips-

heet/2004/196_sept29/say.html y *Model Reading*, www.connectwithkids.com /tipsheet/2004/192_sept1/model.html.

7. L. Linfield, «Even 7-year-olds can learn to manage money», *Portland Press Herald*, 30 de agosto de 2004, p. A9.

8. R. McCraty y otros, «The impact of a new emotional self-management program on stress, emotions, heart rate variability, DHEA and cortisol», *Integr. Physiol. Behav. Sci.*, 33 (2), 1998, pp. 151-170.

Capítulo 13: Comer para vivir

1. A. Underwood y J. Adler, «What you don't know about fat», *Newsweek*, 23 de agosto de 2004, p. 46.

2. B. N. Ames, «DNA damage from micronutrient deficiencies is likely to be a major cause of cancer», *Mutat. Res.*, 475 (1-2), 18 de abril de 2001, pp. 7-20.

3. W. H. Dietz, «Overweight in childhood and adolescence», *N. Engl. J. Med.*, 350 (9), 26 de febrero de 2004, pp. 855-857.

4. *Newsweek*, 23 de agosto de 2004.

5. Ibíd.

Capítulo 14: La escuela de la amistad

1. S. E. Taylor, L. C. Klein, B. P. Lewis y otros, «Biobehavioral responses to stress in females: tend-and-befriend, not fight-or-flight», *Psychol. Rev.*, 107 (3), 2000, pp. 411-429.

2. «UCLA researches identify key behavioral pattern used by women to manage stress», College of Letters and Science, UCLA, noticias en la red, www.college.ucla.edu/stress.htm.

3. A. J. Clarkin, «Peer relationships», en cap. 11: «Transformation of interpersonal relationships», en J. Noshpitz (ed. jefe), S. Greenspan, S. Wielder y J. Osofksy (eds.), *Handbook of child and adolescent psychiatry*, vol. 2: *The grade-school child: Development and syndromes*, Wiley & Sons, Nueva York, 1997-1998, p. 88.

4. Ibíd, p. 89.

5. A. D. Domar y H. Dreher, *Self-nurture: learning to care for yourself as effectively as you care for everyone else*, Viking, Nueva York, 2000, p. 210. [Versión en castellano: *Cuida de ti misma como cuidas de los demás*, Urano, Barcelona, 2002, p. 300.]

6. N. I. Eisenberger, M. D. Lieberman y K. D. Williams, «Does rejection hurt? An FMRI study of social exclusion», *Science*, 302 (5643), 10 de octubre de 2003, pp. 290-292.

7. «Would single-sex education benefit your child? Some research suggests that students in "all-girl" or "all-boy" schools out perform those in nongender specific programs», *Today Show*, 26 de febrero de 2004, MSNBC Interactive, www.zaret.msnbc.com/id/4387854

8. S. Ricks, «Never easy, being a girl is harder than ever», *Portland Press Herald*, 19 de enero de 2004, p. 10B.

Capítulo 15: El paso de niña a mujer

1. A. Cameron, *Daughters of copper woman*, Press Gang Publishers, Vancouver (Canadá), 1981.

2. L. Owen, *Honoring menstruation: a time of self-renewal*, Crossing Press, Freedom (California), 1998, p. 35.

3. Ibíd, pp. 33-34.

4. D. Apter y otros, «Gonadotropin-releasing hormone pulse generator activity during pubertal transition in girls: pulsatile and diurnal patterns of circulating gonadotropins», *J. Clin. Endocrinol. Metab.*, 76 (4), 1993, pp. 940-949.

5. G. F. Read, D. W. Wilson, I. A. Hughes y K. Griffiths, «The use of salivary progesterone assays in the assessment of ovarian function in posmenarcheal girls», *J. Endocrinol.*, 102 (2), agosto 1984, pp. 265-268; T. Vuorento e I. Huhtaniemi, «Daily levels of salivary progesterone during menstrual cycle in adolescent girls», *Fertil. Steril.*, 58 (4), octubre 1992, pp. 685-690.

6. L. Zacharias, W. M. Rand y R. J. Wurtman, «A prospective study of sexual development and growth in American girls: the statistics of menarche», *Obstet. Gynecol. Surv.*, 32 (4), 1976, pp. 325-327.

7. T. C. Dann y D. F. Roberts, «Menarcheal age in University of Warwick young women», *J. Biosoc. Sci.*, 25 (4), 1993, pp. 531-538.

8. L. Speroff, R. Glass y N. Kase, «Abnormal puberty and growth problems», en *Clinical gynecologic endocrinology and infertility*, Lippincot Williams and Wilkins, Filadelfia, 6ª ed., 1999, p. 390. Hay versión en castellano de edición anterior: *Endocrinología ginecológica e infertilidad*, Ediciones Toray, 1986.

9. M. E. Herman-Giddens y otros, «Secondary sexual characteristics and menses in young girls seen in office practice: a study from the Pediatric Research in Office Settings networks», *Pediatrics*, 99 (4), 1997, pp. 505-512.

10. C. Marti-Henneberg y B. Vizmanos, «The duration of puberty in girls is related to the timing of its onset», *J. Pediatr.*, 131 (4), 1997, pp. 618-621.

11. L. Ibanez, R. Potau, R. Virdis y otros, «Postpubertal outcome in girls diagnosed of premature pubarche during chilhood: increased frequency of functional ovarian hyperandrogenism», *J. Clin. Endocrinol. Metab.*, 76 (6), 1993, pp. 1599-1603; L. Ibanez, N. Potau, N. Georgopoulos y otros, «Growth hormone, insulin-like growth factor-I axis, and insulin secretion in hyperandrogenic adolescents», *Fertil. Steril.*, 64 (6), 1995, pp. 1113-1119.

12. L. Speroff, R. Glass y N. Kase, obra citada en nota 8, p. 387; M. E. Herman-Giddens, obra citada en nota 9.

13. W. A. Marshall y J. M. Tanner, «Variation in the patterns of pubertal changes in boys», *Arch. Dis. Child*, 45 (239), 1970, pp. 13-23.

14. A. R. Scialli, «Tampons, dioxins, and endometriosis», *Reprod. Toxicol.*, 15 (3), mayo-junio 2001, pp. 231-238.

HABITACIÓN NÚMERO TRES: CATORCE A VEINTIÚN AÑOS

Capítulo 16: El nacimiento de Afrodita

1. D. Tennov, *Love and limerence: the experience of being in love*, Stein and Day, Nueva York, 1979.

2. N. Wolf, *Promiscuities: the secret struggle for womanhood*, Random House, Nueva York, 1997. [Versión en castellano: *Promiscuidades*, Planeta, Barcelona, 1998].

3. J. Bonheim, *Afrodite's daughters: women's sexual stories and the journey of the soul*, Simon and Schuster, Nueva York, 1997.

4. American Academy of Pediatrics, Committee on Public Education, «Media education», *Pediatrics*, 104 (2 Pt 1), 1999, pp. 341-343.

5. R. L. Collins y otros, «Watching sex on television predicts adolescent initiation of sexual behavior», *Pediatrics*, 114 (3), septiembre 2004, pp. 280-289.

6. C. Ponder, *The prosperity secret of the ages: how to channel a golden river of riches into your life*, Prentice-Hall, Englewood Cliffs (Nueva Jersey), 1964, p. 304.

7. T. Buckley, «Menstruation and the power of Yurok women», en T. Buckley y A. Gottlieb (eds.), *Blood magic: the anthropology of menstruation*, University of California Press, Berkeley, 1998, p. 190.

8. C. Ponder.

9. M. J. Prinstein, C. S. Meade y G. L. Cohen, «Adolescent oral sex, peer popularity, and perceptions of best friends' sexual behavior», *J. Pediatr. Psychol.*, 28 (4), 2003, pp. 243-249.

10. Ibíd.

11. Helen E. Fisher, *Anatomy of love: the natural history of monogamy, adultery, and divorce*, Norton, Nueva York, 1992. [Versión en castellano: *Anatomía del amor: historia natural de la monogamia, el adulterio y el divorcio*, Anagrama, Barcelona, 1999.]

12. K. A. Moore, A. Driscoll y L. D. Lindberg, *A statistical portrait of adolescent sex, contraception, and childbearing*, National Campaign to Prevent Teen Pregnancy, Washington, DC, 1998.

13. N. Dickson, C. Paul, P. Herbison y P. Silva, «First sexual intercourse: age, coercion, and later regrets reported by a birth cohort», *B. M. J.*, 316 (7124), 1998, pp. 29-33.

Capítulo 17: Adicciones

1. R. Voelker, «Stress, sleep loss, and substance abuse create potent recipe for college depression», *J. A. M. A.*, 291 (18), 2004, pp. 2177-2179.

2. D. R. Weinberger, «On the plausibility or "the neurodevelopmental hypothesis" of schizophrenia», *Neuropsycho-pharmacology*, 14 (3 supl), 1996, pp. 1S-11S.

3. M. Kovacs y otros, «Depressive disorders in childhood. I: A longitudinal prospective study of characteristics and recovery», *Arch. Gen. Psychiatry*, 41 (3), 1984, pp. 229-237.

4. Ibíd.

5. Ibíd.

6. J. Lake, «The integrative management of depressed mood», *Integrative Medicine*, 3 (3), 2004, pp. 34-43; P. R. Muskin (ed.), *Complementary and alternative medicine and psychiatry*, American Psychiatric Press, Wahington, DC, 2000.

7. J. N. Jureidini y otros, «Efficacy and safety of antidepressant for children and adolescents», *B. M. J.*, 328 (7444), 2004, pp. 879-883.

8. E. Edelson, «FDA backs warnings on antidepressants for children», *Health Day News*, 17 septiembre 2004.

9. J. N. Jureidini y otros, obra citada (nota 7).

10. R. Voelker, obra citada (nota 1).

11. Análisis inédito de datos del California Center for Health Statistics, Microcomputer Injury Surveillance System (Department of Health Services, Sacramento, 1985-1998), realizado por el sociólogo Mike Males, del Departamento de Sociología de la Universidad de California en Santa Cruz.

12. C. Kuhn, S. Swartzwelder y W. Wilson, *Just say know: talking with kids about drugs and alcohol*, W. W. Norton and Co., Nueva York, 2002, p. 65. [Versión en castellano: *Cómo hablar con tus hijos de las drogas y el alcohol*, Paidós Ibérica, Barcelona, 2004.]

13. P. I. Yakovlev y A. R. Lecours, «The myelogenetic cycles of regional maturation of the brain», en A. Minkowski (ed.), *Regional development of the brain in early life*, Blackwell Scientific, Oxford, Gran Bretaña, 1967, pp. 3-70; P. I. Yakovlev, «Morphological criteria of growth and maturation of the nervous system in man», *Res. Publ. Assoc. Res. Nerv. Ment. Dis.*, 39, 1962, pp. 3-46; H. S. Swartzwelder, W. A. Wilson y M. I. Tayyeb, «Age-dependent inhibition of long-term potentiation by ethanol in immature versus mature hippocampus», *Alcohol Clin. Exp. Res.*, 19 (6), 1995, pp. 1480-1485.

14. C. Kuhn, S. Swartzwelder y W. Wilson, obra citada (nota 12).

15. L. D. Johnston, P. M. O'Malley, J. G. Bachman y J. E. Schulenberg, *Monitoring the future: national results on adolescent drug use: overview of key findings, 2003*, NIH Publication nº 04-5506, National Institute on Drug Abuse, Bethesda, Maryland, 2004.

16. Mothers Against Drunk Driving (MADD), «Why 21?», página de realidades, www.madd.org/stats/1,1056,4846,00.html

17. P. Raeburn, «Too immature for the death penalty?», *New York Times Magazine*, 17 octubre 2004.

18. Collaborative Group on Hormonal Factors in Breast Cancer, «Alcohol, tobacco and breast cancer-collaborative reanalysis of individual data from 53 epidemiological studies, including 58.515 women with breast cancer and 95.067 women without the disease», *Br. J. Cancer*, 87 (11), 2002, pp. 1234-1245; M. J. Thun y otros, «Alcohol consumption and mortality among middle-aged and elderly U.S. adults», *N. Engl. J. Med.*, 337 (24), 1997, pp. 1705-1714; A. Britton y K. McPherson, «Mortality in England and Wales attributable to current alcohol consumption», *J. Epidemiol. Community Health*, 55 (6), 2001, pp. 383-388.

19. www.safeyouth.org/scripts/teens/alcohol.asp

20. J. D. Minna, «Neoplasm of the lung», en D. L. Kasper y otros (eds.), *Harrison's principles of internal medicine*, McGraw Hill, Nueva York, 16ª edición, 2005, p. 506.

21. Associated Press, «Teen smoking rises in Joe Camel years», *Portland Press Herald*, 9 octubre 1998, p. 9A.

22. J. D. Sargent y M. Dalton, «Does parental disapproval of smoking prevent adolescents from becoming established smokers?», *Pediatrics*, 108 (6), 2001, pp. 1256-1262.

23. L. D. Johnston, P. M. O'Malley, J. G. Bachman y J. E. Schulenberg, «Ectasy use falls for second year in a row, overall teen drug use drops», University of Michigan News and Information Services, Ann Arbor, 19 diciembre 2003.

24. D. P. Tashkin, B. J. Shapiro, L. Ramanna y otros, «Chronic effects of heavy marihuana smoking on pulmonary function in healthy young males», en M. C. Braude y S. Szara (eds.), *The pharmacology of marihuana*, Raven Press, Nueva York, 1976, pp. 291-295.

25. W. C. Hembree III, G. G. Nahas, P. Zeidenberg y H. F. Huang, «Changes in human spermatozoa associated with high dose marijuana smoking», *Adv. Biosci.*, 22-23, 1978, pp. 429-439.

26. J. A. Ewing, «Detecting alcoholism. The CAGE questionnaire», *J. A.M. A.*, 252 (14), 1984, pp. 1905-1907.

Capítulo 18: Elementos del cuidado personal

1. A. R. Wolfson y M. A. Carskadon, «Sleep schedules and day-time functioning in adolescents», *Child Dev.*, 69 (4), 1998, pp. 875-887.

2. R. A. Hicks, C. Fernandez, R. J. Pellegrini, «Striking changes in the sleep satisfaction of university students over the last two decades», *Percept. Mot. Skills*, 93 (3), 2001, p. 660; L. L. Tsai y S. P. Li, «Sleep patterns in college students: gender and grade differences», *J. Psychosom. Res.*, 56 (2), febrero 2004, pp. 231-237.

3. M. Ritter, «Scientists study how to keep brain awake», The Associated Press, 21 febrero 2004.

4. D. E. Greydanus (ed.), y P. Bashe (escritor), *The American Academy of Pediatrics, caring for your teenager: the complete and authoritative guide*, Bantam Books, Nueva York, 2003.

5. R. Voelker, «Stress, sleep loss, and substance abuse create potent recipe for college depression», *J. A. M. A.*, 291 (18), 2004, pp. 2177-2179.

6. F. Saibene y otros, «Oronasal breathing during exercise», *Pflugers Arch.*, 378 (1), 15 diciembre 1978, pp. 65-69; B. Petruson y T. Bjuro, «The importance of nose-breathing for the systolic blood pressure rise during exercise», *Acta Otolaryngol.*, 109 (5-6), 1990, pp. 461-466; T. S. Lorig y G. E. Schwartz, «Brain and odor: I. Alteration of human EEG by odor administration», *Psychobiology*, 16 (3), septiembre 1998, pp. 281-284; J. A. Hirsch y B. Bishop, «Respira-

tory sinus arrhythmia in humans: how breathing pattern modulates heart rate», *Am. J. Physiol.*, 241 (4), 1981, pp. H620-629.

7. W. H. Dietz, «Overweight in childhood and adolescence», *N. Engl. J. Med.*, 350 (9), 2004, pp. 855-857.

8. A. Dobson, J. DaVanzo, M. Consunji y otros, «A study of the cost effects of daily multivitamins for older adults», preparado por el Lewin Group for Wyeth Consumer Healthcare, enero 2004.

Para una extensa base de datos sobre el papel de los suplementos nutritivos en la prevención de la enfermedad, véase el sitio web del Dr. Ray Strand en www.bionutrition.org

9. B. N. Ames, «Micronutrient deficiencies. A major cause of DNA damage», *Ann. N.Y. Acad. Sci.*, 889, 1999, pp. 87-106; B. N. Ames, «DNA damage from micronutrient deficiencies is likely to be a major cause of cancer», *Mutat. Res.*, 475 (1-2), 18 abril 2001, pp. 7-20.

10. S. A. French y otros, «Food preferences, eating patterns, and physical activity among adolescents: correlates of eating disorders symptoms», *J. Adolesc. Health*, 15 (4), 1995, pp. 286-294.

11. S. A. French y otros, «Frequent dieting among adolescents: psychosocial and health behavior correlates», *Am. J. Public Health*, 85 (5), 1995, pp. 695-701.

12. T. D. Brewerton, «Bulimia in children and adolescents», *Child and adolescent psychiatry clinics of North America*, 11 (2), abril 2002, pp. 237-256.

13. M. H. Teicher y otros, «Preliminary evidence for abnormal cortical development in physically and sexually abused children using EEG coherence and MRI», *Ann. N.Y. Acad. Sci.*, 821, 1997, pp. 160-175.

14. T. B. Gustafson y D. B. Sarwer, «Childhood sexual abuse and obesity», *Obes. Rev.*, 5 (3), agosto 2004, pp. 129-135.

15. V. J. Felitti, R. F. Anda, D. Nordenberg y otros, «Relationship of childhood abuse and household dysfunction to many of the leading causes of death in adults. The Adverse Childhood Experiences (ACE) Study», *Am. J. Prev. Med.*, 14 (4), 1998, pp. 245-258; V. J. Felitti, «Childhood sexual abuse, depression, and family dysfunction in adult obese patients: a case control study», *South. Med. J*, 86 (7), 1993, pp. 732-736.

16. V. J. Felitti, [«The relationship of adverse childhood experiences to adult health: turning gold into lead», en alemán], Z. *Psychosom. Med. Psychother.*, 48 (4), 2002, pp. 359-369.

17. W. H. Dietz, «Overweight in childhood and adolescence», *N. Engl. J. Med.*, 350 (9), 2004, pp. 855-857.

18. M. Bullit-Jonas, *Holy hunger: a memoir of desire*, A. A. Knopf, Nueva York, 1999.

19. T. H. Maher y R. J. Wurtman, «Possible neurologic effects of asparta-me, a widely used food additive», *Environ Health Perspect.*, 75, 1987, pp. 53-57; R. J. Wurtman, «Neurochemical changes following high-dose aspartame with dietary carbohydrates», *N. Engl. J. Med.*, 309 (7), 1983, pp. 429-430; P. C. Staton y D. R. Bristow, «The dietary excitotoxins beta-N-Methylamino-Ala-nine (BMAA) and beta-N-Oxalylamino-L-Alanine (BOAA) induce necrotic-and apoptotic-like death of rat cerebellar granule cells», *J. Neurochem.*, 69, 1997, pp. 1508-1518.

20. R. Hering-Hani y N. Gadoth, «Caffeine-induced headache in children and adolescents», *Cephalalgia*, 23 (5), junio 2003, pp. 332-335.

21. C. P. Pollak y D. Bright, «Caffeine consumption and weekly sleep pat-terns in U.S. seventh-, eighth-, and ninth-graders», *Pediatrics*, 111 (1), 2003, pp. 42-46.

22. M. R. Savoca y otros, «The association of caffeinated beverages with blood pressure in adolescents», *Arch. Pediatr. Adolesc. Med.*, 158 (5), 2004, pp. 473-477.

23. *Caffeine: A Healthy Habit?*, folleto educativo para pacientes publica-do por los Servicios de Salud y Bienestar de la Universidad Estatal de Wash-ington, Pullman (Washington), junio 2003, también accesible por la red en www.hws.wsu.edu/brochures/caffeine.htm

24. Ibíd.

25. M. C. Hindi-Alexander y otros, «Theophylline and fibrocystic breast disease», *J. Allergy Clin. Immunol.*, 75 (6), 1985, pp. 709-715; G. B. Gabrielli y G. De Sandre, «Excessive tea consumption can inhibit the efficacy of oral iron treatment in iron-deficiency anemia», *Haematologica*, 80 (6), nov.-dic. 1995, pp. 518-520; R. S. Feldman y otros, *Principles of neuropsychopharmacology*, Si-nauer Associates, Inc., Sunderland (Massachusetts), 1997; A. M. Rossignol, «Caffeine-containing beverages and premenstrual syndrome in young wo-men», *Am. J. Public Health*, 75 (11), 1985, pp. 1335-1337; A. M. Rossignol y H. Bonnlander, «Caffeine-containing beverages, total fluid consumption, and premenstrual syndrome», *Am. J. Public Health*, 80 (9), 1990, pp. 1106-1110.

Capítulo 19: El mundo real

1. R. Shuler, «The cost of kindness: self-sacrifice can cripple caregivers», *UAB Magazine*, 20 (2), otoño 2002.

2. C. C. Chen, A. S. David, H. Nunnerley, M. Michell y otros, «Adverse life

events and breast cancer: case-control study», *B. M. J.*, 311 (7019), 1995, pp. 1527-1530; C. B. Bahnson, «Stress and cancer: the state of the art. Part 2», *Psychosomatics*, 22 (3), 1981, pp. 207-220; A. Bremond, G. A. Kune y C. B. Bahnson, «Psychosomatic factors in breast cancer patients: results of a case control study», *J. Psychosomatic Obstetrics and Gynaecology*, 5 (2), junio 1986, pp. 127-136; S. M. Levy, R. B. Herberman y otros, «Perceived social support and tumor estrogen/progesterone receptor status as predictors of natural killer cell activity in breast cancer patients», *Psychosom. Med.*, 52 (1), 1990, pp. 73-85; S. Levy, R. Herberman, M. Lippman y T. d'Angelo, «Correlation of stress factors with sustained depression of natural killer cell activity and predicted prognosis in patients with breast cancer», *J. Clin. Oncol.*, 5 (3),1987, pp. 348-353.

3. L. P. Frankel, *Nice girls don't get the corner office: 101 unconscious mistakes women make that sabotage their careers*, Warner Business Books, Nueva York, 2004.

4. M. Vansteenkiste y E. L. Deci, «Competitively contingent rewards and intrinsic motivation: can losers remain motivated?», *Motivation and Emotion*, 27 (4), 2003, pp. 273-299; R. J. Vallerand y G. F. Losier, «An integrative analysis of intrinsic and extrinsic motivation in sport», *Journal of Applied Sport Psychology*, 11 (1), 1999, pp. 142-169.

5. R. Schooley, «Epstein-Barr virus infections, including infectious mononucleosis», en K. J. Isselbacher y otros (eds.), *Harrison's principles of internal medicine*, vol. 1, McGraw Hill, Nueva York, 13ª ed., 1994, pp. 790-793.

6. S. C. Kobasa, «Personality and resistance to illness», *Am. J. Community Psychol.*, 7(4), 1979, pp. 413-423; S. C. Kobasa, «Stressful life events, personality, and health: an inquiry into hardiness», *J. Pers. Soc. Psychol.*, 307 (1), 1979, pp. 1-11; R. Friedman, D. Sobel, P. Myers y otros, «Behavioral medicine, clinical health psychology, and cost offset», *Health Psychol.*, 14 (6), 1995, pp. 509-518; S. C. Funk, «Hardiness: a review of theory and research», *Health Psychol.*, 11 (5), 1992, pp. 335-345; C. J. Hellman, M. Budd, J. Borysenko y otros, «A study of the effectiveness of two group behavioral medicine interventions for patients with psychosomatic complaints», *Behav. Med.*, 16 (4), 1990, pp. 165-173.

7. A. Rich, *Of woman born: motherhood as experience and institution*, Norton, Nueva York, 1986. [Versión en castellano: *Nacemos de mujer*, Cátedra, Barcelona, 1996.]

Capítulo 20: El legado continúa

1. Para una bibliografía exhaustiva de estudios médicos sobre la experiencia de casi muerte o muerte clínica temporal, véase M. Morse, *Transformed by the light: the powerful effect of near-death experiences on people's lives*, Villard Books, Nueva York, 1992.

2. E. Hicks y J. Hicks, *Ask and it is given: learning to manifest your desires*, Hay House, Carlsbad (California), 2004. [Versión en castellano: *Pide y se te dará: aprende a manifestar tus deseos*, Urano, Barcelona, 2005.]

3. F. Luskin, *Forgive for good: a proven prescription for health and happiness*, HarperSanFrancisco, San Francisco, 2002.

Recursos y proveedores

LA BASE DE LA SALUD MADRE-HIJA

Capítulo 3: El milagro de la concepción

Lecturas recomendadas

Carista Luminare-Rosen, *Parenting Begins Before Conception: A Guide to Preparing Body, Mind, and Spirit for You an Your Future Child*, Healing Arts Press, 2000; www.creativeparenting.com La doctora Luminare-Rosen, codirectora del Center for Creative Parenting, ofrece una valiosísima guía para los padres que se preparan para tener un bebé, con información acerca de cómo optimizar la salud física, mental, emocional y espiritual de su futuro bebé (incluido el trabajo consciente con el alma del bebé antes de la concepción). Esta guía holística combina la antigua sabiduría con los últimos conocimientos médicos sobre la salud prenatal.

Jeannine Parvati Baker, Frederick Baker y Tamara Slayton, *Conscious Conception: An Elemental Journey Through the Labyrinth of Sexuality*, Freestone Publishing Co., 1986. Este libro es una exhaustiva guía de referencia para la conciencia de la fertilidad y la planificación familiar natural, que enseña a las parejas a experimentar la fertilidad de una manera que intensifique su sexualidad en lugar de inhibirla.

Rick Hanson, Jan Hanson y Ricki Pollycove, *Mother Nurture: A Mother Guide to Health in Body, Mind, and Intimate Relationships*, Penguin Books, 2002. La clave para crear una sociedad feliz y sana es asegurar que las madres sean felices y sanas. Este libro es un tesoro de información para lograr este objetivo fundamental, escrito por un psicólogo, una acupuntora nutricionista y un tocólogo-ginecólogo. Todas las madres y todas las personas que aman a una madre deberían leerlo.

Susun S. Weed, *Wise Woman Herbal for the Childbearing Years*, Ash Tree Pub., 1985. Una guía definitiva para los años fértiles, este libro está lleno de excelentes consejos y sabio confort para las mujeres que experimentan los cambios que acompañan a la concepción, el embarazo y el parto. También es un excelente recurso para profesionales herbolarios y educadores en salud. Incluye una sección sobre conciencia de fertilidad para hombres y mujeres; listas de agentes teratogénicos; alimentos y hierbas que hay que evitar; útiles ilustraciones, e instrucciones detalladas para usar recetas, desde una sencilla infusión de hojas de frambueso a remedios completos para cualquier eventualidad.

Luz de espectro completo

La mayoría de las luces artificiales, tanto las incandescentes como las fluorescentes normales, carecen del espectro de longitud de onda completo y equilibrado de la luz del sol, la que en cantidad adecuada se considera un nutriente. Usar luz natural en la casa optimiza la salud de muchas maneras, y mejora muy notablemente el estado anímico y la fertilidad. Proveedores de productos de luz natural son:

Light for Health
P.O. Box 1760, Lyons, CO 80540
Teléfono: 800 468 11 04
Web site: www.lightforhealth.com

Natural Lighting
1939 Richvale, Houston, TX 77062
Teléfono: 888 900 68 30
Web site: www.naturallighting.com

Ott-Lite Technology
P.O. Box 172425, Tampa, FL 33672-0425
Teléfono: 800 842 88 48
Web site: www.ottlite.com/wtb.asp

Para encontrar el Índice de Masa Corporal (BMI o IMC)

Los Institutos Nacionales de Salud ofrecen un calculador rápido y fácil en su sitio web. Tecleas tu altura y peso y al instante ves tu BMI. Está en pulgadas y libras, pero puedes pulsar un tabulador para usar la calculadora en el sistema métrico decimal. La página también ofrece información sobre lo que significa tu índice de masa corporal: sano, sobrepeso u obeso. El enlace es: http://nhlbisupport.com/bmi/bmicalc.htm

Evitación de sustancias químicas tóxicas

El sitio web de la Children's Health Environmental Coalition (CHEC) ofrece una detallada lista de sustancias químicas peligrosas que se encuentran comúnmente en las casas. A cada toxina le da una puntuación respecto al nivel de peligro, enumera los lugares donde se encuentra, y explica los efectos para la salud de su exposición a ella, y cuáles podrían ser las alternativas más sanas. Si bien la información está pensada para niños, también es buen consejo para adultos, en especial para mujeres que están considerando la posibilidad de quedar embarazadas. La conexión es: www.checnet.org/healthhouse/chemicals/chemicals.asp

La organización Pregnancy Exposure Hotline (781 466 84 74 o 800 322 50 14, Massachusetts) está respaldada por la Genesis Fund, con financiación del National Birth Defects Center. Sin entrar en juicios éticos, ofrece consejos confidenciales basados en la información médica actual disponible a embarazadas expuestas a posibles teratógenos (sustancias químicas que podrían causar malformaciones o mutaciones genéticas en niños en desarrollo). El sitio web de la organización (www.thegenesisfund.org/pehservices.htm) contesta a muchas preguntas, y también contiene un enlace para encontrar servicios similares en tu zona.

Lectura recomendada sobre la evitación de sustancias químicas tóxicas

Susan M. Barlow y Frank M. Sullivan, *Reproductive Hazards of Industrial Chemicals: An Evaluation of Animal and Human Data*, Academic Press, 1982.

Proveedores de grasas omega-3

Vital Choice Seafood
605 30th Street, Anacortes, WA 98221
Teléfono: 800 608 48 25
Web site: www.vitalchoice.com

USANA
3838 West Parkway Boulevard
Salt Lake City, UT 84120
Teléfono: 888 950 95 95
Web site: www.usana.com

Emerson Ecologics, Inc.
7 Commerce Drive, Bedford, NH 03110
Teléfono: 800 654 44 32
Web site: www.emersonecologics.com

Las principales fuentes de ácidos grasos esenciales omega-3 son los pescados grasos, los huevos, los frutos secos, las algas y las verduras de hoja verde como las espinacas, el brécol, la col, la col verde. Los aceites vegetales no procesados, en especial el aceite de semilla de lino, también son ricas fuentes de ácidos grasos esenciales, aunque el proceso de refinación empleado para muchos aceites comerciales (por ejemplo los de soja y de colza) elimina prácticamente todos los ácidos grasos esenciales omega-3. Las fuentes de estas grasas esenciales que recomiendo particularmente son:

Salmón envasado «Dr. Northrup's Healthy Mom and Baby» de Vital Choice Seafood. El salmón salvaje de Alaska es una excelente fuente de ácidos grasos omega-3 (especialmente importantes para la función óptima del cerebro y el sistema neurológico). La Vital Choice Company ofrece ahora una variedad de combinaciones de salmón pensadas concretamente para nuevas madres. Todo el salmón de Vital Choice es naturalmente biológico y no contiene antibióticos, hormonas del crecimiento ni colorantes artificiales. Viene envasado al vacío y congelado. Algunas combinaciones «Healthy Mom and Baby» también incluyen cápsulas de aceite de salmón rojo de Alaska. Vital Choice también vende filetes y hamburguesas de salmón por separado. Para más información, contacta con Vital Choice Seafood.

Aceite OptOmega de USANA: Contiene una proporción ideal de los dos ácidos grasos esenciales llamados ácido alfa-linoleico (ácido graso omega-3) y ácido linoleico (ácido graso omega-6) que son importantes para la salud cardiovascular. Además, estos ácidos grasos favorecen el sistema inmunitario, la agudeza mental y la salud de la piel. En niños afectados por déficit de atención se han visto resultados positivos después de tomar suplementos de ácidos grasos esenciales. Este producto vegetariano natural se produce de semillas de lino, semillas de girasol, semillas de calabaza y aceite de oliva virgen extra, biológicos, sin refinar y prensados en frío, y no contienen ácidos grasos trans. Para más información, contacta con USANA.

BiOmega-3 de USANA: Cápsulas con 1.000 mg de aceite de pescado de agua fría, que contienen los importantes ácidos grasos omega-3 EPA y DHA, en una forma natural de fácil absorción. Para más información, contacta con USANA.

Neuromins de Nature's Way: Estas perlas contienen una fuente vegetal de DHA muy similar al DHA de la leche materna y están elaboradas especialmente para la nutrición materna. Para más información, contacta con Emerson Ecologics.

Cápsulas de aceite de salmón rojo de Alaska de Vital Choice Seafood: Este producto está elaborado de salmón rojo salvaje de Alaska puro, con un nivel de calidad farmacéutica. Cada cápsula de 1.000 mg proporciona 150 mg de

EPA y de DHA. Este producto ciento por ciento natural es el único suplemento de aceite certificado por el Marine Stewardship Council, ya que procede en un ciento por ciento de pesca debidamente controlada. Para más información, contacta con Vital Choice Seafood.

Whole Flax Seed [semilla de lino integral], de Cathy's Country Store, se cultiva biológicamente en Dakota del Norte y tiene un delicioso sabor a fruto seco. Para más información, contacta con Emerson Ecologics.

FiProFLAX (lino molido) se muele en frío por Health from the Sun, de lino de primera calidad con elevado contenido en aceite. Otra alternativa es comprar aceite de semilla de lino biológico certificado en botella (dado que es de corta duración, guárdalo en el refrigerador para que dure el máximo) o en cápsulas. Para más información, contacta con Emerson Ecologics.

Barras Omega Smart: Este producto vegetal totalmente biológico no sólo proporciona saludables dosis de grasas omega-3 sino que además es rico en fibra y tiene un índice glucémico bajo. Entre los ingredientes (todos biológicos) se cuentan semilla de lino molida, higos, néctar de ágave, varias frutas pasas, harina de soja, granos de soja tostados y almendras o nueces, más un poco de canela y otras especias. No contiene potenciadores del sabor, productos lácteos, suero de leche, aceites hidrogenados, azúcar procesada, trigo, vitaminas sintéticas, huevo, proteína de soja hidrolizada ni aislada ni caseinatos. Para más información, contacta con Emerson Ecologics.

Hempseed Bars (Barras de semilla de cáñamo) de Nutiva: Las semillas de cáñamo son otra fuente de ácidos grasos esenciales y contienen una combinación equilibrada de ácidos omega-3, omega-6 y gamma linoleico (GLA). Este sabroso tentempié de Nutiva ofrece una combinación de semillas de cáñamo y de lino, además de semillas de girasol y de calabaza, y miel de abeja. Estas barras están elaboradas con los mejores ingredientes biológicos, cultivados sin pesticidas ni herbicidas, y están cargados de proteínas y vitamina E. Vienen en tres variedades: lino biológico normal, linoleico y chocolate, y lino y pasas (con almendras). Para más información, contacta con Emerson Ecologics.

Organic Hemp Protein Powder (Proteína de cáñamo biológico en polvo) de Nutiva: Este producto es proteína de cáñamo biológico certificado en polvo, y no contiene hexano, gluten, productos lácteos, lactosa ni edulcorantes. Contiene un 37 por ciento de proteína, un 43 por ciento de fibra y un 9 por ciento de grasas beneficiosas. Añádelo a batidos y bebidas para tener un desayuno o merienda sanos. Para más información, contacta con Emerson Ecologics.

Enhanced Soymilk (leche de soja enriquecida) de Silk: Esta bebida de soja sabe igual que la leche de soja Silk normal, pero está enriquecida con ácidos grasos omega-3 de aceite de lino, carbonato de calcio y vitaminas C, E, A, D B_2, B_6 y B_{12}. Si no la encuentras en tu supermercado, búscala en tiendas de alimentos dietéticos o en supermercados de alimentos integrales (como Whole Foods o Wild Oats), que distribuyen una gama más amplia de productos Silk.

Información sobre el DHA

El ácido docosahexaenoico (DHA) es un ácido graso omega-3 esencial para el desarrollo y funcionamiento del cerebro y los ojos. La mayoría no consumimos suficiente cantidad de este nutriente vital (la cantidad recomendada es de 300 mg diarios), lo que es especialmente preocupante para mujeres que están embarazadas o amamantando. Las mejores fuentes de DHA son los huevos de gallinas criadas con alimentos ricos en DHA (no de criadero), los pescados de agua fría, como el salmón y las sardinas, y los suplementos elaborados con algas. Entre las fuentes de información sobre el DHA están:

Healthwell, sitio web operado por New Hope Natural Media (principal editor de revistas sobre productos naturales y productor de programas y conferencias sobre el comercio de productos naturales en Estados Unidos), que ofrece un excelente y detallado artículo sobre el DHA en el enlace: www.healthwell.com/hnbreakthroughs/may99/fattyacids.cfm.

Martek Biosciences Corporation (888-OK-BRAIN; www.dhadepot.com), fabricante de productos de microalgas. Opera el sitio web llamado DHA Depot, en que ofrece muchísima información detallada sobre este nutriente, entre otras su importancia para embarazadas y madres lactantes y bebés. También ofrece una calculadora para saber cuánto DHA obtienes en las comidas y tentempiés de un día normal.

Vitaminas y minerales para suplemento diario

USANA
3838 West Parkway Boulevard
Salt Lake City, UT 84120
Teléfono: 888 950 95 95
Web site: www.usana.com

Emerson Ecologics, Inc.
7 Commerce Drive, Bedford, NH 03110
Teléfono: 800 654 44 32
Web site: www.emersonecologics.com

Los suplementos vitamínicos y minerales son esenciales siempre, pero en especial cuando se está intentando concebir. Vigila que los suplementos sean de potencia garantizada y estén elaborados de acuerdo a los criterios GMP (Buen proceso de manufactura), sigla que indica alta calidad. Recomiendo: USANA's Essentials. Estos son dos suplementos de elevada potencia: Mega Antioxidant Vitamin y Chelated Mineral, que se toman juntos como suplementos diarios. Estos productos proporcionan dosis óptimas y equilibradas de las vitaminas y minerales esenciales, junto con 15 potentes antioxidantes (entre otros olivol, o extracto de aceituna, añadido recientemente). Para información, contacta con USANA (véase pág. 726).

Super Multi-Complex de calidad verificada. Este suplemento diario contiene 28 vitaminas y minerales, pero sin ningún tipo de excipiente. Tampoco contiene productos lácteos, trigo, huevo, soja, levadura, azúcares comerciales, gluten, conservantes ni aceite hidrogenado. Para información, contacta con Emerson Ecologics.

Información sobre el Índice glucémico

El índice glucémico clasifica los carbohidratos basándose en la rapidez con que elevan el nivel de azúcar en la sangre. Los alimentos que se descomponen rápidamente durante la digestión y elevan rápidamente el nivel de azúcar en la sangre tienen los índices glucémicos más altos. Los que se descomponen lentamente y liberan poco a poco la glucosa en el torrente sanguíneo tienen los índices más bajos. Para más información: en el sitio web Glycemic Index puedes teclear el nombre de un alimento y obtienes su índice y su carga glucémicos (esta última se determina tomando en cuenta el índice glucémico del alimento y la cantidad de éste que comes). También ofrece listas de alimentos de bajo y de alto índice glucémico, y contesta a preguntas comunes sobre el índice y la carga glucémica. La conexión es: www.glycemicindex.com

Lectura recomendadas sobre el índice glucémico

Jennie Brand-Miller, Thomas M. S. Wolever, Kaye Foster-Powell y Stephen Colagiuri, *The New Glucose Revolution: The Authoritative Guide to the Glycemic Index: The Dietary Solution for Lifelong Health*, Marlowe & Co., 2003. Los autores son las principales autoridades mundiales sobre los efectos de la glucosa en la sangre y en el índice de glucosa. Esta edición revisada y ampliada no sólo explica concienzudamente el índice y la carga glucémicas sino que además presenta tablas con los valores glucémicos de diversos alimentos, y sanas recetas con alimentos de bajo índice glucémico.

Proveedor de Néctar de Ágave
(edulcorante de bajo índice glucémico)

The Colibree Company, Inc.
P.O. Box 1727
925 Gibson Avenue, Aspen, CO 81612
Teléfono: 866 NEKUTLI, 866 635 88 54
Web site: www.agavenectar.com/product.html

Néctar de Ágave Nekutli: Jarabe cien por cien biológico extraído del ágave (procedente de México), da un edulcorante rico en fructosa, más dulce que el azúcar pero clasificado como alimento de bajo índice glucémico (índice 46, más bajo que el de la miel). Se disuelve rápidamente, incluso en bebidas frías. Para más información, contactar con The Colibree Company.

Información sobre el glutamato monosódico (MSG o GMS)

MSGtruth.org es un sitio web llevado por profesionales formados en la ciencia, procesamiento y biología de los alimentos, que ya no trabajan para la industria alimentaria. Ofrece estudios de investigación independientes realizados sobre el glutamato monosódico, con listas de los alimentos que lo contienen (www.msgtruth.org/avoid.htm) y de alimentos que normalmente se consideran libres de MSG (www.msgtruth.org/eatwhat.htm).

Programa Foresight de preparación para la concepción

Foresight, la Asociación para la Promoción del Cuidado Antes de la Concepción (Association for the Promotion of Preconceptual Care), es una organización no lucrativa con sede en Surrey (Gran Bretaña), fundada para promover la importancia de la buena salud y nutrición óptima de la pareja antes de concebir un hijo. El objetivo de Foresight es dar a los futuros padres consejos sensatos, fáciles de seguir, para lograr esto. Para información detallada sobre este programa, incluidas publicaciones que se pueden bajar del sitio web de la organización, contacta con:

Foresight
28 The Paddock, Godalming, Surrey, GU7 1XD
Reino Unido
Teléfono: 011 44 1483 427 839
Web site: www.foresight-preconception.org.uk

Para determinar los periodos fértiles

Ovusoft
120 West Queens Way, Suite 202, Hampton, VA 23669
Teléfono: 757 722 09 91
Web site: www.ovusoft.com

Ovulook
P.O. Box 1011, Kappau, HI 96755
Teléfono: 866 688 52 84
Web site: www.ovulook.com

El programa informático de Ovusoft es un programa de ayuda para la concepción y conciencia de la fertilidad, aprobado por la FDA, que te servirá para conocer las indicaciones y signos cíclicos de tu cuerpo. Y te servirá para concebir más rápidamente, reduciendo el tiempo promedio de seis meses a dos o tres meses. El programa emplea el Fertility Awareness Method (Método de conciencia de fertilidad), que es un método natural para determinar el periodo fértil observando y siguiendo la pista de ciertos simples signos corporales. El producto viene con el libro de Toni Weschler, *Taking Charge of Your Fertility: The Definitive Guide to Natural Birth Control, Pregnancy Achievement, and Reproductive Health* (HarperCollins, 2002), que ofrece una explicación en profundidad del método. Ovusoft ofrece una versión para prueba de quince días que puedes bajar del sitio web de esta empresa. Para más información, contacta con Ovusoft.

Indicador de ovulación Ovulook (Ovulook Ovulation Tester). Este sencillo instrumento permite a la mujer informarse de su fertilidad y tomar el mando de ella. Aplicando una muestra de saliva a una platina puedes ver y llevar la cuenta de los cambios en la saliva para determinar fácilmente cuándo estás ovulando. A diferencia de otros análisis de saliva, Ovulook te permite hacerte un calendario de fertilidad para ver cuándo vas a ovular. La precisión de este sistema es de un 98 por ciento. Lo recomiendo muchísimo. Para más información, contacta con Ovulook.

Capítulo 4: Embarazo: Confiar en el proceso de la vida

Lecturas recomendadas

Holly Roberts, *Your Vegetarian Pregnancy: A Month-by-Month Guide to Health and Nutrition*, Simon & Schuster, 2003. Este libro de mi amiga y colega, doctora Holly Roberts, tocóloga-ginecóloca y vegetariana de mucho tiempo, abunda en información esencial para todas las embarazadas que siguen una dieta vegetariana. Yo seguí una dieta macrobiótica cuando estaba embarazada de mis dos hijas, aunque ahora añado más pescado y un poco de carne a mi dieta.

Shari Maser, *Blessingways: A Guide to Mother-Centered Baby Showers Celebrating Pregnancy, Birth, and Motherhood*, Moondance Press, que se publicará en mayo de 2005; www.blessingway.net. Shari Maser es educadora para el parto y madre de dos hijos, que participa sus ideas sobre cómo ayudar a las embarazadas y las madres adoptivas a celebrar su transición a la maternidad. Su libro ofrece una guía paso a paso para planificar una «fiesta de nacimiento» personalizado, con creativas sugerencias para que participen hombres y niños en la fiesta. También ofrece muchas historias y comentarios de mujeres que han participado en Blessingways.

Lecturas recomendadas sobre la infertilidad

Niravi B. Payne y Brenda Lain Richardson, *The Whole Person Fertility Program: A Revolutionary Mind-Body Process to Help You Conceive*, Three Rivers Press, 1997; www.niravi.com. Niravi Payne es una terapeuta que ha consagrado su vida profesional a ayudar a parejas a concebir mediante su Programa de Fertilidad para Toda la Persona. Su criterio acerca de los problemas de fertilidad actuales ilumina y fortalece. Si la fertilidad es un problema para ti, te recomiendo encarecidamente que leas todo el programa de este libro y hagas todos los ejercicios. Tus reacciones serán una orientación valiosísima en tu viaje hacia sanar tu fertilidad.

Randine A. Lewis, *The Infertility Cure: The Ancient Chinese Wellness Program for Getting Pregnant and Having Healthy Babies*, Little, Brown, 2004. La doctora Randine Lewis (especializada en medicina oriental) enseña a combinar la medicina china tradicional con los tratamientos occidentales para la fertilidad para concebir. Este libro ofrece a las mujeres medios de apoyo eficaces y naturales para el intento de quedar embarazadas, entre otros dieta, digitopuntura y hierbas chinas. La finalidad de este programa es ayudar a las mujeres a mejorar su salud y bienestar general, fortalecer los órganos y sistemas esenciales para la reproducción, sanar los trastornos específicos que podrían afectar a la fertilidad, e incluso tecnologías de apoyo para la reproducción (como fertilización *in vitro* y la terapia hormonal).

Julia Indichova, *Inconceivable: A Woman's Triumph over Despair and Statistics*, Broadway Books, 2001, prólogo mío. Si estás considerando la posibilidad de recurrir a medidas de reproducción asistida pero te desagrada obligar a tu cuerpo, lee este libro. Julia Indichova relata su historia, la de una mujer de 43 años a la que le dijeron que nunca quedaría embarazada sin tecnología de reproducción asistida. Muy positivo y con precisión médica.

Grasas omega-3 y vitaminas y minerales para suplemento diario

Véase esta sección en Recursos para capítulo 3.

Ropa maternal chic

Bella Blu (888 678 00 34; www.bellablumaternity.com) es una boutique de maternidad en la red con ropa maternal y accesorios realmente hermosos, que ofrece de todo, desde tejanos, ropa formal, camisones para dormir, trajes de baño y ropa interior para la futura madre.

El jengibre va bien para las náuseas matinales

Raíz de jengibre en cápsulas Nature's Way: cada cápsula contiene 550 mg de raíz de jengibre *(Zingiber officinale)*, con la potencia garantizada de 1,5 por ciento de aceites esenciales, principalmente gingerol y shogaol. Para más información, contacta con Emerson Ecologics (véase pág. 726).

Información sobre el síndrome de Down

La National Down Syndrome Society es una organización de educación, investigación y apoyo dedicada a mejorar la calidad de vida de las personas afectadas por el síndrome de Down. Su sitio web es extraordinariamente completo, no sólo ofrece información general, los últimos hallazgos de la investigación científica y otros recursos, sino también una sección de «familiares y amigos» cada vez más numerosos, que ofrece consejos a la medida para grupos concretos (padres, hermanos, abuelos y amigos). Para más información, contacta con:

National Down Syndrome Society
666 Broadway, Nueva York, NY 10012
Teléfono: 800 221 46 02
Web site: www.ndss.org

Down Syndrome Quarterly es una revista interdisciplinaria dedicada a alentar y dar a conocer los estudios de investigación sobre este síndrome. Se adquiere por suscripción, aunque su sitio web ofrece también artículos útiles y otros tipos de información a los que puede acceder cualquiera. Para más información, entra en el enlace:

www.denison.edu/collaborations/dsq/

Lectura recomendada sobre el síndrome de Down

Martha Beck, *Expecting Adam: A True Story of Birth, Rebirth, and Everyday Magic*, Times Books, 1999. Este conmovedor libro, con detalles francamente divertidos, relata la extraordinaria historia de los padres de un bebé con el síndrome de Down y de cómo su nacimiento no sólo les cambió la vida sino que además les amplió la visión del mundo y de lo que es posible en él. Estimulante lectura para todas las futuras madres.

Información sobre exploración genética y diagnóstico

Kids Health (www.kidshealth.org), sitio web de información exhaustiva para padres, ofrece un enlace con un completo artículo sobre todos los diferentes exámenes y pruebas exploratorias prenatales que existen, quiénes deberían hacérselos y sobre qué podrían significar los resultados. El enlace es:

www.//kidshealth.org/parents/system/medical/prenatal_tests.html

La doctora Gayle Peterson, terapeuta y asistente social, se especializa en el desarrollo prenatal y familiar. Es la autora de *An Easier Childbirth, Birthing Normally* y de *Making Healthy Families*. Su sitio web (www.askdrgayle.com) contiene un tesoro de información para familias, entre otras un artículo sobre si es conveniente o no hacerse exploraciones clínicas prenatales. El enlace es: www.askdrgayle.com/recent6.htm.

Afirmaciones positivas, meditaciones y visualizaciones guiadas para el embarazo y el parto

The Pocket Midwife, de mi amiga y enfermera comadrona Susan Fekety, es un libro pequeño, encuadernado con espiral y diseñado de modo que se sostenga vertical, para facilitarte hacer las afirmaciones mientras cocinas, te cepillas el pelo o haces tus quehaceres cotidianos. Para encargarlo, visita www.pocket-midwife.com.

Body-Centered Hypnosis for Pregnancy, Bonding, and Childbirth, audiocasete de Gayle Peterson, contiene ejercicios para disminuir la ansiedad y aumentar la sensación de seguridad y bienestar. Ideado para usarlo durante todo el embarazo, este casete también contiene una sección con visualizaciones para el parto. Lo puedes encontrar en la librería de tu localidad o encargarlo por Internet en www.amazon.com.

Opening the Way es una serie de casetes con meditaciones realizado por el Monroe Institute, un instituto no lucrativo de investigación y educación, pionero en la creación de productos tecnológicos que aprovechan el fenómeno llamado *binaural beat* [aplicación en cada oído de pulsaciones o vibraciones de frecuencias de onda ligeramente diferentes] para lograr estados de meditación especialmente profundos. Esta serie Hemi-Sync de ocho casetes contiene ejercicios para relajación general, el apoyo del padre, la salud de la madre y el bebé, parto, bienestar posparto e incluso para conectar con el alma del bebé antes del parto. Para adquirirla visita www.hemi-sync.com, o llama al 800 541 24 88.

Recursos para aflicción por aborto espontáneo o muerte del bebé

Los siguientes sitios web ofrecen una amplia gama de opciones de apoyo y fuentes de información dirigida a mujeres que han perdido un bebé:

Empty Cradles (www.empty-cradles.com) ofrece una red de enlaces para apoyo a madres que han sufrido aborto espontáneo, nacimiento del bebé muerto, pérdida del bebé en el útero o muerte súbita del bebé. Este sitio ofrece información general y consejos respecto a qué esperar y a cómo arreglárselas. También te invita a crear una estrella para tu bebé, que brillará en la ciber-galaxia de los hijos muertos.

Silent Grief (www.silentgrief.com) ofrece sanación, apoyo y esperanza a las mujeres que han perdido un hijo; ofrece un foro de comunicación, ensayos escritos por mujeres, y artículos sobre el aborto espontáneo y otros tipos de muerte prematura de hijos.

La página «Maternal Grief» de ObGyn.net ofrece información sobre reuniones de grupos de apoyo en la red, y también enlaces con otros sitios web que ofrecen diferentes tipos de apoyo para las madres que han sufrido la pérdida de un bebé. El enlace es:

www.obgyn.net/women/women.asp?page=women/loss/loss.htm.

Lecturas recomendadas:

Lorraine Ash, *Life Touches Life: A Mother's Story of Stillbirth and Healing*, NewSage, 2004, prólogo mío. Después de un embarazo sin problemas, Lorraine Ash dio a luz a una niñita que ya había muerto en el útero. Afligida y sorprendida, investigó en busca de respuestas que le sirvieran para comprender su terrible experiencia y poder sanar de ella. Durante este viaje comenzó a ver que el vínculo entre la madre y el bebé trasciende a la muerte. Gracias a este descubrimiento logró encontrar consuelo, el que finalmente la ayudó a transformar la aflicción en alegría. Esta historia de Lorraine Ash tiene un interés universal para toda persona que haya sufrido una pérdida, sea o no la muerte del bebé durante el embarazo.

Maria Housden, *Hanna's Gift: Lessons from a Life Fully Lived*, Bantam Books, 2002. Este maravilloso y conmovedor testamento de Maria Housden a la sabiduría y gracia de su hijo enfermo terminal ayuda a llorar el pasado y al mismo tiempo abrir los brazos al futuro. Además de ser un regalo para cualquier persona que tiene un hijo gravemente enfermo, es una muy buena lectura. Te insto a leerlo y a sentirte tan conmovida y estimulada como me sentí yo.

Cynthia Kuhn Beischel (ed.), *From Eulogy to Joy: A Heartfelt Anthology*, Capital Books, 2002. Este libro es una compilación, maravillosamente sabia, de 130 ensayos escritos por y dirigidos a personas que están sufriendo la muerte de un ser querido. Nos muestra la enorme diversidad de reacciones normales y apropiadas, y nos dice no cómo superar la pérdida sino cómo experimentarla y crecer al hacerlo.

Capítulo 5: Labor del parto y parto: Acceso al poder femenino

Lecturas recomendadas

Ina May Gaskin, *Ina May's Guide to Childbirth*, Bantam, 2003; www.inamay.com. Escrito por una de las más famosas pioneras en obstetricia, este libro ofrece sólida y detallada información sobre el cuidado prenatal y el parto, y abunda en alentadores relatos de partos que te servirán para empaparte de las palabras y afirmaciones relativas al parto. También contiene información muy completa sobre comadronas, *doulas* y centros de maternidad de todo el país que te ofrecerán el ambiente ideal para parir normalmente. Mi más ferviente oración por todas las mujeres embarazadas es que lean este libro de Ina May y se empapen de su sabiduría, porque la información que contiene puede realmente cambiar el mundo.

Sheri Menelli, *Journey into Motherhood: Inspiring Stories of Natural Birth*, White Heart Publishing, 2004; www.journeyintomotherhood.com. Todas las mujeres y todas las chicas necesitan oír las historias que narra este fabuloso libro y saber, saber de verdad, que el parto natural está lleno de sabiduría, sabiduría magnífica, que cambia la vida. En este maravilloso libro, la educadora para el parto, Sheri Menelli, relata historias y ofrece consejos de 48 mujeres que dieron a luz en casa, en el hospital e incluso al aire libre. Menelli enseña que la labor del parto puede realmente ser indolora, y ofrece información sobre cómo incorporar a la labor del parto y parto opciones tales como el yoga, la hipnosis y la inmersión en agua.

Marshall H. Klaus, John Kennell y Phyllis H. Klaus, *Bonding: Building the Foundations of Secure Attachment and Independence*, Addison-Wesley Publishing, 1995. Famosos expertos en el vínculo afectivo, los doctores Klaus,

Kennell y Klaus son neonatólogos e investigadores de la infancia que en este libro ofrecen información sobre cómo vincularse eficazmente con el recién nacido a partir del embarazo, y para lograr una experiencia óptima del parto. Ésta es una lectura fundamental para los futuros padres, porque los estudios demuestran que las primeras horas de vida del bebé son esenciales para el proceso de vinculación afectiva que continúa durante toda la primera infancia.

Gayle Peterson, *Birthing Normally: A Personal Growth Approach to Childbirth*, Mindbody Press, 1981. Educadora para el parto y reformadora pionera, Gayle Peterson explica el viaje de crecimiento personal que hacen las madres durante el embarazo. También explica los principios holísticos del cuidado prenatal, con información práctica e incluso técnica, útil para las futuras madres y para los profesionales que las atienden. Peterson también ha escrito *An Easier Childbirth: A Mother's Workbook for Health and Emotional Well-Being During Pregnancy and Delivery* (J. P. Tarcher, 1991) y *Making Healthy Families: With Notes from the Web* (Shadow and Light Publications, 2000).

Marilyn Moran, *Pleasurable Husband/Wife Childbirth: The Real Consummation of Married Love*, Terra Publishing, 1997; www.unassistedhomebirth.com. Experta en parto en casa e investigadora no profesional, Marilyn Moran tuvo a sus primeros nueve bebés en hospital, y al décimo en su casa asistida por su marido. Esta experiencia la convirtió en ferviente partidaria del parto en casa, y en este libro ofrece citas de otras madres que han dado a luz en casa, como también información sobre estudios científicos que avalan los beneficios del parto en casa de esta manera personal y espiritual única.

Paulina Perez y Cheryl Snedeker, *Special Women: The Role of the Professional Labor Assistant*, Cutting Edge Press, 2000. Paulina (Polly) Perez, enfermera y especialista en ciencias de la enfermería, es una experta de fama internacional en asistencia al parto que asesora a hospitales y centros de maternidad de todo Estados Unidos en la instauración de programas de asistencia al parto. También opera un servicio de referencia para encontrar *doulas* en la región noreste. Recomiendo encarecidamente sus libros, entre los que se cuenta también *The Nurturing Touch at Birth: The Labor Support Handbook*, Cutting Edge Press, 1997. Para encargarlo directamente a Cutting Edge (oficina de Paulina Perez), llamar al 802 635 21 42.

Recursos generales para el parto

La organización Childbirth (www.childbirth.org) fue fundada por la educadora para el parto y *doula* Robin Elise Weiss. Este sitio es una fuente de información muy completa sobre el embarazo y el parto operada por un grupo de expertos en parto, entre ellos *doulas*, comadronas, enfermeras de bebés, asesores en lactancia y otros.

Birthworks (www.birthwork.com; 800 862 47 84) es partidaria de potenciar la seguridad, confianza y fe de las mujeres en su capacidad para dar a luz. Ofrecen clases en parto en todo el país y también información para el parto.

Maternity Center Association (MCA) es una organización no lucrativa dedicada a mejorar la atención en maternidad y realizadora del estudio *Listening to Mothers: Report of the First National U.S. Survey of Women's Childbearing Experiences* (octubre de 2002). El proyecto Listening to Mothers forma parte de la continuada iniciativa de MCA para observar periódicamente las tendencias en atención en maternidades, mantener informado al público pertinente y elaborar programas innovadores y responsables para mejorar la atención en las maternidades y satisfacer mejor las necesidades de las mujeres. Para más información, contacta con:

Maternity Center Association (MCA)
281 Park Avenue South, 5th Floor
Nueva York, NY 10010
Teléfono: 212 777 50 00
Web site: www.maternitywise.org

Coalition for Improving Maternity Service (CIMS) es un trabajo cooperativo de numerosas personas y más de 50 organizaciones que representan a más de 90.000 miembros. CIMS tiene por objetivo promover un modelo de atención en maternidad que mejore los resultados en los partos y reduzca los costes de manera importante. El sitio web de esta organización ofrece, entre otras cosas, un maravilloso artículo titulado «Having a Baby? Ten Questions to Ask» [¿Vas a tener un bebé? Diez preguntas para hacer]. El enlace para acceder al artículo es: www.motherfriendly.org/resources/10Q/. Para más información, contacta con:

Coalition for Improving Maternity Service (CIMS)
P.O. Box 2346, Ponte Vedra Beach, FL 32004
Teléfono: 888 282 CIMS (888 282 24 67)
Web site: www.motherfriendly.org

Holistic Moms Networks genera conocimiento, conciencia, educación y apoyo para progenitores de mentalidad holística. Esta organización facilita la formación de comunidades bases ayudando a las madres a formar comunidades locales que generen el sentimiento comunitario, y donde los padres (e incluso los abuelos) pueden intercambiar experiencias y recursos. Para más información, contacta con:

Holistic Moms Networks (HMN)
P.O. Box 408, Caldwell, NJ 07006
Teléfono: 877-HOL-MOMS
Web site: www.holisticmoms.org

Teresa Robertson, enfermera titulada y partera intuitiva, es una verdadera pionera. Su trabajo lo considero la obstetricia del futuro, que entraña conectar intuitivamente con el bebé antes de que nazca, trabajar en sociedad con la conciencia del bebé. Su trabajo también incluye maximizar la fertilidad de la mujer (sus técnicas han mejorado en un 30 por ciento los índices de concepción y parto) y sanar la aflicción por las pérdidas durante el embarazo. También ayuda a las mujeres a conectar y vincularse afectivamente con sus futuros hijos adoptivos. Gran parte de la belleza de su trabajo es que capacita a las mujeres, ayudándolas a reforzar su confianza en su sabiduría interior. Atiende por teléfono y en persona. Para más información, contacta con:

Teresa Robertson
3011 Broadway, Suite 32, Boulder, CO 80302
Teléfono: 303 258 39 04
Web site: www.birthintuitive.com

Parto en el agua

Birth Balance es un centro proveedor de material para el parto en el agua. La directora, Judith Elaine Halek, pionera en parto en el agua, es hipnoterapeuta y consejera para el parto, además de especialista en puesta en forma y masaje pre y posnatal. Su sitio web contiene muchísima información sobre el parto en el agua y experiencias personales de mujeres que han elegido esta opción. Para más información, contacta con:

Birth Balance
Planetarium Station, P.O. Box 947
Nueva York, NY 10024-0947
Teléfono: 212 222 43 49
Web site: www.birthbalance.com

Waterbirth International Research, Resource and Referral Service es un proyecto de la organización de beneficio público, no lucrativa, Global Maternal/Child Health Association. Fundada en 1988 por Barbara Harper, Waterbirth promueve la labor del parto y parto en el agua como una alternativa segura y amable al estilo alta tecnología estándar. Waterbirth demuestra que el uso del agua durante la labor del parto se integra fácilmente en cualquier maternidad de hospital y tiene por consecuencia mejores resultados, menos cesáreas y experiencias más satisfactorias para toda la familia. Para más información, contacta con:

> Waterbirth International
> P.O. Box 1400, Wilsonville, OR 97070
> Teléfono: 800 641 22 29
> Web site: www.waterbirth.org

Información sobre doulas y asistentes en el parto

Hay diferentes tipos de asistentas en el parto: las *doulas*, que atienden física y emocionalmente a la madre durante el parto; las monitoras (en su mayoría enfermeras) o *doulas* que tienen la cualificación clínica para evaluar el bienestar del feto y la madre durante el parto, y las comadronas o parteras, que hacen todo esto además de dar atención prenatal. Las siguientes organizaciones ofrecen información acerca de asistentes en el parto y cómo localizar este servicio en las diferentes zonas:

Doulas of North America (DONA): asociación internacional de más de 4.000 *doulas* de todo el país que están formadas para ofrecer apoyo emocional, físico y educacional de la mejor calidad a las mujeres y sus familias durante el parto y el periodo posparto. Fundada en 1992 por los doctores Marshall Klaus y John Kennell, la asistenta social clínica Phyllis Klaus, Penny Simkin y Annie Kennedy, DONA también da el certificado de *doulas*. Para más información, contacta con:

> Doulas of North America (DONA)
> P.O. Box 626, Jasper, IN 47547
> Teléfono: 888 788 DONA (888 788 36 62)
> Web site: www.dona.org

Association of Labor Assistants and Childbirth Educators (ALACE): Ésta fue al principio una asociación de parteras a la que ahora también pertenecen doulas. Ofrece formación y certificado. Para más información, contacta con:

> Association of Labor Assistants and Childbirth Educators (ALACE)
> P.O. Box 390436, Cambridge, MA 02139
> Teléfono: 888 222 52 23
> Web site: www.alace.org

International Childbirth Education Association (ICEA) se fundó en 1960 y cuenta con más de 6.000 miembros profesionales de 42 países. Enfocada a la maternidad centrada en la familia, esta organización ofrece información al público, publica la revista trimestral *International Journal of Childbirth Education*, y forma y titula a *doulas*, educadores para el parto, cuidado posnatal y puesta en forma perinatal. Para más información, contacta con:

International Childbirth Education Association (ICEA)
P.O. Box 20048, Minneapolis, MN 55420
Teléfono: 952 854 86 60
Web site: www.icea.org

Childbirth and Postpartum Professional Association (CAPPA) ofrece atención a la mujer antes, durante y después del parto mediante educación y apoyo. Esta organización no lucrativa se fundó hace relativamente poco tiempo (en 1998) y su crecimiento en *doulas* en el mundo ha sido rapidísimo. CAP-PA forma educadores para el parto y la lactancia, *doulas* para el parto, antes del parto y después del parto. Para más información, contacta con:

Childbirth and Postpartum Professional Association (CAPPA)
P.O. Box 491448, Lawrenceville, GA 30049
Teléfono: 888-MY-CAPPA (888 692 27 72)
Web site: www.cappa.net

Association of Nurse Advocates for Childbirth Solutions (ANACS) es una organización consagrada a ayudar a las enfermeras a mejorar las prácticas en la asistencia en el parto y promover unos principios de atención amistosa a la madre. Para más información, contacta con ANACS por teléfono (301 434 55 46) o a través de su sitio web (www.anacs.org).

Lectura recomendada sobre doulas y asistentes en el parto

Marshall Klaus, John Kennell y Phyllis Klaus, *The Doula Book: How a Trained Labor Companion Can Help You Have a Shorter, Easier, and Healthier Birth*, Addison-Wesley, 1993. A ninguna mujer debe faltarle apoyo durante la labor del parto, y una *doulas* es la encarnación ideal de la sabiduría femenina. El papel tradicional de la *doulas* como experta cuidadora de las mujeres (que comenzó en la antigua Grecia) beneficia a toda la familia. Antes titulado *Mothering the Mother*, este libro es la guía revisada, definitiva y bien documentada de los muchos beneficios prácticos, físicos y psicosociales de emplear los servicios de una *doulas*.

Información sobre el corte del cordón umbilical

Cordclamping.com (www.cordclamping.com) está dedicado a dar información (con estudios científicos) a padres y profesionales del parto acerca de la función normal de la placenta durante el parto y después del parto, y de los dañinos efectos de cortar muy pronto el cordón umbilical.

Información sobre parto vaginal después de cesárea

VBAC.com (www.vbac.com) contiene estudios científicos, directrices profesionales e informes gubernamentales sobre cómo tener un parto vaginal después de una cesárea. Este grupo ofrece referencias de programas para parto vaginal después de cesárea a lo largo de todo el país.

Afirmaciones positivas, meditación y visualización guiada para el embarazo y el parto

Véase Recursos para el capítulo 4, pág. 732.

Capítulo 6: El cuarto trimestre: Creación de la placenta externa

Lecturas recomendadas

Nancy London, *Hot Flashes, Warm Bottles: First-Time Mothers Over Forty*, Celestial Arts, 2001. A cualquier mujer que haya sido madre por primera vez pasados los cuarenta le convendrá leer los desafíos especiales que enfrentan las «mamás menopáusicas» que nos presenta aquí Nancy London.

Life After Childbirth: Making it Work for You, escrito y publicado por The Vermont Postpartum Task Force. Este folleto (última revisión, 2002) abunda en información y recursos sobre lo que pueden esperar las flamantes madres después del parto, en lo físico y emocional, entre otras cosas los signos de aviso de estrés posparto y las maneras de reducir al mínimo sus efectos. Entre las autoras, todas madres, se cuentan una educadora para el parto, una terapeuta de salud mental, dos enfermeras asistentas en la labor de parto y en el parto, y una coordinadora de grupos de apoyo posparto. Para más información, contacta con:

The Vermont Postpartum Task Force
P.O. Box 522, Hinesburg, VT 05461
Web site: www.vermontpostpartumtaskforce.org

*Información sobre el contacto físico e investigación
sobre el toque terapéutico*

Los Touch Research Institutes están dedicados a estudiar los efectos del toque o contacto terapéutico en todas las fases de la vida, incluyendo los efectos sobre los recién nacidos. Cuando se fundó el primer instituto en 1992 en la Escuela de Medicina de la Universidad de Miami, con la directora Tiffany Field, fue el primer centro del mundo consagrado exclusivamente al estudio del contacto físico y a cómo se puede aplicar en la ciencia y la medicina. Después se han fundado otros en Filipinas (donde los estudios han demostrado que la terapia de masaje contribuye a que los bebés prematuros ganen peso más rápidamente) y en París. Para más información, contacta con:

Touch Research Institutes
University of Miami School of Medicine
P.O. Box 016820, Miami, FL 33101
Teléfono: 305 243 67 81
Web site: www.miami.edu/touch-research

Información sobre lactancia materna

La Leche League International (La Liga de la Leche) es la principal organización de lactancia materna del mundo, que ofrece muchísimo apoyo a las madres que están amamantando. Fundada en 1956 por siete mujeres que comprendían los beneficios de dar el pecho a sus bebés, ahora tiene 3.000 grupos locales sólo en Estados Unidos. El teléfono para consultas atiende las 24 horas, y ofrece además el acceso a una amplia biblioteca de libros sobre amamantamiento. El sitio web tiene incluso un catálogo para comprar accesorios de todo tipo para dar de mamar. Para más información, contacta con:

La Leche League International
1400 North Meacham Road
Schaumburg, IL 60173-4808
Teléfono: 847 519 77 30
Web site: www.lalecheleague.org
[En este sitio se encuentra información sobre La Liga de la Leche en España y otros países y regiones.]

Breastfeeding.com (www.breastfeeding.com) es una fuente de información sobre todo lo que uno podría desear saber acerca del amamantamiento, incluidos equipo y productos, ropa, consejo profesional; ofrece un tablero de mensajes y salas de chateo para madres, un directorio de consulta sobre la lactancia, diversos artículos sobre la lactancia materna y sus beneficios, y mucho, muchísimo más.

Medela, una de las proveedoras más populares de sacaleches, ofrece una extensa información sobre libros en su sitio web. Este sitio cubre todos los problemas posibles y su solución, entre otros la lactancia de hijos adoptivos, bebés con diversos problemas físicos, información sobre la vuelta al trabajo cuando se está amamantando, etcétera. El enlace es: www.medela.com/New-Files/bfdginfo.html. También ofrece una página muy informativa y detallada sobre la extracción y conservación de la leche de pecho (con directrices concretas, información general y consejos sobre el amamantamiento, guarda y congelación) en el enlace www.medela.com/NewFiles/coll_store.html.

El doctor Jack Newman es un pediatra que trabaja en Canadá. Franco defensor de la alimentación del bebé con leche materna, en 1984 inició el centro de lactancia materna o natural en el Hospital de Toronto para Niños Enfermos. Ofrece numerosos artículos y otros materiales sobre amamantamiento en el enlace: www.bflrc.com/newman/articles.htm

Sobre la toma de medicamentos cuando se está amamantando

La American Academy of Family Physicians (Academia de Médicos de Cabecera) mantiene una página web con información sobre la toma de medicamentos mientras se está amamantando. También ofrece una lista de medicamentos considerados sin riesgos para las madres lactantes, y una lista de medicamentos que no se recomiendan durante la lactancia. El enlace es:

www.aafp.org/afp/20010701/119.html.

Información sobre la lactancia y la vuelta al trabajo

ProMom (organización no lucrativa dedicada a aumentar la conciencia y aceptación del amamantamiento) tiene una página web en que da información práctica y detallada para continuar dando el pecho una vez que se vuelve al trabajo: www.promom.org/bf_info/bf_work.html. También ofrece una estimulante página web llamada «101 Reasons to Breast-feed» [101 motivos para dar de mamar] en el enlace: www.promom.org/101.

Sobre ropa para amamantar

Motherwear vende hermosos vestidos, trajes, jerseys, blusas y ropa interior para madres lactantes, con un cien por cien de garantía. También encontrarás compresas y otros accesorios, además de libros y material para dar el pecho. Para más información, contacta con:

Motherwear International, Inc.
320 Riverside Drive, Suite C
Florence, MA 01062
Teléfono: 800 950 25 00
Web site: www.motherwear.com

Tetillas y chupetes recomendados

Para aquellas veces en que tu bebé tome biberón (ya sea con leche de fórmula o la tuya extraída), usa una tetilla de diseño fisiológico lo más parecida posible al pezón natural. La tetilla estándar para biberón no hace trabajar al bebé para extraer la leche; puede simplemente usar los labios para chupar en lugar de toda la boca, como tiene que hacer para chupar del pecho. Además, los agujeros de estas tetillas estándar son más grandes que las numerosas aberturas más pequeñas del pezón del pecho, por lo que la leche sale con mucha más facilidad y rapidez, y a veces los bebés acaban rechazando el pecho por preferir esta forma más fácil. En cambio, si usas tetillas que imitan el pezón de la madre en forma y control del flujo, a tu bebé le resultará más fácil alternar entre tu pecho y el biberón, y no habrá ningún problema. Encontrarás un excelente comentario sobre el tema en el enlace del sitio web de información y apoyo para amamantamiento después de la reducción de la leche (que ofrece mucha información sobre por qué es importante usar tetillas correctas cuando se da biberón, aun en el caso de que no hayas dejado de dar el pecho): www.bfar.org/nipples.shtml.

Las siguientes son buenas opciones de tetillas:

Tetillas de silicona Avent Newborn Slow-Flow: esta tetilla ancha, blanda y larga es similar a la humana cuando el bebé succiona. Está diseñada para que el bebé succione con la boca abierta, y use la lengua y los labios para adherirse, tal como cuando mama del pecho. El largo de la tetilla permite que la punta esté en el mismo lugar de la boca que cuando el bebé está mamando del pecho, e induce el efecto reflejo de tragar.

Tetillas Playtex's NaturaLatch Newborn Slow-Flow: se ha comprobado clínicamente que la versión de silicona de esta tetilla favorece la lactancia al permitir la adherencia adecuada, pues tiene una parte levantada y de textura similar al pezón de la madre. Su diseño de flujo lento es otra ventaja.

Tetillas Evenflo Ultra: estas tetillas de silicona más anchas también imitan el pecho, y se presentan en tres velocidades de flujo: lento (recomendado para recién nacidos hasta los tres meses), mediano (desde los tres a los seis meses), y rápido (desde los seis meses en adelante).

Los mejores chupetes también son aquellos cuya tetilla es más natural. Las siguientes son dos buenas opciones:

El NUK de Gerber es el chupete ortodóntico más recomendado porque porque permite el desarrollo natural de la lengua, paladar y mandíbula del bebé.

El chupete Evenflo's Natural Comfort con separador de protección (Keep-Away®) no sólo tiene una base más ancha que imita el pecho, sino que además el separador lo aleja de la cara del bebé, con lo que se reducen las irritaciones, rojeces y sarpullidos.

Leche de fórmula (cuando no se da el pecho)

Si decides usar leche de fórmula para bebés, elige una que esté enriquecida con ácido docosahexaenoico (DHA), que es importante para el funcionamiento del cerebro y el desarrollo de la vista.

Una buena marca es Enfamil Lipil, que contiene la mayor cantidad de DHA y ácido araquidónico (ARA, otro ácido graso esencial que favorece el desarrollo sano de órganos y tejidos). Se presenta en diversos tipos: enriquecida con hierro, sin lactosa, con leche de soja, y una forma más densa para bebés que escupen con frecuencia.

La leche de cabra es una buena opción para bebés que no toleran la leche de vaca o de soja. La leche de cabra Meyerberg (se encuentra en tiendas de alimentos dietéticos) no contiene conservantes, ni antibióticos ni hormonas de crecimiento bovino. Además, contiene más calcio, vitamina A, vitamina B_6 y potasio que la leche de vaca. Sin embargo, un bebé que beba exclusivamente leche de fórmula de cabra deberá recibir también un suplemento multivitamínico con hierro recetado por su médico. Para información sobre el uso de la leche de cabra y su relación con recetas de fórmula, entra en la página «Got Goat's Milk?» en el sitio web AskDrSears. El enlace es: www.askdrsears.com/html/3T032400.asp.

Proveedores de piel de borrego para bebés

La piel de borrego mantiene al bebé fresco en verano y abrigado en invierno, y es suave y agradable al tacto. Dado que el aire circula bien por sus fibras, no hay peligro de asfixia o sofocación.

Las pieles de Winganna Lambskins, importadas de Inglaterra, son blandas, densas y resistentes. La lana se ha esquilado y luego peinado para eliminar todas las fibras sueltas. Pueden limpiarse en lavadora y pasar por la secadora. Entre los productos que ofrece esta casa hay alfombras para bebés, corderitos de juguete, cojines, cobertores para colchón, asientos de bebé para el coche, cobertores de coches de bebé, e incluso almohadillas para incubadora. Para más información, contacta con:

Winganna Lambskins, Inc.
540 Wallace Road NW, # 122, Salem, OR 97304
Teléfono: 800 849 75 12
Web site: www.winganna.com

The Carrying Kind es una empresa británica que ofrece pieles de borregos merino y corriedale, famosos por su lana fina y suave. A los borregos se los cría de modo natural biológico, por lo que garantiza que las pieles no contienen ningún residuo químico. La empresa envía sus productos a cualquier parte del mundo. Para más información, contacta con:

The Carrying Kind
P.O. Box 211, Hertford, SG13 7ZF
Reino Unido
Teléfono: 011 44 1992 554 045
Web site: www.thecarryingkind.com

Productos para dormir juntos

Arm's Reach Co-Sleeper: Este tipo especial de cuna de tres lados se adosa a tu cama de modo que tú y tu bebé tenéis espacios separados para dormir y al mismo tiempo el bebé está al lado. Es maravillosa para el vínculo madre-bebé, además de cómodo para dar el pecho a medianoche. Las cunas están diseñadas a alturas convenientes para adosarse a la mayoría de las camas de adulto, y se presentan en diversos acabados. La mayoría de los modelos también se convierten en mesa para jugar y para cambiar los pañales. La empresa también fabrica un mini-co-sleeper con ruedas y un modelo de cama trineo que se convierte en mesa para cambiar pañales y en asiento para el amor (que ofrece un acogedor espacio para leer o hacer arrumacos, para niños pequeños). Los productos de Arm's Reach los recomienda el prominente pediatra William Sears. Para más información, contacta con:

Arm's Reach Concepts, Inc.
2081 North Oxnard Boulevard, PMB # 187, Oxnard, CA 93030
Teléfono: 800 954 93 53 y 805 278 25 59
Web site: www.armsreach.com

Ayudas para hacer dormir al bebé

El ruido blanco (llamado así porque, como la luz blanca, contiene todas las frecuencias) no sólo encubre otros sonidos sino que ofrece un ambiente tranquilizador que contribuye a que el bebé duerma. Las siguientes empresas producen máquinas o cedés de ruido blanco/sonidos de la Naturaleza:

Sleep Well Baby vende una amplia variedad de máquinas que producen sonidos de la Naturaleza y ruido blanco, fabricadas por Marpac, el líder de esta industria. Para información, contacta con:

Sleep Well Baby
217 Country Club Park, PMB # 403, Birmingham, AL 35213
Teléfono: 866 873 30 26
Web site: www.sleepwellbaby.com

Pure White Noise vende una amplia variedad de cedés con ruido blanco, tanto con sonidos de la Naturaleza (viento, olas, lluvia) como con sonidos de la casa (aspirador, acondicionador de aire, abanos). Para información, contacta con:

Pure White Noise
6219 Whittondale Drive, Tallahasee, FL 32312
Web site: www.purewhitenoise.com

El cedé Hush Baby contiene tres pistas de ruido blanco que suenan simultáneamente mezclados con una «melodía» digital suavemente cadenciosa y rítmica. Para información, contacta con:

Hush Baby Products
P.O. Box 8047, Chicago, IL 60680
Web site: www.hush-baby.com

Hay muchos tipos de música que inducen el sueño al bebé. Recomiendo especialmente la sedante música de flauta de Maria Kostelas. El cedé de Maria, *Mother's Melody: One Heart*, es un favorito en las salas cunas de hospitales; las enfermeras han descubierto que esta música calma al instante a los recién nacidos, y les reduce el estrés a ellas también. Esta colección de cinco apacibles melodías en flauta fueron creadas también con el fin de intensificar el vínculo afectivo entre la madre y su bebé. En *Mother's Melody* hay música de indios norteamericanos, sudamericana, irlandesa, piezas clásicas para flauta, además de temas para guitarra, arpa, violín, violoncello y piano. Maria recomienda también que las madres escuchen esta música antes de que nazcan sus bebés. Para más información, contacta con:

Flutes of the World
513 Wilshire Boulevard, Suite 221, Santa Mónica, CA 90401
Teléfono: 310 393 12 11
Web site: www.flutesoftheworld.com

Doulas para el periodo posparto

Véase la información sobre *doulas* en Recursos para el capítulo 5, pág. 738.

Información sobre la depresión posparto

Depression After Delivery, Inc., es una organización nacional sin fines de lucro que ofrece apoyo a las mujeres afectadas por depresión durante el embarazo o después del parto. Ofrece educación, información, grupos de apoyo, apoyo por teléfono y lista de profesionales recomendados para tratar a las mujeres y sus familias (con los nombres de grupos locales de apoyo para la depresión posparto). Para más información, contacta con:

Depresion After Delivery (D.A.D.)
Box 1282, Morrisville, PA 19067
Teléfono: 800 944 47 73
Web site: www.depressionafterdelivery.com

Pospartum Support International es un grupo educacional, de referencia y de apoyo activo, dedicado a aumentar el conocimiento y comprensión de la depresión posparto. Su sitio web contiene muchísima información de base, además de una librería, salas de foro y chateo, enlaces con grupos de apoyo locales del país, y un cuestionario para autoevaluación. Para más información, contacta con:

Postpartum Support International
927 North Kellogg Avenue, Santa Bárbara, CA 93111
Teléfono: 805 967 76 36
Web site: www.postpartum.net

La crema corporal ProGest de Emerita es una fórmula de progesterona natural al 3 por ciento, que proporciona 20 mg de progesterona por un cuarto de cucharadita (la aplicación recomendada). Es muy útil para domeñar la depresión posparto. ProGest fue la primera crema de progesterona transdérmica en el comercio y sigue siendo la principal marca. Este producto viene en un tubo, o en una caja con sobres para un solo uso, y se puede comprar por Internet o sin receta en la mayoría de las tiendas de alimentos dietéticos. Para más información, visita el sitio web de Emerita en www.progest.com, o contacta con Emerson Ecologics.

Terapia conductista cognitiva

La National Association of Cognitive-Behavioral Therapists es una organización dedicada exclusivamente a la enseñanza y práctica de la psicoterapia conductista cognitiva, la que sostiene que nuestros pensamientos son la causa de nuestros sentimientos y comportamientos (en cuanto opuesto a las cosas externas, como otras personas o situaciones). El terapeuta enseña a los pacientes que, aunque no puedan cambiar una situación, sí pueden cambiar su forma de considerarla o pensar en ella, lo que les sirve para tranquilizarse y sentirse en paz con las dificultades de la vida. El sitio web de esta organización ofrece no sólo una amplia descripción de este tipo de terapia, sino también una página de búsqueda que ofrece los nombres de psicoterapeutas titulados en esta terapia de la zona. Para más información, contacta con:

The National Association of Cognitive-Behavioral Therapists
P.O. Box 2195, Weirton, WV 26062
Teléfono: 800 853 11 35
Web site: www.nacbt.org

Para madres lesbianas

La Lesbian Mother Support Society (LMSS) era un grupo canadiense de apoyo a madres lesbianas y sus hijos, así como para lesbianas que consideraban la posibilidad de tener hijos. Si bien esta sociedad ya no existe, un grupo sigue manteniendo una fabulosa página web llamada simplemente Lesbian Mothers Support, que continúa ofreciendo amplia información y recursos para los problemas únicos que enfrentan las madres lesbianas. Las voluntarias que llevan este sitio web continúan contestando e-mails y llamadas telefónicas. Para más información, contacta con:

Lesbian Mothers Support
c/o Calgary Gay and Lesbian Community Services Association
205a -223-12 Avenue SW, Calgary, AB T2R 0G9
Canadá
Teléfono: 403 265 64 33
Web site: www.lesbian.org/lesbian-moms

HABITACIÓN NÚMERO UNO:
TRES MESES A SIETE AÑOS

Capítulo 7: El cerebro emocional: Empatía, voluntad y vergüenza

Lecturas recomendadas

Mona Lisa Schulz, *Awakening Intuition: Using Your Mind-Body Network for Insight and Healing*, Harmony Books, 1998; www.drmonalisa.com. [Versión en castellano: *Despierta tu intuición, y utiliza tu poder para sanar tu vida*, Urano, 2000.] Escrito por mi íntima amiga y colega, este libro es la obra definitiva acerca de cómo y dónde las emociones afectan al cuerpo físico; en este importante y pionero libro sobre la intuición, el bienestar y la ciencia del cerebro, la doctora Schulz nos revela interesantes formas innovadoras y nuevas para acceder a la intuición que tiene el poder de mejorarnos la salud y salvar la vida. Neuropsiquiatra, neurocientífica e intuitiva médica residente en Yarmouth (Maine), la doctora Schulz enseña que la intuición no es un talento misterioso sino un sentido tan natural como los otros cinco. Entretenido y bien documentado, este libro tiene el potencial para cambiarnos la vida. La doctora Schulz es autora también de *The New Feminine Brain: How Women Can Develop Their Unique Genius and Intuitive Style*, Free Press, 2005.

Harvey Karp (con Paula Spencer), *The Happiest Toddler on the Block: The New Way to Stop the Daily Battle of Wills and Raise a Secure and Well-Behaved One- to Four-Year Old*, Bantam, 2004. El doctor Karp, pediatra y especialista en desarrollo infantil, dice que lo esencial para comunicarse con niños pequeños es considerarlos no seres humanos pequeñitos sino hombres cavernarios pequeñitos con su propio lenguaje primitivo; luego esboza las reglas de este lenguaje, entre otras el empleo de frases cortas, repeticiones, el tono dramático de la voz y el lenguaje corporal. El doctor Karp es también el autor de *The Happiest Baby on the Block: The New Way to Calm Crying and Help Your Baby Sleep Longer*, Bantam, 2002. [De este libro hay versión en castellano: *El bebé más feliz del barrio: método para calmar el llanto de tu bebé y favorecer un sueño tranquilo*, RBA Libros, Barcelona, 2003.]

Paul Schenk, *Great Ways to Sabotage a Good Conversation*, Standard Press, 2002; www.drpaulschenk.com. En este útil libro, escrito con un agudo sentido del humor, el doctor Schenk (psicólogo clínico cuyo consultorio particular está en Atlanta), explica que muchas veces caemos en trampas lingüísticas cuando hablamos con niños, con la pareja, con amigos, compañeros de trabajo y otras personas, que sabotean lo que queremos decir. Cambiando las palabras, explica, no sólo mejoramos la habilidad para comunicarnos sino que también mejoramos enormemente nuestras relaciones.

Terapia conductista dialéctica

Definida como una «ecléctica mezcla de formación en técnicas y habilidades conductistas cognitivas, zen y existencialismo», la terapia conductista dialéctica es extraordinariamente útil para personas que enfrentan reacciones emocionales extremas (las que, si no se tratan, pueden ser causa de un buen número de graves problemas mentales y físicos). Creo que toda persona que sufra de una enfermedad somática de cualquier tipo, en particular una enfermedad crónica, se beneficiará de las habilidades explicadas en el método de Marsha Linehan, aun cuando éstas hayan sido ideadas para personas que sufren de una enfermedad mental diagnosticada. Actualmente en la mayoría de los centros de salud mental se ofrece esta terapia de grupo.

Lecturas recomendadas sobre la terapia conductista dialéctica

Marsha M. Linehan, *Skills Training Manual for Treating Borderline Personality Disorder*, Guilford Press, 1993; www.behavioraltech.com y http://faculty.washington.edu/linehan. [Versión en castellano: *Manual de tratamiento de los trastornos de personalidad límite*, Paidós Ibérica, Barcelona, 2003.] La doctora Linehan es catedrática de psicología y profesora adjunta de psiquiatría y ciencias conductistas en la Universidad de Washington, Seattle. Es también directora de las Behavioral Research an Therapy Clinics.

Scott E. Spradlin, *Don't Let Your Emotions Run Your Life: How Dialectical Behavior Therapy Can Put You in Control*, New Harbinger Publications, 2003; www.ksdbt.com. Spradlin es psicoterapeuta especializado también en terapia conductista dialéctica, en Wichita, Kansas.

Capítulo 8: Sabiduría de boca y entrañas: Las raíces del cuidado personal

Lecturas recomendadas

Paul Zane Pilzer, *The Wellness Revolution: How to Make a Fortune in the Next Trillion Dollar Industry*, Wiley & Sons, 2002; www.paulzanepilzer. En esta guía paso a paso para empresarios de la industria de la salud, el autor nos ofrece fascinantes información y estadísticas acerca de la próspera industria de la salud y el bienestar. Pilzer no sólo es un economista de fama mundial y multimillonario empresario de informática, sino también un rabino laico y profesor adjunto de universidad.

Fereydoon Batmanghelidj, *Your Body's Many Cries for Water: You Are Not Sick, You Are Thirsty!*, Global Health Solutions, 1992; www.watercure.com.

Según el doctor B (así apodan al doctor Batmanghelidj), muchos problemas comunes de salud (desde asma y artritis a migrañas y enfermedades autoinmunitarias) están causadas en realidad por una deshidratación crónica. Hace unos decenios, cuando pasó un tiempo en una cárcel iraní como preso político, el doctor B trató con éxito a 3.000 compañeros de prisión que sufrían de úlcera péptica inducida por el estrés, administrándoles agua, el único «remedio» de que disponía. Desde entonces ha enfocado su profesión a investigar la relación entre dolor, enfermedad y deshidratación crónica.

Taro Gomi, *Everyone Poops*, Kane/Miller Book Publishers, 1993; hay versión en castellano, de la misma editorial: *Todos hacemos caca*; www.everyonepoops.com. Este sencillo libro infantil de imágenes (junto con otro favorito de la misma editorial, *The Gas We Pass*, de Shinta Cho) explora el tema tabú de los movimientos de vientre en seres humanos y animales, con narraciones breves e informativas que son para reírse a gritos leyéndolo con los niños; incluso las ilustraciones son divertidas.

Para moler la comida del bebé

El KidCo Food Mill (llamado el clásico Happy Baby Food Grinder) cuela y muele además de separar las semillas, huesos y piel. Es de manejo sencillo y no requiere pilas ni electricidad, funciona con la energía de la madre. Es también liviano, fácil de transportar, se puede lavar en lavavajillas sin riesgo, y es increíblemente barato. Para más información y para encontrar un proveedor en tu zona, contacta con:

KidCo, Inc.
1013 Technology Way, Libertyville, IL 60048
Teléfono: 800 553 55 29
Web site: www.kidco.com

Multivitaminas para niños

Usanimals: Entre los suplementos vitamínicos y minerales de USANA está este producto masticable elaborado para niños, que contiene una mezcla de fitonutrientes antioxidantes: moras, arándanos agrios, frambuesas y arándanos dulces silvestres, en polvo. También contiene buenas dosis de las potentes vitaminas antioxidantes C y E. Para más información, contacta con USANA (véase pág. 726).

Chewable MVM de Pioneer [Multivitamínico mineral masticable]: Además de las muchas vitaminas y minerales, este suplemento infantil de alta calidad (para tres años en adelante) contiene una mezcla de 25 frutas y verduras íntegras. Nunca ha sido tan fácil lograr que los hijos coman coles de Bruselas. Para más información, contacta con Emerson Ecologics (véase pág. 726).

Aceite de hígado de bacalao para vitamina D

TwinLab Norwegian Cod Liver Oil: El aceite de hígado de bacalao es buena fuente de vitaminas D y A y de los ácidos grasos esenciales omega-3 EPA (ácido eicosapentaenoico) y DHA (ácido docosahexaenoico). El producto de TwinLab también contiene sabor de cereza natural, por lo que a los niños no les disgusta el sabor. Para información, contacta con Emerson Ecologics.

Para tratar la irritación vulvar

Resinol Medicated Ointment: Fabricado por U.S. Dermatologics, Inc., en Lawrenceville (Nueva Jersey), este ungüento se encuentra en farmacias y supermercados. Para más información, llama al 877-USDERM2 o visita www.usderm.com.

Prevención y tratamiento de quemaduras del sol

Daytime Protective Emulsión de USANA (FP 15) [crema para el día]: Crema suave y no grasa que protege de los rayos UVA y UVB, a la vez que hidrata y repara la piel dañada por el sol.

Night Renewal Cream de USANA [crema para la noche]: Contiene muchos ingredientes naturales que no sólo aumentan la hidratación sino que también reparan la piel dañada por el sol.

Para más información, contacta con USANA (véase pág. 726).

Trienelle's Daily Renewal Crème [crema para el día]: Esta crema contiene una sana dosis de tocotrienoles (forma de vitamina D de alta potencia que es mucho mejor que la vitamina D normal llamada D-alfa tocoferol) para proteger del daño de los radicales libres producido por el sol. También contiene una gran variedad de otros antioxidantes específicos para la piel, como la coenzima Q10 (CoQ10), alfahidroxiácidos, proantocianidinas, y un ingrediente llamado pentapéptido microcolágeno, el que, según se ha demostrado clínicamente, protege el colágeno. También contiene protector solar y no irrita, lo que la hace ideal para el uso diario. La fórmula de Trienelle la elaboró un médico con años de experiencia en los beneficios para el cuerpo de la medicina nutricional, y que deseaba hacer extensivos estos beneficios a la piel.

Trienelle Nightly Restoration Formula [crema para la noche] contiene el doble de tocotrienoles del que contiene la crema para el día, y es un excelente hidratante para usar después de mucha exposición al sol.

Para más información, contacta con:

Aspen Benefits Group
7600 Mineral Drive, Suite 700, Coeur d'Alene, ID 83815
Teléfono: 800 539 51 95
Web site: www.trienelle.com

Capítulo 9: El sistema inmunitario: Un espejo de la mente y el entorno

Lecturas recomendadas

Kathryn C. Shafer y Fran Greenfield, *Asthma Free in 21 Days: The Breakthrough Mind-Body Healing Program*, HarperSanFrancisco, 2000; www.asthmafree.org. Libro pionero salvavidas, es de lectura obligada para toda persona que sufra de asma. En él, la doctora Shafer y la terapeuta mente/cuerpo Fran Greenfield explican paso a paso un proceso clínicamente probado para disminuir los ataques de asma y eliminar o reducir la medicación. Lo principal son una serie de ejercicios que sirven para utilizar la capacidad creativa, aprender a identificar y expresar totalmente las emociones, y usar los sueños para guiarse. Las autoras también ofrecen información práctica, entre otras, instrucciones para respirar.

Robert Mendelsohn, *Confessions of a Medical Heretic*, Contemporary Books, 1979. *Best seller* que ofrece muchos detallados ejemplos de cómo la medicina occidental se dispone a sanar pero muchas veces acaba haciendo daño a los pacientes. El difunto doctor Mendelsohn es también el autor de *How to Raise a Healthy Child... in Spite of Your Doctor*, Contemporary Books, 1984.

John Gottman, *Raising an Emotionally Intelligent Child: The Heart of Parenting*, Simon & Schuster, 1998; www.gottman.com. El doctor Gottman, investigador y psicólogo que fundó el Gottman Institute de Seattle con su mujer, la doctora Julie Schwartz Gottman, explica cómo pueden los padres enseñar a sus hijos a comprender y regular sus emociones con un proceso de entrenamiento emocional en cinco pasos, el que incluye validar los sentimientos de los niños y ayudarlos a encontrar formas más apropiadas de resolver los problemas.

Judith Acosta y Judith Simon Prager, *The Worst Is Over: What to Say When Every Moment Counts*, Jodere Group, 2002; www.theworstisover.com. Este libro es como la respuesta a una oración. Da a todos, desde padres a bomberos, el conocimiento y el valor para decir exactamente lo correcto en el momento oportuno de una manera que sana, anima y, muchas veces, incluso salva la vida. El libro ofrece ejemplos de diálogos o guiones para lo que las autoras (ambas terapeutas) llaman «primeros auxilios verbales», tanto para situaciones de urgencia como de no urgencia, incluyendo qué decir a los niños.

Gary F. Fleischman y Charles Stein, *Acupuncture: Everything You Ever Wanted to Know*, Barrytown, 1998; www.AcupunctureNewHaven.com. Esta guía fácil de leer es útil para pacientes y profesionales médicos por igual; explica los fundamentos de la medicina china tradicional y da información sobre cómo se aplica para tratar diversos trastornos. El doctor Fleischman es acupuntor, tiene su consulta en New Haven (Connecticut) y se tituló en el China Institute of Acupuncture y el Hospital Provincial de Medicina China Tradicional Guangdong, en Guangzhou, China.

Ruth Kidson, *Acupuncture for Everyone: What It Is, Why It Works, and How It Can Help You*, Healing Arts Press, 2000. Si te has preguntado cómo y por qué la acupuntura da resultados, este libro de una médica británica es excelente para comenzar tus lecturas sobre el tema. La doctora Kidson explica cómo hace el diagnóstico el acupuntor y cómo luego trata al paciente. Para la persona que se siente atraída por esta modalidad, pero tiene miedo de la experiencia, este libro disminuye mucho el recelo para acudir a un acupuntor.

Suplementos omega-3

Véase Recursos para capítulo 3.

Para encontrar un practicante de medicina china tradicional (acupuntura)

La medicina china tradicional, sistema de salud de tres mil años de antigüedad, se basa en la idea de que toda enfermedad proviene de desequilibrios del chi, la energía vital, en el cuerpo. Su primer enfoque es la prevención, aunque sus terapias (acupuntura, uso de hierbas chinas y trabajo corporal) también tratan el dolor y la enfermedad. Lo ideal es que tu médico o profesional de la salud te recomiende un acupuntor o practicante de medicina china tradicional, pero si no lo puedes encontrar de esa manera, contacta con:

The National Certification Commission for Acupuncture and Oriental Medicine
11 Canal Center Plaza, Suite 300, Alexandria, VA 22314
Teléfono: 703 548 90 04
Web site: www.nccaom.org

Para encontrar un pediatra naturópata

Los naturópatas son médicos que emplean principalmente métodos naturales para estimular al cuerpo a sanar él solo. Centran la atención en la causa de la enfermedad y no principalmente en el tratamiento de los síntomas. Normalmente incorporan diversos tipos de medicinas alternativas o complementarias, aunque también recurren a la medicina ortodoxa, según sea el paciente. Para más información sobre médicos naturópatas o para encontrar uno en tu zona que se especialice en pediatría, contacta con:

The American Association of Naturophatic Physicians
3201 New Mexico Avenue NW, Suite 350, Washington, DC 20016
Teléfono: 866 538 22 67 y 202 895 13 92
Web site: www.naturopathic.org

Información sobre homeopatía

La homeopatía es una medicina que emplea dosis mínimas de sustancias vegetales, minerales y animales muy, muy diluidas, que producen los mismos síntomas que sufre el paciente, con el fin de estimular al sistema inmunitario a actuar contra esos síntomas. El nombre viene de las palabras griegas que significan «similar» y «sufrimiento», y el sistema se basa en el principio «lo semejante cura lo semejante». Para más información y para encontrar un médico homeópata en tu zona contacta con:

The National Center of Homeopathy
801 North Fairfax Street, Suite 306, Alexandria, VA 22314
Teléfono: 703 548 77 90
Web site: www.homeopathic.org

Lectura recomendada sobre homeopatía

Richard Moskowitz, *Resonance: The Homeopathic Point of View*, Xlibris Corporation, 2001; http://members.aol.com/doctorrmosk. El doctor Moskowitz es un muy respetado practicante de la homeopatía clásica en Watertown, Massachusetts, que ha trabajado en esta especialidad desde 1974 y ha escrito muchísimo sobre el tema.

Información sobre cómo evitar legalmente que se vacune a tus hijos

Joseph Mercola, «How to Legally Avoid Unwanted Immunization of All Kinds», www.mercola.com/article/vaccines/legally_avoid_shots.htm. El sitio web del doctor Mercola (www.mercola.com) también contiene artículos informativos sobre estudios de investigación de una amplia variedad de temas de salud.

Información sobre la Técnica Nambudripad de Eliminación de Alergias (NAET)

Estas técnicas de eliminación de la alergia las ideó en 1983 la doctora Devi S. Nambudripad, acupuntora, quiropráctica y quinesióloga de California. NAET es un método totalmente natural, no agresivo ni medicamentoso, de eliminar alergias de todo tipo empleando una combinación selectiva de energía equilibradora, análisis y tratamientos de acupuntura/digitopuntura, quiropráctica, medicina alopática y quinesiología. Para más información y para encontrar un practicante de esta técnica en tu zona, contacta con:

NAET
6714 Beach Boulevard, Buena Park, CA 90621
Teléfono: 714 523 89 00
Web site: www.naet.com [en www.naeteurope.com hay información en castellano]

Información sobre sanación vibratoria (y sobre la técnica para limpiar los efectos secundarios tóxicos de las vacunas)

Deena Zalkind Spear es sanadora por vibración y acústica, con título en neurobiología de la Universidad Cornell, que combina su experiencia de 29 años como fabricante y reparadora de violines con su formación como sanadora energética en Barbara Brenan School of Healing. Su libro *Ears of the Angels: Healing the Sounds, Heard and Unheard, of Humans and Animals* (Hay House, 2003), es un encantador y humorístico relato de su viaje como sanadora. He enviado a muchas amigas y familiares a ver a Deena. Para más información sobre Deena y sus métodos, contacta con:

Singing Woods
P.O. Box 6562, Ithaca, NY 14851
Teléfono: 607 387 77 87
Web site: www.singingwoods.org

Medicación para el resfriado infantil

Kold Kare (antes vendido con el nombre Kan Jang), fabricado por Kare-N-Herbs (antes llamado Swedish Herbal Institute): este producto contiene la potente hierba asiática *Andrographis paniculata*. Kold Kare ha sido galardonado como el Producto del Año los doce años pasados por el Swedish Health Council, debido a su virtud de estimular la inmunidad durante las épocas de resfriado y gripe. Aunque este producto sólo se recomienda para niños de 12 años y más, la empresa está elaborando una forma líquida para niños menores. Para más información, contacta con Emerson Ecologics (véase pág. 726)

Umcka ColdCare Alcohol Free Drops [gotas sin alcohol] y Umcka ColdCare Cherry Syrup [jarabe de cereza]: Estos productos, elaborados por Nature's Way, contienen un extracto homeopático de *Pelargonium sidoides*, especie de geranio que, según se ha demostrado, alivia los síntomas del catarro y la irritación de la garganta y acelera la recuperación de resfriados, gripe, infecciones de los senos nasales y la irritación de garganta. Para más información, contacta con Emerson Ecologics.

Probióticos

Los antibióticos no sólo eliminan las bacterias dañinas que nos causan la enfermedad sino también, por desgracia, las bacterias beneficiosas que tenemos naturalmente en el tubo digestivo y que son esenciales para la asimilación óptima de los nutrientes de los alimentos que comemos (lo normal es que nuestros intestinos alberguen hasta 400 cepas diferentes de bacterias). Los probióticos, en cambio, restablecen el equilibrio bacteriano natural del intestino, mejoran la absorción de los nutrientes y favorecen la digestión, al dar el tipo de ambiente que necesita esta flora bacteriana beneficiosa. Buenos ejemplos de estos productos son los siguientes:

Gastro Flora de NutriCology: estas cápsulas contienen cuatro bacterias probióticas diferentes: *Lactobacillus acidophilus, L. rhamnosus, L. casei* y *Bifidobacterium longum*. Gastro Flora no contiene leche, cereales, levadura, soja ni ningún otro alérgeno común.

ProFlora de Bio-Botanical Research: estas gotas, preparadas con los productos vegetales de la mejor calidad, contienen *Lactobacillus salivarius, L. acidophilus*, un complejo de *Bifidobacterias* y cofactores botánicos, entre ellos áloe vera. A diferencia de otros probióticos, no requiere refrigeración.

Swedish Bitters Elixir de Gaia Herbs: este tradicional tónico de hierbas europeo está elaborado con hierbas de cultivo biológico y silvestres (entre ellas rizoma de cúrcuma, raíz de genciana, raíz de acoro, semillas de cardo mariano, semillas de cardamomo, semillas de hinojo, raíz de jengibre, *Phyllanthus emblica*, ñame silvestre, aceite esencial de naranja amarga, aceite esencial de semilla de anís y una combinación de algas marinas) en una base de alcohol y agua de manantial. Este producto es muy bueno para indigestiones leves.

Para más información sobre estos tres productos, contacta con

Emerson Ecologics (véase pág. 726).

Información actual sobre el autismo

La National Autism Association es una organización dedicada a asesorar, educar y ayudar a personas autistas y a sus familiares, a crear conciencia pública y profesional sobre el espectro de los trastornos del autismo. Para más información, contacta con:

National Autism Association
P.O. Box 1547, Marion, SC 29571
Teléfono: 877 622 28 84
Web site: www.nationalautismassociation.org

El Center for the Study of Autism (CSA) ofrece información acerca del autismo a padres y profesionales, y realiza estudios de investigación sobre la eficacia de las diversas intervenciones terapéuticas. Para más información, contacta con:

Center for the Study of Autism
P.O. Box 4538, Salem, OR 97302
Web site: www.autism.org

Capítulo 10: Mapas del amor

Lectura recomendada

Barbara Biziou, *The Joy of Ritual: Spiritual Recipes to Celebrate Milestones, Ease Transitions, and Make Every Day Sacred*, Golden Books, 1999; www.joyofritual.com. Profesora de lo que ella llama «espiritualidad práctica», Barbara Biziou explica ceremonias sencillas pero significativas para actividades rutinarias diarias, como también ritos de pasaje, que puedes adaptar a tus circunstancias y creencias, poniendo el énfasis en la celebración y sanación, incluso para acontecimientos tristes como un aborto espontáneo. Es también autora de *The Joy of Family Rituals: Recipes for Everyday Living*, Golden Books, 2000.

Escritura proprioceptiva

Esta técnica, ideada por los doctores Linda Trichter Metcalf y Tobin Simon, sirve para explorar la psique y mejorar la salud mental, emocional, física y espiritual, a través del acto de escribir. Favorece la expresión propia y el descubrimiento creativo, como también el desarrollo o crecimiento espiritual. Esta forma de escribir es un proceso definido como una escucha interior que enseña a escuchar los propios pensamientos con empatía y curiosidad, y luego reflexionar sobre ellos escribiéndolos. Los doctores Metcalf y Simon desarrollaron esta técnica después de pasarse diez años enseñando escritura a alumnos universitarios. Yo he trabajado con ellos en privado y en grupos durante siete años. Para más información, contacta con:

The Proprioceptive Writing Center
88 Lexington Avenue, Mezzanine D, Nueva York, NY 10016
Teléfono: 212 213 54 02
Web site: www.pwriting.org

Lectura recomendada sobre Escritura Proprioceptiva

Linda Trichter Metcalf y Tobin Simon, *Writing the Mind Alive: The Proprioceptive Method for Finding Your Authentic Voice*, Ballantine Books, 2002. Los doctores Metcalf y Simon fundaron el centro en 1982 y actualmente son sus directores. La doctora Metcalf también enseña escritura proprioceptiva en varias instituciones, entre ellas la New School University, Esalen Institute, Omega y el New York Open Center.

HABITACIÓN NÚMERO DOS:
SIETE A CATORCE AÑOS

Capítulo 11: La edad de la razón

Lectura recomendada

Carol Gilligan, *In a Different Voice: Psychological Theory and Women's Development*, Harvard University Press, 1993, ed. revisada. La doctora Gilligan, psicóloga y catedrática en la Facultad de Derecho de la Universidad de Nueva York, es especialista en temas relacionados con los sexos. Este libro clásico, publicado hace más de veinte años, cuando ella estudiaba en Harvard, desafiaba al campo de la psicología a mirar a las mujeres de una manera radicalmente diferente. En esta edición revisada, nos da su opinión sobre los cambios que ha logrado este libro en ese campo.

Para enfrentarse al sentimiento de culpa

Coping.org (www.coping.org) ofrece manuales para el desarrollo personal con herramientas para hacer frente a los diversos factores estresantes.
Los autores, James J. Messina y Constance M. Messina, son terapeutas
que tienen su consulta en Tampa, Florida. El manual sobre la culpa
(www.coping.org/growth/guilt.htm) ofrece información sobre los efectos
que tiene en nosotros el sentimiento de culpa y sobre cómo los demás podrían explotarlo, además de un proceso paso a paso para superarlo. Los doctores Messina ofrecen detallados manuales similares dedicados a la autoestima (www.coping.org/growth/esteem.htm), la confianza (www.coping
.org/growth/trust.htm), afirmaciones para la seguridad en uno mismo
(www.coping.org/growth/affirm.htm), e incluso para el perfeccionismo
(www.coping.org/growth/perfect.htm). Para tener una lista completa de los
manuales de herramientas para el desarrollo o crecimiento personal (Tools
for Personal Growth) entra en este enlace: www.coping.org/growth/
content.htm.

Capítulo 12: La anatomía de la autoestima

Lecturas recomendadas sobre la buena forma física

John Douillard, *Body, Mind, and Sport: The Mind-Body Guide to Lifelong
Fitness and Your Personal Best*, Harmony Books, 1994; ed. revisada, Three
Rivers Press, 2001; www.lifespa.com. En este libro, el doctor Douillard, ex
atleta profesional, aplica principios mente-cuerpo para la puesta en forma,
con el fin de ayudar a los lectores a determinar qué deporte (y por lo tanto
qué dieta y programa de ejercicio) le conviene más, según su naturaleza individual. Entre los programas que sugiere hay planes para el deportista competitivo y también planes para el resto de nosotros. La edición revisada contiene prólogos de las estrellas del tenis Billie Jean King y Martina
Navratilova. Desde que descubrí esta obra de John Douillard, he enfocado
de esta manera todos los deportes y ejercicios, y esto ha aumentado incon-
mensurablemente mi disfrute de la actividad física.

Mari Winsor, *The Pilates Powerhouse: The Perfect Method of Body Conditioning for Strength, Flexibility, and the Shape You Have Always Wanted in
Less Than an Hour a Day*, Perseus Books, 1999. [Versión en castellano: *El
centro de energía Pilates*, Ed. Paidotribo, Badalona (Barcelona), 2005.] El
método Pilates es una forma excelente de fortalecer los músculos y aumentar la flexibilidad porque hace intervenir al mismo tiempo la mente, los
músculos, la respiración y el estiramiento. Pilates ha influido en, y mejorado, mi manera de hacer todo tipo de actividad, incluso la de caminar. Para no

perder de vista los ejercicios Pilates, también recomiendo otro libro de esta autora: *The Pilates Workout Journal*, Perseus Books, 2001.

Brooke Siler, *The Pilates Body: The Ultimate At-Home Guide to Strengthening, Lengthening, and Toning Your Body—Without Machines*, Broadway Books, 2000. [Versión en castellano: *El método Pilates: la guía más moderna de desarrollo muscular, estiramiento y tonificación corporal para practicar en casa, y sin aparatos*, Ediciones Oniro, Barcelona, 2005.] Brooke Siler es una de las instructoras de Pilates más solicitadas del país, y con buenos motivos. Este libro, extraordinariamente bien organizado y de fácil uso, es fabuloso para practicar en casa y durante viajes, ya seas principiante o veterana en los ejercicios Pilates. Lo único que necesitas para seguir este libro es una colchoneta y el deseo de fortalecer, alargar y tonificar tu cuerpo.

Miriam E. Nelson, *Strong Women Stay Young*, Bantam, ed. revisada, 2000; www.strongwomen.com. [Versión en castellano de la edición no revisada: *Mujer fuerte, mujer joven*, Paidós Ibérica, Barcelona, 1998.] Este libro es fabuloso para aprender los elementos básicos del ejercicio para adquirir fuerza. Está comprobado científicamente que el programa de la doctora Nelson forma músculo y masa ósea en mujeres de edad madura. El programa de este libro consiste en dos sesiones semanales de levantamiento de pesas, de 40 minutos cada una, en las que se trabajan simultáneamente grupos de músculos opuestos, lo cual no sólo aumenta la fuerza sino que también mejora el equilibrio (el que algunas mujeres comienzan a perder pasados los 40 años). Los ejercicios son sencillos, puedes hacerlos en casa o en el gimnasio; y al margen de tu forma física actual, obtendrás resultados rápidamente. En un estudio, la doctora Nelson comprobó que, en sólo unas semanas, las mujeres mayores que participaron en su programa aumentaron notablemente su fuerza y disminuyeron sus caídas.

Peggy W. Brill, *The Core Program: 15 Minutes a Day That Can Change Your Life*, Bantam Books, 2001. A lo largo de los años he oído a veintena de mujeres quejarse de dolor de espalda, de cuello, de caderas, hombros, etcétera. Aunque los estiramientos y el ejercicio normalmente alivian los dolores más comunes, no todos los métodos van bien para todas las personas. Finalmente he descubierto un método de puesta en forma expresamente ideado para mujeres, que da resultados al margen de la edad, figura o punto de partida. Dado que sólo ocupa 15 minutos al día, es un método del que todas nos podemos beneficiar. Te insto a incorporar a tu vida el programa de Peggy Brill ahora mismo. Es una excelente y agradable manera de crear salud día a día. [De esta autora hay en castellano el título *Dime qué te duele*, sobre el mismo tema; RBA Libros, Barcelona, 2005.]

Lecturas recomendadas para problemas de crianza o educación de los hijos

Dan Kindlon, *Too Much of a Good Thing: Raising Children of Character in an Indulgent Age*, Hyperion, 2001; www.dankindlon.com. El doctor Kindlon, psiquiatra de niños, explica los siete terribles síndromes del exceso de mimos, extraídos tanto de su experiencia clínica como del estudio que realizó en 2000 de cientos de padres y niños de situación económica media y alta. Sus consejos sencillos y sensatos orientan a los padres por los escollos del exceso de mimo emocional para que puedan enseñar a sus hijos las buenas cualidades de carácter que necesitan para prosperar en el mundo actual.

Juliet Shor, *Born to Buy: The Commercialized Child and the New Consumer Culture*, Scribner, 2004. La experta en consumismo, Juliet Shor, explica cómo la sociedad dirige la publicidad comercial a los niños, lo que tiene por consecuencia una generación de pequeños consumistas. Los medios no sólo influyen en lo que compran estos niños sino también en cómo se sienten consigo mismos. En este libro ofrece directrices para los maestros y padres que intentan eliminar esta peligrosa marejada.

Otros recursos para la educación de los hijos

Connect with Kids Network (CWKN) es un importante productor, de ámbito nacional, de productos para televisión, prensa e Internet, que centra la atención en la salud, la educación y el bienestar de los niños. A través de su sitio web los padres pueden encargar guías de material y documentales en vídeo (para niños de tercero a quinto año de básica, de sexto a octavo, y de noveno a duodécimo) que informan y dan consejos para hacer frente a importantes problemas sociales y conductuales (por ejemplo divorcio, drogas, habilidades de conducción de vehículo, diversidad, uso de Internet, etcétera). Para más información, contacta con:

CWK Network, Inc.
6285 Bartfield Road, 2nd Floor, Atlanta, GA 30328
Teléfono: 888 891 60 20
Web site: www.connectingwithkids.com

Teen Research Unlimited (TRU): Fundada en 1982, esta fue la primera empresa de investigación de mercadotecnia que se especializó exclusivamente en los adolescentes y continúa siendo la única dedicada a estudiar a este grupo. TRU es también la única empresa de investigación de la juventud que ofrece estudios de ámbito nacional en calidad y cantidad. En su sitio web sigue la pista de las tendencias de los adolescentes, y también presenta muchos hallazgos y estadísticas. Para más información, contacta con:

Teen Research Unlimited
707 Skokie Boulevard, 7th Floor
Northbrook, IL 60062
Teléfono: 847 564 34 40
Web site: www.teenresearch.com

Educación financiera y prosperidad

Catherine Ponder, *The Dynamic Laws of Prosperity*, DeVorss & Co., ed. revisada, 1985. Este interesantísimo libro, escrito en 1962, es mi favorito en el tema de cómo crear conciencia de prosperidad, y recurro a él una y otra vez. Catherine Ponder explica cómo nuestras actitudes y pensamientos acerca de la prosperidad configuran nuestra vida, y nos anima a aspirar a una vida más satisfactoria que incluya salud, riqueza y felicidad. También recomiendo de esta autora *The Millonaires of Genesis: Their Prosperity Secrets for You!*, DeVorss, 1976; y *The Prosperity Secret of the Ages: How to Channel a Golden River of Riches into Your Life*, Prentice-Hall, 1964.

Napoleon Hill, *Think and Grow Rich*, Briggs Pub., ed. revisada, 2003; www.naphill.org. [Versión en castellano: *Piense y hágase rico*, Mondadori, Barcelona, 2001.] Este clásico, escrito en 1937, justo después de la Gran Depresión, ofrece métodos probados para aplicar la Ley de la Atracción, que afirma que nos atraemos aquellas cosas que armonizan con nuestras vibraciones, en todos los planos: emocional, mental y espiritual. Hill explica cómo nuestros pensamientos se materializan en sus equivalentes físicos. Es decir, si continuamente tenemos pensamientos de pobreza y estamos motivados por el miedo, la pobreza será nuestra experiencia. Pero si tenemos el ardiente deseo de triunfar y estamos dispuestos a dar algo al mundo para lograrlo, el universo se cuida de los detalles y nos provee de las personas, lugares y medios con los cuales lograr nuestros objetivos.

Este libro se basa en las experiencias de más de 500 personas (principalmente hombres, entre ellos personajes como Henry Ford, Andrew Carnegie y Thomas Edison), que comenzaron sin nada y consiguieron una enorme riqueza debido a sus ideas, pensamientos y planes organizados. Aunque el texto es anticuado y sexista, los principios esbozados contienen tanto valor y sabiduría que simplemente cogí lo bueno y dejé de lado el resto. Estudié este libro muy concienzudamente y seguí las sugerencias al pie de la letra.

James Allen, *As a Man Thinketh*, DeVorss & Co., 1979. [Versión en castellano: *Como un hombre piensa, así es su vida*, Obelisco, Barcelona, 1997.] Este clásico de James Allen se basa en el versículo de la Biblia «Como un hombre piensa, así es su vida». Allen se imagina la mente como una huerta, en la que cosechamos lo que sembramos. En este libro nos enseña que cada persona tiene el poder para crear lo que ocurre en su vida, principalmente por lo que pensamos y el modo como pensamos.

Suze Orman, *The Courage to Be Rich: Creating a Life of Material and Spiritual Abundance*, Riverhead Books, 1999; www.suzeorman.com. Todos tendemos a usar el dinero como pretexto para no vivir plenamente la vida en conformidad con nuestra sabiduría interior. El trabajo de Suze Orman como agente bursátil y experta en finanzas la ha llevado a la verdad de que el dinero no es la clave de la felicidad (ni de la salud), pero sí puede ser un aliado poderoso en el camino que tomamos para llegar ahí. El éxito enseña, depende de tener el valor para romper los hábitos familiares de vergüenza, para despojarnos de la mentalidad de pobreza detrás de la cual muchos enmascaramos nuestra insatisfacción, y para permitir que la abundancia en todos los aspectos entre y fluya libremente en nuestra vida. Su libro da un saludable codazo motivador a nuestro valor.

Suze Orman, *The Nine Steps to Financial Freedom: Practical and Spiritual Steps So You Can Stop Worrying*, Crown Publishers, 1997; www.suzeorman.com. Lo que más me gusta del enfoque del dinero de Suze Orman es que reconoce la conexión entre nuestras experiencias emocionales con el dinero en el pasado y nuestra actual situación económica. Explica los tres bloqueos internos a la riqueza: miedo, rabia y vergüenza, todas emociones. Nuestras emociones, explica, son las que determinan cuánto tenemos y cuánto logramos conservar. Me ha ayudado a soltar viejos resentimientos que era necesario que salieran de mi vida. Y también me ha ayudado a ver que, en definitiva, fue la claridad acerca del dinero lo que me sirvió para lanzarme a una nueva vida durante la menopausia, cuando, como me señaló ella en broma, «también pasé por una dineropausia». Sus historias las he encontrado muy convincentes y motivadoras; espero que encuentres su sabiduría financiera tan vigorizadora como la encuentro yo.

David Bach, *Smart Women Finish Rich: 7 Steps to Achieving Financial Security and Funding Your Dream*, Broadway Books, 2002; www.finishrich.com. [Versión en castellano: *Las mujeres inteligentes acaban ricas: 7 pasos para conseguir seguridad financiera y alcanzar sus sueños*, Amat Editorial, Barcelona, 2001.] Esta guía para administrar el dinero, para mujeres, se basa en la creencia del autor de que la planificación financiera es un asunto tanto emocional como intelectual. Su programa de siete pasos enseña a ahorrar para el futuro, gastar juiciosamente hoy, y procurar siempre que nuestro dinero y nuestros valores estén en sintonía. En esta edición revisada y puesta al día explica también la manera de enseñar a los hijos acerca del dinero.

Robert Kiyosaki y Sharon Lechter, *Rich Dad, Poor Dad: What the Rich Teach Their Kids About Money That the Poor and Middle Class Do Not*, Doubleday, 1999; www.richdad.com. [Versión en castellano: *Padre rico, pa-*

dre pobre, Ed. Alfonso Martínez, Logroño, 2002.] Todos hemos oído la frase «Los ricos se hacen más ricos mientras que los pobres continúan igual o se hacen más pobres». En este libro, Kiyosaki explica por qué ocurre eso, y nos enseña a aplicar este principio a nuestra vida. Habla de la importancia de considerarse una «empresa» en lugar de simplemente un «empleado». También explica la importantísima diferencia entre trabajar por dinero (vivir de una paga a la siguiente) y aprender a crear flujo de fondos (*cash flows*) o ingresos pasivos invirtiendo en las propias empresas o en las de otros. Este mismo equipo ha escrito también *Rich Dad, Poor Dad for Teens: The Secrets About Money That You Don't Learn in School!*, Warner Books, 2004.

Kiyosaki también ofrece un juego de mesa, *Cash Flow 101*, que, aunque caro, en dos juegos me enseñó más de lo que podría haber aprendido leyendo diez libros. El juego tiene una misteriosa manera de reflejar a cada jugador sus creencias y comportamientos respecto al dinero. La idea es salir de la incesante lucha (vivir de paga a paga) y entrar en la vía rápida, a la que se llega cuando los ingresos pasivos mensuales superan los gastos mensuales. Te garantizo que jugar a este juego te cambiará la manera de mirar las compras que haces. El juego viene en versión para mesa y en versión CD-Rom. Además del *Cash Flow 101* básico, Kiyosaki ofrece también una versión para niños *(Cash Flow for Kids)*, y una versión avanzada que enseña las habilidades y técnicas para invertir *(Cash Flow 202)*.

Randy Gage, *Accept Your Abundance!: Why You Are Supposed to Be Wealthy*, Prime Concepts Group, Inc., 2003; y *101 Keys to Your Prosperity: Insights on Health, Happiness and Abundance in Your Life*, Prime Concepts Group, Inc., 2003. El gurú de la prosperidad y multimillonario Randy Gage nos desafía a cambiar las creencias limitadoras en todos los aspectos. Otrora alcohólico que se ganaba la vida lavando platos, Randy es todo un personaje y un orador muy dinámico y divertido. Una frase suya favorita mía es «No puedes agotar el Universo». Y Randy vive según su credo, su empresa gasta más en aportaciones benéficas que lo que gasta en otras cosas. Para más información, contacta con:

Prime Concepts Group, Inc.
1807 S. Eisenhower St., Wichita, KS 67209-2810
Teléfono: 800 432 GAGE (800 432 42 43)
Web site: www.ProsperityUniverse.com

George S. Clason, *The Richest Man in Babylon*, Signet Book, nueva edición, 2004. Este magnífico *best seller* sobre administración del dinero presenta once cuentos babilónicos que revelan las claves para el éxito financiero. Su antiquísima sabiduría da soluciones sencillas pero potentes para el éxito financiero, que han resistido la prueba del tiempo.

Paul Zane Pilzer, *Unlimited Wealth: The Teory and Practice of Economic Alchemy*, Crown Publishers, 1990; www.paulzanepilzer.com. El economista Paul Zane Pilzer, catedrático de finanzas en la Universidad de Nueva York y ex consejero en las administraciones Reagan y Bush, explica por qué es esencial el pensamiento económico nuevo y creativo para el éxito hoy en día. Enseña que la clave para esto es usar la creatividad para identificar vacíos tecnológicos y diseñar nuevos artículos y servicios para llenarlos.

Prosperity for You: este sitio web (www.prosperityconcepts.com), mantenido por el formador en prosperidad Ken Partain, está dedicado a compartir ideas sobre la prosperidad y a crear una e-comunidad de personas de igual mentalidad que desean aprender y comentar sus experiencias. Este sitio tiene una visión holística, y sus consejos no sólo se refieren a la riqueza sino también a la salud y las relaciones.

Pro$perity Network: la misión de este optimista sitio web (www.prosperitynetwork.com) es «perpetuar las leyes espirituales y universales de la prosperidad, la sanación y el éxito, para capacitar a las personas para hacer realidad su derecho divino a la salud, riqueza, éxito, prosperidad y abundancia ilimitados». Puedes apuntarte para una clase mensual (gratis) sobre prosperidad, como también para una afirmación mensual; el sitio también vende libros y audiocasetes sobre la prosperidad, y diversos productos de prosperidad (entre otros, una amplia variedad de tarjetas con afirmaciones, e incluso pósters).

Sobre modelos para las chicas

The Role Model Project for Girls [Proyecto Modelos para Chicas]: este proyecto, patrocinado por Women's Work e ideado para niñas de 9 a 16 años, contiene una página con muchas profesiones abiertas a mujeres. Haz clic en cualquier categoría, y la niña puede leer la información que han dado mujeres acerca de cómo llegaron a esa profesión y cómo es. Se trata de mostrar la amplia gama de profesiones no tradicionales abiertas a mujeres, y de ofrecer consejo a las chicas interesadas en seguir un camino profesional de ésos. Más adelante la información estará disponible en un CD. Para visitar el proyecto, entra en este enlace: www.womenswork.org/girls/about.html.

Colección American Girls: esta colección consta de ocho muñecas diferentes de 45 cm con sus accesorios, y varias series de libros que narran la historia de esas heroínas de ficción de 9 años (cada una vive durante una época distinta de la historia de nuestro país). La empresa define su misión como «niñas que celebran», y en realidad, sus productos encienden la imaginación de las niñas y alimentan su curiosidad intelectual. Para más información, contacta con American Girl en el 800 845 00 05; www.americangirl.com.

Lecturas recomendadas para sentirse hermosa

Carole Jackson, *Color Me Beautiful: Discover Your Natural Beauty Through the Colours That Make You Look Great & Feel Fabulous!*, Acropolis Books, 1980; www.colormebeautiful.com. [Versión en castellano: *El color de tu belleza*, Granica, Barcelona, 1984.] El libro que en los años ochenta hacía preguntar a todas: «¿Qué estación eres?». Carole Jackson explica la manera de usar los atributos personales (tono de la piel, color del pelo y de los ojos) para determinar qué colores sientan mejor, tanto para elegir maquillaje como ropa.

Hema Sundaram, *Face Value: The Truth About Beauty—And a Guilt-Free Guide to Finding It*, Rodale, 2003. La doctora Sundaram da a las mujeres de todas partes el permiso que todas necesitamos para sentirnos hermosas por dentro y por fuera, además de sabios y prácticos consejos para tomar las decisiones correctas en todo, desde la crema a la cirugía plástica facial.

Capítulo 13: Comer para vivir

Lecturas recomendadas

Erika Schwartz, *The Teen Weight-Loss Solution: The Safe and Effective Path to Health and Self-Confidence*, William Morrow, 2004. La doctora Schwartz, especialista en salud femenina, explica la conexión entre hormonas y aumento de peso, y esboza un plan para usar hormonas y suplementos naturales para equilibrar las hormonas de la adolescencia y mejorar el humor y la energía, además de optimizar la pérdida de peso.

Walter C. Willett con Patrick J. Skerrett, *Eat, Drink and Be Healthy: The Harvard Medical School Guide to Healthy Eating*, Simon & Schuster Source, 2001. Basándose en estudios realizados por la Escuela de Medicina de Harvard y la Escuela de Salud Pública de Harvard, este revolucionario libro pone del revés la pirámide alimentaria del USDA (Departamento de Agricultura). El doctor Willett, uno de los más distinguidos investigadores en nutrición del mundo, explica que ese viejo modelo no sólo está equivocado sino que es rotundamente peligroso, y ofrece un nuevo modelo basado en decenios de investigación. También habla de suplementos, y ofrece recetas y menús.

Pamela Peeke, *Fight Fat After Forty: The Revolutionary Three-Pronged Approach That Will Break Your Stress-Fat Cycle and Make You Healthy, Fit and Trim for Life*, Viking, 2000; www.drpeeke.com. La doctora Peeke, investigadora de los Institutos Nacionales de Salud, documenta la conexión entre el estrés tóxico y el aumento de peso tóxico, el tipo de grasa que se acu-

mula en el abdomen y pone a las mujeres en riesgo de enfermedad cardiaca y
muerte prematura. El estrés tóxico está causado por cualquier dificultad diaria, pero un buen número de circunstancias lo hacen especialmente común
en mujeres mayores de 40: el resurgimiento de traumas de la infancia, el perfeccionismo, los cambios en las relaciones, como el divorcio y la atención y
cuidado a otras personas, el estrés laboral, la enfermedad aguda o crónica, las
dietas de adelgazamiento y los efectos de la menopausia. Estoy de acuerdo
con esta explicación. Te invito a leer este libro y luego a mirar tu agenda para
hacer un trabajo detectivesco para ver si tú también tienes formas de estrés
que podrían llevarte a aumentar de peso y descubrir si podrías remediar eso.

Diana Schwarzbein, *The Schwarzbein Principle: The Truth About Losing
Weight, Being Healthy, and Feeling Younger*, Health Communications,
1999; www.SchwarzbeinPrinciple.com. La doctora Schwarzbein arma las
piezas del rompecabezas dietético de la vida moderna, y el resultado es una
guía muy completa en que explica cómo funciona el alimento a nivel celular
para crear salud o destrozarla. Introducido por secciones sobre el envejecimiento, el colesterol y las grasas, la enfermedad cardiaca, la resistencia a la
insulina y el cáncer, el libro examina aspectos históricos, el vegetarianismo y
otros estilos de vida, y culmina en un plan de comidas para cuatro semanas.
La doctora Schwarzbein explica las maneras de conseguir una dieta equilibrada evolutiva, controlar los trastornos alimentarios, y elaborar un programa de sanación y mantenimiento conveniente a las necesidades de la vida
moderna, e incluye recetas para comenzar. También recomiendo sus otros libros, *Schwarzbein Principle Cookbook* y el *Schwarzbein Principle Vegetarian Cookbook*, Health Communications, 1999.

Kathleen DesMaison, *Potatoes, Not Prozac: A Natural Seven-Step Dietary
Plan to Control Your Cravings and Lose Weight, Recognize How Foods Affect the Way You Feel, and Stabilize the Level of Sugar in Your Blood*, Simon
& Schuster, 1999. Recomiendo sinceramente este libro a cualquier persona
que ha tenido problemas para controlar el peso. La doctora DesMaison revela la relación entre la dieta, las betaendorfinas y la autoestima, reconocien-
do el importantísimo papel de las betaendorfinas en la regulación de la química cerebral, el ánimo y el apetito. Aprende cómo afecta a la química
cerebral lo que comemos y cuándo comemos. Si eres una de los veinte millones de personas que se calcula son hijos o nietos de alcohólicos o sienten
ansias de alcohol, puedes beneficiarte de tomar estas sencillas medidas: 1)
toma desayuno, 2) come proteínas en cada comida, 3) reduce el consumo de
azúcares, y 4) lee este libro.

Kathleen DesMaison, *The Sugar Addict's Total Recovery Program*, Ballantine, 2000. En este libro la doctora DesMaison ofrece información concreta
sobre alimentos específicos y la bioquímica de la adicción al azúcar. En sus

estudios ha descubierto tres importantes factores que contribuyen al inicio de la adicción al azúcar, los que, cuando se equilibran, son las claves para recuperarse de ella: el azúcar en la sangre, la serotonina y las betaendorfinas. Ha ideado un plan de siete pasos, fácil de seguir, para derrotar la adicción al azúcar, y lo explica con detalles prácticos. Su programa reconoce que recuperarse de la adicción al azúcar, como de cualquier otra, es un proceso, no un acto aislado. Si tienes verdadera adicción al azúcar, cualquier dieta de adelgazamiento que pruebes estará condenada al fracaso mientras no entiendas y apliques los principios explicados de modo tan convincente en este libro.

H. Leighton Steward, Morrison Bethea, Sam Andrews y Luis A. Balart, *The New Sugar Busters: Cut Sugar to Trim Fat*, Ballantine Books, 2003; www.sugarbusters.com. La ecuación básica que expone este libro fácil de entender es sencilla: Demasiada azúcar = Demasiada insulina. El consumo excesivo de azúcar se ha relacionado con una miríada de problemas de salud, entre otros depresión, mal funcionamiento del sistema inmunitario y aumento de peso. Si sospechas que tu dieta podría contener demasiada azúcar o que eres sensible al azúcar, este libro te ayudará a evaluar con más claridad tus necesidades dietéticas. Contiene planes de comida y recetas que han servido a muchas personas para bajar o mantener su peso, además de equilibrar los niveles de hormonas, insulina y eicosanoides.

Geneen Roth, *When Food is Love: Exploring the Relationship Between Eating and Intimacy*, Dutton, 1991; www.geneenroth.com. [Versión en castellano: *Cuando la comida sustituye al amor*, Urano, 1992, 2001.] Si te encuentras ante las dimensiones emocionales del exceso en la comida, lee este libro. Nadie ha escrito jamás con más elocuencia o utilidad sobre este tema del comer y las emociones. Siempre que leo a Geneen Roth me siento sustentada espiritualmente y esperanzada.

Geneen Roth, *Appetites: On the Search for True Nourishment*, Dutton, 1996; www.geneenroth.com. ¿Qué desean realmente las mujeres? Utilizando la comida como metáfora del deseo femenino en la cultura estadounidense contemporánea, Geneen Roth examina la intensidad de nuestra búsqueda de sustento, intimidad, amistad, salud y éxito verdaderos.

Nutrición: planes e información

Council for Responsible Nutrition (CRN): Es una asociación mercantil con sede en Washington que representa a los proveedores de ingredientes y fabricantes de suplementos dietéticos. Su sitio web contiene información detallada sobre los suplementos, y ofrece información básica y enlaces para acceder a estudios sobre una amplia variedad de hierbas y plantas. Una página (www.crnusa.org/about_label.html) explica con claridad y detalle la forma de leer las etiquetas de los suplementos. Su publicación *The Benefits of Nutritional Supplements*, a la que se puede acceder, es un documento particularmente instructivo que da a conocer muchos estudios de investigación que apoyan la toma de suplementos en dosis mayores a las recomendadas oficialmente para prevenir la enfermedad crónica. Para más información, contacta con:

Council for Responsible Nutrition (CRN)
1828 L Street, NW, Suite 900, Washington, DC 20036-5114
Teléfono: 202 776 79 36
Web site: www.crnusa.org

Ray Strand, médico de cabecera de Dakota del Sur y autor de *Releasing Fat: Developing Healthy Lifestyles That Have a Side Effect of Permanent Fat Loss*, Health Concepts Publishing, 2003; www.bionutrition.org. El doctor Strand, especialista en medicina nutricional, presenta pruebas médicas de vanguardia que explican por qué tantas dietas no dan resultado. Lleva más de ocho años aplicando estas verdades en su consulta particular. Los pacientes de insulinorresistencia no sólo mejoran su salud y estilo de vida sino que también comienzan a desprenderse de grasa por primera vez en su vida. El sitio web del doctor Strand ofrece información para vencer la insulinorresistencia, con instrucciones para seguir una dieta sana, el programa correcto de ejercicios y tomar suplementos dietéticos. También ofrece información detallada sobre el índice glucémico y los alimentos recomendados para prevenir la insulinorresistencia y lograr una salud óptima.

Para más información sobre el índice glucémico, véase Recursos para el capítulo 3.

Ayuda intuitiva

La doctora Mona Lisa Schulz es neuropsiquiatra y neurocientífica, y además una médica intuitiva muy dotada. Hace varios tipos diferentes de lecturas intuitivas, entre otras la de una familia, para determinar las pautas emocionales de la dinámica familiar que afectan a la salud de un niño o niña. (Observación: la doctora Schulz no hace diagnósticos médicos durante sus lecturas intuitivas.) Para más información o para concertar una lectura, llámala al 207 846 64 97, o visita su sitio web: www.drmonalisa.com.

Suplementos

Véase también Recursos para el capítulo 3.

Suplementos vitamínicos y minerales diarios para adolescentes

Body Rox de USANA (basado en los suplementos esenciales para adultos) está formulado específicamente para satisfacer las necesidades nutricionales de los adolescentes; recientemente se le ha añadido un 50 por ciento más de calcio y magnesio, además de antioxidantes extras. Para más información, contacta con:

USANA (véase pág. 726).

Calcio para adolescentes

Body Rox Chewable Active Calcium de USANA: este producto masticable (recomendado para chicos de 12 a 18 años) contiene una fórmula equilibrada de calcio, magnesio, silicio y vitamina D, que da un apoyo completo para el desarrollo óseo óptimo. Para más información, contacta con USANA.

Complejo de calcio Nature's Way: este suplemento contiene calcio y magnesio en una proporción 2:1; tres tabletas contienen 500 mg de calcio y 250 mg de magnesio; otros ingredientes son zinc, cobre, manganeso, boro, vitaminas D_3, K y B_6, ácido fólico y cola de caballo o equiseto menor (por el sílice). Este producto no contiene levadura, leche, lactosa, trigo, azúcar, soja ni maíz. Para más información, contacta con:

Emerson Ecologics (véase pág. 726).

Suplementos de omega-3

Véase Recursos para capítulo 3.

Información sobre trastornos alimentarios

La National Eating Disorders Association (NEDA) es la mayor organización sin fines de lucro de Estados Unidos. Trabaja en la prevención de los trastornos alimentarios y en dar información sobre tratamientos a las personas que sufren de anorexia, bulimia y a las preocupadas por la imagen corporal y problemas de peso. Su sitio web ofrece muchísima información sobre estos trastornos, presenta una Guía de Supervivencia, enlaces con especialistas en tratamiento en las diferentes zonas, e incluso una página titulada «Tips for Kids on Eating Well and Feeling Good About Yourself» [Consejos para chicos para comer bien y sentirte bien contigo mismo/a]. Para más información, contacta con:

The National Eating Disorders Association (NEDA)
603 Stewart St., Suite 803, Seattle, WA 98101
Teléfono: 206 382 35 87
Web site: www.edap.org

Batidos y barras sanos y nutritivos para comidas o tentempiés rápidos

Las siguientes bebidas combinadas y barras ofrecen alternativas sanas a la comida rápida cuando no hay tiempo para preparar una comida. Para obtener un batido espeso, añadir hielo o fruta a la bebida (o extracto de vainilla, miel o mantequilla de cacahuete) y batirla en la licuadora. Ten barras en el cajón de tu escritorio o en el bolso para aquellas ocasiones en que te entra el hambre y lo único que hay en la máquina expendedora son productos M&M, como cacahuetes o patatas fritas.

Bebida Revival Soy para reemplazar una comida: de los numerosos productos de soja que hay en el mercado, éste es mi favorito. Ideada por médicos, Revival contiene 160 mg de isoflavonas de soja por ración, el equivalente a 6 raciones de soja al día. Cuanto mayor es la cantidad de isoflavonas en un producto de soja, mayores son los beneficios. Viene en 8 sabores (a mí me gusta especialmente la de sabor de chocolate) y 3 opciones de edulcorante (fructosa, Splenda y sin edulcorar). Para más información, contacta con:

Revival Soy
1031 E. Mountain St., Building 302
Kernersville, NC 27284
Teléfono: 800 REVIVAL (800 738 48 25)
Web site: www.revivalsoy.com

Barras de proteína Revival Cool Krispy: copos de soja, crujientes e hinchados, que vienen mezclados con diversos y deliciosos sabores, por ejemplo cacahuete, chocolate, malvavisco y manzana. Una ración de estas barras equivale a 6 raciones de un producto de soja normal. Para más información, contacta con Revival.

Barras Revival Low-Carb: estas barras, muy sabrosas, combinan un elevado contenido en proteínas con un bajo contenido en carbohidratos. Para más información, contacta con Revival.

Bebida Nutrimeal de USANA: esta bebida para reemplazar una comida combina carbohidratos de bajo índice glucémico, proteína de soja de alta calidad (12 g por ración) y grasa sana (3,5 g) en una proporción ideal. También contiene 6 g de fibra dietética. Se presenta en 3 sabores. Para más información, contacta con USANA (véase pág. 726).

Barra USANA Iced Lemon Fibergy: estas barras con ingredientes naturales de bajo índice glucémico y ricas en fibra también son ricas en ácidos grasos omega-3 (del lino) y potasio. Cada barra sólo contiene 1,5 g de grasa. Para más información, contacta con USANA.

USANA Nutrition Bars: delicioso y sano tentempié, de bajo índice glucémico, provee de carbohidratos, proteínas y grasas; es uno de mis favoritos. Vienen en dos sabores, bayas silvestres (con 8 g de proteínas) y cacahuete (con 12 g de proteínas). Para más información, contacta con USANA.

Para información sobre las barras Omega Smart (tentempié biológico rico en grasas omega-3 y de bajo índice glucémico) y sobre las barras Nutiva's Hempseed (tentempié de semillas de cáñamo de cultivo biológico, rico en ácidos grasos omega-3 y omega-6, proteína y vitamina E), ambos de Emerson Ecologics, (véase Recursos para capítulo 3).

KETO Shakes: estos batidos espesos, ricos en proteína y pobres en carbohidratos son una opción ideal para reemplazar una comida; contienen 24 g de proteína y sólo 1-3 g de grasa por ración. Vienen en más de 10 sabores, sin azúcar, aspartamo ni sacarina añadidos. Yo suelo poner media cucharada de KETO a otras bebidas combinadas para añadir proteína y sabor. Los productos KETO se encuentran en todo el país; también puedes visitar www.keto.com.

Capítulo 14: La escuela de la amistad

Lecturas recomendadas

Rosalind Wiseman, *Queen Bees & Wannabes: Helping Your Daughter Survive Cliques, Gossip, Boyfriends, and Other Realities of Adolescence*, Crown Publishers, 2002; www.rosalindwiseman.com. Este libro pionero cuenta la sincera verdad acerca del poder que ejercen las pandillas en las chicas adolescentes de hoy en día, revelando lo espantosamente crueles que pueden ser las chicas entre ellas. Rosalind Wiseman (que fundó una organización no lucrativa dedicada a capacitar a las adolescentes) habló con miles de chicas al hacer su estudio para este libro. Ayuda a los padres a identificar el papel concreto que han adoptado sus hijas y las amigas de sus hijas, y da consejos sobre cómo capacitar a las chicas para que sean lo que realmente son y no lo que creen que deben ser. También ayuda a los padres a identificar su estilo para educar a sus hijas y a comprender como influyen sus historias y prejuicios personales en su relación con ellas. El próximo libro de Wiseman (*Surviving the Hive* [Cómo sobrevivir a la colmena]) se centrará en los padres y en cómo se tratan entre ellos de la misma manera.

Rachel Simmons, *Odd Girl Out: The Hidden Culture of Aggression in Girls*, Harcourt, 2002. Graduada en la Universidad de Vassar y conferencista en la de Rhodes, y ahora experta en agresividad femenina, Rachel Simmons entrevistó a 300 chicas de 30 colegios para escribir este libro. En él expone la triste y sucia realidad de cómo las chicas han creado una cultura en la que no sólo se maltratan y tiranizan entre ellas, sino que también la tribu aprueba y alienta este comportamiento. También ofrece innovadoras ideas para que los profesores, padres y chicas puedan cambiar esta dolorosa tendencia.

Lyn Mikel Brown, *Girlfighting: Betrayal and Rejection Among Girls*, New York University Press, 2003. Psicóloga y catedrática en el Colby College, Lyn Mikel Brown explica con detalles cómo la naturaleza chismosa, competitiva y de pandilla de las adolescentes actuales dista mucho de ser una fase inofensiva y es francamente peligrosa. Habló con más de 400 chicas al hacer el estudio para este libro, en el que también ofrece buenas soluciones para cambiar esta dañina cultura y enseñar a nuestras hijas a desarrollar más autoestima y a nutrir su valía personal.

Vicki Crompton y Ellen Zelda Kessner, *Saving Beauty from the Beast: How to Protect Your Daughter from an Unhealthy Relationship*, Little, Brown, 2003. Según los Centers for Disease Control, una de cada tres chicas de 10 a 18 años ha sido agredida físicamente por su novio. Estas dos autoras conocen muy bien este dato estadístico. La hija de Vicki Crompton fue asesinada por su novio cuando tenía 15 años, y la hija adulta de Ellen Kessner también murió víctima de la violencia. Con el deseo de prevenir otros casos como los ocurridos a ellas, estas madres escribieron este libro para advertir a los padres de las señales de peligro que pueden indicar que sus hijas están en una relación física o mentalmente abusiva.

Jeanne Safer, *The Normal One: Life with a Difficult or Damaged Sibling*, Free Press, 2002; www.thenormalone.com. Este libro de la psicoterapeuta Jeanne Safer, que se crió con un hermano emocionalmente enfermo, saca a la luz por primera vez las dificultades que enfrentan los hermanos «normales» en las familias en las que hay un hijo con discapacidad física o emocional. En su estudio, entrevistó a 60 hermanos «normales» acerca del modo, consciente o inconsciente, como compensaban los problemas de sus hermanos, entre otros, madurez prematura, tendencias perfeccionistas, y sentimiento de culpa por su propia salud. También ofrece herramientas para ayudar a estos hermanos adultos a sanar el dolor muchas veces ignorado y no reconocido que entrañaba la dinámica familiar.

Shelley Taylor, *The Tending Instinct: How Nurturing Is Essential for Who We Are and How We Live*, Times Books, 2002. [Versión en castellano: *Lazos vitales: De cómo el cuidado y el afecto son esenciales para nuestras vidas*, Taurus, Madrid, 2002.] Psicóloga y experta investigadora del estrés en la UCLA, la doctora Taylor explora sus estudios que demuestran que las mujeres reaccionamos al estrés de forma diferente a los hombres. En lugar de tensarse con la reacción de luchar o huir, las mujeres tienden biológicamente a reaccionar con lo que ella llama la reacción de «atender y ofrecer amistad»: se vuelven hacia los brazos abiertos y oídos bien dispuestos de sus amigas, y calman sus nervios crispados atendiendo y cuidando de otros. Esta tendencia altruista cooperativa, explica la doctora Taylor, ofrece un equilibrio esencial a la clásica reacción masculina de luchar o huir, equilibrio que es esencial para la supervivencia de la especie, dice.

Alice Domar, *Self-Nurture: Learning to Care for Yourself as Effectively as You Care for Everyone Else*, Viking, 2000. [Versión en castellano: *Cuida de ti misma como cuidas de los demás*, Urano, 2002.] Psicóloga de Harvard y experta en el control del estrés, la doctora Domar explica que la abnegada tendencia de las mujeres a cuidar de todos los demás antes que a sí mismas puede llevar a un agotamiento físico, emocional y espiritual. Así como las azafatas de vuelo nos ordenan ponernos las máscaras de oxígeno antes de ayudar a los niños que van sentados al lado, la doctora Domar nos explica por qué y cómo ponernos en primer lugar es una situación beneficiosa para todos. Con historias, meditaciones y otros diversos ejercicios, esboza un completo programa de 1 año de duración pensado para enseñar a las mujeres a cuidar de sí mismas. Como dice, no tenemos por qué renunciar a nuestra vida para enriquecerla.

Louise Hay, *You Can Heal Your Life*, Hay House, 1987, y *Heal Your Body A-Z: The Mental Causes for Physical Illness and How to Overcome Them*, Hay House, 1998; www.hayhouse.com. [Versiones en castellano: *Usted puede sanar su vida*, Urano, 1989, 1993, y *Sana tu cuerpo A-Z*, Urano, 1999, 2001.] Durante años he sido gran admiradora de Louise Hay y sus sanadoras afirmaciones. ¡Su método hace milagros! Louise enseña que los cambios que producimos con amor en nuestra vida (y en nuestro cuerpo) son permanentes, mientras que los que ocurren por maltrato y negación de nosotras mismas siempre son pasajeros. Louise también escribe una útil y enriquecedora hoja informativa a la que te puedes suscribir entrando en su sitio web.

Recursos para ayudar a las chicas a unirse en lugar de reñir

The Ophelia Project es una organización que promueve el desarrollo sano del carácter y fomenta las buenas relaciones mediante el conocimiento, la educación y el apoyo activo. Dedicado a crear una cultura sana y segura en lo físico, emocional y social, Ophelia Project ofrece conocimientos sobre la agresividad encubierta entre compañeras y otros problemas propios de chicas. Trata de eliminar la agresividad en las relaciones y enseña a las adolescentes a tratar con respeto a sus compañeras. Este proyecto ofrece herramientas para padres y colegios, programas de asesoría y ayuda para comunidades, talleres y seminarios. Para más información, contacta con:

The Ophelia Project
P.O. Box 8736, Erie, PA 16505-0736
Web site: www.opheliaproject.org

Stop Bullying Now!: el sitio web (www.stopbullyingnow.hrsa.gov) de esta campaña antiagresión, creación conjunta del Department of Health and Human Services, la Health Resources and Services Administration y el Maternal and Child Health Bureau, ofrece juegos y «webisodes» para niñas de 9 a 13 años. También ofrece un equipo de ayuda y asesoría para adultos por la red (formado por profesores, administradores de colegio, profesionales de la salud mental y líderes juveniles, entre otros).

Operation Respect es una organización no lucrativa que ofrece recursos educacionales a colegios, campamentos y otras organizaciones enfocadas a los niños y jóvenes, que fomenta ambientes más compasivos, seguros y respetuosos para nuestros hijos. Fundada por Peter Yallow, del famoso grupo folk de los sesenta Peter, Paul & Mary, esta organización ha ideado una serie de tres programas *Don't Laugh at Me* (DLAM) [No te rías de mí], adecuados para tres niveles de enseñanza. Estos programas emplean música y vídeos atractivos junto con otros elementos desarrollados por el Resolving Conflict Program (RCCP) de Educators for Social Responsibility (ESR). La organización también ofrece un boletín para que los niños cuenten sus historias, hagan preguntas y ofrezcan soluciones a los problemas de otros niños. Para más información, contacta con:

Operation Respect
2 Penn Plaza, 5th Floor, Nueva York, NY 10121
Teléfono: 212 904 52 43
Web site: www.dontlaugh.org

Terapia conductista dialéctica

Véase Recursos para Habitación uno.

Capítulo 15: Pubertad

Lecturas recomendadas

Mary Pipher, *Reviving Ophelia: Saving the Selves of Adolescent Girls*, Putnam, 1994. [Versión en catellano: *Cómo ayudar a su hija adolescente: Respuestas sólidas a la anorexia, la sexualidad, la incomunicación, el fracaso escolar y otros problemas*, Amat Editorial, Barcelona, 2002.] La psicóloga clínica Mary Pipher escribe acerca de cómo las chicas de hoy en día pierden su sentido de identidad cuando llegan a la adolescencia, y muchas veces caen en la depresión, trastornos alimentarios, e incluso pensamientos suicidas, a una velocidad alarmante, gracias al canon de belleza de modelo delgada y sólo piel que expone nuestra cultura. También ofrece estrategias para combatir esta alarmante tendencia.

Cheryl Dellasega, *Surviving Ophelia: Mothers Share Their Wisdom in Navigating the Tumultuous Teenage Years*, Perseus, 2001. En respuesta a *Reviving Ophelia* de Mary Pipher, en esta compilación de historias y poemas de madres de otras Ophelias, la doctora Dellasega, médica clínica en el Penn State's College of Medicine, cuenta su conmovedora experiencia con su hija adolescente. En un apéndice ofrece una lista de recursos para madres e hijas que necesitan ayuda para navegar por la adolescencia.

Sara Shandler, *Ophelia Speaks: Adolescent Girls Write About Their Search for Self*, HarperPerennial, 1999. [Versión en castellano: *Ellas hablan solas: los escritos secretos de las chicas*, Ediciones B, Barcelona, 2000.] Nacida en Amherst, Massachussetts, Sara Shandler leyó *Reviving Ophelia* cuando tenía 16 años, y se impresionó tanto que creó un foro para adolescentes para hablar sobre temas similares. Este libro, escrito cuando Sara estaba estudiando en la Wesleyan University, es una colección de aquellas voces, escritas por chicas de 12 a 18 años de todo el país, de todas las religiones y clases socioeconómicas.

Anne Cameron, *Daughters of Copper Woman*, Harbour Publishing Co., 2002. El clásico contracultural de Anne Cameron se ha revisado y contiene material del original (publicado en 1981) y nuevo. En este libro relata mitos de las tribus de indios norteamericanos de la costa noroccidental, los que celebran el impresionante poder espiritual y la belleza de ser mujer.

Celebración del primer periodo menstrual de una chica

Mary Dillon y Shinan Barclay, *Flowering Woman: Moontime for Kory: A Story of a Girl's Rites of Passage into Womanhood*, Sunlight Productions, 1988. Este libro, bellamente ilustrado, narra la historia de ficción de una niña indígena, Kory, a la que las abuelas de su tribu la introducen en la edad adulta enseñándole lo sagrado que es ser mujer. El libro toca suavemente los temas del sexo, el embarazo y la pasión, además de la menstruación.

Barbara Biziou, *The Joy of Ritual: Spiritual Recipes to Celebrate Milestones, Ease Transitiones, and Make Every Day Sacred*, Golden Books, 1999; www.joyofritual.com. Profesora de lo que ella llama «espiritualidad práctica», Barbara Biziou explica ceremonias sencillas pero significativas para actividades rutinarias diarias como también ritos de pasaje que puedes adaptar a tus circunstancias y creencias, poniendo el énfasis en la celebración y sanación, incluso para acontecimientos tristes como un aborto espontáneo. Es también autora de *The Joy of Family Rituals: Recipes for Everyday Living*, Golden Books, 2000.

Joan Morais, *A Time to Celebrate: A Celebration of a Girl's First Menstrual Period*, Lua Publishing, 2003; www.joanmorais.com. Este espléndido y potenciador libro para jovencitas y sus familias describe el periodo menstrual como el regalo que es. Joan Morais da consejos prácticos, alentadores y francos para reconocer y celebrar el acontecimiento, tal como cualquier otra ocasión especial. También ofrece cuadros para que las chicas sigan la pista de sus reglas y sentimientos, y un diario para que anoten pensamientos y expresiones creativas.

Janet Lucy y Terri Allison, *Moon Mother, Moon Daughter: Myths and Ritual That Celebrate a Girl's Coming-of-age*, Fair Winds Press, 2002. Las autoras, Janet Lucy (profesora y terapeuta) y Terri Allison (educadora en desarrollo infantil) tienen cuatro hijas entre las dos, de 10 a 16 años. Este jubiloso libro explora diferentes tradiciones para celebrar el paso de niña a mujer, y sugiere actividades que pueden realizar juntas la madre y la hija para fortalecer el lazo afectivo durante este periodo que suele ser tumultuoso.

Kristi Meisenbach Boyland, *The Seven Sacred Rites of Menarche: The Spiritual Journey of the Adolescent Girl*, Santa Monica Press, 2001. En este libro, Kristi Meisenbach Boyland ofrece un extraordinario plan para honrar y sustentar el espíritu de la chica. Explica los siete peldaños ante los que se encuentran todas las chicas en su viaje espiritual de niña a mujer. También sugiere ideas para crear ritos de pasaje, con conmovedoras ceremonias para que participen madres e hijas.

The First Moon: Passage to Womanhood: Este especial equipo ceremonial sirve a madres e hijas para celebrar el primer periodo de la chica. Ideado por Helynna Brooke y su madre, Ann Short, después que Helynna decidió celebrar una ceremonia para su hija y luego para otras chicas de su familia. El sitio web de la empresa contiene una larga página con libros, casetes y otros recursos. Para más información, contacta con:

The Brooke Company
1342 38th Avenue, San Francisco, CA 94122
Teléfono: 888 965 48 12
Web site: www.celebrategirls.com

Celebración de la menstruación (y el ser mujer en general)

The Red Spot (www.onewoman.com/redspot) Este informativo sitio web, llevado con mucho sentido del humor, es un recurso maravilloso para las chicas. Ofrece detallada información biológica sobre el sistema reproductor, la menstruación y el ciclo hormonal (te encantará el útero danzante); tradiciones respecto al paso de niña a mujer de diferentes culturas de todo el mundo, y una fabulosa sección de franca charla sobre cómo es tener la regla, escrita en un estilo positivo y alentador que agradecerán las chicas. Incluso hay un foro para que las chicas cuenten sus historias y expresen sus pensamientos y sentimientos respecto a sus periodos menstruales.

Kami McBride, *105 Ways to Celebrate Menstruation*, Living Awareness Institute, 2003; www.livingawareness.com. Me encantó este libro ameno, divertido y positivo, y creo que deberían leerlo todas las mujeres y niñas. Kami McBride explica la manera de aprovechar la menstruación como una herramienta para el crecimiento personal e incluso la autocuración. Dotada herbolaria especializada en la salud de la mujer, ofrece recetas de infusiones.

Lara Owen, *Honoring Menstruation: A Time of Self-Renewal*, Crossing Press, 1998; www.laraowen.com. Este simpático y útil libro sobre la menstruación abunda en profundas verdades sobre el poder y valor del ciclo menstrual, que trasciende la función de la reproducción. Basándose en diversas tradiciones culturales y en su experiencia personal (y las experiencias de otras mujeres) demuestra cómo el periodo menstrual representa un tiempo para una renovación física y espiritual que nos permite acceder más profundamente a nuestra sabiduría interior. Esta versión revisada y ampliada (la anterior se titulaba *Her Blood Is Gold* [Su sangre es oro]) contiene una sección sobre métodos curativos naturales para los síntomas menstruales.

The Red Web Foundation: Fundación dedicada a generar en mujeres y niñas una visión positiva del ciclo menstrual (en su totalidad, desde la menarquia a la menopausia) mediante educación y comunidad. Otra finalidad del grupo es que las mujeres redescubran el significado de sus ciclos, porque, como dice en su sitio web: «Cuando aprendemos a vivir sabiamente con los ciclos vitales, aprendemos a arraigar nuestra autoestima en una profunda sabiduría interna. La imagen corporal y los ciclos menstruales son facetas conectadas de la salud y bienestar total de las mujeres». Para más información, contacta con:

The Red Web Foundation
93 Rocca Drive, Fairfax, CA 94930
Teléfono: 888 965 48 12
Web site: www.theredweb.org

The Museum of Menstruation and Women's Health (MUM) [Museo de la Menstruación y de la Salud de la Mujer]: Este museo, que antes (1994 a 1998) se exhibía en la casa de Harry Finley en las afueras de Washington, D.C., ahora es un museo virtual al que se puede acceder vía cibernavegación. Hay de todo, desde cabañas menstruales de otras culturas a arte menstrual (no para estómagos delicados), todos elegidos por su capacidad de ilustrar la historia de la salud de la mujer y la cultura de la menstruación. Para más información, contacta con:

MUM
P.O. Box 2398, Landover Hills Branch
Hyattsville, MD 20784-2398
Teléfono: 301 459 44 50
Web site: www.mum.org/armenza.htm

My Monthly Cycles (www.mymonthlycycles.com) es un sitio gratis que permite seguir la pista al ciclo mensual, calcular el periodo de ovulación, e incluso pedir que te envíen recordatorios por *e-mail* acerca de cosas como el examen de mamas mensual.

HABITACIÓN NÚMERO TRES: CATORCE A VEINTIÚN AÑOS

Capítulo 16: El nacimiento de Afrodita

Lecturas recomendadas

Linda E. Savage, *Reclaiming Goddess Sexuality: The Power of the Feminine Way*, Hay House, 1999; www.goddesstherapy.com. La doctora Savage, psicóloga y terapeuta de matrimonio, familia y sexualidad, combina lo que conoce el mundo occidental sobre la sexualidad femenina con la sabiduría de las antiguas culturas de la Diosa. La sexualidad es sagrada, enseña, y ofrece consejos paso a paso para utilizar este concepto con el fin de hacer más profundas, equilibradas y satisfactorias las relaciones íntimas.

Marija Gimbutas, *The Civilization of the Goddess: The Old World of Europe*, HarperSanFrancisco, 1991. La difunta doctora Gimbutas, que fuera miembro del equipo de investigación en Harvard y luego catedrática en la UCLA, utiliza pruebas arqueológicas para pintar un cuadro del mundo europeo del Neolítico como una civilización pacífica, gobernada por mujeres, que rendía culto a la Diosa y valoraba igualmente a hombres y mujeres, defendiendo la teoría de que nuestra cultura realmente se basa en un rico legado matriarcal.

Riane Eisler, *The Chalice and the Blade: Our History, Our Future*, Harper & Row, 1987. [Versión en castellano: *El cáliz y la espada*, H. F. Martínez de Murguía, Madrid, 1996.] La doctora Eisler, historiadora, antropóloga, teórica de la evolución y la transformación cultural, y presidenta del Center for Partnership Studies [Centro de Estudio de las Relaciones Solidarias], documenta en este libro el cambio desde las culturas igualitarias de los tiempos prehistóricos que veneraban a la diosa, a la sociedad autoritaria, patriarcal y muchas veces violenta que dictaminó que los hombres deben dominar a las mujeres. Futurista, la doctora Eisler ve en el horizonte una sociedad cooperativa con más valores humanos para todos.

Morton Kelsey y Barbara Kelsey, *The Sacrament of Sexuality: The Spirituality and Psychology of Sex*, Vega Books, 2002. Este libro, escrito por un pastor episcopaliano y su mujer, explica cómo las actitudes de los padres hacia las relaciones sexuales, e incluso el afecto físico entre ellos y con los miembros de la familia, configuran las ideas de sus hijos acerca de la sexualidad. Los Kelsey, que se apoyan mucho en conceptos junguianos, hablan acerca de muchas variedades de expresión sexual (incluida la homosexualidad), y de por qué y cómo nuestra sexualidad tiene relación con nuestra espiritualidad.

Helen Fisher, *Anatomy of Love: The Natural History of Monogamy, Adultery, and Divorce*, Norton, 1992; www.helenfisher.com. [Versión en castellano: *Anatomía del amor: historia natural de la monogamia, el adulterio y el divorcio*, Anagrama, Barcelona, 1999.] La doctora Fisher, antropóloga de la Rutgers University y anteriormente del American Museum of Natural History, ha realizado extensos estudios sobre la evolución y futuro de la sexualidad, el amor y el matrimonio, así como sobre las diferencias en el cerebro y conducta de hombres y mujeres. En este libro ofrece explicaciones biológicas y neuroquímicas de por qué y cómo las personas de diferentes culturas coquetean, se enamoran, se casan y, o bien continúan juntas, o se separan. También es autora de *Why We Love: The Nature and Chemistry of Romantic Love*, Henry Holt, 2004; *The First Sex: The Natural Talents of Women and How They Are Changing the World*, Random House, 1999, y *The Sex Contract: The Evolution of Human Behavior*, William Morrow, 1992. [Versiones en castellano: *Por qué amamos*, Taurus Ediciones, Madrid, 2005; *El primer sexo*, Punto de Lectura, 2001, y *El contrato sexual: la evolución de la conducta humana*, Salvat, Barcelona, 1995.

Dorothy Tennov, *Love and Limerence: The Experience of Being in Love*, Scarborough House, 1999. Publicado hace veinte años, este clásico ahonda en la psicología de la emoción, explicando un estado involuntario y temporal que la autora llama «limerence», que en sentido lato equivale a enamorarse. Este estado de dependencia emocional entraña el deseo de que la otra persona corresponda al amor, pensar obsesivamente en esa persona, e incluso ser irracional respecto a sus atributos positivos.

Naomi Wolf, *Promiscuities: The Secret Struggle for Womanhood*, Random House, 1997. [Versión en castellano: *Promiscuidades*, Planeta, Barcelona, 1998.] Experta en los efectos de la cultura popular en la imagen que tiene de sí misma la mujer, Naomi Wolf escribe sobre su paso a mujer en el sector Haight-Ashbury de San Francisco en la época hippie de los sesenta y setenta, y explica lo que ve cuando las mujeres se esfuerzan en expresar su sexualidad y al mismo tiempo satisfacer las normas de conducta de la sociedad. La actitud Madonna-puta predominante en nuestra cultura, dice, deja pocas salidas para los deseos sexuales normales de las chicas. También toca temas como el aborto, la industria del sexo, e incluso la violencia sexual, y los efectos que tienen esas cosas en las ideas de las chicas acerca de sí mismas y de su sexualidad.

Jalaja Bonheim, *Aphrodite's Daughters: Women's Sexual Stories and The Journey of the Soul*, Simon & Schuster, 1997; www.jalajabonheim.com. La terapeuta Jalaja Bonheim relata las historias de muchas mujeres de una amplia variedad de tradiciones espirituales y culturas acerca de cómo sus experiencias sexuales se han entrelazado con su crecimiento espiritual. Su interés por el tema comenzó en un viaje a India, donde conoció a una anciana que había sido sacerdotisa sexual de la tradición tántrica.

Kami McBride, *105 Ways to Celebrate Menstruation* (véase Recursos para el capítulo 15, «Celebración de la menstruación»).

Información sobre la sexualidad en la adolescencia y prevención del embarazo

The National Campaign to Prevent Teen Pregnancy [Campaña Nacional para Prevenir el Embarazo en la Adolescencia]: Organización no partidista ni lucrativa iniciada en 1996 con el objetivo de disminuir en un tercio el índice de embarazos de adolescentes antes de 2005. La sección dedicada a adolescentes de su sitio web contiene mucha información útil y franca, entre otras cosas comentarios de adolescentes acerca de sexo, embarazo, métodos anticonceptivos, padres, medios e incluso religión. Los adolescentes que hagan el cuestionario acerca de sexo y embarazo descubrirán los resultados de una encuesta reciente que demuestra que alrededor de un 35 por ciento de chicas quedarán embarazadas antes de cumplir los 20 años, y que el 63 por ciento de los adolescentes (70 por ciento de chicas) que ya han tenido relaciones sexuales desearían haber esperado. Para más información, contacta con:

The National Campaign to Prevent Teen Pregnancy
1776 Massachusetts Ave., NW, Suite 200, Washington, DC 20036
Teléfono: 202 478 85 00
Web site: www.teenpregnancy.org

Planned Parenthood Federation of America (PPFA): la mayor organización voluntaria de cuidado de la salud reproductora; fundada en 1916 como la primera clínica de control de la natalidad, postula que las mujeres deben estar al mando de su destino. Su principal sitio web contiene muchísima información sobre la sexualidad, el embarazo y el control de la natalidad, con una muy útil guía para padres (incluso una página sobre lo que necesitan saber los niños y a qué edad lo necesitan).

Tennwire es otro sitio web de la organización, para adolescentes, con amplia información sobre la sexualidad y las relaciones. Páginas como «True Tales of a Teen Mom» [Historias reales de mamás adolescente] y «How to Put a Condom» [Cómo ponerse un condón] (con un vídeo con un modelo de plástico) son sólo dos ejemplos de lo que se encuentra en este sitio. Para más información, contacta con:

Planned Parenthood Federation of America
434 West 33rd Street, Nueva York, NY 10001
Teléfono: 212 541 78 00
Web site: www.plannedparenthood.org y www.teenwire.com

Capítulo 17: Adicciones

Lecturas recomendadas

Andrew Weil y Winifred Rosen, *From Chocolate to Morphine: Everything You Need to Know About Mind-Altering Drugs*, Houghton Mifflin, 2004; www.drweil.com. [Versión en castellano: *Del café a la morfina: todo lo que necesita saber sobre las sustancias psicoactivas de la A a la Z*, RBA, Barcelona, 2000 y 2001.] Este libro, recientemente revisado, dirigido a los padres y sus hijos, ofrece una explicación objetiva sobre cómo las diversas drogas afectan al cuerpo y a la mente, y habla de la diferencia entre uso y abuso de drogas. La información abarca los efectos secundarios, las precauciones y las alternativas para drogas legales, como la cafeína y los antihistamínicos, y las drogas ilegales.

Cynthia Kuhn, Scott Swartzwelder y Wilkie Wilson, *Just Say Know: Talking with Kids About Drugs and Alcohol*, W. W. Norton & Co., 2002. [Versión en castellano: *Cómo hablar con tus hijos de las drogas y el alcohol*, Paidós Ibérica, Barcelona, 2004.] Escrito por catedráticos de farmacología y psicología del Duke University Medical Center, este libro ofrece a los padres herramientas para hablar con sus hijos acerca del peligro de las drogas para la salud y los problemas con la justicia que pueden causar el consumo de alcohol y otras drogas. Escrito en estilo llano y muy comprensible, cubre todas las drogas que se toman y de las que se abusa hoy en día, incluidos los esteroides. Otros libros de estos autores son: *The Straight Facts About the Most Used Drugs from Alcohol to Ectasy*, W. W. Norton, revisado en 2003, y *Pumped: Straight Facts for Athletes About Drugs, Supplements and Training*, W. W. Norton, 2000. [De este último hay versión en castellano: *Anabolizantes, estimulantes y calmantes en la práctica deportiva: información fidedigna sobre medicamentos, suplementos y entrenamiento dirigida a deportistas*, Ed. Paidotribo, Badalona, 2003.

Nancy Goodman, *It Was Food vs. Me... and I Won*, Viking Press, 2004. En este sincero libro, Nancy Goodman cuenta la historia de cómo superó su obsesión por la comida de toda la vida; ofrece consejos sobre cómo separar el alimento de las emociones, eliminar el miedo aprendiendo a satisfacer de modo sano los deseos de comer, y desviar la energía desde lo que comes y cuánto pesas hacia lo que realmente eres, y aprender a amar a esa persona.

Remedios naturales para la depresión

Dado que recientemente se ha comprobado que ciertos antidepresivos (ISRS: inhibidores selectivos de la recaptación de la serotonina) aumentan el riesgo de sentimientos suicidas en los jóvenes, a los padres les conviene considerar otras opciones para sus hijos. Además de la terapia conductista cognitiva e interpersonal (por no decir los grupos de apoyo), muchas terapias combinadas de diversas maneras pueden disminuir la necesidad de medicación. Entre ellas están el masaje; la música, el arte y la terapia de juego; el biofeedback; la meditación y la oración; el ejercicio físico, y suplementos nutritivos y hierbas. Varios estudios han demostrado que la hierba hipérico (también llamada hierba de san Juan y corazoncillo), por ejemplo, va bien para la depresión moderada; el ingrediente activo de la hierba, la hipericina, aumenta los niveles de neurotransmisores que mantienen normal el ánimo y la estabilidad emocional. Recomiendo:

Vitanica's St. John's Wort: Cada cápsula contiene 300 mg de hipérico *(Hypericum perforatum)*, estandarizado al 0,3 por ciento de hipericina con 100 mg de la hierba secada y en polvo. Para más información, contacta con:

Emerson Ecologics, Inc. (véase pág. 726).

Recursos para ayudar a los adolescentes a dejar de fumar

Gotta Quit: sitio web (www.gottaquit.com) del Monroe County, NY Department of Health. El sitio contiene mucha información sobre cómo dejar de fumar, y ofrece potentes herramientas como oportunidades para fijarse objetivos que hacen uso de recordatorios por *e-mail* con la información que tú das, y monitores formados por el University of Rochester Medical Center que están disponibles para chateo.

Crazyworld: sitio web (www.thetruth.com) muy informativo y francamente divertido, ideado como un parque de atracciones con las terribles realidades y los peligros del tabaco. Consigue educar (y horrorizar) sin sermonear (y contiene un sutil aviso, constantemente puesto al día, de cuántas personas han muerto de enfermedad relacionada con el tabaco desde el momento en que la persona entró en el sitio). Crazyworld forma parte de la campaña antitabaco The Truth, patrocinada por la American Legacy Foundation, creada por un acuerdo entre 46 fiscales generales y la industria tabacalera.

Recursos para combatir la adicción y el abuso de alcohol y drogas

Parents. The anti-drug: Este sitio (www.theantidrug.com) contiene un tesoro de información sobre el abuso de drogas y las drogas que más suelen tomar los adolescentes, como marihuana, éxtasis, cocaína, drogas de club y metamfetamina, además de drogas como Ritalin y esteroides. También ofrece consejos sobre cómo hablar con los hijos sobre el alcohol y las drogas, y sobre cómo ver las señales de que un hijo o hija está en dificultades. Contiene una sección en la que hablan adolescentes acerca de sus experimentos con drogas, la presión de los compañeros, hablar con los padres, etcétera.

The National Youth Violence Prevention Resource Center: organización patrocinada por varias agencias federales (muy notablemente, los Centers for Disease Control and Prevention), dedicada a reducir la violencia en la vida de todo tipo de chicos. Su sitio web contiene un buen número de señales de aviso de diversos problemas, entre otros depresión y suicidio en adolescentes, abuso de sustancias, violencia con la pareja, y otros temas más. La sección para adolescentes contesta preguntas tales como qué hacer por un amigo o amiga que sufre depresión, qué hacer si alguien conocido planea cometer un acto de violencia, y qué hacer si uno o una persona amiga es víctima de acoso o violencia. Para más información, contacta con:

National Youth Violence Prevention Resource Center
P.O. Box 10809, Rockville, MD 20849-0809
Teléfono: 866 SAFE YOUTH (866 723 39 68)
Web site: www.safeyouth.org/script/index.asp

Check Yourself: este sitio (www.checkyourself.com), respaldado por Partnership for a Drug-Free America, invita a los adolescentes a considerar si su consumo de sustancias está en peligro de convertirse en abuso. Cuestionarios, juegos de toma de decisión, cortometrajes e historias reales de adolescentes ayudan a los adolescentes a ver en qué situación se encuentran y hacia dónde van con las drogas y el alcohol. También se ofrecen recursos para pedir ayuda si es necesario.

Free Vibe: este sitio (www.freevibe.com), mantenido por la National Youth Anti-Drug Media Campaign, ofrece a los chicos franca información sobre las realidades del abuso de drogas y alcohol. Explica las realidades de las drogas, qué hacer si un amigo necesita ayuda, ofrece un foro para que cuenten sus historias, y los anima a participar en otras actividades («antidrogas»). Incluso hay una página sobre qué hacer si los padres consumen drogas o beben demasiado.

Mothers Against Drunk Driving (MADD): fundada en 1980 por Candy Lightner y un pequeño grupo de madres, esta organización activista en contra de beber y conducir se ha convertido en una de las principales organizaciones para víctimas de la delincuencia del mundo. Para más información, contacta con:

MADD National Office
511 E. John Carpenter Freeway, Suite 700, Irving, TX 75062
Teléfono: 800 GET MADD (800 438 6233)
Web site: www.madd.org

Students Against Destructive Decisions (SADD): aunque la primera misión de SADD era convencer a los chicos de no beber cuando van a conducir, hoy en día esta misión es mucho más amplia. Ahora es una importante organización de jóvenes dedicada a prevenir decisiones destructivas de muchos tipos, en particular beber alcohol siendo menor de edad, consumo de drogas, mala conducción, violencia, depresión y suicidio en adolescentes. Para más información, contacta con:

SADD National Office
P.O. Box 800, Marlborough, MA 01752
Teléfono: 877 SADD INC (877 723 34 62)
Web site: www.sadd.org

Monitoring the Future (MTF): estudio permanente que reúne información sobre las tendencias a fumar y consumir drogas entre los alumnos de enseñanza media, universitarios y jóvenes adultos. El estudio lo realiza el Institute for Social Research de la Universidad de Michigan. Para más información, contacta con:

Survey Research Center
1355 ISR Building
P.O. Box 1248, Ann Arbor, MI 48106
Teléfono: 734 764 83 65
Web site: www.monitoringthefuture.org

Alcoholics Anonymous: el grupo que desde los años treinta ha ayudado a los alcohólicos a dejar de beber, día a día. En una página de su sitio web dirigido concretamente a adolescentes ofrece un cuestionario con el fin de ayudarlos a decidir si la bebida se les ha convertido en problema. El sitio también ofrece información sobre grupos locales de todo el país y tiene un enlace para acceder al texto de «El Gran Libro», como llaman los miembros de AA al libro *Alcoholics Anonymous*, Alcoholics Anonymous World Services, 2000, ed. revisada. Para más información, contacta con:

Alcoholics Anonymous General Service Office
P.O. Box 459, Grand Central Station, Nueva York, NY 10163
Teléfono: 212 870 34 00
Web site: www.aa.org (en inglés, castellano y francés)

Exceso en el comer compulsivo

Overeaters Anonymous (OA): esta asociación mundial y su programa de recuperación del comer compulsivo tomó por modelo a Alcohólicos Anónimos. OA no se limita a tratar la obesidad, también fomenta el bienestar físico, emocional y espiritual. No promueve ningún plan de comidas o dieta en particular, pero anima a sus miembros (no todos los cuales son obesos) a elaborar su propio plan con un profesional de la salud y un padrino o madrina. Para más información, contacta con:

Overeaters Anonymous
World Service Office
P.O. Box 44020, Rio Rancho, NM 87174-4020
Teléfono: 505 891 26 64
Web site: www.overeatersanonymous.org

Información sobre trastornos alimentarios

Véase Recursos para capítulo 13, pág. 767.

Capítulo 18: Elementos del cuidado personal

Lecturas recomendadas

Margaret Bullitt-Jonas, *Holy Hunger: A Woman's Journey from Food Addiction to Spiritual Fulfillment*, Vintage, 2000; www.holyhunger.com. En este libro, profundamente conmovedor, la ministra episcopaliana narra sus memorias de cómo una infancia económicamente privilegiada con un padre alcohólico y una madre emocionalmente solitaria la llevó a la adicción a la comida y cómo se recuperó, gracias a su fe en un poder superior y a la ayuda del programa de 12 pasos de Overeaters Anonymous.

Herbert Benson con Miriam Z. Klipper, *The Relaxation Response*, Quill, 2001, ed. ampliada y puesta al día; www.herbertbenson.com. [En castellano está la edición anterior: *La relajación: la terapia imprescindible para mejorar su salud*, Grijalbo, Barcelona, 1997.] Publicado en 1975, este pionero libro desmitifica la meditación, sacándola del dominio de los gurús para ponerla al alcance del público en general. Los autores citan estudios que demuestran que la reacción de relajación no sólo reduce el estrés sino que también baja la tensión arterial y disminuye el riesgo de enfermedad cardiaca. La técnica que enseña Benson, investigador de Harvard, es sencilla y sólo requiere entre 10 y 20 minutos al día. Si bien actualmente existen muchísimos buenos libros sobre la meditación o respiración voluntaria consciente, este clásico sigue siendo excelente para una comprensión básica de las técnicas e instrucciones para comenzar.

Dennis Lewis, *Free Your Breath, Free Your Life: How Conscious Breathing Can Relieve Stress, Increase Vitality, and Help You Live More Fully*, Shambala, 2004; www.breath.org/dennislewis.html. Este libro, el más completo y convincente que he leído sobre la respiración, es de lectura obligada para toda persona interesada en una salud óptima. Esta guía ilustrada y sus sencillos ejercicios nos enseñan la forma de estar conscientes de la respiración para mejorar de modo importante la salud física y emocional.

Suplementos vitamínicos y minerales

Véase Recursos para capítulo 3.

Proveedores de omega-3 y DHA

Véase Recursos para capítulo 3.

Lecturas recomendadas sobre la buena forma física

Véase Recursos para capítulo 12.

Para ayudar a los hijos a mantenerse sanos

KidsHealth: Sitio web (www.kidshealth.org) ganador de premios, creado por el Center for Children's Health Media y la Nemours Foundation. Ofrece información cierta y puesta al día sobre una amplia variedad de temas de salud, en secciones separadas para niños, adolescentes y padres, cada una con su propio diseño, contenido y estilo apropiado a la edad. La sección para niños (con dibujos animados y juegos) cubre nutrición, forma física, evitación del tabaco y alcohol, sueño, e incluso cosas como el mal aliento. La sección para adolescentes trata de la sexualidad, drogas y alcohol, problemas alimentarios, y muchísimos otros temas orientados a la salud de los adolescentes.

Para superar el cansancio o fatiga

Jacob Teitelbaum, *From Fatigued to Fantastic!*, Avery Pub. Group, 2001; www.endfatigue.com. El doctor Teitelbaum no es sólo un importante investigador en los campos del cansancio crónico y la fibromialgia; él sufrió de estos dos trastornos. En esta edición ampliada y revisada de su libro habla de las últimas novedades acerca de estas dolencias y del tratamiento que aconseja, que combina medicamentos de venta sin receta, modificación de la dieta, suplementos vitamínicos minerales, acupuntura, masaje, quiropráctica, hierbas y psicoterapia.

Cuidado de la piel

Productos Sensé Skincare: las fórmulas Sensé de USANA contienen vegetales puros, antioxidantes e ingredientes activos que renuevan la epidermis, previenen la aparición de arrugas y, usados con regularidad, incluso reparan los daños causados por el sol. Estos complejos de calidad farmacéutica son testados por dermatólogos, alergistas y oftalmólogos para comprobar su calidad y seguridad, y luego los vuelve a testar un laboratorio independiente. Para más información, contacta con USANA (véase pág. 726).

Productos Trienelle Skin Care: estos excelentes productos de Aspen Benefit Group, elaborados por médicos, contienen tocotrienoles, forma de vitamina D de alta potencia que es mucho mejor que la vitamina D normal (llamada D-alfa tocoferol). También contienen una gran variedad de otros antioxidantes específicos para la piel, como la coenzima Q10 (CoQ10), alfahidroxiácidos, proantocianidinas, y un ingrediente llamado pentapéptido micro-colágeno, que, según se ha demostrado clínicamente, protege el colágeno. Para más información, contacta con: Aspen Benefits Group (véase pág. 753).

Tratamientos estéticos con láser y otras intervenciones dermatológicas

Laser News, Inc.: sitio web (www.lasernews.com) que ofrece información actual sobre los rayos láser y operaciones con láser. Lo mantiene el catedrático de Stanford, doctor Randal Pham, cirujano plástico que trabaja con láser refractivo, y cuya especialidad es la investigación de la tecnología con láser usada en la cara. El sitio ofrece información sobre intervenciones aprobadas últimamente y sobre las posibles tecnologías que podrían existir pronto.

American Academy of Dermatology (AAD): una sección del sitio web de AAD ofrece mucha información sobre una amplia variedad de cirugías plásticas, y consejo para elegir dermatólogo. Mira este enlace: www.skincarephysicians.com/agingskinnet. También hay un enlace para encontrar médicos miembros de la AAD en tu zona. Para más información, contacta con:

American Academy of Dermatology
930 E. Woodfield Road, Schaumburg, IL 60173
Teléfono: 847 330 02 30
Web site: www.aad.org

Remedios para aliviar los dolores menstruales

Menastil: producto tópico homeopático elaborado con aceites esenciales puros, distribuido por Synaptic Systems. Su ingrediente activo es el aceite de caléndula, reconocido por la FDA, y la farmacopea homeopática para alivio temporal del dolor menstrual. Para más información, contacta con:

Synaptic System, LLC
1117 Perimeter Center West, Suite W-211
Atlanta, GA 30338-5444
Teléfono: 770 350 80 50
Web site: www.menastil.com

Soothing Flow o Xiao Yao Wan Plus: es la hierba bupleurum (*Bupleurum rotundifolia*), que también se escribe Hsiao Yao Wan, en forma de suplemento, que recomiendo para el síndrome premenstrual, los dolores menstruales y los síntomas perimenopáusicos. Este suplemento también contiene peonía, conocido tónico femenino. Para más información, contacta con:

Quality Life Herbs
P.O. Box 565, Yarmouth, ME 04096
Teléfono: 207 842 49 29
Web site: www.qualitylifeherbs.com

Medicina china tradicional (acupuntura): Véase Recursos para capítulo 9, pág. 754.

Cintas de vídeo para visualización guiada

La terapia conductista cognitiva es en esencia una manera de reeducar los pensamientos y emociones habituales para que poco a poco cambien la bioquímica y las reacciones corporales. Esto requiere tiempo y esfuerzo, pero da resultado. Aunque lo ideal es trabajar con un psicoterapeuta, se puede hacer muchísimo con cintas de visualizaciones guiadas. Recomiendo:

Audioprograma *Overcoming Fears*, de Louise Hay: este popular programa de visualización (disponible en audiocasete y cedé) de la profesora metafísica Louise Hay va bien para cambiar la arraigada creencia de que el mundo es un lugar inevitablemente estresante. Va dirigido a cambiar con el tiempo la percepción y la bioquímica para poder comenzar a atraerte experiencias de seguridad y paz. Cuando se hace más frecuente la sensación de seguridad y paz, se equilibran los niveles hormonales y se reduce la tendencia a almacenar grasa para «protegerse». Sólo al cabo de un mes de escuchar este programa cada día experimentarás resultados extraordinarios en tu forma de sentirte y de pensar acerca de ti misma. Louise Hay es también la autora de 27 libros, entre ellos *You Can Heal Your Life* y *Empowering Women*, Hay House, 1987 y 1997. [Versiones en castellano: *Usted puede sanar su vida* y *¡El mundo te está esperando!*, Urano, 1993 y 1997.] Para más información, contacta con:

Hay House, Inc.
P.O. Box 5100, Carlsbad, CA 92018-5100
Teléfono: 800 654 51 26
Web site: www.hayhouse.com

Audioprograma *Weight Loss*, de Belleruth Naparstek: si te encuentras ante las dimensiones emocionales del comer en exceso, este programa de visualizaciones guiadas (disponible en casete y cedé) te servirá para transformar tu cuerpo y bioquímica enseñándote a enviar mensajes quemadores de grasa a tu cuerpo. Yo me siento animada y estimulada cada vez que lo escucho. Si lo escuchas constantemente por lo menos una vez al día, al mes experimentarás resultados notables en tu forma de sentirte y de pensar acerca de ti misma y de tu vida. En un estudio piloto controlado y con placebo, realizado en Canyon Ranch, este producto elevó al doble la pérdida de peso. Para más información, contacta con:

Health Journeys
891 Moe Dr., Suite C, Akron, OH 44310
Teléfono: 800 800 86 61
Web site: www.healthjourneys.com

Para desintoxicarse de la cafeína

Caffeine Support and Detox Nutrient Program, del doctor Elson M. Haas: el doctor Haas, fundador y director del Preventive Medical Center de Marin, en San Rafael, California, se especializa en medicina familiar y nutricional y desintoxicación. Es autor de varios libros; entre otros: *Staying Healthy with the Seasons*, Celestial Arts, publicado en 1981, pero revisado totalmente en 2003 [versión en castellano: *La salud y las estaciones: armonía entre hombres y naturaleza*, Edaf, Madrid, 1983, 2003]; y *The New Detox Diet*, Celestial Arts, 2004 [versión en castellano: *La dieta desintoxicante: cómo limpiar y regenerar tu cuerpo paso a paso*, RBA Libros, Barcelona, 1998]. Su programa de desintoxicación de la cafeína está explicado en su libro *Staying Healthy with Nutrition*, Celestial Arts, 1992, y en la siguiente página web:

www.healthy.net/library/books/haas/detox/caffeine.htm

Tanto la versión impresa como la de Internet contienen una detallada explicación de lo que es la cafeína y cómo afecta al cuerpo; cuadros con la cantidad de cafeína que contienen diversos alimentos, bebidas, fármacos de venta sin receta y productos de consumo corriente; los síntomas del abuso de cafeína y del síndrome de abstinencia; hierbas para sustituirla, y su programa de nutrición y suplementos para desintoxicarse con éxito de la cafeína.

Capítulo 19: El mundo real

Lecturas recomendadas

Walter Starcke, *The Third Appearance*, Guadalupe Press, 2004; www.walterstarcke.com. Este es el último libro metafísico del maestro espiritual Walter Starcke (alumno de Joel Goldsmith durante casi veinte años), que desafía nuestra comprensión de Dios y de la vida, llevándonos hacia una experiencia personal de nuestra Humanidad Divina.

Barbara Ehrenrich, *Nickel and Dimed: On (Not) Getting By in America*, Metropolitan Books, 2001. Durante tres meses, Barbara Ehrenrich recorrió el país, viviendo en las casas más baratas que lograba encontrar, trabajando en puestos de paga mínima (camarera de restaurantes y hoteles, limpieza de casa, ayudante de residencia de ancianos y dependienta en Wal-Mart, todos puestos cuya paga era entre 6 y 7 dólares la hora), para ver de primera mano cómo viven los trabajadores pobres en Estados Unidos. Lo que experimentó y cuenta en este libro a veces conmueve, a veces horroriza, pero ciertamente abre los ojos.

Ronald D. Siegel, Michael H. Urdang y Douglas R. Johnson, *A Revolutionary Approach to Halting the Cycle of Chronic Back Pain*, Broadway Books, 2001; www.backsense.org. A toda persona que sufra de problemas crónicos de espalda le recomiendo encarecidamente este maravilloso libro, escrito por tres hombres que han sufrido dolor crónico de espalda. La primera de mis pacientes que lo leyó se levantó de la cama y dejó de tomar narcóticos por primera vez desde hacía meses. Los autores afirman que el verdadero dolor de espalda es raro, y que muchos problemas crónicos podrían comenzar a causa de una lesión, pero se hacen crónicos debido al estrés (que causa una dolorosa contracción de los músculos) y a la inactividad (que hace perder aptitudes físicas y por lo tanto hace más vulnerable a cualquier lesión).

William B. Salt II y Neil F. Neimark, *Irritable Bowel Syndrome and the MindBodySpirit Connection: 7 Steps for Living a Healthy Life with a Functional Bowel Disorder, Crohn's Disease or Colitis*, Parkview Pub., edición revisada, 2002. Esta edición revisada del excelente libro del doctor Salt es lectura esencial para toda persona que padezca de este trastorno común. El doctor Salt, catedrático clínico de medicina en la Universidad Estatal de Ohio, y el doctor Neimark, médico de cabecera y catedrático de medicina en la Universidad de California en Irving, esbozan un plan de tratamiento que utiliza la medicina más potente que existe: la capacidad del propio cuerpo para sanarse.

Jacob Teitelbaum, *From Fatigue to Fantastic!*: véase Recursos para capítulo 18.

Los efectos de la competición

Self-Determination Theory (SDT) [Teoría de la autodeterminación], enfo,que de la motivación y la personalidad humanas: este sitio web (www.psych.rochester.edu/SDT) ofrece una visión de conjunto de la teoría de la autodeterminación, la que trata de cómo tomamos las decisiones para hacer lo que hacemos (nuestra autonomía). Explica la teoría y ofrece una página de publicaciones con enlaces a un buen número de estudios acerca de la teoría.

La Escala Holmes-Rahe de Readaptación Social

Los últimos estudios han demostrado que las experiencias concretas que tenemos en la vida no afectan tanto a nuestra salud como a nuestra forma de considerar esas experiencias y de reaccionar ante ellas. De todos modos, la Escala Holmes-Rahe sigue siendo útil para ver el efecto relativo de situaciones potencialmente estresantes que podríamos experimentar en la vida. Para ver una lista de los ítems para adultos y jóvenes (y obtener automáticamente la puntuación en estrés), visita la siguiente página web: www.markhenri.com/health/stress.html

Capítulo 20: El legado continúa

Lecturas recomendadas

Jerry y Esther Hicks, *Ask and It Is Given: Learning to Manifest Your Desires*, Hay House, 2004; www.askanditisgiven.com. [Versión en castellano: *Pide y se te dará: aprende a manifestar tus deseos*, Urano, 2005.] Jerry y Esther Hicks canalizan una entidad no física a la que llaman Abraham, cuyas enseñanzas llenan este libro y explican cómo nuestras relaciones, salud, finanzas, profesión y todos los aspectos de nuestra vida están influidos por ciertas leyes universales. Comprendiendo estas leyes y dejándonos llevar por el flujo positivo del Universo, enseña Abraham, podemos manifestar nuestros deseos más íntimos.

Melvin Morse con Paul Perry, *Transformed by the Light: The Powerful Effect of Near-Death Experiences on People's Lives*, Villard Books, 1992; www.melvinmorse.com. Basándose en los resultados del más extenso estudio sobre las experiencias de muerte temporal o casi muerte, este libro detalla los extraordinarios cambios físicos, emocionales y espirituales, para mejor, que experimentan las personas que han pasado por esa experiencia. A algunas personas, la experiencia les ha alterado las fuerzas electromagnéticas del cuerpo (se descontrolan sus relojes y ordenadores). Algunas han descubierto que de pronto tienen la capacidad curativa, mientras otras descubren que tienen más capacidad intelectual. Todas las personas dicen sentir menos miedo a la muerte y más entusiasmo por la vida. Otro libro de estos autores es *Closer to the Light: Learning from Children's Near-Death Experiences*, G. K. Hall, 1991. [Hay versión en castellano: *Más cerca de la luz: experiencias próximas a la muerte en niños*, Edaf, Madrid, 1991.]

Catherine Ponder, *The Dynamic Laws of Healing*, Parker Publishing Co., 1966. Autora de muchos libros, la ministra de Unity Church, Catherine Ponder, comienza éste con una contundente afirmación: «La impresionante verdad sobre la curación es que en nuestro interior tenemos el poder de curar». Luego explica cómo explotar esa capacidad curativa usando el poder de la mente y siguiendo la serie de «leyes» espirituales por las cuales funciona la curación.

Sinclair Browning, *Feathers Brush My Heart: True Stories of Mothers Touching Their Daughters' Lives After Death*, Warner Books, 2002. La autora de novelas de misterio, Sinclair Browning, nos cuenta su historia y las de más de 70 mujeres que han recibido signos de consuelo e incluso avisos salvavidas de sus madres ya muertas. El signo que recibe ella, por ejemplo, es encontrar plumas en lugares insólitos, inexplicables.

Hope Edelman, *Motherless Daughters: The Legacy of Loss*, Addison-Wesley Publishing, 1994; www.hopeedelman.com. En este conmovedor libro, la escritora Hope Edelman relata la muerte de su madre, de cáncer de mama, cuando ella tenía 17 años, y las historias de otras mujeres de todas las edades que perdieron a sus madres por muerte, abandono y otras formas de separación. Detalla las fases de aflicción que experimentan las mujeres cuando pierden a su madre, y explica las muchas formas en que una pérdida así puede afectar a las hijas en las diversas fases de su vida (desde niñas que asumen el papel de su madre con su padre y hermanos a mujeres que sienten miedo del abandono en sus relaciones románticas).

También ha escrito *Letters from Motherless Daughters: Words of Courage, Grief, and Healing* (Addison-Wesley Pub., 1995), libro de tema relacionado, tomado de las cartas que recibió después de publicar el primero. Ha agrupado las cartas de acuerdo a los años transcurridos desde la muerte de la madre, por lo que cada capítulo trata los problemas correspondientes a esa fase. También ofrece información para iniciar o unirse a un grupo de apoyo por la pérdida de la madre. Actualmente está escribiendo un libro titulado *Motherless Mothers* [Madres huérfanas de madre], acerca de los problemas que enfrentan las mujeres cuando se convierten en madres.

Sobre el perdón

Fred Luskin, *Forgive for Good: A Proven Prescription for Health and Happiness*, HarperSanFrancisco, 2002; www.learningtoforgive.com. El doctor Luskin, ex director del Stanford Forgiveness Project y ahora en el Stanford Center on Conflict and Negotiation, presenta pruebas científicas de que el perdón reduce la rabia, la depresión, la desesperanza y el estrés, y conduce a sentimientos de optimismo, esperanza, compasión y seguridad en uno mismo. Su audio programa *The Nine Steps of Forgiveness* (disponible en casete y en cedé) contiene en un lado una presentación de 45 minutos de los 9 pasos para aprender a perdonar, y en el otro lado dos visualizaciones guiadas para perdonar; una de las visualizaciones es para perdonarse a uno mismo. Para más información visita su sitio web: www.learningtoforgive.com.

El International Forgiveness Institute (IFI): Esta organización no lucrativa se fundó en 1994 para promover los hallazgos de 14 años de estudios de investigación sobre el perdón realizados en la Universidad de Wisconsin-Madison. Actualmente tiene puesta la mira en objetivos internacionales, dirigiendo un programa en 11 colegios de Belfast, Irlanda del Norte. La finalidad del proyecto es formar en el perdón a toda una generación de niños, desde el primer año de básica hasta el último de secundaria, para que sean más capaces de llevar los conflictos que han dividido a su país y estén más cerca de ver la paz en su vida. Para más información, contacta con:

International Forgiveness Institute
1127 University Ave. #201, Madison, WI 53715
Teléfono: 608 251 64 84
Web site: www.forgiveness-institute.org